A. DE GIULI / C. GUASTALLA / C. M. NADDEO

magari!

CORSO DI LINGUA E CULTURA ITALIANA
DI LIVELLO INTERMEDIO E AVANZATO

Alma Edizioni
Firenze

Redazione: **Euridice Orlandino** e **Chiara Sandri**

Consulenza didattica: **Giuliana Trama**

Progetto grafico e impaginazione: **Andrea Caponecchia**

Progetto copertina: **Sergio Segoloni**

Illustrazioni interne: **Clara Grassi**

Foto di copertina: Venere Esquilina, Musei Capitolini, Roma

Desideriamo ringraziare tutti gli insegnanti che hanno sperimentato i materiali e in particolare:
Roberto Aiello, Filomena Anzivino, Ippolita Conestabile, Katia D'Angelo, Giulia De Savorgnani,
Filippo Graziani, Anita Lorenzotti, Daniela Pecchioli, Alessandra Vitali.
Vogliamo ringraziare anche tutti quelli che hanno prestato la voce per i brani audio, e in particolare: Carolina
Cateni, Daniele Varsano, Tiziana Sinibaldi, Teresa Fallai, Vanni Cassori e la compagnia ZAUBERTEATRO.

Stampa: la Cittadina - Gianico (BS)
Printed in Italy

ISBN 978-88-89237-91-5

© **2008 Alma Edizioni**

Prima edizione: aprile 2008

Alma Edizioni
Viale dei Cadorna, 44
50129 Firenze
tel +39 055476644
fax +39 055473531
info@almaedizioni.it
www.almaedizioni.it

L'Editore è a disposizione degli aventi diritto per eventuali mancanze o inesattezze.
I diritti di traduzione, di memorizzazione elettronica, di riproduzione e
di adattamento totale o parziale, con qualsiasi mezzo (compresi i microfilm
e le copie fotostatiche), sono riservati per tutti i paesi.

introduzione

▸ Cos'è *Magari*

Magari è un corso di lingua italiana per stranieri rivolto a studenti di livello intermedio e avanzato (dal **B1** al **C1** del Quadro Comune Europeo). È particolarmente indicato per quegli studenti che, già in possesso di una discreta conoscenza dell'italiano, vogliano "**rinfrescare**" e **perfezionare** le loro competenze arrivando a un livello molto alto (C1).

▸ Un manuale che si legge come una rivista

La particolarità del testo sta nel proporsi non solo come un manuale per studiare e riflettere sulla lingua e sui suoi molteplici aspetti, ma anche come una sorta di "**rivista da leggere**", un rotocalco in cui lo studente interessato ad approfondire la conoscenza della società, della cultura, della storia italiana potrà trovare - come appunto in un periodico illustrato - notizie, commenti, box informativi, schemi, immagini, che lo aiuteranno a costruirsi un'idea ricca e articolata sull'Italia di ieri e di oggi.

▸ La grafica

Un ruolo importante in questa prospettiva riveste la **grafica**, che richiama lo stile della rivista riccamente illustrata, piena di stimoli visivi e di suggestioni cromatiche, con spazi per la riflessione e l'approfondimento e altri per lo svago, la curiosità, la sintesi, in un'alternanza di testi brevi e lunghi, schede riassuntive, rimandi, note, pillole di storia, arte, letteratura, a creare dei percorsi intrecciati e sovrapposti, da seguire in base ai propri gusti, interessi, bisogni.

Ringraziamenti

Un grazie agli amici de "La Cittadina" per la gentile ospitalità in un momento importante della stesura del libro. *Alessandro*

Ringrazio dal profondo del cuore Katia D'Angelo per i consigli sempre preziosi e per avermi supportato quotidianamente. Un grazie di cuore anche a Christopher Humphris, soprattutto per la passione contagiosa. Grazie a mio fratello per i consigli, e a mio padre per l'attesa. Grazie a Giulia Scarpa per la presenza e grazie, davvero, a zia Anna. *Carlo*

Desidero dedicare questo libro a Giuliana, Marco e Valerio (che ancora non c'era quando abbiamo iniziato a scriverlo). Un sincero grazie ad Andrea per la pazienza infinita e per il contributo inestimabile, a Giovanna Rizzo per i consigli come al solito preziosi, a Chiara ed Euridice per essere arrivate a dar man forte nel momento in cui non ne avevamo più. *Massimo*

▸ Il metodo

Trattandosi di un manuale per studenti intermedio-avanzati, le riflessioni proposte richiedono un **livello di indagine e di scavo analitico molto raffinato**. Una volta raggiunto un livello intermedio si tratta di mettere in discussione le classificazioni semplicistiche di quando si era principianti, di falsificare le generalizzazioni, di affrontare a viso aperto la lingua nella sua complessità. Si tratta di riprendere in considerazione argomenti più elementari e già noti, inquadrandoli da un diverso punto di vista e con maggior approfondimento, attraverso un processo a tappe di "falsificazioni" e successive ridefinizioni delle regole.
Magari lo fa a partire da un approccio fortemente testuale, presentando la lingua scritta in una prospettiva di **analisi dei generi testuali e del discorso** e la lingua orale in una dimensione di **analisi conversazionale e pragmatica**.
Un importante rilievo è inoltre dato allo studio del lessico che, accogliendo alcune suggestioni dell'**approccio lessicale** (sia pure rivisto e corretto in una dimensione testuale e funzionale), è basato sul concepire la lingua non più come un insieme di sistemi separati (lessico e grammatica), da analizzare quindi in modo distinto e spesso dicotomico, ma come un sistema integrato (un "lessico grammaticalizzato") da affrontare nella sua totalità e complessità.

▸ Com'è strutturato

Per finire, un breve accenno alla struttura del corso. *Magari* comprende 21 unità didattiche, raggruppate in cinque macro-aree tematiche (**Geografia, Società, Arti, Lingua, Storia**), e graduate secondo i tre livelli B1, B2 e C1 del Quadro Comune Europeo di riferimento per le lingue, oltre a una ricca sezione di esercizi, test di autovalutazione e bilanci, e a una grammatica che approfondisce i temi morfosintattici presentati nelle unità. Alla fine del volume sono disponibili le soluzioni degli esercizi e dei test.

Buon lavoro.

Gli autori

indice

Livello B1

unità	grammatica e lessico	testi scritti e audio	temi culturali
1. GEOGRAFIA Luoghi d'Italia pag. 10	- *magari* avverbio ed esclamazione - il futuro semplice e anteriore - gli articoli determinativi e indeterminativi - uso degli articoli con i nomi geografici - le isole e gli articoli - la preposizione *in* con i nomi di luogo - la formazione dei sintagmi *più o meno, al massimo, per la precisione, prima o poi, ogni tanto, un paio d'ore* - insiemi lessicali (*ambito semantico della geografia*)	- curiosità geografiche d'Italia - muoversi e viaggiare in Italia - una telefonata - conversazione in treno	- il sistema dei trasporti in Italia - geografia fisica e politica d'Italia - monumenti e specialità culinarie
2. ARTI Classico e moderno pag. 21	- il condizionale semplice e composto - *quello* - la costruzione *è uno di quei* - collocazioni con i verbi *venire, prendere, tenere, divertirsi* - insiemi lessicali (*ambito semantico dell'arte*)	- articolo: *Berlusconi opera da museo* - articolo: *Venduta la saponetta del premier* - conversazione al museo	- l'arte italiana classica e contemporanea - musei e luoghi d'arte in Italia
3. SOCIETÀ Emigrazione ed immigrazione pag. 29	- passato (parte 1): il passato remoto; differenza tra passato prossimo e passato remoto; imperfetto in luogo del condizionale passato come desiderio non realizzato; presente storico - il discorso diretto - condizionale composto come futuro nel passato	- trame di film - articolo: *Quando gli immigrati erano gli italiani* - articolo: *Mc Talibe, la vendetta del dj venuto dal Senegal* - lettura di un brano dello scrittore Alessandro Baricco - intervista sull'emigrazione dall'Italia nel '900	- l'emigrazione italiana nel cinema - l'emigrazione italiana (1860-1970) - l'immigrazione in Italia - personaggi: Sacco e Vanzetti, Mc Talibe
4. STORIA Tangentopoli pag. 39	- passato (parte 2): differenza tra passato prossimo e imperfetto - la punteggiatura, il ritmo e l'intonazione - sinonimi - insiemi lessicali (*ambito semantico politico e giudiziario*)	- titoli di giornali - intervista a Luca Magni: *Io guastafeste* - intervista a Sergio Cusani - intervista al politico Antonio Di Pietro	- la fine del sistema dei partiti in Italia - i partiti: prima e seconda repubblica - personaggi: Bettino Craxi, Sergio Cusani, Antonio Di Pietro
5. SOCIETÀ Casa pag. 47	- la posizione dell'aggettivo (parte 1): l'aggettivo qualificativo; gli aggettivi relazionali - gli alterati (accrescitivi e diminutivi) - i falsi alterati e gli alterati lessicalizzati - collocazioni con i verbi *giungere, fissare, porre, uscire, vendere, ostentare, volare* - *super* e *stra* - insiemi lessicali (*ambito semantico abitativo*)	- articolo: *Psicologia del cercar casa* - articolo: *Da Montesacro a San Lorenzo* - intervista all'esperto di design Giorgio Pianotti	- la casa in Italia - l'arredamento - il design italiano - personaggi: Marco Lodoli
6. ARTI Arte contemporanea pag. 61	- *ma* di limitazione e negazione - costruzione esplicita ed implicita - la frase scissa (parte 1) - i numerali - i segnali discorsivi *come dire, insomma, ah, e dunque, diciamo, cioè, no?, voglio dire, beh, insomma, ecco, sai*	- due articoli: pro e contro Maurizio Cattelan - l'opera di Maurizio Cattelan - intervista allo scrittore Antonio Tabucchi	- provocazioni dell'arte contemporanea - breve storia dell'arte italiana - personaggi: Antonio Tabucchi, Maurizio Cattelan
7. SOCIETÀ Psicologia pag. 71	- frase principale e secondaria - congiuntivo (parte 1): il congiuntivo presente; il congiuntivo in frasi secondarie - l'imperativo di cortesia - la posizione dell'aggettivo (parte 2): l'aggettivo letterale e figurato; un nome con due o più aggettivi - uso di alcuni sintagmi - formazione delle parole: nomi, aggettivi, verbi - insiemi lessicali (*ambito semantico della psicologia*)	- articolo: *L'Italia sul lettino dell'analista* - articolo: *Lo scarabocchio* - segreteria telefonica ironica - conversazione per organizzare la serata	- gli italiani e lo psicologo - gli italiani e il gioco

indice

Livello B2

unità	grammatica e lessico	testi scritti e audio	temi culturali
8. LINGUA Maschio - Femmina pag. 82	- congiuntivo (parte 2): il congiuntivo imperfetto; usi del congiuntivo in frasi indipendenti - modi per affermare negando: *non fare che, non mancare di* + infinito - il femminile dei nomi di professione - collocazioni con i verbi *essere, condurre, imprimere, suscitare, sottoporre, fare, stabilire, intensificare*	- articolo: *Dimmi come scrivi, ti dirò di che sesso sei* - quattro brani di letteratura - conversazione sul sessismo della lingua italiana	- donne italiane e lavoro - sessismo della lingua italiana - personaggi: Dacia Maraini, Niccolò Ammaniti, Italo Calvino, Susanna Tamaro
9. STORIA L'era Berlusconi pag. 95	- articoli e preposizioni con le date - gli avverbi: formazione e posizione - i contrari - le formule per prendere tempo e per interrompere *mah, dunque, eh no, va bene, ho capito, ma, sai/sa, sì però, vediamo* - insiemi lessicali (*ambito semantico politico ed economico*)	- biografia di Silvio Berlusconi - articolo: *Tecniche del venditore di successo* - intervista al giornalista Alexander Stille - discorso della "discesa in campo" di Silvio Berlusconi	- l'Italia negli anni di Berlusconi - personaggi: Silvio Berlusconi, Alexander Stille, Umberto Eco
10. ARTI Giallo italiano pag. 109	- alcune parole composte - pronomi atoni e tonici - riferimento anaforico - il plurale dei nomi composti - passato (parte 3): il trapassato prossimo - i modi indefiniti (parte 1): il gerundio modale, il participio passato e presente - uso dei sintagmi *capace di, fino a, a cavallo tra, in questo senso, in fondo, a discapito di*	- articolo: *Il giallo in Italia* - biografie di Massimo Carlotto e Giorgio Faletti - letteratura: Massimo Carlotto, *L'oscura immensità della morte* - intervista agli scrittori Massimo Carlotto e Giorgio Faletti	- la fortuna del genere giallo nella letteratura italiana - creare suspense - personaggi: Massimo Carlotto, Giorgio Faletti, Carlo Lucarelli
11. GEOGRAFIA Mari e monti pag. 121	- forma riflessiva e forma spersonalizzante - differenza tra il *si* riflessivo e spersonalizzante - il *si* spersonalizzante - i pronomi combinati - uso dei sintagmi verbali *tenere presente, assumere una posizione, girare a vuoto, cedere alla tentazione, stare alla larga* - collocazioni con i verbi *valere, avere, guardarsi, rimettere, essere, scatenare, venire, rovesciarsi* - altre collocazioni - il ritmo e l'intonazione	- opuscolo: *Andare in montagna* - letteratura: Stefania Barzini, *A tavola con gli dei* - ricetta: *Spaghetti pomodoro, basilico e capperi* - suoni del mare e della montagna - intervista allo scrittore Mauro Corona - conversazione per organizzare una vacanza	- vivere la montagna - le isole Eolie - geografia e cucina italiane - personaggi: Mauro Corona
12. SOCIETÀ Periferia e architettura pag. 137	- *che* congiunzione e pronome relativo - riferimento del pronome relativo - i pronomi relativi doppi - altri pronomi relativi e *il che* - la frase scissa (parte 2): i tempi verbali - collocazioni con le preposizioni di luogo *in* e *a* precedute da verbi di stato o movimento - insiemi lessicali (*ambito semantico dell'architettura*)	- articolo: *Vita e miracoli di un incubo urbano* - articolo: *A Roma la grande architettura arriva in periferia* - intervista all'architetto Dante Oscar Benini	- il concetto di periferia - i progetti architettonici di Roma - Pisa tra passato e futuro - l'architettura contemporanea in Italia - personaggi: Dante Oscar Benini, Nanni Moretti
13. ARTI Cinema pag. 148	- congiuntivo (parte 3): congiuntivo passato e trapassato - concordanze: contemporaneità e anteriorità - il discorso indiretto (parte 1): contemporaneità e anteriorità; il discorso indiretto introdotto da *di*; *venire* e *andare* nel discorso indiretto - aggettivi attratti dai sostantivi *storia, situazione, costo, colonna, lato, città, mezzo* - i segnali discorsivi *ah, magari, oltretutto, guarda, meno male, non un gran che* - insiemi lessicali (*ambito semantico del cinema*)	- scheda: *Storia e generi del cinema italiano* - articolo: *Carlo Verdone: l'esordio di un regista* - intervista al regista Mario Monicelli	- storia del cinema italiano dal Neorealismo ad oggi - i volti più rappresentativi del cinema italiano - personaggi: Vincenzo Mollica, Mario Monicelli, Carlo Verdone, Sergio Leone

indice

Livello B2

unità	grammatica e lessico	testi scritti e audio	temi culturali
14. STORIA Cosa nostra pag. 162	- uso del futuro nella narrazione di fatti passati - forma passiva con *essere, venire, andare* - l'imperativo con i pronomi - la dislocazione pronominale - la similitudine - la punteggiatura, il ritmo e l'intonazione - insiemi lessicali (*ambito semantico della criminalità*)	- trama del film *I cento passi* - scheda: *Storia e organizzazione di Cosa nostra* - letteratura: Leonardo Sciascia, *Il giorno della civetta* - 1° estratto dal film *I cento passi* - 2° estratto dal film *I cento passi*	- il fenomeno della mafia: origine, organizzazione, struttura e cronologia degli avvenimenti - personaggi: Peppino Impastato, Leonardo Sciascia

Livello C1

unità	grammatica e lessico	testi scritti e audio	temi culturali
15. LINGUA Non solo parolacce pag. 174	- i modi indefiniti (parte 2): l'infinito, il participio presente e passato, il gerundio semplice e composto - i verbi pronominali - *ma* e *macché* - collocazioni con i verbi *dare, avere, ritenere, costare, ribaltare* - insiemi lessicali (*ambito semantico giuridico*)	- articolo: *Dare del «rompic.» si può* - articolo: *Dire «str.» è offensivo* - articolo: *Piccolo viaggio intorno alla parolaccia* - dialogo al ristorante *La parolaccia* - conversazione tra due colleghi	- la parolaccia, l'imprecazione e la bestemmia: aspetti culturali, sociolinguistici e giuridici - il cinema italiano e la parolaccia
16. SOCIETÀ Vita d'ufficio pag. 185	- costruzioni spersonalizzanti: il *si*, il passivo, i verbi impersonali, i soggetti generici (*tu, uno…*) - articolo determinativo e indeterminativo - omissione dell'articolo - il termine *look* e i suoi sinonimi - sinonimi	- articolo: *Moda e lavoro* - letteratura: Stefano Benni, *Il Sondar* - interviste sull'amore in ufficio - intervista sul colloquio di lavoro	- vestirsi e comportarsi sul posto di lavoro in Italia - l'amore in ufficio - il colloquio di lavoro - personaggi: Stefano Benni
17. ARTI Scrittori pag. 198	- il discorso indiretto (parte 2): posteriorità, il discorso indiretto con frase principale al condizionale, interrogativa indiretta - concordanze: posteriorità - l'omissione della congiunzione *che* - *insomma* - collocazioni con i verbi *protendere* e *oltrepassare* - uso dei sintagmi *male in gamba, a braccia, in piedi*	- letteratura: Valeria Parrella, *Quello che non ricordo più* - letteratura: Italo Calvino, *Il visconte dimezzato* - intervista allo scrittore Alessandro Baricco	- italiani lettori pigri - personaggi: Valeria Parrella, Alessandro Baricco, Italo Calvino - letteratura italiana in pillole
18. LINGUA Mode e tic verbali pag. 209	- la negazione e il *non* pleonastico - i tic linguistici *piuttosto che, quant'altro, come dire, un attimino, tra virgolette, praticamente, insomma, eccetera* - il burocratese (strategie di semplificazione dell'italiano burocratico) - metafore - collocazioni con i verbi *essere, usare, farsi, buttare, sudare, fare* - *finché* / *finché non* - la frase pseudoscissa (registro familiare) - il ritmo e l'intonazione	- articolo: *In qualche modo… e quant'altro* - articolo: *Le amministrazioni pubbliche non sanno comunicare* - manuale di scrittura per le amministrazioni pubbliche - conversazione sui tic verbali	- mode verbali - le 10 espressioni più odiate dagli italiani - il burocratese - personaggi: Pietro Citati, Ritanna Armeni e Giuliano Ferrara
19. ARTI Comicità pag. 222	- il periodo ipotetico (parte 1): ipotesi nel presente - la costruzione *fare* + infinito - scelta del significato più appropriato di una parola	- letteratura: Stefano Benni, *Achille piè veloce* - intervista a Daniele Luttazzi - spettacolo *Madornale 33* dell'attore Alessandro Bergonzoni	- giochi di parole e doppi sensi - la comicità e la satira - le barzellette - il teatro comico e la Commedia dell'arte - personaggi: Stefano Benni, Alessandro Bergonzoni, Daniele Luttazzi, Dario Fo

indice

Livello C1

unità	grammatica e lessico	testi scritti e audio	temi culturali
20. STORIA Il fascismo pag. 235	- il periodo ipotetico (parte 2): ipotesi nel passato - concordanze: il condizionale con il congiuntivo - stile dell'esposizione orale: livello espressivo, di accuratezza e di complessità del discorso - insiemi lessicali (*ambito semantico politico e militare*)	- intervista sul fascismo allo storico Sandro De Luigi - articolo: *Una giornata particolare* - tre interviste sul fascismo	- origini, sviluppo e crollo del regime fascista - le parole del fascismo - breve storia d'Italia dal fascismo a oggi - il fascismo e l'arte - personaggi: Benito Mussolini, Giacomo Matteotti, Filippo T. Marinetti
21. LINGUA Lingua e dialetti pag. 249	- aggettivi e pronomi indefiniti - i nessi correlativi - la dislocazione del congiuntivo - significato delle espressioni *pur, appunto, man mano, assai, anzi, a tale proposito* - vari significati di *addirittura*	- articolo: *Lingua e dialetti* - scheda: la situazione linguistica in Italia - canzone *Pizzicarella mia* - lettura di un brano in tre dialetti	- tradizioni: la pizzica e la taranta - breve storia della lingua italiana - l'Italia, i dialetti e le lingue minori - personaggi: gli Arakne Mediterranea, Gian Luigi Beccaria

▶ Appendici .... pag. 261

appendice unità 4 .... pag. 261
appendice unità 11 - Foglio 1 .... pag. 262
appendice unità 13 .... pag. 263
appendice unità 11 - Foglio 2 .... pag. 264

▶ Esercizi .... pag. 265

esercizi unità 1 .... pag. 266
esercizi unità 2 .... pag. 270
esercizi unità 3 .... pag. 274
esercizi unità 4 .... pag. 278
esercizi unità 5 .... pag. 281
esercizi unità 6 .... pag. 285
esercizi unità 7 .... pag. 289
esercizi unità 8 .... pag. 293
esercizi unità 9 .... pag. 298
esercizi unità 10 .... pag. 302
esercizi unità 11 .... pag. 306
esercizi unità 12 .... pag. 310
esercizi unità 13 .... pag. 313
esercizi unità 14 .... pag. 318
esercizi unità 15 .... pag. 321
esercizi unità 16 .... pag. 326
esercizi unità 17 .... pag. 330
esercizi unità 18 .... pag. 335
esercizi unità 19 .... pag. 339
esercizi unità 20 .... pag. 343
esercizi unità 21 .... pag. 346

▶ Test .... pag. 350

test 1 - livello B1 .... pag. 350
test 2 - livello B2 .... pag. 355
test 3 - livello C1 .... pag. 360

▶ Grammatica .... pag. 365

▶ Soluzioni esercizi e test .... pag. 393

alma edizioni

livelli

Livelli B1, B2 e C1: tavola di comparazione tra le competenze previste dal Quadro Comune Europeo di riferimento per le lingue e i contenuti di *Magari*

	Livello B1	Sono in grado di:	Livello B2
Comprensione orale	capire gli elementi principali in un discorso chiaro in lingua standard su argomenti familiari riferiti al lavoro, alla scuola, al tempo libero, ecc. U1: 2a, 4a, 6a, 5a; U5: 6a; U7: 11b; cogliere le ragioni di un malinteso tra due persone che parlano in lingua standard. U1: 3; capire descrizioni letterarie di luoghi, personaggi ed eventi, purché il discorso sia relativamente lento. U3: 1a; capire l'essenziale di trasmissioni/interviste radiofoniche o televisive su argomenti storici o di attualità, purché il discorso sia relativamente chiaro. U3: 5a; U4: 6a; U5: 6a; U6: 2a;	cogliere l'essenziale di un discorso che verte su argomenti sociopolitici presenti o passati, purché articolato lentamente e in modo chiaro. U4: 8; U5: 6; cogliere le intenzioni di chi formula un discorso se la sua intonazione subisce forti variazioni e capire la funzione dei segnali discorsivi più comuni in un'esposizione orale. U4: 10b; U6: 5a, 5b, 5c; capire un discorso formulato in modo chiaro per descrivere oggetti fisici. U5: 7b; cogliere i punti essenziali di un brano comico, surreale, o grottesco. U7: 2a;	seguire argomentazioni piuttosto complesse tra due o più persone in lingua standard purché il tema mi sia relativamente familiare. U8: 2a; U11: 7a; capire trasmissioni radiofoniche e televisive su temi legati all'attualità, alla cultura italiana e ai loro protagonisti. U9: 3a, 14b; U10: 4; U11: 1b; U12: 6b, 6c; U13: 7a, 7b;
Prod. orale	formulare ipotesi riguardo a eventi passati e narrare una storia. U2: 1b, 2b; U3: 5b; registrare messaggi indirizzati a terze persone utilizzando la giusta intonazione. U7: 8; esprimere rimpianti. U1: 2d;	descrivere i gusti, le preferenze e i desideri di terze persone. U2: 5a; sintetizzare un articolo di media lunghezza senza guardarlo. U6: 1c;	sintetizzare senza sforzo l'argomentazione di terze persone servendomi di esempi. U8: 2c; U9: 3a; descrivere dettagliatamente la trama di un libro che ho letto. U10: 1a;
Interazione orale	esprimere disappunto, rimpianti ed emozioni utilizzando espressioni appropriate. U1: 5; U3: 10; U6: 1a; U7: 6; difendere le mie opinioni su temi di mio interesse senza aver precedentemente preparato la mia argomentazione, anche utilizzando i segnali discorsivi di uso più comune. U2: 1a, 2b, 7; U3: 7; U4: 9; U6: 1e, 6, 9; affrontare molte delle situazioni che si possono presentare quando si viaggia in una zona dove è parlata la lingua che studio. U1: 5; formulare e rispondere a domande articolate su argomenti legati alla vita quotidiana, al lavoro e alle mie necessità immediate. U1: 5; U4: 4; U5: 4, 11; U6: 9; U7: 6; formulare e rispondere a domande sulle caratteristiche fisiche dell'Italia. U1: 9;	descrivere in modo articolato le mie abitudini e le mie preferenze. U2: 7; U4: 9; U5: 4, 7c; U7: 6; consigliare e convincere qualcuno. U2: 11; U5: 11; sostenere una conversazione, formulando domande e/o esponendo il mio parere, su fatti di attualità e su questioni politiche generali. U3: 10; U4: 1, 9; U6: 1e; formulare ipotesi. U5: 1b; U6: 1a; U7: 11a; descrivere un'abitazione e cercare una casa in affitto. U5: 11; esporre a una terza persona il contenuto di un articolo o di un'intervista e rispondere alle sue domande in merito. U6: 1d, 2b;	contrattare, convincere altre persone e/o rivolgere esortazioni formali a chi mi sta di fronte, o a terze persone. U8: 12; U10: 12a; U11: 8; U14: 5; comunicare con un grado di spontaneità e scioltezza sufficiente per interagire in modo normale con parlanti nativi, curando in particolare l'intonazione, le pause e gli accenti delle frasi. U8: 11; U9: 8; U11: 16a, 16b, 16c; U13: 12; U14: 2c; riflettere su e discutere di aspetti specifici della lingua, nonché delle loro origini e implicazioni culturali. U8: 3, 4a, 13; U10: 11c, 11d; U13: 5d, 10a, 10e, 10g; U14: 9c, 13b; fare supposizioni utilizzando un'ampia gamma di esempi o di immagini per sostenere le mie ipotesi. U13: 1, 2a; U14: 1b, 11a; partecipare attivamente a una discussione su argomenti di storia e attualità politica italiana. U9: 1a, 2b, 4, 11c; U10: 1b; U13: 4;
Comprensione scritta	capire descrizioni articolate di luoghi fisici, attrazioni turistiche ed abitazioni, con o senza l'ausilio di immagini. U1: 7; U2: 5b; U5: 2a, 8, 9a, 9b; U7: 9b; capire il profilo psicologico di personalità diverse. U7: 9b; capire testi di media lunghezza che descrivono avvenimenti passati con o senza relazione con il presente, o che ripercorrono la vita di personaggi famosi. U2: 2a; U3: 2a, 5c, 8a; U4: 2a, 8, 10a; U5:1a, 2a, 8, 9; U6: 7a;	cogliere il grado di incertezza di un autore che non è sicuro della veridicità delle proprie fonti. U2: 4c, 9; capire sinossi di film concise ma articolate. U3: 1b; U5: 1a, 2a; capire gli elementi salienti di un fatto di attualità leggendo la stampa quotidiana o articoli tratti da altri supporti (blog, siti web, ecc.). U4: 1, 2b, 7, 10a, 11; U6: 1b, 1d; U7: 3a; svolgere ricerche su argomenti di attualità avvalendomi di supporti diversi (stampa cartacea, Internet, ecc.). U4: 12;	capire testi relativamente lunghi che contengano una riflessione linguistica articolata. U8: 4c; leggere articoli relativamente lunghi legati all'attualità, alle problematiche, ai fenomeni sociali e agli usi e costumi dell'Italia contemporanea cogliendone numerosi riferimenti storici e culturali e la terminologia specifica. U9: 2a, 11c; U10: 2a; U12: 2b, 10b; U13: 2b; U14: 3a;
Produzione scritta	scrivere testi coerenti e articolati che descrivano un luogo fisico o un oggetto a me noto o di mio interesse. U1: 10; U5: 7a; redigere un testo adottando uno stile che esprima dubbio e incertezza. U2: 12; scrivere brevi testi che descrivano eventi passati della mia vita o di quella della mia famiglia. U3: 6;	immaginare e scrivere un dialogo in lingua standard tra due persone su argomenti legati alla vita quotidiana. U3: 8b; U5: 4; scrivere un breve testo argomentativo esponendo la mia opinione su grandi temi di attualità. U6: 4; descrivere il profilo psicologico di qualcuno. U7: 10.	scrivere un testo chiaro e articolato usando la fantasia e creando personaggi e situazioni immaginari. U8: 6a; U10: 14a; scrivere la mia autobiografia in modo chiaro e articolato utilizzando un registro medio alto. U9: 6; scrivere brevi testi comici, surreali o grotteschi. U9: 15; scrivere brevi saggi e relazioni per esporre la mia opinione su argomenti sociali. U14: 15;

livelli

Sono in grado di:	Livello C1	Sono in grado di:	
cogliere la funzione di una ricca varietà di segnali discorsivi della lingua parlata. U9: 7a, 7b; U14: 1b, 2a; capire discorsi di propaganda elettorale. U9: 14; capire la maggior parte dei film in lingua standard. U14: 1b, 1c, 2a, 7a;	capire il tipo di registro di un brano orale (eventualmente anche perché viene utilizzato e con quale finalità) e cogliere alcune varianti dialettali di un discorso o di una canzone. U15: 1c, 1d, 1e; U20: 7; U21: 1a, 1b, 7a, 7b; capire un discorso anche se non è chiaramente strutturato, o se le relazioni non vengono segnalate, ma rimangono implicite, o se alcune parti sono mancanti o poco comprensibili. U15: 6a; U16: 10a; U17: 5a; U19: 7a; U20: 6a; capire senza sforzo discorsi lunghi nei quali gli interlocutori esprimono le proprie opinioni facendo largo uso di espressioni idiomatiche. U15: 6b; U19: 7a, 7b; U20: 6a, 6b, 6c;	capire senza sforzo le trasmissioni radiofoniche o televisive. U16: 6, 10b; U17: 5a; cogliere i messaggi non espliciti di un interlocutore analizzandone l'intonazione. U16: 7a, 7b, 7d; U19: 7a; capire senza troppo sforzo brani di letteratura lunghi e complessi letti a voce alta. U17: 5a; capire un discorso lungo nel quale due o più persone discutono di aspetti complessi della lingua. U18: 1c; individuare in un discorso gli elementi comici, satirici o ironici. U19: 7a, 7b, 8b, 12b;	Comprensione orale
descrivere i miei sentimenti e le mie sensazioni in modo articolato e con un elevato grado di spontaneità. U11: 1a, 10a;	sintetizzare in modo chiaro e accurato un articolo di media lunghezza, mettendone in risalto l'introduzione, lo sviluppo e la conclusione. U15: 2b, 2c; sintetizzare senza sforzo l'argomentazione di terze persone servendomi di esempi concreti. U18: 1d, 1e; U19: 7c;	sintetizzare in modo chiaro e articolato la biografia dei personaggi più noti della vita culturale italiana, giustificandone l'importanza e descrivendone le opere. U19: 1a;	Prod. orale
usare e capire un'ampia gamma di segnali discorsivi ed espressioni tipiche della lingua parlata in una discussione. U9: 8; U13: 12; riferire le parole, il pensiero o l'argomentazione di qualcun altro senza sforzo. U9: 3b, 11c; U11: 7b; U14: 7a; difendere la mia posizione o cercare di mettere in discussione la posizione altrui con naturalezza e proprietà di linguaggio, servendomi eventualmente di immagini per sostenere i miei argomenti. U9: 4; U10: 12a; U11: 8; U12: 1; descrivere il mondo che mi circonda o quello che considero ideale (l'habitat e l'ambiente urbano) in modo chiaro e articolato, anche servendomi di immagini. U12: 6a, 7, 10a;	esprimermi in modo sciolto e spontaneo utilizzando la lingua in modo flessibile ed efficace nelle relazioni sociali e professionali, adottando registri diversi a seconda del contesto e utilizzando un'intonazione adeguata alle mie intenzioni comunicative. U15: 1b; U16: 1b; U18: 9; U21: 5; discutere di aspetti complessi della lingua, delle sue sfumature di stile e registro e delle sue varianti dialettali a seconda del contesto comunicativo, nonché descrivere l'uso che faccio della lingua in relazione a diverse situazioni. U15: 1b, 1d; U16: 12a; U17: 9a; U18: 1a, 1b, 4c, 5, 6, 12c; U19: 8b, 9a; U20: 9a, 9b, 9c; U21: 2, 8c; esprimere il mio punto di vista su questioni di natura sociale e politica formulando opinioni in modo preciso e collegando i miei interventi a quelli di altri interlocutori. U15: 2e, 6c; U16: 1a, 1b, 6c; accusare altre persone, difendermi o mediare tra opinioni contrastanti argomentando in modo flessibile, chiaro e abile. U15: 4; U18: 6; U21: 5;	formulare in modo sciolto e spontaneo desideri, aspettative e preferenze senza dover cercare le parole. U16: 1a; U17: 8; stabilire un paragone articolato, chiaro e complesso tra la mia cultura e quella del paese di cui studio la lingua. U19: 7d; drammatizzare, sulla base di una breve sceneggiatura, una scena nella quale intervengano due o più personaggi, realistici o fantastici, rappresentando in modo abile sentimenti e intenzioni. U16: 9; U17: 6d; U18: 6; U19: 2b, 5; U20: 10a, 10b; sostenere un colloquio di lavoro in Italia mettendo in luce le mie esperienze e valorizzando le mie competenze; riesco inoltre a svolgere il ruolo del selezionatore, indagando in modo accurato e formale attraverso domande mirate. U16: 13a;	Interazione orale
individuare in un testo eventuali manipolazioni non effettuate dall'autore. U9: 14a; capire biografie articolate di personaggi noti o meno noti del paesaggio politico e culturale italiano. U9: 2a; U10: 5; U13: 2b, 7b, 8c, 14; U14: 1c; capire istruzioni relativamente lunghe e complesse. U11: 3a, 3b, 3c; capire brevi testi narrativi contemporanei. U8: 13; U10: 8c; U11: 9b, 9c, 9d, 9e; U14: 11b;	capire senza sforzo qualsiasi articolo che faccia riferimento a usi e costumi dell'Italia moderna e contemporanea, alla sua storia e al funzionamento delle sue istituzioni. U15: 2a, 9; U16: 2; U18: 12a, 12b; U20: 2a, 8; U21: 3; capire testi lunghi di narrativa contemporanea, con o senza l'ausilio di immagini correlate. U16: 8; U17: 1a, 2, 6c, 6e; U19: 2c; apprezzare le differenze di stile e di registro tra testi complessi di tipologia diversa, anche leggendone una piccola porzione, e capire alcuni termini o espressioni dialettali. U17: 1a; U21: 1g;	capire articoli lunghi e complessi che illustrino le varietà dell'italiano contemporaneo e le problematiche legate al suo uso. U18: 3b, 12a, 12b; U21: 10b; capire istruzioni tecniche piuttosto lunghe, anche quando non appartengono al mio settore. U18: 16a; individuare abbastanza facilmente gli elementi comici o satirici di un testo. U19: 9b, 12b; capire senza sforzo recensioni cinematografiche lunghe e complesse. U20: 8;	Comprensione scritta
redigere istruzioni chiare e dettagliate. U11: 10b; esprimere un'ampia gamma di sentimenti e trasmettere il significato che attribuisco alla realtà e/o i miei desideri più intimi, eventualmente utilizzando le più comuni figure di stile della lingua scritta. U11: 15; U12: 12; U14: 14a; scrivere una breve sceneggiatura ispirandomi a un testo letto in precedenza. U14: 12.	scrivere testi chiari e ben strutturati adattando il mio stile al tipo di lettore al quale intendo rivolgermi. U15: 11; U16: 13a; U18: 15; U20: 13; scrivere testi lunghi e articolati proseguendo incipit già redatti. U15: 11; produrre testi complessi che descrivano situazioni o personaggi fittizi (anche in prima persona), rendendoli credibili o accattivanti. U16: 4; U20: 13;	scrivere il mio curriculum vitae adoperando le regole di redazione in uso in Italia. U16: 13a; scrivere lettere esponendo argomenti complessi ed evidenziando i punti che ritengo salienti. U18: 15; U21: 11; scrivere testi comici di media lunghezza. U19: 12a.	Produzione scritta

alma edizioni

UNITÀ 1
geografia
LUOGHI D'ITALIA

1 Introduzione
La classe si divide in due o più squadre. Ogni squadra ha 5 minuti di tempo per scrivere più nomi possibili sulla cartina (città, regioni, isole, ecc.) in base alle conoscenze di ogni studente. Vince la squadra che, allo scadere del tempo, ha scritto il maggior numero di nomi corretti al posto giusto.

2 Ascoltare

2a *Ascolta la telefonata e rispondi alla domanda.*

2b *Nella colonna destra hai la trascrizione della parte della telefonata che hai ascoltato. A sinistra ci sono, in disordine, le battute di Franco. Lavora con un compagno e ricostruite la telefonata.*

1. - Sì, sì…	n° **7**
	- Pronto, Franco, ciao, sono io.
2. - Ah, e come mai?	n°____
	- Bene bene. Senti, volevo dirti che stasera non posso venire a cena da te.
3. - Ah, allora ce l'hai fatta.	n°____
	- Sto partendo. Sono in stazione. Ti ricordi quel mega contratto di cui ti avevo parlato?
4. - Senti, se vuoi ci vediamo domani sera così mi racconti tutto.	n°____
	- Beh, lo vado a firmare.
5. - Va bene.	n°____
	- Magari! Sarebbe magnifico!
6. - Ciao ciao.	n°____
	- Veramente non so ancora a che ora sarò di ritorno.
7. - Pronto?	n°____
	- Ora vado che il treno parte. Magari ti chiamo domani all'ora di pranzo, ok?
8. - Ah, vabbè, non preoccuparti.	n°____
	- Ora scappo, ciao, a presto.
9. - Ciao. Come va?	n°____

2c *Ora provate a recitare l'intera telefonata. Poi recitatela per il resto della classe. Quando tutti hanno finito ascoltate il dialogo con tutti e due i personaggi.*

3 Analisi grammaticale
Rileggi il testo della telefonata e concentrati sui due magari *evidenziati. Hanno due significati molto diversi, spiegati nei due box. Copia le due frasi al posto giusto nei box.*

Nella frase _____	Nella frase _____
Magari è un'esclamazione ed esprime un desiderio, una speranza per qualcosa di difficilmente raggiungibile.	**Magari** è un avverbio ed ha un significato vicino a "forse", "probabilmente", "eventualmente".

1 | geografia LUOGHI D'ITALIA

4 Ascoltare

*Ascolta più volte la registrazione e segna sulla cartina di pagina **10** i luoghi geografici citati nel testo. Se ci sono dei dubbi consultati con uno o più compagni. Poi rispondi alle domande qui sotto consultandoti con l'ultimo compagno con cui hai lavorato.*

1. Ad un certo punto il signore riceve una telefonata. Da chi?
2. Ad un certo punto il signore si arrabbia. Perché?
3. Alla fine il signore dice "sono rovinato!" Perché?

5 Analisi lessicale

5a *Ricostruisci le 7 espressioni qui sotto, usate nel dialogo dell'attività **4**.*

scorsa   più   paio   prima   per   tanto   al

1. _____ o meno	2. _____ massimo	3. la settimana _____	4. _____ la precisione	5. _____ o poi	6. un _____ d'ore	7. ogni _____

5b *Inserisci nella trascrizione le espressioni che hai ricostruito al punto **5a**. Poi consultati con un compagno. Alla fine potete riascoltare il brano come conferma.*

Lui - … Che freddo che fa dentro questo scompartimento.

Lei - Sì. E poi non hanno ancora acceso il riscaldamento, non so perché.

Lui - Eh, bisognerà chiamare un controllore.

Lei - Mah, sì, arriverà _____.

Lui - Eh, speriamo.

Lei - Ma sì…

Lui - Qui non si può mica stare così. Ah… che dice: farà freddo anche a destinazione?

Lei - Beh, certo, nell'ultima settimana le temperature si sono un po' alzate però, pensi, _____ io ero a Milano e… ci saranno stati… quattro, cinque gradi _____.

Lui - Addirittura! Eh allora farà freddo. Quindi lei ci va spesso a Milano?

Lei - Mah, _____.

Lui - Pensa che arriveremo… quando? A che ora? _____.

Lei - Mah, non penso che ci vorranno più di _____ … che ore saranno adesso? Le due…

Lui - Adesso sono le due e un quarto. Due e sedici _____.

Lei - Ecco io penso che al massimo entro le quattro e mezza saremo a destinazione.

6 Gioco

Si gioca in gruppi di quattro, una coppia contro l'altra. A turno, ogni coppia deve improvvisare un dialogo (durata: 1 minuto e ½) su una situazione scelta dall'altra coppia, usando il maggior numero possibile di espressioni della lista. La coppia avversaria deve controllare se le espressioni sono usate in modo adeguato. Vince la coppia che alla fine del gioco avrà usato più espressioni in modo corretto.

situazioni

Due amici: organizzate un viaggio in Italia.

Cliente/Albergatore italiano: il cliente si lamenta perché la camera non va bene.

Studente/Insegnante di italiano: lo studente chiede informazioni sul corso.

Due amici: discutete sulla mentalità degli italiani.

Cliente/Cameriere: in un ristorante italiano il cliente si lamenta per il conto troppo alto.

Due amici: siete in viaggio in Italia e decidete cosa portare a casa come souvenir.

espressioni

- Magari *(esclamazione)*
- Magari *(avverbio)*
- Più o meno
- Un paio d'ore
- Per la precisione
- Prima o poi
- Al massimo
- La settimana scorsa
- Ogni tanto

1 geografia LUOGHI D'ITALIA

7 Analisi grammaticale

7a *Ascolta l'estratto dal dialogo dell'attività 4 e scrivi negli spazi i verbi mancanti, come nell'esempio. Alterna ascolti a consultazioni con uno o più compagni.*

Lui - … Che freddo che fa dentro questo scompartimento.

Lei - Sì. E poi non hanno ancora acceso il riscaldamento, non so perché.

Lui - Eh, *bisognerà* chiamare un controllore.

Lei - Mah, sì, _____ prima o poi. (…)

Lui - Qui non si può mica stare così. Ah… che dice: _____ freddo anche a destinazione? (…)

Lei - La settimana scorsa io ero a Milano e… _____ quattro, cinque gradi al massimo.

Lui - Addirittura! Eh allora _____ freddo. Quindi lei ci _____ spesso a Milano?

Lei - Mah, ogni tanto.

Lui - Pensa che _____ … quando? A che ora? Più o meno.

Lei - Mah, un paio d'ore, non penso che ci _____ più di un paio d'ore… che ore _____ adesso? Le due… (…)

Lei - Ecco io _____ che al massimo entro le quattro e mezza _____ a destinazione.

7b *Scrivi al posto giusto nella tabella i verbi al futuro semplice e al futuro anteriore, come nell'esempio.*

futuro semplice	futuro anteriore
bisognerà	

Muoversi e viaggiare in Italia

Era il 3 ottobre 1839 quando un treno - il primo della storia italiana - con a bordo Ferdinando II di Borbone percorse la tratta Napoli-Portici, trainato dalla locomotiva Vesuvio. Da quel primo, storico tentativo, la rete ferroviaria si è sviluppata fino agli attuali 16.000 km.
Oggi il treno è sicuramente il mezzo privilegiato per viaggiare tra le grandi città, per lo meno nel Nord Italia. Grazie alle linee ad alta velocità infatti da Milano si raggiunge Roma in appena quattro ore. Peccato che al Sud viaggiare in treno rap-

presenti ancora un'impresa: da Roma si impiegano circa due ore per arrivare a Napoli ma per raggiungere Palermo ne servono addirittura dodici. Senza contare i ritardi, che spesso purtroppo crescono

in modo proporzionale alla lunghezza del viaggio.
Neanche la rete dei trasporti pubblici cittadini gode di fama mondiale. Ad essere servite dalla metropolitana sono soltanto Milano, che ha tre linee, Catania, Genova, Napoli, Perugia (che ha un modernissimo minimetrò) e Roma, che può contare solamente su due linee. È vero che da anni sono allo

geografia 1
LUOGHI D'ITALIA

7c *Completa la coniugazione del futuro semplice e la regola della costruzione del futuro anteriore.*

futuro semplice				regola
	arriv-**are**	ricev-**ere**	dorm-**ire**	Il **futuro anteriore** si costruisce con
io	_____	ricev-**erò**	dorm-**irò**	_____
tu	arriv-**erai**	_____	dorm-**irai**	_____
lui/lei	arriv-**erà**	_____	dorm-**irà**	_____
noi	_____	ricev-**eremo**	dorm-**iremo**	_____
voi	arriv-**erete**	_____	dorm-**irete**	_____
loro	arriv-**eranno**	ricev-**eranno**	_____	_____

7d *Scrivi al posto giusto nella tabella i verbi al futuro che hai trovato al punto **7b**, indicando quale tempo corrisponde a ogni uso. Inserisci anche il verbo della frase qui sotto, sempre estratta dal dialogo dell'attività **4**.*

C'è qui accanto a me una gentilissima signora che mi ha detto che tempo¹ un paio d'ore **saremo arrivati** a Milano.

usi del futuro	tempi	esempi
■ Indica un fatto **nel futuro**.	☐ futuro semplice ☐ futuro anteriore	
■ Indica un fatto precedente ad un altro evento **nel futuro**.	☐ futuro semplice ☐ futuro anteriore	
■ Indica un dubbio o un'approssimazione riguardo ad un fatto **nel passato**.	☐ futuro semplice ☐ futuro anteriore	
■ Indica incertezza, approssimazione, supposizione riguardo ad un fatto **nel presente**.	☐ futuro semplice ☐ futuro anteriore	

¹**tempo:** significa "tra", "allo scadere di".

studio numerosi progetti per estendere la rete della capitale ma, come tutti i romani sanno, chiunque scava una buca in città trova un po' di Roma antica. Cosa che ha il suo fascino, ma che ostacola inesorabilmente lo sviluppo del trasporto sotterraneo.
Non sorprende quindi che in Italia le automobili siano adoperate più che in qualsiasi altro paese d'Europa, e soprattutto nelle città. A partire dal boom economico degli anni '60 fino ai giorni nostri le automobili sono diventate le protagoniste indiscusse del territorio italiano fino a raggiungere la cifra record di quasi una macchina per abitante. Il traffico insopportabile delle grandi città negli ultimi anni ha inoltre prodotto un boom di micro-car e, soprattutto, di scooter, moto e motorini di ogni genere che cercano di aggirare la congestione del traffico occupando ogni spazio disponibile al transito, con disappunto di automobilisti e pedoni.
Fortunatamente nelle città del Nord che sorgono in pianura padana si fa un largo uso della bicicletta, cosa difficoltosa nel resto d'Italia, anche per via della conformazione geografica del territorio, generalmente montuosa o collinare.

1 geografia — LUOGHI D'ITALIA

8 Leggere

*Completa il testo con i nomi dei luoghi mancanti.
Aiutati con le due cartine geografiche, quella fisica e quella politica.*

Curiosità geografiche d'Italia

Stati, regioni, province e comuni

In Italia si contano venti regioni. La regione più grande è la Sicilia, la più piccola è la _____.
Ogni regione è divisa in province. La provincia più importante di una regione è il "capoluogo di regione". Firenze, ad esempio, lo è della _____ e Roma, che è anche Capitale d'Italia, lo è del _____. Ogni provincia è divisa in comuni. Il comune più importante di ogni provincia è detto "capoluogo di provincia".
L'Italia è una penisola, è cioè circondata dal mare su tre lati: a Est dal Mare _____, a Sud dallo Ionio, a Ovest dal Mar Tirreno e a Nord-Ovest dal _____. A Nord confina con la Francia, la Svizzera, l'_____ e la _____.
La penisola è a forma di stivale con un tacco alto (la _____) e la punta del piede (la _____).
Ciò che contraddistingue l'Italia da qualsiasi altro Stato al mondo è che è l'unico ad accogliere, nei suoi confini, due altri Stati sovrani che sono completamente interclusi, cioè non hanno sbocchi sul mare. Il primo, nei pressi di Riccione, è la Repubblica di _____, ritenuta la più antica repubblica del mondo: la tradizione ne fa risalire la fondazione al

301 d.C. Il secondo è all'interno di Roma ed è la _____, ultimo erede del grande Stato Pontificio, annesso all'Italia nel 1870 e definitivamente riconosciuto autonomo nel 1929.

Isole

In Italia si contano oltre 700 isole, dalle più grandi, la _____ e la _____, al più piccolo scoglio. Tra le più note ci sono l'_____ in Toscana, _____ e Ischia in Campania e le numerosissime isole siciliane, tra cui l'arcipelago delle Isole Eolie davanti a _____ con _____, Stromboli e Vulcano e _____ (davanti a Palermo), detta "La perla nera del mediterraneo" per via della sua origine vulcanica. Una curiosità poco nota riguarda un arcipelago che, pur essendo italiano, si trova in un altro continente: le isole Pelagie infatti (_____, Lampione e Linosa) emergono dallo zoccolo continentale africano, e perciò sono di pertinenza di questo continente. Un'altra curiosità, questa volta legata al nome, riguarda le isole Capraia e Pianosa dell'arcipelago toscano. Queste due isole infatti hanno esattamente lo stesso nome di due piccole isole di un altro arcipelago, quello delle Tremiti in _____, che si trova al largo della penisola del Gargano.

Montagne, fiumi, laghi e vulcani

In Italia le catene montuose si estendono per buona parte della nazione. A nord si trovano le _____, che contengono le tre maggiori vette del continente: il _____ (4810 m), il Monte Rosa (4637 m) e il Cervino (4476 m). Dalle Alpi liguri si staccano gli _____, la catena montuosa che costituisce la spina dorsale dell'Italia, dalla Liguria fino alla Calabria, con una lunghezza di 1.350 km.

La conformazione fisica dell'Italia, con un elevato numero di montagne, fa sì che sia attraversata da molti fiumi, anche se nessuno di essi è estremamente lungo. Il maggiore come lunghezza e portata è il _____, che attraversa tutta la Pianura Padana.
I più grandi laghi italiani sono il Lago di Garda, il Lago Maggiore, il _____ (tutti e tre toccano la Lombardia) e il _____ in Umbria, che però ha una profondità massima di soli sei metri. Il più profondo di tutti, con 410 metri è il lago di Como, mentre il lago di Lesina, in Puglia, è profondo solo due metri.
Un primato dell'Italia, è quello di avere almeno quattro vulcani attivi (il _____, che si trova a pochi chilometri da Napoli, non è spento, ma "dormiente"; tutti temono fortemente un suo improvviso e violento risveglio). Questa caratteristica l'Italia la divide con la lontana Islanda, che di vulcani ne ha di più, ma non perennemente attivi, come l'_____ lo _____ e _____, tutti e tre in Sicilia, il primo vicino Catania, gli altri due sempre in Sicilia ma sulle omonime isole dell'arcipelago delle Eolie. ∎

1 | geografia LUOGHI D'ITALIA

9 Analisi grammaticale

9a *Rileggi il paragrafo "Isole" del testo dell'attività 8. Analizza gli articoli presenti e scrivili al posto giusto nella tabella. Poi confrontati con un compagno.*

Lettera iniziale della parola che segue l'articolo	Articoli					
	Determinativi				Indeterminativi	
	Maschile		Femminile		Maschile	Femminile
	Singolare	Plurale	Singolare	Plurale	Singolare	Singolare
Consonante						
Vocale						
S + cons., Ps Z, Y						

9b *La classe si divide in squadre di tre/quattro studenti. Ogni squadra deve completare la tabella del punto 9a con gli articoli mancanti nel minor tempo possibile. La prima squadra che finisce chiama l'insegnante; se è tutto giusto vince, altrimenti si continua.*

9c *Lavora con un compagno. Quando si usano gli articoli determinativi con i nomi di luoghi geografici? Guarda il testo dell'attività 8 e inserisci le categorie di nomi al posto giusto nella tabella.*

nomi di città	nomi di catene montuose	nomi di stati	nomi di fiumi
nomi di regioni	nomi di laghi	nomi di vulcani	nomi di monti

nomi geografici

Si usa l'articolo determinativo prima di:	Non si usa l'articolo determinativo prima di:

Le isole e gli articoli

Con nomi di isole è difficile dare una "regola" sicura sull'uso dell'articolo determinativo. In generale si può dire che gli arcipelaghi e le grandi isole hanno l'articolo (e così anche le isole che hanno la parola "isola" nel nome come l'*isola d'Elba* e quelle che hanno l'articolo nel nome come *La Maddalena*) mentre le piccole isole no. Tuttavia la distinzione tra grandi e piccole isole non è così semplice: quella che in Italia è un'isola grande, risulta una piccola isola nel globo mondiale. Quindi dobbiamo dire *la Sicilia, la Corsica, la Sardegna*, mentre non mettiamo l'articolo prima di *Creta, Giava, Sumatra, Rodi, Maiorca*, ecc. Non hanno articolo in generale nemmeno alcune isole dal "fascino esotico" come *Cuba, Haiti, Santo Domingo, Singapore*.

LUOGHI D'ITALIA — geografia 1

10 Gioco

Gioca con un compagno. Guardando le cartine di pag. 16-17, preparate individualmente dieci domande su dieci luoghi italiani (città, regioni, isole, monti, fiumi, ecc.) scrivendo anche le risposte, come negli esempi.
A turno, ogni studente pone una domanda a cui il compagno deve rispondere facendo attenzione agli articoli.
Ogni risposta esatta (sia nel contenuto che nell'uso dell'articolo) vale un punto. Vince chi realizza più punti.

Esempi

- Quali sono le 2 isole più grandi d'Italia?
+ La Sicilia e la Sardegna.

+ Qual è il monte più alto d'Italia?
- Il Monte Bianco.

11 Scrivere

*Scegli un Paese che conosci bene (preferibilmente non il tuo Paese di origine) e scrivine una descrizione sul modello del testo dell'attività **8**. Fai attenzione all'uso degli articoli.*

La preposizione *in* con i nomi di luogo
Dopo verbi come *stare, andare, vivere,* ecc. e prima di nomi di Stati o regioni si usa la preposizione ***in***, sempre senza articolo, anche se Stati e regioni normalmente lo vorrebbero. Si dice quindi, *Vado **in** Italia, Sto **in** Germania, Vivo **in** Lombardia* e anche *Portovenere **in** Liguria*, dove il verbo è sottinteso. Fanno eccezione a questa regola dell'omissione dell'articolo i nomi di Stati o regioni plurali *(John vive **negli** Stati Uniti, Maria sta **nelle** Filippine, Anita abita **nelle** Marche)* e la regione *Lazio*, che vuole sempre l'articolo *(Non sono mai stato **nel** Lazio)*.

1 | geografia LUOGHI D'ITALIA

12 Gioco a squadre

La classe si divide in squadre. Ogni squadra deve abbinare ogni **specialità** ad una regione e ogni **monumento** ad una città in sei minuti di tempo. Vince la squadra che indovina più abbinamenti.

Specialità

Tortellini _____
Fonduta _____
Risotto _____
Bagna cauda *Piemonte*

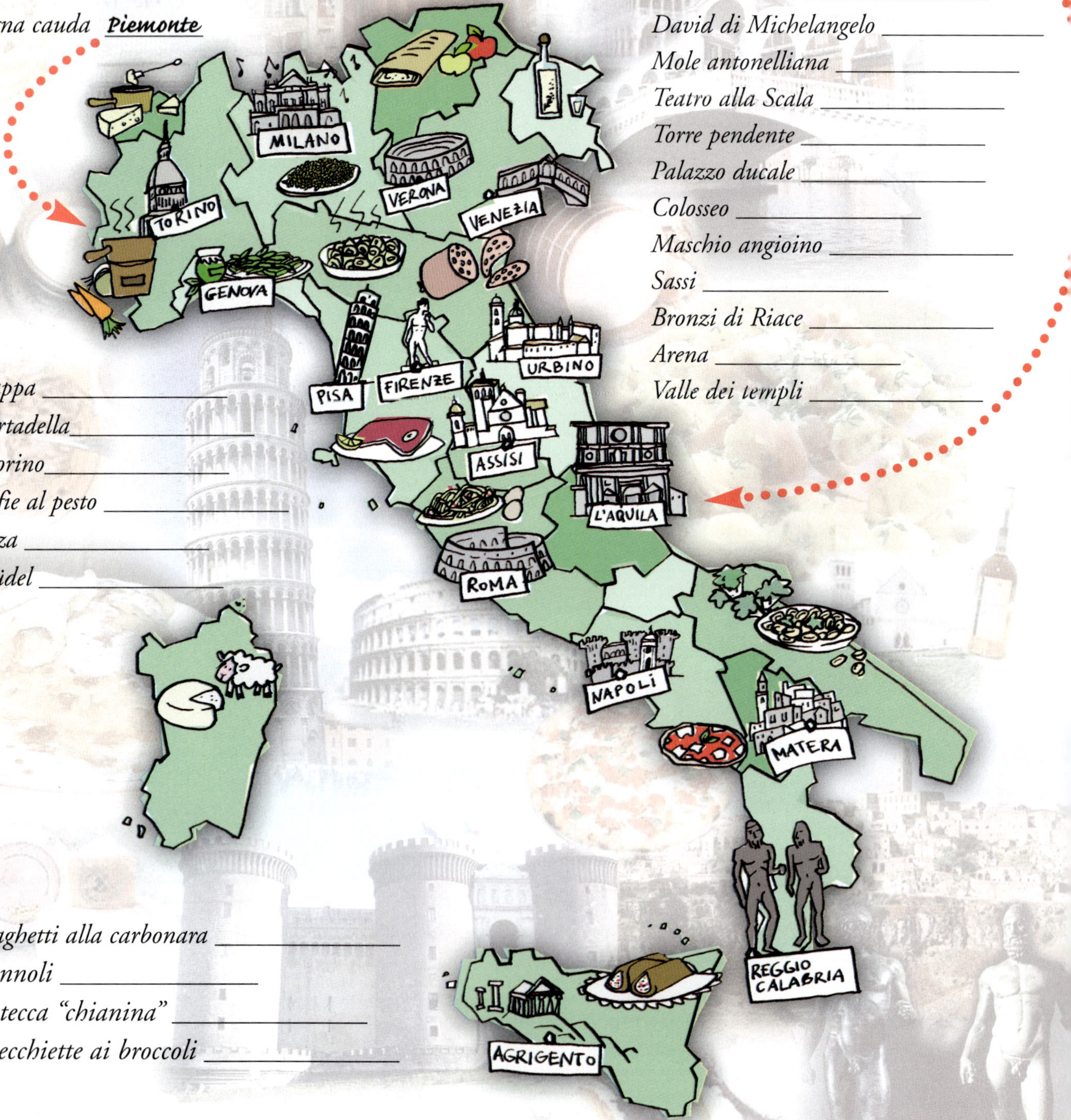

Grappa _____
Mortadella _____
Pecorino _____
Trofie al pesto _____
Pizza _____
Strüdel _____

Spaghetti alla carbonara _____
Cannoli _____
Bistecca "chianina" _____
Orecchiette ai broccoli _____

Monumenti

Basilica di San Francesco _____
Basilica di San Bernardino *L'Aquila*
Ponte di Rialto _____
David di Michelangelo _____
Mole antonelliana _____
Teatro alla Scala _____
Torre pendente _____
Palazzo ducale _____
Colosseo _____
Maschio angioino _____
Sassi _____
Bronzi di Riace _____
Arena _____
Valle dei templi _____

UNITÀ 2
arti
CLASSICO E MODERNO

1 Introduzione

1a *È arte oppure no? Decidi se nel caso dei seguenti esempi si tratta o meno di arte. Poi confrontati in gruppo con alcuni compagni e spiega il perché delle tue decisioni.*

esempi	arte
Un ragazzo costruisce una nave con 22.000 fiammiferi.	
Un famoso professore d'arte espone in un angolo di un museo un pezzo di lardo.	
Madonna canta una canzone d'amore.	
Un giovane studente dell'Accademia di Belle Arti impara a memoria l'elenco telefonico di Firenze.	
Un gorilla dipinge un quadro sul quale si riconosce chiaramente una banana.	
Una tuffatrice artistica fa un triplo salto mortale dal trampolino.	
Un computer produce un'immagine tridimensionale.	
Il cuoco di un hotel a cinque stelle crea un nuovo piatto in occasione dell'Unità Europea.	
Un designer americano schizza la prima bottiglia di Coca-Cola.	
Un orafo crea un nuovo anello.	
Un torero spagnolo combatte così bene che riceve entrambe le orecchie e la coda del toro in premio.	
Un pittore sconosciuto dipinge una copia perfetta di un quadro di Van Gogh.	
Picasso fa in cinque secondi lo schizzo di un disegno su di un fazzoletto.	

da G. Hemman e M. Bonifazio, Università di Torino

1b *Ora guarda questa immagine. Una semplice saponetta? Non solo. Nel giugno 2005 è stata esposta alla rassegna di arte moderna "Art Basel" di Basilea come opera dell'artista italiano Gianni Motti. Tutti i giornali e le tv ne hanno parlato. Secondo te, perché? Cosa ha di particolare questa saponetta? Qual è la sua storia? Insieme a un compagno, prova a fare delle ipotesi.*

2 arti
CLASSICO E MODERNO

2 Leggere e parlare

2a *Leggi questo articolo e scopri la storia della saponetta.*

Berlusconi[1] opera da museo

Un artista ha trasformato in sapone il grasso tolto dai fianchi del premier con una liposuzione

Carsten Wollenweber

15.000 euro per un pezzo di grasso berlusconiano trasformato in un'opera di arte moderna. È questo il prezzo per l'ultima creazione dell'artista italiano - svizzero d'adozione - Gianni Motti che dichiara all'autorevole settimanale "Weltwoche" di aver ottenuto la massa di grasso che il Presidente del Consiglio, in un intervento di un anno e mezzo fa, si sarebbe fatto togliere in una clinica svizzera. Di quel grasso Motti ne ha fatto un sapone che sarà esposto dal 14 giugno alla rassegna di arte moderna "Art Basel". Nome dell'opera: "Mani pulite".

Secondo la ricostruzione del periodico svizzero, Gianni Motti, 47 anni, sarebbe venuto in possesso del grasso presidenziale per pura fortuna ossia tramite un amico che lavora proprio nella clinica a Lugano

Sembrerebbe quindi che si tratti proprio dei resti dell'ormai famoso intervento del nostro capo di governo.

in cui il premier si è ritirato all'inizio del 2004 e dalla quale è uscito qualche giorno più tardi visibilmente dimagrito, sia in viso che sui fianchi.

Sembrerebbe quindi che si tratti proprio dei resti dell'ormai famoso intervento del nostro capo di governo. Avendoli in mano, Motti, artista "d'azione", mai avaro di provocazioni - nel '97 si infiltrò in una seduta dell'ONU e, prendendo il posto di un diplomatico indonesiano, tenne pure un breve discorso - cominciò immediatamente a chiedersi cosa "di artistico" ne potesse fare. "Mi è venuto in mente che spesso si usa grasso animale per fare i saponi. Ma pensavo anche all'operazione Mani Pulite[2], che è diventato poi il titolo della creazione. Comunque, all'idea di usare un pezzo di vero Berlusconi per lavarsi mi sono divertito subito."

È difficile immaginare che un possibile acquirente vorrà fare proprio questo uso del sapone, dal momento che si tratta di un'opera unica del valore di circa 15.000 euro. Ma Motti è sicuro di vendere la sua opera. "Forse la comprerà Berlusconi stesso - suppone - si sa che spesso acquisisce tutti i diritti di una foto che lo mostra in modo sfavorevole solo per impedirne la diffusione. Così potrebbe anche fare con il sapone, ma probabilmente non lo farà, perché si sa anche che in realtà non apprezza l'arte moderna." Dopo la tappa a Basilea, forse "Mani pulite" verrà esposta anche alla Biennale di Venezia. Sempre che qualcuno non decida di acquistarla prima. ■

da www.tiscali.it

> [1]**Berlusconi:** imprenditore e uomo politico. Nel 2005, anno in cui è stato scritto l'articolo, era Presidente del Consiglio (vedi Unità 9).
> [2]**Operazione Mani Pulite:** così venne chiamata negli anni '90 la grande operazione di "pulizia" intrapresa dalla magistratura contro la corruzione nel mondo politico ed economico (vedi Unità 4).

2b *In gruppo con alcuni compagni rispondi alle domande.*

1. Secondo te, la saponetta di Gianni Motti, può essere definita "un'opera d'arte"?

2. Al posto di Silvio Berlusconi cosa avresti fatto?

3. Secondo te, la saponetta è stata venduta?

3 Analisi lessicale

Collega i verbi della prima colonna alle parole della seconda e ricostruisci le espressioni del testo.
Poi collega le espressioni al significato giusto nella terza colonna.

espressione		significato
venire	un discorso	sostituire
prendere	in possesso	provare piacere al pensiero
tenere	in mente	ricordarsi
venire	all'idea	parlare in pubblico
divertirsi	il posto	ottenere

4 Analisi grammaticale

4a Trova nell'articolo dell'attività **2a** tutti i verbi al condizionale e scrivili al posto giusto nella tabella, come nell'esempio.

4b Come si forma il condizionale composto? Completa la regola.

condizionale semplice	condizionale composto
Sembrerebbe	

Il **condizionale composto** è formato dal condizionale _____ del verbo *essere* o *avere* più il participio passato del verbo.

4c Inserisci nella prima colonna (condizionale) i tre verbi mancanti al condizionale.
Poi osserva la seconda colonna (indicativo). Secondo te, cambia qualcosa nel significato? Parlane con un compagno.

condizionale	indicativo
È questo il prezzo per l'ultima creazione dell'artista italiano - svizzero d'adozione - Gianni Motti che dichiara all'autorevole settimanale "Weltwoche" di aver ottenuto la massa di grasso che il Presidente del Consiglio, in un intervento di un anno e mezzo fa, _____ togliere in una clinica svizzera.	È questo il prezzo per l'ultima creazione dell'artista italiano - svizzero d'adozione - Gianni Motti che dichiara all'autorevole settimanale "Weltwoche" di aver ottenuto la massa di grasso che il Presidente del Consiglio, in un intervento di un anno e mezzo fa, **si è fatto** togliere in una clinica svizzera.
Secondo la ricostruzione del periodico svizzero, Gianni Motti, 47 anni, _____ in possesso del grasso presidenziale per pura fortuna ossia tramite un amico che lavora proprio nella clinica a Lugano in cui il premier si è ritirato all'inizio del 2004.	Secondo la ricostruzione del periodico svizzero, Gianni Motti, 47 anni, **è venuto** in possesso del grasso presidenziale per pura fortuna ossia tramite un amico che lavora proprio nella clinica a Lugano in cui il premier si è ritirato all'inizio del 2004.
_____ quindi che si tratti proprio dei resti dell'ormai famoso intervento del nostro capo di governo.	**Sembra** quindi che si tratti proprio dei resti dell'ormai famoso intervento del nostro capo di governo.

2 | arti

CLASSICO E MODERNO

4d *Classifica i 3 verbi al condizionale che hai inserito al punto **4c** al posto giusto nella seconda colonna di questa tabella e indica che funzione hanno nel testo.*

il condizionale serve a	esempio
■ esprimere un desiderio presente	
■ chiedere qualcosa con cortesia	
■ parlare di un desiderio passato	
■ riferire un'informazione non verificata personalmente, abbastanza probabile ma non sicura al 100%	
■ esprimere la conseguenza di un'ipotesi in una frase introdotta dal congiuntivo	
■ esprimere una possibilità (con i verbi *potere* o *dovere* + infinito)	

4e *Rifletti sul quarto verbo al **condizionale** usato nell'articolo. In quale riga della tabella del punto **4d** lo metteresti? Parlane con un compagno.*

"Forse la comprerà Berlusconi stesso - suppone - si sa che spesso acquisisce tutti i diritti di una foto che lo mostra in modo sfavorevole solo per impedirne la diffusione. Così **potrebbe** anche fare con il sapone, ma probabilmente non lo farà, perché si sa anche che in realtà non apprezza l'arte moderna."

5 Ascoltare

5a *Ascolta il dialogo e rispondi alle domande.*

1. Dove sono i due amici?
2. Sono lì per la prima volta?
3. Di quali musei o luoghi d'arte parlano?
4. Che tipo di musei preferisce lei?

CLASSICO E MODERNO

arti 2

5b *Ascolta di nuovo e completa i box con le informazioni tratte dal dialogo.*

CITTÀ: _____
NOME: _____

Presentano la più grande raccolta di antichità del mondo, dall'arte egizia, greca, romana, etrusca, fino a quella rinascimentale. Per oltre 7 km si possono ammirare opere di Raffaello, Bramante, Beato Angelico, Pinturicchio, Michelangelo. Le due sezioni più famose sono forse le *Stanze di Raffaello* con affreschi del grande artista (tra cui La scuola di Atene) e la *Cappella Sistina* (con il famoso Giudizio Universale di Michelangelo).

CITTÀ: VENEZIA
NOME: _____

È la più importante manifestazione culturale italiana. È divisa in varie sezioni (arti figurative, cinema, architettura, musica, danza teatro) e riflette le ultime tendenze mondiali nel campo dell'arte.

CITTÀ: TRENTO E ROVERETO
NOME: Museo d'arte moderna e contemporanea

Ospita opere di artisti dal '900 ad oggi, con esempi di arte futurista, astratta, informale e minimalista. Contiene in particolare opere dei più importanti artisti italiani degli anni '50, '60, '70 (Schifano, Pistoletto, Kounellis) messe in parallelo con quelle di alcuni grandi artisti stranieri (Warhol, Lichtenstein, Oldenburg).

CITTÀ: _____
NOME: _____

Importante museo situato all'interno del parco di Villa Borghese. Contiene una prestigiosa collezione con sculture e dipinti di Bernini, Canova, Caravaggio, Tiziano.

CITTÀ: POMPEI (NAPOLI)
NOME: Scavi archeologici

Suggestivo sito archeologico che conserva i resti di una città romana di 2000 anni fa distrutta dall'eruzione del vulcano Vesuvio.

CITTÀ: AGRIGENTO
NOME: Valle dei Templi

Sito archeologico che conserva le rovine di un'antica città greca. In una splendida valle immersa nel verde è possibile ammirare i resti ancora molto ben conservati di antichi templi costruiti secondo lo stile dorico.

CITTÀ: _____
NOME: Pinacoteca di Brera

Contiene importanti collezioni di pittura antica e moderna. Tra i quadri più importanti il *Cristo morto* del Mantegna e *La cena in Emmaus* di _____. Ma vi si trovano anche dipinti di Piero della Francesca, Raffaello, Tiziano, Tintoretto.

CITTÀ: CASERTA
NOME: Reggia

Magnifico e monumentale palazzo reale fatto costruire nel '700 dal re delle due Sicilie Carlo di Borbone sul modello di Versailles. È uno dei monumenti italiani più visitati dai turisti.

CITTÀ: ROMA
NOME: Galleria nazionale d'arte moderna

È un grande museo che si occupa di arte moderna e contemporanea, con una mostra permanente sull'arte italiana dall'800 a oggi e esposizioni temporanee.
Vi sono rappresentati tutti i più importanti movimenti artistici italiani del '900, dal futurismo (con opere di Boccioni e Balla) alla metafisica (con opere di De Chirico). Contiene anche opere di alcuni dei maggiori pittori stranieri del secolo scorso (Paul Klee, Kandinsky, Max Ernst).

CITTÀ: FIRENZE
NOME: Gli _____

È uno dei musei più famosi del mondo. Le sue raccolte di dipinti del Trecento e del Rinascimento contengono alcuni capolavori assoluti dell'arte di tutti i tempi. Basta ricordare i nomi di Giotto, Simone Martini, Piero della Francesca, Beato Angelico, Botticelli, Mantegna, Leonardo, Raffaello, Michelangelo, Caravaggio.

CITTÀ: _____
NOME: _____

Il museo documenta le tappe fondamentali dello sviluppo dell'arte contemporanea in Italia e all'estero dagli anni '50 ad oggi. Sono presenti opere di Balla, Vedova, Pistoletto, Kounellis, Rebecca Horn, Gilbert & Gorge, Cattelan. Al suo interno ha sede anche il Museo della pubblicità.

---

alma edizioni

25

2 arti

CLASSICO E MODERNO

6 Cruciverba

6a *Formate delle squadre. Al via dell'insegnante, completate il cruciverba sui termini dell'arte. Tutte le parole sono utilizzate nei testi dei box di pag. 25. Quando avete finito, chiamate l'insegnante. Vince la squadra che per prima completa il cruciverba in modo corretto.*

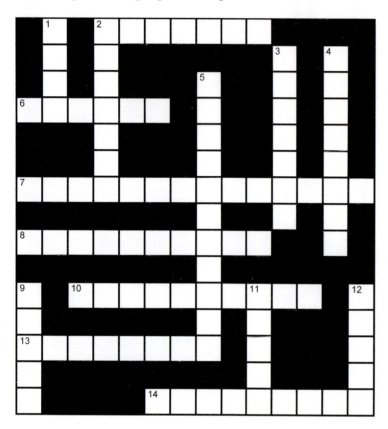

Orizzontali →

2 Artisti come Klee e Kandisky.
6 Esposizione d'arte.
7 L'arte italiana del 1400 e del 1500.
8 Una mostra può essere temporanea o …
10 Opere straordinarie.
13 Opere… a tre dimensioni!
14 Quadri dipinti direttamente sul muro.

Verticali ↓

1 Un luogo archeologico.
2 Un'arte figurativa.
3 Quadri.
4 Collezione.
5 Di grandi dimensioni.
9 Un luogo che contiene opere d'arte.
11 Le producono gli artisti.
12 Li studia l'archeologia.

7 Parlare

Ti piace visitare i musei e le mostre? Quale tra i musei e i luoghi d'arte descritti alla pagina precedente hai visitato e quali ti piacerebbe visitare? E quali altri (anche non in Italia) ti ricordi di aver visitato con più piacere? C'è un artista o un'opera d'arte che ami in modo particolare? Parlane con alcuni compagni.

8 Analisi grammaticale

*Nel dialogo dell'attività **5** viene usato cinque volte il condizionale. Osserva le 5 frasi e completa la tabella del punto **4d** inserendo questi nuovi esempi di condizionale. Alla fine consultati con un compagno.*

1. Senti, io **vorrei** un caffè adesso, che ne dici?

2. Forse non ho fatto una cosa che mi… mi **sarebbe piaciuto** molto fare.

3. Vedi, vedi, se t'avessero imposto un tempo determinato non **te la saresti goduta**.

4. Mi **piacerebbe** molto andarci.

5. Senti, mi **porteresti** una bustina di zucchero di canna, per favore?

artI 2

CLASSICO E MODERNO

9 Esercizio

Qui sotto hai un altro articolo che riguarda la saponetta "Mani pulite". Rimetti i paragrafi nel giusto ordine e coniuga i verbi al tempo e al modo opportuni (indicativo o condizionale).

Venduta la saponetta del premier

☐ Il grasso - sempre secondo l'autore - *(essere)* _____ prelevato nel corso dell'operazione eseguita più di un anno fa in una clinica svizzera.

☐ La curiosità è che la saponetta, secondo quanto afferma l'artista nato in Italia ma residente da sempre in Svizzera Gianni Motti, *(essere)* _____ ricavata dal grasso dell'operazione di lifting del presidente del Consiglio italiano Silvio Berlusconi.

☐ Gianni Motti *(nascere)* _____ a Sondrio nel 1958, ma da parecchi anni *(vivere)* _____ a Ginevra. Secondo quanto dichiarato dall'artista a un giornale, il grasso gli *(essere)* _____ consegnato da un dipendente della clinica.

☐ Un anonimo collezionista svizzero ha acquistato per 15.000 euro la saponetta "Mani pulite" esposta in questi giorni alla 36sima edizione dell'"Art Basel", fiera internazionale d'arte moderna e contemporanea.

☐ 5 L'opera d'arte *(essere)* _____ acquistata dopo appena un quarto d'ora dall'apertura delle vendite.

Il condizionale
In generale si può dire che il condizionale serve a esprimere qualcosa in modo attenuato, dubitativo, potenziale, mentre l'indicativo, negli stessi ambiti, serve a esprimere certezza e obiettività. Per questo alcuni studiosi hanno definito il condizionale come "modo della penombra" in contrapposizione all'indicativo che sarebbe invece un modo più "solare".

---

10 Esercizio

Ricostruisci con le parole sulla destra questa battuta (divisa in due parti) tratta dal dialogo del punto **5a**. Poi ascolta il brano audio e verifica.

1 Comunque, due _____, sicuramente _____ la Galleria Borghese.

1 a | la pena | o meno
ore | vale | venire | visitare

2 _____ non _____ in una visita _____.

2 a | che | È | mancare | musei
possono | quei | Roma | uno di

2 arti
CLASSICO E MODERNO

11 Gioco

*Gioca con un compagno. A turno, uno di voi sceglie una domanda dalla lista di sinistra e l'altro risponde formando una frase come nell'esempio (le domande e le risposte sono in ordine). Attenti ai pronomi, alla persona del verbo, all'aggettivo **quello** e alle preposizioni. Ogni risposta esatta vale un punto. Vince chi totalizza più punti alla fine del gioco.*

Es:
- **domanda:** - E la Galleria Borghese?
- **risposta:** *(visitare - musei - Roma)* Sicuramente vale la pena venire a <u>visitarla</u>. È <u>uno</u> di <u>quei</u> <u>musei</u> che non possono mancare in una visita a <u>Roma</u>.

domande	risposte
E la Galleria Borghese?	*(visitare - musei - Roma)*
1. E la Torre di Pisa?	*(vedere - monumenti - Toscana)*
2. E il Colosseo?	*(vedere - monumenti - Roma)*
3. E Perugia?	*(visitare - città - Umbria)*
4. E l'Italia?	*(visitare - paesi - Europa)*
5. E i Musei Vaticani?	*(visitare - musei - Roma)*
6. E la Valle dei Templi?	*(visitare - luoghi - Sicilia)*
7. E via Veneto?	*(passeggiare - strade - Roma)*
8. E Firenze?	*(passare un po' di tempo - città - Italia)*
9. E gli Uffizi?	*(visitare - gallerie - Firenze)*
10. E le lasagne?	*(provare - specialità - Emilia Romagna)*
11. E i tortellini?	*(assaggiare - piatti - Bologna)*
12. E il palio di Siena?	*(vedere - spettacoli - Toscana)*
13. E l'hotel Danieli?	*(passare una notte - alberghi - Venezia)*
14. E le Cinque Terre?	*(passare qualche giorno - località - Liguria)*

quello

	singolare	plurale
maschile	quel quello quell'	quei quegli
femminile	quella quell'	quelle

12 Scrivere

Scegli un monumento e completa l'articolo. Usa l'immaginazione.

La Torre di **Pisa**

Incredibile ma vero. Secondo alcune indiscrezioni ancora non confermate, il Comune di _____ si preparerebbe a demolire _____ per costruire al suo posto un/una...

Secondo quanto riportato dalla stampa...

Il Colosseo di **Roma**

Palazzo Vecchio di **Firenze**

Il Duomo di **Milano**

La Valle dei Templi di **Agrigento**

UNITÀ 3
società
EMIGRAZIONE E IMMIGRAZIONE

1 Introduzione

1a *Il brano audio che ascolterai è l'inizio del libro "Novecento", di Alessandro Baricco. Ascoltalo tutte le volte necessarie e rispondi alle domande discutendo con un compagno.*

1. Chi è la persona che parla?
2. Cosa racconta?

1b *Dal libro di Baricco è stato tratto un film. Leggi le tre trame e rispondi alla domanda consultandoti con un compagno.*

- Quale film è stato tratto dal libro "Novecento" di Baricco?

La leggenda del pianista sull'oceano
di G. Tornatore, 1998

Trovato in fasce il 1° gennaio 1900 a bordo del transatlantico Virginian, T. D. Lemmons cresce sulla nave, impara a suonare il piano, diventa l'attrazione dell'orchestra di bordo nei viaggi transoceanici senza scendere mai.

E la nave va
di F. Fellini, 1983

Italia, luglio 1914. Un transatlantico salpa da Napoli, carico di bella gente, verso un'isola dell'Egeo per trasportarvi le ceneri della celebre cantante Edmea Tetua. Il film è il diario della vita di bordo fin quando irrompe la Storia: è cominciata la prima guerra mondiale.

Pane e cioccolata
di F. Brusati, 1973

Emigrato italiano in Svizzera, perseguitato dalla sfortuna, cerca di farsi passare per svizzero ma viene scoperto ed umiliato. Continuerà a lottare per conciliare lavoro e dignità. Uno dei migliori film con Nino Manfredi.

1c *Ora chiudi il libro e riascolta il brano audio. Poi verifica discutendo con un compagno.*

alma edizioni 29

3 | società
EMIGRAZIONE E IMMIGRAZIONE

2 Leggere
2a *Leggi il testo.*

Quando gli immigrati erano italiani

Mario Lenzi

◤ Sacco e Vanzetti

"In una officina di South Braintee rapinatori italiani uccidono il cassiere". "Inquietudine nel Bronx - basta con gli immigrati". "Italiani assassini - terrore a Chicago". "Navi cariche di italiani: impedire gli sbarchi". "Pena di morte contro i due delinquenti italiani". Sono solo alcuni dei titoli apparsi su giornali americani negli anni Venti. Da più parti si chiedeva che venissero adottate misure straordinarie contro l'immigrazione, che dall'Italia riversava nelle città americane milioni di disperati.☐

Pochi fortunati riuscirono a mettere su qualche modesta attività commerciale, ma i loro negozi venivano devastati dalle organizzazioni xenofobe, tanto che furono costretti a raggrupparsi, per difendersi, nel quartiere di *Little Italy*. Molti entrarono nella malavita locale e alcuni si organizzarono in bande. Contro di loro l'opinione pubblica insorse. Le accuse erano sempre le stesse: sovversivi, anarchici, ma soprattutto camorristi e mafiosi. I giornali non facevano distinzione fra gli italiani onesti e i rapinatori assassini.☐

Oggi la comunità italo-americana (15 milioni e 700 mila, pari al 6 per cento della popolazione totale) è entrata nelle classi alte

Oggi la comunità italo-americana è entrata nelle classi alte degli Stati Uniti e i politici se ne contendono il voto.

degli Stati Uniti e i politici se ne contendono il voto. Fra loro sono molti i nomi noti di politici, industriali, atleti, artisti fra i più celebrati del cinema e del teatro.☐

Ma nella prima metà del secolo la "Merica" era un vero miraggio, come gli italiani erano per gli americani un incubo. Dal 1869 al 1914 furono 25 milioni quelli che lasciarono il nostro paese. 14 milioni definitivamente. L'emigrazione cessò dal 1915 al 1918 perché il governo di Roma aveva trovato nella prima guerra mondiale il modo di impiegare le eccedenze. L'emigrazione salì di nuovo negli anni Venti e poi diminuì per la politica restrittiva del governo USA sotto le pressioni dell'opinione pubblica, fino a cessare nel secondo dopoguerra, quando l'emigrazione di massa si rivolse soprattutto verso gli altri paesi europei: Germania, Francia, Belgio.☐

Le storie accadute negli anni della grande emigrazione negli Stati Uniti sono molte e diverse fra loro. Quella che a distanza di quasi un secolo è rimasta maggiormente nella memoria storica riguarda la vicenda di due giovani emigranti, Nicola Sacco e Bartolomeo Vanzetti. Giunti in America senza conoscersi nel 1908, i due svolsero ogni lavoro possibile e divennero attivisti anarchici. Vennero arrestati nel 1916, rei d'avere con loro volantini anarchici e alcune armi. Pochi giorni dopo furono accusati anche di una rapina avvenuta a South Baintree, un sobborgo di Boston, poche settimane prima del loro arresto, in cui erano stati uccisi a colpi di pistola due uomini, il cassiere di un calzaturificio e una guardia giurata. Processati, vennero giustiziati sulla sedia elettrica il 23 agosto 1927. Il 23 agosto 1977, esattamente 50 anni dopo, il governatore del Massachusetts Michael Dukakis emanò un proclama che assolveva i due uomini dal crimine.☐

da www.ilpassaporto.kataweb.it

2b *Reinserisci nel testo l'ultima frase in ogni paragrafo. Le frasi sono qui sotto in disordine.*

1. Le sue parole resero finalmente giustizia alla loro memoria: *"Io dichiaro che ogni stigma ed ogni onta vengano per sempre cancellati dai nomi di Nicola Sacco e Bartolomeo Vanzetti"*.
2. Da Madonna a Di Caprio, da Rudolph Giuliani a Martin Scorsese.
3. Quello che non cambiò fu la diffidenza che gli immigrati incontravano nei paesi ospiti.
4. Quasi tutti cercavano un lavoro, anche se sottopagato.
5. Fra gli immigrati c'erano gli uni e gli altri.

società 3
EMIGRAZIONE E IMMIGRAZIONE

3 Esercizio

Ricostruisci queste frasi dal testo dell'attività 2, collegando le parti di sinistra con quelle di destra. Attenzione: una voce nella seconda colonna è intrusa.

1. I negozi venivano devastati	2. nella malavita locale.
1. Pochi fortunati riuscirono	2. verso gli altri paesi europei.
1. Molti entrarono	2. alla loro memoria.
1. Il governo di Roma aveva trovato il modo	2. sulla sedia elettrica il 23 agosto 1927.
1. La comunità italo-americana è entrata	2. di una rapina.
1. L'emigrazione di massa si rivolse	2. nelle classi alte.
1. Vennero giustiziati	2. dalle organizzazioni xenofobe.
1. Queste parole resero finalmente giustizia	2. a mettere su qualche attività commerciale.
	2. di impiegare le eccedenze.

3 Variante gioco a squadre

1. La classe si divide in due squadre: **A** e **B**. Ogni squadra si divide in due gruppi: **1** e **2**.
2. L'insegnante distribuisce al gruppo **1** di ogni squadra una busta contenente gli 8 biglietti con le frasi n. **1** e al gruppo **2** di ogni squadra una busta contenente i 9 biglietti con le frasi n. **2**.
3. Gli studenti di ogni gruppo si dividono equamente i biglietti.
4. Ogni componente del gruppo **1** deve cercare tra i membri del gruppo **2** della propria squadra i biglietti su cui è scritta la logica continuazione dei biglietti in proprio possesso. Se le otto frasi verranno ricostruite correttamente, sarà possibile scoprire qual è l'intruso tra i biglietti del gruppo **2**, quello cioè non abbinabile a nessun biglietto **1**.
5. Quando una squadra pensa di aver trovato il biglietto intruso tra quelli del gruppo **2**, lo consegna all'insegnante. Se è il biglietto giusto vince, altrimenti non potrà ritentare prima di un minuto.

4 Analisi grammaticale

4a *Osserva il brano qui sotto, estratto dal testo dell'attività 2a. Le parole evidenziate sono verbi al passato remoto. Discuti con un compagno per rispondere alle domande.*

Pochi fortunati **riuscirono** a mettere su qualche modesta attività commerciale, ma i loro negozi venivano devastati dalle organizzazioni xenofobe, tanto che **furono costretti** a raggrupparsi, per difendersi, nel quartiere di *Little Italy*. Molti **entrarono** nella malavita locale e alcuni **si organizzarono** in bande. Contro di loro l'opinione pubblica **insorse**.

1. Dei cinque verbi **evidenziati** uno è passivo e uno è riflessivo. Quali?

Passivo: _____ Riflessivo: _____

2. Perché l'autore usa il passato remoto?

alma edizioni 31

3 | società — EMIGRAZIONE E IMMIGRAZIONE

4b *Sottolinea nel testo dell'attività **2a** tutti gli altri verbi attivi al passato remoto. Poi inseriscili nello schema come negli esempi, scrivendo l'infinito del verbo nell'ultima colonna. Quando hai finito confronta il tuo lavoro con quello di un compagno.*

io	tu	lui/lei	noi	voi	loro	*infinito*
					riuscirono	riuscire
					entrarono	entrare
					si organizzarono	organizzarsi
		insorse				insorgere

4c *Completa lo schema inserendo le forme mancanti dei verbi.*

4d *Alla riga 52 del testo dell'attività **2a** c'è un verbo al passato prossimo (**è rimasta**). Perché qui l'autore non ha usato il passato remoto? Discutine con un compagno e scegli qui sotto la regola che indica la differenza tra passato prossimo e passato remoto.*

- ☐ Il passato remoto si usa per riferirsi ad un momento precedente rispetto al passato prossimo.
- ☐ Il passato remoto indica un distacco psicologico maggiore dall'evento rispetto al passato prossimo.
- ☐ Il passato remoto si usa sempre nella lingua scritta al posto del passato prossimo. Il passato prossimo invece si usa sempre nella lingua parlata.

Cronologia - L'emigr

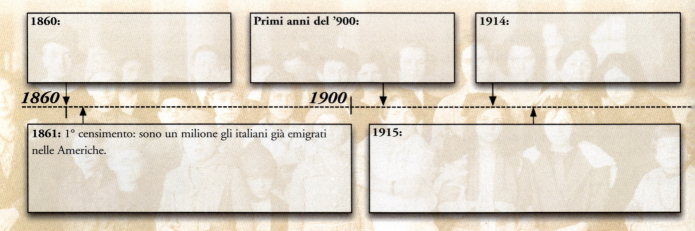

1860:

Primi anni del '900:

1914:

1860 ─────────────── 1900

1861: 1° censimento: sono un milione gli italiani già emigrati nelle Americhe.

1915:

società 3

EMIGRAZIONE E IMMIGRAZIONE

5 Ascoltare

5a *Ascolta l'intervista e rispondi alla domanda, poi confrontati con un compagno.*

- Nell'intervista vengono citati due film, quali sono e di cosa parlano?

5b *Ascolta ancora l'intervista e rispondi alle domande, poi confrontati di nuovo con il compagno di prima.*

1. Che caratteristiche ebbe, per il professor Franzina, l'immigrazione in America nei primi anni del '900?
2. Da quali parti d'Italia provenivano gli emigranti e perché?

5c *Completa la cronologia dell'emigrazione italiana aiutandoti con il testo dell'attività **2a** e con l'intervista dell'attività **5**.*

Si sviluppa la mafia italo-americana.

L'emigrazione verso l'America assume le caratteristiche di un vero e proprio esodo.

Dalla fine della Seconda Guerra Mondiale l'emigrante tipo svolge i lavori più umili in paesi europei come Belgio Germania, Svizzera.

Sono circa 25 milioni gli italiani che hanno intrapreso il "viaggio della speranza". Ne torneranno meno della metà.

L'Italia blocca le partenze per via dell'inizio della Prima Guerra Mondiale.

Vengono riabilitati Sacco e Vanzetti, ingiustamente giustiziati 50 anni prima. Il proclama segna la fine della discriminazione nei confronti degli italiani espatriati negli USA.

Ricomincia il grande esodo verso l'America.

Comincia la selezione degli emigranti che entrano negli USA. Vengono respinti quelli più politicizzati perché ritenuti pericolosi.

Unità d'Italia.

e dall'Italia 1860-1970

| Anni '20: | Anni '20: | Anni '30 - '40 | Anni '50: A causa della sempre maggiore chiusura dei confini da parte degli USA, un numero sempre maggiore di emigranti sceglie paesi europei. | 1948: | 1977: | 1970: Lentamente il numero degli emigranti cala e l'Italia comincia a diventare da paese di emigrazione un paese di immigrazione. |

3 | società
EMIGRAZIONE E IMMIGRAZIONE

6 Scrivere
Ricordi la storia di una nonna o di un nonno? Scrivila.

7 Parlare
Leggi le affermazioni sugli stranieri che oggi sempre più spesso si sentono per le strade in Italia. Cosa ne pensi? Parlane con un compagno.

Gli immigrati rappresentano una risorsa economica per il paese che li ospita!

Se facciamo entrare TROPPI STRANIERI DISTRUGGIAMO le nostre radici culturali

La cultura nasce dall'incontro, dalla diversità e dalla contaminazione

Gli stranieri non VOGLIONO INTEGRARSI e difficilmente accettano LE REGOLE del nuovo paese

Gli STRANIERI tolgono il LAVORO ai nostri figli

Gli immigrati regolari hanno percentuale di criminalità molto bassa

Qui ci sono TROPPI stranieri: rimandiamoli a casa e AIUTIAMOLI a casa loro!

Una società veramente civile non può chiudere le proprie frontiere

La maggior parte dei CRIMINALI sono IMMIGRATI

Mc Talibe, la vendetta del dj venuto dal Senegal

Sei senegalese? Niente casa in affitto!

Giovanni Maria Bellu

Doveva essere uno scherzo. "L'idea - ricorda Luca - è nata perché Mc Talibe in Senegal ha un sacco di fratelli, una ventina. Così abbiamo pensato di fargli rispondere ad un annuncio economico che offriva in affitto una casa al mare. Mc Talibe si sarebbe informato sul numero delle stanze e subito si sarebbe rammaricato perché lo spazio per la sua famiglia era insufficiente. Quindi avrebbe cominciato ad enumerare, uno dopo l'altro, i nomi dei suoi fratelli". Una goliardata radiofonica, una burla estiva per gli ascoltatori di "Sintony", la più seguita tra le radio private sarde.

Mc Talibe è il nome d'arte di Serigne Sira Seck, un senegalese di 27 anni che dal 2001 risiede in Italia, tra Milano e la Sardegna. Un immigrato privilegiato, dotato di regolare permesso di soggiorno, conteso dalle discoteche e dalle radio. Nel febbraio dello scorso anno, mentre era a Radio Dee Jay, lanciò una canzone ("Yo yo ya ya ye ye") che entrò nelle classifiche di vendita. In più, Mc Talibe è un tipo simpatico, che parla l'italiano alla perfezione e che è a suo agio negli ambienti più diversi. Fino a quel giorno, a chi gli rivolgeva la canonica domanda sul razzismo degli italiani, rispondeva con un sorriso.

Era il primo di luglio. "Pronto, chiamo per l'annuncio". Risponde la voce di una donna anziana, il tono inizialmente è cortese. "Sono un operaio di Brescia - continua Mc - e vorrei prendere in affitto la sua casa". "Di dove è lei?", domanda la donna. "Senegalese". Come possono testimoniare gli ascoltatori di "Radio Sintony" (la telefonata infatti è stata mandata in onda) a questo punto il tono della voce della signora cambia. È imbarazzato, diffidente. Mc non ci fa caso. Domanda in che mese la casa è disponibile e la signora, intanto, chiarisce che al momento è occupata. "Ci sono dei tedeschi", precisa. Poi fa sapere che è prenotata sia per luglio, sia per agosto. "Ok, va bene allora da settembre?". Niente da fare. "Ottobre?" Niente. Un weekend a scelta ("Verrei con la mia ragazza, che è sarda", dice Mc). Impossibile. Un muro. E quando Mc sta domandando perché mai abbia pubblicato l'annuncio, visto che non c'è posto, la signora riattacca.

In un paese che ha, tra i suoi parlamentari europei, quel Borghezio[1] che definisce "facce di merda" gli immigrati neri, il battesimo col razzismo di Mc Talibe potrà anche apparire soft. In effetti abbiamo visto ben altre manifestazioni di intolleranza. Ma Mc proprio non se l'aspettava. Ci è rimasto malissimo. E anche Luca, il conduttore della trasmissione, che poco dopo ha composto nuovamente quel numero di telefono: "Pronto sono il dottor Lo Monaco, da Brescia, un libero professionista. Verrei ad agosto, con mia moglie e mio figlio". Inutile dire che la villetta al mare era libera e che l'accordo è stato raggiunto in pochi minuti. Anche questa telefonata è stata mandata in onda e a Mc, poco dopo, è tornato il buon umore. A decine hanno chiamato per esprimergli solidarietà e anche per offrirgli ospitalità nelle più belle zone di mare della Sardegna. A lui, alla fidanzata sarda e, se vorrà, anche ai venti fratelli che vivono in Senegal. ■

da www.repubblica.it

[1] **Borghezio:** Mario Borghezio, noto parlamentare della Lega Nord.

> Mc Talibe è un tipo simpatico, che parla l'italiano alla perfezione e che è a suo agio negli ambienti più diversi.

3 | società EMIGRAZIONE E IMMIGRAZIONE

8b *Lavora con un compagno. Trascrivete le battute della conversazione tra Mc Talibe e la signora trasformando anche le parti dove non c'è un discorso diretto, come nell'esempio. Poi mettetevi di spalle e recitate la telefonata. Cercate di immedesimarvi nel vostro ruolo. Ripetete il lavoro finché non acquisite scioltezza e naturalezza.*

Mc Talibe	Signora
Pronto, chiamo per l'annuncio.	*Buongiorno, mi dica.*
Sono un operaio di Brescia e vorrei prendere in affitto la sua casa.	

9 Analisi grammaticale

9a *Lavora sui **primi due** paragrafi del testo **8a**, fino alla riga 35. Per ogni tempo della prima colonna, trova almeno un verbo nel testo e completa la tabella come nell'esempio.*

tempo	verbo nel testo	dove
Indicativo passato prossimo	*è nata*	*riga 2-3*
Indicativo imperfetto		
Indicativo passato remoto		
Condizionale composto		

9b *Rileggi il brano qui sotto (estratto dal testo **8a**). I tre verbi **evidenziati** sono al condizionale composto. Cerca di capire se le tre azioni espresse dai tre verbi accadono prima, nello stesso momento o dopo l'azione espressa da "abbiamo pensato".*

Così <u>abbiamo pensato</u> di fargli rispondere ad un annuncio economico che offriva in affitto una casa al mare. Mc Talibe **si sarebbe informato** sul numero delle stanze e subito **si sarebbe rammaricato** perché lo spazio per la sua famiglia era insufficiente. Quindi **avrebbe cominciato** ad enumerare, uno dopo l'altro, i nomi dei suoi fratelli".

Come si inseriscono sulla linea del tempo le tre azioni al condizionale composto rispetto al verbo *abbiamo pensato*?

abbiamo pensato →

☐ prima ☐ nello stesso momento ☐ dopo

società 3
EMIGRAZIONE E IMMIGRAZIONE

9c *Scegli la regola giusta sull'uso del condizionale composto.*

- ☐ Il condizionale composto esprime un'azione contemporanea ad un'altra azione nel passato.
- ☐ Il condizionale composto esprime un'azione posteriore rispetto ad un'altra azione nel passato.
- ☐ Il condizionale composto esprime un'azione anteriore rispetto ad un'altra azione nel passato.

10 Parlare

Lavora in coppia con un compagno (Segretario Generale Onu e Giornalista) e leggi le istruzioni che ti riguardano. Poi iniziate la conversazione.

▶ Segretario Generale Onu	▶ Giornalista
Sei l'ex Segretario Generale dell'ONU. Il mondo non è migliorato molto negli anni del tuo mandato. Rilasci la prima intervista ad un giornalista in Italia. Cosa avresti dovuto, voluto e potuto fare?	Sei un giornalista a cui l'ex Segretario dell'ONU rilascia la sua prima intervista dalla fine del suo mandato. Il mondo non è migliorato molto negli ultimi anni. Chiedigli cosa avrebbe dovuto, voluto e potuto fare e perché non è riuscito a farlo.

11 Gioco a squadre

La classe si divide in due squadre. Lavorate sul paragrafo **3** del testo **8a** dalla riga 36 alla riga 61. In questo paragrafo ci sono molti verbi all'indicativo presente: alcuni servono per parlare del presente, altri per parlare del passato (presente storico). Guardando il testo decidete se i verbi della tabella sono al presente **(P)** o al presente storico **(S)**, come negli esempi. Quando il vostro gruppo ha finito chiamate l'insegnante. Se la sequenza è giusta avete vinto, altrimenti il gioco continua.

chiamo	**P**		È			fa	
Risponde	**S**		fa			è	
è	**S**		Domanda			va	
Sono	**P**		è			è	
è			chiarisce			sta	
domanda			è			c'è	
possono			Ci sono			riattacca	
cambia			precisa				

12 Esercizio

12a *Riscrivi sul quaderno il testo del paragrafo **3** del testo **8a** trasformando il presente storico in tempi passati. Attenzione: "abbia" diventa "avesse". Segui l'inizio.*

> *Era il primo di luglio. "Pronto, chiamo per l'annuncio". Rispose la voce di una donna anziana...*

12b *Ricontrolla quello che hai scritto facendoti aiutare da un compagno. Fa' attenzione:*

- ai tempi verbali
- alle concordanze
- alle congiunzioni
- alla logica della successione temporale

alma edizioni

3 | società EMIGRAZIONE E IMMIGRAZIONE

> **Il passato remoto**
> Il **passato remoto** viene usato principalmente nella lingua scritta: nei libri di storia e nei racconti letterari. Le persone più utilizzate quindi sono generalmente la terza singolare e la terza plurale.
>
> Nella lingua parlata il **passato remoto** è usato principalmente in alcune **passato remoto**, al posto del passato prossimo.
>
> Nella cartina a fianco le zone in cui si usa il passato remoto anche nella lingua parlata.

13 Esercizio

Ascolta molte volte questa parte del dialogo e trascrivi tutto quello che viene detto. Quando non riesci più ad andare avanti lavora con un compagno.

Gli americani, _____

_____ e lo dichiaravano,

_____

_____

_____ nord.

14 Analisi della conversazione

Seguite le istruzioni.

1. Dividetevi in coppie.
2. Ogni coppia studia l'estratto dall'intervista ricostruito nell'attività precedente e ognuno dei due studenti, con l'aiuto dell'altro, si prepara a recitarlo, facendo attenzione in modo particolare all'intonazione, alle pause, e agli accenti delle frasi. In questa fase non è possibile riascoltare l'audio.
3. A turno ogni studente recita il breve brano davanti alla classe, anche leggendo.
4. Tutti gli altri (escluso l'altro membro della coppia) assegnano ad ogni studente un voto da 1 a 5.
5. Una volta che tutti hanno recitato e votato, tutta la classe riascolta il brano audio originale.
6. Vince la coppia che ha ottenuto più voti.

UNITÀ 4
storia

TANGENTOPOLI

1 Introduzione

Gli anni tra il 1992 e il 1994 furono drammatici per la classe politica italiana. Guarda i titoli dei giornali e cerca di capire cosa è successo discutendo con un gruppo di compagni.

venerdì 12 febbraio 1993
Dopo sedici anni e sette mesi Craxi se ne va, ore drammatiche all'Assemblea socialista
Addio, Ghino di Tacco
Mentre Scalfaro dice: "E' come nei giorni di Moro"
E Amato prepara il grande rimpasto
"Primo: la questione morale"
Nel Psi è guerra aperta
Benvenuto contro Spini
Il Potere che crolla...

Di Pietro annuncia lo scioglimento del pool MANI PULITE.
Si chiude così formalmente la "Prima Repubblica" italiana.

la Repubblica
mercoledì 16 dicembre 1992
Parte l'avviso di garanzia. Ma il leader si difende: "E' un'aggressione politica"
Craxi sott'inchiesta
I giudici di Tangentopoli: "Corruzione e ricettazione"
Terremoto nel Psi, domani le dimissioni?

ELEZIONI: è terremoto!
Crollano tutti i partiti di governo. PDS in difficoltà. Vince il voto di protesta della Lega Nord: 9% a livello nazionale.

Drammatica udienza al processo Cusani, l'ex leader psi accusa partiti e imprese. La Quercia lo querela
Craxi: siamo tutti colpevoli
Siluri a Pds, Spadolini e Napolitano. Forlani: soldi alla Dc? Non so nulla

Accusato di concussione finisce in carcere Mario Chiesa, socialista
Milano, arrestato il presidente dei Martinitt

4 | storia
TANGENTOPOLI

2 Leggere

2a *In questo testo quattro parole sono state scambiate con altre quattro. Rimettile a posto, come nell'esempio, poi confrontati con un compagno. Tutte le parole da spostare sono evidenziate.*

Il 17 febbraio 1992 viene **ricevuto** Mario Chiesa, presidente del Pio albergo Trivulzio di Milano, subito dopo aver **arrestato** una tangente di sette milioni di lire da **via** dell'imprenditore Luca Magni. Questo arresto segna l'inizio dell'inchiesta **italiana** che prederà il nome di "Mani pulite" (per i giornali fu *Tangentopoli*) e che coinvolgerà in seguito i principali **governi** della vita politica **giudiziaria**: i segretari dei due maggiori partiti di governo, Arnaldo Forlani della Democrazia Cristiana e Bettino Craxi del Partito Socialista Italiano; il segretario del Partito Repubblicano Italiano Giorgio La Malfa, il vicesegretario socialista Claudio Martelli, e poi imprenditori, ex ministri, politici dei **protagonisti** locali, e così **parte**.

2b *Leggi l'intervista a Luca Magni rimettendo le domande al posto giusto.*

Io: guastafeste

- Quando è arrivata la prima richiesta di soldi?
- Come l'ha trattata Di Pietro?
- Ha rivisto Chiesa?
- Com'era Chiesa, visto da vicino?
- Signor Magni, racconti quel 17 febbraio.
- Come glieli ha chiesti, i soldi?
- Di chi erano i soldi?
- E Chiesa come ha reagito?
- E lei?

Intervista di Gianni Barbacetto

1. _____

Quel giorno sono andato, attorno alle 13, alla caserma dei carabinieri di Via Moscova, dal capitano Roberto Zuliani, che mi ha poi accompagnato al Palazzo di giustizia, dal giudice Antonio Di Pietro.

[1] **lire:** un euro è pari a 1.936 lire.

2. _____

Ero un po' teso, perché non mi aspettavo di incontrare un magistrato. Mi sono però subito tranquillizzato, perché Di Pietro è stato molto gentile: prima ha mandato fuori dalla sua stanza tutti quelli che vi stavano lavorando, poi mi ha messo a mio agio, mi ha chiesto di raccontargli i fatti. Senza alcun atteggiamento inquisitorio nei miei confronti. Infine siamo tornati in caserma. I carabinieri hanno preparato l'operazione. Abbiamo predisposto una mazzetta di 7 milioni di lire[1]: una banconota ogni dieci era firmata su un lato da Di Pietro e sull'altro dal capitano Zuliani.

TANGENTOPOLI

storia 4

3. _____

Erano miei. Veramente avrei dovuto portarne 14 a Chiesa, ma ho chiesto a Zuliani di ridurre, visto come doveva andare a finire. Dalla caserma sono partite quattro automobili. Io ero sulla mia, con a fianco un carabiniere in borghese. Ci siamo diretti verso il Pio Albergo Trivulzio. L'appuntamento era per le 17.30. Io sono salito nell'ufficio del presidente, Mario Chiesa, in Via Marostica 8. Dopo mezz'ora di anticamera, mi ha ricevuto. Era una consuetudine dell'ingegner Chiesa far aspettare almeno mezz'ora prima di ricevere.

Quando sono entrato, avevo nel taschino della giacca una penna che in realtà era una microspia trasmittente. In mano avevo una valigetta che conteneva una telecamera. Di Pietro e Zuliani, dunque, potevano seguire in diretta il mio incontro. A dire la verità avevo una paura pazzesca, insomma ero agitatissimo. L'ingegner Chiesa era al telefono e io sono stato dieci minuti in piedi ad aspettare che finisse di parlare. Poi gli ho dato la busta che conteneva i 7 milioni. Gli ho detto che gli altri 7 per il momento non li avevo.

4. _____

Nessun commento. Mi ha solo chiesto 'Quando mi porta il resto?'. Gli ho risposto 'La settimana prossima'. Mentre uscivo dall'ufficio, un carabiniere in borghese entrava a bloccare Chiesa.

5. _____

Io, appena fuori, ho telefonato con il cellulare a mia madre e a mia sorella, che erano a casa, per tranquillizzarle perché erano più preoccupate di me. Poi ho ripreso l'auto e sono tornato in Via Moscova.

6. _____

No. In caserma ho intravisto la sua compagna, arrivata con due grosse borse, forse per il carcere.

7. _____

Arrogante. Scortese. Urlava spesso e si esprimeva in modo molto volgare con tutti. I miei operai avevano un vero e proprio terrore del presidente. Gli incontri con lui di solito erano fatti di 45 minuti di attesa e 45 secondi di colloquio. Mi stringeva la mano solo perché proprio gliela allungavo.

8. Lei come era arrivato a Chiesa?
La mia azienda è specializzata in trattamenti speciali ospedalieri. Eravamo stati segnalati perché siamo bravi. Lavoravamo al Trivulzio da tre anni.

9. _____

Nel 1990, quando abbiamo avuto i primi appalti consistenti.

10. _____

Come è abituato a fare lui, con quattro parole secche: 'Mi deve dare il 10%'. A ogni assegnazione di lavoro, automaticamente, dovevo portare i soldi, in contanti, dentro una busta bianca. ■

da Il Mondo, 1992

2c *Lavora con un compagno. Inserite nella tabella qui sotto le informazioni sui personaggi coinvolti nel primo arresto dell'inchiesta "Mani pulite".*

Luca Magni	Roberto Zuliani	Antonio Di Pietro	Mario Chiesa

4 storia
TANGENTOPOLI

3 Analisi lessicale

Trova nel testo le parole o le espressioni che hanno significato equivalente alle definizioni qui sotto. Le definizioni sono in ordine. Ad ogni linea corrisponde una parola.

_____: carica pubblica di una persona che deve far rispettare la legge

_____: sinonimo di giudice

_____ _____ _____: comodo

_____: aggettivo per indicare chi fa molte domande

_____: denaro versato o incassato per ottenere o concedere illegalmente particolari favori o privilegi

_____ _____: senza divisa (abito usato come segno distintivo dagli appartenenti a una determinata categoria, associazione…)

_____: abitudine

_____: incredibile

_____: visto solo per un momento

_____: presuntuoso, antipatico, aggressivo

_____ _____: somma di denaro costituita da monete e banconote

▶ La fine del "Sistema dei partiti"

Il 1992 può essere individuato come il punto conclusivo della storia del "Sistema dei partiti" o della cosiddetta "Prima Repubblica". Le elezioni del 5 aprile decretano la bocciatura netta di tutti i tradizionali partiti di governo. È il segno di una forte richiesta di rinnovamento da parte dell'elettorato. Il processo di trasformazione investe tutti i partiti, da destra a sinistra: dopo il crollo del Muro di Berlino (1989) il PCI diventa Partito Democratico della Sinistra (PDS) mentre dalla sua ala sinistra si stacca il gruppo di Rifondazione Comunista. Il vecchio MSI, partito di destra da sempre all'opposizione, diventa Alleanza Nazionale.

La Democrazia Cristiana, da sempre al governo nella storia repubblicana, travolta dagli scandali per la corruzione dilagante nel paese, si frantuma in piccoli partiti e scompare. Come la DC e per gli stessi motivi spariscono dalla scena politica moltissimi altri partiti, primo tra tutti il Partito Socialista.

4 Parlare

Lavora in un gruppo di almeno 4 persone e preparate una drammatizzazione degli eventi del 17 febbraio 1992 raccontati da Magni nell'intervista. Potete aggiungere personaggi inventati o anche un narratore.
Quando siete pronti recitate la storia davanti alla classe.

5 Analisi grammaticale

5a Lavora con un compagno. Cercate di rispondere alla domanda qui sotto con tutte le informazioni che ricordate. Eventualmente prendete appunti.

- Qual è la differenza d'uso tra **passato prossimo** e **imperfetto**?

5b Tornate al testo dell'attività **2b** e verificate le vostre ipotesi individuando i verbi al passato prossimo e all'imperfetto.

5c *Rileggi il brano dell'intervista qui sotto. Tre verbi sono coniugati in un tempo diverso dall'originale (se erano al passato prossimo ora sono all'imperfetto e viceversa). Trovali.*

Di chi erano i soldi?

Erano miei. Veramente avrei dovuto portarne 14 a Chiesa, ma ho chiesto a Zuliani di ridurre, visto come doveva andare a finire. Dalla caserma partivano quattro automobili. Io ero sulla mia, con a fianco un carabiniere in borghese. Ci siamo diretti verso il Pio Albergo Trivulzio. L'appuntamento era per le 17.30. Io sono salito nell'ufficio del presidente, Mario Chiesa, in Via Marostica 8. Dopo mezz'ora di anticamera, mi ha ricevuto. Era una consuetudine dell'ingegner Chiesa far aspettare almeno mezz'ora prima di ricevere.

Quando sono entrato, avevo nel taschino della giacca una penna che in realtà era una microspia trasmittente. In mano avevo una valigetta che conteneva una telecamera. Di Pietro e Zuliani, dunque, potevano seguire in diretta il mio incontro. A dire la verità ho avuto una paura pazzesca, insomma ero agitatissimo. L'ingegner Chiesa è stato al telefono e io sono stato dieci minuti in piedi ad aspettare che finisse di parlare. Poi gli ho dato la busta che conteneva i 7 milioni. Gli ho detto che gli altri 7 per il momento non li avevo.

5d *Lavora con un compagno. Confrontate il lavoro precedente, poi discutete per completare insieme la tabella su ognuno dei tre verbi. Quando avete finito aiutatevi guardando il testo originale dell'attività 2b.*

Primo verbo _____	dovrebbe essere _____	funziona lo stesso? ☐ sì ☐ no	Il significato cambia? Come?
Secondo verbo _____	dovrebbe essere _____	funziona lo stesso? ☐ sì ☐ no	Il significato cambia? Come?
Terzo verbo _____	dovrebbe essere _____	funziona lo stesso? ☐ sì ☐ no	Il significato cambia? Come?

6 Ascoltare

6a *Ascolta una volta l'audio, poi discuti con un compagno per rispondere alla domanda.*

- Quale dei personaggi dell'attività **2c** è quello che parla nel brano audio?

_____

6b *Ascolta ancora il brano e consultati con un compagno. Poi scopri chi è la persona che parla leggendo la sua biografia a pagina 46.*

6c *Ascolta l'audio tutte le volte necessarie a capire meglio. Tra un ascolto e l'altro discuti con un compagno.*

4 | storia
TANGENTOPOLI

7 Esercizio

Sergio Cusani è un imprenditore arrestato nel 1993. Inserisci nella sua intervista i verbi tra parentesi coniugandoli all'indicativo presente, passato prossimo o imperfetto.

Intervista a Sergio Cusani

■ **Lei, Cusani, per cosa è stato condannato?**
Concorso esterno in false comunicazioni sociali e in finanziamento illecito ai partiti. Per questo ho scontato complessivamente 5 anni e 6 mesi di carcere.

■ **Una persona abituata ai consigli d'amministrazione, alle auto blu, alle segretarie, che impatto ha con il carcere?**
Devastante perché non lo *(mettere)* _____ nel suo orizzonte di probabilità.

■ **Serve, per quello che concerne il recupero sociale, far fare la galera ad un colletto bianco?**
La carcerazione così come *(avvenire)* _____ oggi non serve al recupero sociale di nessuno, né di un tangentista né di un rapinatore: tanto è vero che i casi di recidività in Italia *(superare)* _____ il 60 per cento. Il carcere, nella sua normalità e nella maggior parte dei casi, non ottiene altro risultato che riprodurre se stesso.

■ **Ma lei in carcere *(cambiare)* _____ o no?**
(Cambiare) _____ durante il carcere, ma non grazie al carcere. *(Avere)* _____ semplicemente la fortuna di avere avuto un sistema affettivo che *(tenere)* _____ e riferimenti culturali che *(essere)* _____ preesistenti, rispetto al carcere, e che a un certo punto *(ritornare)* _____ fuori a sostenermi.

■ ***(Sentirsi)* _____ mai un fuorilegge? E se sì, quando?**
Io *(prendere)* _____ coscienza del mio reato, in quanto tale, nel momento in cui mi *(arrestare)* _____. Intendiamoci, *(avere)* _____ sempre la consapevolezza della illegittimità di certi miei comportamenti: ma non, anche se la distinzione *(sembrare)* _____ sottile, della loro illegalità.
Poiché *(essere)* _____ comportamenti così diffusi *(prevalere)* _____, rispetto alla percezione dell'illegalità, quella della loro "normale" illegittimità: quasi un peccato veniale. Lo *(fare)* _____ tutti, semplicemente: come oggi, del resto.

da L'Oblò, 2004

8 Gioco

*Formare delle coppie (studente **A** e studente **B**), ogni coppia è una squadra. Tutti gli studenti **A** si dispongono in una zona dell'aula. Lo stesso fanno gli studenti **B**, in una zona diversa. Gli studenti **A** leggono a pag. **45** il foglio con le schede dei partiti. Gli studenti **B** invece leggono il foglio in appendice a pag. **261**. Al **VIA** dell'insegnante ogni studente deve lasciare il libro e incontrare il proprio compagno di coppia per scambiare con lui più informazioni possibili per completare il proprio schema dei partiti. Allo **STOP** ognuno ritorna al proprio posto e integra la propria scheda con le informazioni mancanti. Quando l'insegnante dà ancora il **VIA**, le coppie si incontrano di nuovo, per scambiarsi ancora informazioni o per dichiarare di aver completato la scheda. Vince la prima coppia che completa i due schemi in modo corretto.*

Bettino Craxi

Bettino Craxi, leader indiscusso del Partito Socialista e Presidente del Consiglio dal 1984 al 1987, viene accusato di corruzione nel dicembre del '92 e nel febbraio del '93 sarà costretto a lasciare la segreteria del suo partito.

Nel dicembre del '93, davanti ad un Parlamento ammutolito, fa uno storico discorso che suona come una sfida a tutta la classe politica italiana: "Si alzi in piedi chi di voi non ha preso finanziamenti illeciti in questo Paese".
Il 29 aprile del '94, dopo il No del Parlamento alla richiesta di autorizzazione all'arresto, il politico va all'hotel Raphael dove viene accolto con un lancio di monetine da una folla riunita ad aspettarlo. Il 5 maggio 1994 fugge nella sua villa di Hammamet, in Tunisia, dove muore il 20 gennaio 2000.

storia 4

TANGENTOPOLI

Prima repubblica 1948 - 1992

Democrazia Proletaria

Partito Comunista Italiano

Partito Socialista Italiano

Partito Socialdemocratico Italiano

DP - Partito d'ispirazione comunista contrario a ogni compromesso, si differenziava dal PCI e coniugava cultura marxista e difesa dell'ambiente.

PCI - Nato nel 1921, soppresso dal regime fascista nel 1926 e ricostituito nel 1943, è stato per oltre 40 anni il maggiore partito di opposizione in Italia. Di ispirazione operaia, è stato sciolto nel 1991 dopo la caduta del muro di Berlino.

PSI - Partito che ha nel corso degli anni perso la sua vocazione iniziale al marxismo. È stato al governo del Paese dal 1980 al 1992. In seguito allo scandalo di Tangentopoli, ha cambiato rapidamente molti segretari fino al definitivo scioglimento.

PSDI - Nato nel 1947 da una costola del PSI, ha fatto parte del Pentapartito di governo dal 1980 al 1992.

_____ Partito prima d'opposizione, poi di governo nel Pentapartito, fu travolto dallo scandalo di tangentopoli e venne sciolto nel 1994.

_____ È il più antico partito politico italiano, fondato nel 1895. Ha avuto ruoli di governo fin dagli anni '60.

_____ Il partito fu fondato da Alcide De Gasperi nell'ottobre 1942. Oltre ad essere stato il maggior partito italiano è stato ininterrottamente al governo dal dopoguerra. Disgregato in diversi partiti dopo il 1994 in seguito allo scandalo di Tangentopoli.

_____ Partito di destra nato nel dopoguerra. È sempre stato all'opposizione fino al suo scioglimento nel 1995.

9 Scrivere

Ti interessi di politica? Argomenta le tue preferenze cercando di dare una tua risposta alla domanda qui sotto.

Che cosa è la politica?

4 | storia

TANGENTOPOLI

10 Esercizio

10a *Lavora con un compagno: leggete il testo tratto dall'intervista ad Antonio Di Pietro che avete ascoltato nell'attività 6 e provate ad inserire la punteggiatura senza ascoltare il brano audio.*

> "Questa è l'anomalia un'anomalia che ha portato sul fronte delle entrate un mare di soldi in meno perché è chiaro che pagando la corruzione invece di pagare le tasse pagare la corruzione paghi molto meno ma le tasse non pagandole l'erario ci ha molti soldi in meno e quindi come un buon padre di famiglia se ci ho lo stipendio da cento lire posso fare dieci cose per i miei figli se ci ho uno stipendio da dieci lire posso fare dieci cose in meno il buon padre di famiglia Stato italiano aveva molti soldi in meno perché appunto ne incassava molti meno perché appunto molte persone non pagavano le tasse perché s'accordavano fra un condono un indulto e l'altro uno dice ma chi me lo fa fare e quando poi venivano scoperti beh pago una tangente all'ufficiale della Guardia di Finanza piuttosto che a un ispettore piuttosto che a un politico e qui metto tutto a tacere."

10b *Ora provate a leggere il testo dandogli più senso possibile e sottolineate le parole che, secondo voi, dovrebbero essere pronunciate con più forza. Provate e cercate di migliorare il più possibile, poi ascoltate il brano audio e verificate il lavoro svolto.*

Antonio Di Pietro scrive la sua biografia

Sono nato a Montenero di Bisaccia (Campobasso) il 2 ottobre 1950.
A 21 anni sono emigrato in Baviera (Germania) per lavorare in una catena di montaggio di un'industria metalmeccanica e in seguito in una segheria. Nel 1973 sono tornato in Italia, mi sono laureato in giurisprudenza presso l'Università Statale di Milano.
Nel 1981 sono entrato in magistratura e nel 1985 sono stato trasferito alla Procura di Milano con funzione di Sostituto Procuratore e mi sono occupato di inchieste riguardanti la criminalità organizzata ed i reati contro la Pubblica Amministrazione.
È di questi anni l'inchiesta Mani Pulite.
Nel 1995 ho lasciato la magistratura e nel maggio 1996 sono stato nominato Ministro dei Lavori Pubblici.
Nel 1998 ho fondato il partito Italia dei Valori, di cui attualmente sono Presidente esecutivo.
Nel secondo Governo Prodi (2006) ho assunto la guida del Ministero delle infrastrutture.

da www.antoniodipietro.com

11 Gioco

Ora conoscete bene gli eventi degli anni "caldi" di Tangentopoli. Tornate all'attività 1 e mettete in ordine cronologico le prime pagine dei giornali in base agli eventi che si sono verificati. Quando avete finito chiamate l'insegnante. La coppia che conclude per prima in modo corretto vince il gioco.

12 Ricerca

In questa pagina ci sono alcuni politici che hanno caratterizzato la vita pubblica nel periodo successivo alla vicenda Mani Pulite. Li conosci? Fai una ricerca per verificare se ancora sono dei leader e per capire la situazione attuale della politica italiana.

UNITÀ 5
società
CASA

1 Introduzione

1a *Completa l'inizio di questo articolo con le parole della lista.*

- dall'agente immobiliare
- un consulente finanziario
- reale
- falso
- dallo psicoanalista
- uno psicoanalista

Nuove abitudini L'ossessione immobiliare

Psicologia del cercar casa

Come investimento, necessità, hobby, argomento di conversazione

Tommaso Pellizzari

Convinta di entrare nello studio di _____, una signora sbaglia porta e finisce al cospetto di _____. Lui non svela la sua _____ identità e lei gli racconta tutta la sua vita, a partire dai dettagli più personali. Succede nell'ultimo film di Patrice Leconte, *Confidenze troppo intime*, appena uscito. Trattandosi di cinema, niente di più _____: perché nella realtà le persone non vanno _____ ma _____. A questa conclusione, dopo quindici anni di professione nel campo, è giunto il povero Stefano Passoni. Anche a lui, come a tanti suoi colleghi, è capitato di essere vittima di una bizzarra passione finesettimanale degli italiani: andare a vedere case da comprare. ■

1b *Rispondi alle domande e confrontati con un compagno.*

1. Che lavoro fa Stefano Passoni?
2. Secondo te perché il giornalista definisce "passione bizzarra" l'attività di "andare a vedere case da comprare"?
3. Di cosa parlerà l'articolo?

2 Leggere

2a *Ora leggi l'articolo completo.*

Nuove abitudini L'ossessione immobiliare

Psicologia del cercar casa

Come investimento, necessità, hobby, argomento di conversazione

Tommaso Pellizzari

Convinta di entrare nello studio di uno psicoanalista, una signora sbaglia porta e finisce al cospetto di un consulente finanziario. Lui non svela la sua reale identità e lei gli racconta tutta la sua vita, a partire dai dettagli più personali. Succede nell'ultimo film di Patrice Leconte, *Confidenze troppo intime*, appena uscito. Trattandosi di cinema, niente di più falso: perché nella realtà le persone non vanno dallo psicoanalista ma dall'agente immobiliare. A questa conclusione, dopo quindici anni di professione nel campo, è giunto il povero Stefano Passoni. Anche a lui, come a tanti suoi colleghi, è capitato di essere vittima di una bizzarra passione finesettimanale degli italiani: andare a vedere case da comprare.

«Ci sono quelli che si siedono, ci raccontano i fatti loro, che stanno cercando casa perché hanno divorziato, perché la fidanzata li ha lasciati… Risultato: si vende poco e si passa il sabato a sentire un sacco di storie tristi.»

Spesso il povero Stefano Passoni ha preso appuntamenti il sabato mattina (presto) con persone che vengono a vedere case che non hanno intenzione di comprare. Ne ha identificati due tipi. «Quelli che girano per l'appartamento, dicono frasi tipo "è la casa dei nostri sogni", "è bellissi-

> **Ci sono quelli che si siedono, ci raccontano i fatti loro, che stanno cercando casa perché hanno divorziato, perché la fidanzata li ha lasciati**

ma". "Bene", gli dici tu. "Vogliamo parlarne?". "Ci piacerebbe, ma adesso non possiamo permettercela. Forse tra una decina d'anni"».

Seconda tipologia: i ventenni sognatori. «Arrivano mano nella mano, sorridenti, freschi di doccia e svegli da poco, si chiamano "amore" e "tesoro". Girano per le stanze e dicono "qui ci metteremo la cameretta dei nostri bambini", "questa è proprio la stanza da letto che volevamo". Poi confessano "Non stiamo cercando casa. La verità è che abitiamo in un bilocale e volevamo sapere com'è una villa da 1 miliardo e mezzo"».

Adesso, per equità nei confronti del povero Stefano Passoni, bisogna dire che non è il milanese livoroso che sembra. È un ottimo professionista del settore: la prova è che la sua descrizione di quel che avviene nel mondo del mercato immobiliare durante il weekend è stata confermata dai suoi colleghi nel resto d'Italia. Sembra funzioni così: nel 90 per cento dei casi in cui è una coppia a cercar casa, il primo appuntamento si fissa durante la settimana e si presenta una donna. Se la casa le piace, torna nel weekend con il compagno, e la spiegazione ufficiale è «io non decido nulla». Naturalmente non è vero. Quando si ripresentano, il marito fa il poliziotto cattivo, si informa sull'impianto elettrico o le manutenzioni straordinarie. Mogli e fidanzate non fanno osservazioni con gli agenti, parlano solo col marito dopo, a casa. La trattativa la fa lui, ma si capisce che le domande che pone negli incontri successivi, in realtà sono domande di lei. E alla fine, se decide di comprare, a parità di condizioni tra due case l'ultima parola spetta alla signora. Motivazione classica: «Sa, in casa ci sta più lei». Questa dinamica si ripete senza variazioni al Nord come al Sud, nelle città più grandi come in quelle più piccole.

Durante il weekend le probabilità di vendere case sono molto più alte in periferia

che non in centro. Questo perché il professionista che lavora e vive in centro (o in zona residenziale), va all'acquisto di casa tramite passaparola o annunci sui giornali più importanti. Non così succede nelle zone popolari: il sabato viene dedicato a sistemare le cose di famiglia, cioè «la spesa ma anche la realizzazione di un sogno», teorizza Giuseppe Rossi di Tecnocasa. «Arrivano con i sacchetti del supermercato, si scusano, però poi sono molto concreti», è l'analisi di Stefano Passoni, l'immobiliarista che si è fatto antropologo.

Chissà se si è mai imbattuto in una tipa come Caterina Farro, due figli, agente di viaggi per l'Estremo Oriente. Una di quelle che, anche se può sembrare da squilibrati, doveva comprar casa, ne ha viste decine, poi l'ha trovata, ma invece di sentirsi libera si è accorta di non poter uscire dal tunnel: «L'appuntamento alle 9 del sabato diventa una piccola perversione, fai fatica a staccartene. Scopri i tic degli agenti immobiliari, mappi i ciarlatani e tu, con il senno di cento case già viste, sei in grado di smascherarli. Entri nella loro psicologia: c'è quello che insiste, vendendo fumo, c'è chi ostenta indifferenza, ma ormai non ti incantano più». Voglia di vendicarsi dei venditori. Ma non è tutto: «Ti diverti anche molto, una volta che ti passa l'ansia dell'acquisto, a vedere gli spazi vuoti dove puoi volare con l'immaginazione. Qui butto giù un muro, anzi due, tre, allargo il terrazzo, rimpicciolisco la cucina, apro un bagno nello sgabuzzino, faccio l'alcova dove c'è il soggiorno».

Non dovrebbe fare la stessa preoccupante fine la commercialista romana Alessandra, che ha trasformato la ricerca della casa nel suo secondo e ben poco redditizio lavoro. Sta cercando un appartamento più grande al quartiere Monti. E si è organizzata così: «Venerdì pomeriggio, acquisto dei giornali specializzati». Seconda tappa: «Acquisto di un quaderno su cui appuntare tutte le offerte, le case viste, i prezzi e l'agenzia che le propone. È fondamentale, perché dopo un po' ci si dimentica di quel che si è visto». Per superare la terza tappa, bisogna partire preparati: «Sapendo che tra gli annunci e le case c'è una distanza piuttosto notevole, bisogna andare di contropiede e sparare un filotto di domande standard: a che piano è l'appartamento?, c'è l'ascensore?, l'affaccio è interno o esterno?, ci sono sotto i ristoranti?, è stata ristrutturata di recente?». Già, perché dovete sapere che gli architetti... ma questa, più che un'altra storia, è un altro psicodramma. ■

da *Weekend del Corriere della Sera*

2b Collega le affermazioni di sinistra con i giusti soggetti.

1. Anche se ha trovato casa, continua a rivolgersi alle agenzie immobiliari perché non può farne a meno.

2. Durante il fine settimana di solito fa più affari.

3. Durante il fine settimana di solito non va nelle agenzie immobiliari.

4. Ha molto potere decisionale nella scelta della casa da comprare.

5. Il sabato di solito non fa molti affari.

6. Non ha ancora trovato la casa che cerca e per questo continua a rivolgersi alle agenzie immobiliari.

7. Si rivolge alle agenzie immobiliari senza avere una reale necessità di acquistare una casa.

Alessandra

Caterina Farro

Il professionista che vive in centro

L'agenzia immobiliare di periferia

La donna

La maggior parte della gente

Stefano Passoni

5 | società CASA

3 Analisi lessicale

3a *Senza guardare il testo, collega ogni verbo di sinistra alle parole di destra e ricostruisci le espressioni. Poi cercale nel testo dell'attività 2a alla riga indicata e verifica la soluzione.*

riga	verbo	parole
15	giungere	con l'immaginazione
61	fissare	domande
72	porre	a una conclusione
104 - 105	uscire	fumo
112 - 113	vendere	indifferenza
113 - 114	ostentare	un appuntamento
121 - 122	volare	dal tunnel

3b *Con gli stessi verbi del punto 3a è possibile formare altre espressioni molto usate. Dividetevi in squadre e completate le espressioni scrivendo vicino ad ogni verbo le parole giuste della lista e collegando le espressioni con il loro significato, come nell'esempio. Vince il gruppo che termina correttamente per primo. Quando pensate di aver finito chiamate l'insegnante. Se la sequenza non è giusta il gioco continua.*

alto — cara la pelle — a un bivio — al capolinea — al traguardo — a testa alta — l'anima al diavolo — basso — di senno — negli occhi — sicurezza — una data — rimedio — un quesito

espressione		significato
1. giungere	al traguardo	fare qualsiasi cosa pur di raggiungere uno scopo
		arrivare al momento di fare una scelta
		avere grandi ambizioni
2. fissare		concludere qualcosa
		perdere il controllo, diventare matto
3. porre		fare una domanda
		guardare in modo insistente
4. uscire		difendersi con grande energia
		trovare la soluzione a un problema
5. vendere		mostrarsi tranquilli e forti
		non avere più speranza di continuare
6. ostentare		avere obiettivi facilmente raggiungibili
		decidere il giorno di un appuntamento
7. volare		superare un problema con grande dignità

CASA società 5

4 Scrivere e parlare

Dividetevi in gruppi di 3. Dovete scrivere la scena iniziale del film descritto qui sotto. Poi provatela più volte (uno fa il regista e gli altri due gli attori) e infine rappresentatela davanti alla classe. Attenzione, dovete immaginare tutto: cosa dicono i personaggi, come si muovono, come parlano, ecc. Se volete, potete anche cambiare il sesso dei due personaggi (una consulente donna e un paziente uomo, o due donne, ecc.).

Convinta di entrare nello studio di uno psicoanalista, una signora sbaglia porta e finisce al cospetto di un consulente finanziario. Lui non svela la sua reale identità e lei gli racconta tutta la sua vita, a partire dai dettagli più personali…

5 Analisi grammaticale

5a *Senza rileggere il testo dell'attività **2a**, in base alle tue conoscenze della grammatica italiana, rispondi alla domanda. Poi confrontati con un compagno.*

In italiano, l'aggettivo qualificativo va prima o dopo il nome?

☐ Sempre prima.
☐ Sempre dopo.
☐ Dipende. In genere va prima del nome, ma ci sono anche casi in cui va dopo.
☐ Dipende. In genere va dopo il nome, ma ci sono anche casi in cui va prima.
☐ Non è possibile definire una regola generale, può andare sia prima che dopo.

> **L'aggettivo qualificativo**
> Quando in italiano si parla di aggettivo di solito si intende dire "aggettivo qualificativo". Questo tipo di aggettivo serve a definire le qualità del nome a cui si riferisce *(bello, brutto, grande, vecchio…)*. Ci sono anche altri tipi di aggettivi: possessivi *(mio, tuo, suo…)*, dimostrativi *(questo, quello…)*, indefiniti *(qualche, alcuni…)*, interrogativi *(quale, che…)*, ecc.

5b *Ora rileggi l'articolo. Trova l'aggettivo qualificativo che si riferisce a ogni nome sottolineato e scrivilo nella tabella qui sotto nella posizione che occupa nel testo, prima o dopo il nome, come nell'esempio. Poi verifica la tua risposta al punto **5a** e confrontati di nuovo con lo stesso compagno.*

	nome				nome	
_____	consulente	*finanziario*		_____	motivazione	_____
_____	identità	_____		_____	città	_____
_____	dettagli	_____		_____	zona	_____
_____	agente	_____		_____	giornali	_____
_____	Stefano Passoni	_____		_____	zone	_____
_____	passione	_____		_____	perversione	_____
_____	storie	_____		_____	agenti	_____
_____	Stefano Passoni	_____		_____	spazi	_____
_____	Stefano Passoni	_____		_____	fine	_____
_____	milanese	_____		_____	commercialista	_____
_____	professionista	_____		_____	lavoro	_____
_____	mercato	_____		_____	appartamento	_____
_____	spiegazione	_____		_____	giornali	_____
_____	poliziotto	_____		_____	case	_____
_____	impianto	_____		_____	distanza	_____
_____	manutenzioni	_____		_____	domande	_____
_____	incontri	_____				

alma edizioni 51

5 | società CASA

5c *Sempre in coppia, completate la prima regola sulla posizione degli aggettivi qualificativi.*

> dopo il   prima del
>
> In genere in italiano l'aggettivo qualificativo va _____ nome.
> Tuttavia ci sono alcuni casi in cui l'aggettivo va _____ nome.

5d *Guarda la lista del punto 5b e concentrati sui casi in cui l'aggettivo è prima del nome. Secondo te, cosa hanno in comune? Che cosa ha voluto esprimere l'autore in questo modo? Discutine con alcuni compagni, guardando anche l'articolo del punto 2a.*

5e *Ora, insieme agli stessi compagni, completa la seconda regola sugli aggettivi qualificativi.*

> oggettivo e neutro   soggettivo e una maggiore ricercatezza stilistica
>
> Di solito quando l'aggettivo qualificativo è prima del nome, anche se non ne modifica sostanzialmente il senso, esprime un carattere più _____, mentre quando è dopo il nome ha un carattere più _____.

5f *Alcuni aggettivi vanno sempre dopo il nome. Sono gli aggettivi relazionali. Dividetevi in due squadre e al **VIA** dell'insegnante leggete il box a fianco. Poi prendete un foglio, ricopiate tutti i suffissi degli aggettivi relazionali e chiudete il libro. Avete 3 minuti di tempo per cercare di ricordare tutti gli aggettivi che avete trovato nell'articolo e per scrivere quelli che appartengono alla categoria "aggettivi relazionali". Infine consegnate il foglio all'insegnante. Per ogni aggettivo esatto si guadagna un punto. Vince la squadra che realizza più punti.*

> **Gli aggettivi relazionali**
> Gli **aggettivi relazionali** sono aggettivi che derivano da un nome. Molti di questi aggettivi finiscono con i seguenti suffissi:
>
> -**ale** (nazione → nazionale)
> -**are** (sole → solare)
> -**istico** (arte → artistico)
> -**ista** (socialismo → socialista)
> -**ano** (Italia → italiano)
> -**oso** (costo → costoso)
> -**ario** (ferrovia → ferroviario)
> -**ico** (ritmo → ritmico)
> -**ato** (velluto → vellutato)
> -**ivo** (abuso → abusivo)
>
> Questi aggettivi vanno sempre <u>subito dopo il nome</u> a cui si riferiscono.

6 Ascoltare

6a *Ascolta l'intervista a Giorgio Pianotti. Secondo te che lavoro fa?*

- ☐ architetto
- ☐ critico d'arte ed esperto di design
- ☐ agente immobiliare

6b *Ascolta di nuovo e, insieme ad un compagno, rispondi alle domande. Se necessario ascolta ancora.*

1. Secondo Giorgio Pianotti che differenza c'è tra il design degli anni sessanta e quello di oggi?
2. Giorgio Pianotti divide il design in due categorie. Quali sono?
3. In che tipo di casa abita Giorgio Pianotti?
4. Quali oggetti/mobili Giorgio Pianotti non ama? Trovali tra le immagini della pagina seguente.

7 Scrivere e parlare

7a *Le foto di questa pagina rappresentano alcuni mobili/oggetti che hanno fatto la storia del design italiano. Scegline 3 e scrivi una piccola descrizione di almeno 10 parole per ognuno di essi.*

7b *Lavora in coppia con un compagno. A turno, leggete una delle descrizioni che avete scritto al punto 7a. Il compagno deve indovinare di quale mobile/oggetto si tratta.*

7c *Quale tra questi mobili/oggetti sceglieresti per la tua casa? Quale ti piace di più? C'è un mobile più importante per te nell'arredamento della casa? Parlane in gruppo con alcuni compagni.*

5 società CASA

8 Esercizio

*In questo testo gli **aggettivi** sono scritti due volte: prima e dopo il nome. Scegli la posizione giusta, poi confrontati con un compagno.*

Da Montesacro a San Lorenzo

Via crucis alla ricerca di un alloggio
Marco Lodoli

Eccomi qui, **bravo** cittadino **bravo** in cerca di una casa, concentrato a leggere gli annunci nella vetrina di una delle tante **immobiliari** agenzie **immobiliari** della città. Amici più abili di me nella gestione del denaro mi hanno spiegato che è meglio comprare che andare in affitto, si fa un **bel** mutuo **bello** e via, si spendono ogni mese gli stessi soldi ma alla fine la casa è nostra. Entro nell'agenzia e vengo accolto con **cordiale** professionalità **cordiale**.
In breve stabiliamo un appuntamento per visitare un appartamento con **vasto** salone **vasto**, due **belle** stanze **belle** e giardino che pare fatto proprio per le mie esigenze. Montesacro, né periferia né centro, tranquillità e **ottimi** collegamenti **ottimi**. Alle tre e mezza sono sul posto, alle tre e trentuno arriva l'uomo dell'agenzia, **lucide** scarpe **lucide**, cravattone, occhiali da sole posati come un cerchietto sui capelli scolpiti nella gelatina, sorriso incastrato nell'abbronzatura.
Entriamo in un cortile tra **piacevoli** edifici **piacevoli**, ma non ci fermiamo, andiamo più avanti, ancora più avanti, superiamo un ponticello su un burrone, penetriamo in una **diroccata** palazzina **diroccata** e cominciamo a scendere le scale. Un piano, due, tre, quattro, sembra il viaggio al centro della Terra. Una **anziana** signora **anziana** in pantofole appare su un uscio, ci fa segno di entrare.
Il **vasto** salone **vasto** è un **buio e soffocante** saloncino **buio e soffocante**; da lì la casa procede restringendosi come la prua di una nave, la prima stanza da letto può contenere giusto un **matrimoniale** letto **matrimoniale**, la seconda è un misero triangolo acuto attualmente affittato a due studenti fuori sede. Il **famoso** giardino **famoso** è una **minuscola** gettata **minuscola** di cemento corrosa dall'umidità, una piattaforma sul nulla che sembra stia per crollare sotto i nostri passi.
«Va bene - dico - ho visto. Certo non sono proprio gli ottanta

Il design italiano

Il design italiano è noto nel mondo soprattutto per le creazioni nel settore dell'arredamento. Le più importanti case di produzione di mobili e oggetti d'arredamento sono infatti italiane e italiani sono alcuni tra i più famosi e creativi designer. Ma il design italiano ha lasciato un segno anche in altri settori, creando prodotti industriali innovativi e originali, che sono diventati nel tempo delle vere e proprie icone, dei simboli di un'epoca. Molti di essi sono infatti oggi esposti nei musei di arte moderna di tutto il mondo.
Ricordiamo, tra gli altri, le macchine da scrivere Olivetti; la Vespa, il mitico scooter degli anni cinquanta; la 500, la piccola auto della FIAT che negli anni sessanta motorizzò l'Italia; le caffettiere della Bialetti, come la famosissima Moka Express che negli anni trenta rivoluzionò la preparazione del caffè a casa; e, per venire a

metri quadri promessi, e ci sono da fare parecchi lavori, ma intanto mi dica qual è l'ultimo prezzo». L'uomo dell'agenzia sorride con l'aria di chi sta per pronunciare una **irrisoria** cifra **irrisoria**, quasi offensiva. «Sono trecentocinquantamila euro, ma a trecentotrenta è sua, tranquillo, è un **vero** affare **vero**». Perdo l'affare senza troppi rimpianti e continuo la mia ricerca. San Lorenzo, **simpatico** quartiere **simpatico**, pieno di artisti e di vita, c'è un appartamento già ristrutturato che potrebbe fare al caso mio. **Nuovo** appuntamento **nuovo** con l'emissario dell'agenzia, stavolta una donna con tacchetti e **aragosta** tailleur **aragosta**.

In effetti la casetta è in ordine, un dedalo di tramezzi e tramezzini color crema, tre stanzette da gnomi appena riverniciate, bagno senza finestra ma con cabina doccia. Settanta metri quadri calpestabili, termine che mi rimane un po' oscuro. Le finestre danno su una scogliera di palazzoni, e la sopraelevata è proprio a un passo, il rombo delle macchine arriva bello chiaro. Il prezzo è sempre quello: trecentocinquantamila euro, ma a trecentotrenta la prendo, non c'è dubbio, devo stare tranquillo, è un affarone. Stavolta vado avanti con l'operazione, non sono convintissimo ma ho capito definitivamente che non posso rimandare. I soldi non ce li ho, ma si può fare il mutuo, giusto? L'agenzia ha il suo **finanziario** consulente **finanziario**: appuntamento in sede il **seguente** giorno **seguente**.

Arriva un ragazzone vestito come un **americano** broker **americano**, poggia sul tavolo due telefonini e due agende e inizia a spiegarmi le modalità di pagamento. Settanta, ottantamila euro subito, il resto in venticinque anni, mille e quattrocento euro al mese a **variabile** tasso **variabile** o mille e settecento a **fisso** tasso **fisso**, se ho capito bene. Esco dall'agenzia stordito. Di colpo intuisco che dovrei passare il resto della mia vita a lavorare per pagare quel buco di casa e mi piglia lo scoramento. Sulla porta, l'impiegata dell'agenzia mi getta un'ultima proposta: «Monocamera a via Sant'Angela Merici, una bomboniera, un amore di casetta. Sono trentacinque metri quadrati, duecentoquarantamila euro. È un **vero** affare **vero**, tranquillo». ∎

da www.repubblica.it

La casa in Italia

L'Italia è il Paese europeo con la più alta percentuale di proprietari di case. Infatti il 71,4% degli italiani è proprietario della casa in cui abita, mentre in Europa la media è il 62%.

Le città italiane in cui costa di più comprare o affittare una casa sono, nell'ordine: Roma, Milano e Venezia. Mentre le città meno care sono, nell'ordine: Reggio Calabria, Catania e Palermo.

La grandezza media di un'abitazione: 96 m².
Grandezza media di una stanza: 22,9 m².
Metri quadri per persona: 37 m².
Numero medio di stanze per abitazione: 4,2.
Numero medio di persone per abitazione: 2,4.

● città più care
● città meno care

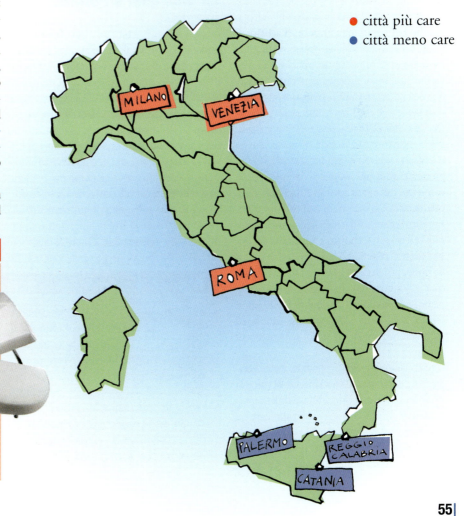

tempi più recenti, i prodotti per la casa della ditta Alessi che, con una visione fortemente utopica, teorizza una "nuova civiltà commerciale che offre alle masse dei consumatori veri oggetti artistici a prezzo contenuto."

società CASA

9 Leggere

9a *Leggi l'articolo nella versione originale e verifica l'esercizio 8.*

Da Montesacro a San Lorenzo

Via crucis alla ricerca di un alloggio
Marco Lodoli

Eccomi qui, bravo cittadino in cerca di una casa, concentrato a leggere gli annunci nella vetrina di una delle tante agenzie immobiliari della città. Amici più abili di me nella gestione del denaro mi hanno spiegato che è meglio comprare che andare in affitto, si fa un bel mutuo e via, si spendono ogni mese gli stessi soldi ma alla fine la casa è nostra. Entro nell'agenzia e vengo accolto con cordiale professionalità.
In breve stabiliamo un appuntamento per visitare un appartamento con vasto salone, due belle stanze e giardino che pare fatto proprio per le mie esigenze. Montesacro, né periferia né centro, tranquillità e ottimi collegamenti. Alle tre e mezza sono sul posto, alle tre e trentuno arriva l'uomo dell'agenzia, scarpe lucide, cravattone, occhiali da sole posati come un cerchietto sui capelli scolpiti nella gelatina, sorriso incastrato nell'abbronzatura. Entriamo in un cortile tra edifici piacevoli, ma non ci fermiamo, andiamo più avanti, ancora più avanti, superiamo un ponticello su un burrone, penetriamo in una palazzina diroccata e cominciamo a scendere le scale. Un piano, due, tre, quattro, sembra il viaggio al centro della Terra. Una anziana signora in pantofole appare su un uscio, ci fa segno di entrare.
Il vasto salone è un saloncino buio e soffocante; da lì la casa procede restringendosi come la prua di una nave, la prima stanza da letto può contenere giusto un letto matrimoniale, la seconda è un misero triangolo acuto attualmente affittato a due studenti fuori sede. Il famoso giardino è una minuscola gettata di cemento corrosa dall'umidità, una piattaforma sul nulla che sembra stia per crollare sotto i nostri passi.

«Va bene - dico - ho visto. Certo non sono proprio gli ottanta metri quadri promessi, e ci sono da fare parecchi lavori, ma intanto mi dica qual è l'ultimo prezzo».

«Va bene - dico - ho visto. Certo non sono proprio gli ottanta metri quadri promessi, e ci sono da fare parecchi lavori, ma intanto mi dica qual è l'ultimo prezzo». L'uomo dell'agenzia sorride con l'aria di chi sta per pronunciare una cifra irrisoria, quasi offensiva. «Sono trecentocinquantamila euro, ma a trecentotrenta è sua, tranquillo, è un vero affare». Perdo l'affare senza troppi rimpianti e continuo la mia ricerca. San Lorenzo, quartiere simpatico, pieno di artisti e di vita, c'è un appartamento già ristrutturato che potrebbe fare al caso mio. Nuovo appuntamento con l'emissario dell'agenzia, stavolta una donna con tacchetti e tailleur aragosta.
In effetti la casetta è in ordine, un dedalo di tramezzi e tramezzini color crema, tre stanzette da gnomi appena riverniciate, bagno senza finestra ma con cabina doccia. Settanta metri quadri calpestabili, termine che mi rimane un po' oscuro. Le finestre danno su una scogliera di palazzoni, e la sopraelevata è proprio a un passo, il rombo delle macchine arriva bello chiaro. Il prezzo è sempre quello: trecentocinquantamila euro, ma a trecentotrenta la prendo, non c'è dubbio, devo stare tranquillo, è un

Marco Lodoli

Marco Lodoli è uno dei più interessanti esponenti della letteratura italiana contemporanea. È nato nel 1956 a Roma, dove vive e lavora come insegnante di lettere in una scuola professionale di periferia. Ha iniziato come poeta e poi è passato alla narrativa con il romanzo *Diario di un millennio che fugge*. Da *Snack Bar Budapest*, il suo secondo romanzo, il regista Tinto Brass ha tratto un film. Collabora a vari giornali scrivendo soprattutto di temi relativi alla città e alla scuola. Al tema dell'insegnamento ha dedicato anche uno dei suoi ultimi libri di racconti (*Professori e altri professori*). È anche critico cinematografico e autore di testi di canzoni.

affarone. Stavolta vado avanti con l'operazione, non sono convintissimo ma ho capito definitivamente che non posso rimandare. I soldi non ce li ho, ma si può fare il mutuo, giusto? L'agenzia ha il suo consulente finanziario: appuntamento in sede il giorno seguente. Arriva un ragazzone vestito come un broker americano, poggia sul tavolo due telefonini e due agende e inizia a spiegarmi le modalità di pagamento. Settanta, ottantamila euro subito, il resto in venticinque anni, mille e quattrocento euro al mese a tasso variabile o mille e settecento a tasso fisso, se ho capito bene. Esco dall'agenzia stordito. Di colpo intuisco che dovrei passare il resto della mia vita a lavorare per pagare quel buco di casa e mi piglia lo scoramento. Sulla porta, l'impiegata dell'agenzia mi getta un'ultima proposta: «Monocamera a via Sant'Angela Merici, una bomboniera, un amore di casetta. Sono trentacinque metri quadrati, duecentoquarantamila euro. È un vero affare, tranquillo».■

da *www.repubblica.it*

▶9b *Guarda le 4 piantine.*
Cerca di capire quali si riferiscono alle case descritte nell'articolo.

10 Analisi grammaticale

▶10a *Nel testo dell'attività **9a** ci sono molte parole "alterate", cioè parole che derivano da una parola base e che danno a quella parola un senso di minore o maggiore dimensione. Cercale nel testo e inseriscile nella tabella scrivendole nella colonna giusta, come negli esempi. Le parole base nella tabella sono in ordine.*

parola base	parola alterata –	parola alterata +
sala		*salone*
cravatta		
cerchio		
ponte		
salone	*saloncino*	————————
tacco		
casa		
tramezzo		
stanza		
palazzo		
affare	————————	
ragazzo		
telefono		

5 società CASA

▶10b *Ora completa la regola degli alterati.*

> Per cambiare una parola in un senso di minore dimensione ("più piccolo") si usano i suffissi:
> **-ino/-ina** (esempio: *telefonino*), _____.
> Per cambiare una parola in un senso di maggiore dimensione ("più grande") si usa il suffisso:
> _____.

▶10c *Alcune parole, quando vengono alterate, cambiano genere e da femminili diventano maschili o viceversa. Anche nella lista del punto **10a** ce ne sono alcune. Quali?*

▶10d *Guarda ancora le parole della lista al punto **10a**. Completa la tabella riempiendo gli spazi vuoti nelle 2 colonne con i diminutivi o gli accrescitivi mancanti. Come verifica inserisci le parole nel cruciverba.*

	−	+
sala	*saletta*	salone

Esempio

Orizzontali →
1 Palazzo −
5 Casa +
6 Tramezzo +
7 *Sala* −
8 Cerchio +
9 Stanza +

Verticali →
1 Ponte +
2 Cravatta −
3 Ragazzo −
4 Telefono +
6 Tacco +

11 Parlare

Lavora in coppia con un compagno (Agente immobiliare e Compratore) e leggi le istruzioni che ti riguardano. Poi iniziate la conversazione.

▶ Agente immobiliare

Sei un agente immobiliare. Hai un appuntamento con un cliente che vuole comprare una casa. La casa che gli vuoi offrire è uguale a quella in cui abiti. Preparati a rispondere a tutte le domande: zona/quartiere, collegamenti, tipologia, dimensione, numero e tipo di stanze, piano, prezzo, ecc. Oggi non hai venduto ancora niente e questo è il tuo ultimo appuntamento della giornata. Devi assolutamente vendere! Cerca di convincere il cliente che l'acquisto è un vero affare.

▶ Compratore

Stai cercando una casa da comprare. Hai un appuntamento con un agente immobiliare che vuole proporti un affare. Preparati a fare tutte le domande necessarie per capire se l'acquisto è conveniente o no: zona/quartiere, collegamenti, tipologia, dimensione, numero e tipo di stanze, piano, prezzo, ecc. La casa che stai cercando è uguale a quella dei tuoi sogni. Prova a capire se e come ristrutturare la casa che ti propone l'agente immobiliare e cerca di fare un buon affare.

CASA società 5

12 Analisi grammaticale

12a *Guarda queste tre frasi tratte dal testo dell'attività 9a e scegli il significato corretto delle tre parole evidenziate.*

1. Eccomi qui, bravo cittadino in cerca di una casa, concentrato a leggere gli annunci nella **vetrina** di una delle tante agenzie immobiliari della città.

2. …andiamo più avanti, ancora più avanti, superiamo un ponticello su un **burrone**…

3. …penetriamo in una **palazzina** diroccata e cominciamo a scendere le scale.

vetrina =
☐ piccolo vetro
☐ la parte esterna di un negozio in cui sono esposti i prodotti

burrone =
☐ grande burro
☐ buca, fossato

palazzina =
☐ piccolo palazzo
☐ abitazione signorile a più piani

12b *Secondo te, queste tre parole appartengono alla categoria delle parole alterate? Parlane con i compagni, poi leggi la regola nel box in fondo alla pagina.*

12c *Formate delle squadre. Avete 5 minuti di tempo per completare la tabella, come negli esempi. Vince la squadra che indovina più parole.*

	è alterata?	significato	forma base
zainetto	sì	piccolo zaino	zaino
torrone	no	dolce al cioccolato e nocciola	/
mattone			
mulino			
vialone			
cavalletto			
tacchino			
occhialetti			
pancione			
borsetta			
finestrella			
furgone			

Alterati veri e falsi

Alterati lessicalizzati: sono parole alterate che si sono allontanate dal significato della forma base e hanno assunto nel tempo un significato proprio. Ad esempio la parola *palazzina*, che deriva da *palazzo*, indica una abitazione signorile a più piani, sia pure di dimensioni ridotte, mentre la parola *vetrina*, che deriva da *vetro*, non è un piccolo vetro ma la parte esterna di un negozio in cui sono esposti i prodotti.

Falsi alterati: sono parole che sembrano alterate ma che in realtà non lo sono, perché hanno un significato del tutto diverso dall'ipotetica forma base. Ad es. un *burrone* non è un grande burro ma un fossato.

alma edizioni

5 | società CASA

13 Esercizio

Ascolta molte volte questa parte dell'intervista e trascrivi tutto quello che viene detto. Quando non riesci più ad andare avanti lavora con un compagno.

Giornalista - Ma Pianotti, _____

_____

Pianotti - _____

Giornalista - Sì, esattamente... sì.

Pianotti - _____

_____

_____ al superenalotto _____

Giornalista - _____

Pianotti - Sì, però _____

_____ la quarta.

> **Super e stra**
> Nel testo che hai trascritto ci sono due parole che usano un nuovo tipo di alterazione: *superenalotto* e *straricco*. I prefissi **super-** e **stra-** servono a esprimere il grado più alto di una scala o una qualità superiore.
>
> Esempi:
> *superenalotto* = il concorso di lotto più ricco di premi
> *supermercato* = un mercato molto grande
> *superintelligente* = molto intelligente, intelligentissimo
> *straricco* = molto ricco, ricchissimo
> *stracarico* = molto carico
> *straconosciuto* = molto conosciuto

UNITÀ 6
arti
ARTE CONTEMPORANEA

1 Introduzione

1a *Guarda l'opera shock dell'artista italiano Maurizio Cattelan sotto al titolo. Che emozioni ti suscita? Secondo te, cosa ha voluto rappresentare l'artista? Parlane con i compagni.*

1b *Dividetevi in due gruppi, A e B. Ogni studente del gruppo A legge il testo di pag. 62 e lo completa con la frase finale mancante. Lo stesso fa ogni studente del gruppo B con il testo a pag. 65.*

1c *Lavora con uno studente dell'altro gruppo e raccontagli di cosa parla il tuo testo senza guardarlo.*

1d *Leggi il testo dell'altro gruppo. Poi torna a parlare con il compagno di prima.*

1e *Quale dei due testi si avvicina di più alla tua opinione? Discutine in gruppo con alcuni compagni.*

Maurizio Cattelan - installazione esposta a Milano in Piazza XXIV maggio, nel maggio 2004.

2 Ascoltare

2a *Nei giorni in cui a Milano scoppiavano le polemiche per l'installazione di Maurizio Cattelan, la trasmissione "Fahrenheit" di Radio 3 intervistava Antonio Tabucchi sull'argomento. Ascolta l'intervista e cerca di capire chi è Antonio Tabucchi e qual è la sua opinione su questa vicenda. Poi confrontati con un compagno.*

2b *Ascolta di nuovo e, insieme ad un compagno, rispondi alle domande.*

1. Perché secondo il giornalista l'opera è stata tolta dalla piazza?
2. All'inizio dell'intervista Antonio Tabucchi fa una proposta provocatoria. Quale?
3. Secondo Tabucchi, qual è il compito della letteratura? Cosa deve fare e cosa non deve fare?
4. Quale metafora usa Tabucchi per spiegare la sua opinione sulla funzione della letteratura e dell'arte in generale?

Urticante
agg. Detto di organo vegetale o animale che al contatto emette sostanze che producono irritazione sulla pelle.

Antonio Tabucchi

Autore di romanzi, saggi, testi teatrali, è uno dei più importanti scrittori italiani contemporanei. È considerato un intellettuale "impegnato", poiché ha spesso preso posizione su questioni di carattere politico e civile in articoli sulla stampa e in interventi pubblici. I suoi libri sono tradotti in oltre trenta lingue. Dal suo romanzo più famoso,

Sostiene Pereira, è stato tratto l'omonimo film con Marcello Mastroianni, in cui si racconta la storia di un giornalista in lotta contro la dittatura nella Lisbona degli anni '30.

6 arti
ARTE CONTEMPORANEA

3 Analisi grammaticale

3a *Questo brano, tratto dal testo A dell'attività 1b, è composto da due frasi (I e II). Leggilo e scegli la risposta giusta.*

(I) "È vero che l'arte serve anche a far discutere le coscienze, (II) ma non può diventare un mezzo per compiere una violenza sulla sensibilità dei bambini."

Secondo te, l'autore del brano:
1. vuole dare più importanza alla frase I, per questo l'ha messa nella posizione iniziale; ☐
2. vuole dare più importanza alla frase II, perché limita e in parte nega la prima; ☐
3. vuole dare la stessa importanza alle due frasi, non c'è un argomento più importante dell'altro. ☐

3b *Nella prima frase del brano precedente chi parla fa un'affermazione, che viene poi limitata o parzialmente negata da una seconda affermazione introdotta da* **ma**. *Trova altri esempi del genere nei due articoli del punto 1b.*

testo	riga	affermazione	limitazione/negazione
A	6	"È vero che l'arte serve anche a far discutere le coscienze…,	**ma** non può diventare un mezzo per compiere una violenza sulla sensibilità dei bambini."

GRUPPO A

Caso Cattelan, Moige: "Prima di far discutere le coscienze si rispettino i bambini"

Si fa sempre più aspra la polemica sul caso "Cattelan", l'artista che a Milano ha scelto una piazza per esporre la sua opera d'arte: tre bambini appesi ad un albero per il collo.
"È vero che l'arte serve anche a far discutere le coscienze, come ha detto l'autore delle opere, ma non può diventare un mezzo per compiere una violenza sulla sensibilità dei bambini". Interviene così Alessandro Romano, coordinatore del Moige di Milano - Movimento Italiano Genitori - nelle polemiche che si sono accese intorno all'opera artistica di Maurizio Cattelan, rappresentante tre bambini appesi alla quercia secolare di piazza XXIV maggio a Milano.
"L'opera era esposta in un luogo pubblico e molti bambini vedendola sono rimasti turbati - prosegue Romano - perché ai loro occhi c'erano solo tre corpi di coetanei impiccati. Un'immagine raccapricciante per gli adulti, figuriamoci per dei minori che ancora non sono in grado di stabilire l'esatta distanza tra la finzione e la realtà, e che non sono certo critici d'arte. Come Moige - continua Romano - non intendiamo entrare nel merito del valore artistico dell'opera, ma siamo convinti che per l'esposizione di simili cose ci sono luoghi studiati appositamente molto più adatti di una piazza. Dunque - conclude il coordinatore del Moige di Milano - prima di pensare a far discutere le coscienze si usi la coscienza per rispettare i minori. Chiediamo pertanto che l'opera di Cattelan _____
_____
_____."

da www.genitori.it

continui ad essere esposta **sia rimossa da Piazza XXIV maggio**

4 Scrivere

Scegli un argomento, poi scrivi un appello PRO o CONTRO.

Pena di morte

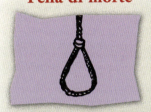

CONTRO: la pena di morte non è mai ammissibile
PRO: in alcuni casi è giusto applicarla

Vivisezione

CONTRO: no agli esperimenti sugli animali
PRO: gli esperimenti sugli animali aiutano il progresso

Guerra

CONTRO: non ci sono guerre "giuste"
PRO: non è sempre possibile evitare il ricorso alla guerra, alcune guerre sono giuste e necessarie

Caccia

CONTRO: nel mondo moderno la caccia non ha più senso, va abolita
PRO: la caccia è un'arte nobile, va regolamentata, ma non abolita

Droga

CONTRO: tutte le droghe vanno proibite
PRO: le droghe non sono tutte uguali, non è giusto proibirle in modo indiscriminato

Eutanasia

CONTRO: la morte non può essere programmata, in nessun caso
PRO: sì alla libertà di morire

5 Analisi della conversazione

5a *Leggi il box qui sotto sui segnali discorsivi, poi riascolta più volte l'intervista e scrivi tutte le parole o espressioni che ti sembrano segnali discorsivi tipici della lingua parlata usati dall'intervistatore e da Antonio Tabucchi. Dopo ogni ascolto confrontati con un compagno.*

I segnali discorsivi
Nella lingua parlata, a differenza della lingua scritta, spesso si usano espressioni che non hanno un reale significato o hanno un significato diverso da quello abituale. Sono i **segnali discorsivi**: *eh, allora, dunque, insomma, voglio dire…* La loro funzione può essere varia: segnalare l'apertura o la chiusura del discorso, riempire una pausa mentre si prende tempo per trovare le parole giuste, chiedere o dare conferma, collegare due parti del discorso, riformulare o sintetizzare un'argomentazione.

6 arti
ARTE CONTEMPORANEA

5b *Ora riascolta l'intervista e inserisci nelle frasi della prima colonna i segnali discorsivi della lista.*

cioè	cioè	ah	e dunque	no
insomma	come dire	beh, insomma	voglio dire	diciamo
insomma	voglio dire	cioè	sai	ecco

segnale

1. Accade che delle opere d'arte, chiamiamole così poi il giudizio può essere … _____ … può essere discusso…

2. _____ Tabucchi, è normale una situazione così?

3. _____, ma perché veri vanno più di moda…

4. _____ oggi si vedono veri, quelli lì finti …

5. Del resto si vedono in fotografia _____ …

6. Le fotografie sono… _____ meno urticanti dei fantocci?

7. L'umanità non paga nessun prezzo per quei fantocci, per quelle immagini l'umanità paga un prezzo, _____ degli uomini muoiono.

8. _____ trovo curioso che ci si scandalizzi per dei fantocci…

9. E dunque è urticante la letteratura ma forse è più urticante la vita, _____?

10. Però… _____ … quando siamo svegli, tutto sommato, c'è tutta una serie di cose che mi pare ci urtichino assai.

11. E allora…. _____ per farci addormentare ci sono tanti psicofarmaci, c'è la televisione, ci sono i politici che ci rassicurano.

12. _____ non… non vedo l'utilità di una letteratura che rassicuri così… debba così tanto essere rassicurante,

13. insomma… perché? _____.

14. Semmai, è come la segnaletica stradale, insomma _____ …

15. _____, tu entri in una strada e a un certo punto quella strada lì finisce in un burrone, se lo segnali è meglio, insomma.

funzione

Chiede conferma all'interlocutore della verità dell'affermazione
N° ____

Conclude un ragionamento introducendo una considerazione finale o una domanda
N° ____ N° ____ N° ____

Serve a concludere e a rafforzare un ragionamento appena fatto
N° ____

Indica all'interlocutore che il messaggio è chiaro e introduce un approfondimento
N° ____

Indica che la conclusione di un ragionamento è evidente e quindi può anche non essere detta
N° ____

Riempie una pausa mentre si prende tempo per trovare le parole giuste
N° ____ N° ____ N° ____ N° ____

Segnala che si sta per riformulare un ragionamento in modo più chiaro
N° ____ N° ____ N° ____

Serve a rafforzare il contatto affettivo con chi ascolta
N° ____

5c *Trova, per ogni segnale discorsivo che hai inserito nella colonna di sinistra, la giusta funzione nella colonna di destra, scrivendo il numero corrispondente. Se necessario, riascolta l'intervista.*

ARTE CONTEMPORANEA

6 Gioco

Si gioca in gruppi di quattro, una coppia contro l'altra. Ogni coppia ha 2 minuti di tempo per leggere i proverbi e cercare di capirne il significato. Poi, a turno, ogni coppia deve improvvisare un dialogo (durata: 1 minuto e 1/2) su uno dei proverbi a scelta, esprimendo la propria opinione sull'argomento e usando il maggior numero possibile di segnali discorsivi della lista.
La coppia avversaria deve controllare se i segnali discorsivi sono usati in modo adeguato.
Vince la coppia che alla fine del gioco avrà usato più segnali discorsivi nel modo corretto.

proverbi

È meglio un uovo oggi che una gallina domani.
Meglio un giorno da leone che cento da pecora.
Chi aspetta aiuto dai parenti, aspetta fino a quando gli cadono i denti.
Chi più spende meno spende.
L'amico è come l'ombrello: in caso di bisogno non ce l'hai.
Chi trova un amico trova un tesoro.
Tra moglie e marito non mettere il dito.
Moglie e buoi dei paesi tuoi.
Chi disprezza compra.
L'ospite è come il pesce: dopo tre giorni puzza.
L'amore non è bello se non è litigarello.
In amore e in guerra tutto è lecito.
Conta più la pratica che la grammatica.
Meglio soli che male accompagnati.
Fidarsi è bene, non fidarsi è meglio.
Non è ricco chi possiede ma chi meno ha bisogno.

segnali discorsivi

CIOÈ
SAI
INSOMMA
BEH, INSOMMA
COME DIRE
DICIAMO
VOGLIO DIRE
E DUNQUE
ECCO
NO?
AH

GRUPPO B

Un appello per l'opera di Maurizio Cattelan

"Il compito dell'arte è creare immagini che ci stimolino a guardare la realtà in modo diverso, che ci facciano uscire dalla normalità. Quando questo succede è una sorpresa. Nello scambio tra fantasia, intuizione e suggestione degli eventi nasce la libertà di espressione artistica. Come tutte le libertà non è garantita, va discussa. Anzi è il dialogo critico che garantisce all'arte lunga vita. La metafora della violenza, attraverso l'immagine di tre fantocci di bambini impiccati a un albero, colpisce al cuore perché ci costringe a guardare oltre la normalità dell'informazione, e questo fa discutere. Fa discutere di più perché è in piazza XXIV maggio, un luogo aperto di Milano, e non in un luogo protetto, come musei e gallerie. Dopotutto la questione della violenza e del pericolo che riguarda l'infanzia e gli adulti è sotto gli occhi di tutti, entra in tutte le case attraverso informazioni che l'utente non ha deciso. Discutiamo, ma non aboliamo le espressioni che turbano e provocano. Chiediamo quindi che l'opera di Maurizio Cattelan _____."

continui ad essere esposta   *sia rimossa da Piazza XXIV maggio*

da un appello di un gruppo di direttori di museo, critici d'arte, artisti, galleristi pubblicato sul quotidiano *L'Unità*

6 | arti
ARTE CONTEMPORANEA

7 Leggere

7a *Completa il testo con le parole della lista. Aiutati con le immagini delle opere di Cattelan.*

| l'alunno | I bimbi impiccati | calciobalilla | il cavallo | Due poliziotti | l'elefantino |
| John Fitzgerald Kennedy | Hollywood | il Papa | Hitler | lo scoiattolo | Zorro |

Aldo Cazzullo

1. Maurizio Cattelan ha capelli fitti, corti e grigi. Occhi accesi. Naso fuori misura. Il tono della sua voce è uniforme. Nessun accento. Quando ha impiccato i tre bimbi in vetroresina a una quercia di Milano è finito sulle prime pagine di tutti i giornali del mondo: «Volevo dire qualcosa di chiaro su ciò che stiamo facendo al nostro futuro». Chiama le sue opere: «Cose». Chiama l'arte: «La mia ultima spiaggia». Dice: «Se sapessi a cosa serve l'arte, farei il collezionista». Non colleziona nulla. Non possiede nulla, tranne un pezzo della minuscola Wrong Gallery a New York. È autodidatta: «Essere autodidatta significa nessun maestro, tutti compagni di classe». Ai compagni di classe non ha insegnamenti da dare. Ai giovani artisti sì: «Diventate vecchi in fretta».

2. Maurizio Cattelan è nato a Padova nel 1960. Oggi è l'artista italiano più famoso nel mondo. Alcune sue opere - esposte al Guggenheim di New York, al Contemporary Art di Los Angeles, al Louvre, a Torino, Venezia, Berlino, Hong Kong - hanno superato i 2 milioni e mezzo di dollari. Alcune sue opere sono sorprendenti e spiazzanti quanto il loro corrispettivo valore in denaro. Per esempio _____, vestito di bianco, atterrato da un meteorite nero. Per esempio _____ impagliato e sospeso al soffitto. Per esempio _____ che si è appena suicidato nella sua cucina; _____ che è stato inchiodato, con due matite, al proprio banco; _____ che se ne sta sdraiato nella bara a piedi nudi; la signora Betsy che abita dentro a un frigorifero; _____ che si nasconde perché (come tutti noi) ha paura dell'amore.

«Per me il buon gusto, come il gusto, è una cosa da gelatai. Per me l'arte è vuota, trasparente».

3. Maurizio Cattelan non si occupa di fama e di denaro. La fama e il denaro si occupano di lui. I media si occupano di lui. I musei, le fondazioni e i collezionisti miliardari si occupano di lui. Lui gira in scarpe da tennis, maglietta, borsa a tracolla, cappotto nero e sorriso intermittente. Vive in un monolocale nel quartiere Ticinese di Milano e in un bilocale nell'East Village di New York. È, normalmente, invisibile. Ha alcuni suoi doppi che vanno ai convegni o ai vernissage al posto suo. Che concedono interviste a suo nome. Spiega: «Sono timido. Non so parlare in pubblico. Conosco a memoria quel che non avrei da dire e dirlo mi annoia. Invece, sentire raccontare le mie cose da un altro è molto più divertente. E quasi sempre mi sorprende».

4. Cattelan ha avuto molte vite a disposizione e molte altre se le è costruite a sua dimensione. A Padova, da ragazzo, frequentava l'Istituto di Elettrotecnica. Ha fatto il cameriere, il cuoco, il giardiniere. Ha fatto l'antennista a Venezia. L'infermiere in un ospedale e l'assistente in un obitorio.

5. L'obitorio ha coinciso con il punto più basso (o più alto) della sua storia. «Un giorno ho detto: eccomi arrivato alla mia penultima spiaggia. Ora devo partire. Così mi sono lasciato tutto alle spalle e ho preso un treno per Bologna».

6. A Bologna, nel 1981, c'è molta creatività nell'aria. Lui entra nel circuito delle case in comune, delle notti condivise, della pioggia che non bagna. Si innamora, finisce a Forlì. Perché Forlì? «Un caso. Una grande casa vuota da abitare. È lì che comincia tutto. Il vuoto mi fa venire la nostalgia dei mobili. Ma non ho i soldi per comprarli. Così comincio a pensarli. Un paio di amici disegnano quello che penso, altri costruiscono, usando oggetti che scelgo, tipo rami d'albero, ferro, plastica, scarti. Le cose che nascono, lampade, tavoli, piacciono a un sacco di gente. All'improvviso mi invento che posso fare il designer».

7. Così parte per Milano. Dice: «Faccio tutto per istinto. Tutto improvvisato, divertente, non funzionale. A metà tra design e arte». Ride: «Dopo un po' scopro che il design non mi viene tanto bene e divago ancora di più». Dice: «Posto che sia arrivato da qualche parte, sono arrivato all'arte per tentativi».

8. Per arrivare da qualche parte imbroglia e

ARTE CONTEMPORANEA
arti 6

ruba, come insegnava Marcel Duchamp che faceva passare una latrina per una fontana e la pipa per un manuale sull'arte. Anche Cattelan sovverte la banalità degli oggetti, alla maniera di Joseph Beuys e di Piero Manzoni. Triplica i tagli di Fontana, formando la zeta di _____. Espone la denuncia, in carta da bollo, per il furto dell'opera *Invisibile*, che neppure l'autore è in grado di descrivere. Si finge pubblico, alla Fiera dell'arte di Bologna, per esporre clandestinamente le immagini del suo _____ lungo 7 metri per 22 giocatori. Falsifica e espone 20 copertine della rivista Flash Art, ognuna delle quali riproduce una sua opera. Dice: «L'idea è questa: se non hai luoghi dove esporre, ti infili in quelli altrui. Se non hai riconoscimenti te li inventi».

9. Invitato alla Biennale, affitta il proprio spazio a una casa di profumi francesi e espone un'acqua di colonia. Invitato in una galleria, esibisce la propria fuga, esponendo lenzuola arrotolate alla finestra. Sopra alla collina più polverosa di Palermo installa la scritta cubitale "_____". Espone un ulivo. Un dinosauro. Un asino che vola. Il proprio gallerista. _____ a testa in giù. A chi gli chiede una spiegazione, dice: «Qualunque domanda tu ti faccia sulle mie cose, la risposta è in te. Ed è sbagliata».

10. Nel 1993 parte per New York. «New York ha dimensioni che mi destabilizzano. È una città che ti tiene in movimento e ti fa perdere l'equilibrio. Lavorando dieci ore al giorno, impiegato da me stesso, divento finalmente un artista». Essere artista, per lui, significa «non fare più il cameriere di notte». Vive con 5 dollari al giorno. Vive in una casa vuota: «Perché è il vuoto che mi concentra». Regala i libri appena letti e i vestiti smessi. Vive da solo, ma circondato da amici. Dorme con le lenzuola nere. Tiene un televisore sotto al letto. Ascolta Wagner. Studia Warhol e «il suo coraggio di parlare a tutti».

11. A New York pensa, guarda, inventa, ma non produce. Anche oggi. Per costruire le sue "cose" usa il telefono. «Il telefono è il mio vero posto di lavoro». I suoi doppi sono artigiani italiani e francesi. Come l'imbalsamatore Michel Vaillier, che lavora sugli animali, o lo scultore Daniel Driet che lavora la cera e la vetroresina. Dice: «L'idea che sia l'artista a manipolare la materia, non mi appartiene. Non so disegnare. Non so dipingere. Non so scolpire. Le mie cose non le tocco proprio».

12. Quello che tocca davvero, e fa vibrare, sono tutti gli interruttori della comunicazione. Il suo Papa caduto, esposto a Varsavia, scatena un putiferio globale. Militanti cattolici assaltano l'esposizione, vogliono a tutti i costi raddrizzare la statua, finiscono per spezzarle le gambe.

13. Il suo _____ inginocchiato in preghiera, diventa scandalo e «un orrore travestito da innocenza, una perversione». _____ a Milano fermano il traffico e vengono rifiutati dal Whitney Museum di New York.

14. Lui replica con voce uniforme. «Per me il buon gusto, come il gusto, sono cose da gelatai. Per me l'arte è vuota, trasparente: è un dispositivo per mettere in moto interpretazioni che appartengono a chi guarda. Alla fine sono gli spettatori a fare il lavoro degli artisti». E comunque: «Non ho mai fatto niente di più provocatorio e spietato di ciò che vedo tutti i giorni intorno a me. Io sono solo una spugna. O un altoparlante». ■

da *Corriere della sera*

6 arti
ARTE CONTEMPORANEA

8 Analisi grammaticale

8a *Ricostruisci queste frasi tratte dal testo su Maurizio Cattelan, collegando le parti di sinistra (in ordine) con quelle di destra (non in ordine).*

1. È lì	a manipolare la materia, non mi appartiene.
2. Perché è il vuoto	che comincia tutto.
3. L'idea che sia l'artista	a fare il lavoro degli artisti.
4. Alla fine sono gli spettatori	che mi concentra.

8b *Nella seconda parte, due delle quattro frasi sono costruite con **a** + infinito (costruzione implicita) e due con **che** + indicativo (costruzione esplicita). Inserisci nella giusta colonna della tabella le quattro frasi complete.*

costruzione esplicita (con *che* + indicativo)	costruzione implicita (con *a* + infinito)

8c *Trasforma le frasi esplicite in implicite e viceversa. Attenzione: in un caso la trasformazione non è possibile. Quale? Perché? Parlane con un compagno.*

8d *Leggi questa regola.*

La frase scissa

Nella lingua parlata è molto frequente l'uso della **frase scissa**.
Si tratta di una costruzione che divide in due frasi l'informazione contenuta in un'unica frase.

Esempio: Aldo lavora a Londra. → È Aldo che lavora a Londra.

Fabio comprerà il vino. → Sarà Fabio a comprare il vino.

Nella frase scissa un elemento (il soggetto o un complemento) è "estratto" dalla sua posizione naturale e si colloca all'inizio della costruzione, insieme al verbo ***essere***. Il resto della frase originaria, introdotta da ***che*** o da ***a* + infinito** forma una nuova frase.

8e *Ora guarda ancora le quattro frasi dell'articolo su Cattelan. Si tratta di quattro frasi scisse. Riscrivile in modo più semplice, trovando la "frase originaria".*

1. È lì che comincia tutto.
   Tutto _____.

2. Perché è il vuoto che mi concentra.
   Perché _____

3. L'idea che sia l'artista a manipolare la materia, non mi appartiene.
   L'idea che _____, non mi appartiene.

4. Alla fine sono gli spettatori a fare il lavoro degli artisti.
   Alla fine _____.

ARTE CONTEMPORANEA — artI|6

8f *Osserva gli esempi di frase scissa delle attività precedenti e rifletti con un compagno: qual è la funzione comunicativa della frase scissa?*

1. Serve a parlare in modo più raffinato ed elegante. ☐
2. Serve a portare l'attenzione dell'ascoltatore su un particolare elemento del discorso. ☐
3. Serve a dare la stessa importanza a tutti gli elementi del discorso. ☐
4. Serve a dare più informazioni. ☐

9 Parlare

Scegli un personaggio (Cattelan o Giornalista) e leggi le istruzioni che ti riguardano.

Cattelan
Sei Maurizio Cattelan. Aspetti un giornalista che ti farà un'intervista in occasione di una mostra con tutte le opere delle pagine precedenti. Ti chiederà cosa significano, perché le hai fatte… Hai 15 minuti di tempo per prepararti a rispondere alle domande del giornalista (lavora in gruppo con gli altri "Cattelan"). Infine mettiti in coppia con uno studente "Giornalista" e cominciate l'intervista.

Giornalista
Sei un giornalista alla tua prima intervista di arte. Devi intervistare il Maestro Maurizio Cattelan in occasione di una mostra con tutte le opere delle pagine precedenti. Hai 15 minuti di tempo per riguardarle e pensare ad una serie di domande (lavora in gruppo con gli altri "Giornalisti"). Infine mettiti in coppia con uno studente "Cattelan" e cominciate l'intervista.

10 Gioco a squadre

Formate delle squadre. Vince la squadra che per prima riesce a completare le frasi. Attenzione: molte parole sono già nel testo dell'attività 7a. Il numero tra parentesi indica il paragrafo del testo in cui si trovano.

1. Dieci è il _____ di cinque. (3)
2. Quindici è il _____ di cinque.
3. Venti è il _____ di cinque.
4. Aumentare di due volte si dice *raddoppiare* o _____.
5. Aumentare di tre volte si dice _____. (8)
6. Aumentare di quattro volte si dice _____.
7. Un appartamento di una stanza è un _____. (3)
8. Un appartamento di due stanze è un _____. (3)
9. Un appartamento di tre stanze è un _____.
10. Due persone insieme formano una *coppia*, due cose insieme formano un _____. (6)
11. Tre persone o cose insieme formano un trio o un _____.
12. Quattro persone o cose insieme formano un *quartetto*.
13. Cinque persone o cose insieme formano un _____.
14. Sei persone o cose insieme formano un _____.
15. Se arrivo alla fine, dopo tutti, sono l'*ultimo*. (1)
16. Se arrivo un posto prima dell'ultimo sono il _____. (5)
17. Se arrivo due posti prima dell'ultimo sono il _____.
18. Se arrivo tre posti prima dell'ultimo sono il _____.

6 | arti
ARTE CONTEMPORANEA

▶ Breve storia dell'arte italiana

▶ '200-'300 - Arte Medievale

Giotto (1267-1337), precursore del gusto pittorico moderno e dello stile gotico, introdusse il senso dello spazio, del volume e del colore.

▶ '400-'500 - Arte Rinascimentale

Studio della prospettiva e semplificazione geometrica fecero di **Piero della Francesca** (1412/1420-1492) l'ispiratore del Rinascimento italiano.

Leonardo Da Vinci (1452-1519) incarnò in pieno lo spirito universalista della sua epoca. Fu pittore, scultore, architetto, ingegnere, matematico, anatomista, alchimista, musicista e inventore. È considerato uno dei più grandi geni dell'umanità.

Raffaello Sanzio (1483-1520), pittore e architetto, sintetizzò il realismo e l'universalismo rinascimentali realizzando capolavori soprattutto di argomento religioso.

▶ '600 Arte Barocca

Gian Lorenzo Bernini (1598-1680)), pittore, architetto e scultore, produsse i massimi capolavori della scultura barocca.

Caravaggio (1571-1610), pittore dalla vita avventurosa e sregolata, rivoluzionò l'uso della luce attraverso la tecnica del chiaroscuro.

Il nome di **Michelangelo Buonarroti** (1475-1564) è legato ad una serie di opere che lo hanno consegnato alla storia dell'arte mondiale. Tra queste, le statue del David e della Pietà e il grande affresco del Giudizio Universale nella Cappella Sistina.

▶ '700-'800 Neoclassicismo

Antonio Canova (1757-1822), raffinato scultore, massimo esponente del Neoclassicismo, rappresentò la bellezza femminile ideale, pura, eterna.

▶ '900 Futurismo e scuola metafisica

Il Futurismo è stato il più importante movimento italiano d'avanguardia del XX secolo. Esaltò la tecnologia, la forza, la guerra e il nazionalismo. Tra i suoi esponenti più importanti, il pittore **Giacomo Balla** (1871-1958).

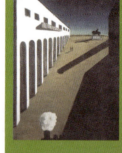

Giorgio De Chirico (1888-1978) fu il fondatore della scuola metafisica, che si caratterizza per le immagini dalle architetture essenziali, proposte in prospettive non realistiche, immerse in un clima magico e misterioso.

Lucio Fontana (1899-1968), bucando, lacerando e tagliando la tela, superò la tradizionale distinzione tra pittura e scultura.

▶ Arte contemporanea

Le opere di **Maurizio Cattelan** (1960), popolare artista contemporaneo, autodidatta e anticonformista, combinano scultura performance e happening.

UNITÀ 7
società
PSICOLOGIA

1 Introduzione

Qui sotto hai una lista di disturbi di carattere psicologico. Scrivi il nome di ogni disturbo sotto il disegno corrispondente. Poi confrontati con un compagno.

- allucinazioni
- amnesia
- amnesie temporanee di breve durata
- avarizia ossessiva
- bassa autostima
- depressione
- indecisione
- sindrome ossessiva compulsiva
- schizofrenia
- paranoia
- personalità multipla

1.

2.

3.

4.

5.

6.

7.

8.

9.

10.

11.

7 | società PSICOLOGIA

2 Ascoltare

2a *Ascolta l'audio e rispondi alle domande qui sotto confrontandoti con un compagno.*

1. Di cosa si tratta (conversazione, intervista, annuncio, ecc.)?

2. Qual è il tono del discorso (formale, informale, serio, tragico, ironico, accademico, ecc.)?

2b *Ascolta più volte l'audio e cerca di capire cosa viene consigliato di fare alle persone affette dai vari disturbi. Se necessario, prendi appunti. Dopo ogni ascolto confrontati con un compagno.*

3 Leggere

3a *Leggi il testo.*

L'Italia sul lettino dell'analista

Sono sempre più quelli che scelgono la psicologia per risolvere i problemi dell'anima

Francesca Procesi

Un lutto, un abbandono, la depressione, gli attacchi di panico o più semplicemente un senso di insoddisfazione. Sono tanti i motivi che possono portare un individuo, in un particolare momento della propria vita, a sentire il bisogno di comunicare ansie e problemi ad uno psicologo.

La medicina della mente, nata con Freud agli inizi del secolo scorso (il famosissimo saggio "L'interpretazione dei sogni" uscì per la prima volta nel 1900), è particolarmente amata dagli italiani che non esitano a stendersi sul lettino per parlare di se stessi.

Non è soltanto una moda incoraggiata **Sono tanti i motivi che possono portare un individuo a comunicare ansie e problemi ad uno psicologo.**

dai mass media - televisione e giornali in primis - ma un campanello d'allarme dell'aumento di un generalizzato disagio sociale.

Certo è vero che non v'è fatto di cronaca che non venga commentato da psicologi e psichiatri, sempre più spesso ospiti di talk show e varietà.

Ed è vero anche che la produzione editoriale di libri su depressione, ansie, disagio degli adolescenti è ricca e varia, ma se i principi economici non sbagliano, dietro ad un'ampia offerta c'è un'ampia domanda e di questa domanda gli italiani sono gli artefici.

Si calcola che siano almeno 500mila i nostri connazionali che avrebbero bisogno del supporto di uno psicologo. Molti però ci rinunciano perché le cure dallo strizzacervelli sono costose e soprattutto le sedute plurime e i tempi lunghissimi.

Per il momento questo tipo di cure è gratuito solo nei dipartimenti di salute mentale o in quelli di neuropsichiatria infantile e considerate le numerosissime richieste, le liste d'attesa sono davvero lunghe.

Per fronteggiare il problema recentemente è stata consegnata al presidente del Senato una petizione firmata da 40mila persone per richiedere al Parlamento di approvare una legge che introduca le psicoterapie tra quelle cure rimborsabili dal Servizio sanitario nazionale. Ma in attesa che il legislatore prenda in considerazione la proposta, molti italiani si rivolgono ad Internet anche per cercare uno psicologo.

L'ordine professionale ne conta circa 37mila e molti di questi popolano le pagine web dedicate ai problemi della mente e i disagi dell'anima. Nel mondo virtuale di Internet, quindi, chi ha bisogno di aiuto può consultare uno psicologo in modo rapido, discreto ed a prezzi modici, sebbene molti esperti dubitino dell'efficacia di queste terapie a distanza.

Ma perché oggi gli italiani sentono questo

grande bisogno di rivolgersi alla psicoterapia? A parte i disturbi gravi - depressione, crisi d'identità, anoressia, attacchi di panico, ecc. - sembra che gli italiani soffrano soprattutto di "mal di vivere" a causa dei cambiamenti sociali e culturali. Ad inizio secolo, la famiglia era autoritaria, la repressione sociale era forte e la morale rigida. Oggi, invece, viviamo in una società libera ed individualista e le nostre famiglie sono aperte e permissive. Mutamenti che ci hanno indotto a conoscere di più noi stessi, ad affermarci come individui. Nello stesso tempo la globalizzazione ci ha portato ad avvertire una sensazione di perdita della nostra identità e di paura nei confronti di tutto ciò che è diverso. Così sempre più spesso pensiamo che gli altri siano una minaccia, finendo col rinchiuderci maggiormente in noi stessi.

Nasce così quel senso generalizzato di inquietudine che, unito al fatto che oggi nelle istituzioni di base - famiglia, scuola, gruppo di amici - il dialogo manca sempre di più, ci porta dritti dritti sul lettino di uno psicologo pronto, taccuino alla mano, ad ascoltarci ed aiutarci. ■

da *www.psicologiaoggi.it*

3b *Collega le parole di sinistra con quelle di destra e ricostruisci le informazioni contenute nell'articolo.*

in Italia	
1. Le persone bisognose di una psicoterapia	sono poco costose.
2. Non tutte le persone che avrebbero bisogno di una psicoterapia	sono molto costose.
3. Le cure da uno specialista	sono rimborsate dallo Stato.
4. Non tutte le psicoterapie	possono permettersi di sostenere la spesa.
5. Le persone che hanno chiesto una legge sulle psicoterapie	sono favorevoli alle terapie on line.
6. Gli psicologi	sono 37.000.
7. Le terapie on line	sono 40.000.
8. Non tutti gli specialisti	sono 500.000.

4 Analisi lessicale

*Collega al significato giusto queste espressioni usate nel testo dell'attività **3a**. Se necessario cercale nel testo.*

riga	espressione	significato
19	1. campanello d'allarme	a. con un bloc-notes in mano
22	2. fatto di cronaca	b. segnale che indica pericolo
39	3. strizzacervelli	c. espressione popolare per "psicoterapeuta"
46	4. salute mentale	d. a basso costo
48	5. lista d'attesa	e. associazione che riunisce tutti i professionisti di una determinata categoria (medici, avvocati…)
63	6. ordine professionale	f. un episodio, un evento riportato dai mezzi d'informazione
69	7. a prezzi modici	g. elenco, graduatoria di persone che aspettano di accedere a un servizio
100-101	8. taccuino alla mano	h. settore della medicina specializzato nella cura delle malattie psichiche

7 | società PSICOLOGIA

5 Analisi grammaticale

5a *Senza guardare il testo, in base alle tue conoscenze della grammatica, sai dire quando si usa il congiuntivo in italiano? Confrontati con i compagni.*

In italiano il congiuntivo si usa...

5b *Sottolinea tutti i congiuntivi nel testo del punto 3a. Poi confrontati con un compagno.*

5c *Ora inserisci nella prima colonna della tabella i congiuntivi che hai sottolineato. Poi completa le altre due colonne, come nell'esempio.*

verbi al congiuntivo	infinito	soggetto del verbo
venga	venire	fatto di cronaca

5c Bis - Gioco a squadre

Formate delle squadre di due o tre studenti. Avete 2 minuti per scrivere la coniugazione del congiuntivo presente dei verbi dubit**are**, prend**ere**, soffr**ire**, **essere**. Allo scadere del tempo, ogni squadra si sceglie un'altra squadra con cui giocare. A turno, ogni squadra dovrà porre agli avversari 5 domande-quiz sulla coniugazione dei 4 verbi. Esempio: "Qual è la terza persona singolare del verbo **essere**?" Se la squadra avversaria risponde correttamente prende un punto. Vince la squadra che, al termine delle 10 domande, avrà realizzato più punti.

5d *In genere il congiuntivo si usa in frasi secondarie (dipendenti). Significa che la frase con il congiuntivo dipende da un'altra frase più importante, che si chiama principale (o reggente).*

frase principale	frase secondaria
... non v'è fatto di cronaca →	che non <u>venga</u> commentato da psicologi e psichiatri...

Ricopia nella seconda colonna tutte le frasi al congiuntivo che hai trovato, poi cerca nel testo dell'attività 3a la frase principale (o reggente) da cui dipende la frase con il congiuntivo.

frase principale	frase secondaria
non v'è fatto di cronaca	che non venga commentato da psicologi e psichiatri

PSICOLOGIA società 7

5e *Come abbiamo detto, il congiuntivo si trova soprattutto in frasi secondarie. Ma si può usare solo quando la frase principale ha determinate caratteristiche. Ecco una lista delle ragioni per cui nel testo dell'attività 3a è usato il congiuntivo. Scrivi al posto giusto nella seconda colonna gli esempi del testo.*

è usato il congiuntivo perché	esempio del testo
nella frase principale c'è un verbo impersonale	
nella frase principale c'è un verbo che esprime un'opinione	
nella frase principale c'è un verbo negativo	
la frase secondaria è introdotta da una congiunzione che richiede il congiuntivo (per es: *affinché, a patto che, benché, come se, in attesa che, malgrado, prima che, purché, sebbene, senza che…*)	
la frase principale introduce una frase relativa che specifica qual è la qualità richiesta	

6 Parlare

Lavora in coppia con un compagno (Paziente e Psicoterapeuta) e leggi le istruzioni che ti riguardano. Poi iniziate la conversazione.

Paziente
Soffri di uno dei disturbi descritti al punto 1. Questo ti causa molti problemi, la tua vita è diventata impossibile. Hai deciso di andare da uno psicoterapeuta per curarti. Descrivigli come ti senti, parlagli del tuo disturbo e chiedigli di risolverlo.

Psicoterapeuta
Sei uno psicoterapeuta. Un tuo paziente soffre di un grave disturbo. Cerca di capire di cosa si tratta e aiutalo a risolvere il suo problema.

7 Analisi grammaticale

7a *Riascolta l'inizio del messaggio della segreteria telefonica e completa il testo.*

Grazie per aver chiamato l'Istituto Psichiatrico di Salute Mentale.
Se è ossessivo-compulsivo, _____ ripetutamente fino allo spasmo il tasto 1.
Se è affetto da personalità multipla, _____ alternativamente i tasti 2-3-4-5-6-7-8.

7b *Rispondi alle domande.*

Secondo te:
- qual è il tempo del verbo che hai inserito?

  ☐ congiuntivo presente
  ☐ imperativo
  ☐ condizionale presente

- qual è il soggetto?

  ☐ io
  ☐ tu
  ☐ lui/lei
  ☐ Lei (forma di cortesia)
  ☐ noi
  ☐ voi
  ☐ loro

alma edizioni

7 società
PSICOLOGIA

7c *Completa la regola.*

> La forma dell'imperativo di cortesia (Lei) è uguale a quella del _____ presente.

7d *Ora riascolta tutto il messaggio della segreteria telefonica e scrivi tutti gli imperativi che riconosci.*

8 Scrivere e parlare

Dividetevi in gruppi e scegliete un personaggio. Provate a immaginare come potrebbe essere la sua segreteria telefonica. Scrivete il messaggio e correggetelo. Infine registratelo e fatelo ascoltare alla classe. Attenzione: deve durare almeno 30 secondi. Usate la fantasia e… l'ironia!

- il papa
- bill gates
- un grande scienziato
- un famoso scrittore
- il più grande playboy del mondo
- un famoso cantante rock

9 Leggere e parlare

9a *Tra poco leggerai un articolo che inizia con questa frase.*

> Avete presente quegli innocenti scarabocchi che si fanno parlando al telefono o durante una riunione noiosa?

Hai capito cosa significa la parola "scarabocchi"? Ora hai 20 secondi di tempo per fare uno scarabocchio su un foglio. Attenzione: devi disegnare la prima cosa che ti viene in mente, senza pensare!

9b *Completa il testo con i titoli mancanti dei paragrafi (in fondo alla pagina successiva). Aiutati con i disegni.*

Lei ha il complesso di Edipo: glielo leggo nello *scarabocchio*

Federica Lamberti Zanardi

Avete presente quegli innocenti scarabocchi che si fanno parlando al telefono o durante una riunione noiosa? Beh, occorre stare bene attenti, perché possono svelare aspetti nascosti della personalità. È quello che sostiene un libro di due "esperti" in materia, la psicopedagogista Evi Crotti e il medico psicosomatico Alberto Magni, vecchi amici e fondatori di una scuola di grafologia milanese. *I disegni dell'inconscio*, come interpretare gli scarabocchi degli adulti (Mondadori, pp. 250, euro 9,80) nasce dalla loro esperienza trentennale nello studio di disegni di grandi e piccini. Ecco una breve guida per venire a capo dei più comuni scarabocchi. ▶

magari

PSICOLOGIA società 7

_____ Rappresentano ottimismo, affidabilità e capacità di affrontare con calma situazioni difficili. Sono un segno tipico dei grandi uomini. Quelle verticali invece indicano bisogno di norme e di regole rigide.

 Se è centrifuga indica espansione verso l'esterno e necessità di migliorare i rapporti sociali. Se è centripeta invece voglia di "staccare la spina" per guardare in fondo a se stessi e rilassarsi.

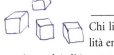 Chi li disegna nega l'istinto a favore della razionalità ed è insofferente verso le persone estrose.

 Chi li fa ha una forte stabilità emotiva che difende con energia perché gli è costata molto sforzo.

 Sono tipiche di persone con una sensibilità legata all'infanzia e con un desiderio inconscio di regredire a quel periodo felice, visto come un paradiso perduto.

 Indicano una natura sentimentale, pacifica, con sfumature romantiche. Se i fiori sono tanti, dolcezza, disponibilità, altruismo, spensieratezza.

Chi disegna piante dal tronco robusto (come le querce) è dinamico, protettivo, intollerante verso i pigri e i lagnosi. L'abete, invece, indica una natura tradizionalista che non ama il rischio, nostalgica e bonaria. I cipressi sono sintomo di grande idealismo e capacità di sognare, ma anche di una certa tendenza alla tristezza. La palma rivela il desiderio di evasione e la necessità di trovare un luogo dove stare finalmente in pace.

 È legato alla simbologia materna. Se è calmo può essere sintomo di depressione, mentre agitato evoca un difficile rapporto con la madre e ansia da separazione.

 Rivela il bisogno di armonia con se stessi. La famiglia è vissuta come un posto sicuro dove ricaricarsi di energie, ma denota anche una fatica a distaccarsi dall'ambiente familiare. Se la casa è inserita in un paesaggio con molti particolari è sintomo di una personalità sognatrice, capace di rilassarsi facilmente. Se, invece, le finestre sono sprangate, possono esserci situazioni familiari non troppo felici, vissute come una limitazione della libertà.

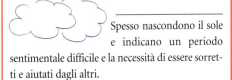 Spesso nascondono il sole e indicano un periodo sentimentale difficile e la necessità di essere sorretti e aiutati dagli altri.

 Espressione di periodi gioiosi della propria vita, dove non mancano le energie psicofisiche e la voglia di lottare per ottenere quel che si desidera.

Quasi sempre disegnata a falce, indica momenti di ispirazione artistica, intuizione, sensazioni che danno quiete al cuore.

 Sono tipiche di una natura utopistica ed esprimono la tendenza a fare sogni ad occhi aperti.

 Disegnato di profilo mette in evidenza naso e mento e può indicare aspetti non risolti della sessualità. Se, invece, è disegnato frontalmente, l'attenzione è su occhi e bocca ed è rivelatore di una propensione alla comunicazione e di una ricerca di identità.

 Indicano persone pungenti, che toccate sono pronte a reagire.

 L'aggressività è rivolta verso se stessi e quindi somatizzata in disturbi fisici.

 Iperattività che maschera aspetti non risolti a livello sociale.

⇐ Chi le disegna in questa direzione vive la dualità amore-odio, distacco-avvicinamento, dalla quale non riesce a uscire, rimanendo in una situazione di stasi che genera ansia.

 Intese come una decorazione disegnata intorno al foglio. Indicano esigenza di chiarezza, perfezionismo, tendenza a tenere tutto sotto controllo. Naturalmente il "tema" del disegno della cornice rivela altri aspetti della personalità. Una cornice di cuoricini può essere sintomo di una crisi sentimentale. Se invece le figure sono geometriche, la razionalità ha preso il sopravvento sui sentimenti. Una cornice di fiori è tipica di una personalità molto sensibile e femminile. *(Il Venerdì di Repubblica)*

9c *Ora forma un gruppo con alcuni compagni e verificate a quali profili corrispondono gli "scarabocchi" che avete disegnato al punto* **9a**.

10 Scrivere

Guarda questi 3 disegni. Secondo te com'è la personalità dei loro autori? Scrivi una breve analisi. Poi confronta i tuoi testi con quelli di un compagno.

11 Ascoltare

11a *Ascolta queste frasi tratte da un dialogo. Secondo te, con chi sta parlando la ragazza e di che cosa? Insieme a uno o più compagni, fai delle ipotesi sulla situazione, sui personaggi, sull'argomento.*

11b *Ora ascolta tutto il dialogo e verifica le tue ipotesi.*

12 Analisi grammaticale

12a *Osserva queste due frasi tratte dal testo dell'attività 9b e trova, per le due espressioni evidenziate, il disegno che esprime meglio il loro significato.*

È quello che sostiene un libro di due "esperti" in materia, la psicopedagogista Evi Crotti e il medico psicosomatico Alberto Magni, **vecchi amici** e fondatori di una scuola di grafologia milanese.

Rappresentano ottimismo, affidabilità e capacità di affrontare con calma situazioni difficili. Sono un segno tipico dei **grandi uomini**.

PSICOLOGIA società 7

12b *Completa il box.*

Aggettivo letterale e figurato

Un aggettivo può avere un senso **letterale** (preciso, esattamente corrispondente al suo significato) o **figurato** (simbolico, allegorico, metaforico).

Esempio:

      1. Ho letto un libro **grande**.   2. Ho letto un **grande** libro.

Nel primo caso **grande** ha un senso *(letterale/figurato)* _____, significa "di grandi dimensioni", "di molte pagine".

Nel secondo caso **grande** ha un senso *(letterale/figurato)* _____, significa "importante", "bello", "di valore artistico".

Di solito quando ha un senso figurato l'aggettivo va *(prima del/dopo il)* _____ nome.

Altri esempi:

un pover'uomo   un uomo povero
(= dal punto di vista umano)   (= senza soldi, non ricco)

un funzionario alto   un alto funzionario
(= fisicamente alto)   (= importante)

un vecchio amico   un amico vecchio
(= di lunga conoscenza)   (= anziano, non giovane)

un grosso artista   un artista grosso
(= importante)   (= di dimensioni, di peso)

12c *Osserva queste altre due frasi tratte dal testo dell'attività 9b. In ognuna di esse c'è un nome combinato con due aggettivi. Prova ad indicare quale altra combinazione, tra quelle proposte, sarebbe accettabile e come cambierebbe il significato. Attenzione: per ogni frase la combinazione possibile è solo una!*

1. Chi li fa ha una *forte* **stabilità** *emotiva* che difende con energia perché gli è costata molto sforzo.

      a. *forte emotiva* stabilità ☐
      b. stabilità *emotiva forte* ☐
      c. stabilità *forte emotiva* ☐
      d. *emotiva* stabilità *forte* ☐
      e. *emotiva forte* stabilità ☐

Ridere è terapeutico

2. Spesso nascondono il sole e indicano un **periodo** *sentimentale difficile*...

      a. periodo *difficile sentimentale* ☐
      b. *difficile* periodo *sentimentale* ☐
      c. *difficile sentimentale* periodo ☐
      d. *sentimentale difficile* periodo ☐
      e. *sentimentale* periodo *difficile* ☐

12d *Completa il box "Combinazioni di un nome con più aggettivi" a pagina 81.*

alma edizioni   79

7 | società PSICOLOGIA

13 Esercizio

13a *Completa i tre brani inserendo il nome e l'aggettivo (o gli aggettivi) nella giusta combinazione.*

(…)
Amica - Ma se ti ho detto l'altra volta uscendo che non mi ero divertita per niente e che mi ero annoiata da morire…
Ludovica - Ma perché?
Amica - La seconda volta ti ho detto di no, che non mi andava di andarci e infatti non sono venuta e adesso me lo riproponi? Figurati che _____ _____ !   **idea / grande**
Ludovica - Ma perché non ti piace? Non riesco a capire.
Amica - Ma mi conosci, Ludovica, lo sai perché non mi piace!
È pieno solo… soltanto di _____ _____, di   **persone / vecchie**
_____ _____. È un posto poi enorme, così grande, lo sai… a me   **persone / sole**
piacciono più le _____ _____, raccolte, tra amiche… ma sì…   **cose / intime**
Ludovica -Va bene, ok, allora ci vediamo stasera, a casa mia…
Amica - Eh, facciamo una _____ _____ !   **cosa / semplice**
Ludovica - Dai, facciamo a casa mia un _____ _____ per   **poker / bel**
_____ _____. Eh?   **donne / sole**

(…)
Amica - … Non so, sarà una mia impressione, ma a me sembra che sia così ormai, e poi
fra l'altro non capisco neanche come faccia perché potresti anche trovarti in una
_____ _____ _____ un giorno.   **situazione / brutta / economica**
Ludovica - Ma no, non è vero! Mi piace sfidare la sorte ogni tanto, per cui compro un
Gratta e vinci, oppure gioco al *Lotto*, oppure vado a giocare al *Bingo*. È… così, una
_____ _____ _____, ma chi non ne ha? Tu non fumi?   **abitudine / negativa / piccola**
Amica - Ma cosa c'entra?
(…)
Amica - Poi non mi sembra corretto che tu parli dei miei problemi con il fumo.
Ludovica - Ma non è… Non è essere o meno corretta. È una _____ _____,   **abitudine / cattiva**
tutti ne abbiamo una.
Amica - Mah, non so. Io vorrei smettere di fumare un giorno. A me non sembra che tu sia intenzionata
a liberarti dal… dal gioco.
Ludovica - Ma non sono dipendente dal gioco! È un modo come un altro per passare un po' di tempo
con le amiche, dai!
Amica - Mah, se tu vuoi passare un po' di tempo con le amiche… Non so, io pensavo ad altro…
Non so, una _____ _____ ?   **pizza / semplice**

 13b *Ora riascolta il dialogo dell'attività 11b e verifica.*
17

Gli italiani e il gioco

Secondo le statistiche gli italiani sono un popolo amante del gioco d'azzardo e per tentare la fortuna sono disposti a spendere moltissimo. Più che nel nostro paese si spende infatti solo in Gran Bretagna e in Giappone. In cima alla lista delle preferenze c'è il vecchio *lotto*, anche se negli ultimi anni stanno emergendo giochi meno tradizionali come il *bingo*, il *superenalotto* e il *gratta e vinci*. In crisi invece il vecchio *totocalcio*, il gioco legato alle previsioni dei risultati delle partite del campionato di calcio, che è stato per anni il gioco più popolare. Dal *lotto* e dal *totocalcio* derivano espressioni ormai entrate nell'uso comune come "fare un terno al lotto" e "fare tredici", che significano "realizzare una grossa vincita" o anche "avere un colpo di fortuna".

|80| magari

PSICOLOGIA società 7

14 Gioco a squadre

Si formano 2 squadre. Hanno 3 minuti di tempo per guardare la tabella e iniziare a completarla. Nel frattempo, l'insegnante disegna alla lavagna una tabella di 32 righe numerate come quella qui sotto, ma senza scrivere le parole. Poi, a turno, un componente per squadra va alla lavagna con il libro e completa una delle righe a sua scelta, scrivendo nome, aggettivo e verbo (quando necessario). Se tutte e 3 le forme sono corrette, la sua squadra prende un punto. Vince la squadra che avrà realizzato più punti quando la tabella sarà stata completata.

	nome	aggettivo	verbo
1.		innocente	/
2.	telefono		
3.		noioso	
4.		attento	/
5.	personalità		
6.		grande	
7.		breve	
8.	affidabilità		
9.	capacità		/
10.	calma		
11.		sociale	
12.	razionalità		
13.		insofferente	/
14.	stabilità		
15.	energia		energizzare
16.	sensibilità		
17.		felice	felicitarsi
18.	dolcezza		
19.	disponibilità		/
20.		robusto	
21.		protettivo	
22.		intollerante	/
23.		lagnoso	
24.	rischio		
25.		nostalgico	/
26.	tristezza		intristire/intristirsi
27.	armonia		
28.		gioioso	
29.	comunicazione		
30.	aggressività		
31.	esigenza		
32.	chiarezza		

Combinazioni di un nome con più aggettivi

Come abbiamo visto nell'unità 5 gli **aggettivi qualificativi** servono a definire le qualità del nome a cui si riferiscono (*bello, brutto, grande, vecchio...*) mentre gli **aggettivi relazionali** sono aggettivi che derivano da un nome e che finiscono con vari suffissi (*-ale, -are, -istico, -ista, -ano, -oso, -ario, -ico, -ato, -ivo*).

Gli aggettivi relazionali vanno sempre subito dopo il nome a cui si riferiscono. Perciò se un nome è accompagnato sia da un aggettivo qualificativo sia da un aggettivo di relazione, sono possibili queste due combinazioni:

agg. qual. + nome + agg. relaz.
Esempio:

nome + agg. relaz. + agg. qual.
Esempio:

Non è invece possibile separare il nome dall'aggettivo di relazione o mettere l'aggettivo di relazione prima del nome. Per esempio, non sono possibili le sequenze:
*Chi li fa ha una stabilità forte **emotiva**...*
*Chi li fa ha una **emotiva** stabilità forte...*

alma edizioni

UNITÀ 8

lingua
MASCHIO - FEMMINA

1 Introduzione

Secondo te, qual è il femminile dei seguenti nomi di professione?

maschile	femminile
architetto	
cameriere	
ministro	
avvocato	
insegnante	
studente	
poliziotto	
magistrato	

2 Ascoltare

2a *Ascolta il dialogo e cerca di capire le ipotesi che fanno i due amici sul femminile dei nomi di professione.*

maschile	femminile	
	Come direbbe lui	Come direbbe lei
architetto		
cameriere		
ministro		
avvocato		
insegnante		
studente		
poliziotto		
magistrato		

2b *Ci sono differenze con la tua lista dell'attività 1? Controlla.*

2c *Ascolta di nuovo e rispondi alle domande. Poi confrontati con un compagno.*

1. Da cosa capisce lei che l'architetto è una donna?
2. Secondo i due amici l'italiano è una lingua "maschilista"?
3. Che esempi fanno i due per sostenere le loro opinioni?

Donne italiane e lavoro

Secondo recenti statistiche, in Italia non solo le donne lavorano meno degli uomini, ma quando lo fanno non riescono a raggiungere posizioni di rilievo.
Nel settore economico, la percentuale delle dirigenti d'impresa non raggiunge il 5%, e le donne che amministrano grandi società quotate in Borsa si contano sulle dita di due mani. In politica il quadro è ancora peggiore: le donne in Parlamento non superano il 13%, contro il 42% della Svezia e il 30% dell'India.
Nel giornalismo le donne che ricoprono ruoli di comando sono meno del 2% e in tv solo il 36,9% dei programmi di approfondimento è condotto da donne.
Più ampiamente, secondo un'indagine realizzata dall'*Institute for the Study of Labor*, in Italia solo il 3,9% delle donne che lavora occupa un posto da responsabile, mentre la gran parte (l'83,1%) è occupata in posizioni impiegatizie.
Le lavoratrici italiane percepiscono inoltre in media un reddito più basso (tra il 10% e il 30% in meno) rispetto a quello dei colleghi maschi.

3 Parlare

Secondo te l'italiano è una lingua "maschilista"? E nella tua lingua cosa succede?
Ci sono esempi di "maschilismo linguistico"? Parlane in gruppo con alcuni compagni.

4 Leggere

4a *Qui sotto hai l'inizio di un articolo intitolato "Dimmi come scrivi, ti dirò di che sesso sei".*
Rispondi alla domanda e poi confrontati con alcuni compagni spiegando le ragioni della tua risposta.

> Immaginate la pagina di un libro o di un giornale: sareste capaci di riconoscere se l'autore è un uomo o una donna solo leggendo il testo?
>
> ☐ Sì   ☐ No

4b *Qui sotto hai un'altra parte dell'articolo sulla differenza di linguaggio tra uomini e donne.*
Completalo con le parole della lista.

alcuni   io   lei   questo   ma   quello   se   tu   più

[…] le diversità di linguaggio evidenziate dai ricercatori non si riferiscono a termini complessi o "importanti", ma a parti del discorso all'apparenza banali, come i "_____" e i "_____". Il gruppo guidato da Koppel, per esempio, ha riscontrato che la maggior differenza tra i due sessi sta nella propensione da parte delle donne a fare maggior uso dei pronomi personali ("_____", "_____", "_____", ecc.) rispetto agli uomini. Che invece prediligono gli aggettivi dimostrativi ("_____", "_____"), i numeri cardinali e gli aggettivi riferiti a quantità ("_____", "_____", ecc.).

lingua

MASCHIO - FEMMINA

Leggi l'articolo completo.

Dimmi come scrivi, ti dirò di che sesso sei

Le donne usano più pronomi: "io", "tu", "lei". Gli uomini abusano di "questo" e "quello". Uno studio mette in luce le differenze nei testi. Ma c'è chi insorge!

Clive Thompson

1. Immaginate la pagina di un libro o di un giornale: **sareste** capaci di riconoscere se l'autore è un uomo o una donna solo leggendo il testo? Moshe Koppel, docente di informatica presso l'università israeliana di Bar Ilan, è in grado di farlo. Il gruppo di ricercatori da lui guidato ha infatti condotto con successo un esperimento di "individuazione di genere": con l'aiuto di un algoritmo di loro invenzione, gli scienziati hanno esaminato testi anonimi riuscendo a determinare il sesso dell'autore con un'approssimazione superiore all'80%. Un risultato che imprime una svolta tecnologica a un dibattito molto antico, dato che per secoli si è discusso se uomini e donne **avessero** un modo diverso di comunicare.

2. Il lavoro di Koppel e colleghi non ha mancato di suscitare polemiche. *Proceedings*, la prestigiosa rivista dell'Accademia nazionale delle scienze americana, ha perfino rifiutato la pubblicazione dello studio adducendo "motivazioni ideologiche". Secondo Koppel temevano che **potesse** essere letto in chiave discriminatoria nei confronti delle donne.

3. Così il gruppo di ricercatori ha deciso di sottoporre i propri lavori al giudizio di altre riviste, con qualche accorgimento in più. La dottoressa Anat Shimoni, per esempio, ha aggiunto accanto al primo il suo secondo nome, Rachel, in modo da chiarire che del gruppo faceva parte anche una donna. Tanto è bastato perché gli autori non **venissero** più accusati di antifemminismo e la rivista *Literary and Linguistic Computing and Text* **accettasse** di pubblicare lo studio.

4. L'aspetto curioso è che le diversità di linguaggio evidenziate dai ricercatori non si riferiscono a termini complessi o "importanti", ma a parti del discorso all'apparenza banali, come i "se" e i "ma". Il gruppo guidato da Koppel, per esempio, ha riscontrato che la maggior differenza tra i due sessi sta nella propensione da parte delle donne a fare maggior uso dei pronomi personali ("io", "tu", "lei", ecc.) rispetto agli uomini. Che invece prediligono gli aggettivi dimostrativi ("questo", "quello"), i numeri cardinali e gli aggettivi riferiti a quantità ("più", alcuni", ecc.).

5. È possibile che parole così banali **siano** rivelatrici della nostra identità? In realtà, da tempo gli esperti di analisi testuale si affidano proprio a queste piccole parti del discorso. Il motivo è che quando si scrive un testo ci si concentra sull'uso delle parole-chiave dell'argomento in oggetto (in questo articolo, per esempio, sui termini "computer", "programma" e "sesso"), ma non altrettanto su come vengono utilizzate le parti elementari del discorso. Questo significa che tendiamo a disseminarle nel testo seguendo schemi inconsci e proprio per questo rivelatori.

6. Secondo Koppel, i risultati dell'indagine non fanno che confermare ipotesi precedenti: il fatto che le donne **usino** più degli uomini i pronomi personali riporta al vecchio detto "le donne parlano delle persone, gli uomini delle cose".
Anche secondo Deborah Tannen, linguista e autrice di bestseller sulla comunicazione tra generi, i dati della ricerca non sono poi così sorprendenti: "Non solo le donne scrivono con più frequenza degli uomini, ma cercano anche di stabilire un rapporto più intimo con il lettore, il che porta a intensificare l'uso dei pronomi".

7. C'è però chi accusa questi esperimenti di esasperare artificiosamente le differenze tra i sessi. "Tutta questa mania categorizzatrice finisce per andare contro le donne" - dice la linguista americana Janet Bing, che sottolinea anche come gli omosessuali e i transessuali non **rientrino** in semplici definizioni sociali di genere maschile o femminile. "Mi chiedo se l'algoritmo di Koppel **funzionerebbe** altrettanto bene su testi di autori appartenenti a questi gruppi", afferma la Bing.
E Koppel come reagisce? Ritiene che questo **sia** un interrogativo interessante, ma ammette di non avere la risposta: "Finora non abbiamo condotto esperimenti di questo tipo". ■

da il Venerdì di Repubblica

MASCHIO - FEMMINA — lingua 8

4d *Ognuna di queste frasi si riferisce a un paragrafo del testo, descrivendone il contenuto. Scrivi i numeri giusti dei paragrafi accanto alle frasi.*

n° ___ : Come sono riusciti i ricercatori a farsi pubblicare.
n° ___ : In che cosa consiste l'esperimento di Koppel.
n° ___ : L'esperimento di Koppel e gli altri sessi.
n° ___ : Quali differenze di genere nell'uso della lingua ha evidenziato lo studio.
n° ___ : Perché le donne usano di più i pronomi.
n° ___ : Perché una rivista non ha accettato di pubblicare lo studio.
n° ___ : Perché le parole più elementari dicono di più della personalità.

5 Analisi lessicale

Inserisci le parole della lista al posto giusto nella prima colonna e ricostruisci le espressioni del testo come nell'esempio. Aiutati con il significato.

Parole: polemiche, una svolta, un esperimento, al giudizio, l'uso, un rapporto, in grado di, uso, parte

espressione		significato
essere	*in grado di*	essere capace di (fare qualcosa)
condurre	_____	fare un test scientifico
imprimere	_____	determinare un cambiamento
suscitare	_____	causare discussioni
sottoporre	_____	proporre alla considerazione o all'esame di qualcuno per ricevere un'opinione
fare	_____	appartenere
fare	_____	utilizzare
stabilire	_____	collegare, creare una relazione
intensificare	_____	utilizzare con più frequenza

8 lingua — MASCHIO - FEMMINA

6 Scrivere[1]

6a *Guarda questa immagine e scrivi sul foglio che ti dà l'insegnante una descrizione della situazione provando ad usare anche la fantasia. La ragazza nella foto si chiama Chiara e ha 26 anni. Poi consegna il foglio all'insegnante.*

[1] L'attività si può svolgere solo nelle classi miste. Per le classi non miste vedi la variante nella guida per l'insegnante.

6b *L'insegnante, dopo aver numerato e mischiato i fogli scritti dalla classe, te ne darà uno scelto a caso dal mazzo. Leggi il testo e segna nella tabella qui sotto che numero è e se è scritto da un maschio o da una femmina. Poi passalo al compagno alla tua destra e prendi un nuovo testo dal compagno alla tua sinistra. Continua così fino ad analizzare tutti i testi. Vince il gioco lo studente che riconosce il numero maggiore di generi (M/F) degli autori.*

N° - M/F	N° - M/F	N° - M/F	N° - M/F	N° - M/F	N° - M/F
___ ☐ ☐	___ ☐ ☐	___ ☐ ☐	___ ☐ ☐	___ ☐ ☐	___ ☐ ☐
___ ☐ ☐	___ ☐ ☐	___ ☐ ☐	___ ☐ ☐	___ ☐ ☐	___ ☐ ☐
___ ☐ ☐	___ ☐ ☐	___ ☐ ☐	___ ☐ ☐	___ ☐ ☐	___ ☐ ☐
___ ☐ ☐	___ ☐ ☐	___ ☐ ☐	___ ☐ ☐	___ ☐ ☐	___ ☐ ☐

7 Analisi grammaticale

7a *Metti al posto giusto nella tabella i verbi evidenziati nel testo dell'attività 4c.*

condizionale presente	congiuntivo presente	congiuntivo imperfetto

7b *Guarda la coniugazione del congiuntivo imperfetto qui sotto: ci sono 2 errori. Trovali e correggili.*

	accettare	potere	venire
io	accettassi	potessi	venissi
tu	accettassi	potessi	venisse
lui/lei/Lei	accettasse	potesse	venisse
noi	accettassimo	potessimo	venissimo
voi	accettaste	potesse	veniste
loro	accettassero	potessero	venissero

magari

7c *Lavora ancora sul testo dell'attività **4c**. Trova, per ogni frase secondaria della terza colonna, la frase principale (o reggente) da cui dipende. Per ogni frase specifica anche il tempo, come negli esempi.*

frase principale	tempo della frase principale	frase secondaria	tempo della frase secondaria
dato che per secoli si **è discusso**…	passato prossimo	…se uomini e donne **avessero** un modo diverso di comunicare.	congiuntivo imperfetto
		…che **potesse** essere letto in chiave discriminatoria nei confronti delle donne.	
		…perché gli autori non **venissero** più accusati di antifemminismo	
		…e (perché) la rivista *Literary and Linguistic Computing and Text* **accettasse** di pubblicare lo studio.	
		…che parole così banali **siano** rivelatrici della nostra identità?	
…**riporta** al vecchio detto "le donne parlano delle persone, gli uomini delle cose".		…il fatto che le donne **usino** più degli uomini i pronomi personali …	
		…come gli omosessuali e i transessuali non **rientrino** in semplici definizioni sociali …	
		…che questo **sia** un interrogativo interessante,	

7d *Ora osserva la seconda e la quarta colonna. Qual è il tempo della frase principale quando nella secondaria si usa il congiuntivo presente? E qual è il tempo della principale quando si usa il congiuntivo imperfetto? Discuti con un compagno e completa la regola.*

> In genere si usa:
> - il **congiuntivo presente** quando il verbo della frase principale è al _____
> - il **congiuntivo imperfetto** quando il verbo della frase principale è al _____ .

8 lingua MASCHIO - FEMMINA

7e Collega i verbi *evidenziati* nella colonna di sinistra con le spiegazioni della colonna destra, dove sono elencate le ragioni per cui, nel testo dell'attività **4c**, è usato il congiuntivo.

frase del testo

1. Un risultato che imprime una svolta tecnologica a un dibattito molto antico, dato che per secoli si è discusso se uomini e donne **avessero** un modo diverso di comunicare.

2. Secondo Koppel temevano che **potesse** essere letto in chiave discriminatoria nei confronti delle donne.

3. Tanto è bastato perché gli autori non **venissero** più accusati di antifemminismo e la rivista *Literary and Linguistic Computing and Text* **accettasse** di pubblicare lo studio.

4. È possibile che parole così banali **siano** rivelatrici della nostra identità?

5. …il fatto che le donne **usino** più degli uomini i pronomi personali riporta al vecchio detto "le donne parlano delle persone, gli uomini delle cose".

6. "Tutta questa mania categorizzatrice finisce per andare contro le donne" - dice la linguista americana Janet Bing, che sottolinea anche come gli omosessuali e i transessuali non **rientrino** in semplici definizioni sociali di genere maschile o femminile.

7. E Koppel come reagisce? Ritiene che questo **sia** un interrogativo interessante, ma ammette di non avere la risposta: "Finora non abbiamo condotto esperimenti di questo tipo".

si usa il congiuntivo perché

a. nella frase principale c'è un verbo che esprime un'opinione

b. la frase secondaria è introdotta da *come* e non da *che*

c. nella frase principale c'è un verbo o un'espressione impersonale (*è possibile, è probabile, è bene, è meglio…*)

d. la frase secondaria è una domanda indiretta introdotta da *se*

e. la frase principale viene dopo la secondaria, che è introdotta dall'espressione *il fatto che*

f. nella frase principale c'è un verbo che esprime un desiderio, una volontà, un timore o un sentimento

g. la frase secondaria è introdotta da una congiunzione finale (*affinché, perché…*)

Il femminile dei nomi di professione

All'evoluzione della società corrisponde anche un'evoluzione della lingua. È per questo che il sempre maggiore accesso delle donne al mondo del lavoro ha determinato la necessità di creare il corrispondente femminile di molti nomi di professioni e mestieri un tempo riservati ai soli uomini. Per la formazione del femminile di questi nomi ci sono varie possibilità:

Nomi in -o: la maggior parte formano il femminile in -a
il cardiologo - la cardiologa

Nomi in -tore: formano spesso il femminile in -trice
il direttore - la direttrice
l'ambasciatore - l'ambasciatrice
Eccezione: *dottore - dottoressa*

Nomi in -a: sono generalmente invariabili
il giornalista - la giornalista
il pediatra - la pediatra
il collega - la collega

alcuni però formano il femminile in -essa
il poeta - la poetessa

8 Cruciverba

*Formate delle squadre. Al **VIA** dell'insegnante, completate il cruciverba. Tutte le parole sono contenute nel testo dell'attività **4c** (al maschile o al femminile). Quando avete finito, chiamate l'insegnante. Vince la squadra che per prima completa il cruciverba in modo corretto.*

Orizzontali →

3 Una persona che studia il linguaggio. *(maschile)*
5 Un altro nome per "insegnante". *(maschile)*
8 Un altro nome per "insegnante". *(femminile)*
9 Chi scrive o realizza qualcosa. *(maschile)*
10 Una persona che legge. *(femminile)*
11 Chi scrive o realizza qualcosa. *(femminile)*
13 Una persona che elabora teorie scientifiche. *(maschile)*
14 Chi è specialista di qualcosa. *(maschile)*
15 Una persona che lavora insieme ad un'altra. *(maschile)*
16 Chi ha un titolo di livello universitario. *(femminile)*

Verticali ↓

1 Una persona che elabora teorie scientifiche. *(femminile)*
2 Una persona impegnata in un progetto di ricerca. *(femminile)*
4 Una persona impegnata in un progetto di ricerca. *(maschile)*
5 Chi ha un titolo di livello universitario. *(maschile)*
6 Una persona che lavora insieme ad un'altra. *(femminile)*
7 Una persona che studia il linguaggio. *(femminile)*
10 Una persona che legge. *(maschile)*
12 Chi è specialista di qualcosa. *(femminile)*

Nomi in -e: possono essere invariabili
il cantante - la cantante
l'insegnante - l'insegnante

possono formare il femminile in *-a*
il ragioniere - la ragioniera

o in *-essa*
il professore - la professoressa
il vigile - la vigilessa

il presidente - la presidentessa
(ma in qualche caso *-essa* può essere usato in senso spregiativo)

Per alcuni il femminile viene evitato.

Allora si può usare:
- il maschile: *il presidente Maria Bianchi*
- il maschile con l'articolo al femminile: *la presidente Maria Bianchi*

- l'aggiunta di "donna" prima o dopo il nome (ma questo uso è sempre più raro): *la donna poliziotto, la donna magistrato* (oppure: *il magistrato donna*)

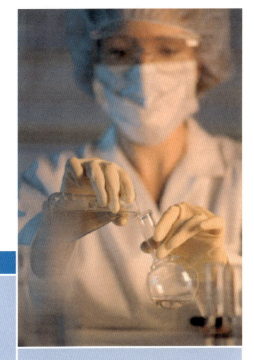

8 lingua

MASCHIO - FEMMINA

9 Esercizio

Ascolta molte volte questa parte del dialogo e trascrivi tutto quello che viene detto. Quando non riesci più ad andare avanti lavora con un compagno.

Lei - ...questo sarebbe eccessivo, ti sto dicendo però rispetto alle professioni _____

_____

Lui - _____ "la magistrata".

Lei - Suona male... suona male perché _____. Allora,

_____ , _____ la lingua.

È normale che _____

_____ scontato.

10 Analisi grammaticale

10a *Ricordi questa regola?*

> In genere il congiuntivo si usa in frasi secondarie (dipendenti). Significa che la frase con il congiuntivo dipende da un'altra frase più importante, che si chiama principale (o reggente).
>
> **frase principale**   **frase secondaria**
> Penso   →   che "La vita è bella" **sia** un bel film.

Ora osserva questa battuta tratta dal dialogo. Poi, in gruppo con alcuni compagni, rispondi alle domande.

Allora, così come la società si evolve, che si evolva anche la lingua.

1. Secondo te, la frase "che si evolva anche la lingua", è una frase principale o secondaria?

- ☐ Principale.
- ☐ Secondaria.

2. Che valore ha in questa frase il congiuntivo "che si evolva"?

- ☐ Un valore di dubbio, incertezza.
- ☐ Un valore imperativo - esortativo.
- ☐ Un valore di opinione.

10b *Adesso completa la regola del congiuntivo nel box qui a fianco.*

> **Il congiuntivo**
> In genere il congiuntivo si usa in frasi secondarie (dipendenti). Qualche volta però può essere usato anche in frasi _____.
> In questi casi il congiuntivo ha spesso un valore _____.

magari

11 Analisi della conversazione

Seguite le istruzioni.

1. Dividetevi in due gruppi, attori e registi. Per ogni regista devono esserci 2 attori.
2. Gli attori escono dalla classe portando il testo del dialogo dell'attività
3. Divisi in coppie, studiano il dialogo e si preparano a recitarlo, facendo attenzione in modo particolare all'intonazione, alle pause, e agli accenti delle frasi.
3. Intanto i registi ascoltano più volte in classe il dialogo dell'attività, studiando l'intonazione e segnando tutte le pause e gli accenti che riescono a percepire. Dopo ogni ascolto si confrontano tra loro a coppie.
4. Gli attori rientrano in classe. Ogni coppia di attori sceglie un regista con cui lavorare. Il regista dirige gli attori, dando indicazioni su intonazione, pause e accenti.
5. A turno le coppie recitano il dialogo davanti alla classe.
6. Tutta la classe riascolta il dialogo originale.

12 Gioco

Lavorate in coppia. A turno, uno di voi due sceglie una serie e forma una frase, come nell'esempio. Attenzione alla coniugazione del congiuntivo e ai pronomi. Ogni frase corretta vale un punto. Vince lo studente che alla fine del gioco ha realizzato più punti.

Esempio

io - studiare la lezione - Renzo
Allora, così come *io studio la lezione*, che *la studi* anche *Renzo*.

1. io - lavo i piatti - Paolo
2. noi - pagare le tasse - gli altri
3. voi - fare gli esercizi - loro
4. Maria - andare in vacanza - suo fratello
5. io - telefonare ai nonni - Ugo
6. noi - svegliarsi presto - Fabio
7. loro - andare a casa - Lei, Signor Renzi
8. io - prendere l'autobus - Antonio
9. tu - parlare a tuo figlio - tua moglie
10. io - impegnarsi - voi
11. noi - rispondere a Rita - i nostri colleghi
12. tu - mangiare una fetta di torta - loro

"Sottigliezze" della lingua italiana

L'italiano è una lingua maschilista? A leggere la lista qui sotto, si direbbe di sì. Osserva il diverso significato della stessa parola al maschile e al femminile: nel primo caso la parola ha sempre un connotato positivo (di solito indica una qualità), nel secondo caso ha sempre un connotato negativo (indica una prostituta o una donna poco "seria" dal punto di vista morale).

Un professionista: un uomo che conosce bene la sua professione
Una professionista: una prostituta

Un uomo facile: un uomo con il quale è facile vivere
Una donna facile: una prostituta

Un uomo di strada: un uomo duro
Una donna di strada: una prostituta

Un uomo pubblico: un uomo famoso, in vista
Una donna pubblica: una prostituta

Un uomo molto disponibile: un uomo gentile
Una donna molto disponibile: una prostituta

Un adescatore: un uomo che coglie al volo persone e situazioni
Una adescatrice: una prostituta

Un intrattenitore: un uomo socievole, un affabulatore
Una intrattenitrice: una prostituta

Un massaggiatore: un kinesiterapista
Una massaggiatrice: una prostituta

8 lingua
MASCHIO - FEMMINA

13 Leggere e parlare

Leggi questi 4 testi e cerca di indovinare se l'autore è un uomo o una donna. Poi confrontati con un compagno. La soluzione è a pag. 94.

Testo n. 1 - Autore: uomo ☐   donna ☐

Gli occhi del nonno Enrico sono del tutto simili a quelli di mia madre, grandi e azzurri, un po' persi e sognanti. Sono gli occhi di chi ha una tale antica consuetudine con i privilegi del suo mondo da essere arrivato a detestarli e a disprezzarli allegramente. Il naso, pure quello è uguale al naso materno: dritto, severo, con una gobba appena percettibile nel centro, le due alette delle narici morbide, sensuali. Due narici sensibilissime, un poco da cane, che possono sentire le persone e capire le cose dagli odori. La bocca dalle labbra grandi ben disegnate: quelle invece non le ho ereditate dalla parte materna. La mia bocca ha il contorno sfumato ed è piccola, con qualcosa di indolenzito e pesto. Ora anche amaro e vizzo, pronto a sciogliersi in un sorriso remissivo e sconsolato.
Una dolcezza che sprofonda nei pozzi dell'inquietudine. Ho odiato la mia remissività che è un segno di insicurezza. Un sorriso, il mio, di resa di fronte a chi poteva scacciarmi con un gesto di noia, come faceva qualche volta mio padre, preso dalle sue avventure, dai suoi pensieri di libertino, dalle sue abitudini sportive e di giramondo.

Testo n. 2 - Autore: uomo ☐   donna ☐

Quell'anno il grano era alto. A fine primavera aveva piovuto tanto, e a metà giugno le piante erano più rigogliose che mai. Crescevano fitte, cariche di spighe, pronte per essere raccolte. Ogni cosa era coperta di grano. Le colline, basse, si susseguivano come onde di un oceano dorato. Fino in fondo all'orizzonte grano, cielo, grilli, sole e caldo. Non avevo idea di quanto faceva caldo, uno a nove anni, di gradi centigradi se ne intende poco, ma sapevo che non era normale.
Quella maledetta estate del 1978 è rimasta famosa come una delle più calde del secolo. Il calore entrava nelle pietre, sbriciolava la terra, bruciava le piante e uccideva le bestie, infuocava le case. Quando prendevi i pomodori nell'orto, erano senza succo e le zucchine piccole e dure. Il sole ti levava il respiro, la forza, la voglia di giocare, tutto. E la notte si schiattava uguale.
Ad Acqua Traverse gli adulti non uscivano di casa prima delle sei di sera. Si tappavano dentro, con le persiane chiuse. Solo noi ci avventuravamo nella campagna rovente e abbandonata.
Mia sorella Maria aveva cinque anni e mi seguiva con l'ostinazione di un bastardino tirato fuori da un canile.
"Voglio fare quello che fai tu", diceva sempre.
Mamma le dava ragione.

Testo n. 3 - Autore: uomo ☐   donna ☐

Giovannino e Serenella camminavano per la strada ferrata. Giù c'era un mare tutto squame azzurro cupo azzurro chiaro; su, un cielo appena venato di nuvole bianche. I binari erano lucenti e caldi che scottavano. Sulla strada ferrata si camminava bene e si potevano fare tanti giochi: stare in equilibrio lui su un binario e lei sull'altro e andare avanti tenendosi per mano, oppure saltare da una traversina all'altra senza posare mai il piede sulle pietre. Giovannino e Serenella erano stati a caccia di granchi e adesso avevano deciso di esplorare la strada ferrata fin dentro la galleria. Giocare con Serenella era bello perché non faceva come tutte le altre bambine che hanno sempre paura e si mettono a piangere a ogni dispetto: quando Giovannino diceva: - Andiamo là. - Serenella lo seguiva sempre senza discutere.
Deng! Sussultarono e guardarono in alto. Era il disco di scambio ch'era scattato in cima a un palo. Sembrava una cicogna di ferro che avesse chiuso tutt'a un tratto il becco. Rimasero un po' a naso in su a guardare: che peccato non aver visto! Ormai non lo faceva più.
- Sta per venire un treno, - disse Giovannino.
Serenella non si mosse dal binario. - Da dove? - chiese.
Giovannino si guardò intorno, con aria d'intendersene. Indicò il buco nero della galleria che appariva ora limpido ora sfocato, attraverso il tremito del vapore invisibile che si levava dalle pietre.
- Di lì, - disse.

Testo n. 4 - Autore: uomo ☐   donna ☐

Opicina, 16 novembre 1992

Sei partita da due mesi e da due mesi, a parte una cartolina nella quale mi comunicavi di essere ancora viva, non ho tue notizie. Questa mattina, in giardino, mi sono fermata a lungo davanti alla tua rosa. Nonostante sia autunno inoltrato, spicca con il suo color porpora, solitaria e arrogante, sul resto della vegetazione ormai spenta. Ti ricordi quando l'abbiamo piantata? Avevi dieci anni e da poco avevi letto il *Piccolo Principe*. Te l'avevo regalato io come premio per la tua promozione. Eri rimasta incantata dalla storia. Tra tutti i personaggi, i tuoi preferiti erano la rosa e la volpe; non ti piacevano invece i baobab, il serpente, l'aviatore, né tutti gli uomini vuoti e presuntuosi che vagavano seduti sui loro minuscoli pianeti. Così una mattina, mentre facevamo colazione, hai detto: «Voglio una rosa». Davanti alla mia obiezione che ne avevamo già tante hai risposto: «Ne voglio una che sia mia soltanto, voglio curarla, farla diventare grande». Naturalmente, oltre alla rosa, volevi anche una volpe. Con la furbizia dei bambini avevi messo il desiderio semplice davanti a quello quasi impossibile. Come potevo negarti la volpe dopo che ti avevo concesso la rosa? Su questo punto abbiamo discusso a lungo, alla fine ci siamo messe d'accordo per un cane.

14 Analisi grammaticale

14a *Guarda questa frase tratta dal testo dell'attività **4c** e scegli qual è il significato dell'espressione **non fanno che**.*

> Secondo Koppel, i risultati dell'indagine **non fanno che** confermare ipotesi precedenti...

1. Secondo Koppel i risultati dell'indagine **confermano** ipotesi precedenti... ☐
2. Secondo Koppel i risultati dell'indagine **non confermano** ipotesi precedenti... ☐

*Ora riscrivi queste frasi, usando l'espressione **non fare che** + infinito.*

Purtroppo la politica dell'attuale governo **aumenta** le differenze tra ricchi e poveri.

_____

Questo libro **ripete** una cosa che sappiamo già: le guerre non risolvono i problemi del mondo.

_____

14b *Guarda questa frase tratta dal testo dell'attività **4c** e scegli qual è il significato dell'espressione **non ha mancato di**.*

> Il lavoro di Koppel e colleghi **non ha mancato di** suscitare polemiche.

1. Il lavoro di Koppel **non ha suscitato** polemiche. ☐
2. Il lavoro di Koppel **ha suscitato** polemiche. ☐

*Ora riscrivi queste frasi, usando l'espressione **non mancare di** + infinito.*

Il ministro **ha sottolineato** la gravità della crisi economica.

_____

Quando vedi tua madre, **salutamela**.

_____

14c *Ora scegli l'affermazione che ti sembra più corretta.*

Secondo te, le costruzioni **non fare che** + infinito e **non mancare di** + infinito si usano per esprimere:

☐ frasi negative   ☐ frasi negative che hanno un senso affermativo
☐ frasi affermative   ☐ frasi affermative che hanno un senso negativo

8 lingua — MASCHIO - FEMMINA

Dacia Maraini (1936) — n° 1

È probabilmente la più conosciuta scrittrice italiana, e la più tradotta nel mondo. Figlia di un antropologo e di una pittrice, trascorse la sua infanzia in Giappone dove la sua famiglia era andata per fuggire il fascismo e dove fu invece internata in un campo di concentramento. Al ritorno in Italia, la Maraini si trasferì prima in Sicilia (dove in seguito ambienterà uno dei suoi romanzi più famosi, *Bagheria*) e poi a Roma. Qui conobbe lo scrittore Alberto Moravia di cui fu a lungo compagna.
Vastissima è la sua produzione: oltre ai romanzi (tra cui il più celebre è forse *La lunga vita di Marianna Ucrìa*, da cui è stato tratto un film), è autrice di numerosi saggi, testi teatrali e raccolte poetiche. È nota anche per il suo impegno nel movimento femminista e per sue le battaglie politiche e sociali.

Niccolò Ammaniti (1966) — n° 2

È uno dei più importanti e popolari esponenti della nuova generazione di scrittori italiani. Dopo gli inizi nel genere *pulp* (la cosiddetta letteratura "cannibale") si è distinto per alcuni romanzi avventurosi con protagonisti bambini e adolescenti. Ha raggiunto la notorietà con il romanzo *Io non ho paura*, da cui è stato tratto un film di successo. Altri romanzi da ricordare sono *Ti prendo e ti porto via* e *Come Dio comanda*, con il quale ha vinto lo *Strega*, il più prestigioso premio letterario italiano.
È autore anche di un saggio a quattro mani con il padre Massimo, famoso psicologo (*Nel nome del figlio*).

Italo Calvino (1923-1985) — n° 3

È considerato il più importante scrittore italiano della seconda metà del '900. Dopo la partecipazione alla Resistenza (che gli ispirò il romanzo *Il sentiero dei nidi di ragno* e la raccolta di racconti *Ultimo viene il corvo*), negli anni '50 e '60 lavora come dirigente nella casa editrice Einaudi e si impone nel panorama letterario italiano con una trilogia di romanzi fantastici e allegorici sull'uomo contemporaneo: *Il visconte dimezzato* (1952), *Il barone rampante* (1957) e *Il cavaliere inesistente* (1959). Tra le sue opere più celebri va ricordato il romanzo *Se una notte d'inverno un viaggiatore* (1979), diventato un bestseller mondiale. È anche autore d'un divertente libro per ragazzi, *Marcovaldo* (1963).
Il tono preferito di Calvino è l'apologo. Il suo è uno stile sempre chiaro, luminoso, che usa il grottesco, il fiabesco e l'ironia.

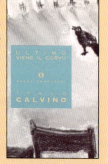

Susanna Tamaro (1957) — n° 4

Scrittrice triestina, conosciuta soprattutto come autrice del bestseller *Va dove ti porta il cuore*, divenuto nel tempo - con due milioni e mezzo di copie vendute - il libro italiano di maggior successo del secolo. La popolarità del libro, una serie di lettere che una donna anziana scrive alla nipote lontana rievocando tutta la sua vita, è dovuta in gran parte a uno stile di scrittura semplice e immediato, che è piaciuto molto al grande pubblico e ha fatto "storcere il naso" a molti critici letterari. Con i libri successivi la Tamaro ha tentato altre strade narrative, senza però riuscire a ripetere il successo del suo romanzo più noto.

UNITÀ 9
storia
L'ERA BERLUSCONI

1 Introduzione

1a *Conosci Silvio Berlusconi? Cosa sai di lui? In gruppo con alcuni compagni, metti insieme il maggior numero di informazioni su questo personaggio.*

1b *Secondo te, quali di queste affermazioni sono vere? Scegli le affermazioni giuste e poi confrontati con i compagni di prima.*

Silvio Berlusconi:

☐ ha iniziato la sua attività imprenditoriale nel settore televisivo

☐ ha comprato una squadra di calcio   ☐ ha idee politiche di sinistra

☐ ha creato un partito politico che si chiama *Italia 1*

☐ è diventato l'uomo più ricco d'Italia vendendo scope elettriche e macchine fotografiche

☐ ha pubblicato un cd di canzoni napoletane

☐ ha fatto l'attore in un film contro il comunismo

☐ oltre che in Italia, ha fondato tv in Germania, Francia e Spagna

☐ non è mai voluto entrare nel settore editoriale (libri, riviste e giornali)

☐ ha fatto il cantante e l'animatore sulle navi da crociera

☐ è stato Presidente del Consiglio più di una volta

☐ si è sottoposto a un trapianto di cuore

☐ è stato coinvolto in molti processi giudiziari

9 | storia

L'ERA BERLUSCONI

2 Leggere

2a *Ora leggi la biografia di Silvio Berlusconi e verifica le tue scelte.*

Silvio Berlusconi

Silvio Berlusconi nasce a Milano nel 1936, da padre impiegato di banca e madre casalinga. A 18 anni si iscrive all'università (facoltà di legge). Per guadagnare qualche soldo vende scope elettriche porta a porta, fa il fotografo ai matrimoni e ai funerali, suona il basso e canta. Al terzo anno di studi universitari trova lavoro in un'impresa edile (la Immobiliare costruzioni), mentre d'estate lavora sulle navi da crociera come cantante e animatore di bordo.

Dopo la laurea si lancia nel settore immobiliare, investendo molti capitali e diventando in poco tempo il primo imprenditore italiano nella realizzazione di centri residenziali e centri commerciali (Milano 2, Milano 3, il Girasole). Secondo i suoi ammiratori, questi risultati dimostrano le sue grandi doti di *self-made man*, ma i suoi critici hanno sempre avanzato molti dubbi sull'origine delle sue fortune, arrivando a ipotizzare legami poco leciti con il mondo politico e addirittura con la mafia. Queste gravi accuse tuttavia non sono mai state dimostrate.

Negli anni '80 dirige i suoi interessi verso il settore televisivo. Nel 1980 fonda *Canale 5*, la prima rete televisiva privata italiana, che ha subito un grande successo e arriva a insidiare il primato di ascolti della televisione pubblica (RAI) anche perché qualche anno dopo Berlusconi acquista altre due reti televisive nazionali (*Italia 1* e *Rete 4*). L'avventura televisiva berlusconiana si estende poi anche in Europa: in Francia fonda *La Cinq* (1986), in Germania *Telefünf* (1987) e in Spagna *Telecinco* (1989), mentre in Italia l'impero mediatico di Berlusconi continua a espandersi in tutti i settori della comunicazione: radio, libri, riviste, giornali, cinema, pubblicità. Non solo: come in un grande risiko, le attività d'affari del **Cavaliere** (così viene chiamato Berlusconi dai mezzi di informazione) toccano anche il campo delle assicurazioni, delle banche e della finanza. Molto importante per la crescita della sua popolarità e il consolidamento della sua immagine di uomo vincente, è anche l'acquisto della squadra di calcio della sua città, il Milan, che sotto la sua presidenza conquista i più importanti trofei italiani e internazionali.

Il 1994 segna una svolta decisiva nella biografia di Berlusconi. In Italia è da poco scoppiato lo scandalo di tangentopoli, che ha sconvolto il sistema politico, mettendo sotto accusa i principali partiti politici per i loro rapporti illeciti con il mondo economico. Per la prima volta in 50 anni di storia repubblicana, una coalizione di sinistra potrebbe andare al potere. Berlusconi, che vede in questo un pericolo antidemocratico, decide di entrare in politica: grazie ai suoi potenti mezzi economici e finanziari in pochi mesi fonda Forza Italia, un partito di centro-destra, e si presenta alle elezioni.

La sua **discesa in campo** suscita però molte polemiche, si parla infatti di "**conflitto di interessi**". Come capo del governo, infatti, potrebbe trovarsi molto spesso nella situazione di dover decidere su questioni che lo riguardano personalmente, e di dover scegliere tra il suo interesse privato e quello generale della nazione.

> Grazie ai suoi potenti mezzi economici e finanziari in pochi mesi fonda Forza Italia, un partito di centro-destra, e si presenta alle elezioni.

Tuttavia la maggioranza degli italiani sembra non considerare particolarmente questo problema. Così Berlusconi vince clamorosamente le elezioni e diventa Presidente del Consiglio (Primo Ministro). È il culmine del suo successo e della sua popolarità. Da questo momento ogni suo gesto, ogni suo comportamento, ogni sua dichiarazione, diventano oggetto di culto da parte dei suoi sostenitori e di critica feroce da parte dei suoi

---

Piccolo dizionario berlusconiano

Cavaliere: uno dei nomi con cui viene chiamato Berlusconi dai mezzi di informazione. Il titolo di "Cavaliere del lavoro" è assegnato a cittadini che hanno raggiunto particolari meriti nella loro professione.

Discesa in campo: l'espressione significa "entrata in gioco" e indica l'entrata in politica di Berlusconi nel 1994.

Conflitto di interessi: la situazione che si verifica quando una persona è chiamata a decidere su questioni di rilevanza pubblica che hanno anche un carattere personale. Nel caso di Berlusconi si è parlato di "conflitto di interessi" a proposito dell'inopportunità per lui di candidarsi al governo del Paese, avendo interessi personali in molti settori dell'economia.

L'ERA BERLUSCONI

avversari: come la sua abitudine di ospitare i più importanti capi di Stato nella sua favolosa villa in Sardegna, offrendo prelibatezze di ogni genere e serate musicali che lo vedono esibirsi in veste di cantante; o il suo vezzo di raccontare barzellette con se stesso protagonista, a dialogo con Dio o con altri famosi personaggi della storia; perfino i suoi modi di dire, come l'espressione "**Mi consenta**", con cui è solito iniziare a rispondere alle domande dei giornalisti, entrano nell'uso comune e assurgono a fenomeno di moda.

Il governo di Berlusconi dura però meno di due anni (dal marzo 1994 al dicembre 1995), a causa di disaccordi con i suoi alleati. E all'improvviso, così rapidamente come è iniziata, l'avventura politica berlusconiana sembra finita.

Ma non è così. Alle elezioni del 2001 Berlusconi vince di nuovo, grazie anche a una campagna elettorale di grande impatto mediatico (demagogica e populista, secondo i suoi avversari), che usa tutti gli strumenti della comunicazione di massa: spot pubblicitari, lettere spedite a casa di ogni elettore, cartelloni giganti nelle strade, interventi in tv. Il culmine di questa campagna è costituito dal famoso "**contratto con gli italiani**", un documento firmato in diretta televisiva davanti a milioni di persone, che contiene 5 grandi promesse agli elettori, che Berlusconi si impegna solennemente a mantenere. Tra queste, quella di abbassare le tasse a tutti gli italiani. È la mossa vincente.

Questa volta il governo Berlusconi dura 5 anni (dal 2001 al 2006). Sono però 5 anni di grandi polemiche, conflitti, discussioni: molti accusano Berlusconi di pensare solo ai suoi interessi, di fare delle **leggi "ad personam"** per favorire le proprie aziende e per evitare i molti processi giudiziari in cui è coinvolto come imprenditore. A queste si aggiunge l'accusa di esercitare un controllo sempre più forte sui mezzi di comunicazione (in particolare sulle tv, sia quelle di cui è proprietario sia quella pubblica) e di limitare la libertà di opinione (alcuni famosi giornalisti della tv pubblica vengono infatti licenziati per aver criticato il governo). Ancora più pesante, è la critica di non aver rispettato le promesse del "contratto", che prevedevano ricchezza e benessere per tutti. Dal 2001 al 2006, infatti, l'Italia attraversa una grave crisi economica. È soprattutto per questo che i consensi per il governo scendono. Molti italiani sono delusi. Così nel 2006 Berlusconi, anche se di poco, perde le elezioni e il governo passa ai suoi avversari del centro-sinistra.

Ma continuerà comunque lui ad essere il protagonista di un'epoca che gli storici hanno già definito con il nome di "berlusconismo". Non si contano più ormai gli articoli, i libri, le canzoni, le opere teatrali, i film su questo personaggio così controverso, capace di suscitare enormi simpatie ed odi profondi in milioni di persone, un personaggio che in fondo ha rappresentato i vizi e le virtù dell'italiano tipo: la vanità (famosi i suoi lifting e il trapianto dei capelli contro la calvizie che lo costringe nei giorni dopo l'operazione a presentarsi in pubblico con una **bandana**), l'individualismo, la furbizia, la grande capacità comunicativa, l'intraprendenza, l'amore del rischio, la passione per il calcio, il cibo, le belle donne e la musica (forse non lo sapete, ma Berlusconi ha anche pubblicato un cd di canzoni in dialetto napoletano). Insomma, un "arcitaliano", come qualcuno l'ha definito, in cui tutto un popolo, nel bene e nel male, si è rispecchiato. ∎

> **Non si contano più ormai gli articoli, i libri, le canzoni, le opere teatrali, i film su questo personaggio così controverso.**

Mi consenta: è un modo per introdurre il proprio discorso. Segnala che non si è in completo accordo con la premessa dell'interlocutore e si chiede il permesso di esprimere un'idea che non sarà piacevole.
Contratto con gli italiani: durante la campagna elettorale per le elezioni del 2001, Berlusconi firmò il "contratto" in diretta televisiva nel corso della più popolare trasmissione politica "Porta a Porta".
Leggi "ad personam": così sono state chiamate dagli oppositori di Berlusconi alcune leggi approvate durante il suo governo che, secondo questi, avrebbero favorito i suoi interessi e quelli dei suoi amici.
Bandana: foulard. Venne usata da Berlusconi in alcune occasioni pubbliche durante l'estate del 2004, secondo alcuni per coprirsi il capo dopo un trapianto di capelli.

9 storia   L'ERA BERLUSCONI

▶ **2b** *Cosa ti ha colpito di più della biografia di Silvio Berlusconi? Hai scoperto qualcosa che non sapevi? A quale altro personaggio (storico o dell'attualità) lo paragoneresti? Parlane in gruppo con alcuni compagni.*

3 Ascoltare

▶ **3a** *Ascolta l'intervista e cerca di capire se Alexander Stille ha scritto una biografia ufficiale, quindi autorizzata, o una biografia non autorizzata. Poi confrontati con un compagno.*

▶ **3b** *Ascolta ancora l'intervista e rispondi alle domande, poi confrontati di nuovo con il compagno di prima.*

1. Qual è l'opinione di Alexander Stille su Silvio Berlusconi?
2. Secondo Alexander Stille, Silvio Berlusconi è un uomo bugiardo o sincero?
3. Cosa pensa Silvio Berlusconi del "conflitto d'interessi"?
4. Secondo Alexander Stille, cosa differenzia Silvio Berlusconi da un politico tradizionale?

4 Parlare

Scegli un personaggio (Alexander Stille o Silvio Berlusconi) e leggi le istruzioni che ti riguardano.

Alexander Stille	Silvio Berlusconi
Sei Alexander Stille. Stai scrivendo un libro su Silvio Berlusconi e finalmente, dopo molti tentativi, hai la possibilità di intervistarlo. Hai 15 minuti di tempo per preparare le domande da fargli (lavora in gruppo con gli altri "Stille"). Se necessario, rileggi la sua biografia e riascolta l'intervista al "vero" Alexander Stille. Infine mettiti in coppia con uno studente "Berlusconi" e cominciate l'intervista.	*Sei Silvio Berlusconi. Stai per essere intervistato dal famoso giornalista Alexander Stille. Sai che ti potrebbe fare anche delle domande "scomode". Hai 15 minuti di tempo per lavorare e prepararti a rispondere (lavora in gruppo con gli altri "Berlusconi"). Se necessario, rileggi la "tua" biografia e riascolta l'intervista ad Alexander Stille. Infine mettiti in coppia con uno studente "Stille" e cominciate l'intervista.*

5 Analisi grammaticale

▶ **5a** *Senza rileggere la biografia di Silvio Berlusconi, in gruppo con alcuni compagni, prova a rispondere alle domande.*

1. Qual è il tempo verbale più usato nella biografia?
2. Quale articolo è usato prima di una data precisa? (Silvio Berlusconi nasce a Milano _____ 29 settembre 1936)
3. Quale preposizione è usata prima di una stagione? (_____ estate lavora sulle navi da crociera)
4. Quale preposizione è usata prima di un periodo di anni? (_____ anni '80 dirige i suoi interessi verso il settore televisivo)
5. Quale preposizione è usata prima di un anno preciso? (_____ 1980 fonda Canale 5)
6. Quali preposizioni sono usate per delimitare un periodo di tempo? (_____ marzo 1994 _____ dicembre 1995)

▶ **5b** *Ora guarda la biografia e verifica.*

storia 9

L'ERA BERLUSCONI

6 Scrivere

Un'importante casa editrice ti ha chiesto di scrivere una breve autobiografia per una nuova enciclopedia. Hai a disposizione solo 200 parole. Scrivila in terza persona, se vuoi puoi anche inventare.

7 Analisi della conversazione

7a Riascolta l'intervista ad Alexander Stille e completa l'analisi dell'inizio delle battute con una X, come nell'esempio.

	Come inizia la battuta		
	Con un'espressione che serve a chi parla a prendere tempo o a segnalare che sta per iniziare a parlare	Con un'espressione o una frase che serve ad interrompere chi sta parlando	Altro
Donna			X
Stille			
Donna			
Stille			
Donna			
Stille			
Uomo			
Stille			
Uomo			
Stille			

7b Riascolta l'intervista e scrivi nella tabella quali sono le espressioni usate.

espressioni per prendere tempo o segnalare che si sta per iniziare il discorso	espressioni per interrompere

7c Ecco altre espressioni che si usano per prendere tempo o segnalare che si sta per iniziare il discorso e altre che si usano per interrompere. Inseriscile al posto giusto nella tabella del punto **7b**, come nell'esempio. Poi confrontati con un compagno. Insieme, completate la tabella scrivendo altre espressioni che secondo voi hanno queste funzioni.

| mah | dunque | eh no | va bene, ho capito | ma | sai/sa | sì però | vediamo |

alma edizioni

9 | storia
L'ERA BERLUSCONI

8 Parlare

Lavora in coppia con un compagno (Studente riflessivo e Studente impaziente) e leggi le istruzioni che ti riguardano. Poi iniziate la conversazione.

Studente riflessivo

Sei un tipo molto pacato e riflessivo. Quando parli ti piace prendere tutto il tempo necessario per esporre con chiarezza il tuo discorso. Non ti piacciono le persone che interrompono e non lasciano spazio agli altri. Mentre bevi un caffè al bar di fronte alla scuola un tipo molto fastidioso ti chiede informazioni sul corso di italiano. Tu rispondi con calma alle sue domande, usando tutte le espressioni che conosci per segnalare l'inizio del discorso o per prendere tempo mentre cerchi le parole giuste. Ma lui ti interrompe continuamente. Vorresti rispondergli male, ma sei una persona educata e provi in tutti i modi a resistere e a non perdere la pazienza.

Studente impaziente

Hai pochi minuti per decidere se iscriverti o no al corso di italiano. Al bar di fronte alla scuola incontri uno studente e gli chiedi tutte le informazioni di cui hai bisogno. Ma lo studente è un tipo molto lento, per dire una cosa ci mette il doppio del tempo necessario e tu hai molta fretta. Ti sta facendo perdere la pazienza. Così lo interrompi continuamente per fargli dire le cose che ti interessano (usa tutte le espressioni e i modi che conosci) anche a costo di essere poco educato.

9 Analisi grammaticale

9a *Osserva queste frasi tratte dalla biografia di Silvio Berlusconi e rispondi alle domande.*

frasi

Come capo del governo, infatti, potrebbe trovarsi molto spesso nella situazione di dover decidere su questioni che lo riguardano **personalmente**…

Tuttavia la maggioranza degli italiani sembra non considerare **particolarmente** questo problema.

Così Berlusconi vince **clamorosamente** le elezioni e diventa Presidente del Consiglio (Primo Ministro).

E all'improvviso, così **rapidamente** come è iniziata, l'avventura politica berlusconiana sembra finita.

…un documento firmato in diretta televisiva davanti a milioni di persone, che contiene 5 grandi promesse agli elettori, che Berlusconi si impegna **solennemente** a mantenere.

domande

1. Che funzione hanno le parole **evidenziate**?

☐ Servono a definire meglio il significato del verbo a cui si riferiscono.

☐ Servono a definire meglio il significato degli aggettivi a cui si riferiscono.

☐ Servono a mettere in relazione due frasi.

2. Dal punto di vista grammaticale cosa sono?

☐ Aggettivi.
☐ Avverbi.
☐ Congiunzioni.

9b *Sai come si forma la maggior parte degli avverbi? Completa la regola.*

Molti avverbi si formano dal *(maschile/femminile)* _____ dell'aggettivo aggiungendo il suffisso -_____. Se l'aggettivo finisce con **-le** o con **-re**, l'avverbio _____.

storia 9
L'ERA BERLUSCONI

▶9c *Ora osserva queste altre frasi e rispondi alla domanda.*

frasi

…ma i suoi critici hanno sempre avanzato molti dubbi sull'origine delle sue fortune, arrivando a ipotizzare legami **poco** leciti con il mondo politico e addirittura con la mafia.

Molto importante per la crescita della sua popolarità e il consolidamento della sua immagine di uomo vincente, è anche l'acquisto della squadra di calcio della sua città…

domanda

1. Anche le parole **evidenziate** in queste frasi sono avverbi. Secondo te, che funzione hanno?

☐ Servono a definire meglio il significato del verbo a cui si riferiscono.

☐ Servono a definire meglio il significato degli aggettivi a cui si riferiscono.

☐ Servono a mettere in relazione due frasi.

▶9d *Sai dire che posizione occupano di solito gli avverbi nella frase? Riguarda le frasi dei punti **9a** e **9c** e completa la regola.*

> Di solito gli avverbi che si riferiscono ai verbi vanno *(prima/dopo)* _____ il verbo, mentre gli avverbi che si riferiscono agli aggettivi vanno *(prima/dopo)* _____ l'aggettivo.

10 Esercizio - Studente A

*Lavora con un compagno. A turno, prima ascolta la domanda di **B**, scegli una risposta dalla tua lista di destra, formando l'avverbio e inserendolo al posto giusto nella frase. Poi scambiatevi i ruoli: fai una domanda dalla tua lista di sinistra, **B** deve scegliere una risposta nella sua lista e rispondere formando l'avverbio e inserendolo al posto giusto nella frase.*

Es:

domanda dello studente B	risposta dello studente A
- Ti è piaciuto?	- Sì, moltissimo. È un libro bello. *(incredibile)* → - Sì, moltissimo. È un libro **incredibilmente** bello.

domande	risposte	
- Hai mai visto la nuova ragazza di Fabio?	- Ho un po' di mal di stomaco, credo di aver mangiato.	*(troppo)*
- Sei riuscito a parlare con Anna?	~~- Sì, moltissimo. È un libro bello.~~	*(incredibile)*
- Che ne pensi del nuovo Presidente?	- No, per favore parla più, non capisco l'italiano.	*(lento)*
- Come faccio a ritirare il certificato?	- Fossi in te non lo farei. È un tipo irritabile.	*(facile)*
- Perché non stai più attento a quello che dici? Mi hai fatto fare una figuraccia!	- Non lo so, di solito è puntuale, ma oggi è in ritardo.	*(strano)*
~~- Siamo sicuri che questo posto è tranquillo?~~	- Non ci crederai, ma sono d'accordo con te.	*(totale)*

9 | storia
L'ERA BERLUSCONI

10 Esercizio - Studente B

Lavora con un compagno. A turno, prima fai una domanda dalla tua lista di sinistra ad A. A deve scegliere una risposta nella sua lista, formando l'avverbio e inserendolo al posto giusto nella frase. Poi scambiatevi i ruoli: ascolta la domanda di A, scegli la risposta nella tua lista di destra e rispondi formando l'avverbio e inserendolo al posto giusto nella frase.

Es:

> domanda dello studente A
> - Siamo sicuri che questo posto è tranquillo?

> risposta dello studente B
> - Non preoccuparti, qui puoi parlare, nessuno ci ascolta. *(libero)* →
> - Non preoccuparti, qui puoi parlare **liberamente**, nessuno ci ascolta.

domande

- Allora, che mi consigli: gli posso dire quello che penso?

- È tutto chiaro?

- Come mai Aldo non è ancora arrivato?

- ~~Ti è piaciuto?~~

- Luca non ha apprezzato il mio discorso. E tu che ne pensi?

- Qualcosa non va?

risposte

- No, si trova nel deserto, in una zona raggiungibile dal telefono. *(difficile)*

- No, ma lui mi ha parlato di lei che mi sembra di conoscerla. *(tanto)*

- Deve venire, oppure inviare qualcuno con una delega scritta. *(personale)*

- ~~Non preoccuparti, qui puoi parlare, nessuno ci ascolta.~~ *(libero)*

- Credimi, sono dispiaciuto per quello che è successo, la mia gaffe è stata davvero imperdonabile. *(sincero)*

- Non condivido le sue idee, ma devo riconoscere che è una persona intelligente. *(straordinario)*

Opere su Berlusconi

Com'è logico, vista la particolarità del personaggio, su Silvio Berlusconi esiste una bibliografia sterminata: saggi biografici, politici, storici, linguistici, testi satirici… Molte sono anche le  opere di carattere artistico ispirate alla sua figura: film (tra i tanti, il più famoso è senz'altro *Il caimano* di Nanni Moretti), romanzi (*Chi ha ucciso*  *Silvio Berlusconi* di Giuseppe Caruso), opere di teatro (*L'anomalo bicefalo* del premio Nobel Dario Fo), e persino canzoni (*Quando penso a Berlusconi* di Roberto Benigni).

11 Leggere

11a *Leggi l'inizio di questo articolo e inserisci le parti mancanti.*

> o abolizione violenta della libertà di stampa,

> (e per fortuna anche da parte dell'opinione pubblica di altri paesi europei)

(…) Veniamo ora ai casi del nostro sfortunato paese. Ogni giorno si sentono reazioni energiche al colpo di stato strisciante che Berlusconi sta cercando di realizzare. | Berlusconi sta instaurando giorno per giorno una forma di governo autoritario. Lo fa senza procedere con operazioni di polizia, arresto di deputati, ma mettendo | in opera una occupazione graduata dei media più importanti, e creando con mezzi adeguati forme di consenso fondate sull'appello populistico.

L'ERA BERLUSCONI — storia 9

11b *Nell'inizio dell'articolo mancano ancora due parti. Inseriscile.*

> , forse più che da noi

> , fondato sull'identificazione del partito, del paese e dello stato con una serie di interessi aziendali

(…) Veniamo ora ai casi del nostro sfortunato paese. Ogni giorno si sentono reazioni energiche (e per fortuna anche da parte dell'opinione pubblica di altri paesi europei) al colpo di stato strisciante che Berlusconi sta cercando di realizzare. Berlusconi sta instaurando giorno per giorno una forma di governo autoritario. Lo fa senza procedere con operazioni di polizia, arresto di deputati, o abolizione violenta della libertà di stampa, ma mettendo in opera una occupazione graduata dei media più importanti, e creando con mezzi adeguati forme di consenso fondate sull'appello populistico.

11c *Ora leggi l'articolo a pagina 104 e poi rispondi alle domande.*

Le espressioni di Berlusconi

1. Secondo te, chi è l'autore di questo articolo?

   ☐ Un sostenitore di Silvio Berlusconi
   ☐ Un avversario politico di Silvio Berlusconi
   ☐ Un giornalista straniero
   ☐ Uno studioso di comunicazione
   ☐ Un manager

2. In base alle informazioni che hai appreso nella biografia di Silvio Berlusconi, sai dire in che periodo può essere stato scritto questo articolo?

   ☐ Prima del 1994
   ☐ Tra il 1994 e il 1995
   ☐ Tra il 1996 e il 2001
   ☐ Tra il 2001 e il 2006
   ☐ Dopo il 2006

3. Ci sono dei punti in comune tra l'opinione su Berlusconi che esprime l'autore di questo articolo e l'opinione di Alexander Stille?

9 | storia
L'ERA BERLUSCONI

Tecniche del venditore di successo

1 Veniamo ora ai casi del nostro sfortunato paese. Ogni giorno si sentono reazioni energiche (e per fortuna anche da
5 parte dell'opinione pubblica di altri paesi europei, forse più che da noi) al colpo di stato strisciante che Berlusconi sta cercando di realizzare.
Berlusconi sta instaurando giorno per
10 giorno una forma di governo autoritario, fondato sull'identificazione del partito, del paese e dello stato con una serie di interessi aziendali. Lo fa senza procedere con operazioni di polizia, arresto di
15 deputati, o abolizione violenta della libertà di stampa, ma mettendo in opera una occupazione graduata dei media più importanti, e creando con mezzi adeguati forme di consenso fondate sull'ap-
20 pello populistico.
Di fronte a questa operazione si è affermato, nell'ordine, che: 1. Berlusconi è entrato in politica al solo fine di bloccare o deviare i processi che potevano con-
25 durlo in carcere; 2. Berlusconi realizza il progetto avvalendosi di un'affermazione elettorale indiscutibile; 3. Berlusconi, sulla base di questa affermazione elettorale, procede facendo approvare dalla
30 sua maggioranza leggi concepite nel suo personale interesse e non secondo quello del paese; 4. Berlusconi non si muove come uno statista e neppure come un politico tradizionale, ma secondo altre
35 tecniche e proprio per questo è più pericoloso, perché queste tecniche si presentano come apparentemente adeguate ai principi di un regime democratico; 5. come sintesi di queste ovvie e documen-
40 tate osservazioni, Berlusconi ha superato la fase del conflitto di interessi per realizzare ogni giorno di più l'assoluta convergenza di interessi, e cioè facendo accettare al paese l'idea che i suoi perso-
45 nali interessi coincidano con quelli della comunità nazionale.

Berlusconi sta mettendo in atto, proprio coi suoi gesti più incomprensibili, una strategia complessa, avveduta e sottile, che testimonia del pieno controllo dei suoi nervi e della sua alta intelligenza operativa.

Questo è certamente un regime, una forma e una concezione di governo che si sta realizzando in modo così efficace
50 che le preoccupazioni della stampa europea non sono dovute a pietà ed amore per l'Italia, ma semplicemente al timore che l'Italia, come in un altro infausto passato, sia il laboratorio di
55 esperimenti che potrebbero estendersi all'Europa intera.
Il problema è, però, che l'opposizione a Berlusconi, anche all'estero, procede alla luce di un'altra
60 affermazione, che secondo me è sbagliata. Si ritiene infatti che, non essendo uno statista, ma un boss aziendale solamente inteso a mantenere gli
65 equilibri precari del proprio schieramento, Berlusconi non si accorga che il lunedì dice una cosa e il martedì il suo contrario, che non avendo
70 esperienza politica sia incline alla gaffe, parli quando non deve parlare.
Credo che invece occorra partire dal principio che, in quanto uomo politico di nuovissima natura, diciamo pure
75 post-moderno, Berlusconi sta mettendo in atto, proprio coi suoi gesti più incomprensibili, una strategia complessa, avveduta e sottile, che testimonia del pieno controllo dei suoi nervi e della sua
80 alta intelligenza operativa (e se non di una sua intelligenza teorica, di un suo prodigioso istinto di venditore).
Colpisce infatti in Berlusconi (e purtroppo diverte) l'eccesso di tecnica del
85 venditore. Vediamo la tecnica di un venditore di automobili. Egli inizierà dicendovi che la macchina è praticamente un bolide, che basta toccare l'acceleratore per andare subito sui duecento orari,
90 che è concepita per una guida sportiva. Ma non appena si sarà reso conto che avete cinque bambini e una suocera invalida, passerà a dimostrarvi come quella macchina sia l'ideale per una
95 guida sicura, capace di tenere con calma la crociera, fatta per la famiglia. Il venditore non si preoccupa che voi sentiate l'insieme del suo discorso come coerente, gli interessa che, tra quanto dice, di
100 colpo vi possa interessare un tema, sa che reagirete alla sola sollecitazione che vi può toccare e che, una volta che vi

sarete fissati su quella, avrete dimenticato le altre. Quindi il venditore usa tutti gli argomenti, a catena e a mitraglia, incurante delle contraddizioni in cui può incorrere. Deve fare in modo di parlare molto, con insistenza, per impedire che facciate obiezioni.

Molti ricorderanno quel tal Mendella che appariva in televisione per convincere pensionati e famiglie di medio e basso reddito ad affidargli i loro capitali, assicurando rendimenti del cento per cento. Che, dopo aver rovinato alcune migliaia di persone, Mendella sia stato preso mentre fuggiva con la cassa, è un altro discorso: aveva tirato la corda e troppo in fretta. Ma tipico di Mendella, se ricordate, era presentarsi alle dieci di sera dicendo che lui non aveva interessi personali in quella raccolta di risparmi altrui, perché era semplicemente il portavoce di una azienda più ampia e robusta; ma alle undici affermava energicamente che in quelle operazioni, di cui si diceva l'unico garante, aveva investito tutto il suo capitale, e quindi il suo interesse coincideva con quello dei suoi clienti. Chi gli ha affidato i soldi non si è mai accorto della contraddizione, perché ha scelto evidentemente di focalizzare l'elemento che gli infondeva maggior fiducia. La forza di Mendella non stava negli argomenti che usava, ma nell'usarne molti a mitraglia.

La tecnica di vendita di Berlusconi è evidentemente di tal genere ("vi aumento le pensioni e vi diminuisco le tasse") ma infinitamente più complessa. Egli deve vendere consenso, ma non parla a tu per tu coi propri clienti, come Mendella. Deve fare i conti con l'opposizione, con l'opinione pubblica anche straniera e con i media (che non sono ancora tutti suoi), e ha scoperto il modo di volgere le critiche di questi soggetti a proprio favore. Pertanto deve fare promesse che, buone, cattive o neutre che appaiano ai suoi sostenitori, si presentino agli occhi dei critici come una provocazione. E deve produrre una provocazione al giorno, tanto meglio se inconcepibile e inaccettabile. Questo gli consente di occupare le prime pagine e le notizie di apertura dei media e di essere sempre al centro dell'attenzione.

da *Micromega*

(Se vuoi sapere chi è l'autore di questo articolo leggi il box di pag. 106)

12 Analisi lessicale

12a *Collega le parole della prima e della seconda colonna e ricostruisci le espressioni di argomento politico del testo. Poi collega le espressioni al significato giusto nella terza colonna.*

espressione		significato
opinione	di stato	golpe, presa del potere con mezzi non democratici
colpo	elettorale	sistema di potere che garantisce ai cittadini il rispetto dei diritti fondamentali
governo	pubblica	la situazione che si verifica quando una persona è chiamata a decidere su questioni di rilevanza pubblica che hanno anche un carattere personale
libertà	di interessi	il pensiero della popolazione
affermazione	di stampa	sistema di potere che non rispetta la democrazia, dittatura
regime	democratico	diritto fondamentale che garantisce ai cittadini di uno Stato di avere libero accesso all'informazione
conflitto	autoritario	vittoria delle elezioni

9 | storia
L'ERA BERLUSCONI

12b *Completa il cruciverba con le espressioni di argomento economico. Le espressioni (alla forma singolare o plurale) sono tutte contenute nel testo dell'attività* **11c** *dalla riga 112 alla riga 157.*

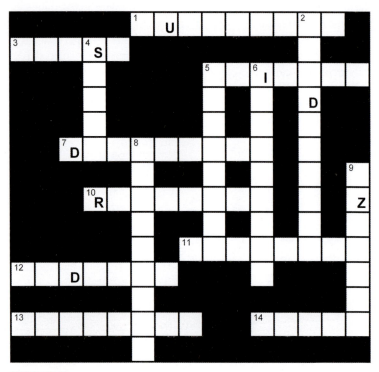

Orizzontali →

1. Alzare.
3. Il posto dove si tengono i soldi.
5. Chi compra un prodotto o un servizio da un'azienda.
7. Abbassare, ridurre.
10. Distruggere economicamente.
11. Lo stipendio a cui si ha diritto da anziani, quando si smette di lavorare.
12. Il totale di quello che si ha o si guadagna in un anno.
13. I soldi che non si spendono.
14. Imposta, pagamento fiscale.

Verticali ↓

2. Il guadagno che si realizza con un investimento.
4. Si usano per pagare.
5. I soldi che si investono in un'operazione economica.
6. Vantaggio, convenienza.
8. Mettere dei soldi in un'impresa.
9. Ditta, impresa.

13 Analisi grammaticale

13a *Leggi queste frasi tratte dal testo dell'attività* **11c**.
In ognuna è stata cambiata una parola rispetto all'originale. Senza guardare il testo, sai trovare le parole cambiate?

1. Veniamo ora ai casi del nostro fortunato paese.
2. Berlusconi realizza il progetto avvalendosi di un'affermazione elettorale discutibile…
3. …le preoccupazioni della stampa europea non sono dovute a pietà ed amore per l'Italia, ma semplicemente al timore che l'Italia, come in un altro fausto passato, sia il laboratorio di esperimenti che potrebbero estendersi all'Europa intera.
4. Berlusconi sta mettendo in atto, proprio coi suoi gesti più comprensibili, una strategia complessa…
5. Ma non appena si sarà reso conto che avete cinque bambini e una suocera invalida, passerà a dimostrarvi come quella macchina sia l'ideale per una guida insicura…

Umberto Eco

Critico, saggista, scrittore, linguista e studioso di comunicazione di fama internazionale, Umberto Eco è il più noto e importante intellettuale italiano. Il suo successo e la sua popolarità come scrittore si devono al romanzo *Il nome della rosa* (1980), un giallo storico di ambientazione medievale divenuto un bestseller mondiale e da cui è stato tratto un famoso film. Ma il suo prestigio di intellettuale si deve soprattutto agli importanti e numerosi saggi di filosofia, semiotica, estetica, linguistica, per i quali è apprezzato e conosciuto dagli studiosi di tutto il mondo. Universalmente note sono la sua cultura sterminata (che spazia dalle discipline "alte" come la filosofia e la letteratura, a generi "bassi" come il giallo, l'enigmistica e il fumetto) e le sue straordinarie doti di comunicatore che lo hanno portato nel corso degli anni a essere un pensatore e un opinionista seguitissimo dal grande pubblico.

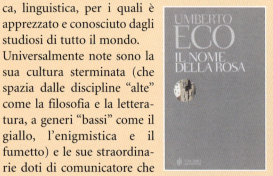

L'ERA BERLUSCONI — storia 9

13b *A squadre, scrivete il contrario o la forma base delle parole tratte dal testo e completate la tabella. Quando avete finito, chiamate l'insegnante. Vince la squadra che per prima completa la tabella in modo corretto.*

forma base	contrario	forma base	contrario
	sfortunato	equilibrio	
violento		esperienza	
adeguato			incomprensibile
consenso			invalido
	indiscutibile	sicuro	
approvare		capace	
maggioranza		coerente	
interesse		investire	
democratico		fiducia	
efficace		favore	
amore			inconcepibile
	infausto		inaccettabile
sbagliato		attenzione	

13c *Per fare il contrario di un aggettivo, di un nome o di un verbo in italiano si usano molti prefissi. Completa la regola sulla formazione dei contrari.*

esempio		prefisso
fortunato →	_sfortunato_	*s-*
interesse →	_____	
approvare →	_____	
democratico →	_____	
efficace →	_____	
puro →	_____	Questo prefisso può diventare:
maturo →	_____	*im-* con le parole che iniziano con "p" o "m";
lecito →	_____	*il-* con le parole che iniziano con "l";
regolare →	_____	*ir-* con le parole che iniziano con "r".
maggioranza →	_____	In molti casi non si usano prefissi, ma la parola cambia completamente.
violento →	_____	In altri casi invece si usa la negazione "non".

alma edizioni

9 | storia

L'ERA BERLUSCONI

14 Gioco a squadre

14a *Il 26 gennaio 1994 Berlusconi ha fatto un discorso in tv per annunciare la sua "discesa in campo". In questa trascrizione i suoi oppositori hanno cambiato alcune parole e il discorso ha assunto un significato esattamente opposto. A squadre, sottolineate e correggete le parole che secondo voi sono state cambiate e cercate di riportare il discorso alla sua forma originale.*

"L'Italia è il Paese che amo. Qui ho le mie radici, le mie speranze, i miei orizzonti. Qui ho imparato, da mio padre e dalla vita, il mio mestiere di imprenditore. Qui ho anche appreso la passione per la libertà.

Ho scelto di scendere in campo e di occuparmi della cosa pubblica perché non voglio vivere in un Paese liberale, governato da forze mature e da uomini legati a doppio filo a un passato politicamente ed economicamente fallimentare.

Il movimento politico che vi propongo si chiama, non a caso, Forza Italia. Ciò che vogliamo farne è una libera disorganizzazione di elettrici e di elettori di tipo totalmente vecchio: non l'ennesimo partito o l'ennesima fazione che nascono per unire, ma una forza che nasce con l'obiettivo opposto; quello di dividere, per dare finalmente all'Italia una minoranza e un governo all'altezza delle esigenze più profondamente sentite dalla gente comune.

Ciò che vogliamo offrire agli italiani è una forza politica fatta di uomini totalmente vecchi. Ciò che vogliamo offrire alla nazione è un programma di governo fatto solo di impegni astratti e incomprensibili.

Un governo e una minoranza che portino più disattenzione e rispetto all'ambiente, che sappiano opporsi con la massima indeterminazione alla criminalità, alla corruzione, alla droga. Che sappiano garantire ai cittadini più insicurezza, più disordine e più inefficienza.

La storia d'Italia, la nostra storia, è a una svolta. Da imprenditore, da cittadino e ora da cittadino che scende in campo, senza nessuna timidezza ma con la determinazione e la serenità che la vita mi ha insegnato, vi dico che è possibile farla finita con una politica di chiacchiere comprensibili, di stupide baruffe e di politicanti senza mestiere. Vi dico che è possibile realizzare insieme un grande sogno: quello di un'Italia più ingiusta, più ingenerosa verso chi ha bisogno, più prospera e serena, più moderna ed inefficiente, che sia protagonista in Europa e nel mondo.

Vi dico che possiamo, vi dico che dobbiamo costruire insieme, per noi e per i nostri figli, un nuovo miracolo italiano."

14b *Ora ascoltate il discorso originale e verificate. Vince la squadra che ha modificato nel modo corretto più parole.*

15 Scrivere

In gruppi, preparate uno dei discorsi indicati qui sotto. Poi leggetelo alla classe. Vince il discorso più "assurdo".

> **Candidato alle elezioni**

Sei candidato alle elezioni politiche del tuo Paese. Prepari un discorso alla nazione in cui illustri il tuo programma. Ma quando stai per andare in diretta tv ti accorgi che una mano misteriosa ha cambiato il senso del tuo discorso, stravolgendone completamente il significato. Leggilo lo stesso.

> **Appena sposato**

Ti sei appena sposato/a. Ieri hai preparato un discorso per ringraziare gli invitati e per dire alla tua/al tuo partner quanto sei felice. Ma quando stai per pronunciarlo ti accorgi che una mano misteriosa ha cambiato il senso del tuo discorso, stravolgendone completamente il significato. Leggilo lo stesso.

> **Famoso artista**

Sei un famoso artista. Hai appena vinto un importante premio internazionale. Prepari un discorso per ringraziare chi ti ha premiato. Ma quando stai per andare in diretta tv ti accorgi che una mano misteriosa ha cambiato il senso del tuo discorso, stravolgendone completamente il significato. Leggilo lo stesso.

> **Lavoro importante**

Sei candidato a un importante posto di lavoro. La società che offre il lavoro ha chiesto ai candidati di scrivere un discorso in cui promuovono se stessi. Anche tu prepari il tuo. Ma quando stai per pronunciarlo ti accorgi che una mano misteriosa ha cambiato il senso del tuo discorso, stravolgendone completamente il significato. Leggilo lo stesso.

UNITÀ 10

arti

GIALLO ITALIANO

1 Introduzione

1a *Parla ad un compagno di uno o più libri di narrativa che hai letto e decidete insieme in quale categoria inserirli. Inserisci il titolo o i titoli nello schema qui sotto.*

epico	di fantascienza	biografico
rosa	horror	storico
d'avventura	poliziesco	fantasy

1b *Sai come si chiamano generalmente i romanzi di genere poliziesco in Italia? E perché? Parlane con un compagno e provate insieme a completare la frase qui sotto.*

> Detective story, noir, thriller, policier, whodunnit, mistery novel, novela negra…:
> in Italia, semplicemente, "…………………".

1c *Ricostruisci la prima parte di un testo in cui si spiega l'origine del nome di questo genere letterario in Italia. Fa' attenzione alla punteggiatura e alle maiuscole. Quando hai finito consultati con un compagno.*

| dal 1929 ha | di copertina | *gialli*, appunto, che | connotato il | nel nostro paese. | di quella |
| Giallo come | il colore | genere poliziesco | celeberrima[1] collana | della Mondadori[2], *I libri* |

_____

[1] **celeberrima:** molto famosa, famosissima.
[2] **Mondadori:** storica casa editrice italiana.

alma edizioni 109

10|arti
GIALLO ITALIANO

2 Leggere

2a *Leggi la storia delle origini del giallo in Italia.*

Il giallo in Italia

Un breve excursus sulle prime pubblicazioni e sui principali giallisti italiani.

Maria Agostinelli

1. Detective story, noir, thriller, policier, whodunnit, mistery novel, novela negra: in Italia, semplicemente, "giallo". "Giallo" come il colore di copertina di quella celeberrima collana della Mondadori, *I libri gialli*, appunto, che dal 1929 ha connotato il genere poliziesco nel nostro paese.

2. Giallo: un colore abbinato ad una delle più fortunate idee editoriali mai sviluppate in Italia, capace di emancipare e delineare un genere fino ad allora relegato in dispense popolari illustrate formato tabloid, e popolato da strabilianti eroi, positivi o negativi, impegnati nello stupire i lettori con storie fantastiche a discapito del valore letterario.

3. La fortuna non girò subito dalla parte dei giallisti nostrani: già dalle loro prime esperienze, a cavallo tra gli anni Trenta e i Quaranta, si scontrarono con le censure imposte dal Minculpop, il Ministero della cultura fascista, che ritenne poco opportuno ambientare delitti e oscuri traffici nel Bel Paese. Molto meglio farli accadere negli Stati Uniti, o magari in Francia.

4. Fu così che due dei maggiori autori dell'epoca, l'agrigentino Ezio D'Errico e il milanese Giorgio Scerbanenco, si videro costretti a far agire i loro detective, Emilio Richard e il timido "antieroe"

> Giallo: un colore abbinato ad una delle più fortunate idee editoriali mai sviluppate in Italia

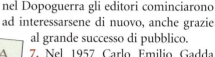
E. D'Errico

Arthur Jennings, rispettivamente nella *Sûreté* parigina e all'archivio della polizia di Boston.

5. E non finì qui: nel 1941, dopo che alcuni rapinatori imputarono alla funesta influenza esercitata dai gialli la responsabilità dei loro crimini, lo stesso ministero impedì la pubblicazione di libri di delitti, decisione che portò ad un parossistico rogo dei romanzi polizieschi nel 1943.

6. Ma il giallo resistette, nonostante i detrattori e il persistente dubbio sulla sua reale appartenenza alla Letteratura, e nel Dopoguerra gli editori cominciarono ad interessarsene di nuovo, anche grazie al grande successo di pubblico.

7. Nel 1957 Carlo Emilio Gadda pubblicò un'opera che fu salutata come capolavoro letterario: *Quer pasticciaccio brutto de via Merulana*, un giallo "atipico" e potente ambientato in una Roma di nuovi immigrati e di vecchia borghesia, che fa della ricerca ambientale e dialettale uno dei suoi punti di forza.

C. E. Gadda

8. Il 1966 fu l'anno della pubblicazione di *Venere privata*, romanzo con cui il "caposcuola" Scerbanenco tornò al giallo dopo un'escursione nel genere rosa. Protagonista ne è il malinconico e rivoluzionario Duca Lamberti: rivoluzionario perché non si tratta più di un poliziotto, ma di un medico che è stato in prigione per aver praticato l'eutanasia su un'anziana donna e che ora collabora con la polizia, un uomo controverso e timido che si aggira in una Milano cupa e rattrappita.

9. Cominciano ad evidenziarsi con sempre maggiore forza alcune delle caratteristiche principali del giallo italiano, e presenti non solo nel giallo italiano: l'attenzione alle realtà sociali, ambientali, anche regionali; l'uso dell'indagine di fantasia come strumento per investigazioni di altro tipo e di ampio raggio; lo studio del linguaggio particolare e contestualizzato come potente mezzo comunicativo; la sostanziale ambivalenza dei protagonisti.

G. Scerbanenco, e accanto L. Sciascia

GIALLO ITALIANO

10. In questo senso si orientò anche Leonardo Sciascia che fin dagli anni '60 fece della sua terra natale (la Sicilia) e di uno dei suoi fenomeni noti (la mafia) la sua principale area di indagine.

11. Riprendendo le parole di Umberto Eco nelle sue *Postille* a *"Il nome della rosa"*, potremmo tentare di chiederci: perché piace il giallo? In cosa consiste? E rispondere: "È che il romanzo poliziesco rappresenta una storia di congettura, allo stato puro. Ma anche una diagnosi medica, una ricerca scientifica, anche una interrogazione metafisica sono casi di congettura. In fondo, la domanda base della filosofia (come quella della psicoanalisi) è la stessa del romanzo poliziesco: di chi è la colpa?" ■

da *www.railibro.rai.it*

2b *Risolvi il cruciverba aiutandoti con il testo. Attenzione: alcune parole sono differenti da come compaiono nel testo.*

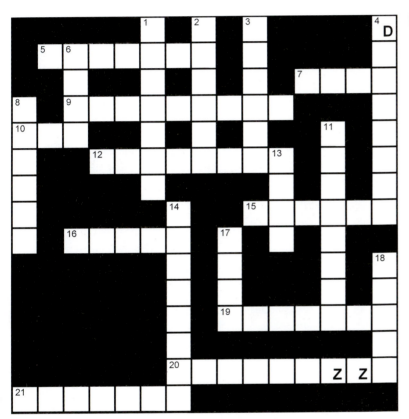

Orizzontali →

- **5** Così era la *Venere* di Scerbanenco.
- **7** Qual era il nome di un detective di Scerbanenco?
- **9** Come si chiamano gli scrittori di libri gialli?
- **10** Chi dice che il giallo è una congettura allo stato puro?
- **12** Sinonimo di "carcere".
- **15** Qual era la città di Scerbanenco?
- **16** Uno degli interessi principali di Sciascia.
- **19** Il cognome di un eroe dei primi gialli.
- **20** Una caratteristica dei personaggi di Scerbanenco.
- **21** Qual è la regione in cui nacque D'Errico?

Verticali ↓

- **1** Qual era il formato dei gialli prima dei "Gialli Mondadori"?
- **2** Dove ambientava i suoi romanzi D'Errico?
- **3** Dove ambientava i suoi primi romanzi Scerbanenco?
- **4** Il romanzo di Gadda era scritto in _____
- **6** L'ultimo atto contro i gialli prima della fine della Seconda Guerra Mondiale.
- **8** Duca Lamberti era un _____
- **11** Giallista siciliano.
- **13** Il nome di uno dei primi giallisti.
- **14** Il Minculpop era il Ministero della Cultura _____
- **17** Un nome del giallo all'estero.
- **18** Scrisse *Quer pasticciaccio brutto de via Merulana*.

3 Analisi lessicale

3a *Cosa significa l'espressione scritta qui sotto? Trovala nel paragrafo 2 del testo dell'attività **2a** e scegli la spiegazione che ti sembra più appropriata.*

a discapito di

☐ con un vantaggio per…

☐ con uno svantaggio per…

10 arti
GIALLO ITALIANO

3b *Scrivi nella seconda colonna una frase di esempio per ogni espressione della prima colonna. Poi confronta il tuo lavoro con quello di un compagno.*

espressione	esempio
capace di	
fino a	
a cavallo tra	
in questo senso	
in fondo	

3c *Sottolinea le espressioni del punto **3b** nel testo dell'attività **2a**, ai paragrafi 2, 3, 10, 11. Quindi consultati con un compagno per capire se ci sono differenze, se le tue frasi di esempio sono accettabili e che significato hanno.*

4 Ascoltare

Ascolta più volte l'intervista e prendi appunti nella tabella. Poi confrontati con un compagno.

Il Giallo secondo Massimo Carlotto	Il Giallo secondo Giorgio Faletti

4 Variante - Gioco a squadre

1. Formate due squadre. Ascoltate più volte l'intervista e prendete appunti nella tabella.
2. Consultatevi all'interno di ogni squadra e confrontate gli appunti che avete preso. Poi ascoltate ancora per verificare.
3. Scrivete una serie di domande su uno dei due autori da fare all'altra squadra.
4. Fate le domande all'altra squadra e rispondete alle domande che vi vengono poste.

GIALLO ITALIANO

5 Leggere

Leggi le biografie di Giorgio Faletti e Massimo Carlotto. Poi riguarda gli appunti o, se necessario, ascolta ancora l'intervista e scrivi i due nomi all'inizio di ogni biografia. Infine consultati con un compagno.

Giorgio Faletti   Massimo Carlotto

_____ è nato nel 1950 ed oggi è uno dei maggiori autori europei di gialli. Negli anni '70 fu al centro di uno dei più controversi casi legali della storia italiana: nel 1976 denunciò ai carabinieri il ritrovamento del corpo di una donna accoltellata. Secondo la sua versione dei fatti, lui tentò di salvarla, ma la giustizia non gli credette. Fu incarcerato e processato, conobbe la latitanza in Francia e in Messico. Definitivamente condannato, nell'aprile 1993 il Presidente della Repubblica gli concesse la grazia. Da quel momento, tornato libero, diventa scrittore esordendo nel 1995 con il romanzo autobiografico *Il Fuggiasco*, storia lucida e dura della latitanza e della fine della sua vicenda giudiziaria.

_____ è nato ad Asti nel 1950. Negli anni '80 divenne popolarissimo come comico televisivo in programmi di grande successo. Poi, a causa di un'operazione al ginocchio che lo costrinse all'immobilità per circa due mesi, si avvicinò casualmente al mondo della musica. In pochi anni arrivò a collaborare con importanti autori e nel 1994 partecipò al Festival di Sanremo con la canzone "Signor tenente" che gli valse il Premio della Critica e la seconda posizione nella gara. La sua ultima metamorfosi è letteraria: nel 2002 pubblica il suo primo romanzo, *Io uccido*, un *thriller* "made in U.S.A." che vende un numero record di copie (oltre 1 milione e trecentomila).

6 Analisi grammaticale

6a *Ascolta la prima domanda e le prime due risposte dell'intervista e scrivi negli spazi i pronomi e sulla destra a cosa si riferiscono, come nell'esempio. Le frasi della lista sono in ordine.*

pronome	si riferisce a:	pronome	si riferisce a:
1. Come __vi__ nascono	Carlotto e Faletti	7. fotografar____, parlare	
2. dentro di ____		8. per quello che riguarda ____	
3. come ____ portate		9. ____ viene un'idea	
4. ____ faccio prima		10. e per fare ____	
5. scelgo ____ che mi interessa		11. beato ____	
6. ____ che può avere		12. ____ invidio molto	

alma edizioni   113

10|arti

GIALLO ITALIANO

6b *Guarda i pronomi delle frasi 1 e 2 che hai scritto al punto* **6a**. *Tutti e due sono pronomi di seconda persona plurale. Qual è la differenza? Inseriscili nel giusto spazio per completare la regola.*

> _____ - È un pronome **atono**, cioè una forma poco marcata che non dà al pronome particolare rilievo. Sta prima del verbo o attaccato alla fine.

> _____ - È un pronome **tonico**, cioè una forma marcata che dà al pronome un rilievo particolare. Può andare dopo il verbo o dopo una preposizione.

6c *Ora inserisci nella tabella i pronomi che hai scritto al punto* **6a**. *Segui gli esempi. Poi confrontati con un compagno.*

pronomi personali atoni	pronomi personali tonici	pronomi dimostrativi
1. vi	2. voi	5. quella

6d *Continua a lavorare con lo stesso compagno. Inserite i pronomi personali* **atoni** *del punto* **6c** *nella tabella dei pronomi personali.*

		singolare	plurale
Prima persona	diretto e indiretto / maschile e femminile		
Seconda persona	diretto e indiretto / maschile e femminile		
Terza persona	diretto maschile		
	diretto femminile		
	indiretto maschile		gli (loro)
	indiretto femminile	le	gli (loro)

6e *Lavora con un gruppo di compagni. Osservate i* **pronomi** *nelle frasi qui sotto e inseriteli negli spazi rimasti vuoti della tabella del punto* **6d**.

> Faletti e Carlotto **ci** hanno regalato alcune tra le migliori pagine del giallo italiano.

> Giorgio Faletti era un comico di grande successo. Poi un'operazione al ginocchio **lo** costrinse all'immobilità per circa due mesi.

> Carlotto trovò una donna accoltellata e tentò di salvar**la**.

> Massimo Carlotto venne condannato all'ergastolo, ma nell'aprile 1993 il Presidente della Repubblica **gli** concesse la grazia.

7 Esercizio

Lavorate in coppia con un dado. Il primo studente tira il dado due volte per sostituire, nella prima frase del mini-dialogo riportato qui sotto, "voi - Carlotto e Faletti" e "le trame". Quindi dice al secondo studente la frase modificata in base ai nuovi elementi.
Il secondo studente risponde modificando la risposta in base ai cambiamenti. Seguite l'esempio.
Poi toccherà al secondo studente tirare il dado.
Esercitatevi fino a che non vi sentite sicuri.

- Come **vi** **nascono** dentro di **voi**, **le trame**, come le **portate** avanti?
- **Le nostre trame nascono** sempre da fatti realmente accaduti.

 ~~voi - Carlotto e Faletti~~
2. lui - Faletti

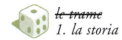 ~~le trame~~
1. la storia

- Come **gli** **nasce** dentro di **lui**, **la storia**, come **la porta** avanti?
- **La sua storia nasce** sempre da fatti realmente accaduti.

	Invece di "**voi - Carlotto e Faletti**":
1	tu - Carlotto
2	lui - Faletti
3	lei - una giovane scrittrice
4	noi - i giallisti italiani
5	voi - Carlotto e Faletti
6	loro - Lucarelli e Camilleri

	Invece di "**le trame**":
1	la storia
2	i personaggi
3	il protagonista
4	la storia e il racconto
5	l'intreccio
6	gli eventi della storia

8 Leggere

8a Le frasi qui sotto sono l'inizio di un brano estratto da un romanzo giallo di Massimo Carlotto. Rimettile nel giusto ordine usando la logica.

- Sapeva bene come erano andate le cose.
- Lui e il suo complice avevano studiato il colpo per un paio di settimane.
- Il giudice riassunse il caso.
- L'imputato non lo ascoltò.

_____
_____
_____
_____

8b Due delle quattro frasi non sono divise da un punto ma sono legate con la congiunzione **ma**. Consultati con un compagno e decidete insieme dove sarebbe più logico inserirla.

10 arti
GIALLO ITALIANO

8c *Ora leggi il brano completo.*

1989 - una città del Nordest.
(…)

Il giudice riassunse il caso ma l'imputato non lo ascoltò. Sapeva bene come erano andate le cose. Lui e il suo complice avevano studiato il colpo per un paio di settimane. Sembrava un lavoretto facile. Avevano deciso di vestirsi allo stesso modo per dare un tocco di originalità alla rapina; avevano comprato due passamontagna da motociclisti in seta e due completi in velluto di colore nero. Le armi se le erano procurate da un pezzo e le avevano già usate per ripulire un paio di uffici postali e le casse di tre supermercati. Il giorno prescelto avevano atteso che il gioielliere e sua moglie aprissero la porta blindata dopo la pausa pomeridiana. Erano spuntati all'improvviso alle loro spalle e li avevano spinti nel negozio. Il commerciante aveva detto le solite cazzate ma si era fatto disarmare e aveva aperto la vecchia cassaforte Conforti senza tante storie. Era strapiena di oro lavorato e pietre di prima scelta. Gioielli nuovi e di "antiquariato", termine sofisticato usato dai proprietari per coprire l'attività clandestina di banco di pegni del negozio. Merce che non appariva in nessun registro e che avrebbero evitato con cura di menzionare nella lista dei preziosi rapinati.

Lui e il suo complice avevano impiegato una decina di minuti per riempire le borse. Abbastanza perché arrivasse una pattuglia della polizia. La moglie aveva premuto un bottone d'allarme di cui loro non sapevano nulla. Il basista aveva giurato che non c'era nessun allarme nascosto ma in realtà non aveva controllato. Mai fidarsi degli incensurati che iniziano a commettere reati per pagarsi i debiti di gioco. Affrontano la vita come se fosse una partita a dadi, affidandosi alla fortuna e a una manciata di probabilità.

Si erano guardati negli occhi. "Fanculo gli sbirri" aveva detto il suo socio.
"Fanculo tutti" aveva detto lui.

Il bottino era di quelli che ti sistema per la vita e valeva il rischio. Forse, se non fossero stati strafatti di coca si sarebbero arresi limitando i danni, ma in quel momento i pensieri, nel cervello, viaggiavano veloci e sicuri in un'orbita troppo lontana dal buon senso.

Lui aveva afferrato la moglie del gioielliere per il collo e l'aveva spinta fuori dal negozio puntandole la pistola alla testa. Il complice aveva tramortito il proprietario ed era uscito portando con sé le borse con i preziosi. Tutti avevano iniziato a urlare. Loro, gli sbirri, l'ostaggio e i passanti. I due non sapevano cosa fare. Una macchina gialla era spuntata all'improvviso da una traversa e si era ritrovata nel bel mezzo del casino, a dividere buoni e cattivi.

Ne avevano approfittato. Dopo aver gettato a terra l'ostaggio si erano precipitati a spalancare le portiere della macchina. Al volante c'era una donna con il volto deformato dallo stupore, sul sedile posteriore un bambino che chiedeva alla mamma cosa stava succedendo.

Erano bastati pochi secondi per impadronirsi della vettura e fuggire con i nuovi ostaggi. Qualche centinaio di metri dopo la macchina era stata bloccata dalle pattuglie di rinforzo. Lui era sceso con il bambino minacciando di spargargli se non li avessero lasciati passare, e quando si era convinto che gli sbirri non avevano nessuna intenzione di obbedire aveva tirato il grilletto. Il proiettile era entrato tra il collo e la spalla e aveva attraversato il corpo, uscendo da un fianco. Il bambino si era afflosciato sull'asfalto. L'urlo della madre aveva sovrastato per un attimo ogni rumore. ■

da Massimo Carlotto *L'oscura immensità della morte*, e/o, 2004

8d *Rispondi alla domanda scegliendo una sola risposta.*

Di cosa sono accusati i due protagonisti?

☐ Rapina	☐ Rapimento	☐ Omicidio	☐ Possesso di armi

9 Analisi lessicale

9a *Unisci le parole di sinistra con quelle di destra per formare delle parole composte.*

super	stare
sovra	forte
passa	mercato
cassa	ciclista
moto	montagna

9b *Una delle parole composte è un verbo. Quale? Scrivilo qui sotto e poi controlla se hai ragione: lo trovi alla riga 89 dell'attività **8c**.*

_____

9c *Prova a scrivere i plurali delle altre parole composte che hai trovato al punto **9a**. Aiutati anche con il box a fianco. Poi cercane tre nel testo dell'attività **8c**.*

Supermercato → _____

Passamontagna → _____

Cassaforte → _____

Motociclista → _____

Il plurale dei nomi composti

È forse impossibile fornire una regola generale sulla **formazione del plurale** dei nomi composti.
Infatti bisogna tener conto prima di tutto di come questi nomi sono "sentiti" dai madrelingua: se gli italiani infatti non percepiscono più questi nomi come composti da più elementi, allora rientrano nelle normali regole di formazione del plurale. Parole come *francobollo*, *ferrovia* o *pomodoro* hanno plurali "regolari": *francobolli*, *ferrovie* e *pomodori*.

In altri casi il plurale potrà coinvolgere il cambiamento della vocale finale del primo elemento (*il capogruppo - i capigruppo*) o anche di entrambi i componenti del composto (*la cassaforte - le casseforti*).

Frequenti sono infine i nomi composti invariabili, come *attaccapanni*, *portaombrelli*, *dopoguerra*, *madrelingua*.

10 Gioco a squadre

*Dividetevi in squadre e mettete in ordine cronologico le fasi del crimine descritto nel testo dell'attività **8c**. Quando il tuo gruppo ha finito chiamate l'insegnante.
Se la sequenza è giusta avete vinto, altrimenti il gioco continua.*

1. Arriva la polizia.
2. I ladri entrano nella gioielleria.
3. Lui spara.
4. I ladri gettano a terra l'ostaggio.
5. I ladri riempiono le borse di gioielli.
6. La moglie del gioielliere preme un bottone d'allarme.
7. La mamma del bambino urla.
8. Il basista giura che non esiste un sistema d'allarme.
9. Lui minaccia il bambino.
10. I ladri entrano nella macchina con dentro una donna e un bambino.
11. Lui prende in ostaggio la moglie del gioielliere.
12. Arriva una macchina gialla.
13. I ladri rapinano due uffici postali e tre supermercati.
14. I ladri si vestono allo stesso modo per la rapina.
15. I ladri si procurano le armi.
16. Il complice tramortisce il proprietario e prende le borse.
17. La polizia blocca la macchina.
18. Tutti cominciano ad urlare.

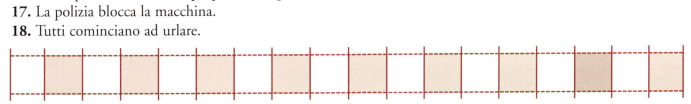

10 arti
GIALLO ITALIANO

11 Analisi grammaticale

11a *Rileggi l'inizio del racconto e scrivi nella tabella i nomi dei tempi dei verbi **evidenziati**.*

Il giudice **riassunse** il caso ma l'imputato non lo **ascoltò**. Sapeva bene come **erano andate** le cose. Lui e il suo complice **avevano studiato** il colpo per un paio di settimane.

riassunse	
ascoltò	
erano andate	
avevano studiato	

11b *Ora metti i verbi sulla linea del tempo decidendo se esprimono azioni precedenti, contemporanee o successive all'azione espressa dal verbo "riassunse".*

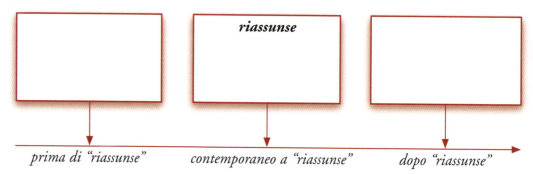

prima di "riassunse" — contemporaneo a "riassunse" — dopo "riassunse"

11c *Consultati con un compagno per rispondere alla domanda.*

- Cosa sai del trapassato prossimo?

11d *Rileggi il testo. Il tempo più usato è proprio il trapassato prossimo. Rispondi alle domande discutendo con un compagno.*

- L'autore avrebbe potuto mettere tutti gli eventi raccontati al passato remoto ("*Decisero di vestirsi allo stesso modo per dare un tocco di originalità alla rapina; comprarono due passamontagna…*"). Perché non l'ha fatto e perché ha continuato ad usare il trapassato prossimo fino alla fine? Cosa cambia da un punto di vista stilistico?

12 Parlare

12a *Rileggi la biografia di Massimo Carlotto dell'attività **5**. Il suo è stato uno dei casi giudiziari più famosi degli anni '70 e '80. Nel 1993 il Presidente della Repubblica gli ha concesso la grazia, ma nei suoi processi è sempre stato condannato. Lavora con un gruppo di compagni. Preparate la messa in scena delle ultime fasi di un nuovo processo a Massimo Carlotto[1]. Alcuni personaggi sono descritti qui sotto, ma potete aggiungerne altri (ad esempio alcuni testimoni) a seconda di quanti siete nel gruppo.*

Avvocato difensore	Pubblico ministero	Giudice	Imputato (M. Carlotto)
Difende Massimo Carlotto per rendergli finalmente giustizia.	È l'avvocato dell'accusa che mira a far condannare ancora Carlotto.	Deve decidere alla fine qual è il giudizio su Carlotto.	È chiamato a testimoniare e racconta la sua versione dei fatti.

[1] Maggiori informazioni sul "Caso Carlotto" si trovano all'indirizzo internet www.massimocarlotto.it/caso_carlotto.html

13 Analisi grammaticale

13a *Come sono coniugati i tre verbi estratti dal testo dell'attività 8c? Uniscili ai tre modi nella terza colonna.*

riga	verbo	modo
8	vestirsi	**gerundio**
15	prescelto	**infinito**
43	affidandosi	**participio**

13b *Infinito, gerundio e participio si chiamano modi "indefiniti". Secondo te perché? Lavora con un compagno.*

☐ Perché il tempo dell'azione non è chiaro.
☐ Perché non è possibile indicare il soggetto.
☐ Perché forniscono all'azione un senso di indeterminatezza.

13c *Leggi il box sul gerundio modale, poi lavora con un compagno e prova a rispondere alla domanda.*

> **Il gerundio modale**
> La frase "affidandosi alla fortuna e a una manciata di probabilità", esprime *in che modo* gli incensurati "affrontano la vita". Questo è l'uso più frequente del **gerundio**, che aggiunge una informazione su come (*in che modo*) avviene qualcosa espresso nella frase principale.

Guarda il gerundio nella frase "*puntandole* la pistola alla testa" della riga 57. Anche questo è modale?

☐ Sì ☐ No

13d *Dopo "puntandole", nel testo ci sono altri quattro verbi coniugati al gerundio. <u>Sottolineali</u> e inseriscili nella tabella come negli esempi.*

gerundio	funzione modale	altra funzione	
affidandosi	X		
puntandole	X		

13e *Ora individua nel testo i soggetti dei gerundi con funzione modale del punto 13d e scrivili nella quarta colonna. Poi confronta il lavoro con un compagno.*

10 arti
GIALLO ITALIANO

13f <u>Sottolinea</u> *ora tutti i participi passati del testo e scrivi qui sotto quelli che non sono parte di un verbo composto.*

riga	participio passato che non è parte di un verbo composto
15	prescelto

13g *Oltre ad essere parte di un verbo composto, qual è la funzione grammaticale più frequente del participio passato?*

☐ sostantivo ☐ aggettivo ☐ avverbio ☐ pronome ☐ congiunzione

13h *La classe si divide in due o più gruppi.*
*Ogni gruppo ha il compito di cercare nel testo dell'attività **8c** i verbi al participio presente. Quando un gruppo pensa di avere la soluzione chiama l'insegnante. Se è giusta, il gruppo vince, altrimenti il gioco continua.*

> **Il participio presente**
> Il **participio presente** è raramente usato con funzione verbale, a differenza di quello che succedeva nell'italiano antico. Il participio presente oggi è usato quasi esclusivamente in funzione di sostantivo (*Luigi ha un'**amante**, Jovanotti è un **cantante** molto famoso*) o di aggettivo (*Io sono un professore **esigente**, Giorgio è un ragazzo sempre **sorridente***).

14 Scrivere

14a *Leggi l'inizio di questa storia e continuala come preferisci.*

Da allora, anche anni e anni dopo che gli eventi si furono conclusi, conclusi e mai dimenticati, ogni volta che guardava il mare, e vedeva la schiuma di un'onda spaccarsi su uno scoglio, e sentiva le gocce che si schiacciavano sul vetro della finestra a cui appoggiava la fronte, ogni volta, ovunque si trovasse, gli tornava in mente la notte che arrivò sull'isola.
Era così buio quella notte che il cielo e il mare erano la stessa cosa, talmente neri e stretti e lucidi che sembrava di stare sospesi nel vuoto[1].

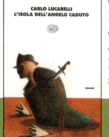

▸ Carlo Lucarelli

[1] Carlo Lucarelli, *L'isola dell'angelo caduto*, Einaudi, 1999

UNITÀ 11
geografia
MARI E MONTI

1 Introduzione

1a *Rilassati, chiudi gli occhi e ascolta. Ora non sei più in classe, ma nei luoghi della registrazione. Vola con l'immaginazione.*

1b *Lavora in coppia e scambia le tue sensazioni con un compagno. In quale luogo vi siete sentiti meglio? Perché? Che cosa avete immaginato?*

2 Ascoltare

2a *Chiudi il libro e ascolta l'intervista a Mauro Corona. Cerca di capire chi è e di cosa parla. Poi consultati con un compagno.*

2b *Leggi e completa la scheda su Mauro Corona. Se necessario, riascolta più volte l'intervista. Dopo ogni ascolto consultati con un compagno.*

Mauro Corona

Mauro Corona ha **5**____ anni ed è noto al grande pubblico soprattutto come autore di romanzi e racconti che hanno per soggetto la natura e la montagna.
Nel suo ultimo libro, dal titolo "_____", Corona ripercorre la tragedia del Vajont, da lui vissuta in prima persona: il 9 ottobre **19**___, a causa della costruzione di una diga sul fiume Vajont, in Friuli Venezia Giulia, una frana si staccò dalla montagna e precipitò nel lago artificiale creato dalla diga, provocando un'onda gigantesca che travolse i paesi della zona, tra cui _____ (luogo di nascita di Corona e paese in cui è ambientato il libro). I morti furono circa duemila.
Come racconta Corona, questo disastro segnò la fine di un'intera civiltà montana, con le sue case, le sue abitudini, le sue tradizioni e la sua cultura.
Il libro, a metà tra il romanzo e il libro di _____, è diviso in _____ parti, ognuna delle quali porta il nome di una _____.

L'ultimo capitolo del libro si svolge in _____ e termina con l'arrivo dell'autore in un luogo simbolico: il _____ del paese.
Non solo scrittore, Mauro Corona è anche boscaiolo e alpinista, oltre ad essere uno dei più importanti scultori del legno in Europa. Come scalatore ha aperto valichi importanti sulle Alpi e ha scalato in molte zone del mondo, in particolare in _____, _____, _____ e _____.

alma edizioni 121

11 geografia — MARI E MONTI

3 Leggere

3a *Formare due gruppi, **1** e **2**. All'interno dei due gruppi, formare delle coppie. Ogni coppia del **gruppo 1** lavora sul **Foglio 1** di pagina 262, ogni coppia del **gruppo 2** sul **Foglio 2** di pagina 264. Nei due fogli sono elencati alcuni suggerimenti sulle precauzioni da prendere quando si va in montagna. Alcuni paragrafi sono incompleti. Ogni coppia legge il proprio foglio e cerca di completare le parti mancanti, ipotizzando dei possibili suggerimenti.*

3b *Formare nuove coppie: ogni studente del **gruppo 1** lavora con uno studente del **gruppo 2**. A turno, i due studenti chiedono al compagno se i suggerimenti che hanno ipotizzato corrispondono a quelli del testo originale. Il compagno controlla sul suo foglio. Se l'ipotesi corrisponde al testo (è sufficiente indovinare il tipo di suggerimento, non la forma esatta in cui è scritto), chi ha indovinato guadagna un punto.*

3c *Leggi il testo completo.*

Andare in montagna

Quali sono le precauzioni da prendere quando **si fa** un'escursione in montagna? Ecco alcuni consigli.

La preparazione fisica
Le escursioni vanno affrontate in condizioni fisiche adeguate, scegliendo percorsi che non siano al di sopra delle proprie possibilità ed evitando accuratamente di strafare. Se non **si è** allenati, è consigliabile migliorare la propria forma fisica facendo un po' di sport.
Va considerato inoltre che non **si dovrebbe** mai tornare distrutti da un'escursione. Stanchi, certo, ma non spossati. L'escursione non deve essere una sofferenza, deve rappresentare invece un'esperienza di benessere.

Il tempo
Le condizioni meteorologiche sono uno dei fattori più importanti da considerare quando **si programma** un'escursione. In estate i temporali costituiscono un pericolo serio, perché in montagna il rischio di venir colpiti da fulmini, con esito assai spesso mortale, è molto alto. Se dunque sono previsti temporali è meglio rinviare l'escursione. Se poi **si viene sorpresi** dal temporale, alcuni accorgimenti possono risultare utili. Bisogna tenere presente che i fulmini sono attratti da oggetti a punta ed elevati, quindi alberi o spuntoni di roccia. Di conseguenza sarà bene evitare di sostare vicino a oggetti del genere, o di essere l'oggetto più alto della zona. Se tuttavia questo non è possibile e **si avvertono** i segnali dell'imminenza del fulmine (capelli che **si drizzano**, metalli che crepitano), bisogna assumere una posizione ad uovo, con la testa rannicchiata fra le ginocchia. È bene anche sapere che gli oggetti metallici che **si hanno** con sé, costituiscono un ulteriore fattore di pericolo. È utile ricordare poi che l'acqua è ottima conduttrice di elettricità, per cui non **si deve** sostare su un terreno bagnato dalla pioggia. Se **si riesce** a raggiungere l'automobile, **ci si può** rifugiare al suo interno, dove **si è** al sicuro.
Un altro fattore di rischio da non sottovalutare è il freddo. In una situazione di notevole stanchezza fisica l'esposizione al freddo diventa infatti una complicazione rilevante. Al freddo intenso è legato anche il ghiaccio, insidiosa trappola nelle escursioni invernali. Se perciò non **si è** attrezzati adeguatamente (cioè con piccozza e ramponi), non **ci si deve** azzardare a mettere piede sul ghiaccio.

L'equipaggiamento
Come **si veste** e quali oggetti porta un escursionista che va in montagna? Evidentemente questo dipende dalla stagione e dalla natura dei luoghi. Qualche consiglio:
- evitare di lasciare la pelle troppo scoperta, soprattutto ad alta quota, dove i danni causati dai raggi ultravioletti sono maggiori;
- tenere le gambe coperte, perché così **si è** meno esposti ai morsi delle vipere;
- riparare la testa dal sole con un cappello e difendere la vista con occhiali;
- poiché in montagna **si possono** trovare temperature piuttosto basse anche d'estate, mettere nello zaino un capo che difenda dal freddo;

geografia | 11

- non deve mancare neppure un paio di guanti, preziosi quando ci si trova a dover effettuare qualche fuori percorso, soprattutto nei boschi;
- una torcia elettrica diventa decisiva quando si deve camminare al buio o segnalare la propria presenza ad eventuali soccorritori;
- il telefonino, quando prende, naturalmente è molto utile; è meglio, comunque, lasciar sempre detto dove si va, mettendo magari per iscritto l'itinerario che si intende effettuare;
- anche carta, altimetro e bussola sono strumenti preziosi per l'orientamento.

Mangiare e bere

Si beve e si mangia, in montagna? Ovviamente sì. Qualche consiglio:
- bisogna bere non appena si ha sete, perché in montagna si perdono molti liquidi; evitare gli alcolici, anche perché l'alcool - contrariamente a quanto si crede - non favorisce il riscaldamento, ma la dispersione del calore;
- quanto al mangiare, sono consigliabili alimenti semplici ed energetici, come la cioccolata, qualche frutto o anche qualche zolletta di zucchero; da evitare invece il più possibile i cibi salati o peggio ancora piccanti, perché inducono ulteriore sete.

L'orientamento

L'orientamento è uno degli aspetti più importanti legati all'escursione. Una buona lettura della carta permette infatti di preparare adeguatamente l'escursione a tavolino, soprattutto quando si devono percorrere sentieri poco frequentati e non segnalati. La sua consultazione, infine, diventa più chiara e utile se si possiedono un altimetro ed una bussola.
Un altro alleato prezioso sono le informazioni di chi conosce i luoghi. Ci sono itinerari che non è del tutto consigliabile percorrere se non si è accompagnati da persone che li conoscono. In certe zone perdere il sentiero significa girare a vuoto senza riuscire a scendere a valle. Non ci si può fare un'idea adeguata di questo se non lo si prova. Ma naturalmente è meglio non provarlo!
Terzo alleato sono le segnalazioni sul terreno, i segnavia. Quando si praticano sentieri difficili ma segnalati, si presti molta attenzione a non saltare alcun segnavia:

perderne anche uno solo potrebbe significare andare fuori dal tracciato.
Quarto alleato è la nostra prudenza, unita ad un buono spirito di osservazione. Se si sta dunque salendo nel bosco su un sentiero poco battuto e per noi nuovo, si deve fare molta attenzione a osservare bene la natura dei luoghi, memorizzando punti di riferimento preziosi, e lasciando anche qualche segno sul percorso.
E se ci si perde? Non bisogna cedere alla tentazione di scendere a tutti i costi; è preferibile ricercare, con calma e attenzione, la traccia. Se si sono seguite le avvertenze sopra esposte, la si ritroverà. Se la ricerca è inutile e se il telefonino ha campo, non si esiti a chiedere aiuto, senza aspettare che l'arrivo della notte renda più problematica la ricerca. Se si è in più di uno, ci si divida nella ricerca, rimanendo però sempre a portata di voce.

Infortuni ed incidenti

Quanto alle situazioni ed ai luoghi intrinsecamente pericolosi, bisogna ricordare che:
- quando si cammina su un terreno reso scivoloso da terriccio e sassi mobili si deve fare attenzione non solo a non scivolare, ma anche a non far cadere sassi su coloro che si trovano più a valle; se dovesse partire un sasso, anche se non si vede nessuno giù a valle, si deve gridare per avvertire del pericolo;
- quando si sale nel bosco o ci si arrampica, non ci si fidi troppo di rami o tronchi, che potrebbero spezzarsi proprio quando ci si attacca ad essi;
- la discesa di per sé non è pericolosa, ma lo diventa se affrontata in condizioni di notevole stanchezza e distrazione;
- il ghiaccio è sempre un'insidia da cui stare alla larga, se non si è adeguatamente attrezzati e preparati;
- infine in luoghi molto assolati, vicino a corsi d'acqua, nelle pietraie e nell'erba si può nascondere l'insidia delle vipere; se si procede con passo pesante, si batte a terra con un bastone e si evita di posare le mani in luoghi dove la vegetazione nasconde il terreno, si riducono al minimo i rischi.

alma edizioni 123

11 | geografia — MARI E MONTI

4 Analisi lessicale

Ognuna delle espressioni tratte dal testo è stata usata in quattro frasi. Trova i casi in cui l'espressione viene utilizzata in modo non appropriato.

I. riga 31 - **Bisogna tenere presente** che i fulmini sono attratti da oggetti a punta ed elevati…
1. *Tieni presente* che ho avuto pochissimo tempo per studiare.
2. Voglio che tu *tenga presente* anche i miei bisogni, non solo i tuoi!
3. Per favore, puoi *tenere presente* il bambino oggi pomeriggio? Io devo lavorare.
4. Non si preoccupi, La *tengo presente* per quel lavoro.

II. riga 40 - …bisogna **assumere una posizione** ad uovo…
1. Secondo me Mario *ha assunto una posizione* troppo rigida.
2. Quella società mi vuole *assumere una posizione*.
3. Quando si sta seduti per molte ore, è consigliabile *assumere una posizione* comoda.
4. Ormai la nostra azienda *ha assunto una posizione* dominante sul mercato.

III. riga 126 - **In certe zone perdere il sentiero significa girare a vuoto senza riuscire a scendere a valle.**
1. Giulia non riusciva a dormire e si *girava a vuoto* nel letto.
2. Sono stanco di *girare a vuoto* e non concludere nulla.
3. La macchina non parte, il motore *gira a vuoto*.
4. Oggi non sto bene, mi sento *girare a vuoto* la testa.

IV. riga 146 - **Non bisogna cedere alla tentazione** di scendere a tutti i costi…
1. Anche se sono a dieta, ieri sera *ho ceduto alla tentazione* di un gelato.
2. *Ho ceduto* Mario *alla tentazione* di andare in vacanza.
3. Adamo ed Eva *cedono alla tentazione* di mangiare la mela e perdono il Paradiso.
4. La ragazza era bellissima, ma Luigi pensò a sua moglie e riuscì a non *cedere alla tentazione*.

V. riga 183 - …il ghiaccio è sempre un'insidia da cui **stare alla larga**…
1. Questa giacca mi *sta alla larga*, non la posso più mettere.
2. Se non vuoi problemi, *stai alla larga* da quella donna.
3. Non *state* troppo *alla larga* con la barca, oggi il mare è agitato.
4. Dopo l'incidente, aveva imparato a *stare alla larga* dalle moto sportive.

5 Analisi grammaticale

5a *Osserva questa frase. Poi rispondi alle domande.*

Quali sono le precauzioni da prendere quando **si fa** un'escursione in montagna?

1. Secondo te, chi fa l'azione espressa dalla forma verbale *si fa*?
2. In che modo potresti riscrivere la frase esprimendo in modo più esplicito chi fa l'azione?

5b *Secondo te si fa è una forma riflessiva o spersonalizzante? Leggi le due definizioni.*

Forma riflessiva	Forma spersonalizzante
La forma riflessiva permette di indicare che l'azione del verbo è diretta verso chi la compie. Esempio: Mario **lava** i piatti. *(forma non riflessiva)* Mario **si lava** le mani. *(forma riflessiva)*	Il *si* spersonalizzante permette di non indicare esplicitamente chi compie l'azione del verbo. Il *si* corrisponde a un soggetto generico come *la gente, le persone, uno, qualcuno*. Esempio: Di solito d'estate **si va** al mare. = Di solito d'estate **la gente** va al mare.

geografia | 11
MARI E MONTI

5c *Guarda le forme verbali evidenziate nel testo dell'attività 3c. Quali sono riflessive (R), quali spersonalizzanti (S) e quali riflessive e spersonalizzanti insieme (RS)? Scrivilo nel testo, come nell'esempio.*

Quali sono le precauzioni da prendere quando **si fa** un'escursione in montagna? Ecco alcuni consigli. → **S**

5d *Guarda ancora le forme verbali evidenziate nel testo dell'attività 3c. Poi completa le regole e scrivi per ognuna un esempio del testo.*

regola	esempio del testo
1. "Si" spersonalizzante + verbo (senza oggetto diretto): il verbo va alla III persona **singolare** ☐ / **plurale** ☐. →	_____
2. "Si" spersonalizzante + verbo + oggetto diretto: il verbo **concorda** ☐ / **non concorda** ☐ con l'oggetto diretto. →	a. _____ ("si" + verbo al presente + oggetto diretto singolare) b. _____ ("si" + verbo al presente + oggetto diretto plurale) c. _____ ("si" + verbo al passato prossimo + oggetto diretto)
3. "Si" spersonalizzante + verbo + aggettivo o participio passato (in una costruzione passiva): l'aggettivo o il participio passato va al maschile **singolare (-o)** ☐ / **plurale (-i)** ☐. →	a. _____ ("si" + verbo + aggettivo) b. *Se poi si viene sorpresi dal temporale...* ("si" + verbo + part. passato in costruzione passiva)
4. "Si" riflessivo + "si" spersonalizzante + verbo: si usa il pronome doppio ___ ___ + verbo. →	_____

11 | geografia MARI E MONTI

6 Gioco - Studente A

Lavora con uno studente **B** *(le istruzioni per **B** sono a pag. 131)*. A turno, uno di voi due deve trasformare una frase della sua lista di sinistra usando il **si** spersonalizzante. Inoltre deve dire per ogni frase trasformata quale regola (o quali regole) dell'attività **5d** ha applicato. Il compagno verifica nella sua lista di destra se la soluzione è giusta. Per ogni frase si guadagna 1 punto se la trasformazione è corretta e ancora 1 punto se la regola, o le regole, sono abbinate correttamente alla frase.

Es: In Italia la gente fa molti gesti anche quando parla al telefono. → In Italia **si fanno** molti gesti anche quando **si parla** al telefono. *(regola 2 e 1)*

▸ **frasi da trasformare**

1. In Italia la gente fa molti gesti anche quando parla al telefono.
2. In Italia la gente legge pochi libri.
3. Per risparmiare acqua, la gente si dovrebbe lavare meno.
4. Solo se ti iscrivi puoi partecipare al seminario.
5. Se parliamo al cellulare mentre siamo in macchina, rischiamo un incidente.
6. Una volta che hai studiato la mappa, sei più sicuro del percorso.
7. Se uno fa una dieta, in genere non mangia dolci.
8. Quando la gente guida la macchina, dovrebbe essere più educata.

▸ **soluzioni frasi studente B**

1. In Italia si mangia spesso la pastasciutta. *(2)*
2. Non sempre si scelgono le soluzioni più semplici per risolvere i problemi. *(2)*
3. Gli scienziati non sanno spiegare perché in questa zona si viva più a lungo. *(1)*
4. Quando si soffre di insonnia, ci si sveglia spesso durante la notte. *(1 e 4)*
5. Non ci si dovrebbe sposare se non si è convinti di amare veramente il partner. *(4 e 3)*
6. Dopo che si sono sentite tutte le opinioni, si deve prendere una decisione. *(2 e 2)*
7. Quando si è innamorati, si è disposti a fare follie. *(3 e 3)*
8. Non si può capire chi era veramente Michelangelo se non si leggono anche i suoi scritti. *(1 e 2)*

7 Ascoltare

7a *Chiudi il libro e ascolta il dialogo. Cerca di capire di cosa parlano lei e lui e poi consultati con un compagno.*

7b *Ascolta di nuovo il dialogo, anche più volte se necessario, e rispondi alle domande.*

1. **L'anno scorso:**
   - dove sono andati in vacanza Valeria e Luca?
   - dove sono andati in vacanza lei e lui?

2. **Quest'anno:**
   - dove vogliono andare in vacanza Valeria e Luca?
   - dove vuole andare in vacanza lei?
   - dove vuole andare in vacanza lui?

3. **Quali argomenti:**
   - lei usa per convincere lui?
   - lui usa per convincere lei?

4. **Chi deve andare in agenzia ad annullare la prenotazione:**
   - secondo lei?
   - secondo lui?

8 Parlare

Il giorno dopo i quattro amici vanno all'agenzia di viaggi per discutere delle loro vacanze con l'impiegato dell'agenzia. Trovare un accordo per soddisfare tutti non è facile! Lavora in un gruppo di 5 (lui, lei, Valeria, Luca e l'impiegato dell'agenzia) e immaginate la scena.

geografia 11

MARI E MONTI

9 Leggere

9a *Leggi le frasi qui sotto. Poi rispondi alla domanda.*

Ho sempre pensato che il mondo si divida in due.

Ho iniziato ad andare alle Eolie trentacinque anni fa,

O meglio, ho avuto qualche flirt e qualche avventura extraconiugale, come in qualsiasi matrimonio che si rispetti,

Da quindici anni però mi sono arresa, completamente e per sempre.

Le Eolie, le Sette Sorelle, si trovano nel Tirreno meridionale, a nord della Sicilia, in direzione di Capo Milazzo.

Secondo te da dove sono tratte queste frasi?

Da:
- ☐ un romanzo d'amore
- ☐ una guida turistica
- ☐ un libro di memorie
- ☐ un racconto comico
- ☐ un reportage giornalistico
- ☐ un libro di gastronomia
- ☐ un romanzo poliziesco
- ☐ un romanzo storico

11 geografia — MARI E MONTI

9b *Ora leggi l'inizio completo del testo. Poi rispondi alle domande sotto il testo e confrontati con un compagno.*

Ho sempre pensato che il mondo si divida in due. E non parlo di belli e brutti, di buoni e cattivi, di bianchi e rossi. Parlo di "quelli che amano le isole e quelli che invece no". Ho iniziato ad andare alle Eolie trentacinque anni fa, e da allora non ho mai smesso. O meglio, ho avuto qualche flirt e qualche avventura extraconiugale, come in qualsiasi matrimonio che si rispetti, ho addirittura vissuto periodi di distacco e rifiuto (quando mio padre ha venduto una casa amatissima a Stromboli, e il dolore è stato tale che per qualche anno non ci sono più tornata, quasi che le isole mi avessero tradita e allontanata).

Da quindici anni però mi sono arresa, completamente e per sempre. Ci sono state, è vero, altre isole nella mia vita, ma nulla che possa neanche lontanamente scalfire l'amore che provo per questo strano arcipelago a forma di stella.

Le Eolie, le Sette Sorelle, si trovano nel Tirreno meridionale, a nord della Sicilia, in direzione di Capo Milazzo. Chi c'è stato una sola volta non può dimenticarle. Non dimentica il loro mare di un blu cupo, a tratti quasi nero, né la loro anima di fuoco e le nude rocce scoscese dalle forme bizzarre, non dimentica una natura ardente e selvaggia e allo stesso tempo avvolgente e armoniosa. Non dimentica la loro storia antichissima ricca di miti e leggende.

1. **Sei ancora della stessa idea?**
   ☐ Sì, perché…   ☐ No, perché…

2. **Secondo te come continua il testo?**
   ☐ L'autrice racconta la storia delle Eolie.
   ☐ L'autrice racconta un episodio divertente sulle Eolie.
   ☐ L'autrice parla dello sviluppo economico delle Eolie.
   ☐ L'autrice parla del suo rapporto con una delle Isole.

9c *Continua a leggere. Poi rispondi alle domande alla fine del testo e confrontati con un compagno.*

Ciascuno di noi ha nella vita un luogo che elegge a "posto dell'anima". Il mio è Alicudi, anche se per scoprirlo ci ho messo troppo tempo. Alicudi, la vecchia Ericusa, così chiamata per via dell'erice che ancora in primavera la riveste come un mantello, è la più solitaria delle Sette Sorelle. È un'isola fuori mano, distanziata dalle altre non solo geograficamente. È la più difficile da raggiungere e la più scomoda da vivere. Tutto questo fa sì che Alicudi sia di fatto un posto per pochi iniziati, gente un po' particolare che ama stare sola con sé stessa.

Alicudi scatena solo reazioni esagerate: la si ama o la si odia. O addirittura la si ama e la si odia contemporaneamente. Io sono passata attraverso tutti gli estremi per arrivare alla fine a un amore assoluto. Negli anni della giovinezza, quando la mia casa era a Stromboli, ad Alicudi non mi è mai capitato neanche di passarci, d'altronde le due isole sono agli antipodi, una è la più vicina alla terraferma (la Calabria), l'altra è la più lontana.

Allora per me le Eolie non andavano oltre Salina. Quando poi i miei genitori hanno venduto la casa, il dispiacere è stato così forte che per molti anni ho abbandonato le isole.

Poi uno dei miei fratelli comprò un rudere ad Alicudi e lo rimise a posto.

1. **Sei ancora della stessa idea sul genere del testo?**
   ☐ Sì, perché…
   ☐ No, perché…

2. **Quali nomi mancano nella cartina delle Eolie? Scrivili al posto giusto.**

geografia | 11

MARI E MONTI

3. Secondo te come continua il testo?

☐ L'autrice va a trovare il fratello ad Alicudi e rimane molto delusa.

☐ L'autrice va ad Alicudi e rimane colpita dalla bellezza incontaminata dell'isola.

☐ L'autrice va per la prima volta ad Alicudi ma la trova troppo snob.

☐ L'autrice compra un'altra casa a Stromboli.

▶9d *Continua a leggere. Poi rispondi alle domande alla fine del testo e confrontati con un compagno.*

Alla fine la nostalgia ebbe la meglio. Così, insieme a mio marito e ai miei figli, mi imbarcai sul vecchio traghetto delle Eolie. Erano passati anni ma quello era rimasto identico. Solo che il viaggio questa volta era molto più lungo. Eravamo abituati a scendere alla prima fermata. Adesso ci aspettava l'ultima.

L'isola ci venne incontro scoperta, senza mediazioni, in maniera diretta. Quello che si vedeva era quello che c'era. Prendere o lasciare. E ciò che si vedeva era un panettone roccioso, un sole accecante, cespugli e fichi d'India e poche casette bianche inerpicate sui fianchi della montagna.

L'isola non esibiva nessuna delle astuzie e degli stratagemmi usati dalle sue sorelle per conquistare gli estranei. Le case erano di una semplicità disarmante, intonaci mezzi scrostati e ancora molti ruderi a vista, la natura selvaggia e scomposta, niente giardini ben curati o piante da esposizione. Due negozietti vendevano pane, verdure, sigarette e quel tanto di cui c'era bisogno per campare. Un altro buchetto, chiamato un po' affettatamente "la boutique", vendeva giornali, riviste, souvenir e qualche libro. Una pensione dall'aspetto dimesso fungeva anche da trattoria. Fine delle attrazioni turistiche. Niente bar; niente discoteche, niente ristoranti alla moda.

Di strada, se così vogliamo chiamarla, ce n'è solo una, due o trecento metri che costeggiano la spiaggia e uniscono il molo alla pensione. I negozi succitati sono tutti in basso. A fianco del molo si apre una piccola piazzetta su cui si abbracciano i soli due veri grandi alberi dell'Isola, due giganteschi fichi beniamini.

E poi cominciano le scale, scale che sembrano infinite, scale di pietra che ogni volta che si salgono viene da pensare a chi, sotto un sole inclemente, le ha costruite trascinandosi sulle spalle enormi lastroni.

Chi vive o trascorre le sue vacanze ad Alicudi sa che non ci sono indirizzi, ci sono gradini: chi sta al 100esimo, chi al 500esimo…

Niente mi aveva però preparato all'invito a cena da mio fratello che viveva all'800entesimo gradino! ■

1. Sei ancora della stessa idea sul genere del testo?

☐ Sì, perché… ☐ No, perché…

2. Qual è la piantina che corrisponde alla descrizione del testo?

☐ La piantina A. ☐ La piantina B. ☐ La piantina C.

3. Secondo te come continua il testo?

☐ L'autrice decide di ripartire senza incontrare il fratello.

☐ L'autrice arriva in alto e vive un'esperienza indimenticabile.

☐ L'autrice convince il fratello a scendere e a cenare nella trattoria del paese.

☐ L'autrice arriva in alto e vive un'esperienza molto negativa.

11 geografia MARI E MONTI

9e *Continua a leggere. Poi rispondi alla domanda sotto il testo e confrontati con un compagno.*

Mentre arrancavo su per le scale maledicevo mentalmente me stessa per essere così fuori forma e mio fratello per quella scelta così estrema. Arrivai su talmente stravolta da riuscire solo a chiedere con voce strozzata e occhi fuori dalle orbite quale fosse stata l'insana follia che lo aveva spinto a un acquisto così insensato. Lui mi guardava con un piccolo sorriso obliquo. Poi mi spogliai nuda, mi rovesciai addosso un catino d'acqua (tanto per addolcire la situazione la casa non aveva né luce né acqua corrente) e piombai finalmente su una sdraio guardandomi intorno per la prima volta.

Ero su un patio quadrato, una parte del quale era coperta dalla pergola di una vite, l'altra era invece avvitata come un nido d'aquila su uno spuntone di roccia a strapiombo sul mare. Sotto di me, come in un presepe poco illuminato, brillavano fioche le luci delle case in basso. Intorno solo mare, la sagoma scura di Filicudi a sinistra e di fronte, in lontananza, la costa frastagliata della Sicilia. Sopra la mia testa un cielo denso di stelle, la più straordinaria stellata che mi fosse mai capitato di ammirare. Ero rapita dalla pace e dal silenzio intorno, un silenzio talmente intenso da essere quasi rumoroso.

La terrazza era illuminata solo da candele e da qualche lampada a petrolio. Poi ci sedemmo a mangiare. Ciascuno di noi, credo, ha avuto nella vita quelle che io chiamo "estasi sensoriali", quei momenti compiuti in cui ciò che si sta mangiando afferra tutti e cinque i sensi, ricomponendosi per magia in un unicum perfetto. La prima volta che ciò accade, ha qualcosa di miracoloso. È come riconoscere e comprendere l'essenza di quel piatto o di quel cibo. Le mie "epifanie gastronomiche" sono sempre legate a ingredienti.

Quella sera mio fratello aveva preparato un piatto di spaghetti al pomodoro, semplicissimo nella sua banalità: pomodori, basilico e capperi. Il fatto era che si trattava di molto di più che di semplici ingredienti: qui si parlava de "Il Pomodoro", "Il Cappero" e "Il Basilico". Una volta ancora l'aria intorno a me si era caricata di scintille: come la peggiore tra le drogate non riuscivo a fermarmi, avrei voluto ripetere all'infinito quel piccolo miracolo dei sensi.

E di nuovo il merito era di prodotti perfetti. Tutto proveniva dall'isola stessa, compresi l'olio e l'aglio con cui era stato fatto il sugo, e tutto era di un'intensità ormai difficile da trovare altrove. Merito del sole e di quel terreno vulcanico in cui bastava buttare un seme perché ne venissero fuori piante rigogliose.

Un'isola capace di compiere simili magie era un'isola in cui valeva la pena fermarsi. ∎

Ora sai dire da quale genere di testo è tratto il brano che hai letto? Scegli la definizione giusta.

☐ Una guida turistica delle Isole Eolie documentatissima e aggiornata, con informazioni geografiche, politiche, turistiche, culturali, gastronomiche. Tutto quello che bisogna sapere sulle "perle" del Mediterraneo: i trasporti, le spiagge alla moda, dove dormire, dove mangiare, come divertirsi la sera. Indispensabile per chi vuole organizzarsi una vacanza da sogno.

☐ Un divertente ritratto familiare in cui l'autrice racconta la sua storia e quella della sua famiglia, composta di personaggi bizzarri e straordinari. In un crescendo di comicità e di equivoci, cui fa da sfondo lo splendido mare delle Eolie, si succedono amori, passioni, tradimenti, avventure folli e scene surreali. Per chi vuole ridere in modo intelligente.

☐ Un libro di memorie gastronomiche in cui l'autrice ripercorre i suoi numerosi soggiorni nelle amate Isole Eolie. Attraverso un racconto nostalgico e appassionato, si intrecciano i ricordi degli anni passati sulle isole, che forniscono l'occasione per parlare della magica cucina eoliana, in una descrizione sentimentale di piatti e specialità. Non solo ricette.

☐ Un romanzo storico a sfondo poliziesco ambientato alle isole Eolie. Durante una vacanza ad Alicudi, la protagonista viene a contatto con un antico libro di ricette che sembra nascondere un terribile segreto. Cinquecento anni prima il suo autore è stato misteriosamente ucciso e così tutti quelli che nei secoli successivi sono entrati in possesso del libro. Riuscirà la nostra eroina a sconfiggere la maledizione del libro e a risolvere il mistero? Per chi ama gli enigmi e le emozioni forti.

☐ Un ricettario delle Isole Eolie, con schede dettagliate su piatti, ingredienti e modalità di preparazione. Indicato per cuochi professionisti.

☐ Un romanzo d'amore che è anche un racconto di viaggio, tra arte, cultura e sentimenti. Una storia autobiografica in cui l'autrice, originaria delle Isole Eolie, ripercorre gli anni e i luoghi della sua formazione sentimentale. Romanzo per cuori teneri.

MARI E MONTI geografia 11

10 Parlare e scrivere

10a *Qual è la cosa più buona che tu abbia mai mangiato? In che luogo e in che occasione? Prova a descrivere le tue sensazioni. Parlane in gruppo con alcuni compagni.*

10b *Scegliete un piatto di cui avete parlato e preparate una scheda per un libro di ricette, spiegando: quando si mangia, con cosa si fa, come si prepara, come si mangia.*

Il testo dell'attività **9** è tratto da *A tavola con gli dei - memorie e ricette delle Isole Eolie* di Stefania Barzini (Guido Tommasi Editore, Milano, 2006), un bellissimo libro di ricordi e di gastronomia scritto da una delle maggiori autrici di letteratura gastronomica in Italia.
Ecco la ricetta degli spaghetti di quella magica serata:

Spaghetti pomodoro, basilico e capperi

Ingredienti per 6 persone:
700 gr. di spaghetti
800 gr. di pomodorini
60 gr. di capperi sciacquati e dissalati

1 mazzetto di basilico
2 spicchi d'aglio
olio extravergine di oliva

1 peperoncino piccante
sale

Preparazione
Si mettono a soffriggere nell'olio l'aglio intero e il peperoncino. Quando l'aglio diventa lucido, si aggiungono i pomodorini tagliati a pezzi e i capperi. Si fa cuocere tutto fino a ottenere una salsa densa, poi si aggiungono il sale e il basilico. Intanto si mette sul fuoco una pentola con l'acqua per la pasta. Quando bolle, si buttano gli spaghetti. Si devono scolare molto al dente e condire con la salsa. Se si vuole, si può aggiungere anche un po' di olio crudo. Buon appetito!

6 Gioco - Studente B

*Lavora con uno studente **A**. A turno, uno di voi due deve trasformare una frase della sua lista di sinistra usando il **si** spersonalizzante. Inoltre deve dire per ogni frase trasformata quale regola (o quali regole) dell'attività **5d** ha applicato. Il compagno verifica nella sua lista di destra se la soluzione è giusta. Per ogni frase si guadagna 1 punto se la trasformazione è corretta e ancora 1 punto se la regola, o le regole, sono abbinate correttamente alla frase.*

Es: In Italia la gente mangia spesso la pastasciutta. → In Italia **si mangia** spesso la pastasciutta. *(regola 2)*

frasi da trasformare	soluzioni frasi studente A
1. *In Italia la gente mangia spesso la pastasciutta.*	1. *In Italia si fanno molti gesti anche quando si parla al telefono. (2 e 1)*
2. Non sempre la gente sceglie le soluzioni più semplici per risolvere i problemi.	2. In Italia si leggono pochi libri. *(2)*
3. Gli scienziati non sanno spiegare perché in questa zona le persone vivano più a lungo.	3. Per risparmiare acqua, ci si dovrebbe lavare meno. *(4)*
4. Quando uno soffre di insonnia, si sveglia spesso durante la notte.	4. Solo se ci si iscrive si può partecipare al seminario. *(4 e 1)*
5. La gente non dovrebbe sposarsi se non è convinta di amare veramente il partner.	5. Se si parla al cellulare mentre si è in macchina, si rischia un incidente. *(1, 1 e 2)*
6. Dopo che uno ha sentito tutte le opinioni, deve prendere una decisione.	6. Una volta che si è studiata la mappa, si è più sicuri del percorso. *(2 e 3)*
7. Quando uno è innamorato, è disposto a fare follie.	7. Se si fa una dieta, in genere non si mangiano dolci. *(2 e 2)*
8. Non puoi capire chi era veramente Michelangelo se non leggi anche i suoi scritti.	8. Quando si guida la macchina, si dovrebbe essere più educati. *(2 e 3)*

alma edizioni

11 geografia — MARI E MONTI

11 Analisi lessicale

11a *Senza guardare il testo dell'attività 9, collega ogni verbo di sinistra alle parole di destra e ricostruisci le espressioni. Poi scrivile nella terza colonna.*

verbo	parole	espressione
valere	addosso	_____
avere	agli antipodi	_____
guardarsi	a posto	_____
rimettere	fuori forma	_____
essere	incontro	_____
essere	la meglio	_____
scatenare (solo)	intorno	_____
venire	la pena	_____
rovesciarsi	reazioni esagerate	_____

11b *Nelle frasi qui sotto, estratte dal testo dell'attività 9, le espressioni che hai ricostruito al punto 11a sono state sostituite con delle espressioni di significato opposto. Correggi le frasi sostituendo le espressioni evidenziate con le espressioni corrette, poi consultati con un compagno.*

Alicudi **lascia completamente indifferenti**: la si ama o la si odia.

...ad Alicudi non mi è mai capitato neanche di passarci, d'altronde le due isole **sono vicinissime**...

Alla fine la nostalgia **ebbe la peggio**.

Poi uno dei miei fratelli comprò un rudere ad Alicudi e lo **lasciò com'era**.

Mentre arrancavo su per le scale maledicevo mentalmente me stessa per **essere** così **allenata** e mio fratello per quella scelta così estrema.

Poi mi spogliai nuda, **riempii** un catino d'acqua (tanto per addolcire la situazione la casa non aveva né luce né acqua corrente) e piombai finalmente su una sdraio **abbassando lo sguardo** per la prima volta.

Un'isola capace di compiere simili magie era un'isola in cui **non era conveniente** fermarsi.

L'isola ci **si allontanò** scoperta, senza mediazioni, in maniera diretta.

12 Gioco a squadre

Formare due o più squadre. L'insegnante ricopia alla lavagna la pagina 133 del libro, con le parole in disordine nel riquadro e quelle ordinate nelle due colonne. A turno uno studente per squadra va alla lavagna e cerca di ricomporre un'espressione del testo, scegliendo una parola del riquadro e abbinandola a una parola delle colonne. Le espressioni sono di due tipi: espressioni semplici e espressioni con preposizione. In quest'ultimo caso oltre ad abbinare nel modo giusto le parole, lo studente deve anche scrivere la preposizione che le unisce. In caso di risposta esatta la parola viene cancellata dal riquadro e scritta nella colonna, in caso di risposta sbagliata la parola resta nel riquadro.
Punteggio: 1 punto per ogni espressione semplice, 2 punti per ogni espressione con preposizione.
Vince la squadra che al termine del gioco realizza più punti.

geografia 11

MARI E MONTI

accecante	acqua	anima	antichissima	aquila	assoluto	bizzarre	cena	corrente
dimesso	disarmante	esposizione	estrema	extraconiugale		follia		frastagliata
inclemente	India	insensato	lastroni	*mano*	mare	moda	montagna	obliquo
orbite	petrolio	pietra	pomodoro	raggiungere		rigogliose	roccia	scoscese
selvaggia	se stessa	stella	strozzata	turistiche		vista	vivere	vulcanico

avventura	_____	scale	_____
a forma	_____	sole	_____
rocce	_____	enormi	_____
forme	_____	invito	_____
storia	_____	scelta	_____
posto	_____	voce	_____
fuori	*mano*	occhi fuori	_____
difficile	_____	insana	_____
scomoda	_____	acquisto	_____
sola	_____	sorriso	_____
amore	_____	catino	_____
fichi	_____	acqua	_____
sole	_____	nido	_____
fianchi	_____	spuntone	_____
semplicità	_____	a strapiombo	_____
ruderi	_____	costa	_____
natura	_____	lampada	_____
piante	_____	spaghetti	_____
aspetto	_____	terreno	_____
attrazioni	_____	piante	_____
ristoranti	_____		

13 Analisi grammaticale

13a *Guarda la tabella della prossima pagina. Nella colonna sinistra hai alcune frasi con i pronomi doppi, nella colonna destra ci sono i loro riferimenti grammaticali (in disordine). Quattro di questi sono già inseriti. Ascolta il dialogo dell'attività 7a e cerca di capire a cosa si riferiscono i pronomi* **evidenziati** *nelle frasi della colonna sinistra. Attenzione: ascolta il dialogo guardando la tabella, ma per il momento non scrivere!*

13b *Senza ascoltare, cerca di completare l'esercizio, come negli esempi. Poi consultati con un compagno.*

11 geografia MARI E MONTI

13c Ascolta più volte il dialogo e completa l'esercizio. Dopo ogni ascolto confrontati con un compagno.

frasi del dialogo	i pronomi sostituiscono
1. **me lo** fai vedere (_a_) (___)	a. ~~a me~~
2. **me ne** hanno parlato (___) (___)	b. a me
3. **te lo** ricordi (_e_) (_p_)	c. a me
4. **te lo** dico (___) (___)	d. a te
5. **me l'**avevi promesso (___) (___)	e. ~~tu~~
6. chi **glielo** dice adesso (___) (_n_)	f. a Luca
7. **glielo** dico io (___) (___)	g. Luca
8. **ce lo** porteresti (___) (___)	h. a Valeria e a Luca
9. chi **glielo** dice (___) (___)	i. all'agenzia
10. **glielo** diciamo insieme (___) (___)	l. all'agenzia
	m. in montagna
	n. ~~che non andiamo più al mare ma in montagna~~
	o. che vengono insieme a noi in montagna
	p. ~~che siamo stati benissimo~~
	q. il depliant
	r. che annulliamo la prenotazione
	s. che annulliamo la prenotazione
	t. che quest'anno al mare non ci vengo
	u. che saremmo andati in montagna
	v. della Costa Smeralda

13d *Ora inserisci i pronomi del dialogo al posto giusto nelle tabelle.*

		A	B	C	D	E
		III pers. sing. masch.	III pers. sing. femm.	III pers. pl. masch.	III pers. pl. femm.	Partitivo
PRONOMI DIRETTI →		**lo**	**la**	**li**	**le**	**ne**
	+ PRONOMI INDIRETTI ↓					
1	I pers. sing.	**mi**				
2	II pers. sing.	**ti**				
3	III pers. sing. masch.	**gli**				*gliene*
4	III pers. sing. femm.	**le**				
5	I pers. pl.	**ci**				
6	II pers. pl.	**vi**	*ve la*			
7	III pers. pl.	**gli**				
	+ PRONOMI RIFLESSIVI ↓					
8	I pers. sing.	**mi**				
9	II pers. sing.	**ti**		*te li*		
10	III pers. sing.	**si**				
11	I pers. pl.	**ci**				
12	II pers. pl.	**vi**				
13	III pers. pl.	**si**				
	+ LOCATIVO ↓					
14		**ci**			*ce le*	

13e *Insieme a un compagno, osserva questa frase tratta dal testo del punto 9c e rispondi alle domande. Poi leggete il box a pagina seguente.*

Alicudi scatena solo reazioni esagerate: **la si** ama o **la si** odia.

1. A cosa si riferiscono i pronomi doppi **evidenziati**?
2. Che tipo di pronomi sono?
3. Possono essere inseriti nelle tabelle del punto **13d**?

11 geografia MARI E MONTI

> **Il pronome impersonale *si* in combinazione con altri pronomi**
>
> Il pronome impersonale *si* può combinarsi con altri pronomi:
>
> - quando è in combinazione con i pronomi diretti *(lo si, la si, li si, le si)*, indiretti *(mi si, ti si, gli si, le si, ci si, vi si, gli si)* e con il pronome locativo *ci (ci si)*, è sempre in seconda posizione. In tutti questi casi non ci sono cambi di lettere;
> - solo quando si combina con il partitivo *ne* il pronome impersonale *si* è in seconda posizione e cambia l'ultima lettera in *e*: *se ne*;
> - come abbiamo visto è possibile anche la combinazione tra il pronome riflessivo *si* e il pronome impersonale *si*: *ci si*.

14 Gioco a squadre

*Formate due squadre. Ogni squadra completa le tabelle del punto **13d** con i pronomi mancanti. Poi a turno ogni squadra sceglie dalle tabelle un pronome che non nominerà ma indicherà con una sigla di numeri e lettere (ad es. B6 corrisponde al pronome "ve la", E3 al pronome "gliene"). L'altra squadra dovrà indovinare il pronome e comporre una frase o un minidialogo (per es. domanda e risposta) usando quel pronome. Se il pronome è giusto guadagnerà un punto e se la frase è corretta altri 2 punti. Vince la squadra che per prima raggiunge 15 punti.*

15 Scrivere

Descrivi il tuo "posto dell'anima".

16 Analisi della conversazione

16a *Dividetevi in gruppi di tre: due attori e un regista. Gli attori di ogni gruppo escono dalla classe e a coppie provano il dialogo. I registi restano in classe e ascoltano più volte il dialogo, facendo attenzione a intonazione, pause, accenti.*

Lei - Sì ma come facciamo con… con Valeria e Luca, scusa. Chi glielo dice adesso?
Lui - A Luca glielo dico io questa sera al calcetto, intanto…
Lei - Sì, ma che cosa gli dici?
Lui - Gli dico che… che.. che… che vengono insieme a noi in montagna.
Lei - Sì, Luca… tu ce lo porteresti Luca in montagna?
Lui - Sì.
Lei - Ma è pigro!
Lui - Ma no… ma dai… adesso perché lo vedi così… ma… secondo me invece… nooo… no…
Lei - Eh sì, e con l'agenzia come facciamo? Chi glielo dice?
Lui - All'agenzia glielo diciamo insieme. Domani andiamo…
Lei - No no no, lo fai tu. Basta, io ho provato a organizzare una cosa…
Lui - No, ci andiamo insieme.
Lei - …come vedi ho sbagliato, allora ci pensi tu per favore.
Lui - No, hai prenotato tu e domani glielo diciamo insieme. Ci andiamo insieme, ti vengo a prendere dall'ufficio. Dai… Su…
Lei - No, no… Va bè… Comunque decidi sempre tu. Non cambia mai.
Lui - Ma figurati!

16b *Gli attori rientrano in classe e raggiungono il loro regista. Davanti a lui, provano la scena. Il regista li corregge, dando le indicazioni necessarie per rendere la recitazione degli attori il più possibile simile al dialogo originale.*

16c *I gruppi recitano davanti alla classe. Infine tutti insieme riascoltano il dialogo originale.*

UNITÀ 12

società
PERIFERIA E ARCHITETTURA

1 Introduzione
Quali tra questi posti, secondo te, è in periferia e perché?
Discutine con un compagno.

2 Leggere

2a *L'articolo che leggerai parla di Corviale, un quartiere della periferia di Roma.*
Leggi l'inizio dell'articolo e individua qual è la foto di Corviale tra quelle dell'attività 1.

> Chi abita a Roma sud-ovest lo conosce con il nome di "Serpentone". Percorrendo la Portuense verso il mare, appare proprio così: un serpente grigio-bianco, lungo un chilometro, disteso placidamente al sole in cima a una collina.

12 | società
PERIFERIA E ARCHITETTURA

2b *Leggi il testo completo su Corviale.*

Vita e miracoli di un incubo urbano

Barbara Romagnoli

Chi abita a Roma sud-ovest lo conosce con il nome di "Serpentone". Percorrendo la Portuense verso il mare, appare proprio così: un serpente grigio-bianco, lungo un chilometro, disteso placidamente al sole in cima a una collina. I giornali e gli studiosi, invece, lo conoscono con il nome di "Corviale" o "Nuovo Corviale". Comunque lo si chiami il serpente è un immenso blocco in cemento armato e pannelli di gesso prefabbricati, di proprietà dello Iacp (Istituto autonomo case popolari): un'unica palazzina lunga 958 metri, larga 200 e alta 30, che sta sdraiata sul crinale di una collina al confine tra metropoli e mare, sull'antica Via Portuense. La consegna delle case in questo villaggio monovolume avvenne nell'82 e nell'83.

Una leggenda metropolitana racconta che nacque come carcere, ma era edilizia popolare: 1202 alloggi in un unico, immenso fabbricato. Nove piani, otto di abitazioni, uno centrale per servizi: negozi, studi medici, laboratori artigiani, spazi assembleari e conviviali, con tanto di tavoli rossi stile pic nic. Una geometria quasi perfetta, fantascientifica per chi ha ribattezzato il serpente la "navicella spaziale" di Corviale. E poi, ancora, le sale condominiali, una sala riunioni e perfino un anfiteatro all'aperto (ora decorato con i graffiti al posto delle scenografie), un intero piano intermedio, il quarto, immaginato per i negozi.

"Gli abitanti del Corviale", dice Giuseppe, un autista di autobus che è

> **Una leggenda metropolitana racconta che nacque come carcere, ma era edilizia popolare: 1202 alloggi in un unico, immenso fabbricato.**

anche l'anima del comitato inquilini, "nei primi anni '80 erano impreparati a quello che rappresentava questo chilometro di appartamenti: mia figlia, allora adolescente, fuggì in lacrime quando lo vide. Fu solo la gentilezza di altri inquilini, arrivati qualche mese prima di noi, che ci accolsero, le parlarono, descrissero la loro vita, a convincerla a entrare".

"Tutto quello che c'è oggi ce lo siamo conquistato", interviene Sergio, "il centro anziani è pieno di attività: la scuola di ballo, le scuole medie serali, il centro di ascolto musica, le gite organizzate con l'aiuto delle sovvenzioni comunali, così tutti possono partecipare. Quando lo

abbiamo messo su era in condizioni veramente disastrate, abbiamo tolto il sangue dai muri, perché erano locali abbandonati e ci venivano i drogati di tutta la zona. Adesso è un giardino con centinaia di iscritti". Oggi si può vivere a Corviale anche per chi, come Giorgio, ricorda che "è stato traumatico, venivo dalla Trionfale, abitavo in una piccola palazzina e avevo tutto sotto casa". "Per me è stato meglio", ribatte Paolo, "in sei dentro quaranta metri quadrati a Borgata Focaccia non ci si entrava più". Nel corso degli anni le iniziative sono state tante, da *Acquario '85*, che lavora con i tossicodipendenti, a *La camera rossa*, associazione teatrale.

I più giovani sono un po' meno soddisfatti degli adulti e cercano vie di fuga: "Prova a fare una passeggiata. Dove vai?", interviene Sonia, diplomata al liceo classico, che da anni lavora in un bar. "Quando sono arrivata avevo 11 anni e non è stato facile. I primissimi anni era pericoloso uscire sia di giorno che di sera. Io sono stata fortunata perché mia madre si è subito mobilitata con altre donne per sostenere noi più piccoli, per molte sere le mamme hanno fatto le ronde vicino ai luoghi di spaccio. Adesso è più tranquillo, molti di noi lavorano, fanno una vita tranquilla…ma è difficile scrollarsi di dosso la sensazione di vivere in ghetto, mi sono vergognata per molto tempo di dire dove abitavo, ora non più, ma se posso cercherò di vivere altrove". ∎

da Carta

2c *Lavora con un compagno e provate insieme a rispondere alla domande senza guardare il testo. Poi rileggetelo per verificare le vostre risposte.*

1. Perché Corviale viene chiamato da qualcuno la "navicella spaziale"? | **2.** Cosa pensano gli abitanti di Corviale?

PERIFERIA E ARCHITETTURA — società 12

3 Analisi lessicale

Guarda le due frasi estratte dal testo dell'attività **2b**. Secondo te perché l'autore, dopo il verbo "abitare", ha usato prima la preposizione **a** e poi la preposizione **in**? Discutine con un compagno.

> Chi abita **a** Roma sud-ovest lo conosce con il nome di "Serpentone".

> Abitavo **in** una piccola palazzina.

4 Gioco

Gioca con un compagno. Lo studente **A** tira il dado per scegliere un luogo nella colonna dello "studente A". Poi costruisce una frase possibile con uno dei verbi e una preposizione (che potrebbe essere articolata). Lo studente **B** decide se la frase è giusta o no. Poi il turno passa allo studente **B**. Vince chi realizza più frasi giuste.

		studente A	studente B
Abitare Andare Stare	IN A	1. Trastevere 2. periferia 3. scuola 4. Sicilia 5. montagna 6. parco	1. Italia 2. Corviale 3. ufficio 4. città 5. mare 6. teatro

5 Analisi grammaticale

5a Scegli per ognuna delle due frasi estratte dal testo dell'attività **2b** la funzione del **che**. Poi sottolinea nel testo tutti i **che** con funzione di pronome relativo.

frasi	funzione del *che*
1. …interviene Sonia, diplomata al liceo classico, **che** da anni lavora in un bar.	a. Serve ad unire le due frasi e sostituisce un sostantivo della prima frase: è un pronome relativo.
2. Una leggenda metropolitana racconta **che** nacque come carcere.	b. Serve ad unire le due frasi: è una congiunzione.

1. _____ 2. _____

5b Sottolinea nel testo tutti i **chi**, poi discuti con un compagno per cercare di capire la differenza tra il pronome relativo **che** e **chi**.

5c Leggi il box grammaticale sul **chi** nella prossima pagina, poi trasforma le tre frasi qui sotto usando, al posto di **chi**, la sequenza "pronome dimostrativo + **che**".

Chi abita a Roma sud-ovest lo conosce con il nome di "Serpentone".	→
Una geometria quasi perfetta, fantascientifica per **chi** ha ribattezzato il serpente la "navicella spaziale" di Corviale.	→
Oggi si può vivere a Corviale anche per **chi**, come Giorgio, ricorda che "è stato traumatico".	→

12 | società
PERIFERIA E ARCHITETTURA

5d *Trova nel testo una sequenza "pronome dimostrativo o indefinito + che" e cerca di capire perché non è stato usato chi. Quando pensi di averlo trovato e di avere la soluzione al problema posto chiama l'insegnante.*

> **Il pronome relativo doppio *chi***
>
> ***Chi*** è un "pronome relativo doppio". Si usa solo con riferimento a esseri animati e sostituisce un pronome dimostrativo *(colui, quello, colei, quella)* o indefinito *(qualcuno, uno…)* + *che*. Ad esempio, nel proverbio ***Chi*** *va con lo zoppo impara a zoppicare*, il *chi* può essere espresso con un pronome indefinito + *che*: ***Uno che*** *va con lo zoppo impara a zoppicare*.
> Se il riferimento è al plurale, il *chi* trasforma sempre la frase relativa al singolare. La frase ***Coloro che*** *abitano a Roma sud* diventa quindi ***Chi*** *abita a Roma sud*.
> Se è necessario enfatizzare la pluralità è comunque sempre possibile usare un pronome dimostrativo + *che*, soprattutto accompagnati dall'aggettivo *tutti*. Ad esempio la frase *Voglio ringraziare* ***tutti quelli che*** *mi hanno scritto* risulterà più forte e "personale" rispetto alla più generica *Voglio ringraziare* ***chi*** *mi ha scritto*.

6 Ascoltare

6a *Conosci la piazza rappresentata nella foto 1? C'è qualcosa di simile nel progetto della foto 2? Parlane con un compagno, poi provate insieme a rispondere alle domande sotto alle foto.*

1 - Piazza dei Miracoli

2 - Piazza del nuovo Millennio

1. Dove si trova Piazza dei Miracoli?
2. Quando è stata costruita Piazza dei Miracoli?   ☐ secoli XII-XIII   ☐ secoli XVI-XVII   ☐ secolo XIX
3. Piazza dei Miracoli è al centro città o in periferia?
4. Secondo voi Piazza del Nuovo Millennio verrà costruita nel centro città o in periferia?

6b *Ascolta l'intervista radiofonica e rispondi alle domande discutendo con un compagno.*

1. Chi è la persona intervistata?
2. Che relazione c'è tra le due piazze rappresentate al punto **6a**?
3. Perché si vuole fare Piazza del Nuovo Millennio?

6c *Ora ascolta ancora l'intervista tutte le volte necessarie a capire meglio le ragioni del progetto. Tra un ascolto e l'altro consultati con un compagno.*

7 Parlare

Parla con un compagno. Cosa servirebbe di più per migliorare la vita nelle vostre città e, secondo quanto ne sapete, nelle città italiane? Fate una classifica, dagli interventi più importanti a quelli meno rilevanti. Aiutatevi con la lista qui sotto e aggiungete tutto quello che ritenete necessario.

strade migliori	più cinema e teatri	più ospedali	più case	più polizia	più chiese	più campi sportivi
più verde	più centri commerciali	meno sporcizia	case più vivibili	più opere architettoniche	più arte	più negozi

società|12
PERIFERIA E ARCHITETTURA

8 Analisi grammaticale

8a *Rimetti in ordine una delle frasi dell'intervista all'architetto Benini, poi consultati con un compagno. Fai attenzione alla punteggiatura.*

> Non ci sarà solo la torre
> ci saranno
> tutta la Piazza dei Miracoli
> riprodotta
> quindi altri due edifici delle stesse dimensioni
> del Duomo e del Battistero:
> sarà
> 37 e 38 metri d'altezza

Non ci sarà solo la torre: _____
_____
_____
_____.

La torre pendente

Il problema (e il mistero) della pendenza della torre di Pisa è quello che più di ogni altro ha affascinato ed incuriosito, nel corso del tempo, visitatori, appassionati d'arte e studiosi e che ha reso celebre ovunque questo monumento.
La torre, concepita come un edificio dritto, fu costruita tra il 1173 e il 1360. Fin dalle prime fasi dei lavori si verificarono dei cedimenti a causa della natura argillosa del terreno. Tuttavia l'oscillazione fu minima fino al 1838, quando fu deciso, per esigenze di natura storica ed estetica, di liberare la base del campanile dallo strato di terra che la copriva da secoli. Questo intervento fece perdere l'equilibrio acquisito alla torre, che da quel momento subì una considerevole accelerazione nel movimento di pendenza che durò alcuni anni e che poi fortunatamente si assestò nella misura di circa un millimetro l'anno. Dopo alcuni anni di chiusura, dal 2001 chi vuole può di nuovo tentare l'impresa e sfidare la strettissima scala a chiocciola composta da 294 gradini.

8b *Trasforma in **scissa implicita** la frase del testo che hai appena ricostruito (su questa forma vedi Unità 6 Attività 8). Scegli quale parte modificare e riscrivi il brano qui sotto. Poi consultati con un compagno. Quando avete finito ascoltate il brano sul CD.*

Non ci sarà solo la torre: _____
_____.

8c *Guarda le tre possibili costruzioni della stessa frase e completa la tabella.*

costruzione	semplice	scissa esplicita	scissa implicita
Esempio	*Sarà riprodotta tutta la Piazza dei Miracoli.*	*È tutta la piazza dei Miracoli che **sarà** riprodotta.*	***Sarà** tutta la piazza dei miracoli **ad essere** riprodotta.*
Numero frasi	1		
Modo e tempo del verbo nella frase principale	*Indicativo futuro*		
Modo e tempo del verbo nella frase dipendente			"a" + infinito

alma edizioni

12 | società — PERIFERIA E ARCHITETTURA

8d *Studia il box sulla frase scissa della prossima pagina e trasforma le frasi qui sotto da semplici a scisse e viceversa facendo attenzione ai tempi verbali.*

frase semplice	frase scissa esplicita	frase scissa implicita
La torre sarà ricostruita.	È la torre che sarà ricostruita.	Sarà la torre ad essere ricostruita.
Abbiamo rifatto la Piazza dei Miracoli.	Siamo noi che abbiamo rifatto la Piazza dei Miracoli.	
Una nuova torre farà compagnia alla Torre di Pisa.		
	È la nuova torre che sarà alta come quella pendente.	
		È sempre stata la torre pendente ad essere il simbolo di Pisa.
Tutti e tre gli edifici saranno realizzati nelle stesse dimensioni degli originali.		

9 Gioco - Studente A

*Dividetevi in studenti **A** e **B**. Le istruzioni per lo studente **B** sono a pag. 145. Individualmente, preparate le seconde battute di questi possibili dialoghi seguendo l'esempio. Poi confrontatevi con un altro studente **A**. Infine mettetevi faccia a faccia con uno studente **B**. **A** legge una prima battuta dicendo il numero. **B** formula la seconda battuta usando il nome corrispondente nella sua lista in basso. **A** verifica se la risposta è grammaticalmente e logicamente corretta. Poi è il turno di **B** di leggere una prima battuta per **A** e così di seguito. Vince il primo che risponde correttamente a tutte le domande.*

Esempio

prima battuta: **Ti ringrazio.** → seconda battuta: **(Io) No, sono io che ti ringrazio / a ringraziare te.**

	prima battuta	
esempio	Ti ringrazio	(Io)
1	Il tuo ragazzo è proprio uno stupido!	(Sua sorella)
2	Ho sentito che Roberto voleva andare in Spagna.	(Franco)
3	L'Inter vincerà lo scudetto!	(La Roma)
4	Il gatto ha mangiato tutto il pesce.	(Il cane)
5	Sei andato a Corviale ieri?	(Marta)

| 1. Roma | 2. Mio fratello | 3. Io | 4. Luisa | 5. Mia madre |

PERIFERIA E ARCHITETTURA — società 12

La frase scissa

Nella frase scissa **esplicita** il tempo del primo verbo (frase principale) è generalmente al presente mentre il secondo verbo (frase secondaria) è nel tempo dell'azione che si vuole indicare.

Costruzione scissa esplicita		
Tempo dell'azione	Frase principale	Frase secondaria
presente	È tutta la piazza dei Miracoli (presente)	che **è** riprodotta. (presente)
futuro	È tutta la piazza dei Miracoli (presente)	che **sarà** riprodotta. (futuro)
passato	È tutta la piazza dei Miracoli (presente)	che **è stata** riprodotta. (passato)

Nella frase scissa **implicita** invece il tempo del primo verbo (frase principale) esprime il tempo dell'azione, mentre il secondo verbo (frase secondaria) è all'infinito preceduto dalla preposizione "a".

Costruzione scissa implicita		
Tempo dell'azione	Frase principale	Frase secondaria
presente	È tutta la piazza dei Miracoli (presente)	**ad essere** riprodotta. ("a" + infinito)
futuro	**Sarà** tutta la piazza dei Miracoli (futuro)	**ad essere** riprodotta. ("a" + infinito)
passato	**È stata** tutta la piazza dei Miracoli (passato)	**ad essere** riprodotta. ("a" + infinito)

10 Leggere

10a *Guarda queste tre immagini e cerca, discutendo con un compagno, di intuire cosa possano rappresentare.*

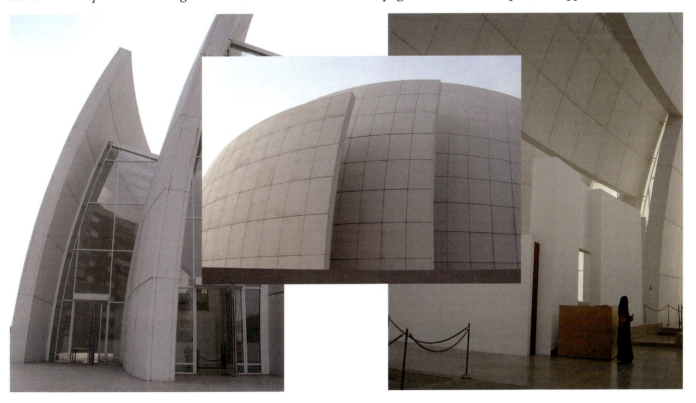

società
PERIFERIA E ARCHITETTURA

10b *Leggi l'articolo. Quale delle opere descritte è rappresentata nelle foto alla pagina precedente?*

A Roma la grande architettura arriva in periferia

Opere e progetti della Capitale a cavallo del nuovo millennio.

Ferruccio Pedri

Roma da qualche anno vive una stagione felice per l'architettura. L'inizio del nuovo Millennio è stato infatti salutato dall'avvio di grandi opere architettoniche, alcune già completate ed altre in via di realizzazione.

A parte alcuni progetti che riguardano il centro della città, come il Museo dell'Ara Pacis di Richard Meier da poco inaugurato, la "Città dei giovani" che sorgerà nell'area degli ex mercati generali e il nuovo Museo di arte Contemporanea (MAXXI) vicino a Piazza del Popolo, la maggior parte delle iniziative architettoniche tocca quartieri che fino a pochi anni fa erano poco più che sobborghi degradati e che oggi, grazie anche alla riqualificazione urbana, stanno acquisendo una nuova immagine agli occhi dei loro abitanti e dell'intera città.

L'esempio più lampante di questa nuova tendenza sono tre scuole, per la progettazione delle quali sono stati interpellati alcuni dei migliori architetti romani e che saranno costruite in quartieri di periferia per divenire nuovi centri di aggregazione.

Non solo, molti altri più ambiziosi progetti hanno toccato e toccheranno le periferie della Capitale: nel quartiere dell'EUR è in costruzione il nuovo Palazzo dei Congressi di Massimiliano Fuksas, mentre già da alcuni anni è stato realizzato un progetto molto controverso, l'imponente Auditorium - Parco della musica di Renzo Piano edificato sulla Via Flaminia.

Ma se Roma è la città delle 1000 chiese, non poteva che essere una **chiesa** a meritare la palma di progetto più discusso degli ultimi anni. Progettata dall'architetto di origine ebraica Richard Meier, vincitore del concorso cui hanno partecipato i maggiori nomi dell'architettura high tech, la *Dives in misericordia* è una piccola struttura, un gioiello dell'architettura contemporanea, che mai ci aspetteremmo di trovare incastonata tra le **palazzine** del quartiere romano di Tor Tre Teste, in un'area periferica così lontana dalla Roma monumentale.

Visitata già durante la costruzione da circa 7000 architetti ed ingegneri provenienti da tutto il mondo, l'opera ha suscitato polemiche fin dalla fase di progettazione per molti aspetti problematici, tra i quali il più controverso era la mancanza di una croce esterna, che alcuni avrebbero voluto sopra la **maggiore** delle **tre vele**, alta 26 metri. Nonostante i ripetuti inviti del Vaticano, Meier non ha mai acconsentito a modificare il progetto originario che a suo dire sarebbe stato stravolto dall'aggiunta della croce all'esterno dell'edificio.

Comunque sia la nuova chiesa c'è. La croce no. Almeno fuori, perché al suo interno c'è un **crocifisso ligneo** del 1600.

Ciò non toglie che la *Dives in misericordia* sia un'opera di altissima architettura e simbolismo, interamente realizzata con cemento, vetro e legno e illuminata esclusivamente dalla luce del giorno che passa attraverso un grande **lucernario**. Ma non basta: per ottenere un'altissima resistenza e conservare nel tempo l'aspetto originario delle vele, è stato brevettato un tipo di cemento che si autopulisce sotto la luce - è quasi il caso di dire: miracolosamente - mantenendo così più a lungo l'aspetto originario, il che rappresenta una novità assoluta nel campo dell'architettura. La chiesa è un valido esempio di come un'opera architettonica possa riqualificare degnamente le periferie dei grandi agglomerati urbani, luoghi per definizione di "non-architettura" e dominati da un'edilizia priva di carattere. Come afferma Richard Meier: nel caos delle periferie moderne "responsabilità dell'architetto è creare un senso di ordine, un senso di spazio e un senso di relazione" a vantaggio della dimensione urbana in cui si inserisce. ■

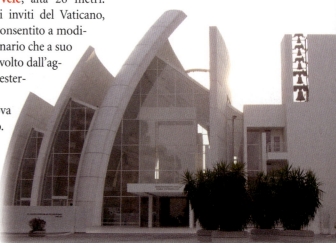

società 12
PERIFERIA E ARCHITETTURA

10c Collega le parole *evidenziate* nel testo all'elemento che le rappresenta, come nell'esempio. Torna al testo ogni volta che non è chiaro a cosa si riferiscono le parole.

▶ chiesa   ▶ lucernario   ▶ vela maggiore

▶ crocifisso ligneo   ▶ palazzine   ▶ tre vele

10d Guarda il box sull'architettura contemporanea in Italia a pag. 147. Tra le opere costruite a Roma, qual è in periferia, e quale in centro?

9 Gioco - Studente B

Individualmente preparate le seconde battute di questi possibili dialoghi seguendo l'esempio. Poi confrontatevi con un altro studente **B**. Infine mettetevi faccia a faccia con uno studente **A**. **A** legge una prima battuta dicendo il numero. **B** formula la seconda battuta usando il nome corrispondente nella sua lista in basso. **A** verifica se la risposta è grammaticalmente e logicamente corretta. Poi è il turno di **B** di leggere una prima battuta per **A** e così di seguito.
Vince il primo che risponde correttamente a tutte le domande.

Esempio
prima battuta → seconda battuta
Ti ringrazio → **(Io)** No, sono io che ti ringrazio / a ringraziare te.

	prima battuta	
esempio	Ti ringrazio	(Io)
1	Milano è la città più grande d'Italia.	(Roma)
2	Tua sorella è più piccola di te?	(Mio fratello)
3	Domani sera prenderò la macchina.	(Io)
4	Sei stata/o bocciata/o all'esame?	(Luisa)
5	Hai più visto il tuo ex ragazzo?	(Mia madre)

| 1. Sua sorella | 2. Franco | 3. La Roma | 4. Il cane | 5. Marta |

12 | società
PERIFERIA E ARCHITETTURA

11 **Analisi grammaticale**

11a *Sottolinea nel testo dell'attività **10b** i quattro pronomi relativi differenti da **che**. Poi, lavorando con un compagno, copiateli nella tabella e rispondete alle domanda.*

riga	pronome relativo	si riferisce a...

1. Da quali parole sono formati il primo e il terzo pronome relativo?
   - ☐ articolo + *quale/quali*.
   - ☐ *quale/quali*.
   - ☐ preposizione + articolo + *quale/quali*.

2. Perché il secondo pronome relativo non ha una preposizione?
   - ☐ Perché è un pronome soggetto.
   - ☐ Perché è un pronome oggetto diretto.
   - ☐ È possibile togliere la preposizione ___ prima di *cui*.

11b *Secondo te, la sequenza **il che** alla riga 81 del testo, è un pronome relativo? Prova a spiegarne l'uso e il significato continuando a lavorare con un compagno.*

12 **Scrivere**

Nel primo episodio del film "Caro Diario" (1993), il regista Nanni Moretti va in giro con la sua Vespa per le strade di Roma. È estate, la città è deserta: il regista può girare per le strade assolate e riscoprire, quartiere dopo quartiere, palazzo dopo palazzo, la sua città. Leggi cosa dice ad un certo punto Moretti guardando i palazzi di Roma.
A te cosa piace guardare quando visiti delle città? Scrivi cosa ricordi di un viaggio che hai fatto.

> "La cosa che mi piace più di tutte è vedere le case, i quartieri. Anche quando vado nelle altre città l'unica cosa che mi piace fare è guardare le case".

Nanni Moretti

È uno dei più originali registi italiani degli ultimi tempi. Regista, sceneggiatore, produttore, attore, Nanni Moretti ha conquistato un pubblico via via crescente in Italia, fino ad arrivare alla consacrazione internazionale grazie a *Caro Diario* (Premio per la regia al 47° festival di Cannes) e a *La stanza del figlio* (Palma d'oro sempre a Cannes), che lo hanno reso celebre in Francia e negli Stati Uniti. Per parecchi anni è stato anche coinvolto nella politica, impegno poi sfociato nel suo film più discusso, *Il Caimano*, ambientato negli anni del berlusconismo.

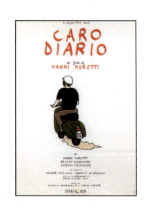

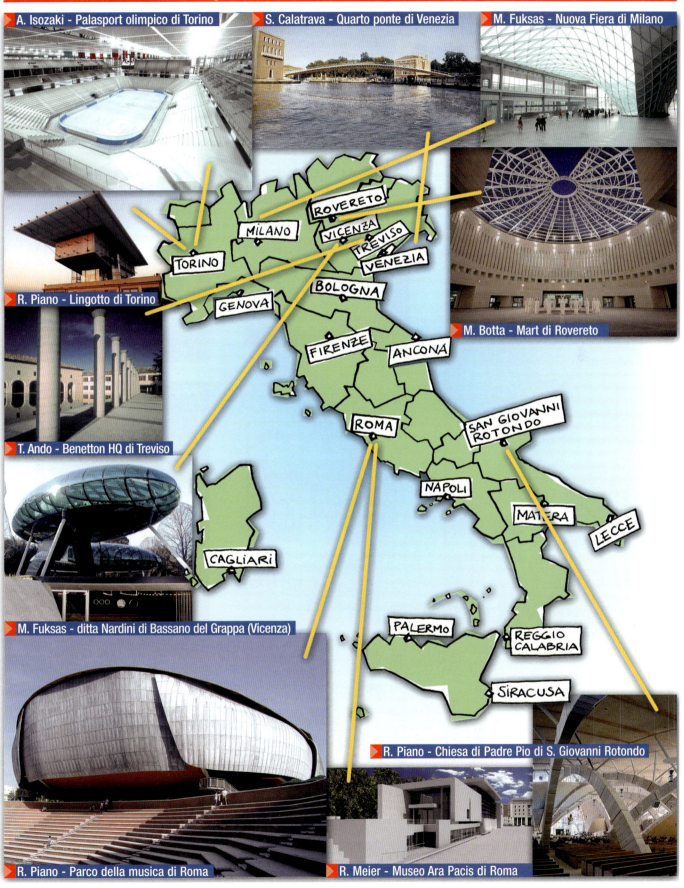

UNITÀ 13
arti
CINEMA

1 **Introduzione**

Quali di questi film sono italiani? Discutine con un compagno.

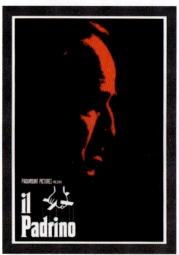

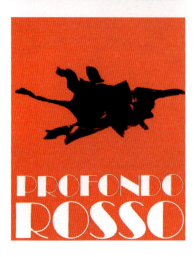

2 Leggere

2a *In questa pagina ci sono le locandine di alcuni tra i più importanti film italiani. Tutti appartengono a diversi generi e momenti della storia del cinema italiano. Lavora con un compagno. Unite le locandine dei film ai generi e scambiatevi le eventuali informazioni che avete sui film.*

Il cinema d'autore

Il Neorealismo

La commedia all'italiana

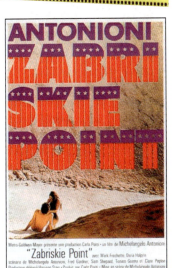
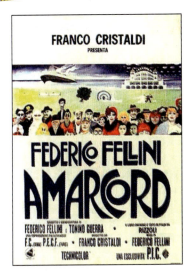
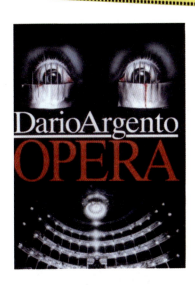

Il giallo horror

Lo Spaghetti western

Storia e generi de

Un viaggio nel cinema italiano, dal dopoguerra ai giorni nostri.

1. Il Neorealismo

Gli anni dell'immediato dopoguerra rappresentano il periodo forse più difficile che l'Italia abbia attraversato nella propria storia moderna. Ma fu proprio in quella realtà di disperazione mista a speranza che un gruppo di registi trovò ispirazione: la guerra aveva messo il Paese in ginocchio, ma sembrava a molti che l'Italia avesse ormai superato il peggio e che fosse giunto il momento di parlare del passato più recente e del presente nel modo più diretto possibile e che bisognasse farlo in un linguaggio comprensibile a tutti.

Caratteristica del Neorealismo era infatti il rappresentare la situazione reale del Paese attraverso opere che trattassero principalmente di famiglie povere, con attori non professionisti ripresi dalla vita di tutti i giorni e con una particolare attenzione all'uso della lingua facendo anche ricorso ai dialetti regionali.

Parte della critica riteneva che il Neorealismo non fosse altro che un modo per fare film a basso costo. A loro replicò il maggior regista del movimento, Vittorio De Sica: "_____".

L'atto di nascita ufficiale del Neorealismo fu l'uscita di *Roma città aperta*, che era stato girato in condizioni di fortuna nel 1945 da Roberto Rossellini. Raccontò poi il grande regista: "_____".

Altre opere fondamentali: R. Rossellini: *Paisà*, *Germania anno zero*; V. De Sica: *Sciuscià*, *Ladri di biciclette*; L. Visconti: *La terra trema*.

In alto: il piccolo Enzo Scaiola, protagonista di *Ladri di biciclette*.

2. La commedia all'italiana

Nonostante il successo ottenuto, la stagione del Neorealismo durò solo pochi anni. Con il ritrovato benessere, i toni si attenuarono e, dalla metà degli anni '50, si sviluppò un nuovo genere denominato del *neorealismo rosa*, che di fatto era il progenitore della *commedia all'italiana*, più facile e spensierata.

"_____". Sono parole del regista Dino Risi, che mostrano un pregiudizio che accompagnò a lungo la commedia. Ma se c'è un genere che ha rappresentato la colonna vertebrale del cinema italiano, questo è proprio la commedia, che spostò l'asse del Neorealismo dal registro tragico a quello comico, mostrando virtù e (soprattutto) vizi dell'italiano tipo e di un'italianità emblematica di quegli anni.

Una scena di *I soliti ignoti*

La data di nascita della commedia all'italiana viene fatta risalire al 1958, con *I soliti ignoti* di Mario Monicelli. Erano gli anni del boom economico: mentre il Paese viveva un periodo di impetuosa crescita, il cinema della risata assunse connotati d'amarezza, raccontando i lati oscuri di questo fenomeno: le speranze ma anche gli abbagli e le illusioni. Come disse ancora Dino Risi a distanza di anni da quegli esordi: "_____".

Altre opere fondamentali: D. Risi: *Il sorpasso*; M. Monicelli: *La grande guerra*; P. Germi: *Divorzio all'italiana*.

3. Il cinema d'autore

Alla fine degli anni '50 s'imposero all'attenzione anche tre registi che non potevano essere incasellati in alcun filone: Federico Fellini, Michelangelo Antonioni e Pier Paolo Pasolini. Il più famoso e importante, anche per i suoi cinque premi Oscar, è certamente Federico Fellini (1920 - 1993).

Nonostante il successo dei suoi primi film, nel 1960 con *La dolce vita*, Fellini abbandonò gli schemi narrativi tradizionali e approdò ad un universo circense onirico e fantastico, spesso di difficile lettura per il pubblico ma molto amato dalla critica. Disse lui stesso: "_____".

Conosciuto come il maestro dell'alienazione e dell'incomunicabilità, Michelangelo Antonioni (1912 - 2007, premio Oscar alla carriera nel 1995) produsse, negli anni '60, una trilogia (*L'avventura*, *La notte*, *L'eclisse*) entrata di diritto nella storia del cinema italiano. Con questi film, ma anche con altri capolavori che li seguirono, la sua cinematografia, lenta e riflessiva, divenne proverbiale. A tale proposito disse: "_____".

Pier Paolo Pasolini (1922 - 1975) è stato senz'altro la più autorevole figura di intellettuale che l'Italia abbia avuto nel dopoguerra. Intellettuale a tutto tondo, fu romanziere, saggista, poeta, drammaturgo, regista. Esordì nel cinema nel 1961 con *Accattone*, che narrava del sottoproletariato che vive nelle periferie delle grandi città senza alcuna speranza per un miglioramento

Federico Fellini

cinema italiano

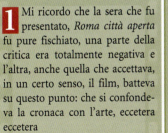
L'attore Ninetto Davoli, protagonista di *Accattone*

della propria condizione, a cui non resta che la morte come via di uscita da una condizione disperante. Fin dai suoi inizi dietro la macchina da presa realizzò come il cinema fosse un linguaggio completamente diverso dalle altre arti e in principal modo dalla letteratura: "_____".
Girò oltre venti film, tutti geniali e provocatori, fino alla morte violenta del 1975.
Altre opere fondamentali: F. Fellini: *La strada, Le notti di Cabiria, 8½, Amarcord*; M. Antonioni: *Deserto Rosso, Zabriskie Point, Blow up*. P. P. Pasolini: *Mamma Roma, Il vangelo secondo Matteo*.

4. Lo Spaghetti western
Nel 1964, con il film *Per un pugno di dollari*, nacque il genere *Spaghetti western* grazie al regista Sergio Leone, che ne fu interprete così grande da venire acclamato come "Maestro" anche dai maggiori cineasti americani. Inizialmente il termine, nato negli Stati Uniti, indicava pellicole girate in italiano con budget ridotti ed uno stile minimalista, in parte intenzionalmente, in parte come conseguenza dei mezzi limitati. In realtà lo *Spaghetti western*, almeno nelle pellicole più riuscite, si distingueva nettamente dal western americano, non solo per le location (i film erano quasi sempre girati in Europa) ma soprattutto per i personaggi: il protagonista infatti non è quasi mai un eroe, ma più spesso un antieroe mosso da interesse personale invece che da motivazioni idealistiche. Il western italiano inoltre non è ottimista come quello classico e presenta quasi sempre il denaro come unico vero interesse.
Differentemente dal *cowboy* "originale", quello "italiano" gioca sporco e non ci pensa due volte a sparare per primo, se questo soddisfa il suo personale senso della giustizia. Vera incarnazione di questo profilo era l'attore Clint Eastwood, lanciato da Sergio Leone, che di lui amava dire: "_____".
Altre opere fondamentali: S. Leone: *Per qualche dollaro in più, Il buono il brutto il cattivo, C'era una volta il West*.

Clint Eastwood

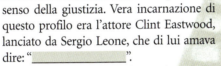

5. Il giallo horror
Il giallo horror italiano trovò negli anni '70 un regista in grado di portarlo al successo internazionale. Dario Argento ebbe fin dai suoi primi film il merito di stravolgere i canoni narrativi dell'horror di quei tempi dandogli la tensione tipica del thriller. Il suo *Profondo rosso*, del 1975, era una perfetta fusione di giallo-thriller-horror che si distingueva per alcune caratteristiche originali da quello anglosassone: il mostro non veniva mai esibito in modo esplicito ma rimaneva nell'ombra, la vittima era sempre una donna e, non da ultimo, le storie erano sempre ambientate in una grande città italiana, cosa assolutamente originale che sarà in futuro uno dei marchi di fabbrica di questo genere.
Altre opere fondamentali: D. Argento: *L'uccello dalle piume di cristallo, Opera*.

6. Oggi
Una nuova generazione di registi ha contribuito a riportare il cinema italiano a discreti livelli a partire dalla fine degli anni '80. Tuttavia nessuno è riconducibile ad un genere ben definito quanto semmai ad uno stile proprio, unico e ben caratterizzato. Tra i più importanti vanno citati i vincitori di premi Oscar Giuseppe Tornatore, Gabriele Salvatores e Roberto Benigni oltre a Nanni Moretti, Marco Tullio Giordana e Gabriele Muccino.

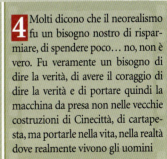
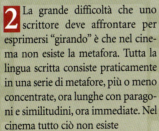

Dall'alto in basso:
Dario Argento, Gabriele Salvatores, Giuseppe Tornatore

---

1 Mi ricordo che la sera che fu presentato, *Roma città aperta* fu pure fischiato, una parte della critica era totalmente negativa e l'altra, anche quella che accettava, in un certo senso, il film, batteva su questo punto: che si confondeva la cronaca con l'arte, eccetera eccetera

2 La grande difficoltà che uno scrittore deve affrontare per esprimersi "girando" è che nel cinema non esiste la metafora. Tutta la lingua scritta consiste praticamente in una serie di metafore, più o meno concentrate, ora lunghe con paragoni e similitudini, ora immediate. Nel cinema tutto ciò non esiste

3 In quegli anni c'era ottimismo, speranza, voglia anche di crescere e di arricchire, di lavorare, di guadagnare. Andavamo in Vespa, in bicicletta e poi è nata l'automobile che io ho raccontato in un film, *Il Sorpasso*, degli anni '60. Era il periodo del boom, cresce l'Italia, cresce il benessere e cresce anche la voglia di superfluo che oggi trionfa

4 Molti dicono che il neorealismo fu un bisogno nostro di risparmiare, di spendere poco… no, non è vero. Fu veramente un bisogno di dire la verità, di avere il coraggio di dire la verità e di portare quindi la macchina da presa non nelle vecchie costruzioni di Cinecittà, di cartapesta, ma portarle nella vita, nella realtà dove realmente vivono gli uomini

5 Mi piace perché è un attore che ha solo due espressioni: una con il sigaro e una senza il sigaro

6 Perché ostinarsi a dire commedia all'italiana? Quelle che vengono fatte in America non vengono chiamate all'americana

7 Sento il bisogno di essere asciutto, di dire le cose il meno possibile, di usare i mezzi più semplici e il minor numero di mezzi

8 Il cinema somiglia moltissimo al circo. È probabile che se il circo non fosse esistito, io non avrei mai fatto cinema

13 arti

CINEMA

3 Analisi lessicale

Scegli, nelle frasi estratte dal testo dell'attività 2b, l'aggettivo più appropriato. Poi consultati con un compagno e se necessario verificate sul testo.

1. Gli anni dell'immediato dopoguerra rappresentano il periodo forse più difficile che l'Italia abbia attraversato nella propria **storia *moderna/odierna/presente***.
2. Caratteristica del Neorealismo era infatti il rappresentare la **situazione *vera/reale/sicura*** del Paese…
3. Parte della critica riteneva che il Neorealismo non fosse altro che un modo per fare film a ***piccolo/poco/basso* costo**.
4. …se c'è un genere che ha rappresentato la **colonna *vertebrale/ossea/principale*** del cinema italiano, è proprio la commedia…
5. …il cinema della risata assunse connotati d'amarezza, raccontando i **lati *oscuri/scuri/neri*** di questo fenomeno.
6. …esordì nel cinema nel 1961 con *Accattone*, che narrava del sottoproletariato che vive nelle periferie delle ***grandi/vaste/larghe* città**.
7. Inizialmente il termine, nato negli Stati Uniti, indicava pellicole girate in italiano con budget ridotti ed uno stile minimalista, in parte intenzionalmente, in parte come conseguenza dei **mezzi *limitati/scarsi/modesti***.

4 Parlare

Lavora in coppia con un compagno (Studente di cinema e Vincenzo Mollica) e leggi le istruzioni che ti riguardano. Poi iniziate l'intervista.

Studente di cinema	Vincenzo Mollica
Sei uno studente di cinema. Fai una ricerca sulla storia del cinema italiano e chiami il più popolare critico cinematografico italiano, Vincenzo Mollica, per fargli un'intervista. Hai 15 minuti di tempo per preparare le domande (lavora in gruppo con gli altri "Studenti di cinema"). Se necessario, leggete il box su Vincenzo Mollica e rileggete il testo sulla storia del cinema italiano.	Sei Vincenzo Mollica (leggi il box). Vieni chiamato da uno studente straniero che vuole farti un'intervista per scrivere un articolo sulla storia del cinema italiano. Hai 15 minuti di tempo per prepararti a rispondere (lavora in gruppo con gli altri "Vincenzo Mollica"). Se necessario, rileggete il testo sulla storia del cinema italiano.

Vincenzo Mollica

È forse il più noto giornalista cinematografico italiano. Ha portato in televisione il genere dell'intervista colloquiale, cercando di mettere in luce i tratti più autentici degli artisti, facendo con loro più delle chiacchierate tra amici che delle vere e proprie interviste. Forse per questo suo modo di porsi è divenuto amico di personaggi come Fellini e Benigni. Quest'ultimo gli ha sempre rilasciato delle esilaranti interviste.

5 Analisi grammaticale

5a *Sottolinea, nel paragrafo 1 (Il Neorealismo) del testo dell'attività 2b, sei verbi al congiuntivo. Poi inseriscili nella tabella qui sotto lavorando con un compagno.*

congiuntivo imperfetto	congiuntivo passato	congiuntivo trapassato

5b *Il congiuntivo passato e il congiuntivo trapassato sono due tempi composti. Come si formano? Completa la regola.*

Il **congiuntivo passato** si forma con l'ausiliare *essere* o *avere* al _____ + _____.	Il **congiuntivo trapassato** si forma con l'ausiliare *essere* o *avere* al _____ + _____.

5c *Lavora ancora sul paragrafo 1 del testo. Trova, per ogni frase principale della prima colonna, la frase secondaria corrispondente. Per ogni frase specifica anche il tempo, come negli esempi. Per ora non considerare l'ultima colonna.*

frase principale	tempo della principale	frase secondaria	tempo della secondaria	
Gli anni dell'immediato dopoguerra rappresentano il periodo forse più difficile…	*Indicativo presente*	…che l'Italia abbia attraversato nella propria storia moderna.	*Congiuntivo passato*	
… sembrava a molti…				
… sembrava a molti…				
… sembrava a molti…				
Caratteristica del Neorealismo era infatti il rappresentare la situazione reale del Paese attraverso opere…				
Parte della critica riteneva che…				

5d *Ricordi la regola nel box a destra (Unità 8 pag. 87)? Osserva la seconda e la quarta colonna del punto 5c. In quali casi la regola non è valida e perché? Discutine con un compagno. Aiutatevi inserendo nell'ultima colonna le due sigle descritte qui sotto.*

In genere si usa:
- il congiuntivo presente quando il tempo della frase principale è al presente.
- il congiuntivo imperfetto quando il tempo della frase principale è al passato.

CONT - L'azione della secondaria è **contemporanea** all'azione della principale.
ANT - L'azione della secondaria è **anteriore** rispetto all'azione della principale.

5e *Ora completa la regola.*

Tempo della principale	Azione della secondaria contemporanea	Azione della secondaria anteriore
Presente	Congiuntivo PRESENTE	Congiuntivo _____ o IMPERFETTO
Passato	Congiuntivo _____	Congiuntivo _____

alma edizioni

13 arti
CINEMA

6 Gioco - Studente A

Completa le affermazioni sul cinema italiano con il verbo al tempo giusto, come nell'esempio, e confrontale con un altro studente A. Poi lavora con uno studente B. A turno uno di voi legge una domanda e l'altro risponde scegliendo una delle affermazioni. Se la risposta è grammaticalmente e logicamente corretta, chi ha fatto la domanda scrive la risposta sul libro. Vince il primo che risponde alle cinque domande in modo corretto.
Le istruzioni per lo studente B sono in appendice a pagina 263.

Esempio
Perché il Neorealismo si impose come genere cinematografico?
- Il Neorealismo si impose perché alcuni registi pensarono che **(giungere)** <u>fosse giunto</u> il momento di parlare del passato nel modo più diretto possibile.

affermazioni

- Parte della critica nell'immediato dopoguerra riteneva che il Neorealismo **(essere)** _____ solo un modo per fare film a basso costo.
- Molti ritengono che il cinema italiano di oggi non **(essere)** _____ riconducibile ad un genere ben definito.
- Risi pensava che il nome "commedia all'italiana" **(essere)** _____ dispregiativo.
- Molti registi pensarono che gli anni del boom economico **(cambiare)** _____ la società italiana, che ormai guardava solo al presente e al futuro, e che quindi il Neorealismo fosse superato.
- Federico Fellini sognava un cinema che **(somigliare)** _____ sempre più al circo.

domande	risposte
Quale fu il fattore che spinse i registi del Neorealismo a parlare della guerra?	
Qual è il film che potrebbe rappresentare la storia del cinema italiano?	
Pasolini era sia scrittore che regista. Come viveva questo doppio ruolo?	
Antonioni è stato un regista davvero così importante come si dice?	
Cosa pensano in America del genere *Spaghetti western*?	

7 Ascoltare

7a *Ascolta l'inizio di questa intervista (anno 2006). Poi, insieme ad un compagno, cerca di capire chi sono i personaggi che parlano e in quale equivoco cadono. Aiutatevi con i nomi e i titoli dei film qui sotto.*

Philippe Noiret

Giuseppe Tornatore

Mario Monicelli

Facciamo paradiso

Amici Miei atto primo

Amici miei atto secondo

Rossini Rossini

Speriamo che sia femmina

Nuovo cinema paradiso

CINEMA   arti|13

▶ **7b** *Ascolta tutta l'intervista a Monicelli e completa la scheda qui sotto. Se necessario, riascolta più volte. Dopo ogni ascolto consultati con un compagno.*

Mario Monicelli

Mario Monicelli è uno dei grandi maestri del cinema italiano. Ha compiuto ___ anni nel 2006, anno in cui esce il suo ultimo film, _____, tratto dal romanzo "Il deserto della Libia" di Mario _____, da cui era già stato tratto un film, _____, per la regia di Dino Risi.
Monicelli dirige il suo primo film nel 1935 e da allora lavora con i maggiori attori italiani, da Totò a Gassman. Tra gli attori stranieri, uno dei preferiti è il francese Philippe Noiret, con cui gira ___ film. Tra questi la fortu-
◀ *La grande guerra*

nata serie di "Amici miei" e il film forse meno amato dal regista, _____, del _____. Riguardo alle sue opere preferite, ha dichiarato di non averne una in particolare ma almeno _____.
Di carattere burbero e cinico, lontano dai sentimentalismi tipici di molti film, ha affermato di non aver mai detto ___ ad una donna e di non riguardare mai i suoi vecchi film.
Tra il pubblico e la critica Monicelli ha sempre preferito _____, ma questo non gli ha impedito di vincere numerosi premi e di avere ben tre candidature all'Oscar.

"Le rose del deserto" è il film numero ___ (compresi i film a _____) di Mario Monicelli, che è uno dei registi più prolifici e amati del nostro cinema.

◀ Alberto Sordi in *Un borghese piccolo piccolo*

Amici miei ▶

▶ **7c** *Ascolta questo brano tratto dall'intervista e trova l'errore di grammatica commesso da Mario Monicelli. Poi consultati con un gruppo di compagni.*

Invece di _____ avrebbe dovuto usare _____.

8 Leggere

▶ **8a** *Il testo che leggerai è un racconto in prima persona di Carlo Verdone che ricorda i suoi esordi nel mondo del cinema. Leggi l'inizio del racconto.*

❝ Era il '77, facevo i monologhi in un piccolo teatrino. Fortunatamente ebbi buone critiche e un po' di gente venne a vedermi. Una sera venne una persona, il critico Cordelli, che restò fino alla fine e mi fece un'ottima recensione. Così vennero anche altri critici e mi chiamò la televisione per *Non Stop*. ❞

▶ **8b** *Ora riscrivi il testo inserendo al punto giusto le parole qui accanto.*

| il programma | romano | sola | miei | però |

Era _____
_____
_____ *Non Stop*.

Carlo Verdone

Regista e attore, esordisce nel 1980 con il film *Un sacco bello*. Viene considerato da alcuni come l'erede naturale di Alberto Sordi, per la capacità di interpretare una figura di romano che, in tutte le sue sfaccettature anche contrastanti, rappresen-

ta l'archetipo dell'italiano medio. Dopo un inizio dedicato prettamente al genere comico, con il passare del tempo si è evoluto verso canoni più aderenti alla classica commedia all'italiana. Tra i suoi maggiori successi *Borotalco* (1982), *Compagni di scuola* (1988), *Il mio miglior nemico* (2006).

alma edizioni   155

Carlo Verdone: l'esordio di un regista

8c *Controlla sul primo paragrafo il lavoro svolto al punto 8b e leggi il testo completo.*

Era il '77, facevo i miei monologhi in un piccolo teatrino romano. Fortunatamente ebbi buone critiche e un po' di gente venne a vedermi. Una sera venne una sola persona, il critico Cordelli, che però restò fino alla fine e mi fece un'ottima recensione. Così vennero anche altri critici e mi chiamò la televisione per il programma *Non Stop*.

La seconda puntata di *Non Stop* andò in onda la sera del 4 gennaio 1979. Dopo la seconda puntata il telefono di casa cominciò a squillare. Mi cercavano tutti: produttori, registi, perfino Celentano. Ma io aspettavo che chiamasse una persona di cui mi potessi fidare. Un giorno mio fratello mi disse: "Ti cerca Sergio Leone...".

Quando si dice l'alchimia dell'esistenza, l'incontro che ti cambia la vita!

Andai a casa sua e lo trovai con un caftano[1] arabo e una barba lunga. Era enorme. La testa grande come quella del leone sulla porta. Incuteva terrore. E io che credevo di trovare un romano pacioccone[2]. Mi venne la sudarella[3]. A bruciapelo mi disse: "Ancora non riesco a capire per quale motivo mi viene da ridere quando ti vedo". E poi: "Rifammi un po' quello con gli occhi per aria, rifammi quell'altro...". E mica rideva: mi scrutava serissimo.

Leone mi propose di fare solo l'attore in un film che voleva produrre per la regia di Steno, poi mi portò dalla Wertmuller con cui attaccai a lavorare a un eventuale soggetto, finché un giorno, con il suo solito fare risoluto, mi disse: "Ci ho riflettuto sopra, il soggetto devi scrivertelo da solo". Così alla fine gli lascio un soggettino. Ci dovevamo risentire dopo dieci giorni ma mi richiamò dopo tre: "Vieni oggi alle 4". Ah, penso, vuoi vedere che gli è piaciuto. Sulla porta prese il soggetto e me lo lanciò addosso: "Ma non scrivere più queste stronzate... Ora mettiti seduto. Vediamo un po' di fare questo film. Oppure... te lo fai da solo". "Da solo?". "Ma non hai fatto il Centro Sperimentale[4]?". "Sì, ma mica lo so se sono capace...".

Io smaniavo da anni di fare il regista ma mi prese il panico, volevo mollare tutto.

Le paure mi passarono di botto il giorno in cui Sergio si presentò in casa mia e mi disse che da quel preciso momento cominciavano le sue lezioni di regia. Erano le tre del pomeriggio, e restò fino alle undici a spiegarmi di tutto, continuando poi per i due mesi successivi.

Il fatto è che mi aveva dato un ultimatum perché mi aveva detto che il film o lo dirigevo io oppure dovevo trovare un altro produttore. La famiglia mi aveva adottato come un quarto figlio. A colazione, a pranzo, a cena. E Sergio che mi spiegava tutto della psicologia del regista: "Mai dare l'idea di farsela sotto davanti alla troupe. Se no ti sgamano[5] e non ti rispettano più".

Sergio mi ha insegnato tutto ed è stato un produttore fantastico. Tuttavia, la notte precedente al primo giorno di riprese per *Un sacco bello*, il mio primo film, non riuscivo a dormire. Leone sarebbe passato a prendermi alle sei e mezzo del mattino. All'improvviso, all'una di notte, il citofono: era Sergio Leone. Mi prende un colpo. "A Se', che ci fai qui?". E lui: "La notte prima non si dorme mai. Vestiti, andiamo a fare un giro". Una passeggiata meravigliosa, dall'Isola Tiberina a ponte Sisto. E lui, intelligente, parlò di tutto meno che del film. Del carattere dei romani, della tomba che aveva progettato: "A settembre faccio un salto a Pratica di Mare, la voglio là, ci batte bene il sole". Come se fosse una seconda casa... E poi mi raccontava di quando da ragazzino faceva a sassate a Trastevere, di lui aiuto regista in *Ben Hur*...

Il film uscì in sala il 19 gennaio 1980 e da quel momento fu tutto più facile. Il bis lo feci l'anno dopo con *Bianco, rosso e Verdone*, ma ormai ero svezzato, ed il "padrino" Sergio doveva pensare al suo *C'era una volta in America*. Padrino, sì: così Leone pretendeva che lo chiamassi... ∎

▶ Verdone e Leone sul set di *Bianco Rosso e Verdone*

---

[1] **caftano**: tunica di origine araba, ampia e lunga fino ai piedi.
[2] **pacioccone**: persona buona e tranquilla, anche nell'aspetto (regionale).
[3] **sudarella**: essere così nervosi da sudare (regionale).
[4] **Centro Sperimentale**: la più importante scuola di cinema italiana.
[5] **sgamare**: capire, scoprire (regionale).

CINEMA artil 13

9 Analisi lessicale

9a *Evidenzia, alla riga 31 e alla riga 48 dell'attività 8c, la parola mica. Cosa significa secondo te? Al posto di quale parola viene usata e perché? Prova a rispondere discutendone con un compagno. Poi esponete le vostre ipotesi al resto della classe.*

9b *Completa il cruciverba con le parole legate al mondo del cinema. Le parole sono tutte utilizzate nel testo dell'attività 2b e 8c.*

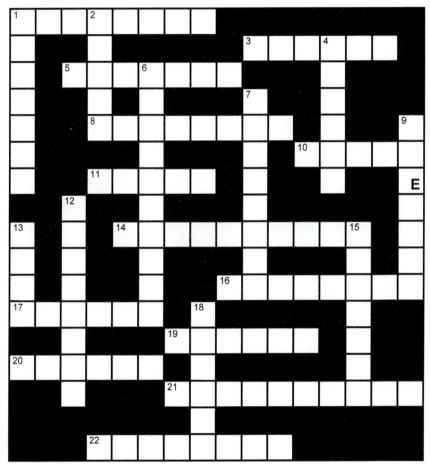

Orizzontali →

1. Film grandioso e costoso, generalmente di genere epico e di lunga durata.
3. La somma di denaro a disposizione per fare un film.
5. La persona che ha la responsabilità e la cura di un film.
8. Personaggio con caratteristiche opposte a quelle tradizionalmente eroiche.
10. La macchina da _____ è quella che si usa per fare le riprese di un film.
11. Il nome di Verdone.
14. La persona che mette i soldi per finanziare un film.
16. Quando qualcuno parla da solo fa un _____.
17. Lo è chi recita in un film.
19. Il nome del regista Leone.
20. Tutte le persone che lavorano ad un film.
21. La scrive il critico cinematografico dopo aver visto un film.
22. Genere cinematografico leggero.

Verticali ↓

1. Giornalista cinematografico.
2. Un film di grande qualità.
4. Fare le riprese con la macchina da presa.
6. Lo è l'attore che recita.
7. La storia di un film in poche parole.
9. Può esserlo un grande regista a cui molti si ispirano.
12. I luoghi in cui si girano i film.
13. In quella cinematografica si vedono i film.
15. Il primo film di un attore o di un regista.
18. Tipologia in cui viene raggruppata una serie di film di carattere simile.

10 Analisi grammaticale

10a *Conosci la differenza tra "discorso diretto" e "discorso indiretto"? Parlane con un compagno facendo degli esempi presi dal testo dell'attività 8c.*

13 arti

CINEMA

10b *Rileggi queste due frasi estratte dal testo dell'attività **8c**. Segna nella tabella quale ha un discorso diretto e quale un discorso indiretto. Poi rispondi alla domanda.*

1. Un giorno mio fratello mi disse: "Ti cerca Sergio Leone".	☐ diretto	☐ indiretto
2. (…) mi disse che da quel preciso momento cominciavano le sue lezioni di regia.	☐ diretto	☐ indiretto

☐ In entrambe le costruzioni c'è una frase principale (che introduce il discorso) e una frase secondaria (che è il vero e proprio discorso diretto o indiretto).
Le due frasi sono unite in modo diverso. Come?

1. Il discorso diretto è introdotto da _____
2. Il discorso indiretto è introdotto da _____

10c *Trova, nel testo dell'attività **8c** per ogni frase principale della prima colonna, la frase secondaria corrispondente. Per ogni frase specifica se è un discorso diretto o indiretto, come negli esempi. Per ora non considerare l'ultima colonna.*

frase principale	frase secondaria	discorso diretto o indiretto	
Un giorno mio fratello mi disse:	*"Ti cerca Sergio Leone".*	☐ Indir. ☒ Dir.	
A bruciapelo mi disse		☐ Indir. ☐ Dir.	
finché un giorno (…) mi disse		☐ Indir. ☐ Dir.	
Sergio si presentò in casa mia e mi disse		☐ Indir. ☐ Dir.	
mi aveva detto		☐ Indir. ☐ Dir.	

10d *Nel primo esempio, il verbo "cerca" della frase secondaria è contemporaneo al momento in cui il fratello di Verdone parla ("disse"). Osserva le altri frasi secondarie. Sono **anteriori** o **contemporanee** rispetto alla corrispondente frase principale? Inserisci nell'ultima colonna le due sigle descritte qui sotto, poi confrontati con un compagno.*

CONT - L'azione della secondaria è **contemporanea** all'azione della principale.
ANT - L'azione della secondaria è **anteriore** rispetto all'azione della principale.

10e *Guarda come sono stati trasformati i due discorsi diretti qui sotto. Poi leggi il box sui tempi verbali nel discorso indiretto e, lavorando con un compagno, rispondi alle domande.*

1. Discorso diretto:
Un giorno mio fratello mi disse: "Ti **cerca** Sergio Leone".

1. Discorso indiretto:
Un giorno mio fratello mi disse che mi **cercava** Sergio Leone.

2. Discorso diretto:
…un giorno, con il suo solito fare risoluto, mi disse: "Ci **ho riflettuto** sopra, il soggetto **devi** scrivertelo da solo".

2. Discorso indiretto:
…un giorno, con il suo solito fare risoluto, mi disse che ci **aveva riflettuto** sopra e che il soggetto **dovevo** scrivermelo da solo.

1. Perché il presente "**cerca**" diventa l'imperfetto "**cercava**"?
2a. Perché il passato prossimo "**ho riflettuto**" diventa il trapassato prossimo "**aveva riflettuto**"?
2b. Perché il presente "**devi**" diventa l'imperfetto "**dovevo**"?

I tempi verbali nel discorso indiretto

Il **discorso indiretto** generalmente è introdotto da un verbo al presente ("dice", "sta dicendo" o altri verbi simili) o al passato ("ha detto", "diceva" o altri verbi simili).

• Se è introdotto da un verbo al <u>presente</u> (o anche al passato prossimo recente) il tempo della secondaria rimane invariato rispetto al discorso diretto:

Discorso diretto: Luca: "Non **parlo** molto bene l'inglese."
Discorso indiretto: Luca <u>dice / ha detto</u> che non **parla** molto bene l'inglese.
Discorso diretto: Luca: "Un anno fa non **parlavo** molto bene l'inglese."
Discorso indiretto: Luca <u>dice / ha detto</u> che un anno fa non **parlava** molto bene l'inglese.

• Se è introdotto da un verbo al <u>passato</u> ("ha detto", "diceva" o altri verbi simili) bisogna vedere se la relazione temporale tra la frase principale e la secondaria è di **contemporaneità**, **anteriorità** o **posteriorità**. Nello schema i verbi usati in caso di anteriorità e contemporaneità. Per la posteriorità vedere l'Unità **17**.

Frase principale al passato	Frase secondaria	
	contemporanea	anteriore
Luca **ha detto**…	imperfetto, passato prossimo (o passato remoto) …che non **parlava** bene inglese. …che a Londra non **ha parlato** quasi mai inglese.	di solito trapassato prossimo …che **aveva studiato** l'inglese nella scuola in Italia. …che da piccolo **era stato** in Inghilterra.

10f *Trasforma le frasi del testo dal discorso diretto al discorso indiretto e viceversa. Poi confrontati con lo stesso compagno di prima.*

discorso diretto	discorso indiretto
A bruciapelo mi disse: "Ancora non riesco a capire per quale motivo mi viene da ridere quando ti vedo".	
…un giorno, con il suo solito fare risoluto, mi disse: "Ci ho riflettuto sopra, il soggetto devi scrivertelo da solo".	
	Sergio si presentò in casa mia e mi disse che da quel preciso momento cominciavano le sue lezioni di regia.
	…mi aveva detto che il film o lo dirigevo io oppure dovevo trovare un altro produttore.

10g *Guarda la frase qui sotto. In questo caso il discorso indiretto è introdotto da **di** e non da **che**. Perché? Consultati con un compagno e prova a trasformare il discorso indiretto in un discorso diretto.*

Leone mi propose di fare solo l'attore. → Leone mi propose: "_____".

13|arti
CINEMA

11 Analisi della conversazione

11a *Inserisci al posto giusto le battute di Mario Monicelli, poi consultati con un compagno. Alla fine ascolta il dialogo per verificare.*

1. **Giornalista 1** – Prima di tutto questo: noi volevamo dedicare qualche minuto, pochi minuti a Philippe Noiret che è scomparso ieri…
2. **Monicelli** – _____
3. **Giornalista 1** – …e che ha partecipato a cinque film di Mario Monicelli.
4. **Monicelli** – _____
5. **Giornalista 1** – Sono cinque. Sì.
6. **Monicelli** – _____
7. **Giornalista 1** – "Rossini Rossini", "Facciamo paradiso", "Amici…
8. **Monicelli** – _____
9. **Giornalista 1** – Allora ho una, una…
10. **Monicelli** – Magari l'avessi fatto!
11. **Giornalista 1** – "Amici miei" atto primo e secondo e "Speriamo che sia femmina". Allora sono quattro. Sono quattro, errore di stampa, errore di stampa, scusa…
12. **Monicelli** – _____
13. **Giornalista 2** – No, quello era "Nuovo cinema paradiso".
14. **Giornalista 1** – Quello era "Nuovo cinema paradiso". "Facciamo paradiso" non è suo?
15. **Giornalista 2** – Guarda che "Facciamo…" sì.
16. **Monicelli** – _____
17. **Giornalista 1** – Io credo di sì. "Facciamo paradiso", 1995.
18. **Monicelli** – _____
19. **Giornalista 1** – Ecco, meno male, pensavo di aver fatto una figuraccia.
20. **Monicelli** – _____
21. **Giornalista 2** – …tende a cancellare.
22. **Giornalista 1** – Ecco. Ha rimosso.

a. Ah, cinque?
b. Ah, sì sì sì sì, "Paradiso"…
c. Beh, ma quello, quello… è un film… non un gran che quindi… mi sono appropriato di quell'altro che invece ha vinto l'Oscar.
d. E quali sono?
e. "Facciamo paradiso"… e qual è?
f. No, "Facciamo paradiso", io non c'entro.
g. Magari l'avessi fatto io, l'ha fatto… oltretutto l'ha fatto Tornatore che ha preso un Oscar e io…
h. Sì, sì, certo.

11b *Lavora con lo stesso compagno. Inserisci negli spazi le espressioni che hanno la funzione spiegata nella terza colonna della tabella, contenute nelle battute del dialogo indicate nella prima colonna.*

battute		funzione
1-6		Esprime sorpresa per un'affermazione fatta in precedenza da qualcun altro.
6-12		Sinonimo di "Sarebbe stato bello se".
10-15		Segnala che la cosa che si sta per dire si aggiunge ad altre e contribuisce alla dimostrazione di una tesi.
14-18		Introduce una frase che contraddice qualcosa che ha detto l'interlocutore.
16-18		Segnala che finalmente si è capito di cosa stava parlando l'altra persona.
16-20		Sinonimo di "per fortuna".
19-22		Sinonimo di "bruttino".

12 Parlare

Lavora in un gruppo di quattro studenti. Tre di voi (gli attori) provano a recitare il dialogo dell'attività 11 cercando di esprimere al meglio i caratteri dei personaggi e le implicazioni psicologiche derivanti dall'equivoco. Il quarto (il regista) ascolta più volte il dialogo annotando tutte le sfumature, le sovrapposizioni, le imprecisioni, ecc. Dopo alcuni minuti il gruppo degli attori e il regista si riuniscono e lavorano insieme sulla messa in scena. Quando vi sentite pronti recitate il dialogo davanti alla classe.

13 Esercizio

Trasforma la parte qui sotto del racconto di Carlo Verdone in un discorso indiretto seguendo il modello. Modifica, oltre ai verbi, i pronomi. Fa' anche attenzione ai verbi **andare** e **venire**. Aiutati con il box qui a fianco.

> **Andare e venire nel discorso indiretto**
> Il verbo **venire** si usa se c'è un movimento in direzione di chi sta parlando e **andare** se c'è un movimento di allontanamento da lui. Quindi se una persona ha detto *Io sono andato a Roma*, io, che sono a Roma, dovrò dire: *Lui ha detto che era venuto a Roma*; se invece io fossi a Milano, dovrei dire: *Lui ha detto che era andato a Roma*.

Era il '77, facevo i miei monologhi in un piccolo teatrino romano. Fortunatamente ebbi buone critiche e un po' di gente venne a vedermi. Una sera venne una sola persona, il critico Cordelli, che però restò fino alla fine e mi fece un'ottima recensione. Così vennero anche altri critici e mi chiamò la televisione per il programma *Non Stop*. La seconda puntata di *Non Stop* andò in onda la sera del 4 gennaio 1979. Dopo la seconda puntata il telefono di casa cominciò a squillare. Mi cercavano tutti: produttori, registi, perfino Celentano. Io aspettavo.

Verdone racconta che era il '77 quando faceva...

14 Gioco

Unisci i volti con i nomi e i profili dei più importanti attori del cinema italiano.

I volti del cinema italiano

Carlo Verdone (1950) - Nel 1979 Sergio Leone produce il suo primo film, di cui è regista e attore. Da allora ha realizzato numerose commedie comiche e di intrattenimento.

Sofia Loren (1934) - Lanciata dal film di Vittorio De Sica *La Ciociara*, che le valse un Oscar nel 1961, è la più conosciuta attrice italiana nel mondo. Nel 1991 vince il suo secondo Oscar, questa volta alla carriera.

Marcello Mastroianni (1924 - 1996) - Forse il più famoso attore italiano nel mondo, grazie ai capolavori di Fellini, tra i quali *La dolce vita* e *8½*.

Totò (1898 - 1967) - Uno dei più grandi attori comici italiani del Novecento. Gira il suo primo film nel 1930. Fino al 1967, anno della sua morte, ne realizzerà oltre cento.

Anna Magnani (1908 - 1973) - Il volto del Neorealismo. Diviene in breve tempo la musa di De Sica, Visconti, Rossellini. Nel '56 è la prima donna italiana a vincere il premio Oscar.

Roberto Benigni (1952) - Cantante, attore e regista per il cinema, il teatro e la televisione. Diviene celebre con il film *La vita è bella*, per il quale vince tre premi Oscar.

Luigi Lo Cascio (1967) - Il suo primo ruolo cinematografico nel film *I cento passi* lo consacra tra i più interessanti e promettenti attori del nuovo cinema italiano, sicuramente tra i più amati da pubblico e critica.

Alberto Sordi (1920 - 2003) - Popolarissimo attore della commedia all'italiana, ha impersonato in oltre 150 film il tipico italiano medio, quasi sempre romano.

Monica Bellucci (1968) - Inizia giovanissima la carriera di modella ma ben presto passa al cinema. È considerata da molti la più bella e affascinante attrice italiana di oggi.

Nanni Moretti (1953) - Entra nel cinema da autodidatta divenendo presto un regista ed attore di culto per molti giovani. Vince la Palma d'oro a Cannes per *La stanza del figlio*.

UNITÀ 14

storia
COSA NOSTRA

1 Introduzione

1a *Cos'è la mafia? Ricostruisci la definizione collegando le parti di sinistra (in ordine) con quelle di destra.*

1. Mafia è un termine diffuso ormai a livello mondiale	a. per indicare una organizzazione criminale nata in Sicilia,
2. Il termine è stato inizialmente utilizzato	b. genericamente indicate col termine di "mafie".
3. più precisamente definita come Cosa nostra,	c. la cui origine va fatta risalire agli inizi del XIX secolo.
4. Pertanto col nome di "Cosa nostra" si intende esclusivamente	d. con cui ci si riferisce alle organizzazioni criminali.
5. (anche per indicare le sue ramificazioni internazionali, specie negli Stati Uniti d'America),	e. per distinguerla dalle altre organizzazioni criminali
6. tanto italiane quanto internazionali,	f. la mafia siciliana

_1_ /___ - _2_ /___ - _3_ /___ - _4_ /___ - _5_ /___ - _6_ /___

1b *Ascolta il dialogo tratto dal film "I cento passi". Insieme a un compagno, cerca di fare ipotesi sulla scena.*

1. Quanti e chi sono i personaggi?
2. Che rapporto c'è tra loro?
3. Cosa stanno facendo?
4. Chi sono gli altri personaggi di cui parlano?

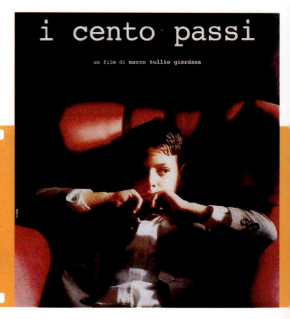

1c *Ora leggi la trama del film. Poi riascolta il dialogo.*

I cento passi
Regia: Marco Tullio Giordana
Anno: 2000

Il film racconta la vera storia di Giuseppe Impastato, detto Peppino (1948-1978). Nato a Cinisi, un piccolo paese della Sicilia vicino Palermo, Giuseppe Impastato è considerato un personaggio simbolo della lotta alla mafia. Figlio di un mafioso, il giovane Peppino decise di ribellarsi al padre e di combattere la mafia denunciando l'organizzazione criminale attraverso i microfoni di una piccola radio, Radio Aut, che in breve tempo divenne famosa in tutta la Sicilia. I cento passi sono quelli che separavano la casa di Peppino da quella del boss mafioso Tano Badalamenti, che era anche suo zio ("ziu Tano"). Ripudiato dal padre, che inutilmente **cercherà** di fermarlo, e aiutato solo dalla madre e dal fratello, il coraggioso Peppino **continuerà** la sua battaglia fino alla morte: la mafia, per ordine di Tano Badalamenti, lo **ucciderà** in modo brutale, con una forte carica di esplosivo. I responsabili dell'omicidio **rimarranno** per anni senza nome. Per molto tempo infatti la morte di Peppino Impastato **sarà** considerata un suicidio.

> **Il futuro per parlare del passato**
> Nel testo della trama del film, i verbi **evidenziati** sono al futuro, anche se si riferiscono a fatti accaduti nel passato. Il futuro si può usare per creare un effetto stilistico efficace in una narrazione. Ci si colloca in un momento del passato e si vede come futuro tutto quello che succede dopo.

14 | storia   COSA NOSTRA

2 Analisi della conversazione

2a *Qui sotto hai il testo della prima parte del dialogo. È stata tolta tutta la punteggiatura (, . ? … ecc.). Prova a rimetterla.*

Giovanni - Peppino dai ora torna dentro va bene ammunì[1] lo sai com'è papà
Peppino - No com'è papà
Giovanni - Eh un po' antico ma non è cattivo
Peppino - Non è cattivo è un po' antico ma papà non è cattivo sei andato a scuola sai contare
Giovanni - Come contare
Peppino - Come contare uno due tre quattro sai contare
Giovanni - Sì so contare
Peppino - E sai camminare
Giovanni - So camminare
Peppino - E contare e camminare insieme lo sai fare
Giovanni - Sì penso di sì
Peppino - Allora forza conta e cammina dai uno due tre quattro cinque sei sette otto
Giovanni - Dove stiamo andando
Peppino - Forza conta e cammina
Giovanni - Sshhhh piano

[1] ammunì: dialetto siciliano, trad.: Dai.

2b *Riascolta il dialogo e verifica. Poi confrontati con un compagno.*

2c *In coppia con lo stesso compagno, provate la scena. Pensate alle pause, agli accenti, all'intonazione, ai gesti e ai movimenti. Alla fine recitate la scena davanti alla classe.*

2d *Riascoltate il dialogo.*

3 Leggere

3a *Leggi il testo.*

1. Mafia e Cosa nostra

Mafia è un termine diffuso ormai a livello mondiale con cui ci si riferisce alle organizzazioni criminali. Il termine è stato inizialmente utilizzato per indicare una organizzazione criminale nata in Sicilia, più precisamente definita come Cosa nostra, la cui origine va fatta risalire agli inizi del XIX secolo. Pertanto col nome di "Cosa nostra" si intende esclusivamente la mafia siciliana (anche per indicare le sue ramificazioni internazionali, specie negli Stati Uniti d'America), per distinguerla dalle altre organizzazioni criminali tanto italiane quanto internazionali, genericamente indicate col termine di "mafie".

2. Le attività di Cosa nostra

Le attività nelle quali Cosa nostra è impegnata sono il traffico internazionale di droga, le speculazioni finanziarie ed immobiliari, il riciclaggio del denaro sporco, l'estorsione, lo smaltimento dei rifiuti urbani e industriali ed il traffico di armi.

La sua strategia criminosa è duplice: da una parte cerca di garantirsi il controllo del territorio in cui risiede, attraverso l'imposizione di un pagamento sulle attività commerciali e industriali della zona (il pizzo o *racket*) e la feroce e immediata punizione di chiunque osi opporsi alle sue disposizioni, mentre dall'altra cerca di corrompere il potere politico ed i funzionari dello Stato attraverso l'offerta di denaro e voti, per ottenere l'impunità e relazioni d'affari "privilegiate" con il sistema pubblico.

Entrare a far parte della mafia equivale a convertirsi ad una religione. Ogni membro che accetta di essere introdotto nell'organizzazione, deve sottoporsi al rituale dell'iniziazione.

3. La struttura

La struttura di Cosa nostra è piramidale. Alla base ci sono le famiglie, formate dagli *uomini d'onore*.
La famiglia fa capo ad un unico uomo, il *capofamiglia*, che ha un potere assoluto sugli altri componenti. Ogni famiglia controlla un suo territorio dove niente può avvenire senza il consenso del capo.
Le famiglie si dividono in gruppi di 10 uomini d'onore, le *decine*, comandate da un *capodecina*.
Tre famiglie dal territorio contiguo formano un *mandamento*, al cui comando c'è un *capo-*

164

COSA NOSTRA storia|14

mandamento. I vari capimandamento si riuniscono in una commissione o *cupola provinciale*, di cui la più importante è quella di Palermo. Questa commissione provinciale è presieduta da uno dei capimandamento, che prende il titolo di *capo*.
Ancora più sopra c'è la cupola regionale, detta *interprovinciale*. È questo l'organo massimo dell'organizzazione, che dai mafiosi viene chiamato anche la *Regione* e al quale partecipano tutti i rappresentati delle varie province. In cima alla Regione c'è il capo supremo o boss o padrino, che è il capo della cupola provinciale più potente (in genere Palermo).

4. Il giuramento
Entrare a far parte della mafia equivale a convertirsi ad una religione. Ogni membro che accetta di essere introdotto nell'organizzazione, deve sottoporsi al rituale dell'iniziazione. Il candidato viene condotto in una stanza alla presenza del rappresentante della famiglia e di altri semplici uomini d'onore. A questo punto il rappresentante della famiglia espone all'iniziato le norme che regolano l'organizzazione, affermando prima di tutto che quella che normalmente viene chiamata mafia, in realtà si chiama Cosa nostra e comincia ad elencare gli obblighi che andranno rigorosamente rispettati dal nuovo membro: "non desiderare la donna di altri uomini d'onore, non rubare, non sfruttare la prostituzione, non uccidere altri uomini d'onore (salvo in caso di assoluta necessità), evitare la delazione alla polizia, dimostrare sempre un comportamento serio e corretto, mantenere con gli estranei il silenzio assoluto su Cosa nostra…"

Poi il rappresentante invita l'iniziato a scegliersi un padrino tra gli uomini d'onore presenti e comincia la cerimonia del giuramento. Si tratta di domandare al nuovo venuto con quale mano è solito sparare e di incidere sull'indice di questa mano un piccolo taglietto per farne uscire una goccia di sangue con cui viene imbrattata un'immagine sacra. Quindi l'immagine viene bruciata dal rappresentante. L'iniziato dovrà farla passare da una mano all'altra giurando fedeltà, meritando in caso contrario di bruciare allo stesso modo.

Appare chiaro, da tutto questo, come Cosa nostra si fondi su valori molto tradizionali: rispetto dei vincoli di sangue, fedeltà, amicizia e onore. L'onore esige che un mafioso anteponga gli interessi di Cosa nostra a quelli dei suoi familiari.
Un altro aspetto interessante è il ruolo svolto dalla religione nell'universo mafioso. Gli uomini d'onore amano presentarsi come persone particolarmente devote e religiose e non è raro che nei covi dei boss la polizia scopra bibbie, immagini sacre, o addirittura cappelle attrezzate con altari e candele. Come l'onore, la religione (o forse sarebbe meglio parlare di pseudoreligione) aiuta i mafiosi a giustificare le loro azioni davanti a se stessi, agli altri mafiosi e alle loro famiglie. Molti mafiosi infatti amano pensare che se uccidono lo fanno in nome di qualcosa di più elevato del denaro e del potere: l'onore e Dio.

5. Le donne
Un boss mafioso ha un diritto assoluto a tenere sotto sorveglianza la vita dei suoi uomini. Può accadere, ad esempio, che un mafioso debba chiedere al suo superiore il permesso di sposarsi. È essenziale che in questo caso il singolo mafioso faccia la scelta giusta, non tanto nel suo interesse, quanto e soprattutto nell'interesse superiore dell'organizzazione. È qui allora che va chiesto il parere decisivo del capofamiglia o del padrino. Più ancora degli altri mariti, infatti, i mafiosi hanno il dovere di tenersi buone le loro consorti, perché c'è il rischio che una moglie di mafia, scontenta del comportamento del proprio marito, decida di parlare con la polizia, danneggiando gravemente l'intera famiglia.

La donna non ha un ruolo decisionale nell'organizzazione, bensì il compito di ben amministrare il nucleo familiare privato dell'uomo d'onore. Cura anche i rapporti con la gente e "educa" i figli a quei principi a cui l'organizzazione è legata, tra cui l'onore e la vendetta.

Può anche accadere che le donne appoggino attivamente il lavoro dei loro uomini, seppur in ruoli subordinati. Le donne non possono essere in ogni caso ammesse nella mafia, infatti l'onore è una qualità esclusivamente maschile, anche se l'onore di un mafioso accresce il prestigio di sua moglie e il buon comportamento di lei a sua volta aumenta l'onore del marito. ■

Il boss Bernardo Provenzano

Un boss mafioso ha un diritto assoluto a tenere sotto sorveglianza la vita dei suoi uomini. Può accadere, ad esempio, che un mafioso debba chiedere al suo superiore il permesso di sposarsi.

▶**3b** Rileggi il paragrafo 3 del testo e ricostruisci la struttura di Cosa nostra, completando gli spazi con le parole giuste.

14 storia COSA NOSTRA

4 Cruciverba

Formate delle squadre. Al via dell'insegnante, completate il cruciverba. Tutte le parole alla forma singolare o plurale sono contenute nel testo dell'attività 3a (il numero tra parentesi indica il paragrafo). Quando avete finito, chiamate l'insegnante. Vince la squadra che per prima completa il cruciverba in modo corretto.

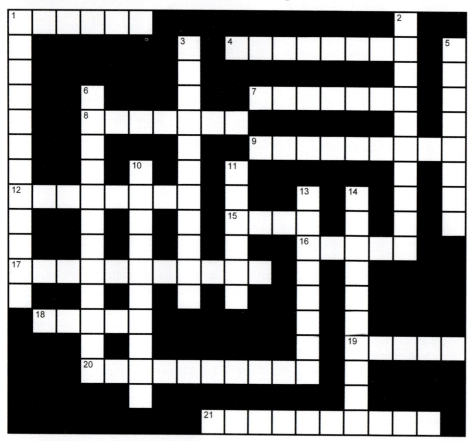

Orizzontali →

1. La struttura della mafia viene spesso paragonata a una piramide o a una _____. (3)
4. Commercio illegale. (2)
7. Il contrario di "tradimento". (4)
8. Boss mafioso. (3)
9. Denuncia, confessione. (4)
12. Protezione dalla punizione, non punibilità. (2)
15. Rifugio segreto. (4)
16. Regola. (4)
17. La cerimonia con cui il nuovo arrivato è introdotto nell'organizzazione mafiosa. (4)
18. Formano la famiglia mafiosa: "uomini d'_____". (3)
19. La "tassa" che i mafiosi chiedono ai commercianti e agli industriali. (2)
20. Richiesta violenta e minacciosa di un pagamento. (2)
21. Il territorio formato da 3 famiglie mafiose. (3)

Verticali ↓

1. La persona più importante in una famiglia mafiosa. (3)
2. Il nome della mafia siciliana. (1)
3. La "pulizia" dei soldi ottenuti con attività illegali. (2)
5. Azione che si fa contro qualcuno per ottenere la riparazione di un'offesa. (5)
6. L'attività con cui si cerca di guadagnare il più possibile a svantaggio di altri. (2)
10. Promessa. (4)
11. Un gruppo di 10 mafiosi. (3)
13. Moglie. (5)
14. Pagare illegalmente qualcuno per avere dei vantaggi. (2)

Cosa significa la parola *mafia*

Il termine *mafia* ha diverse possibili origini. Tradizionalmente si narra che nel XIII secolo, durante l'occupazione dei francesi in Sicilia, un soldato francese violentò una ragazza. La madre corse per le strade urlando "Ma - ffia, Ma - ffia!" ovvero "Mia figlia, Mia figlia". Il grido fu ripetuto da altri e da Palermo il termine si diffuse in tutta la Sicilia, diventando la parola d'ordine del movimento di resistenza dei siciliani contro i dominatori francesi. Altre possibili origini:
- derivazione dalla parola araba *mā hias*, che significa *spacconeria, spavalderia*;
- derivazione dall'espressione dell'arabo parlato, *mā fi-ha* che significa *non c'è* o *non esiste*;
- derivazione dal toscano *mafia*, che significa *miseria* oppure *ostentazione vistosa, spocchia*.

storia 14
COSA NOSTRA

5 Parlare

Lavora in un gruppo di 3 (1 padrino e 2 poliziotti) e leggi le istruzioni che ti riguardano.
Poi iniziate l'interrogatorio.

Il padrino

Sei un potente boss della mafia. Hai deciso di collaborare con la giustizia perché sei deluso dall'organizzazione che ti ha tradito e "venduto" alla polizia. In cambio chiedi delle garanzie per un processo non troppo severo. Contratta le condizioni, poi rispondi alle domande dei poliziotti e spiega tutto quello che sai della mafia.

I poliziotti

Dovete interrogare un potente boss della mafia che ha deciso di collaborare con la giustizia, perché deluso dall'organizzazione che l'ha tradito e "venduto" alla polizia. In cambio il boss chiede delle garanzie per un processo non troppo severo. Contrattate le condizioni, poi interrogatelo, chiedendogli di spiegare tutto quello che sa della mafia.

6 Analisi grammaticale

6a *Osserva queste frasi tratte dal testo dell'attività 3a. Poi rispondi alla domanda.*

> Questa commissione provinciale è presieduta da uno dei capi-mandamento...

> È qui allora che va chiesto il parere decisivo del capofamiglia...

> Il candidato viene condotto in una stanza alla presenza del rappresentante della famiglia...

Secondo te, cosa hanno in comune dal punto di vista grammaticale?

☐ Sono tutte frasi attive.   ☐ Sono tutte frasi passive.
☐ Sono tutte frasi impersonali.   ☐ Sono tutte frasi riflessive.

6b *Osserva ancora questa frase del testo. In genere la frase passiva ha un soggetto (chi subisce l'azione) e un verbo passivo. Qualche volta, ma non sempre, c'è anche un agente (chi fa l'azione). Sai trasformare la frase alla forma attiva?*

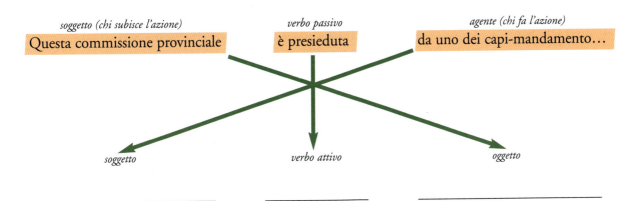

14 | storia COSA NOSTRA

6c *Trova e* sottolinea *nel testo dell'attività* **3a** *delle frasi come quelle del punto* **6a**. *Poi classificale nella tabella in base al verbo ausiliare utilizzato. Quando c'è l'agente, trascrivilo nella tabella accanto al verbo, come nell'esempio.*

ausiliare *essere*	ausiliare *venire*	ausiliare *andare*
è *presieduta (da uno dei capi mandamento)*		

6d *Ora osserva i verbi delle prime due colonne. Gli ausiliari* **essere** *e* **venire** *esprimono una forma passiva molto simile e spesso intercambiabile. Pertanto in genere una frase passiva può essere costruita sia con* **essere** *che con* **venire**. *Non sempre però questo è possibile. Discuti con un compagno per rispondere alle domande e poi completa il box sulla forma passiva con* **essere** *e* **venire**.

1. Una delle forme passive della prima colonna può essere costruita solo con l'ausiliare *essere*. Sai trovarla?

2. Perché non può essere trasformata con *venire*?

> **Forma passiva con *essere* e *venire***
>
> Per fare una frase passiva posso usare gli ausiliari *essere* o *venire*. L'ausiliare *venire* non può essere usato con i tempi _____ (passato prossimo, trapassato prossimo, futuro anteriore, ecc.) ma solo con i tempi _____.
>
> L'ausiliare *venire*, rispetto ad *essere*, sottolinea maggiormente l'aspetto dinamico dell'azione. Spesso la scelta tra *essere* e *venire* può dipendere anche dal gusto personale di chi scrive o da ragioni stilistiche.

6e *Per fare una frase passiva posso usare anche l'ausiliare* **andare**. *Osserva i verbi della terza colonna della tabella del punto* **6c** *e rispondi alle domanda. Aiutati rileggendo le frasi nel testo dell'attività* **3a**.

Secondo te, quale valore assume la frase passiva con l'ausiliare *andare*?
- ☐ Un valore di dovere, di necessità.
- ☐ Un valore di possibilità.
- ☐ Un valore di opinione.

6f *Rispondi alla domanda confrontandoti con un compagno.*

Secondo te, qual è la funzione comunicativa della forma passiva, rispetto alla forma attiva?

- ☐ Al contrario della forma attiva, che dà rilievo alla persona o alla cosa che fa l'azione, la forma passiva si usa per dare rilievo alla persona o alla cosa che subisce l'azione.

- ☐ Al contrario della forma attiva, la forma passiva si usa per riferirsi sempre a situazioni o fatti assolutamente sicuri e certi.

- ☐ La forma passiva è una forma più antica della forma attiva, e si usa quasi esclusivamente nella lingua scritta.

COSA NOSTRA storia 14

7 Ascoltare

7a *Ascolta più volte questo brano tratto dal film "I cento passi" e rispondi alle domande. Dopo ogni ascolto consultati con un compagno. Se necessario rileggi la trama del film a pag. 163.*

Nel brano un compagno di Peppino Impastato parla alla radio. Secondo te:
1. A che punto siamo del film?
2. Cos'è successo?
3. Qual è la versione dei carabinieri?
4. Che opinioni esprime il compagno di Peppino su tutta la vicenda?

7b *Nel suo monologo il compagno di Peppino Impastato cita 3 importanti personaggi della storia politica italiana. Scrivi i 3 nomi al posto giusto nei testi. Se necessario riascolta il brano.*

Giangiacomo Feltrinelli   **Aldo Moro**   **Giuseppe Pinelli**

1. _____: attivista del movimento anarchico morto in circostanze misteriose nel 1969 durante un interrogatorio alla Questura di Milano. La versione ufficiale del suicidio è stata a lungo contestata da una parte dell'opinione pubblica.

2. _____: editore di idee marxiste e rivoluzionarie morto nel 1972 durante la preparazione di un attentato con esplosivo. Secondo alcuni ci sarebbero però dei dubbi sulle reali cause della sua morte.

3. _____: importante uomo politico rapito e ucciso nel 1978 dal gruppo terroristico delle Brigate Rosse.

8 Esercizio

8a *Completa il brano tratto dal film con i pronomi e i verbi coniugati nel modo giusto. I verbi non sono in ordine.*

andare - ci   dare - ci   dire - lo   esserci   fare - ci   identificare - ci
lasciare - lo   piacere - ci   spegnere - la   volere - la   voltarsi

Adesso fate una cosa, _____ questa radio. _____ pure dall'altra parte, tanto si sa come vanno a finire queste cose, si sa che niente può cambiare. Voi avete dalla vostra la forza del buon senso, quello che non aveva Peppino.
Domani _____ i funerali, voi non _____. _____ solo.
E _____ una volta per tutte che noi siciliani la mafia _____. Ma non perché _____ paura, perché _____ sicurezza, perché _____, perché _____. Noi siamo la mafia, e tu Peppino non sei stato altro che un povero illuso.

14 | storia COSA NOSTRA

8b *Ora chiudi il libro e ascolta il brano.*
Poi riguarda il testo e confrontati con un compagno.

8c *Riascolta il brano guardando il testo e verifica.*

9 Analisi grammaticale

9a *Tra i verbi che hai inserito nell'esercizio **8a**, alcuni sono all'imperativo (positivo e negativo). Scrivili nella tabella.*

imperativo positivo	imperativo negativo

9b *Completa le regola dei pronomi con l'imperativo: inserisci gli imperativi mancanti con i pronomi (quelli che hai trovato al punto **9a**) e specifica se il pronome va prima (**P**) o dopo (**D**) il verbo. Usa il verbo "spegnere", come negli esempi.*

	imperativo positivo	imperativo negativo
Tu	Spegnila! (D)	Non la spegnere!/ Non spegnerla! (P/D)
Lei (formale)	La spenga! (P)	Non la spenga! (P)
Noi	_____	Non la spegniamo!/ Non spegniamola! (P/D)
Voi	_____	_____

9c *Osserva questa frase. Nel testo dell'esercizio **8**, la stessa frase è costruita in modo diverso. Cercala e trascrivila qui sotto. Poi, insieme a un compagno, cerca di capire qual è la differenza tra le due frasi. Infine leggi il box alla pagina seguente sulla dislocazione pronominale.*

noi siciliani vogliamo la mafia _____

Cronologia degli avvenimenti di mafia

Ecco una cronologia dei principali avvenimenti di mafia degli ultimi anni.
1982: a Palermo viene ucciso da un gruppo di 10 killer il generale Dalla Chiesa, responsabile della lotta alla mafia in Sicilia.
1983-1991: nel corso di questi anni la mafia è forte e attiva. Vengono uccisi tra gli altri il giudice Rocco Chinnici, il giornalista e scrittore Giuseppe Fava, il giudice Rosario Livatino e l'imprenditore Libero Grassi, eliminato perché si rifiutava di pagare il pizzo a Cosa Nostra.
1992: il più importante e famoso giudice antimafia, Giovanni Falcone, viene ucciso in un attentato esplosivo sull'autostrada per Palermo. È il più grave attentato mai compiuto dalla mafia. Due mesi dopo la mafia ucciderà nello stesso modo anche il giudice Paolo Borsellino, il più stretto collega di Falcone.
1993: viene arrestato il boss Totò Riina, considerato il responsabile dell'uccisione dei due giudici Falcone e Borsellino.

10 Gioco

A turno fatevi delle domande e rispondete come negli esempi. Per ogni domanda e per ogni risposta esatta si guadagna un punto. Vince chi realizza più punti alla fine del gioco.

Es:

Spengo la tv? — no - (tu)
Stud. A - La tv la spengo?   Stud. B - No, non la spegnere./Non, non spegnerla.

Scriviamo una mail a Giulio? — sì - (noi)
Stud. B - Una mail a Giulio gliela scriviamo?   Stud. A - Sì, scriviamogliela.

Compro il pane?	sì - (tu)	Vi porto il latte?	sì - (tu)
Chiudo la finestra?	no - (tu)	Faccio il caffè?	sì - (tu)
Compriamo la casa?	sì - (noi)	Vado da Anna?	sì - (tu)
Facciamo gli esercizi?	sì - (voi)	Ti do la cravatta?	sì - (tu)
Telefono a Laura?	no - (tu)	Vi do le valige?	sì - (tu)
Presto la macchina a Mauro?	sì - (tu)		
Facciamo il regalo a Paolo?	sì - (noi)		
Diamo i soldi a Rita?	sì - (noi)		
Prendo il taxi?	sì - (Lei)		
Faccio il contratto al signor Mori?	no - (Lei)		
Ti lascio la sedia?	no - (tu)		

La dislocazione pronominale

Per dislocazione si intende lo spostamento dell'oggetto (diretto o indiretto) a sinistra o a destra, rispetto alla sua naturale posizione nella frase. Al posto dell'oggetto si inserisce un pronome.

Dislocazione a sinistra
Si ha dislocazione a sinistra quando l'oggetto (diretto o indiretto) è spostato nella parte iniziale della frase.

Noi siciliani vogliamo **la mafia**. →
Noi siciliani **la mafia** la vogliamo.
Oggi non mangio **la pasta**. →
La pasta oggi non la mangio.
Telefono dopo **a Pino**, non ora. →
A Pino gli telefono dopo, non ora.

La dislocazione è una strategia che si usa per dare più rilievo all'oggetto. È molto usata nella lingua parlata.

11 Leggere

11a *Leggi l'inizio di questo testo.*

> L'autobus stava per partire, rombava sordo con improvvisi raschi[1] e singulti[2]. La piazza era silenziosa nel grigio dell'alba, sfilacce[3] di nebbia ai campanili della Matrice: solo il rombo dell'autobus e la voce del venditore di panelle[4], panelle calde panelle, implorante ed ironica. Il bigliettaio chiuse lo sportello, l'autobus si mosse in un rumore di sfasciume[5]. L'ultima occhiata che il bigliettaio girò sulla piazza, colse l'uomo vestito di scuro che veniva correndo; il bigliettaio disse all'autista - un momento - ed aprì lo sportello mentre l'autobus ancora si muoveva. Si sentirono due colpi squarciati...

Secondo te, come continua il racconto?
Fai delle ipotesi parlando con un compagno.

[1] **raschi:** rumori. [2] **singulti:** singhiozzi, versi. [3] **sfilacce:** fili. [4] **panelle:** frittelle di pasta e ceci. [5] **sfasciume:** rottame, rovina.

1993: viene ucciso il sacerdote Pino Pugliesi, impegnato nella lotta alla mafia. È la prima importante azione della mafia contro la Chiesa cattolica.
1993: la mafia compie 3 spettacolari attentati. A Firenze esplode un'autobomba alla Galleria degli Uffizi, che provoca 9 morti e danneggia alcune importanti opere, a Milano esplode un'altra autobomba provocando 5 morti, a Roma esplodono due autobomba che danneggiano la basilica di San Giovanni.
1999-2004: uno dei più importanti politici italiani, Giulio Andreotti, più volte ministro e Presidente del Consiglio, è processato con l'accusa di "associazione mafiosa". Sarà assolto, ma con una sentenza ambigua (le accuse più gravi riguardano fatti troppo lontani nel tempo e non più giudicabili) che lascia molti dubbi nell'opinione pubblica.
2006: viene arrestato il boss Bernardo Provenzano, considerato il capo della mafia e ricercato da oltre quarant'anni.

> **11b** *Ora leggi il seguito.*

Delitto

L'autobus stava per partire, rombava sordo con improvvisi raschi e singulti. La piazza era silenziosa nel grigio dell'alba, sfilacce di nebbia ai campanili della Matrice: solo il rombo dell'autobus e la voce del venditore di panelle, panelle calde panelle, implorante ed ironica. Il bigliettaio chiuse lo sportello, l'autobus si mosse in un rumore di sfasciume. L'ultima occhiata che il bigliettaio girò sulla piazza, colse l'uomo vestito di scuro che veniva correndo; il bigliettaio disse all'autista - un momento - ed aprì lo sportello mentre l'autobus ancora si muoveva. Si sentirono due colpi squarciati: l'uomo vestito di scuro, che stava per saltare sul predellino[1], restò per un attimo sospeso, come tirato su per i capelli da una mano invisibile; gli cadde la cartella di mano e sulla cartella lentamente si afflosciò.

Il bigliettaio bestemmiò: la faccia gli era diventata colore di zolfo, tremava. Il venditore di panelle, che era a tre metri dall'uomo caduto, muovendosi come un granchio cominciò ad allontanarsi verso la porta della chiesa. Nell'autobus nessuno si mosse, l'autista era come impietrito, la destra sulla leva del freno e la sinistra sul volante. Il bigliettaio guardò tutte quelle facce che sembravano facce di ciechi, senza sguardo; disse - l'hanno ammazzato - si levò il berretto e freneticamente cominciò a passarsi la mano tra i capelli; bestemmiò ancora.

I carabinieri - disse l'autista - bisogna chiamare i carabinieri.

Si alzò ed aprì l'altro sportello - ci vado - disse al bigliettaio.

Il bigliettaio guardava il morto e poi i viaggiatori. C'erano anche donne sul-

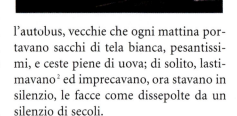

l'autobus, vecchie che ogni mattina portavano sacchi di tela bianca, pesantissimi, e ceste piene di uova; di solito, lastimavano[2] ed imprecavano, ora stavano in silenzio, le facce come dissepolte da un silenzio di secoli.

Chi è? - domandò il bigliettaio indicando il morto.

Nessuno rispose. Il bigliettaio bestemmiò, era un bestemmiatore di fama tra i viaggiatori di quella autolinea, bestemmiava con estro: già gli avevano minacciato il licenziamento, ché tale era il suo vizio alla bestemmia da non far caso alla presenza di preti e monache sull'autobus. Era della provincia di Siracusa, in fatto di morti ammazzati aveva poca pratica: una stupida provincia, quella di Siracusa; perciò con più furore del solito bestemmiava.

Vennero i carabinieri, il maresciallo nero di barba e di sonno. L'apparire dei carabinieri squillò come allarme nel letargo[3] dei viaggiatori: e dietro al bigliettaio, dall'altro sportello che l'autista aveva lasciato aperto, cominciarono a scendere. In apparente indolenza, voltandosi indietro come a cercare la distanza giusta per ammirare i campanili, si allontanavano verso i margini della piazza e, dopo un ultimo sguardo, svicolavano. ■

da Leonardo Sciascia, *Il giorno della civetta,* Einaudi, 1961

---

[1] **predellino:** gradino per salire e scendere.
[2] **lastimavano:** si lamentavano, maledicevano (dialettale).
[3] **letargo:** sonno.

Leonardo Sciascia

È stato uno dei più importanti scrittori italiani del '900. Di origine siciliana, Sciascia è conosciuto soprattutto per i suoi romanzi gialli in cui affronta il tema della mafia. *Il giorno della civetta* (1961) è senz'altro il suo romanzo più famoso. Protagonista del libro è un capitano di polizia che indaga in Sicilia sull'uccisione di un costruttore edile, scontrandosi con un clima di omertà e complicità che avvolge ogni cosa. Proprio quando la sua indagine arriverà a scoprire le responsabilità di un potente padrino, la politica bloccherà tutto. Va ricordato, sempre sullo stesso tema, anche il romanzo *A ciascuno il suo.*

12 Esercizio

Sei un autore di fumetti. Stai preparando la sceneggiatura della scena che hai letto per il fumetto "Il giorno della civetta". Segui le istruzioni.

1. Scrivi quali sono i personaggi principali e i personaggi secondari.
2. Rileggi il brano e scegli 4 immagini da disegnare per il tuo fumetto. Le 4 immagini rappresentano i momenti più importanti della scena.
3. Confrontati con due compagni e discuti con loro delle 4 immagini che hai scelto. Insieme concordate una nuova lista di 4 immagini.
4. Formate dei gruppi con compagni diversi e concordate una nuova lista.
5. Prendete un foglio e dividetelo in 4 parti. Disegnate le 4 immagini. Aggiungete le didascalie e i dialoghi.

13 Analisi del discorso

13a *Sai cos'è una similitudine? Leggi la definizione qui sotto.*

Similitudine (dal latino *similitudo*, "somiglianza"): è un'espressione che permette di dare a una persona, a un animale o a una cosa le qualità o le caratteristiche tipiche di altri. Per fare una similitudine si usa spesso l'avverbio *come* o il verbo *sembrare*.

Anna è bella come il sole.
Mio nonno ha 80 anni ma sembra un ragazzino.

Lucio mangia come un leone.

13b *Trova e <u>sottolinea</u> nel testo dell'attività **11b** degli esempi di similitudine. Poi confrontati con un compagno e cerca di spiegarne il significato.*

14 Gioco

14a *Scrivi su un foglio delle similitudini riferite alle persone/cose della lista, senza scriverne il nome.*

Il mio/La mia insegnante — Un mio compagno/Una mia compagna di corso — Gli italiani
L'Italia — Il mio paese — I miei connazionali — La mia città — La mia casa
Un libro che ho letto — La grammatica italiana

14b *Scambia il foglio con un compagno. A turno, leggete una similitudine sul foglio del compagno e indovinate a quale persona/cosa della lista si riferisce. Vince chi indovina più persone/cose.*

15 Scrivere

Alla fine di questa lezione, che idea hai della mafia? Cosa ti colpisce di più? Pensi che sia un fenomeno ineliminabile? Scrivi le tue impressioni.

UNITÀ 15

NON SOLO PAROLACCE

1 Introduzione

1a *Trova, tra le espressioni della lista, quella che non corrisponde alla definizione qui sotto.*

Parola o espressione offensiva rivolta contro qualcuno o qualcosa.

ingiuria   finezza   epiteto   insulto
espressione scurrile   volgarità   parolaccia

1b *Conosci qualche "parolaccia" in italiano? Hai mai sentito un italiano usarne qualcuna? E tu, ne hai mai usata qualcuna? In quali situazioni? Parlane con i compagni.*

ATTENZIONE!!!
Se non sopportate le parolacce, i punti C, D ed E potrebbero essere troppo "forti" per voi. In questo caso, passate direttamente alla pagina seguente.

1c *Le battute del dialogo che ascolterai, contengono delle espressioni volgari. Sai riconoscerne qualcuna?*

1d *Riascolta il dialogo e rispondi alle domande consultandoti con un compagno.*

1. Chi sono i personaggi?
2. Perché vengono usate le espressioni volgari?

1e *Nel dialogo viene usata un'espressione volgare tipicamente milanese. Qual è? Se necessario riascolta.*

La parolaccia

Le battute del dialogo che hai ascoltato si trovano in una scena del film *Il trucido e lo sbirro*, ispirata al celebre ristorante romano *La parolaccia*, conosciuto per il servizio atipico a base di parolacce e insulti verso i clienti. In un'atmosfera giocosa e ridanciana, i camerieri recitano il ruolo dei "romani" volgari e indisponenti, trattando a male parole i clienti, tirandogli addosso i piatti e i tovaglioli e facendo battute pesanti e piene di doppi sensi.

2 Leggere - Gruppo A

2a *Dividetevi in due gruppi, A e B. Ogni studente del gruppo A legge il testo qui sotto e sceglie le affermazioni giuste. Lo stesso fa ogni studente del gruppo B con il testo a pag. 176.*

GRUPPO A

Dare del «rompic...» si può / non si può

Lo ha stabilito la Corte di Cassazione in una sentenza.

ROMA - Dare del «rompic...» a chi è troppo insistente **si può** / **non si può**. Lo ha stabilito la Corte di Cassazione con una sentenza che farà discutere. Infatti, pur denotando «disprezzo per l'interlocutore», l'espressione **può** / **non può** essere utilizzata senza incorrere in guai giudiziari se usata per difendersi dagli insistenti offensivi.

Il via libera arriva dalla Corte di Cassazione che, dopo aver esaminato il caso, ha annullato la condanna per il reato di ingiuria inflitta ad S. S., un 57enne imprenditore marchigiano che per diverso tempo aveva ricevuto telefonate dalla persona che aveva tamponato che «pretendeva con toni concitati un risarcimento per i danni subiti dalla sua motocicletta».

S. S., stancatosi delle continue pressioni e delle insistenze di R. T. che lo aveva pure «minacciato di denunciare il fatto alla stampa», per tutta risposta gli aveva dato del «rompic...».

Denunciato, S. S. era stato ritenuto colpevole di ingiuria dal giudice di Pace di Montegiorgio, nel luglio del 2006, ed era stato pure condannato a risarcire i danni ad R. T. per la sofferenza patita in seguito all'espressione.

Avendo S. S. fatto ricorso, il caso è passato all'esame della Corte di Cassazione, che adesso con un colpo di scena ha annullato la condanna, sostenendo che le insistenze del motociclista, come pure la «minaccia di denunciare il fatto» alla stampa, rappresentano «circostanze che possono ben determinare uno stato d'ira e dunque la conseguente **punibilità** / **non punibilità** dell'imputato». E così R. T., che credeva di aver avuto la meglio, si è visto alla fine dare torto. Insomma, gli insistenti sono avvertiti.

E pensare che un'espressione del genere, fino a qualche decennio fa, **sarebbe** / **non sarebbe** stata considerata altamente offensiva e certamente suscettibile di condanna da parte di un tribunale. ■

da www.corriere.it

2b *Senza guardare il testo, confrontati con uno studente del tuo gruppo e di' cosa hai capito. Poi rileggi il testo.*

2c *Lavora con uno studente dell'altro gruppo, chiudi il libro e raccontagli di cosa parla il tuo testo.*

2d *Leggi il testo dell'altro gruppo. Poi torna a parlare con il compagno di prima.*

2e *Cosa pensi delle due sentenze? Discutine in gruppo con alcuni compagni.*

15 lingua NON SOLO PAROLACCE

2 Leggere - Gruppo B

2a *Leggi il testo qui sotto e scegli le affermazioni giuste.*

GRUPPO B

Dire «str...» è / non è offensivo

Per i giudici della Corte di Cassazione non conta lo spirito con cui viene detto, ma ciò che significa.

ROMA - Il linguaggio comune si è aperto a espressioni sempre più colorite e un tempo ritenute scurrili, ma la parola "str..." resta una vera e propria "ingiuria" e rivolgerla a qualcuno **può** / **non può** costare caro. A stabilirlo è la Corte di Cassazione che ha condannato al pagamento di una multa un carabiniere colpevole di averla usata con disinvoltura nei confronti di un immigrato che, essendo stato sorpreso alla guida di un'automobile malgrado la sospensione della patente, aveva discusso con il pubblico ufficiale, protestando vivacemente.

Il carabiniere era stato assolto sia in primo che in secondo grado dall'accusa di ingiuria, ma la Cassazione ha ribaltato il verdetto. I giudici di primo e secondo grado avevano stabilito che verso chi usa la parola "str..." **bisogna** / **non bisogna** avere una certa tolleranza in quanto il suo intento offensivo è dubbio. Il carabiniere, secondo i giudici, avrebbe più verosimilmente utilizzato l'espressione "per indurre l'interlocutore a desistere da contestazioni considerate canzonatorie".

Trascorsi solo pochi giorni dalla pubblicazione della sentenza, l'immigrato, Habib H., aveva però presentato ricorso in Cassazione, facendo notare come l'espressione "str..." **fosse** / **non fosse** da considerare altamente offensiva. "I giudici di primo e secondo grado - si legge nelle motivazioni della Corte di Cassazione - riconoscono l'offensività di quell'epiteto ripetutamente proferito dall'imputato nei confronti del suo interlocutore, ma dubitano che fosse inteso effettivamente all'offesa, anche in considerazione dell'uso ormai abituale di espressioni simili nel contesto di accese discussioni".

Una tolleranza che la Corte di Cassazione ha ritenuto di non dover avallare, sottolineando come "in tema di delitti contro l'onore non è richiesta la presenza di un'intenzione ingiuriosa", ma è sufficiente che si utilizzino "parole ed espressioni socialmente interpretabili come offensive, cioè adoperate in base al significato che esse vengono oggettivamente ad assumere".

In definitiva, per la Cassazione **importa** / **non importa** "quali fossero le intenzioni" del carabiniere, l'epiteto "str.." va bandito dal linguaggio corrente, punto e basta. Difficile dargli torto, almeno a sfogliare il dizionario della lingua italiana, dove alla voce "str..." si legge: "escremento solido di forma cilindrica". ■

da www.repubblica.it

2b *Senza guardare il testo, confrontati con uno studente del tuo gruppo e di' cosa hai capito. Poi rileggi il testo.*

2c *Lavora con uno studente dell'altro gruppo, chiudi il libro e raccontagli di cosa parla il tuo testo.*

2d *Leggi il testo dell'altro gruppo. Poi torna a parlare con il compagno di prima.*

2e *Cosa pensi delle due sentenze? Discutine in gruppo con alcuni compagni.*

3 Analisi lessicale

3a *Senza guardare i due testi, collega ogni verbo di sinistra alle parole di destra e ricostruisci le espressioni. Poi scrivile nella terza colonna.*

verbo	parole	espressione
dare	caro	_____
avere	colpevole	_____
ritenere	la meglio	_____
costare	il verdetto	_____
ribaltare	torto	_____

3b *Nelle frasi qui sotto, estratte dai due testi, le espressioni che hai ricostruito al punto 3a sono state sostituite con delle **espressioni** di significato opposto. Correggi le frasi sostituendo le espressioni cambiate con quelle giuste, poi consultati con un compagno.*

Denunciato, S. S. era stato **giudicato innocente**…

…la parola "str..." resta una vera e propria "ingiuria" e rivolgerla a qualcuno può **avere scarse conseguenze**.

E così R. T., che credeva di **aver avuto la peggio**, si è visto alla fine **dare ragione**.

Il carabiniere era stato assolto sia in primo che in secondo grado dall'accusa di ingiuria, ma la Cassazione ha **confermato la sentenza**.

3c *Qui sotto hai una lista di alcuni verbi (all'infinito) usati nei due testi dell'attività 2. In 4 verbi il significato è stato scambiato. Trovali e rimettili al posto giusto.*

testo	riga	verbo	significati
A	8	incorrere	andare a finire, venire a trovarsi (in una situazione spiacevole e spesso imprevista)
A	15	infliggere	imporre (una pena, un castigo, una sofferenza)
A	18	tamponare	abolire, eliminare, allontanare
A	24	minacciare	avvertire (qualcuno di fare qualcosa di negativo), spaventare
A	24	denunciare	accusare, portare a conoscenza dell'autorità giudiziaria
A e B	31 e 8	condannare	dichiarare innocente un imputato, liberare da un'accusa
A	31	risarcire	rimborsare, riparare un danno materiale mediante il pagamento di una somma di denaro
A	34	fare ricorso	chiedere un nuovo giudizio, chiedere il riesame di un caso giudiziario
B	17	assolvere	dichiarare qualcuno colpevole, punire
B	30	desistere	cessare, rinunciare
B	42	proferire	articolare, pronunciare in modo chiaro
B	44	dubitare	non ritenere possibile, non credere
B	51	avallare	appoggiare, sostenere, confermare, approvare
B	63	bandire	urtare, sbattere contro un veicolo

15 | lingua NON SOLO PAROLACCE

4 Parlare

Lavorate in gruppi di 3: un giudice, un accusatore e un imputato. Scegliete una delle storie raccontata nei due articoli e preparatevi a rappresentare il processo. Poi recitate la scena davanti alla classe.

5 Analisi grammaticale

5a *Osserva i verbi **evidenziati** nelle frasi tratte dai due testi: sono tutti infiniti preceduti da una congiunzione o da una preposizione. Poi completa il box "Alcuni usi dell'infinito".*

1. (testo A, riga 48) - **E pensare** che un'espressione del genere, fino a qualche decennio fa, sarebbe stata considerata altamente offensiva…

2. (testo B, riga 7) - **A stabilirlo** è la Corte di Cassazione…

3. (testo B, riga 35) - Habib H., aveva però presentato ricorso in Cassazione, facendo notare come l'espressione "str…" fosse **da considerare** altamente offensiva.

4. (testo B, riga 64) - Difficile dargli torto, almeno **a sfogliare** il dizionario della lingua italiana…

Alcuni usi dell'infinito

L'infinito preceduto dalla preposizione _____ può sostituire frasi passive con valore di "dovere". *(Esempio n° ___)*

L'infinito preceduto dalla congiunzione _____ si può usare per esprimere incredulità e sorpresa. *(Esempio n° ___)*

L'infinito preceduto dalla preposizione _____ si può usare come prima parte di un discorso ipotetico ("se"), con forte significato modale e limitativo. *(Esempio n° ___)*

L'infinito preceduto dalla preposizione _____ può essere la prima parte di una frase scissa costruita con la forma implicita. *(Esempio n° ___)*

Il cinema italiano e la parolaccia

Il cinema italiano ha sempre usato una certa spontaneità e immediatezza dialettale per caratterizzare socialmente, culturalmente e linguisticamente i suoi personaggi. Genere celebre a questo proposito è la commedia all'italiana con Alberto Sordi, Ugo Tognazzi, Vittorio Gassman, solo per citarne gli interpreti più famosi. Verso la fine degli anni '70 si è sviluppato un genere "di serie B", in cui il dialetto ha lasciato spazio alla parolaccia ed alla volgarità. Esempi di quegli anni sono le commedie sexy, caratterizzate da uno stile erotico-boccaccesco (con il pugliese Lino Banfi) e i gialli all'italiana interpretati (strano, ma vero!) dall'attore cubano Tomas Milian nei panni di "er monnezza", romano, volgare, sboccato protagonista di una serie di grande successo.
Negli ultimi anni si sono affermate pellicole commerciali (come quelle dei fratelli Vanzina) in cui gli italiani vengono rappresentati sulla base di scontati luoghi comuni e volgari trovate comiche.

Tomas Milian

Lino Banfi

Alberto Sordi

M. Boldi e C. De Sica in un film dei fratelli Vanzina

NON SOLO PAROLACCE lingua 15

5b *Ora osserva le altre forme implicite tratte dai due testi. Completa la tabella qui sotto e poi il box "Infinito, participio passato e gerundio" alle pagine seguenti.*

Testo e riga	Forma implicita	Modo e tempo	Soggetto della forma implicita	Il soggetto è uguale a quello della principale (SÌ/NO)?	L'azione espressa dal verbo è anteriore (A), contemporanea (C) o posteriore (P) rispetto a quella della principale?	Il participio/Il gerundio ha una funzione causale (PERCHÉ), temporale (QUANDO), modale (COME) o concessiva (ANCHE SE)?
A 6	denotando					
A 13	aver esaminato					
A 22	stancatosi					
A 24	denunciare					
A 28	Denunciato					
A 31	risarcire					
A 34	Avendo fatto					
A 37	sostenendo					
A 44	aver avuto					
B 10	averla usata					
B 12	essendo stato sorpreso					
B 15	protestando					
B 29	indurre					
B 33	Trascorsi					
B 36	facendo					
B 50	dover					
B 51	sottolineando					

6 Ascoltare

6a *Ascolta la prima parte del dialogo e cerca di capire dove sono i due e che rapporto c'è tra loro. Poi, insieme a un compagno, prova a rispondere alla domanda che sentirai alla fine del brano.*

6b *Ora ascolta tutto il dialogo e cerca di capire quali opinioni hanno i due: in cosa sono d'accordo e in cosa no?*

6c *E tu? Con chi dei due sei più d'accordo? Perché?*

15 | lingua
NON SOLO PAROLACCE

7 Analisi grammaticale

7a Insieme a un compagno, osserva queste due battute tratte dal dialogo e cerca di capire cosa significano. Poi rispondete alla domanda.

> Lei - Non **ce la faccio** più.
> Lui - Con chi **ce l'hai** oggi?

- Che tipo di verbi sono quelli **evidenziati?**

7b Rimetti in ordine le varie parti di questo testo. Avrai la risposta alla domanda del punto **7a**.

Frammenti (da riordinare):
- subiscono un cambiamento di significato,
- di "*non poterne più*"
- moltissimi verbi che,
- a volte piccolo (vestirsi, lavarsi),
- è il significato
- sono detti pronominali.
- uniti a particelle pronominali o riflessive,
- in altri casi molto marcato:
- È noto a tutti
- cosa significa "*potere*",
- In italiano esistono
- cioè essere stanco, esausto.
- questi verbi
- molto meno evidente

In italiano esistono...

7c Riascolta il dialogo dell'attività **6b** e scrivi per ogni verbo pronominale l'esatta espressione pronunciata dai due, come nell'esempio.

1. (Non) farcela (più): *Non ce la faccio più.*
2. avercela: _____
3. dirne (di tutti i colori): _____
4. andarsene: _____
5. entrarci: _____
6. prendersela: _____
7. passarci (sopra): _____
8. sentirsela: _____
9. uscirsene: _____
10. buttarla (sul tragico): _____
11. legarsela (al dito): _____
12. farla finita: _____

Infinito, participio passato e gerundio

Infinito
In genere si usa l'infinito nella frase secondaria quando il soggetto è **uguale a / diverso da** quello della principale.
Di solito l'infinito **presente / passato** nella frase secondaria esprime un'azione contemporanea o posteriore rispetto a quella della frase principale e l'infinito **presente / passato** un'azione anteriore.

Participio passato
Il participio passato può avere funzione causale, temporale, concessiva, relativa.
In genere il participio passato nella frase secondaria esprime un'azione **anteriore / posteriore** rispetto a quella della frase principale.
Normalmente la principale e la secondaria **devono / non devono** avere lo stesso soggetto. Nelle frasi con valore temporale o causale ci

NON SOLO PAROLACCE lingua 15

7d *Trova, per ogni verbo pronominale del punto 7c, il significato giusto, come nell'esempio. Poi confrontati con un compagno e, se necessario, riascolta il dialogo.*

(n° ___) andare via, uscire
(n° ___) avere la forza, il coraggio di affrontare una situazione difficile
(n° ___) avere relazione con qualcuno o con qualcosa
(n° ___) criticare duramente qualcuno o qualcosa
(n° ___) non dimenticare un'offesa subita, in attesa che arrivi il momento di vendicarsi
(n° ___) dire qualcosa in modo imprevisto e inopportuno
(n° _2_) essere offesi, arrabbiati (con qualcuno)
(n° ___) drammatizzare
(n° ___) non dare importanza a qualcosa
(n° ___) offendersi, arrabbiarsi
(n° ___) non riuscire a sopportare qualcosa
(n° ___) smettere, interrompere di fare o dire qualcosa

7e *Scegli la regola giusta. Poi scrivi una frase di esempio che corrisponda alla regola.*

Nella coniugazione di un verbo pronominale:

☐ i pronomi riflessivi e le particelle pronominali ("ci", "ne", "la", "le") cambiano in base alla persona a cui si riferiscono.

☐ i pronomi riflessivi cambiano in base alla persona a cui si riferiscono, mentre le particelle pronominali ("ci", "ne", "la", "le") rimangono invariate.

☐ il pronome riflessivo "si" rimane invariato, mentre le particelle pronominali ("ci", "ne", "la", "le") cambiano in base alla persona a cui si riferiscono.

Esempio: _____

---

possono essere soggetti diversi, ma in questo caso il soggetto della secondaria deve essere espresso subito dopo il participio passato.

Gerundio
Le funzioni del gerundio sono numerosissime. Tra queste sono molto frequenti la funzione causale, temporale, concessiva, modale e ipotetica.
In genere il gerundio semplice nella frase secondaria esprime un'azione **anteriore / contemporanea** rispetto a quella della frase principale e il gerundio composto un'azione **anteriore / posteriore**.

Generalmente il soggetto del gerundio nella frase secondaria è uguale a quello della frase principale. Esistono però frasi costruite con il cosiddetto "gerundio assoluto", un gerundio indipendente dal soggetto della frase principale, con un suo soggetto autonomo, che per questo va indicato chiaramente.

15 lingua NON SOLO PAROLACCE

8 Gioco a squadre

La classe è divisa in squadre di 4/5 persone. Ogni squadra ha 7 minuti di tempo per capire il significato di tutti i verbi della lista. In questa fase è possibile usare il dizionario. Allo scadere dei 7 minuti l'insegnante dice un numero da 1 a 26 indicante un verbo della lista. Poi tira un dado una prima volta per selezionare il soggetto (1 = io, 2 = tu, 3 = lui/lei, 4 = noi, 5 = voi, 6 = loro) e una seconda volta per selezionare il modo e il tempo (1 = presente, 2 = passato prossimo, 3 = imperfetto, 4 = imperativo, 5 = condizionale semplice / composto, 6 = congiuntivo presente / passato / imperfetto / trapassato). Le squadre devono cercare di scrivere una frase corretta con il verbo pronominale corrispondente, coniugato alla persona e al modo e tempo indicato. Quando una squadra ha la frase pronta grida "FATTO!" e un suo rappresentante può andare alla lavagna a scriverla. Se la frase è corretta la squadra prende un punto, se è scorretta la squadra viene penalizzata di un punto e la seconda nuova squadra che si è prenotata può andare alla lavagna. In questa fase non si può usare il dizionario. Vince la squadra che per prima raggiunge 5 punti.

1. farcela
2. non farcela più
3. avercela
4. dirne (di tutti i colori)
5. andarsene
6. entrarci
7. prendersela
8. passarci (sopra)
9. sentirsela
10. uscirsene
11. buttarla (sul tragico)
12. legarsela (al dito)
13. farla finita
14. finirla
15. volerci
16. vederci
17. provarci
18. fregarsene
19. metterci
20. passarsela (bene/male)
21. mettercela (tutta)
22. smetterla
23. volerne (a qualcuno)
24. cavarsela
25. averne (abbastanza)
26. (non) poterne (più)

9 Esercizio

Leggi questo testo e scegli la forma giusta tra quella implicita e quella esplicita. Poi confrontati con un compagno. Attenzione, in alcuni casi solo una delle due possibilità è chiaramente corretta, in altri sono entrambe formalmente corrette, ma una delle due è stilisticamente più accettabile.

Piccolo viaggio intorno alla parolaccia

Dalla bestemmia all'imprecazione
Roberto Tartaglione

Considerate / Mentre sono state considerate fino a qualche tempo fa un'esclusiva degli uomini (era infatti giudicato di pessimo gusto usare espressioni volgari in presenza delle "signore"), negli ultimi anni le parolacce sono entrate nel linguaggio comune un po' a tutti i livelli: non solo fra le donne e fra i giovani, ma anche per colorire discorsi o espressioni particolari; e persino per radio, per televisione o sui giornali non è raro **trovare / che si trovino** parole che fino a qualche anno fa si ritenevano impronunciabili.

Volendo / Se si vuole schematizzare, si può dire che le "espressioni volgari" sono principalmente di tre tipi: la bestemmia, la parolaccia e l'imprecazione.

La bestemmia è un'offesa contro Dio o altre figure religiose, **essendo**

182   magari

sentita / ed è sentita come un'espressione estremamente pesante e volgare. Tuttavia in alcune regioni la bestemmia ha un valore molto meno forte: soprattutto in Toscana e in Veneto il suo uso è piuttosto diffuso **essendone stata / e ne è** prova il fatto che in alcune strade di queste regioni ancora troviamo antichi cartelli che invitano i passanti a "non bestemmiare".

La parolaccia vera e propria è invece un insulto contro una persona. Tuttavia, **essendo il suo uso / dopo che il suo uso è** così frequente (perfino in senso positivo, quasi come complimento!) la sua violenza si è poco a poco alleggerita. Valga per tutti l'esempio di una tipica parolaccia romana, *figlio di mignotta* (da figlio di *madre ignota, sconosciuta*), in genere **usata / che viene usata** contro una persona per darle del "bastardo". Questa, **pur essendo / pur se è** un'offesa abbastanza grave, ha in romanesco una connotazione quasi affettuosa: infatti, nella logica popolare, i bambini figli di nessuno sono persone particolarmente furbe, abilissime nell'arte di arrangiarsi, dinamiche e capaci, abituate come sono a lottare con la vita giorno per giorno. Per questo, qualche volta, questa espressione può essere rivolta a un amico che, **per aver dimostrato / siccome ha dimostrato** la sua scaltrezza in qualche occasione speciale, è considerato particolarmente furbo e abile. Ma attenzione, **valso questo / se questo vale** per una regione (il Lazio), non è la stessa cosa per un'altra e per esempio in Sicilia la stessa frase può suscitare giustamente una reazione pesante da parte di chi la riceve.

Esistono poi parolacce che, **diffuse / dato che sono diffuse** a livello nazionale e **per questo logorate / dato che sono logorate** dall'uso continuo, hanno perso il loro significato originario **acquisendone / e ne acquisiscono** decisamente un altro: *casino*, per esempio, ha quasi sostituito il termine confusione, caos, **perso / e ha perso** il suo significato di "casa di tolleranza", "bordello", **dando / come ha dato** origine tra l'altro a numerosi derivati: *fare casino*, confondere le cose; *incasinato*, essere confuso; *casinista*, disordinato nel pensare o nell'agire. Ma se quest'ultima parola ancora conserva qualche residuo di volgarità e se ne sconsiglia l'uso in occasioni che non siano estremamente colloquiali, diverso è il caso del verbo *fregarsene* che **avendo sostituito / poiché ha sostituito** da tempo il verbo "infischiarsene", **perdendo ormai / ha ormai perso** completamente ogni riferimento al suo significato etimologico.

L'imprecazione è una parolaccia **usata / che si usa** solo per esprimere il proprio disappunto, o **impiegata / che si impiega** anche come intercalare, senza **voler / che si voglia** offendere nessuno e senza più nessun vero significato letterale, se non quello di esprimere rabbia, sorpresa, gioia, dolore e comunque un'emozione forte: un classico esempio è quello dell'espressione *cazzo!*, priva di qualunque riferimento sessuale ed esclusivamente usata come imprecazione o intercalare. Di questo tipo di parolaccia **avendo / abbiamo** esempi anche in altre lingue: l'espressione inglese *fuck!*, quella tedesca *Scheisse!* o la francese *merde!*

Naturalmente per lo straniero, che in Italia ha presto l'occasione di conoscere varie forme di espressioni volgari, ne è consigliabile un apprendimento esclusivamente passivo, perché difficilmente (**a meno di non soggiornare / a meno che non soggiorni** lungamente in questo paese) potrà imparare a dosare con esattezza la maggiore o minore gravità di determinate parolacce e l'opportunità di usarle senza rischiare una brutta figura o una reazione anche vivace dell'interlocutore. Infatti, per quanto se ne faccia un uso ormai abbastanza comune, per cui queste parole **proferite / sono proferite** quasi con leggerezza, esiste comunque sempre la parola "impronunciabile". Allo stesso tempo è vero che lo stesso criterio della "impronunciabilità" in italiano **essendo dettato / è dettato** più dal contesto che non dalla parola in sé.

da Roberto Tartaglione - *Matdid*, www.scudit.net

ALTAN
BANANE

EINAUDI TASCABILI STILE LIBERO

15 lingua NON SOLO PAROLACCE

10 **Analisi della conversazione**

10a *Qui sotto hai una parte del dialogo dell'attività 6. Completalo scegliendo tra* **ma** *e* **macché**. *Poi confrontati con un compagno.*

Lui - Va be', comunque… è la direttrice, uno lo sa che lei se n'esce in questo modo… pittoresco…
Lei - ¹_____ pittoresco è un'ignorante!
Lui - ²_____ sì… ³_____ certo che è un'ignorante. ⁴_____ sai com'è fatta. Punto. Basta. Non capisco perché stai ancora qui…
Lei - No no stavolta…
Lui - … a buttarla sul tragico.
Lei - Eh la butto sul tragico e stavolta me la sono legata al dito e se non viene lei a chiedermi scusa io certo non avrò nessuna …proprio… l'intenzione di… di avere a che fare con lei. Sappilo.
Lui - ⁵_____ falla finita…
Lei - No.
Lui - Dai.
Lei - Andiamo a prendere sto' caffè, forza.
Lui - Andiamo a prendere sto' caffè.

ma   macché

10b *Ascolta il brano e verifica.*

10c *Trova la giusta funzione per ognuna delle espressioni che hai inserito.*

- Indica il passaggio da un argomento a un altro - **N°** _____
- Esprime in modo energico una negazione, un'opposizione a un'affermazione - **N°** _____
- Serve a rafforzare un'affermazione, dando maggior enfasi o ironia - **N°** _____

11 **Scrivere**

Scrivi la continuazione di questo articolo.

Dall'ufficio al tribunale

La direttrice le dà della "rompipalle" e lei la denuncia

È arrivato fino alla Corte di Cassazione il caso di una dipendente di una ditta di Roma che, dopo aver avuto una discussione con la sua direttrice, l'aveva denunciata per un'espressione offensiva chiedendo anche un risarcimento per i danni subiti. I giudici di primo grado avevano…

UNITÀ 16
società
VITA D'UFFICIO

1 Introduzione

1a *Hai mai lavorato in ufficio? Parlane con un compagno. Se non hai fatto questa esperienza, immagina come vorresti che fosse la tua vita da impiegato.*

1b *Compila il questionario rispondendo alle domande. Puoi scegliere tre risposte per ogni domanda. Alla fine scopri che impiegato sei sommando i punti relativi ad ogni risposta (tra parentesi).*

Per lei

Cosa trovi più opportuno indossare o portare sul lavoro?	E cosa trovi invece più sconveniente?
Capelli in ordine (1)	Tatuaggio in vista (2)
Minigonna (4)	Scarpe *decolleté* (5)
Un gioiello (2)	Pantaloni a vita bassa con lo slip in evidenza (1)
Top con bretelline che lasciano scoperto l'ombelico (8)	Più orecchini per orecchio (3)
Trucco discreto (1)	Orecchino al naso (2)
Cellulare "silenziato" (1)	Tailleur (1)
Gonne lunghe da ginocchio in giù (1)	Ciabatte infradito (4)
Pantaloni non attillati (2)	Bretelline del reggiseno in vista (5)
Unghie ben curate (1)	Capelli colorati con tinte stravaganti (1)

Per lui

Cosa trovi più opportuno indossare o portare sul lavoro?	E cosa trovi invece più sconveniente?
Capelli in ordine (2)	Tatuaggio in vista (1)
Jeans stracciati (8)	Giubbino di jeans (3)
Barba di un giorno (6)	Gemelli (8)
Orologio (1)	Orecchino all'orecchio (4)
Mocassini (4)	Orecchino al naso (3)
Giacca (2)	Pantaloni a vita bassa con lo slip in evidenza (1)
Camicia (1)	Cravatta (8)
Pantaloni corti (7)	Sandali (2)
Cellulare "silenziato" (1)	Capelli colorati con tinte stravaganti (1)

Per lei e lui

Cosa trovi più opportuno fare sul lavoro?		E cosa trovi invece più sconveniente?	
Obbedire ciecamente al capo (5)	Rispettare gli orari (1)	Protestare (3)	Litigare con un collega (7)
Instaurare buoni rapporti con i colleghi (1)	Resistere in silenzio (7)	Non riuscire ad essere tra i migliori (2)	Arrivare sempre in ritardo (8)
Accettare le *avances* del direttore/della direttrice (10)	Lavorare bene (2)	Corteggiare i colleghi/le colleghe (1)	Navigare in internet in orario di lavoro (2)
	Avere buone idee (2)	Usare il telefono della ditta per telefonate personali (4)	Rispondere sempre di sì ai superiori (4)
Protestare se penso di aver subito un torto (4)	Mostrare il proprio successo (7)	Litigare con tutti (9)	

alma edizioni

16 | società — VITA D'UFFICIO

Che tipo di impiegato sei? Conta i punti assegnati ad ogni risposta. Poi consultati con un compagno. Anche nel tuo paese saresti considerato così?

Fino a 25 punti	fino a 45 punti	Oltre 45 punti
Sei un impiegato modello.	Sei un impiegato tipico.	Non sei un buon impiegato.

2 Leggere

Inserisci i titoli mancanti dei paragrafi del testo, come nell'esempio.

- No a eccessi e stravaganze
- Giovani americani disorientati
- ~~Giovani italiani flessibili~~
- E le non più giovani?
- La rivincita della tradizione
- La moda è un fenomeno sociale

Cronache In ufficio con piercing e minigonna? Meglio di no

Moda e lavoro: come si vestono i neo-assunti

I giovani americani si mostrano incuranti delle regole aziendali in fatto di look. Gli italiani invece sembrano più attenti.
A. Mu.

1 ....

I pantaloni a vita bassa che scoprono il piercing all'ombelico? Da dimenticare in ufficio! Su questo gli esperti di selezione del personale sono perentori: sul posto di lavoro si sconsiglia un look eccentrico, aggressivo o seduttivo, e si raccomanda invece uno stile neutro, serio ma non serioso, elegante senza eccedere... Ma provate a spiegare alle orde di teen ager e poco più al loro debutto nel mondo del lavoro che lo slip in bella mostra è qualcosa di stravagante quando per loro è diventato ormai una divisa e la biancheria sembra strano chiamarla intima.

2 ....

Ma la sfrontatezza ostentata a scuola e per la strada si trasforma in incertezza quando si varca la soglia dell'ufficio. Il dato emerge da un'inchiesta condotta da *Usa Today*. Il quotidiano americano documenta il ritorno in auge di un'antica domanda: come ci si deve vestire per andare a lavorare? Il disorientamento è talmente palpabile che in molte aziende americane sono stati arruolati consulenti ad hoc per affrontarlo. Sotto accusa sono spesso gli istituti di provenienza dei giovani, in particolare modo chi fa da ponte tra scuola e mondo del lavoro. Come spiega Gail Madison, di Philadelphia: "Molti ragazzi devono ancora imparare come stare al mondo. Per farmi capire ripeto sempre che se uno vuole giocare a basket non può farlo senza la tenuta adatta e senza conoscere le regole". Ma a volte non basta. E molti dei nuovi arrivati risultano ai colleghi ignari o ribelli rispetto alle regole non scritte dell'ufficio.

"C'è un diffuso narcisismo in questa generazione" spiega Kelly Lowe, docente alla Mount Union College di Alliance, nell'Ohio: "sono talmente concentrati su loro stessi che parlano al cellulare durante le lezioni incuranti di tutto".

VITA D'UFFICIO società 16

3 ....
....

Il fenomeno imperversa mentre negli ambienti di lavoro americani si sta consumando il ritorno al look classico (il "business formal") dopo il trionfo dell'informale ("business casual") anche tra i manager negli anni '90. Per gli uomini questo significa giacca e cravatta. Per le donne, invece, il discorso è più complicato: il nuovo codice è ancora da definire e ricorrono dilemmi del tipo: "fino a quanti orecchini puoi indossare in ufficio senza apparire troppo eccentrica?"

4 ....
....

Il disorientamento riguarda non solo le giovani. *Usa Today* riferisce di donne in età avanzata che si presentano in ufficio come in palestra: pantajazz e maglietta aderente. Di altre che arrivano in ciabattine, minigonne inguinali e top con le bretelline del reggiseno ben in vista. Molte sono impreparate a distinguere tra momento e momento, ma in altre c'è la sfrontatezza di chi pensa: "Io sono così, prendere o lasciare".

5 Giovani italiani flessibili

E in Italia? Sembra che da noi le cose vadano in modo molto diverso. Come emerso in una recente ricerca condotta da Adecco e dall'Università Bicocca di Milano i giovani di oggi sono molto pragmatici e si adeguano al mondo del lavoro senza particolari resistenze già prima di aver concluso gli studi. Conferma Alessia Gozzo, responsabile della selezione del personale di Adecco nell'area lombarda: "La nostra esperienza è quella di ragazzi che si adattano alle regole aziendali senza problemi, anche nell'abbigliamento".

6 ....
....

Dice Luisa Adani, consulente nella selezione del personale per conto di diverse aziende ed esperta in orientamento di carriera: "Non ho mai scartato nessuno perché vestiva in modo inadatto. L'abbigliamento non è infatti soltanto una questione di estetica ma anche un indicatore delle caratteristiche della persona". Seguire una moda è adattarsi a un contesto, far parte di un gruppo, "in modo analogo - continua Adani - quando si entra in azienda ci si guarda intorno, e soprattutto i ragazzi si adeguano in modo quasi automatico. Le nuove leve passate attraverso le forche caudine di corsi di formazione e stage sono la quintessenza della flessibilità". ■

da www.corriere.it

3 Analisi lessicale

3a *Il termine inglese* **look** *è entrato ormai nella lingua corrente italiana. Come potrebbe essere tradotto in italiano?*

_____

3b *Lavora con un compagno. Trovate nel testo dell'attività **2** gli aggettivi che denotano la parola **look** e i suoi sinonimi.*

	aggettivi		sinonimi
Look	eccentrico	Look	

3c *Come definiresti il tuo look? Lavora in un gruppo di 4/5 studenti. Cercate di trovare due o tre aggettivi adatti a definire il look di ognuno.*

Il mio look è	Il look di _____ è	Il look di _____ è	Il look di _____ è	Il look di _____ è

alma edizioni 187

16|società VITA D'UFFICIO

4 Gioco

Guardate queste immagini tratte da "Camera cafè", una popolare sit-com. In coppia scrivete una descrizione del carattere e della personalità di ogni personaggio, a partire dal suo look. Poi a turno ogni coppia legge ad un'altra la propria descrizione. L'altra coppia deve indovinare di quale personaggio si tratta. Infine scegliete la descrizione scritta meglio, più chiara e simpatica.

1 2 3 4

5 6 7

5 Analisi grammaticale

5a *Trova, nel paragrafo 1 del testo dell'attività 2, un esempio di costruzione **spersonalizzante** (vedi Unità 11, pag. 124).*

5b *La costruzione con il **si** spersonalizzante non è l'unica possibilità per chi vuole "nascondere" chi o cosa fa l'azione espressa dal verbo. Ne conosci altre? Discutine con un compagno.*

> **COSTRUZIONI SPERSONALIZZANTI**
> Costruzioni usate perché permettono di "nascondere" chi fa l'azione espressa da un verbo (o perché è ritenuto inutile, o perché non si vuole indicarlo o perché non si sa chi/che cosa sia).

VITA D'UFFICIO — società 16

5c *Continua a lavorare con un compagno. Cercate nel testo dell'attività 2 le costruzioni indicate nella seconda colonna della tabella, riportando nella terza colonna le frasi e indicando infine nella quarta se sono costruzioni spersonalizzanti oppure no.*

paragrafo	tipo di costruzione	frase	spersonalizzante?
1	con *si* spersonalizzante + oggetto diretto		☐ sì ☐ no
2	con *si* spersonalizzante + riflessivo		☐ sì ☐ no
2	passiva		☐ sì ☐ no
2	attiva con soggetto *"uno"*		☐ sì ☐ no
3	attiva con soggetto alla seconda persona singolare: *tu*		☐ sì ☐ no
4	riflessiva		☐ sì ☐ no
5	con verbo impersonale		☐ sì ☐ no
6	con *si* spersonalizzante senza oggetto diretto		☐ sì ☐ no

6 Ascoltare

6a *In questa trasmissione radiofonica vengono intervistate delle persone. Quante? Fai una X per ogni persona che risponde all'intervista, poi confrontati con un compagno e riascolta.*

_____

6b *Secondo te qual è la domanda che il giornalista pone alle persone intervistate? Prova a scriverlo qui sotto, poi riascolta e infine consultati con un nuovo compagno.*

_____
_____
_____

6c *Come risponderesti tu alla domanda dell'intervistatore? Discutine con lo stesso compagno con cui hai lavorato prima.*

L'amore in ufficio

Secondo un sondaggio di Datamedia, realizzato per la rivista *Men's Health*, un italiano su dieci esercita la sua attività erotica sul posto di lavoro, attardandosi oltre l'orario di chiusura o avventurandosi in pericolosi raid durante le pause. E dal Kamasutra alla New Economy, le posizioni si adattano alle circostanze esterne: il 38,8% degli intervistati preferisce la classica scrivania, il 12,2% si esibisce in ascensore, l'8,2% opta per il bagno e il 14,3% non precisa altre soluzioni improvvisate. Denominatore comune del sesso al lavoro è la fretta. Che siano i ritmi della globalizzazione o la paura di essere scoperti, raramente la durata della performance supera la manciata di minuti. Il 13,2% oscilla tra i 5 e i 10 minuti, il 28,8% si avventura tra i 10 e i 15, un eroico 21,2% sale tra i 15 e 30 minuti. Resta un 4,4% sotto i 5 minuti: più veloci di un'e-mail. Ad uso delle mogli avvezze ai "Farò tardi anche stasera", ecco l'identikit del *sex-worker*: tra i 45 e i 64 anni, sposato e residente nelle regioni del Nord-Est. Partner dei fanatici della sveltina in colletto bianco sono colleghe e segretarie, ma anche addette alle pulizie e cameriere. E se il rapporto vissuto a cavallo tra riunioni e briefing, soddisfa il 78% degli intervistati, meno entusiaste (23%) sono le donne, che considerano il sesso da ufficio un eccitante aperitivo, in attesa di piatti più sostanziosi. Un consiglio quindi, agli stakanovisti della fretta. Qualche volta portatevi il lavoro a casa. O almeno in albergo.

da *www.businessonline.it*

16 società VITA D'UFFICIO

7 Analisi della conversazione

7a *Nel dialogo una delle intervistate ride mentre parla. Ascolta più volte questa parte e sottolinea le parole o le parti in cui ride. Poi confrontati con un compagno.*

> Beh parecchie. Sì, sì sì di solito.... è una delle... dei posti dove si tradisce di più è proprio sul... sul posto di lavoro. Però a me personalmente non è mai capitato.

7b *Cosa significa la risata in questo contesto?*

☐ imbarazzo   ☐ gioia   ☐ divertimento   ☐ presa in giro

7c *In coppia cercate di riprodurre la risposta. Fate attenzione alle pause e alle risate. Quando vi sembra di aver raggiunto la giusta intonazione cambiate coppia e sentite il parere del vostro nuovo compagno.*

7d *Ancora in coppia riascoltate l'intervista completa dell'attività 6 e cercate di individuare quali altri intervistati ridono sulle parole, verificando anche se ridono con le stesse intenzioni riscontrate al punto 7b.*

8 Leggere

8a *Leggi e scegli il disegno che meglio rappresenta l'inizio del racconto "Il Sondar" di Stefano Benni. Poi consultati con un compagno.*

> " - Il nostro è un lavoro duro ma quanto mai affascinante - disse il direttore del giornale al giovane giornalista neoassunto.
> Il direttore del giornale fumava una sigaretta americana sulla poltrona girevole tedesca e teneva sulla lucidissima scrivania svedese due lustrissime scarpe inglesi che riflesse sembravano quattro scarpe inglesi.
> Il neogiornalista era seduto rigido con aria umile, e teneva i piedi avvitati l'uno all'altro, cosicché sembrava che avesse una sola scarpa inglese. "

☐ 1   ☐ 2   ☐ 3

VITA D'UFFICIO società|16

8b *Continua a leggere il racconto di Stefano Benni. Poi <u>sottolinea</u> nel testo le frasi che descrivono i disegni. Infine confrontati con un compagno.*

> - Il suo curriculum è buono, ma un diploma con lode alla scuola di giornalismo governativo non basta, dovrà farsi le ossa, impegnarsi duramente e imparare dai veterani. Sa quante difficoltà incontrerà, ragazzo mio?
> Il direttore del giornale corrugò la fronte come chi sta per dire qualcosa di importante, il neoassunto spalancò gli occhi come chi si appresta a udire qualcosa di importante.
> - Vede, tre cose la dovranno guidare nel suo lavoro presso di noi. *La prima* è la sua coscienza professionale e di cittadino.
> Nel dire questo il direttore alzò un dito solenne, il giovane aspirante chinò la testa reverente.
> - *La seconda*, naturalmente, *è il suo magistero*.
> Il direttore guardò fisso negli occhi il giovane giornalista, il quale restò indeciso se distogliere rispettosamente lo sguardo o virilmente sostenerlo, e nel dubbio intrecciò i bulbi oculari fino a raggiungere lo strabismo tipico dei gatti detti siamesi.
> - *La terza cosa*, la può vedere sulla scrivania di ogni giornalista e anche sulla mia, è il Sondar SCE, ovvero Sondaggio Continuato di Efficienza.
> Il direttore indicò lo schermo nero, rotondeggiante, ritto su uno stelo di metallo, che come un enorme girasole incombeva sulle loro teste. Il giovane giornalista lo osservò timoroso.
> - Il suo funzionamento è semplice: poiché negli anni passati ci sono state molte, troppe polemiche sulla scarsa obiettività dell'informazione, e su pregiudiziali atteggiamenti "anti" e "filo" governativi, il governo ha deciso di affidare la questione a un arbitro imparziale. Il Sondar, appunto.

1

2

3

4

alma edizioni

società
VITA D'UFFICIO

▶ **8c** *Ora leggi l'ultima parte del racconto.*

Il direttore attese un cenno di assenso dal giovane giornalista. Dopo pochi secondi, la testa del giovane giornalista si mosse su e giù per indicare assenso.
- Mentre lei lavora, giovanotto, l'istituto governativo dei sondaggi segnala al Sondar, in ogni momento della giornata, il suo indice di gradimento presso i lettori. Dopo ogni articolo, verrà fatto subito un sondaggio. Finché lei manterrà alta la sua quota di popolarità, farà parte del nostro giornale. Quando essa si abbasserà, sarà licenziato. Ricordi bene: il Sondar non perdona!
Il direttore guardò il giovane giornalista per vedere se si era spaventato. Il giovane giornalista si era spaventato.
- Naturalmente io stesso sono sottoposto al controllo del Sondar. Questo garantisce la democraticità del nostro giornale: siamo tutti sottoposti al giudizio popolare e questo è infinitamente meglio delle cosiddette libere opinioni. Ma il Sondar non la deve paralizzare, giovane collega! È evidente che se io sono arrivato così in alto, è perché conosco bene le regole del Sondar, so conciliare l'imparzialità delle notizie e la libertà della redazione. Io la guiderò, la consiglierò, la avvertirò quando lei rischierà di far arrabbiare il Sondar. Io sarò al tempo stesso il suo direttore e il suo garante. È chiaro? Ci sono domande?

- Sì - disse il giovane giornalista - cos'è quella luce rossa che si è accesa sul Sondar?
Il direttore sapeva che cosa significava la luce rossa. Il giovane giornalista no.
Una voce femminile proveniente dal Sondar disse con ferma dolcezza:
- Signor direttore, ci dispiace informarla che nell'ultimo sondaggio odierno lei è sceso al ventunesimo posto della classifica di popolarità nazionale. Ciò non le consente di proseguire nel suo incarico. Ha tre minuti di tempo per raccogliere le sue cose. La ringraziamo del lavoro svolto e le formuliamo i nostri migliori auguri.
Il Sondar sputò una busta gialla. Il direttore raccolse rapidamente un paio di stilografiche, un'agenda, una foto della moglie, un revolver, un cagnolino di porcellana e per ultima la busta.
- È la mia liquidazione - disse con voce appena un po' alterata e uscì dalla stanza.
La luce rossa del Sondar si spense. Il giovane giornalista rimase solo per una ventina di secondi, dopodiché la porta si aprì ed entrò un nuovo direttore.
- Il nostro è un lavoro duro ma quanto mai affascinante - disse il direttore del giornale al giovane giornalista neoassunto.

da Stefano Benni, *Il Sondar*, in "L'ultima lacrima", Feltrinelli, 1994

Stefano Benni

Giornalista, scrittore e poeta, Stefano Benni ha collaborato e collabora con numerose testate. Lo stile di Benni si caratterizza per l'uso originale ed innovativo del linguaggio, l'acutezza nel cogliere gli aspetti più aberranti della società moderna, la sua comicità stralunata e l'inesauribile fantasia nella creazione di mondi immaginari e straordinari.
Il suo primo libro, *Bar Sport*, è uscito nel 1976. Da allora la sua produzione ha spaziato dai romanzi, ai racconti, alle raccolte di poesie, al teatro, e perfino al cinema. Ogni suo nuovo lavoro è il segno di una continua crescita, con la composizione di opere di carattere fantastico fortemente legate alla situazione politica e sociale contemporanea. Tra le opere principali: *Il bar sotto il mare* (1987) *Baol* (1990), *L'ultima lacrima* (1994), *Elianto* (1996), *Achille piè veloce* (2003), *Margherita dolcevita* (2005), *La grammatica di Dio* (2007).

9 Parlare

Forma un gruppo di tre o quattro studenti e mettete in scena "Il Sondar". Cercate di essere il più fedeli possibile al racconto, drammatizzando espressioni, movimenti, sentimenti e intenzioni dei personaggi.

VITA D'UFFICIO **società|16**

10 Ascoltare

10a *Dall'intervista che stai per ascoltare sono state eliminate le domande. Al loro posto sentirai 5 secondi di silenzio. Ascolta le risposte e poi, insieme ad un compagno, cerca di immaginare le domande. Ascolta tutte le volte necessarie. Attenzione: la prima domanda era all'inizio del brano.*

Domanda 1: _____

Domanda 2: _____

Domanda 3: _____

Domanda 4: _____

10b *Ascoltate l'intervista completa e verificate se il senso delle vostre domande era esatto.*

11 Analisi lessicale

*La classe si divide in gruppi di 4 studenti. Ogni gruppo ha il compito di cercare nel racconto completo di Stefano Benni le parole corrispondenti alle definizioni qui sotto. Accanto ad ogni definizione si deve scrivere la parola e scegliere la sua categoria grammaticale (**S** = sostantivo, **AG** = aggettivo, **V** = verbo, **AV** = avverbio, **C** = congiunzione).*
*Allo **STOP** dell'insegnante tutte le squadre devono fermarsi. Vince la squadra che ottiene più punti calcolando che: vale 1 punto la parola giusta e vale 1 punto la categoria grammaticale corretta.*

definizione	parola	S	AG	V	AV	C
approvazione						
perciò, quindi						
far coesistere senza contrasti						
soltanto						
stringere la pelle della fronte come segno e preoccupazione						
prepararsi						
persona che ha ottenuto da poco una regolare assunzione						
cioè, in altre parole						
con un atteggiamento che manifesta grande rispetto						
sfera						
definito in questo modo (per indicare la specificità di un termine)						
elemento di sostegno a forma di fusto						
fino a quando						
permettere						
denaro che il lavoratore prende alla fine del suo lavoro						
piegare verso il basso						
che ha la superficie così liscia e pulita da riflettere la luce, lucido						
dell'occhio						
che valuta o giudica in modo obiettivo senza favorire nessuno						
persona che ha il lavoro di sorvegliare che tutto sia in ordine						
particolare abilità nel fare qualcosa						
come è normale, chiaramente						
nel periodo in cui, nel momento in cui						

alma edizioni

16 società VITA D'UFFICIO

12 Analisi grammaticale

12a *Come sai, in italiano esistono due articoli (quello determinativo e quello indeterminativo). A cosa servono, cosa indicano e qual è la loro differenza? Discutine con un compagno cercando anche di verificare se nella vostra lingua gli articoli funzionano come in italiano.*

12b *Continua a lavorare in coppia. Completate la prima parte del racconto di Stefano Benni inserendo gli articoli determinativi e indeterminativi negli spazi. Modificate le preposizioni se necessario, come nell'esempio. Quando avete finito confrontate il vostro lavoro con l'originale e cercate di capire le ragioni delle differenze, se ci sono, consultando anche l'insegnante.*

- Il nostro è _____ lavoro duro ma quanto mai affascinante - disse _____ direttore ~~di~~ *del* giornale a _____ giovane giornalista neoassunto.
Il direttore di _____ giornale fumava _____ sigaretta americana sulla poltrona girevole tedesca e teneva sulla lucidissima scrivania svedese due lustrissime scarpe inglesi che riflesse sembravano quattro scarpe inglesi.
Il neogiornalista era seduto rigido con aria umile, e teneva _____ piedi avvitati l'uno all'altro, cosicché sembrava che avesse _____ sola scarpa inglese.
- _____ suo curriculum è buono, ma _____ diploma con lode alla scuola di giornalismo governativo non basta, dovrà farsi _____ ossa, impegnarsi duramente e imparare da _____ veterani. Sa quante difficoltà incontrerà, ragazzo mio?
_____ direttore di _____ giornale corrugò _____ fronte come chi sta per dire qualcosa di importante, _____ neoassunto spalancò _____ occhi come chi si appresta a udire qualcosa di importante.
- Vede, tre cose la dovranno guidare in _____ suo lavoro presso di noi. *La prima* è _____ sua coscienza professionale e di cittadino.
Nel dire questo _____ direttore alzò _____ dito solenne, il giovane aspirante chinò _____ testa reverente.
- *La seconda*, naturalmente, è _____ suo magistero.
Il direttore guardò fisso negli occhi _____ giovane giornalista, il quale restò indeciso se distogliere rispettosamente _____ sguardo o virilmente sostenerlo, e nel dubbio intrecciò i bulbi oculari fino a raggiungere _____ strabismo tipico dei gatti detti siamesi.
- *La terza cosa*, la può vedere su _____ scrivania di ogni giornalista e anche su _____ mia, è _____ Sondar SCE, ovvero Sondaggio Continuato di Efficienza.
Il direttore indicò lo schermo nero, rotondeggiante, ritto su _____ stelo di metallo, che come _____ enorme girasole incombeva sulle loro teste. Il giovane giornalista lo osservò timoroso.

12c *Lavora in gruppo sulla seconda parte del racconto di Stefano Benni. Potete inserire l'articolo determinativo, l'articolo indeterminativo oppure lasciare lo spazio bianco, senza inserire nulla. Modificate le preposizioni se necessario, come al punto 12b. Poi verificate sul testo originale.*

- Il suo funzionamento è semplice: poiché negli anni passati ci sono state molte, troppe polemiche su _____ scarsa obiettività dell'informazione, e su _____ pregiudiziali atteggiamenti "anti" e "filo" governativi, _____ governo ha deciso di affidare la questione a _____ arbitro imparziale. Il Sondar, appunto. _____ direttore attese _____ cenno di assenso dal giovane giornalista. Dopo pochi secondi, _____ testa del giovane giornalista si mosse su e giù per indicare _____ assenso.
- Mentre lei lavora, giovanotto, _____ istituto governativo dei sondaggi segnala al Sondar, in ogni momento della giornata, _____ suo indice di gradimento presso i lettori. Dopo ogni articolo, verrà fatto subito _____ sondaggio. Finché lei

manterrà alta _____ sua quota di _____ popolarità, farà parte del nostro giornale. Quando essa si abbasserà, sarà licenziato. Ricordi bene: il Sondar non perdona!
Il direttore guardò il giovane giornalista per vedere se si era spaventato. Il giovane giornalista si era spaventato.

- Naturalmente io stesso sono sottoposto a _____ controllo del Sondar. Questo garantisce la democraticità di _____ nostro giornale: siamo tutti sottoposti al giudizio popolare e questo è infinitamente meglio delle cosiddette libere opinioni. Ma il Sondar non la deve paralizzare, _____ giovane collega! È evidente che se io sono arrivato così in _____ alto, è perché conosco bene le regole del Sondar, so conciliare l'imparzialità delle notizie e la libertà della redazione. Io la guiderò, la consiglierò, la avvertirò quando lei rischierà di far arrabbiare il Sondar. Io sarò a _____ tempo stesso il suo direttore e il suo garante. È chiaro? Ci sono _____ domande?
- Sì - disse il giovane giornalista - cos'è quella luce rossa che si è accesa sul Sondar?
Il direttore sapeva che cosa significava la luce rossa. Il giovane giornalista no.
Una voce femminile proveniente dal Sondar disse con _____ ferma dolcezza:
- _____ Signor direttore, ci dispiace informarla che nell'ultimo sondaggio odierno lei è sceso al ventunesimo posto della classifica di _____ popolarità nazionale. Ciò non le consente di proseguire in _____ suo incarico. Ha tre minuti di _____ tempo per raccogliere le sue cose. La ringraziamo di _____ lavoro svolto e le formuliamo i nostri migliori auguri.
Il Sondar sputò _____ busta gialla. Il direttore raccolse rapidamente _____ paio di stilografiche, _____ agenda, _____ foto di _____ moglie, _____ revolver, _____ cagnolino di _____ porcellana e per ultima _____ busta.
- È la mia liquidazione - disse con _____ voce appena un po' alterata e uscì dalla stanza.
La luce rossa del Sondar si spense. Il giovane giornalista rimase solo per una ventina di secondi, dopodiché la porta si aprì ed entrò un nuovo direttore.
- Il nostro è un lavoro duro ma quanto mai affascinante - disse il direttore del giornale al giovane giornalista neoassunto.

▶ **12d** *Leggi nel box qui sotto le regole sull'omissione dell'articolo e trova nei testi delle attività **12b** e **12c** un esempio per ognuno dei casi spiegati.*

Omissione dell'articolo
Uno degli aspetti più difficili della lingua italiana consiste nel decidere se bisogna o no usare l'articolo. Frasi come *È l'avvocato* (con l'articolo determinativo), *È un avvocato* (con l'articolo indeterminativo) o *È avvocato* (senza articolo) non sono affatto intercambiabili. Nel primo caso infatti la presenza dell'avvocato è già nota all'interlocutore; nel secondo caso chi parla fornisce un'informazione nuova sull'identità di una persona; nel terzo caso l'informazione riguarda il mestiere di una persona che l'interlocutore già conosce o ha visto o che per lo meno è già stata presentata nella discussione.
Oltre che con alcuni nomi geografici, con nomi propri di persona e con alcune determinazioni di tempo e di luogo, l'articolo viene omesso:

1. quando corrisponde ad un articolo indeterminativo plurale (a volte formato dalla preposizione articolata: *di + articolo determinativo*): *ho ancora (dei) dubbi, in Italia ci sono (delle) isole molto belle*;

2. in molte locuzioni avverbiali: *in fondo, di certo, a proposito*;

3. in molte locuzioni verbali: *avere sonno, provare pietà, sentire caldo*;

4. nelle locuzioni in cui un sostantivo si integra con un altro per esprimere un significato unico: *sala da pranzo, ferro da stiro, pasta di mandorla*;

5. in alcune espressioni di valore modale *(come?)* o strumentale *(con che cosa?)*: *in macchina, a piedi, di nascosto*;

6. in espressioni di tipo vocativo nel discorso diretto: *Professore, vorrei dirle una cosa*;

7. molto spesso dopo la preposizione *di*, con senso di specificazione.

16 società VITA D'UFFICIO

13 Scrivere e parlare

13a *Dividetevi in squadre. Il numero delle squadre deve essere 2 o 4 o 6, composte da almeno tre persone. Ogni squadra A ha una squadra B come avversario.*

istruzioni per la squadra A

*Unitevi alla squadra **B** per decidere qual è il settore lavorativo in cui vi interessa preparare il colloquio di lavoro e scegliete tra: caporedattore della cronaca locale di un giornale, insegnante in una scuola di lingua o altro che decidete insieme alla squadra **B**. Avete 5 minuti.*

*Voi siete i candidati. Cioè dovrete sottoporvi ad un colloquio di lavoro. Ascoltate più volte l'intervista dell'attività **10b** per capire quali sono le modalità migliori per preparare un colloquio. Avete 10 minuti.*

Due di voi preparano il colloquio orale come viene spiegato nell'audio. Avete 10 minuti.
*Gli altri (o l'altro) compilano il curriculum vitae (vedi modello a pag. 197), lo fanno leggere ai compagni e quindi lo consegnano alla squadra **B**. Avete 5 minuti.*
Poi unitevi e ascoltate le prove di colloquio dei vostri compagni. Aiutateli e insieme scegliete chi sosterrà il colloquio.

*Inizia il colloquio che uno di voi deve sostenere con gli esaminatori, cioè la squadra **B**.*

istruzioni per la squadra B

*Unitevi alla squadra **A** per decidere qual è il settore lavorativo in cui vi interessa preparare il colloquio di lavoro e scegliete tra: caporedattore della cronaca locale di un giornale, insegnante in una scuola di lingua o altro che decidete insieme alla squadra **A**. Avete 5 minuti.*

*Voi siete i selezionatori. Ascoltate più volte l'intervista dell'attività **10b** per capire cosa vi domanderanno i candidati durante il colloquio. Avete 10 minuti*

*Preparate l'annuncio con cui cercate un candidato (vedi modelli qui sotto) per un posto di lavoro nella vostra azienda. E presentatelo alla squadra **A**. Avete cinque minuti.*
*Leggete il curriculum consegnato dalla squadra **A** e immaginate come fare il colloquio.*
Avete 5 minuti.

*Inizia il colloquio con il candidato, cioè un componente della squadra **A**.*

▶ SQUADRA B ESEMPIO DI ANNUNCIO DI RICERCA DI LAVORO

TrovoLavoro.it Le migliori carriere cominciano qui.

Il mio Trovolavoro | Cerca le offerte | Guide & Test | Formazione | Login | Registrazione e Inserimento CV

OFFERTE DI LAVORO

1 SEGRETARIA AMMINISTRATIVA
Azienda di inserimento: centro di elaborazione contabile.
Descrizione dell'attività: attività di segreteria, disbrigo di pratiche presso gli uffici esterni, gestione del centralino e dell'attività di front office. Trascrizione di pratiche contabili ed amministrative.
Requisiti del candidato ideale: diploma di ragioneria o equivalenti; età compresa tra i 24 e i 35 anni; conoscenza almeno scolastica della lingua inglese. Velocità di scrittura con word e capacità d'utilizzo dei principali applicativi in ambiente windows (excell - power point). Esperienza maturata in analoga posizione presso aziende o studi professionali. Capacità organizzativa, autonomia operativa, precisione e determinazione.

L'azienda offre: assunzione a tempo indeterminato e retribuzione commisurata all'esperienza.
Sede di lavoro: Brescia centro -
Referente: Dr.ssa Francesca Bonari

Azienda operante in ambito web ricerca collaboratori per attività di indicizzazione posizionamento di siti internet sui motori di ricerca.

Casting: siamo una società di produzioni discografiche con sede in Vimodrone, cerchiamo voci liriche femminili con età massima 35 di anni.

▶ SQUADRA A ESEMPIO DI MODELLO DI CURRICULUM VITAE

NOME: _____ COGNOME: _____
INDIRIZZO _____
CAP _____ CITTA': _____

TITOLO DI STUDIO 1 _____ ANNO _____

TITOLO DI STUDIO 2 _____ ANNO _____

ESPERIENZE DI LAVORO 1 _____
_____ DA _____ A _____

ESPERIENZE DI LAVORO 2 _____
_____ DA _____ A _____

ESPERIENZE DI LAVORO 3 _____
_____ DA _____ A _____

LINGUE CONOSCIUTE 1 _____ LIVELLO _____
LINGUE CONOSCIUTE 2 _____ LIVELLO _____
LINGUE CONOSCIUTE 3 _____ LIVELLO _____

HOBBY _____

ALTRE INFORMAZIONI UTILI _____
_____
_____.

UNITÀ 17

arti
SCRITTORI

1 Introduzione

1a *È letteratura oppure no? Leggi i brani e decidi se si tratta o meno di letteratura. Poi consultati in gruppo con alcuni compagni e spiega il perché delle tue decisioni.*

Es. 1 "È stato calcolato che il peso delle formiche esistenti sulla terra è pari a venti milioni di volte quello di tutti i vertebrati."
Così lo scultore ottocentesco Amos Pelicorti detto il Mirmidone rispondeva a coloro che gli chiedevano perché componesse le sue opere in mollica di pane. Da quando aveva letto la notizia su un giornale era rimasto a tal punto folgorato da lasciare le predilette sculture in marmo per il candore alternativo della farina. I suoi capolavori venivano sfornati caldi e dati in pasto alle formiche.

Sì ☐ No ☐

Es. 2 Per gli esseri umani, una delle specie più sociali mai apparse sulla Terra, riconoscere un volto è così importante che c'è una parte del nostro cervello che si è evoluta apposta per individuare esclusivamente le facce: un onore che non ha avuto nessun'altra parte del corpo né alcun altro oggetto.

Sì ☐ No ☐

Es. 3 Quel ramo del lago di Como d'onde esce l'Adda e che giace fra due catene non interrotte di monti da settentrione a mezzogiorno, dopo aver formati vari seni e per così dire piccioli golfi d'ineguale grandezza, si viene tutto ad un tratto a ristringere.

Sì ☐ No ☐

Es. 4 Ho detto per anni che dopo il liceo avrei fatto l'archeologa: mi sembrava una buona mediazione tra tutto quello che gli altri si aspettavano da me.
Ma non era vero: io volevo fare la commessa come la mamma di Katia.
La commessa alla Upim, part-time. Tutta la vita.

Sì ☐ No ☐

Es. 5 La mia ditta è una tra le prime aziende in Italia nel settore dell'arredamento per bar, pasticcerie, gelaterie, gastronomie, alimentari, macellerie e articoli per la piccola e media distribuzione.
La mia ditta ha un *know-how* dovuto a oltre quaranta anni di esperienza nel settore e si sviluppa su un'area di trentaduemila metri quadrati con ventunomila metri quadrati interamente coperti e millesettecento metri quadrati di palazzina uffici ed esposizione.

Sì ☐ No ☐

Es. 6 C'è ancora buio alla stazione di Novara. Una folla silenziosa scivola nei sottopassaggi e riemerge a colonne sulle banchine, uomini e donne in fila indiana. Incappucciati per il freddo, le borse in mano, lo zainetto in spalla. Sono tutti pendolari. L'altoparlante, la mattina di giovedì 8 febbraio, comincia presto a dare brutte notizie: "Il treno proveniente da Torino Porta Nuova arriverà con venticinque minuti di ritardo".

Sì ☐ No ☐

Es. 7 La battaglia cominciò puntualmente alle dieci del mattino. Dall'alto della sella, il luogotenente Medardo contemplava l'ampiezza dello schieramento cristiano, pronto per l'attacco, e protendeva il viso al vento di Boemia, che sollevava odor di pula come da un'aia polverosa.

Sì ☐ No ☐

1b *Il brano qui sotto è tratto da un racconto di una giovane scrittrice (Valeria Parrella) ed è la continuazione di uno degli spezzoni del punto 1a. Quale? Leggi il brano, trova la parte precedente del racconto e poi consultati con un compagno.*

Noi studiavamo la matematica, e poi alle medie la tecnica, e poi al liceo il greco, e lei sempre i giorni dispari a un certo punto si alzava e si andava a preparare per il lavoro. Io la seguivo in bagno per guardare come si truccava, ero affascinata dalla procedura.

2 Leggere

Continua la lettura del racconto di Valeria Parrella.

Quello che non ricordo più

1 "L'archeologa".
Ho detto per anni che dopo il liceo avrei fatto l'archeologa: mi sembrava una buona mediazione tra tutto quello che
5 gli altri si aspettavano da me.
Ma non era vero: io volevo fare la commessa come la mamma di Katia.
La commessa alla Upim, part-time. Tutta la vita.
10 Noi studiavamo la matematica, e poi alle medie la tecnica, e poi al liceo il greco, e lei sempre i giorni dispari a un certo punto si alzava e si andava a preparare per il lavoro. Io la seguivo in bagno per
15 guardare come si truccava, ero affascinata dalla procedura.
Katia di là mi chiamava sulle analisi logiche, per lei erano la conquista, la chiave del cambiamento. Io di logico non ci
20 trovavo niente su quei fogli e l'unica cosa che sognavo di cambiare nella mia vita era il colore dell'ombretto. Tutti i giorni.
La mamma di Katia si truccava, chiac-
25 chierava di cose bellissime, leggere come la cipria. Cose che non andavano valutate, sulle quali non si reggeva il mondo.
Cose che non ricordo più.
Al loro posto ricordo che il predicativo
30 del soggetto non è quello dell'oggetto, anche se può sembrarlo.
Insomma la realtà si poteva scomporre su vari livelli, mentre sulla faccia della mamma di Katia si ricomponeva perfet-
35 tamente nel make-up e, senza che lei lo sapesse, nella sua parola, la parola che portava in un vortice le comari[1], i costumi, le diete, la scopa elettrica.
Poi se ne andava al lavoro e io, se potevo
40 immaginarmi in un modo, mi ci immaginavo così.
Con il camice del negozio a passare per gli scaffali.
"L'archeologa", dice-
45 vo sempre, ma gli unici pezzi che avrei voluto inventare erano i saponi, le schiume da barba,
50 quelle per i capelli.
Avrei voluto togliermi le scarpe sotto la cassa e chiacchierare con i clienti, vedere
55 tutti i giorni le stesse persone per quarant'anni, e a fine giornata lamentarmi del mal di schiena, delle nuove arrivate, del caldo.
60 "L'archeologa".
Ma tutto quello che di interessante c'era da disseppellire, da scavare e da scoprire, mi stava intorno. ■

da Valeria Parrella, *Quello che non ricordo più* in "Mosca più balena", minimum fax, Roma, 2003

[1] **comari**: donne, amiche. Tipico dell'Italia centromeridionale.

Valeria Parrella

È nata nel 1974 in provincia di Napoli. Laureata in Lettere Classiche, lavora all'Ente Nazionale Sordomuti di Napoli. Nel frattempo scrive racconti.
Ha pubblicato la raccolta di racconti *Mosca più balena* nel 2003 (Premio Campiello opera prima 2004), e racconti sparsi in diverse antologie: *Pensa alla salute* (2003); *Bloody Europe* (2004); *La qualità dell'aria* (2004). Con la sua seconda raccolta, *Per grazia ricevuta*, è entrata nella cinquina finale del Premio Strega 2005. Nel 2008 è uscito il suo primo romanzo, *Nello spazio bianco*.

17 arti
SCRITTORI

3 Analisi grammaticale

3a *Quella qui sotto è una tipica domanda che si fa ai bambini. Immagina una risposta possibile.*

- Che cosa farai da grande?
- _____.

3b *Ora trasforma il discorso diretto del punto 3a in un discorso indiretto. Poi confronta con un compagno.*

Mi hanno chiesto cosa _____.
Ho risposto _____.

3c *Lavora con un piccolo gruppo di compagni. All'inizio del racconto di Valeria Parrella c'è un discorso indiretto molto simile a quello che avete costruito. Trovatelo e confrontatelo con la seconda frase che avete creato al punto 3b. È lo stesso tempo verbale? Perché l'autrice lo ha usato? Discutete e poi confrontate le vostre risposte leggendo il box grammaticale sulla posteriorità nel discorso indiretto.*

3d *Nel testo ci sono altri due verbi coniugati nello stesso modo e tempo di quello che hai trovato al punto 3c. Hanno la stessa funzione? Discutine con alcuni compagni.*

Italiani lettori pigri

Che in Italia si legga meno che in altri paesi è vero. La spesa pro-capite per l'acquisto di libri in Italia è una delle più basse in Europa. Le copie di quotidiani vendute in Italia, in proporzione al numero degli abitanti, sono superiori soltanto a quelle di Grecia e Turchia. Il numero di lettori di libri e di quotidiani in Italia è salito in modo consistente fra gli anni Sessanta e gli anni Novanta, ma è rimasto comunque ai livelli più bassi fra i paesi europei.
Contrariamente a quanto afferma il senso comune, tutte le ricerche esistenti confermano che i giovani sono lettori di libri. La fascia d'età tra i 18 ed i 25 anni è quella in cui si concentra il numero maggiore di lettori "occasionali" e di lettori "regolari" (cioè, secondo le categorie più correnti, quelli che leggono fra 3 e 10 libri non scolastici all'anno). I giovani sono meno rappresentati nella fascia dei lettori "forti" (oltre 10 libri), che rappresentano però, in ogni caso, una percentuale ridotta dell'insieme di tutti i lettori in Italia.

La posteriorità nel discorso indiretto

Nel box grammaticale "I tempi verbali nel discorso indiretto" dell'Unità 13 a pagina 159 si dice che per decidere il verbo della frase secondaria bisogna valutare se è anteriore o contemporanea rispetto al verbo della frase principale.
Ecco cosa succede quando la frase secondaria è **posteriore** rispetto alla principale.

Discorso indiretto - posteriorità		
frase principale	frase secondaria	esempio
presente	presente/futuro indicativo	**Dico** che **faccio/farò** l'archeologa.
passato prossimo indicativo	condizionale composto	**Ho detto** che **avrei fatto** l'archeologa.
imperfetto indicativo	condizionale composto	**Dicevo** che **avrei fatto** l'archeologa.
passato remoto indicativo	condizionale composto	**Dissi** che **avrei fatto** l'archeologa.
trapassato prossimo indicativo	condizionale composto	**Avevo detto** che **avrei fatto** l'archeologa.

SCRITTORI

4 Scrivere
Cosa volevi fare da grande quando eri piccolo/a?

5 Ascoltare

5a *Ascolta l'intervista allo scrittore Alessandro Baricco e rispondi alla domanda discutendo con un compagno. Poi ascolta ancora tutte le volte necessarie alternando ogni ascolto con la consultazione con un compagno.*

- Cosa ha fatto Alessandro Baricco?

5b *Verso l'inizio dell'intervista Baricco legge una pagina di un suo libro. Che titolo ha? Ascolta ancora l'intervista e scegli il titolo tra quelli qui sotto.*

Oceano mare **Seta** **I Barbari** **4 metri sopra il cielo** **Novecento** **Questa storia**

Alessandro Baricco

È uno dei più conosciuti e amati scrittori di narrativa. Ha esordito nel 1991 con *Castelli di rabbia*, dividendo subito critica e lettori, sorte che ha segnato tutta la sua attività. È divenuto popolarissimo nel 1994 come conduttore televisivo di un programma sulla letteratura. Nello stesso anno è uscito il suo più grande successo editoriale: il romanzo *Oceano mare*. Sempre del 1994 è *Novecento*, un atto unico che ha ispirato un film del premio Oscar Giuseppe Tornatore: *La leggenda del pianista sull'oceano*. Da allora Baricco ha prodotto opere di narrativa come *Seta* (1996) e *Questa storia* (2005), opere teatrali, come *Omero, Iliade* (2005), e raccolte di saggi come *I Barbari* (2006). Nel 2008 ha anche scritto e diretto un film (*Lezione 21*).

6 Leggere

6a *Leggi, nella seconda colonna della tabella, l'inizio di un estratto dal libro "Il visconte[1] dimezzato" di Italo Calvino. Poi inserisci i gruppi di parole della prima colonna nel testo, dove ti sembra più appropriato, come nell'esempio. Quindi riscrivi il nuovo testo completo e confronta con un compagno.*

come da un'aia per l'attacco il luogotenente alle dieci	La battaglia cominciò puntualmente. Dall'alto Medardo (mio zio) contemplava l'ampiezza dello schieramento pronto, e protendeva il viso al vento di Boemia, che sollevava odor di pula. *La battaglia cominciò puntualmente alle dieci …*

6b *Il brano non è ancora completo. Inserisci i gruppi di parole della prima colonna nel testo, dove ti sembra più appropriato. Quindi riscrivi il nuovo testo completo e confronta con un compagno. Fa' attenzione alla punteggiatura.*

cristiano, del mattino della sella, polverosa	La battaglia cominciò puntualmente alle dieci. Dall'alto il luogotenente Medardo (mio zio) contemplava l'ampiezza dello schieramento pronto per l'attacco, e protendeva il viso al vento di Boemia, che sollevava odor di pula come da un'aia.

[1] **visconte**: nobile che ricopre il grado superiore al barone e inferiore al conte.

Il visconte dimezzato

6c *Leggi l'estratto da "Il visconte dimezzato" di Italo Calvino.*

1 La battaglia cominciò puntualmente alle dieci del mattino. Dall'alto della sella, il luogotenente Medardo (mio zio) contemplava l'ampiezza dello schiera-
5 mento cristiano, pronto per l'attacco, e protendeva il viso al vento di Boemia, che sollevava odor di pula come da un'aia polverosa.
- No, non si volti indietro, signore, -
10 esclamò Curzio che, col suo grado di sergente, era al suo fianco. E per giustificare la frase perentoria, aggiunse, piano: - Dicono porti male, prima del combattimento.
In realtà, non voleva che il visconte si sco-
15 rasse, avvedendosi che l'esercito cristiano consisteva quasi soltanto in quella fila schierata, e che le forze di rincalzo erano appena qualche squadra di fanti male in gamba.
20 Ma mio zio guardava lontano, alla nuvola che s'avvicinava all'orizzonte, e pensava: "Ecco, quella nuvola è i turchi, i veri turchi, e questi al mio fianco che sputano tabacco sono i veterani della cristianità, e questa
25 tromba che ora suona è l'attacco, il primo attacco della mia vita (…)".
A spada sguainata, si trovò a galoppare per la piana, gli occhi allo stendardo imperiale che spariva e riappariva tra il fumo, mentre
30 le cannonate amiche ruotavano nel cielo e sopra il suo capo, e le nemiche già aprivano brecce nella fronte cristiana e improvvisi ombrelli di terriccio. Pensava: "Vedrò i turchi! Vedrò i turchi!" Nulla piace agli uomi-
35 ni quanto avere dei nemici e poi vedere se sono proprio come ci s'immagina. (…)
Mio zio Medardo si gettò nella mischia. Le sorti della battaglia erano incerte. In quella confusione, pareva che a vincere fossero i
40 cristiani. Di certo, avevano rotto lo schieramento turco e aggirato certe posizioni. Mio zio, con altri valorosi, s'era spinto fin sotto le batterie nemiche, e i turchi le spostavano, per tenere i cristiani sotto il fuoco. Due
45 artiglieri turchi facevano girare un cannone a ruote. Lenti com'erano, barbuti, intabarrati fino ai piedi, sembravano due astronomi. Mio zio disse: - Adesso arrivo lì e li aggiusto io -. Entusiasta e inesperto, non
50 sapeva che ai cannoni ci s'avvicina solo di fianco o dalla parte della culatta. Lui saltò di fronte alla bocca da fuoco, a spada sguainata, e pensava di fare paura a quei due astronomi. Invece gli spararono una can-
55 nonata in pieno petto. Medardo di Terralba saltò in aria.

Alla sera, scesa la tregua, due carri andavano raccogliendo i corpi dei cristiani per il
60 campo di battaglia. Uno era per i feriti e l'altro per i morti. La prima scelta si faceva lì sul campo. - Questo lo prendo io, quello lo prendi tu -. Dove sembrava ci fosse ancora qualcosa da salvare, lo mettevano
65 sul carro dei feriti; dove erano solo pezzi e brani andava sul carro dei morti, per aver sepoltura benedetta (…). In quei giorni, viste le perdite crescenti, s'era data la disposizione che nei feriti era meglio
70 abbondare. Così i resti di Medardo furono considerati un ferito e messi su quel carro. La seconda scelta si faceva all'ospedale (…).

Tirato via il lenzuolo, il corpo del visconte apparve orrendamente mutilato. Gli 75 mancava un braccio e una gamba, non solo, ma tutto quel che c'era di torace e d'addome tra quel braccio e quella gamba era stato portato via, polverizzato da quella cannonata presa in pieno. Del 80 capo restavano un occhio, un orecchio, una guancia, mezzo naso, mezza bocca, mezzo mento e mezza fronte: dell'altra metà del capo c'era più solo una pappetta. A farla breve, se n'era salvato solo 85 metà, la parte destra, che peraltro era perfettamente conservata, senza neanche una scalfittura, escluso quell'enorme squarcio che l'aveva separata dalla parte sinistra andata in bricioli. 90
I medici: tutti contenti. - Uh, che bel caso! - Se non moriva nel frattempo, potevano provare anche a salvarlo. E gli si misero d'attorno, mentre i poveri soldati con una freccia in un braccio morivano 95 di setticemia. Cucirono, applicarono, impastarono: chi lo sa cosa fecero. Fatto sta che l'indomani mio zio aperse l'unico occhio, la mezza bocca, dilatò la narice e respirò. La forte fibra dei Terralba aveva 100 resistito. Adesso era vivo e dimezzato.

Quando mio zio fece ritorno a Terralba, io avevo sette o otto anni… ■

Italo Calvino, uno scrittore "fantastico"

Dopo la fase del Neorealismo in cui la letteratura era concepita come messaggio politico, con la pubblicazione del romanzo *Il visconte dimezzato* (1952), Italo Calvino (vedi box a pag. 94) inaugura un nuovo percorso artistico, quello dell'invenzione fantastica, che lo renderà popolare in tutto il mondo.
Già in questo romanzo la narrazione procede secondo due livelli di lettura: quello di immediata fruizione e quello allegorico-simbolico, in cui sono presenti numerosi spunti di riflessione (contrasto tra realtà e illusione, tra ideologia ed etica, ecc.).

La storia narra di un visconte che partecipa a una guerra di religione alla fine del Seicento. In battaglia il visconte viene tagliato in due parti speculari da una palla di cannone. Prende il via così la vita parallela delle due metà di Medardo: la vita del visconte cattivo, il cosiddetto "Gramo", e quella del visconte

6d *Lavora con un gruppo di compagni. Immaginate e drammatizzate il ritorno di Medardo a Terralba. Oltre a Medardo e a suo nipote (il narratore) inserite i personaggi nuovi descritti qui sotto. Create la storia come volete, ma cercate di essere fedeli allo spirito del testo originale. Fate le prove e quando siete pronti recitate davanti alla classe.*

Fiorfiero	La balia Sebastiana	Un portatore di lettiga	Un portatore di lettiga
Un giovane contadino. È il primo a vedere da lontano, mentre pigiava l'uva, la nave di Medardo.	La donna che aveva allattato Medardo da bambino. Ormai vecchia ma ancora energica.	Uno degli uomini che portano la lettiga di Medardo. Un tipaccio mezzo nudo con gli orecchini d'oro.	Uno degli uomini che portano la lettiga di Medardo. Un tipo poco raccomandabile con una cresta di capelli.

6e *Leggi la seconda parte del testo, con il ritorno di Medardo a casa.*

1 Quando mio zio fece ritorno a Terralba, io avevo sette o otto anni. Fu di sera, già al buio; era ottobre; il cielo era coperto. Il giorno avevamo vendemmiato e attraverso
5 i filari vedevamo nel mare grigio avvicinarsi le vele d'una nave che batteva bandiera imperiale. Ogni nave che si vedeva allora, si diceva: - Questo è Mastro Medardo che ritorna, - non perché fossimo impazienti
10 che tornasse, ma tanto per aver qualcosa da aspettare. Quella volta avevamo indovinato: ne fummo certi alla sera, quando un giovane chiamato Fiorfiero, pigiando l'uva in cima al tino, gridò: - Oh, laggiù -; era
15 quasi buio e vedemmo in fondovalle una fila di torce accendersi per la mulattiera; e poi, quando passò sul ponte, distinguemmo una lettiga trasportata a braccia. Non c'era dubbio: era il visconte che tornava
20 dalla guerra. (…)
Tutti, aspettando, discutevano di come il visconte Medardo sarebbe ritornato; da tempo era giunta la notizia di gravi ferite che egli aveva ricevute dai turchi, ma anco-
25 ra nessuno sapeva di preciso se fosse mutilato, o infermo, o soltanto sfregiato dalle cicatrici: e ora l'aver visto la lettiga ci preparava al peggio.
Ed ecco la lettiga veniva posata a terra, e in
30 mezzo all'ombra nera si vide il brillio d'una pupilla. La grande vecchia balia Sebastiana fece per avvicinarci, ma da quell'ombra si levò una mano con un aspro gesto di diniego. Poi si vide il corpo nella lettiga agitarsi
35 in uno sforzo angoloso e convulso, e davanti ai nostri occhi Medardo di Terralba balzò in piedi, puntellandosi a una stampella. Un mantello nero col cappuccio gli scendeva dal capo fino a terra; dalla parte destra era
40 buttato all'indietro, scoprendo metà del viso e della persona stretta alla stampella, mentre sulla sinistra sembrava che tutto fosse nascosto e avvolto nei lembi e nelle pieghe di quell'ampio drappeggio.
45 (…) Poi, guardando meglio, vedemmo che aderiva come a un'asta di bandiera, e quest'asta erano la spalla, il braccio, il fianco, la gamba, tutto quello che di lui poggiava sulla gruccia: e il resto non c'era.
50 Le capre guardarono il visconte col loro sguardo fisso e inespressivo, girate ognuna in una posizione diversa ma tutte serrate, con i dorsi disposti in uno strano disegno d'angoli retti. I maiali, più sensibili e pron-
55 ti, strillarono e fuggirono urtandosi tra loro con le pance, e allora neppure noi potemmo più nascondere d'esser spaventati. - Figlio mio! - gridò la balia Sebastiana e alzò le braccia. - Meschinetto!
60 Mio zio, contrariato d'aver destato in noi tale impressione, avanzò la punta della stampella sul terreno e con un movimento a compasso si spinse verso l'entrata del castello. Ma sui gradini del portone s'erano seduti a gambe incrociate i portatori di let-
65 tiga, tipacci mezzi nudi, con gli orecchini d'oro e il cranio raso su cui crescevano creste o code di capelli. Si rizzarono, e uno con la treccia, che sembrava il loro capo, disse: - Noi aspettiamo il compenso, señor.
70 - Quanto? - chiese Medardo, e si sarebbe detto che ridesse.
L'uomo con la treccia disse: - Voi sapete qual è il prezzo per il trasporto di un uomo in lettiga…
75 Mio zio si sfilò una borsa dalla cintola e la gettò tintinnante ai piedi del portatore. Costui la soppesò appena, ed esclamò: - Ma questo è molto meno della somma pattuita, señor!
80 Medardo, mentre il vento gli sollevava i lembi del mantello, disse: - La metà -. Oltrepassò il portatore e spiccando piccoli balzi sul suo unico piede salì i gradini, entrò per la gran porta spalancata che dava
85 nell'interno del castello, spinse a colpi di gruccia entrambi i pesanti battenti che si chiusero con fracasso, e ancora, poich'era rimasto aperto l'uscialo, lo sbatté, scomparendo ai nostri sguardi. ■
90

da Italo Calvino, *Il visconte dimezzato*, Einaudi, Torino, 1952

"Buono". Inizialmente ritorna al paese solo il lato maligno, capace di terribili atrocità ma in possesso di inaspettate doti di umorismo e di realismo. Successivamente fa ritorno al paese natio anche l'altra metà del visconte che si comporta in modo totalmente opposto: gentile, altruista, buono.

I "due" protagonisti si innamorano della stessa donna, la pastorella Pamela e, dopo varie vicissitudini, giungono a un surreale duello.
Anche le due opere seguenti della trilogia *I nostri antenati* mostrano caratteristiche simili. Il protagonista de *Il*

barone rampante (1957) è un alter ego di Calvino che ormai ha abbandonato la concezione della letteratura come messaggio politico. *Il Cavaliere inesistente* (1959) invece è velato da un cupo pessimismo, dietro al quale la realtà appare irrazionale e minacciosa.

17|arti SCRITTORI

7 Analisi lessicale

*Ogni **espressione** tratta dal testo di Italo Calvino, è stata usata in quattro frasi. Non sempre però in modo corretto. Trova le frasi in cui le espressioni sono usate in modo improprio.*

I. 6c, riga 6 - ...(Medardo) **protendeva** il viso al vento di Boemia...
- ☐ 1. Giacobbe sognò una scala che si *protendeva* da terra sino in cielo.
- ☐ 2. Questa strada non è più veloce. Secondo me *protendiamo* di almeno due chilometri!
- ☐ 3. È inutile che *protendiamo*, tanto non ce la facciamo ad arrivare in tempo.
- ☐ 4. Tuo figlio appena ti vede *protende* le mani per abbracciarti.

II. 6c, riga 17 - ...le forze di rincalzo erano appena qualche squadra di fanti **male in gamba**.
- ☐ 1. Caterina ricomparve così sfinita e *male in gamba* da non essere in grado di recarsi al pozzo.
- ☐ 2. Finché Renato ebbe *male in gamba* non poté muoversi dal letto.
- ☐ 3. In quest'ufficio ci sono due sedie, un tavolo *male in gamba* e un armadio cadente.
- ☐ 4. Quei due formano un connubio *male in gamba*.

III. 6e, riga 17 - ...quando passò sul ponte, distinguemmo una lettiga trasportata **a braccia**.
- ☐ 1. Abbiamo trasportato il pianoforte *a braccia* fino al quarto piano.
- ☐ 2. Quando mia moglie si è fatta male ho dovuto portarla *a braccia* in ospedale.
- ☐ 3. Non ho imbarcato niente in aereo. Ho solo un bagaglio *a braccia*!
- ☐ 4. Ho comprato un maglione fatto *a braccia*.

IV. 6e, riga 35 - ...davanti ai nostri occhi Medardo di Terralba balzò **in piedi**...
- ☐ 1. Mio zio si sfilò una borsa dalla cintola e la gettò tintinnante *in piedi* del portatore.
- ☐ 2. Sul Monte Conero ci sono dei bellissimi itinerari da fare *in piedi*.
- ☐ 3. Sono pessimista perché la situazione non sta più *in piedi*.
- ☐ 4. Che fai, dormi *in piedi*? Non senti che tua madre ti sta chiamando?

V. 6e, riga 83 - **Oltrepassò** il portatore e spiccando piccoli balzi sul suo unico piede salì i gradini, entrò per la gran porta...
- ☐ 1. Domani spero di *oltrepassare* l'esame con il massimo dei voti.
- ☐ 2. Signora, suo figlio *ha oltrepassato* i limiti della decenza. Gli dica qualcosa!
- ☐ 3. È *oltrepassato* molto tempo dall'ultima volta che ci siamo visti.
- ☐ 4. *Ho oltrepassato* Breno in direzione di Edolo e ho così raggiunto Capo di Ponte.

8 Parlare

Che tipo di lettore sei? Discutine con un compagno scegliendo uno o più aggettivi della lista qui sotto oppure scrivendone di nuovi più adatti al tuo modo di leggere.

Distratto	Classico
Veloce	Impegnato
Paziente	Sofisticato
Onnivoro	Assonnato
Sognatore	Spiritoso
Esigente	Ribelle
Pigro	Attento
Curioso	

9 Analisi grammaticale

9a *Curzio, il sergente di Medardo, alla riga 12 del testo dell'attività **6c** dice: "Dicono porti male" (= "Dicono che porti male"). Perché Curzio usa il congiuntivo presente? Scegli una risposta discutendo con un compagno.*

1. Perché è un discorso indiretto.
2. Perché esprime un'opinione.

> **L'omissione della congiunzione *che***
> La congiunzione *che* in alcuni casi si può omettere. Per poterlo fare il verbo della frase secondaria deve essere al congiuntivo o al condizionale *(…sembrava **ci fosse** ancora qualcosa… - 6c, riga 63)*. Non si può invece eliminare con verbi all'indicativo *(vedemmo che **aderiva** - 6e, riga 45)*. Per poter eliminare il *che* inoltre il soggetto deve seguire il verbo *(…sembrava **ci fosse** ancora qualcosa…)*; se lo precede il *che* non si può eliminare *(…sembrava che tutto fosse nascosto… - 6e, riga 42)*.

9b *Continua a lavorare con lo stesso compagno. Completa lo schema delle concordanze dei tempi al congiuntivo con frase principale al presente inserendo i verbi nei giusti spazi, a seconda del momento che esprime la secondaria rispetto alla principale. Completa poi con i nomi dei tempi verbali. Segui l'esempio.*

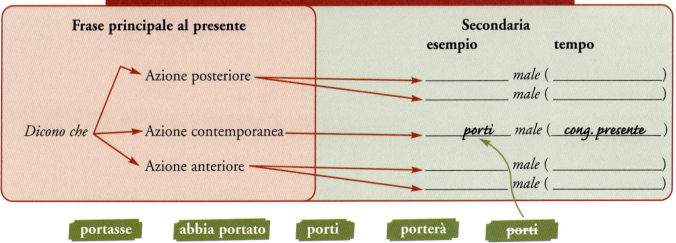

17 arti
SCRITTORI

9c *Ora guarda questa frase tratta dal testo dell'attività 6c, alla riga 39. A quale punto la metteresti nello schema delle concordanze dei tempi al congiuntivo con frase principale al passato?*

9d *Lavora con un compagno. Completa lo schema delle concordanze dei tempi al congiuntivo con frase principale al passato inserendo i verbi nei giusti spazi, a seconda del tempo dell'azione della secondaria rispetto alla principale. Completa poi con i nomi dei tempi verbali.*

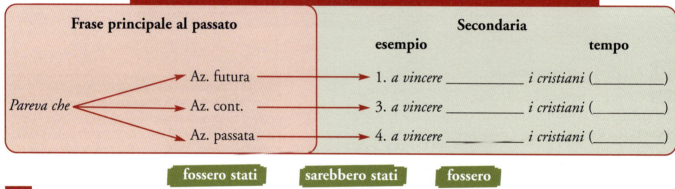

fossero stati   sarebbero stati   fossero

10 Gioco a squadre

La classe si divide in squadre di 3 studenti. Al via dell'insegnante le squadre hanno 5 minuti di tempo per cercare nel testo dell'attività 6 più esempi possibile di concordanza dei tempi al congiuntivo con frase principale al passato. Al termine dei 5 minuti ogni squadra legge le proprie frasi. Vince il gruppo che ha trovato il numero maggiore di frasi giuste.

11 Esercizio

11a *Rimetti nel giusto ordine le battute dell'inizio dell'intervista ad Alessandro Baricco.*

Giornalista - ____	1. Sì.
Baricco - ____	2. Ahia.
Giornalista - ____	3. *Mamma mia*
Baricco - ____	4. Allora leggi questa parte.
Giornalista - ____	5. Io vorrei che tu leggessi l'incipit del tuo libro.
Baricco - _3_	6. Eh sì perché, insomma. tu sei un bravo lettore…
Giornalista - ____	7. Perché poi… in questo cominciamo con le domande.
Baricco - ____	8. Sì ma leggo le cose degli altri. Le mie… sono… sono pessimo.
Giornalista - ____	9. Ecco: prova a leggere la tua per una volta. Questa parte qui, questa prima parte.
Baricco - ____	10. Poi è molto parlato, quindi è difficile da leggere: "non sembra ma questo è un libro. Ho pensato che mi sarebbe piaciuto scriverne uno a puntate sul giornale in mezzo alle frattaglie di mondo che quotidianamente passano da lì".

11b *Ascolta il brano e modifica, se necessario, il lavoro svolto.*

11c *Scegli per la parola* **insomma**, *usata nella terza battuta, il significato appropriato, scegliendolo tra quelli proposti nel box qui a fianco. Poi consultati con un compagno.*

12 Gioco

> **Insomma**
> L'avverbio **insomma** assume significati diversi a seconda della sua posizione nella frase.
>
> 1 - Significa *in conclusione, in definitiva* quando sta tra due virgole: *Ho capito,* **insomma**, *che la cosa non ti interessa* - *Il film è noioso,* **insomma**, *non vale la pena di vederlo;*
> 2 - Significa *così così, non molto* quando è usato in risposta a una domanda, in un registro colloquiale: «*Come stai?*» «**Insomma**». - «*Ti piace questo?*» «**Insomma**».
> 3 - Esprime impazienza, irritazione quando è usato con valore esclamativo, generalmente ad inizio di frase: **Insomma**, *vieni sì o no?* - **Insomma**, *la vuoi smettere?*

Si gioca tra due o più studenti. Il primo tira un dado, il numero uscito corrisponde al **QUANDO?** della seconda colonna. Lo studente ha trenta secondi di tempo per leggere la prima frase della colonna sinistra coniugando il verbo in modo adeguato al momento in cui si svolge l'azione. Se è giusta prende un punto. Si continua con il secondo studente che tira il dado e lavora sulla seconda frase, ecc. Dopo la frase 10 si ricomincia con la n° 1 fino allo **STOP** dell'insegnante. Vince il gioco chi al termine ha collezionato più punti. Si può chiamare l'insegnante solo in caso di contestazioni.

frase	quando?
1. Credo che *(esserci)* _____ sciopero degli autobus.	*oggi (1 - 2)* *il mese scorso (3 - 4)* *la prossima settimana (5 - 6)*
2. Ieri ho pensato che Franco *(comprare)* _____ una casa.	*un anno fa (1 - 2)* *ieri (3 - 4)* *oggi (5 - 6)*
3. Quando ti abbiamo incontrata non immaginavamo che *(tu - sposarsi)* _____.	*proprio quel giorno (1)* *il giorno prima (2)* *oggi (3)* *poche ore prima (4)* *il giorno dopo (5 - 6)*
4. Penso che Marta *(andare)* _____ in Grecia.	*già l'anno scorso (1 - 2)* *quest'anno (3 - 4)* *il prossimo mese (5)* *domani (6)*
5. Due anni fa pensavo che tu *(laurearsi)* _____.	*un giorno (1 - 2)* *entro pochi mesi (3 - 4)* *già (5 - 6)*
6. Ieri, quando ci siamo visti, non immaginavo che il tuo cane *(attaccare)* _____ il mio gatto.	*dopo un'ora (1 - 2)* *la settimana prima (3 - 4)* *appena entrato in casa (5 - 6)*
7. Non credo che Licia *(andare)* _____ al cinema.	*domenica prossima (1 - 2)* *ieri (3 - 4)* *oggi (5 - 6)*
8. Ieri alle 8 sembrava che la partenza dell'aereo *(essere rimandata)* _____.	*poco prima (1 - 2)* *improvvisamente (3)* *oggi (4)* *in quel momento (5 - 6)*
9. Pare che la Sardegna *(essere)* _____ attaccata all'Italia.	*in tempi remoti (1 - 2)* *prima o poi (3 - 4)* *una volta (5)* *un giorno (6)*
10. Non immaginavo che *(compiere)* _____ 20 anni.	*l'anno scorso (1 - 2)* *quest'anno (3 - 4)* *il prossimo mese (5)* *dopo pochi giorni (6)*

17|arti
SCRITTORI

Letteratura italiana in pillole - da Dante a Baricco

Dante Alighieri (1265 - 1311)

Nel mezzo del cammin di nostra vita
mi ritrovai per una selva oscura
che la dritta via era smarrita.
(La divina commedia)

Ludovico Ariosto (1474 - 1533)

Le donne, i cavalier, l'arme, gli amori,
le cortesie, l'audaci imprese io canto,
che furo al tempo che passaro i Mori
d'Africa il mare, e in Francia nocquer tanto.
(Orlando furioso)

Alessandro Manzoni (1785 - 1873)

Questo matrimonio non s'ha da fare, né domani, né mai.
(I promessi sposi)

Giacomo Leopardi (1798 - 1837)

Così tra questa immensità s'annega il pensier mio: e il naufragar m'è dolce in questo mare.
(L'infinito)

Francesco Petrarca (1304 - 1374)

Chiare fresche e dolci acque
ove le belle membra
pose colei che sola a me par donna.
(Il canzoniere)

Italo Calvino (1923 - 1985)

Stai per cominciare a leggere il nuovo romanzo *Se una notte d'inverno un viaggiatore* di Italo Calvino. Rilassati. Raccogliti. Allontana da te ogni altro pensiero. Lascia che il mondo che ti circonda sfumi nell'indistinto. (Se una notte d'inverno un viaggiatore)

Alessandro Baricco (1958)

Succedeva sempre che a un certo punto uno alzava la testa... e la vedeva.
(Novecento)

Niccolò Macchiavelli (1469 - 1527)

Coloro che vincono, in qualunque modo vincano, non ne riportano mai vergogna.
(Il Principe)

UNITÀ 18
lingua
MODE E TIC VERBALI

1 Introduzione

1a *Ci sono parole o espressioni italiane che ti piace usare più di altre? E ce ne sono alcune che pensi di usare troppo e che per te sono diventate quasi un tic linguistico? Parlane in gruppo con alcuni compagni.*

1b *Ascolta l'inizio di questo dialogo. Poi, in gruppo con gli stessi compagni, prova a fare una lista delle espressioni che secondo te sono più odiate dagli italiani.*

1c *Ascolta tutto il dialogo e scopri quali sono le espressioni più odiate dagli italiani e quelle non amate dai tre amici.*

1d *Cosa pensano i tre amici dell'uso di queste espressioni? Hanno opinioni simili o differenti? Riascolta il dialogo e poi confrontati con un compagno.*

1e *Leggi le definizioni del dizionario di queste due parole e poi, insieme a un compagno, rispondi alle domande. Se necessario riascolta il dialogo dell'attività 1c.*

attimino s.m. fam., momento, attimo: *un attimino!*, *un attimino e sono da lei*, come richiesta di aspettare per poco tempo.

piuttosto che loc. cong. invece di, anziché: *piuttosto che perdere tempo, comincia a studiare* / pur di non: *piuttosto che uscire con lui sto a casa*.

1. Lui dice che *piuttosto che* viene usato in modo sbagliato.
   Sai dire perché?
2. La prima ragazza usa *piuttosto che* in due modi diversi, uno giusto e uno sbagliato.
   Sai dire quali sono e perché?
3. La seconda ragazza dice che anche *un attimino* viene usato in modo sbagliato. Perché?

18 lingua MODE E TIC VERBALI

2 Gioco

2a *Leggi il box su **piuttosto che**. Poi ricomponi le frasi unendo le due colonne e inserendo **piuttosto che** al posto giusto, come negli esempi.*

Esempi

Piuttosto che andare al cinema preferisco leggere un bel libro.
Sono disposto anche ad andare a lavorare all'estero **piuttosto che** rimanere disoccupato.

1. incontrare Lidia
2. *andare al cinema*
3. rimanere con lei anche se non la ama
4. mangiare tutti quei dolci, se vuoi dimagrire
5. ingrassare
6. invecchiare
7. chiedere soldi ai suoi genitori
8. *sono disposto anche ad andare a lavorare all'estero*
9. è meglio un uovo oggi
10. un piatto di lasagne
11. mentire
12. direbbe qualunque bugia
13. avrei dovuto informarmi meglio sulla strada
14. preferisce rimanere con lei anche se non la ama
15. vorrei leggere l'ultimo libro di Umberto Eco

a. ammettere le sue responsabilità.
b. una gallina domani.
c. Anna è disposta a fare qualunque lavoro.
d. fare questi noiosissimi esercizi di italiano.
e. farebbe meglio a stare da solo.
f. venderebbe l'anima al diavolo.
g. fai un po' di sport.
h. avventurarmi senza cartina in una zona che non conosco.
i. non sono andato alla festa.
l. digiuno per una settimana.
m. *preferisco leggere un bel libro.*
n. stare da solo.
o. vuoi qualcosa di più leggero?
p. *rimanere disoccupato.*
q. è capace di dire le cose più spiacevoli.

Piuttosto che

Il significato corretto di **piuttosto che** è *invece di*, es: *Piuttosto che guardare la tv, faresti meglio a studiare* (= *Invece di guardare la tv, faresti meglio a studiare*). Negli ultimi anni però si è diffuso un uso scorretto di **piuttosto che** nel senso di *o, oppure*, es: *Puoi guardare la tv, **piuttosto che** andare al cinema, **piuttosto che** studiare…* (= *Puoi guardare la tv o andare al cinema o studiare*, cioè puoi fare indifferentemente una cosa o l'altra).
Piuttosto che può anche essere usato (correttamente) con il significato di *pur di non (per non)*, es: ***Piuttosto che** lavorare, si farebbe ammazzare* (= *Pur di non lavorare, si farebbe ammazzare*).

Un attimino

Attimo significa "brevissima frazione di tempo" e deriva dal greco *átomos*, "quantità indivisibile". Per questo il diminutivo **attimino** non ha molto senso: la parola *attimo* infatti indica già la più breve e indivisibile frazione di tempo.
Ancora meno corretto è l'uso (molto frequente) di **un attimino** nel senso di *un po'* (es: *È **un attimino** antipatico, Sono **un attimino** stanco…*).

2b *Ora gioca in coppia con un compagno. A turno, uno dei due legge una delle frasi ricomposte al punto 2a. Se la frase è giusta, guadagna un punto. L'altro deve riformulare la stessa frase, decidendo se sostituire **piuttosto che** con **invece di** o **pur di non**. Se la sostituzione è giusta, guadagna un punto. Vince chi alla fine del gioco ha realizzato più punti. Seguite gli esempi.*

Esempio

Studente A: **Piuttosto che** andare al cinema preferisco leggere un bel libro.
Studente B: **Invece di** andare al cinema preferisco leggere un bel libro.

Esempio

Studente B: Sono disposto anche ad andare a lavorare all'estero **piuttosto che** rimanere disoccupato.
Studente A: Sono disposto anche ad andare a lavorare all'estero **pur di non** rimanere disoccupato.

3 Leggere

3a *Nella versione originale di questo testo l'autore usa la parola **non** 16 volte. Nella versione qui sotto, 12 di questi **non** sono stati eliminati. Quanti ne riesci a trovare? Prova a inserirne il più possibile e poi confrontati con un compagno. Attenzione: in 8 casi il **non** è grammaticalmente necessario, mentre in altri 4 casi l'uso del **non** è pleonastico (cioè non è essenziale e la frase sarebbe ugualmente corretta anche senza).*

In qualche modo... e quant'altro

Pietro Citati

Malgrado le apparenze, gli italiani non usano parole come pane, vino, religione, laicismo, tasse, zucchero, terrorismo, tram, sciopero, padre, madre, carciofo, pomodoro, panettone, maremoto, Dio, amore, malinconia, morte. Non credete alle vostre orecchie ingannevoli: queste parole si ascoltano mai, a meno che stiate vedendo un vecchio film o parlando con qualcuno ormai avanti con gli anni. Gli italiani amano (o amavano) soltanto due locuzioni avverbiali: *e quant'altro* e *in qualche modo* e passa giorno senza che qualcuno pronunci davanti a noi una di queste due espressioni. Credo che *e quant'altro* sia nato quattro o cinque anni fa: all'improvviso, come un atollo del Pacifico; e mi piacerebbe moltissimo sapere chi lo ha usato per la prima volta. Ma i dizionari tacciono. Allora, ascoltavo ogni minuto: «Amo Gesù, la Madonna *e quant'altro*». «Con mia moglie e mia suocera, abbiamo fatto un viaggio bellissimo a Venezia, Padova *e quant'altro*». «Vada al Supermec (rivolto alla domestica filippina) e compri un chilo di patate, due etti di bresaola *e quant'altro*»; «Adoro Oriana Fallaci, Umberto Bossi *e quant'altro*». Era un momento di grande euforia, in cui la fantasia linguistica italiana camminava, per le strade di Milano e di Roma, ciondolando come un'ubriaca.

Ora, i tempi gloriosi di *e quant'altro* stanno per finire. Temo che *e quant'altro* sia esausto: come *cioè, no, a monte, a valle, praticamente, al vostro livello, al massimo livello*. Quando le usiamo troppo, le parole si affaticano, impallidiscono, si spossano, si ammalano, finché muoiono. Oggi quasi nessuno dice più *cioè* o *quant'altro*, tutti dicono: *in qualche modo*. Per esempio, durante la trasmissione *Otto e mezzo*, una giornalista simpatica e gentile come Ritanna Armeni dice *in qualche modo* ogni venti secondi; e ogni volta appena la pronuncia un'ombra rattrista il suo profumato accento siciliano.

Giuliano Ferrara e Ritanna Armeni

Ma è per niente facile comprendere cosa significhi *in qualche modo*. Secondo il *Dizionario Zingarelli* (1930): «ammettendo per qualche ragione una cosa». Secondo il *Devoto-Oli* (1990): «considerando con approssimazione». Secondo il *Dizionario Garzanti dei Sinonimi e dei Contrari* (2001): «come si può, alla bell'e meglio». Secondo il *De Mauro* (2000): «cercando di risolvere una situazione, un problema anche in modo non ortodosso, arrangiandosi alla bell'e meglio». Secondo lo *Zanichelli* (2004): «Alla meno peggio, in un modo o nell'altro».

Chi parla non obbedisce ai dizionari; e le gambe troppo obese, lente e tarde dei dizionari riescono mai a inseguire le fantasie frivole e capricciose che riempiono la bocca degli innumerevoli parlanti. Oggi, *in qualche modo* significa pressappoco: «Sto parlandovi di una situazione così intricata, aggrovigliata e complessa, che nemmeno io riesco a comprenderla: ma, colla mia mente ugualmente delicata e complessa, cercherò di esprimerla in tutte le sue possibilità e sfumature, così da portarvi vicinissimi alla verità, sebbene possa coglierla esattamente. Mi dispiace». Mentre questo lungo discorso viene concentrato in tre sole parole, lo sguardo di chi vi parla è perplesso e inquieto, mentre le mani vagliano, accennano, soppesano, oscillano, come bilance, attorno all'imponderabile.

C'è un'altra possibilità. Forse *in qualche modo* significa niente: è pura materia verbale, che finge di essere una parola, come molte espressioni di ogni tempo.

Qualche sera fa, seduto davanti alla televisione (beata porta del sonno), ho assistito a uno spettacolo prodigioso. Stava parlando un professore di storia. Con fatica, i suoni uscivano dalle immense orecchie del professore: dagli occhi piccoli, puntuti e cattivissimi: e, talvolta, persino dalla bocca. *E quant'altro* si intrecciava con *in qualche modo*; praticamente con *piuttosto che* e *al massimo livello*. Le parole estenuate e livide dalla noia si irraggiavano in tutti i sensi, aleggiavano nello studio televisivo, s'impigliavano tra i peli elegantissimi della barba di Giuliano Ferrara[1], sfioravano il bel volto di Ritanna Armeni la quale, *in qualche modo*, capiva niente, come io capivo, come nessuno riusciva, disperatamente, a capire. Ma tutto questo avveniva, come diceva compiaciutissimo il professore, *al massimo livello*. ■

Le 10 espressioni più odiate dagli italiani

Ecco la classifica del quotidiano *Il sole 24 ore* sulle 10 espressioni più odiate dagli italiani: 1. quant'altro, 2. assolutamente, 3. attimino, 4. piuttosto che, 5. esodo e controesodo, 6. come dire…, 7. vacanzieri, 8. spalmare, 9. tra virgolette, 10. polemica.

---

[1] **Giuliano Ferrara:** famoso giornalista, conduttore della trasmissione *Otto e mezzo* con Ritanna Armeni.

18 lingua
MODE E TIC VERBALI

3b *Guarda l'articolo nella versione originale e verifica.*

In qualche modo... e quant'altro

Pietro Citati

Malgrado le apparenze, gli italiani *non* usano parole come pane, vino, religione, laicismo, tasse, zucchero, terrorismo, tram, sciopero, padre, madre, carciofo, pomodoro, panettone, maremoto, Dio, amore, malinconia, morte. *Non* credete alle vostre orecchie ingannevoli: queste parole *non* si ascoltano mai, a meno che *non* stiate vedendo un vecchio film o parlando con qualcuno ormai avanti con gli anni. Gli italiani amano (o amavano) soltanto due locuzioni avverbiali: *e quant'altro* e *in qualche modo* e *non* passa giorno senza che qualcuno *non* pronunci davanti a noi una di queste due espressioni.

Credo che *e quant'altro* sia nato quattro o cinque anni fa: all'improvviso, come un atollo del Pacifico; e mi piacerebbe moltissimo sapere chi lo ha usato per la prima volta. Ma i dizionari tacciono. Allora, ascoltavo ogni minuto: «Amo Gesù, la Madonna *e quant'altro*». «Con mia moglie e mia suocera, abbiamo fatto un viaggio bellissimo a Venezia, Padova *e quant'altro*». «Vada al Supermec (rivolto alla domestica filippina) e compri un chilo di patate, due etti di bresaola *e quant'altro*»; «Adoro Oriana Fallaci, Umberto Bossi *e quant'altro*». Era un momento di grande euforia, in cui la fantasia linguistica italiana camminava, per le strade di Milano e di Roma, ciondolando come un'ubriaca.

Ora, i tempi gloriosi di *e quant'altro* stanno per finire. Temo che *e quant'altro* sia esausto: come *cioè*, *no*, *a monte*, *a valle*, *praticamente*, *al vostro livello*, *al massimo livello*. Quando le usiamo troppo, le parole si affaticano, impallidiscono, si spossano, si ammalano, finché *non* muoiono. Oggi quasi nessuno dice più *cioè* o *quant'altro*, tutti dicono: *in qualche modo*. Per esempio, durante la trasmissione *Otto e mezzo*, una giornalista simpatica e gentile come Ritanna Armeni dice *in qualche modo* ogni venti secondi; e ogni volta *non* appena la pronuncia un'ombra rattrista il suo profumato accento siciliano.

Ma *non* è per niente facile comprendere cosa significhi *in qualche modo*. Secondo il *Dizionario Zingarelli* (1930): «ammettendo per qualche ragione una cosa». Secondo il *Devoto-Oli* (1990): «considerando con approssimazione». Secondo il *Dizionario Garzanti dei Sinonimi e dei Contrari* (2001): «come si può, alla bell'e meglio». Secondo il *De Mauro* (2000): «cercando di risolvere una situazione, un problema anche in modo *non* ortodosso, arrangiandosi alla bell'e meglio». Secondo lo *Zanichelli* (2004): «Alla meno peggio, in un modo o nell'altro».

Chi parla *non* obbedisce ai dizionari; e le gambe troppo obese, lente e tarde dei dizionari *non* riescono mai a inseguire le fantasie frivole e capricciose che riempiono la bocca degli innumerevoli parlanti. Oggi, *in qualche modo* significa pressappoco: «Sto parlandovi di una situazione così intricata, aggrovigliata e complessa, che nemmeno io riesco a comprenderla: ma, colla mia mente ugualmente delicata e complessa, cercherò di esprimerla in tutte le sue possibilità e sfumature, così da portarvi vicinissimi alla verità, sebbene *non* possa coglierla esattamente. Mi dispiace». Mentre questo lungo discorso viene concentrato in tre sole parole, lo sguardo di chi vi parla è perplesso e inquieto, mentre le mani vagliano, accennano, soppesano, oscillano, come bilance, attorno all'imponderabile.

C'è un'altra possibilità. Forse *in qualche modo* *non* significa niente: è pura materia verbale, che finge di essere una parola, come molte espressioni di ogni tempo.

Qualche sera fa, seduto davanti alla televisione (beata porta del sonno), ho assistito a uno spettacolo prodigioso. Stava parlando un professore di storia. Con fatica, i suoni uscivano dalle immense orecchie del professore: dagli occhi piccoli, puntuti e cattivissimi: e, talvolta, persino dalla bocca. *E quant'altro* si intrecciava con *in qualche modo*; *praticamente* con *piuttosto che* e *al massimo livello*. Le parole estenuate e livide dalla noia si irraggiavano in tutti i sensi, aleggiavano nello studio televisivo, s'impigliavano tra i peli elegantissimi della barba di Giuliano Ferrara, sfioravano il bel volto di Ritanna Armeni la quale, *in qualche modo*, *non* capiva niente, come io *non* capivo, come nessuno riusciva, disperatamente, a capire. Ma tutto questo avveniva, come diceva compiaciutissimo il professore, *al massimo livello*. ■

da La Repubblica

> ### Pietro Citati
>
> È uno dei più importanti critici letterati italiani. È autore di numerosi saggi e anche di romanzi. I suoi interessi di critico si sono indirizzati soprattutto verso gli scrittori del passato, come dimostrano i suoi saggi su Omero, Goethe, Tolstoj, Proust e Kafka. Collabora con vari giornali e riviste scrivendo di letteratura e anche di costume. Del suo lavoro dice: "Oggi parlo e scrivo solo dei libri belli che mi piacciono, non mi curo di quelli che non mi piacciono. Stroncature non ne farei proprio più".

4 Analisi grammaticale

4a Completa la tabella qui sotto, inserendo al posto giusto un esempio tratto dall'articolo.

	il *non* si usa?	
	sì	no
con *mai*		
con verbo + *niente / per niente / nessuno / nemmeno*		
con *niente / per niente / nessuno / nemmeno* + verbo		
con *a meno che / senza che*		
con *finché*		
con *appena*		

4b Scegli il significato giusto delle espressioni **evidenziate**.

1. Non credete alle vostre orecchie ingannevoli: **queste parole non si ascoltano mai, a meno che non stiate vedendo un vecchio film o parlando con qualcuno ormai avanti con gli anni.** =

   ☐ a. queste parole si ascoltano solo quando stiamo vedendo un vecchio film o parlando con qualche persona anziana
   ☐ b. queste parole non si ascoltano mai, neanche quando stiamo vedendo un vecchio film o parlando con qualche persona anziana
   ☐ c. quando stiamo vedendo un vecchio film o stiamo parlando con qualche persona anziana queste parole non si ascoltano

2. Gli italiani amano (o amavano) soltanto due locuzioni avverbiali: *e quant'altro* e *in qualche modo* e **non passa giorno senza che qualcuno non pronunci davanti a noi una di queste due espressioni.** =

   ☐ a. davanti a noi nessuno pronuncia mai una di queste due espressioni

   ☐ b. può succedere che qualcuno pronunci davanti a noi una di queste due espressioni, ma non succede tutti i giorni
   ☐ c. ogni giorno c'è sempre qualcuno che pronuncia davanti a noi una di queste due espressioni

3. Quando le usiamo troppo, le parole si affaticano, impallidiscono, si spossano, si ammalano, **finché non muoiono.** =

   ☐ a. e infine non muoiono più (cioè rimangono in vita)
   ☐ b. e infine muoiono
   ☐ c. per questo non muoiono

4. ... una giornalista simpatica e gentile come Ritanna Armeni dice *in qualche modo* ogni venti secondi; e ogni volta **non appena la pronuncia** un'ombra rattrista il suo profumato accento siciliano =

   ☐ a. subito dopo che la pronuncia
   ☐ b. quando non la pronuncia
   ☐ c. poco prima che la pronuncia

18 lingua — MODE E TIC VERBALI

4c *Riguarda le frasi del punto 4b e togli il **non** dalle espressioni **a meno che non** (frase 1), **senza che non** (frase 2), **finché non** (frase 3), **non appena** (frase 4). Secondo te, cambia qualcosa nel significato delle frasi? Parlane con un compagno.*

5 Analisi lessicale

Insieme a un compagno, rispondi alle domande.

1. Secondo te, perché l'autore dell'articolo definisce "**profumato**" l'accento di Ritanna Armeni?

> Per esempio, durante la trasmissione *Otto e mezzo*, una giornalista simpatica e gentile come Ritanna Armeni dice *in qualche modo* ogni venti secondi; e ogni volta non appena la pronuncia un'ombra rattrista il suo **profumato** accento siciliano.

2. Perché la televisione viene definita "**beata porta del sonno**"?

> Qualche sera fa, seduto davanti alla televisione (**beata porta del sonno**), ho assistito a uno spettacolo prodigioso.

6 Parlare

Lavora in un gruppo di 3 (i due giornalisti Ritanna Armeni e Giuliano Ferrara e il critico letterario Pietro Citati) e leggi le istruzioni che ti riguardano. Poi iniziate l'intervista.

Ritanna Armeni e Giuliano Ferrara

*Siete i due giornalisti televisivi Ritanna Armeni e Giuliano Ferrara. Ospitate nella vostra trasmissione il famoso critico letterario Pietro Citati e lo intervistate sulle espressioni di moda nella lingua italiana.
Voi pensate che l'uso di queste espressioni non sia sempre negativo, perché indicano che la lingua è viva e si trasforma. E infatti, durante l'intervista, anche a voi succede di usarne qualcuna. Ma Pietro Citati è inflessibile e vi critica pesantemente. Difendetevi dal suo attacco motivando la vostra opinione.
Se necessario, prima di iniziare l'intervista, rileggete l'articolo di Pietro Citati.*

Pietro Citati

*Sei il famoso critico letterario Pietro Citati. Sei ospite nella trasmissione televisiva dei due giornalisti Ritanna Armeni e Giuliano Ferrara, che ti intervistano sulle espressioni di moda nella lingua italiana.
La tua opinione su questo fenomeno è molto negativa. Per questo, quando senti che anche i due giornalisti usano alcune di queste espressioni, ti lanci in un durissimo attacco contro le mode linguistiche, il giornalismo e la televisione.
Se necessario, prima di iniziare l'intervista, rileggi il tuo articolo.*

MODE E TIC VERBALI — lingua 18

7 Gioco a squadre

Chiudi il libro e lavora con la tua squadra. L'insegnante scrive alla lavagna la lista delle espressioni da usare. Poi sceglie dal libro e scrive alla lavagna una delle frasi da trasformare. Le squadre devono trasformare la frase in una di significato opposto, usando una delle espressioni della lista. Ogni volta devono anche decidere se usare o non usare **non**. Quando una squadra pensa di avere la soluzione manda un rappresentante alla lavagna a scrivere la frase. Se la frase è giusta la sua squadra guadagna un punto, se è sbagliata perde un punto e un'altra squadra può provare. Vince la squadra che alla fine del gioco ha realizzato più punti.

Esempio
Mi piace tutto di questa città. → <u>Non</u> mi piace **niente** di questa città.

espressioni da usare

- a meno che
- niente
- mai
- nemmeno/neanche
- nessuno
- per niente
- senza che

frasi da trasformare

Anche io ho fame.
La mattina mio marito mi porta il caffè a letto sebbene io non glielo chieda.
Ha sempre lavorato.
Ieri è venuta anche Paola.
Il film mi è piaciuto moltissimo.
In classe c'erano tutti.
Mangio sempre la carne.
Non c'è stato un giorno in cui io abbia pensato a Lidia.
Qui tutti sanno l'inglese.
Sergio va quasi sempre a lavorare in macchina.
So tutto di lei.
Tutto è facile per me.
Verrò da te, a condizione che inviti Ada.

8 Esercizio

8a *Rimetti in ordine le battute tratte dall'ascolto del punto **1c**. Attenzione: 3 battute vanno anche ricostruite usando le parole indicate sotto le righe. Poi confrontati con un compagno.*

(n° 1) Chiara - … Ma quali sarebbero le altre?

(n° __) Chiara - Certo, _____.
　　　　　　　　　　　assumiti　Come　le　responsabilità.　tra　tue　virgolette

(n° __) Chiara - Ah bè sì…

(n° __) Carlo - …quant'altro, *come dire*, bah _____.
　　　　　　　　　　　　　　　　　　　　　　　　bel　ce　ne　po'　sono　un

(n° __) Carlo - Ma… adesso non mi ricordo, c'è *piuttosto che*, poi c'è il… *quant'altro*, sai…

(n° __) Giuliana - Ah io _____,
　　　　　　　　　　　　attimino　che　è　non　proprio　sopporto　un　una

quando dicono: _____.
　　　　　　　　antipatico.　antipatico　attimino　Dillo:　è　è　un

(n° 7) Giuliana - Sì.

18 lingua MODI E TIC VERBALI

8b *Ascolta e verifica.*

9 Analisi della conversazione

*In gruppi di 3, recitate le battute ricostruite nell'attività **8a** scambiandovi i ruoli, in modo da esprimere nel modo migliore possibile i significati. Dopo alcune prove ascoltate il brano alcune volte, poi provate ancora. Provate e riascoltate fino ad essere soddisfatti.*

10 Analisi grammaticale

10a *Osserva questa battuta, tipica di un registro molto familiare: è formata da due frasi. Prova a riscriverla trasformandola in una sola frase. Confrontati con un compagno.*

> **Io un'espressione che non sopporto proprio è *un attimino*.**

10b *Ora completa questa frase come ritieni più opportuno. Poi consultati con un compagno.*

> Io due espressioni che non sopporto proprio...

11 Gioco

*Gioca in coppia con un compagno. A turno, uno studente sceglie una casella nello schema e formula una frase come nell'esempio. Se la frase è giusta lo studente conquista la casella. Vince chi per primo riesce a conquistare 3 caselle di seguito in orizzontale, in verticale o in diagonale (**TRIS**). Attenzione ai verbi e agli articoli.*

Esempio

Loro / cosa / non sopportare proprio / falsità
Loro una cosa che non sopportano proprio è la falsità.

Tu / cosa / non conoscere proprio / buona educazione	Mia moglie / piatto / non sapere cucinare proprio / cannelloni	Noi / sport / non capire proprio / baseball
I politici / qualità / non avere proprio / chiarezza	Io / città / non conoscere proprio / Napoli	Luca / cosa / non sapere fare proprio / chiedere scusa
Loro / cosa / non amare proprio / feste	Voi / cosa / detestare proprio / gli esercizi di grammatica	Io / cosa / non potere mangiare proprio / dolci

MODE E TIC VERBALI **lingua 18**

12 Leggere

> **12a** Leggi l'inizio di questo articolo. Parlando con un compagno, cerca di capire di cosa parla la lettera e che problema ha il signor Ferrari.

Le amministrazioni pubbliche non sanno comunicare neanche le buone notizie

Il signor Ferrari ha ricevuto dal Settore Edilizia Residenziale del suo Comune questa lettera:

Michele A. Cortelazo

In riferimento al verbale di assegnazione di un alloggio di E.R.P. in data 16.05.1999, considerate le motivazioni, si comunica che si è ritenuta giustificata la Sua richiesta di nuova convocazione per esperire una scelta alternativa di alloggio, risultando effettivamente minimo, rispetto ai parametri di legge, per il Suo nucleo familiare l'alloggio sito in via Milano 37/7 da noi proposto.
Si fa riserva di contattarLa per una nuova scelta di alloggio.

18 lingua
MODE E TIC VERBALI

12b *Ora leggi il seguito dell'articolo.*

Il signor Ferrari dovrebbe essere contento. Ha ottenuto quello che voleva. Aveva chiesto un alloggio di proprietà comunale, il Comune gliene aveva assegnato uno, ma era troppo piccolo per la sua famiglia. Ha protestato, finché il Comune non gli ha dato ragione. Come? Con questa lettera.

Ma il signor Ferrari è davvero contento? No, o almeno non ancora. Non ha infatti capito di doverlo essere. Anzi non ha proprio capito che cosa gli succederà. Dovrà "esperire una scelta alternativa di alloggio". È qualcosa che fa male? Boh. Allora telefona all'Ufficio (però dopo aver sudato sette camicie, perché nella lettera non c'era nessun numero di telefono al quale chiedere informazioni) e solo in quel momento capisce che fra un po' potrà scegliere una casa più adatta alle esigenze della sua famiglia.

Insomma, ha a che fare con un "Comune amico", un Comune che cerca di soddisfare le legittime esigenze dei suoi cittadini e che si fa in quattro per aiutarli. Ma poi fa di tutto per complicarsi la vita. Non è in grado di dare chiaramente la buona notizia al cittadino; scrive in *burocratese*[1], costringe il cittadino a perdere il suo tempo per telefonare e ricevere informazioni più chiare; costringe l'impiegato a perdere a sua volta del tempo, per spiegargli a voce quello che gli aveva già comunicato per scritto.

Ma allora, l'impiegato che ha scritto la lettera è un masochista che gode a ripetere la stessa cosa più volte? No. Si è accorto che la lettera che ha spedito al signor Ferrari non funzionava, ma nessuno gli ha insegnato a uscire dalle pessime abitudini linguistiche assunte in anni di lavoro nella amministrazione pubblica. E anche se glielo avessero insegnato, probabilmente non gli avrebbero dato il tempo di buttare a mare la lettera che nel suo ufficio si copia ogni volta e di riscriverla in modo più chiaro, usando un linguaggio terra terra, così per esempio:

La informiamo che Lei potrà scegliere un alloggio diverso da quello di via Milano 37/7, che Le è stato assegnato con verbale del 16 maggio 1999.
Abbiamo infatti accolto la Sua richiesta, in quanto l'alloggio da noi proposto risulta piccolo, rispetto ai parametri di legge, per il Suo nucleo familiare.
Le comunicheremo la data di convocazione per la nuova scelta dell'alloggio.

Tutto facile? No, ci vuole tempo, perché scrivere bene un testo non è un'attività che si fa in quattro e quattr'otto. Bisogna studiare, imparare. Ma è necessario. Perché ci sono tanti signor Ferrari che aspettano una risposta chiara. E che vivono male, finché abitano in una casa troppo piccola.

da Guida agli Enti Locali

12c *Discuti in gruppo con alcuni compagni.*

- Nella tua esperienza con la lingua italiana, ti è mai capitato di incontrare il "burocratese"?
- Nel tuo Paese esiste qualcosa di simile al "burocratese"?

[1] **burocratese:** la lingua usata dall'amministrazione pubblica. La parola ha un senso negativo, perché indica il linguaggio inutilmente complesso e spesso incomprensibile della burocrazia.

13 Analisi lessicale

13a *Abbina le parole della lista ai verbi per completare le espressioni usate nell'articolo dell'attività 12.*

> un linguaggio terra terra   a mare   in quattro e quattr'otto
> sette camicie   in grado   in quattro

essere _____

usare _____

farsi _____

buttare _____

sudare _____

fare (qualcosa) _____

13b *Nelle frasi qui sotto, estratte dall'articolo dell'attività 12, sono stati inseriti dei **sinonimi** al posto delle espressioni che hai ricostruito al punto 13a. Scrivi l'espressione giusta al posto di ogni sinonimo, poi consultati con un compagno. Attenzione: i verbi vanno coniugati al tempo giusto.*

1. Allora telefona all'Ufficio (però dopo aver **faticato moltissimo**, perché nella lettera non c'era nessun numero di telefono al quale chiedere informazioni)…

2. …un Comune che cerca di soddisfare le legittime esigenze dei suoi cittadini e che **fa il possibile** per aiutarli.

3. Ma poi fa di tutto per complicarsi la vita. Non **è capace** di dare chiaramente la buona notizia al cittadino…

4. …probabilmente non gli avrebbero dato il tempo di **gettare via** la lettera che nel suo ufficio si copia ogni volta e di riscriverla in modo più chiaro, **parlando molto semplicemente**.

5. …scrivere bene un testo non è un'attività che si **realizza rapidamente**.

14 Analisi grammaticale

14a *Confronta le due frasi del testo nella prima colonna con le due frasi modificate nella seconda colonna. Cambia qualcosa nel significato togliendo o aggiungendo il **non** all'espressione **finché**? O anche in questi casi il **non** è sempre pleonastico? Discuti con un compagno.*

frasi del testo	frasi modificate
Ha protestato, **finché** il Comune **non** gli ha dato ragione.	Ha protestato, **finché** il Comune gli ha dato ragione.
Perché ci sono tanti signor Ferrari che aspettano una risposta chiara. E che vivono male, **finché** abitano in una casa troppo piccola.	Perché ci sono tanti signor Ferrari che aspettano una risposta chiara. E che vivono male, **finché non** abitano in una casa troppo piccola.

18 lingua
MODI E TIC VERBALI

▶ **14b** *Completa la regola scrivendo al posto giusto "cambia" o "non cambia".*

FINCHÉ - FINCHÉ NON

Quando **finché** significa prevalentemente *fino al momento che (in cui)* il "non" _____ il senso della frase:

*Ero contento **finché** è arrivata Sonia.* = Ero contento fino al momento in cui è arrivata Sonia.
(e da quel momento il mio umore è cambiato)
*Ero contento **finché non** è arrivata Sonia.* = Ero contento fino al momento in cui è arrivata Sonia.
(e da quel momento il mio umore è cambiato)

Quando **finché** significa prevalentemente *per tutto il tempo che (in cui)* il "non" _____ il senso della frase:

*Ho guadagnato poco **finché** ho fatto l'attore.* = Ho guadagnato poco per tutto il tempo in cui ho fatto l'attore.
(poi ho cambiato lavoro e ho guadagnato di più)
*Ho guadagnato poco **finché non** ho fatto l'attore.* = Ho guadagnato poco per tutto il tempo in cui non ho fatto l'attore. (poi ho fatto l'attore e ho guadagnato di più)

15 Scrivere

Rileggi il testo della lettera che il Comune ha scritto al signor Ferrari dell'attività **12a**. Si tratta di una risposta a una precedente lettera che il signor Ferrari aveva inviato al Comune. Immagina di essere il signor Ferrari e scrivi il testo di quella prima lettera.

16 Esercizio

▶ **16a** *Questo testo è tratto da un manuale di scrittura per le amministrazioni pubbliche, che insegna ai dipendenti statali come scrivere dei documenti burocratici in un linguaggio comprensibile. Segui le indicazioni del testo e riscrivi in un linguaggio più semplice le frasi in burocratese. Poi confrontati con un compagno.*

1. CONTROLLATE LA LUNGHEZZA DELLE FRASI

Quanto più una frase è lunga, tanto più è complicata da capire. Secondo alcuni studi, non bisogna superare il limite di 25 parole se si vuole scrivere una frase facile da leggere. Le frasi lunghe sono spesso di difficile lettura perché contengono troppe informazioni. Una buona regola è quella di far corrispondere una frase a una, e una sola, informazione. Leggiamo questo esempio: «A seguito della dichiarazione sostitutiva dell'atto notorio presentata dalla S.V. il 25/06/1998, si comunica che l'atto è stato trasmesso per i controlli di competenza all'Ufficio Tecnico Comunale, che ha precisato di non aver rilasciato dichiarazione di inabitabilità o inagibilità per l'immobile in oggetto specificato». In questa frase sono contenute due informazioni, correlate tra di loro ma diverse: la prima che il cittadino ha fatto una determinata dichiarazione, la seconda che gli uffici ne hanno verificato la falsità. Perché non inserire i due argomenti in due frasi distinte? La soluzione è facile da trovare:

«_____
_____
_____».

2. LIMITATE LE SUBORDINATE

Scrivere frasi brevi e che contengano una sola informazione fondamentale ha la conseguenza, anche, di limitare la subordinazione, cioè di ridurre al minimo il numero di proposizioni presenti in un periodo. Una frase ricca di subordinazione è per esempio la seguente «I Dirigenti Scolastici, qualora riscontrino in sede di prima verifica che siano state loro indirizzate domande di iscrizione da parte di alunni che hanno la residenza al di fuori del bacino di utenza, sono tenuti a verificare se sussistono adeguate motivazioni». Questa frase è costituita da una principale («I dirigenti scolastici... sono tenuti...»), dalla quale dipende la proposizione "qualora riscontrino...", dalla quale, a sua volta, dipende un'altra proposizione ("che siano state loro indirizzate..."), dalla quale dipende un'ulteriore proposizione ("che hanno la residenza..."). Anche senza semplificare il contenuto, si può ridurre la complessità del periodo in questo modo:

«_____

_____

_____».

3. LIMITATE LE PROPOSIZIONI IMPLICITE

Se si vuole limitare la subordinazione, è importante limitare le proposizioni implicite, cioè quelle proposizioni il cui verbo è all'infinito, al participio o al gerundio. L'italiano burocratico fa grande uso del gerundio perché permette di costruire frasi più compatte, ma anche più complesse. Infinito, participio e gerundio hanno la particolarità di non accordarsi, per quel che riguarda la persona (io, tu, egli...), con il soggetto. Per individuare il soggetto, è necessario risalire alla frase principale.

Ma in alcuni casi il recupero del soggetto non è univoco. Nella frase «le modalità per l'assunzione a contratto sono definite dalle singole amministrazioni prevedendo comunque che il trattamento economico degli interessati non può essere inferiore a quello tabellare delle qualifiche di riferimento né superiore a quello in godimento del personale», il soggetto di prevedendo è «le singole amministrazioni» o «le modalità»? Ammettiamo che il soggetto sia "le modalità". Se volessimo riscrivere il testo, sarebbe meglio dividerlo in due frasi distinte e trasformare l'implicita in esplicita, così:

«_____

_____

_____»._

Le frasi esplicite (cioè quelle all'indicativo, congiuntivo, condizionale, imperativo) sono più trasparenti di quelle implicite.

4. PREFERITE LE FRASI AFFERMATIVE

Scrivere frasi affermative rende il testo più breve, oltre che più facile da leggere perché più diretto. Dire: «persone diverse dall'intestatario dell'utenza non possono presentare richiesta di riduzione» è inutilmente più complicato di

«_____

_____».

Dire «i nuovi buoni pasto non sono utilizzabili prima di marzo» può essere tradotto nella più semplice

«_____

_____».

Ci sono, infine, delle situazioni nelle quali la buona educazione induce ad addolcire la pillola con una frase negativa: «Non abbiamo accettato la Sua richiesta» invece della corrispondente affermativa «Abbiamo respinto la Sua richiesta».

5. PREFERITE LA FORMA ATTIVA

A parità di condizioni, è meglio usare una frase di forma attiva

(«_____

_____»),

piuttosto che una di forma passiva («Chi rilascia false dichiarazioni viene punito dalla legge»). La frase passiva, infatti, è il rivolgimento di una frase attiva; è ovvio, quindi, che quest'ultima sia più naturale e diretta. Inoltre, a volte il passivo, senza il complemento d'agente, viene usato per nascondere l'autore dell'evento rappresentato dal verbo («le tasse sono state aumentate»): una prospettiva che non è coerente con i principi di trasparenza della comunicazione pubblica.

Ci sono, però, delle situazioni nelle quali è opportuno usare il passivo: quando parliamo di azioni di cui non conosciamo l'autore («due uomini sono stati uccisi in autostrada»); oppure quando parliamo di azioni per le quali indicare l'autore può essere stucchevole o quanto meno ovvio e superfluo

(«_____

_____»

invece dell'attivo «il custode chiude il portone alle otto».

UNITÀ 19
arti
COMICITÀ

1 Introduzione

1a *Qui sotto ci sono le fotografie di attori e scrittori comici. Ne conosci qualcuno? Parlane con un compagno scambiandovi tutte le informazioni che avete su di loro.*

1. Dario Fo

2. Roberto Benigni

3. Beppe Grillo

4. Stefano Benni

5. Totò

6. Achille Campanile

7. Massimo Troisi

8. Luciana Littizzetto

9. Alessandro Bergonzoni

2 Leggere

2a Leggi la scheda del libro "Achille piè veloce" di Stefano Benni[1], poi leggi l'inizio del brano estratto dal libro inserendo nei giusti spazi i discorsi diretti.

1. Cioè, io ho la delega.
2. Sono io.
3. Si accomodi.
4. La signorina Pilar?

Achille piè veloce

Ulisse è un giovane scrittore in crisi creativa che lavora in una piccola casa editrice. È ossessionato dagli "scrittodattili", manoscritti di dubbio valore che porta sempre in borsa e che "gli parlano", di solito per chiedergli di essere pubblicati. È innamorato di Pilar, una bellissima immigrata senza permesso di soggiorno. Un giorno riceve la lettera di uno sconosciuto che lo invita a un misterioso appuntamento. Ulisse, incuriosito, risponde e conosce Achille, un ragazzo gravemente malato che gli apre un mondo inatteso di assurdità, vitalità e dolore.

[Ulisse] chiese dell'Ufficio immigrazione. Una poliziotta niente male gli spiegò il tragitto. Giunse in una sala spoglia e fumosa. C'erano tre magrebini seduti, stanchi, annoiati. Uno telefonava uno dormiva uno piangeva. Un poliziotto biondo ritirò la sua convocazione, grugnì e disse che c'era da attendere. Io cittadino italiano dovrei fare la fila con questa teppaglia? Avrebbe potuto dire.
Invece pensò: loro sono abituati ad aspettare, io no.
- _____ - chiamò il poliziotto biondo.
- _____ - disse Ulisse.
I magrebini lo guardarono con un certo sospetto.
- _____
Entrò. La stanza era immersa in una nube di tabacco, sembrava che ci fosse appena stato un lancio di lacrimogeni. Al centro della nube c'era una scrivania e un uomo magro, con baffi, pizzetto ed elegante completo blu. Il commissario, evidentemente.
- _____
Si accomodò.
- Signor Ulisse - disse il commissario accendendo una sigaretta - la delega non è valida in questi casi. È un errore del modulo. Ma già che è qui, parlerò con lei.

2b Lavora con un compagno. Oltre a confrontare il lavoro svolto al punto **2a**, riguardate la scheda con la trama del libro e fate ipotesi su come potrebbe svolgersi il dialogo tra Ulisse e il commissario.

2c Leggi, nelle prossime pagine, il brano estratto da "Achille piè veloce".

Lo scrittore Stefano Benni mentre legge un suo testo

[1] **Stefano Benni:** rivedi il box di pag. 192.

Achille piè veloce

[**Ulisse**] chiese dell'Ufficio immigrazione. Una poliziotta niente male gli spiegò il tragitto. Giunse in una sala spoglia e fumosa. C'erano tre magrebini seduti, stanchi, annoiati. Uno telefonava uno dormiva uno piangeva. Un poliziotto biondo ritirò la sua convocazione, grugnì e disse che c'era da attendere.

Io cittadino italiano dovrei fare la fila con questa teppaglia? Avrebbe potuto dire.

Invece pensò: loro sono abituati ad aspettare, io no. (…)

- La signorina Pilar? - chiamò il poliziotto biondo.
- Sono io - disse Ulisse.

I magrebini lo guardarono con un certo sospetto.

- Cioè, io ho la delega.

Entrò. La stanza era immersa in una nube di tabacco, sembrava che ci fosse appena stato un lancio di lacrimogeni. Al centro della nube c'era una scrivania e un uomo magro, con baffi, pizzetto ed elegante completo blu. Il commissario, evidentemente.

- Si accomodi.

Si accomodò.

- Signor Ulisse - disse il commissario accendendo una sigaretta - la delega non è valida in questi casi. È un errore del modulo. Ma già che è qui, parlerò con lei. Devo subito dirle che c'è qualcuno che non vi vuole bene.
- Ah sì? (…)
- Qualcuno di molto potente che ha scomodato nientemeno che un assessore, un generale dell'Arma e l'uomo più ricco della città. (…) Ci è stata sollecitata un'indagine e l'abbiamo svolta. Vuole che gliela riassuma?
- Sarei curioso.
- Allora lei è un intellettuale politicamente orientato a sinistra. Un paio di piccole denunce, un po' di casino davanti a una fabbrica. Ma lei nel complesso è innocuo. Adesso tiro fuori il mitra che ho in borsa e vedi, pensò Ulisse.
- Lavora per una casa editrice il cui proprietario ha avuto due condanne per assegni posdatati a vuoto.
- Ah - disse Ulisse.
- In quanto alla signorina Pilar, suo padre era un insegnante comunista e per questo ebbe gravi difficoltà nel suo paese.
- Gravi difficoltà? Lo hanno ammazzato!
- Questo non è precisato. La signorina emigrò in vari stati poi venne nel nostro sei anni fa, mi corregga se sbaglio. Visse per circa due anni in via dell'Oca 13, ove risiedeva anche lei. Insieme ai signori Nico Perimedes, Statis Eurilokos, eccetera, chi se ne frega. Ecco qui veniamo al punto. Anni fa la signorina presenta a questa questura una domanda di soggiorno per motivi di studio con documento di iscrizione all'università che in seguito ad accertamento risulta contraffatto.
- Si è iscritta subito dopo.
- Signor Ulisse, se io le sparo e subito dopo la pistola si inceppa, lei muore lo stesso. Capisce il paragone?
- Capisco…
- Bravo. Il falso in attestazione consimile comporta, ai sensi della nuova legge, comma tredici, la perdita del diritto di soggiornare in quanto il reato commesso potrebbe essere reiterato e quindi la signorina è da ritenersi potenzialmente pericolosa per l'ordine pubblico del nostro paese. Quindi potrebbe venire espulsa con provvedimento immediato.
- Potrebbe.
- Potrebbe. E se di mezzo c'è un generale dell'Arma, questo potrebbe diventa può, e la signorina Pilar se ne torna a casa.
- Ma quale pericolo per l'ordine pubblico! Pilar non ha mai fatto male a nessuno, né fatto politica.
- Ci risulta altrimenti. La signorina Pilar, proprio pochi giorni fa, si mette a fare la sindacalista e viene fotografata davanti a un grande magazzino mentre sobilla le maestranze.

Mostrò una foto.

- È questa vicino a quel rompicoglioni di Olivetti, vero? Complimenti, è una bella ragazza. Ma questo non è motivo sufficiente per cui potrebbe restare.
- E cosa potrebbe fare allora?
- Il modo ci sarebbe.
- E sarebbe?
- E sarebbe che è legato a quel potrebbe. Se qualcuno facesse qualcosa per cui quel potrebbe potrebbe diventare un non-potrebbe.

La bufera di condizionali stordì Ulisse per un attimo. Forse aveva capito. Ebbe la visione di Pilar, la dolce Pilar, in stivali da piratessa, sulla tangenziale notturna, adescando auto blu Maldive, e la pantera degli sbirri passava e commentava: vedi quella? Batte per il commissario.

- Signor commissario - disse Ulisse cercando di essere chiaro - se è vero che per far diventare quel potrebbe un non-potrebbe si potrebbero fare delle cose, basta però che non siano cose che potrebbero essere peggio di quel potrebbe.

- Ma se quelle cose si facessero e le potesse fare lei, allora quel potrebbe della sua ragazza potrebbe diventare un non-potrebbe proprio in virtù delle cose che lei farebbe.

Ebbe la visione di Ulisse, il dolce Ulisse, in stivali da piratessa sulla tangenziale eccetera.

- Potrebbe essere più chiaro, commissario?

- Prima dovrebbe giurarmi una cosa. Potrebbe darsi che se lei non facesse, potrebbe poi ugualmente dire in giro che io le avrei chiesto che lei facesse, e questo potrebbe farmi incazzare moltissimo, perciò quello che potrei dirle ora dovrebbe restare tra noi.

- Questo dovrebbe essere chiaro a tutti.
- Allora parlerò chiaro.
- Sì.
- Una volta per tutte.
- Sì.
- Potrebbe essere che un commissario abbia un padre.

A Ulisse vennero in mente dodici battute e le censurò tutte, limitandosi ad annuire.

- Questo padre del commissario ha avuto una vita integerrima. Ha lavorato sodo giorno e notte per permettere al figlio di studiare all'università e divenire un giorno uno stimato commissario.

Sugli occhi del duro sbirro apparve una lacrima senza condizionali.

- Potrebbe poi accadere che il padre invecchiasse e fosse molto malato e con imminente scadenza del permesso di soggiorno tra i vivi (lacrima), e che il figlio si chiedesse: come potrei ricambiare tutto quello che lui ha fatto per me? (lacrima, fazzoletto). E il figlio potrebbe sapere che il padre ha un sogno. Tutta la vita il padre ha scritto un diario, in cui ha annotato eventi, voti, aneddoti e notazioni della sua integra vita di professore.

- Aspetti un momento, ma potrebbe...
- disse Ulisse.

Non potrebbe. Poteva. Anzi era. Per la prima volta guardò il nome del commissario, sulla targhetta in bella mostra sulla scrivania.

COMMISSARIO ENEA COLANTUONO

- Per concludere - disse Colantuono junior - il figlio potrebbe sapere che una persona potrebbe fargli un favore che lui potrebbe ricambiare con favore analogo.

- Sarebbe a questo punto incredibile se il figlio non chiedesse quel favore.

- Bravo giovanotto. Ora, lei ha tra le mani il libro di mio padre. Ne ha mandato uno in ogni città d'Italia. Caso vuole che io sappia che lo ha spedito proprio alla sua casa editrice. Sorpreso?

- No - disse Ulisse, ora o mai più - conosco benissimo quel manoscritto. *Memorie dalla cattedra*, cinquecento snelle pagine di grande interesse e di scrittura nitida e incisiva, proprio in questi giorni io personalmente mi sto battendo per la sua pubblicazione. (...)

Il commissario si soffiò il naso, visibilmente emozionato.

- Quindi *Memorie dalla cattedra* potrebbe essere pubblicato.

- E se potrebbe, cosa succederebbe?

- Potrebbe essere che un certo documento... un po' imperfetto sparisse perfettamente dal dossier della sua fidanzata e l'iscrizione all'università potrebbe venire retrodatata oppure il dossier potrebbe scomparire in qualche archivio o anzi, sa che 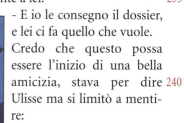 le dico: potrebbe sparire del tutto, e buonanotte ai suonatori e ai generali.

- E così sarà - disse Ulisse.
- Allora lei promette?
- Non prometto, giuro. Entro ventiquattro ore suo padre avrà il contratto di pubblicazione. Anzi lo porto io personalmente a lei.

- E io le consegno il dossier, e lei ci fa quello che vuole. Credo che questo possa essere l'inizio di una bella amicizia, stava per dire Ulisse ma si limitò a mentire:

- Lei mi ha ridato fiducia nella legge. (...)

- Qua la mano giovanotto - disse il commissario Colantuono. - Lei oggi fa felice due persone me e mio padre. Anzi quattro lei, la sua fidanzata, me e mio padre. Anzi cinque, la povera mamma, da lassù. Anzi, sette, i suoi genitori panettieri, che come il mio si sono sacrificati...

- Grazie, grazie - disse Ulisse, sperando che finissero i titoli di coda.

- Adesso vada da quel bel tocco di figliola e non le dica niente del nostro patto tra uomini, le dica solo che c'è stato un equivoco e che è tutto a posto. E se la scopi.

E con una manata sulle spalle sottolineò questo sano consiglio di vita. ∎

da Stefano Benni, *Achille piè veloce*,
Feltrinelli, 2003, Milano.

Stefano Benni

19 arti

COMICITÀ

3 Cruciverba

Lavora con la tua squadra. Al via dell'insegnante completate il cruciverba. Tutte le parole sono utilizzate nel testo di Stefano Benni. Quando avete finito, chiamate l'insegnante. Vince la squadra che per prima completa il cruciverba in modo corretto.

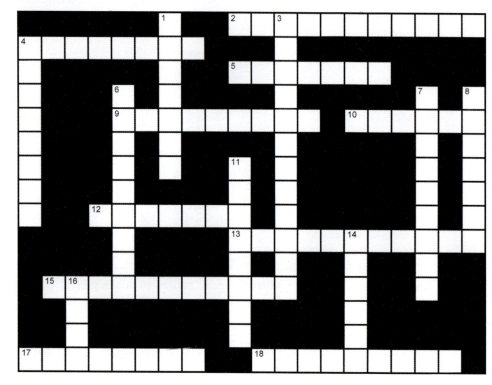

Orizzontali →

- **2** Proiettile che provoca lacrime e irritazione agli occhi.
- **4** Confronto.
- **5** Non pericoloso.
- **9** Chiamare una persona importante per una ragione stupida.
- **10** Tempesta, tormenta.
- **12** Mandato fuori.
- **13** Scrivere una data precedente a quella effettiva.
- **15** Onesto, di grande moralità.
- **17** Attirare qualcuno con mezzi non completamente leciti.
- **18** Gruppo di persone violente, vandali.

Verticali ↓

- **1** Simile, uguale.
- **3** Falso.
- **4** Barba e baffi, ma solo intorno alla bocca.
- **6** Politico, membro di un Comune o della Provincia.
- **7** Ripetuto.
- **8** Fare la prostituta.
- **11** Far perdere la lucidità mentale.
- **14** Documento in cui si autorizza una persona a fare qualcosa al posto nostro.
- **16** Nuvola.

4 Analisi grammaticale

4a Cosa sai del "periodo ipotetico"? Lavora con un compagno e scambiatevi tutte le informazioni che avete. Aiutatevi anche con le affermazioni qui sotto indicando se sono vere o false.

	vero	falso
1. Il periodo ipotetico è la combinazione di due frasi, una ipotesi e una conseguenza.	☐	☐
2. L'ipotesi del periodo ipotetico è generalmente introdotta dalla congiunzione "se".	☐	☐
3. Il periodo ipotetico cambia se l'ipotesi è nel presente o nel passato.	☐	☐
4. Nell'ipotesi non ci può essere il condizionale.	☐	☐
5. Nella conseguenza c'è sempre il congiuntivo.	☐	☐
6. Nell'ipotesi può esserci solo l'indicativo o il congiuntivo.	☐	☐

COMICITÀ — arti 19

4b *Guarda la tabella qui sotto. La parte sinistra riguarda la prima frase di un periodo ipotetico, l'**ipotesi**, mentre la parte destra riguarda la **conseguenza**. Lavora sul testo dell'attività **2c** e copia i verbi che formano i periodi ipotetici nel posto giusto, come nell'esempio. I numeri di riga della prima colonna si riferiscono a dove si trova la congiunzione **se**, che introduce l'ipotesi. Alla fine confronta il tuo lavoro con quello di un compagno.*

	Ipotesi		Conseguenza	
riga	verbo	modo e tempo	verbo	modo e tempo
67	sbaglio	indicativo presente	corregga	imperativo (formale)
79				
94				
127				
133				
144				
195				

4c *Il periodo ipotetico ha due variabili: il tempo (ipotesi nel presente o nel passato) e il significato (ipotesi reale, possibile o irreale). Continua a lavorare con il compagno dell'attività **4b** e completate la regola per la formazione del periodo ipotetico nel presente, scrivendo modi e tempi verbali che avete trovato nell'attività **4b**.*

il periodo ipotetico con ipotesi nel presente

REALTÀ	L'ipotesi è presentata come reale (l'enfasi è sull'automaticità della conseguenza, nel caso in cui l'ipotesi si realizzi).	**ipotesi** se + _____ **conseguenza** - _____ - _____
POSSIBILITÀ	L'ipotesi è presentata come possibile (l'enfasi è sul fatto che l'ipotesi è possibile, il fatto espresso dall'ipotesi potrebbe o non potrebbe accadere).	**ipotesi** se + _____ **conseguenza** - _____
IRREALTÀ	L'ipotesi è presentata come irreale (è ovvio dal contesto che l'ipotesi non si potrà mai realizzare).	

4d *Continua a lavorare con lo stesso compagno dell'attività precedente. Tornate al punto **4a** e verificate se avevate fatto delle scelte giuste. Attenzione: esiste anche un periodo ipotetico nel passato, che verrà analizzato nella prossima unità.*

5 Parlare

Lavora insieme ad un compagno e mettete in scena il dialogo tra Ulisse e il commissario. Cercate di essere il più fedeli possibile al racconto, drammatizzando espressioni, movimenti, sentimenti e intenzioni dei personaggi.

Un errore voluto

Alla riga 214 del testo, Stefano Benni ha scritto:
E se potrebbe, cosa succederebbe?
È evidente che la frase è scorretta perché non si può mettere un condizionale dopo il *se*. Avrebbe dunque dovuto usare il congiuntivo imperfetto: "potesse".
Tuttavia l'errore è voluto e il suo obiettivo è amplificare oltre il lecito l'effetto comico dell'uso insistente del condizionale "potrebbe", che raggiunge in quelle righe il proprio apice.

alma edizioni — 227

19 arti
COMICITÀ

6 Gioco

La classe si dispone in cerchio. La prima persona comincia una frase ipotetica (per esempio "Se avessi più tempo…"), la persona accanto continua con la conseguenza (ad esempio "andrei più spesso in palestra.") da cui fa iniziare una nuova ipotesi (ad esempio "Se andassi più spesso in palestra…") che dovrà essere continuata dallo studente accanto, e così via.

7 Ascoltare

7a *Ascolta una volta questo monologo del comico Alessandro Bergonzoni, poi decidi quali affermazioni sono vere e quali false consultandoti con un compagno. Poi ascolta di nuovo per verificare.*

È un monologo di satira politica.
È un monologo pieno di giochi di parole.
Si tratta dell'introduzione ad uno spettacolo.
È un monologo estratto da una trasmissione televisiva.
Si tratta della parte finale di uno spettacolo.

BERGONZONI

7b *Ascolta tutte le volte necessarie la prima parte del monologo di Bergonzoni e prova a capire cos'è che fa ridere quando usa le parole e le frasi scritte qui sotto. Consultati con lo stesso compagno del punto precedente.*

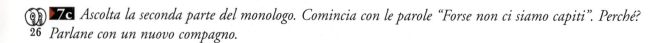

io feci
scrissi e lessi
credo che la vita vada in una direzione
per molti versi
questo è il succo
c'è un senso che la vita ha
lo dico col cuore in mano

7c *Ascolta la seconda parte del monologo. Comincia con le parole "Forse non ci siamo capiti". Perché? Parlane con un nuovo compagno.*

COMICITÀ

7d *La comicità di Bergonzoni ti fa ridere? È facilmente comprensibile per la tua cultura? Ci sono comici di questo genere nel tuo paese? Discutine con un compagno ascoltando il monologo completo se necessario.*

Alessandro Bergonzoni

Scrittore, autore e attore di teatro, ma anche di cinema, Alessandro Bergonzoni è l'incarnazione dell'assurdo comico, del rifiuto del reale e della capacità di giocare col linguaggio per creare situazioni surreali e paradossali.
Esordisce nel 1982 ma diventa celebre alla fine degli anni '80 con alcune apparizioni televisive. I suoi spettacoli di maggior successo sono stati *Le balene restino sedute* (1989), *Madornale 33* (1999, da cui è tratto il brano dell'attività 7), *Predisporsi al micidiale* (2004) e *Nel* (2007).

8 Esercizio

8a *Ascolta molte volte il testo dell'indovinello che Bergonzoni fa al pubblico e trascrivi tutto quello che dice. Quando non riesci ad andare avanti lavora con un compagno.*

L'indovinello _____

_____

_____

_____

_____

_____ No! Non pensateci qua!

8b *La battuta che hai ricostruito al punto 8a è comica perché contiene un doppio senso. Hai capito qual è? Discutine con alcuni compagni e se necessario riascolta la battuta.*

19 arti
COMICITÀ

9 Leggere

9a *Tra poco leggerai un'intervista a Daniele Luttazzi. Sapresti dire che differenza c'è tra la comicità e la satira? Parlane insieme ad alcuni compagni.*

Se non conosci il significato esatto delle due parole cercale sul dizionario e scrivi la traduzione nella tua lingua qui sotto.	
Comicità	**Satira**

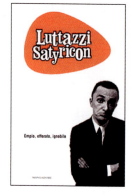

9b *Leggi l'intervista a Daniele Luttazzi.*

Intervista a Luttazzi

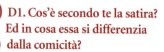

D1. Cos'è secondo te la satira? Ed in cosa essa si differenzia dalla comicità?

R1. Ogni autore (comico o satirico) intende suscitare la risata più grande possibile. La comicità ha più a che fare col corpo, la satira con le idee. Mi spiego meglio: la satira si serve del corpo ridicolo come strumento per dire altro, mentre la comicità è solamente un corpo ridicolo. La liberazione maggiore viene dalla satira: la comicità non intacca i tuoi valori, la satira invece sì: esprime un giudizio ed è proprio per questo motivo che alcuni spettatori a volte si rifiutano di ridere. Le battute satiriche infatti non sono innocue, al contrario: toccano temi per loro sensibili, temi cioè che riguardano la struttura del loro mondo di valori.

D2. La tua scrittura è sintetica e velocissima. È una ricerca stilistica o qualcosa legato al tuo modo di stare in scena?

R2. Una buona battuta esprime il massimo col minimo dei termini utilizzati. Per cui si lima, si lima e si lima per arrivare all'essenziale. "Mio nonno era un duro. Un vero duro. Sulla sua lapide c'è scritto: *Che guardi?*" Quanto alla velocità, i grandi comici del passato insegnano che più è forsennata, più fa ridere. È uno dei motivi per cui parlo velocissimo. L'altro motivo è che da piccolo balbettavo e un foniatra mi insegnò a dire frasi complesse senza impaperarmi.

D3. La satira è spalmata su numerosi argomenti, non c'è solo la politica. E anche sui temi del sesso non conosci mezze misure…

R3. E perché dovrei? Essere osceni è il mestiere del comico. Inoltre il corporeo e la sua oscenità si impongono con evidenza se sei uno spirito sensibile. Penso a Mozart, che è il mio Dio, e alle lettere scandalose che si scambiava con la cugina.

D4. Sei sempre stato così o hai trovato un modo formidabile per essere unico?

R4. Sono sempre stato così. A sette anni, mettevo in scena omicidi nelle varie stanze della casa: facevo recitare i miei fratelli e chiamavo i miei genitori ad assistere alle rappresentazioni.

D5. Chi erano gli assassinati?

R5. Non si sa. Ho capito più tardi che forse ero alle prese con un ricordo della scena primaria. A quattro anni sorpresi i miei che nel buio facevano l'amore. Fu una cosa impressionante, mi sembrava che qualcuno stesse strangolando mia madre e scoppiai a piangere disperatamente. Mia madre cercò di rassicurarmi, accesero la luce, quella notte mi fecero dormire con loro, era tutto ok. Io non ne ero convinto. C'era qualcosa che mi sfuggiva. ■

da www.danieleluttazzi.it

Daniele Luttazzi

È uno dei più controversi autori satirici italiani. Alterna la televisione al teatro, con spettacoli satirici che poi diventano, spesso, dei libri. Nel 2001 ha condotto sulla RAI il talk show satirico *Satyricon* che è stato molto discusso. Da quel momento si è dedicato principalmente al teatro e ai libri. Nel 2007 è tornato in tv con il programma *Decameron*, che però è stato bloccato dalla censura.

COMICITÀ

10 Analisi lessicale

Per ogni parola vengono dati due significati, tutti e due corretti. Trova il significato più adatto per ogni parola all'interno del testo dell'attività **9b**.

dove	parola	significati
R1	valore	☐ 1. Equivalente in denaro di un bene, il suo prezzo, il suo costo. ☐ 2. Dote morale e intellettuale che rende una persona degna di considerazione.
R1	intaccare	☐ 1. Fare un taglio, un'incisione. ☐ 2. Danneggiare, indebolire, rovinare.
R1	sensibile	☐ 1. Che è percepibile, che si conosce o si apprende attraverso i sensi. ☐ 2. Apprezzabile, rilevante, importante.
D2	sintetico	☐ 1. Che costituisce una sintesi, un riassunto. ☐ 2. Di sostanza o prodotto ottenuto artificialmente mediante sintesi chimica.
R2	battuta	☐ 1. Ciascun intervento parlato di un attore nel corso di una rappresentazione. ☐ 2. Frase arguta e spiritosa o anche provocatoria e mordace.
R2	limare	☐ 1. Sottoporre all'azione di una lima per levigare, spianare, smussare. ☐ 2. Portare a compimento, migliorare, perfezionare.
R2	duro	☐ 1. Che non accetta imposizioni, energico e sicuro. ☐ 2. Che causa sofferenza, spiacevole, doloroso.
R2	motivo	☐ 1. Stato d'animo, convinzione, circostanza che spinge ad agire in un determinato modo o a compiere una determinata azione. ☐ 2. Tema fondamentale e ricorrente di un'opera o di una produzione artistica.
R5	strangolare	☐ 1. Uccidere esercitando una forte pressione alla gola. ☐ 2. Mettere in grave difficoltà, soprattutto da un punto di vista economico.
R5	sfuggire	☐ 1. Sottrarsi a qualcuno per evitare di essere catturato o trattenuto. ☐ 2. Sottrarsi alla comprensione, risultare oscuro.

11 Analisi grammaticale

11a Guarda nel testo la costruzione del verbo **fare** + **infinito**. Chi svolge l'azione del verbo **fare**? E chi svolge l'azione dell'infinito? Completa lo schema, poi rispondi alle domande lavorando con un compagno.

dove	costruzione	soggetto verbo *fare*	agente infinito
R2	fa ridere		
R4	facevo recitare		
R5	fecero dormire		

1. La costruzione *fare* + *infinito* serve per centrare l'attenzione su chi/cosa permette ad altri di fare qualcosa. Il soggetto del verbo *fare* quindi è sempre chiaro. Come viene invece espresso chi svolge l'azione del verbo all'infinito? Puoi scegliere più di una risposta.

☐ *Non viene espresso*
☐ *Viene espresso come oggetto diretto*
☐ *Viene espresso come oggetto indiretto (preposizione A)*
☐ *Viene introdotto dalla preposizione DA*

19 arti
COMICITÀ

2. Ora guarda le vignette qui sotto. È ancora valida la tua risposta alla domanda precedente o ci sono altre opzioni?

▶ **11b** *Continua a lavorare con lo stesso compagno. Riassumi la regola della costruzione **fare + infinito** collegando la parte di sinistra con quella di destra, come nell'esempio.*

la persona che svolge l'azione del verbo all'infinito…	
• …non viene espressa…	• …quando il verbo all'infinito non ha nessun altro oggetto.
• …viene espressa come oggetto diretto…	• …quando non si vuole esprimere o è sottintesa.
• …viene espressa come oggetto indiretto (preposizione A)…	• …quando il verbo all'infinito ha anche un oggetto diretto e un oggetto indiretto.
• …viene introdotta dalla preposizione DA…	• …quando il verbo all'infinito ha anche un altro oggetto.

12 Scrivere e parlare

▶ **12a** *Sicuramente conoscerai delle barzellette nella tua lingua. Scrivine qualcuna in italiano.*

▶ **12b** *Lavora con un gruppo di compagni e raccontatevi, senza leggerle, le barzellette che avete scritto al punto **12a**. Vi fanno ridere? E vi fanno ridere quelle italiane di pagina 234?*

Il teatro comico in Italia e la Commedia dell'Arte

Il teatro comico italiano affonda le sue radici nella Commedia dell'Arte, un genere teatrale che si sviluppò nel XVI secolo con attori che recitavano improvvisando commedie dagli intrecci amorosi e comici. Le compagnie della Commedia dell'Arte giravano di città in città e recitavano generalmente nelle piazze o in piccoli teatri. Nel corso del secolo, e poi soprattutto nel '600, i Comici vennero sempre più spesso invitati nei grandi teatri delle corti dei monarchi più illuminati d'Europa. Fu solo nel '700 però che i personaggi creati dalle compagnie (Arlecchino, Colombina, Brighella, Pantalone, ecc.) divennero immortali, grazie all'opera del celebre drammaturgo veneziano Carlo Goldoni.

Carlo Goldoni

13 Gioco

*Gioca contro un compagno. Scegli una delle frasi e trasformala usando la struttura **fare + infinito**, come nell'esempio. Se è giusta guadagni la casella che la contiene. Poi toccherà al tuo avversario. Vince il primo che riesce a fare **TRIS**. Chiamate l'insegnante solo in caso di contestazioni.*

Esempio

HO DETTO A ROSSELLA DI MANDARTI LA LETTERA.
Ti ho fatto mandare la lettera da Rossella

GLI (loro) HO DETTO DI CAMMINARE PIÙ VELOCEMENTE	HAI DETTO A LUIGINO DI METTERE IL MAGLIONE E ADESSO MUORE DI CALDO!	GINO MI HA DETTO DI COMPRARE QUESTO DISCO.
IL FILM "VIA COL VENTO" HA PORTATO A PIANGERE ALMENO TRE GENERAZIONI.	DICO A CARLO DI COMPRARTI IL PROSCIUTTO QUANDO VA A PARMA.	DI' A ROBERTO DI SCRIVERE LA LETTERA.
LASCIA CHE ROBERTO TI SCRIVA ALMENO UNA LETTERA.	CERTI COMICI MI PORTANO A MORIRE DAL RIDERE!	QUESTO FILM PORTA TUTTI A RIDERE.

La Commedia dell'Arte è un fenomeno unico nella storia del teatro, un evento irripetibile che non ha nulla a che fare con il teatro moderno, eppure tanti attori italiani hanno attinto dal patrimonio delle maschere: da Ettore Petrolini a Totò e, per ultimi, a Gigi Proietti e Dario Fo. Quest'ultimo, premio Nobel nel 1997, è stato autore di una fantasiosa e fortunatissima rielaborazione scenica di alcuni dei più significativi testi tramandati della Commedia dell'Arte nello spettacolo dal titolo *Mistero Buffo*.

Dario Fo

19|arti

COMICITÀ

Le barzellette

Le barzellette sono piccole storie con battute umoristiche o comiche finali. È forse il genere di testo più difficile da capire per un non madrelingua in quanto richiede conoscenze linguistiche e culturali molto profonde. In Italia moltissime barzellette hanno come obiettivo i **carabinieri**. Un altro classico filone di barzellette sono quelle che vedono come protagonisti personaggi di diverse nazionalità, in cui di solito **l'italiano** spicca per furbizia rispetto agli altri. Il personaggio del bambino astuto e a volte un po' scurrile è **Pierino**, protagonista anche di alcuni film di dubbio valore negli anni '80. Giocano invece sui doppi sensi e sui fraintendimenti linguistici i **colmi**, i giochi di parole sui **nomi** e le **freddure** surreali e assurde.

Carabinieri

Un carabiniere arriva contento in ufficio:
- Ieri ho finito un bel *puzzle*.
- E quanto ci hai messo?
- Due anni.
- Caspita! Così tanto?
- Al contrario, sono stato velocissimo! Sulla scatola c'era scritto: "da 3 a 6 anni"!

Colmi

Il colmo per un falegname?
Avere la moglie scollata!

Il colmo per un gatto?
Condurre una vita da cani!

Il colmo per un idraulico?
Avere un figlio che non capisce un tubo!

L'italiano

Un italiano e un francese si ritrovano nella giungla inseguiti da un leone. A un certo punto l'italiano, allo stremo delle forze, si ferma ed estrae dalla borsa un paio di scarpe da ginnastica... al quel punto il francese gli chiede:
"Ma cosa fai? Speri di correre più veloce del leone?".
E l'italiano risponde:
"Più veloce del leone no... ma di te sì!".

Nomi

Il più grande produttore tedesco di cioccolata? *Von Dent*

Il suo concorrente arabo? *Al Lat*

Il portiere della nazionale di calcio greca? *Para Riguris*

Pierino

- Papà che cosa mi daresti se prendessi 10 in matematica?
- Ti darei 10 euro, Pierino.
- Beh, allora dammene 4!

Freddure

- Una scimmia mangia quattro banane in due ore...
- Allora?
- Due!

UNITÀ 20
storia
IL FASCISMO

1 Introduzione

1a *Cosa sai del fascismo? Prova a dire se queste affermazioni sono vere o false e poi confrontati con alcuni compagni.*

- Il fascismo è stato un movimento politico di destra a carattere autoritario.

- Il capo del fascismo, Benito Mussolini, prima di diventare fascista era socialista.

- Mussolini andò al potere durante la prima guerra mondiale.

- Il regime fascista è durato circa vent'anni.

- Il regime fascista ha avuto molto consenso da parte della popolazione italiana.

- La chiesa cattolica si oppose sempre a Mussolini e non trovò mai un accordo con il regime.

- Il regime fascista non perseguitò gli ebrei.

- Nel 1940 l'Italia entrò in guerra a fianco della Germania nazista, ma poi Mussolini cambiò idea e nel 1943 si alleò con gli angloamericani.

- Dopo la caduta di Mussolini in Italia scoppiò una guerra civile tra fascisti e antifascisti.

- Alla fine della seconda guerra mondiale Mussolini è stato processato ed è morto in prigione dopo molti anni.

20 | storia
IL FASCISMO

2 Leggere

2a Ora leggi l'intervista e verifica le tue scelte. Completa l'intervista inserendo le domande al posto giusto nel testo. Attenzione, 2 domande sono in più e non devono essere inserite.

Intervista sul fascismo

Nascita e crollo del regime fascista, nella ricostruzione dello storico Sandro De Luigi, studioso di storia del fascismo.

Domanda n°___

Il fascismo è un movimento politico autoritario, nazionalista e conservatore che nato nel 1919 e diretto da un ex dirigente socialista, Benito Mussolini, giungerà in pochi anni - attraverso una forzatura istituzionale - al governo. Mussolini guiderà l'Italia per poco più di un ventennio, dal 1922 al 1943 e abbandonerà il potere solo dopo aver portato il Paese alla disfatta militare, alla rovina economica e alla guerra civile.

Domanda n°___

È difficile dare una risposta semplice a questa domanda. Il fascismo ha due genitori, da una parte la tradizione autoritaria della destra italiana, dall'altra il progressismo socialista. I suoi dirigenti, a cominciare da Mussolini, venivano spesso dalla tradizione socialista e questo mix tra autoritarismo e populismo, tra tradizione e innovazione, tra conservazione e mutamento rende estremamente difficile dare una spiegazione lineare di cosa sia stato e di perché nacque il fascismo. Di certo un peso enorme nello sviluppo del fascismo lo ebbero i fatti che seguirono la prima guerra mondiale. L'Italia aveva voluto partecipare alla guerra anche se in realtà non ce ne sarebbe stato alcun bisogno. La guerra aveva poi provocato danni enormi: 600.000 morti e altrettanti dispersi o prigionieri, un milione di feriti. L'economia era uscita stremata dai 3 anni di conflitto e andava interamente ristrutturata. Tutto questo creava enormi difficoltà sociali. In campo internazionale i problemi erano altrettanto sentiti. La conferenza di pace non aveva riconosciuto all'Italia i vantaggi che questa si aspettava in quanto vincitrice della guerra e ciò rendeva la situazione politica interna ancora più instabile ed effervescente. In questo clima di caos e di crisi Mussolini e il fascismo si proporranno come partito d'ordine e come motori delle riscossa nazionale contro l'umiliazione cui l'Italia si sentiva sottoposta dalle scelte di Francia e Inghilterra.

La marcia su Roma

Domanda n°___

Nel 1922 organizzò la cosiddetta "Marcia su Roma". I militanti fascisti, le "camicie nere", marciarono verso la capitale e il re, che era allora il capo dello Stato, nominò Mussolini primo ministro. Va ricordato che nelle elezioni politiche del 1921 i fascisti avevano preso pochissimi voti. Voti che invece lievitarono un anno e mezzo dopo la marcia su Roma quando il partito fascista ottenne il 66% dei consensi. Chi gridò allo scandalo e denunciò la truffa elettorale, come il deputato socialista Giacomo Matteotti, venne assassinato. Questo episodio va ricordato perché segna di fatto l'inizio del regime fascista. In un famoso discorso alla Camera dei deputati il duce si accollò la responsabilità politica dell'omicidio e fu chiaro che se qualcuno avesse pensato di mettersi contro il fascismo avrebbe dovuto vedersela con una implacabile ed omicida volontà di dominio. Va sottolineato che il re in quell'occasione non chiese in nessun modo l'allontanamento di Mussolini dal governo.

Domanda n°___

Sì. In realtà il sostegno da parte delle masse italiane non mancò più a Mussolini fino alla disfatta nella seconda guerra mondiale. Le piazze d'Italia, lo si vede anche nei filmati d'epoca, erano piene di gente che acclamava il duce

Domande

1. Questo fu l'inizio, ma Mussolini rimase al potere per più di 20 anni…
2. Il fascismo è il primo di una lunga serie di movimenti politici di destra che si manifesteranno nel '900: può spiegarci come e perché nasce?
3. C'è chi dice che se l'Italia non avesse partecipato alla guerra, il regime fascista sarebbe durato molto più a lungo, lei che ne pensa?
4. Mussolini era consapevole di questo?
5. Professor De Luigi, se lei dovesse dare una spiegazione molto sintetica del fascismo a chi non ne ha mai sentito parlare, come lo definirebbe?
6. Ci parli un po' della fine di Mussolini, di quando il consenso venne a mancare…
7. Questo vale per le cause storiche, ma materialmente come giunse al potere Mussolini?
8. E questo fu un errore?
9. E questo consenso su cosa poggiava?
10. E poi?

IL FASCISMO

La firma dei Patti Lateranensi

mostrando non solo di condividerne le scelte politiche ma anche di amarlo. Mussolini cercò e generalmente ottenne anche l'accordo delle grandi istituzioni. Prendiamo il caso della chiesa cattolica. Era chiaro che se il duce avesse voluto ampliare il proprio consenso avrebbe dovuto ottenere l'appoggio della chiesa: questa non aveva mai riconosciuto lo stato italiano da quando, nel 1870, Roma era stata sottratta al dominio del papa e dichiarata capitale del Regno d'Italia. La chiesa concesse il proprio appoggio al regime con la firma, nel 1929, di uno storico accordo con lo Stato italiano ricordato come Patti Lateranensi o Concordato. Pochi mesi dopo, nel plebiscito, il fascismo ottenne quasi il 90% dei suffragi.

Domanda n°___

Anche qui le cose sono complicate. Mussolini costruì uno stato nuovo totalmente identificato negli obiettivi del partito fascista. Gli italiani nel ventennio erano sin da giovani inquadrati in milizie, gruppi, ordini che li rendevano membri e partecipi di una volontà più ampia, il volere dell'Italia fascista. Questa a sua volta si lanciò negli anni '30 verso l'ampliamento dei possedimenti coloniali dando l'impressione al popolo italiano che il loro stato stesse veramente compiendo imprese memorabili degne della grande storia dell'antico impero romano. Il fascismo fu probabilmente il primo movimento politico moderno ad utilizzare in maniera massiccia strumenti di condizionamento delle masse per ottenerne il consenso. Vennero lanciate campagne continue di mobilitazione sui temi più diversi. Le campagne per l'aumento della natalità o per la crescita della produzione agricola - per citarne alcune - furono momenti di attivazione anche psicologica delle masse finalizzate a favorire la crescita del consenso. Non mancherà nemmeno l'appoggio degli intellettuali e degli artisti. Nel 1931 il regime chiese ai professori universitari un giuramento di fedeltà. La categoria, forte e prestigiosa, se avesse voluto avrebbe potuto rifiutarsi di aderire. Ma così non fu: solo una ventina su oltre milleduecento cattedratici ebbe il coraggio di non schierarsi a fianco del fascismo. Con il senno di poi sembra stranissimo ma anche la comunità ebraica, che in seguito alle leggi razziali del 1938 fu dapprima cacciata da tutte le istituzioni pubbliche comprese le scuole e gli uffici e poi duramente perseguitata e martoriata, appoggiò il fascismo nel momento del massimo consenso per Mussolini.

Domanda n°___

L'errore di Mussolini fu di credere che la Germania, nel 1940, conquistata Parigi, avesse ormai vinto la seconda guerra mondiale. Per non restare fuori dai giochi, l'Italia fascista che era militarmente ed economicamente impreparata a competere con le grandi potenze, entrò in guerra. Solo tre anni dopo, con il territorio italiano occupato dagli angloamericani, le colonie africane perse, le città bombardate, il senso di sconfitta ormai diffuso, quando ormai il favore delle masse era venuto inesorabilmente meno, il Gran Consiglio del Fascismo deciderà di chiedere l'arresto di Mussolini, il re nominerà il generale Badoglio primo ministro e con questo porrà ufficialmente fine al regime.

Domanda n°___

Gli ultimi due anni di vita di Mussolini coincidono con il periodo più duro della storia italiana recente. L'8 settembre 1943 il governo Badoglio firma l'armistizio con gli alleati angloamericani che ormai padroni della Sicilia erano sbarcati sul continente. I tedeschi procedettero quindi all'occupazione militare dell'Italia e liberarono Mussolini. Questi fondò un nuovo stato, la Repubblica Sociale Italiana con capitale Salò, una cittadina sul lago di Garda nel nord Italia. In questa situazione

Benito Mussolini, accanto le leggi razziali

scoppiò la guerra civile: da una parte i partigiani che si organizzarono per la liberazione del Paese, dall'altra i fascisti alleati dei nazisti. Questi si macchieranno anche in Italia di tutti i peggiori crimini di guerra: massacreranno interi paesi per rappresaglia, fucileranno e tortureranno i partigiani e deporteranno migliaia di civili, di militari e di ebrei. Nel contempo gli angloamericani bombardavano le città del nord per distruggerne le infrastrutture.
Naturalmente l'economia era ferma e la fame colpiva la parte meno agiata della popolazione. Tra atti di eroismo, vigliaccheria e massacri si giunse al 25 aprile del 1945 quando i partigiani entrarono vittoriosi a Milano e i tedeschi scapparono oltre il Brennero. Il 28 aprile del 1945 mentre cercava di fuggire in Svizzera, Mussolini fu arrestato e fucilato.

Domanda n°___

Certo, se Mussolini avesse mantenuto una posizione neutrale oggi forse si guarderebbe all'esperienza del fascismo con occhi diversi (pur non potendo dimenticare la natura dittatoriale di quel regime). Ma la storia non si fa con i "se" e con i "ma" e il lavoro dello storico è quello di analizzare soprattutto i fatti e non le ipotesi. ■

20 | storia IL FASCISMO

3 Analisi lessicale

Qui sotto hai una lista di termini (alla forma base) tratti dal testo dell'intervista, che possono essere raggruppati in tre categorie: termini politici, termini militari, altro. Nella tabella trovi le definizioni del dizionario. Inserisci i termini al posto giusto nella tabella. Attenzione: in ogni categoria, un termine è privo di definizione. In coppia individuate il termine e scrivete la definizione che vi pare più adeguata.

disfatta (riga 11) **populismo** (riga 22-23) **lievitare** (riga 61) **truffa** (riga 65) **deputato** (riga 66)

accollarsi (riga 71) **consenso** (riga 94) **regime** (riga 101) **plebiscito** (riga 104) **suffragio** (riga 105)

milizia (riga 112) **natalità** (riga 132) **armistizio** (riga 181) **rappresaglia** (riga 197) **infrastruttura** (riga 202)

	Termini politici		Termini militari		Altro
	Consultazione diretta del popolo chiamato eccezionalmente a pronunciarsi su specifiche scelte, spec. riguardanti la sovranità territoriale o la struttura dello stato.		Ritorsione violenta compiuta da uno stato occupante nei confronti degli abitanti dei territori occupati.		Frode, imbroglio, inganno.
	Rappresentante dei cittadini, membro del parlamento o di altri consigli legislativi o amministrativi.		Sconfitta militare, capitolazione, sconfitta schiacciante, pesante insuccesso.		Assumere, prendere a proprio carico.
	Atteggiamento politico di esaltazione velleitaria e demagogica dei ceti più poveri.		Anche al pl., insieme di uomini armati, organizzati in un'unità militare e addestrati a combattere con mansioni generiche o incarichi specifici.		Crescere di volume, gonfiarsi.
	Dichiarazione della propria volontà in procedimenti elettivi o deliberativi; voto.		_____		Spec. al pl., insieme di impianti pubblici e di beni materiali al servizio della collettività (ad es. strade, acquedotti, scuole, ospedali, ecc.).
	Appoggio dato da gruppi sociali a un programma politico, a un partito o a un governo.				_____
	_____				

IL FASCISMO **storia 20**

4 Analisi grammaticale

4a *Nell'unità 19 abbiamo visto il periodo ipotetico con ipotesi nel presente (reale, possibile o irreale). Ma esiste anche il periodo ipotetico con ipotesi nel passato. Senza guardare il testo dell'intervista, sai fare un esempio?*

4b *Ora cerca nel testo dell'intervista (domande e risposte) tutti gli esempi di periodo ipotetico e inseriscili nella colonna A della tabella. Poi completa le colonne B, C e D (per ora non considerare l'ultima colonna). Infine confrontati con un compagno.*

A. Esempio del testo	B. Modo e tempo dell'ipotesi	C. Modo e tempo della conseguenza	D. L'ipotesi è nel presente/passato	
1.				
2.				
3.		*condizionale composto*		
4.	*congiuntivo trapassato*			
5.				

4c *Insieme allo stesso compagno, analizza gli esempi n° 2, 3, 4, 5. Che tipo di ipotesi esprimono? Guardate le definizioni qui sotto e poi inserite nell'ultima colonna della tabella la sigla corrispondente al tipo di ipotesi: IRR1, IRR2, POSS.*

IRREALTÀ 1: L'ipotesi è nel passato ed è presentata come irreale (perché non si è realizzata).
IRREALTÀ 2: L'ipotesi è nel passato ed è presentata come irreale (ma la conseguenza ha ripercussioni sul presente).
POSSIBILITÀ: L'ipotesi è nel passato ed è presentata come possibile.

4d *Completa la regola.*

il periodo ipotetico con ipotesi nel passato		
IRREALTÀ 1	L'ipotesi è nel passato ed è presentata come irreale (perché non si è realizzata).	ipotesi se + _____ conseguenza *condizionale composto*
IRREALTÀ 2	L'ipotesi è nel passato ed è presentata come irreale (ma la conseguenza ha ripercussioni sul presente).	ipotesi se + _____ conseguenza _____
POSSIBILITÀ	L'ipotesi è nel passato ed è presentata come possibile (costruzione usata soprattutto nella narrazione per creare suspense).	ipotesi se + _____ conseguenza _____

20 | storia IL FASCISMO

5 Gioco a squadre

Si gioca a squadre con il tabellone qui sotto e un dado. A turno ogni squadra lancia il dado e conta le caselle sul tabellone, partendo dalla casella **PARTENZA**. La squadra ha un minuto di tempo per formulare un periodo ipotetico secondo le indicazioni della casella in cui è arrivata.
Se la frase è corretta la squadra conquista la casella (che viene segnata con il simbolo della squadra), se è sbagliata la casella rimane ancora libera. Si continua a girare nel senso delle frecce (saltando le caselle già occupate) fino a quando tutte le caselle sono state occupate. Vince la squadra che ha conquistato più caselle.

> **Esempio**
> **Io** - *presente* - *possibilità* = Se leggessi qualche libro in italiano, parlerei meglio.

5 Variante - Gioco a squadre

L'insegnante fotocopia il tabellone e ritaglia le caselle mettendole in un sacchetto.
Le squadre a turno estraggono dal sacchetto i biglietti con le caselle.

IL FASCISMO **storia|20**

6 Ascoltare

6a *Ascolta l'audio e cerca di capire chi sono i personaggi che parlano e in che modo il fascismo e Mussolini li riguardano.*

6b *Senza riascoltare il brano, rispondi alla domanda e discutine con alcuni compagni.*

- Secondo te, i tre personaggi esprimono un giudizio personale sul fascismo o su Mussolini?

6c *Ora ascolta di nuovo e cerca di individuare se e dove i tre personaggi esprimono un giudizio personale sul fascismo o su Mussolini.*

7 Analisi della conversazione

Riascolta il brano e completa la tabella. Poi confrontati con un compagno e se necessario ascolta di nuovo.

	Voce 1	**Voce 2**	**Voce 3**
A chi si sta rivolgendo il personaggio e in che contesto parla			
Livello espressivo del discorso	☐ Solenne, ufficiale, molto formale ☐ Colto, erudito ☐ Medio o normale ☐ Semplice, familiare e informale ☐ Confidenziale, intimo	☐ Solenne, ufficiale, molto formale ☐ Colto, erudito ☐ Medio o normale ☐ Semplice, familiare e informale ☐ Confidenziale, intimo	☐ Solenne, ufficiale, molto formale ☐ Colto, erudito ☐ Medio o normale ☐ Semplice, familiare e informale ☐ Confidenziale, intimo
Livello di accuratezza formale del discorso (correttezza dell'esposizione, frequenza di ripetizioni e incertezze, uso dei segnali discorsivi, ecc.)	☐ Alto ☐ Medio-alto ☐ Medio ☐ Medio-basso ☐ Basso *Esempi:* _____	☐ Alto ☐ Medio-alto ☐ Medio ☐ Medio-basso ☐ Basso *Esempi:* _____	☐ Alto ☐ Medio-alto ☐ Medio ☐ Medio-basso ☐ Basso *Esempi:* _____
Livello di complessità del discorso (articolazione e subordinazione delle frasi, scelta dei termini, riferimenti culturali, ecc.)	☐ Molto complesso e ricercato ☐ Mediamente complesso ☐ Semplice, elementare ☐ Poco coerente, sconclusionato *Esempi:* _____	☐ Molto complesso e ricercato ☐ Mediamente complesso ☐ Semplice, elementare ☐ Poco coerente, sconclusionato *Esempi:* _____	☐ Molto complesso e ricercato ☐ Mediamente complesso ☐ Semplice, elementare ☐ Poco coerente, sconclusionato *Esempi:* _____
La cosa che ti ha più incuriosito dal punto di vista linguistico (un'espressione, una frase, una costruzione particolare…)			

alma edizioni

8 Leggere

Leggi il testo e completalo coniugando i verbi al condizionale semplice o composto e inserendo al posto giusto i nomi della lista (puoi usarli anche più di una volta). Poi confrontati con un compagno.

`Antonietta` `Gabriele` `la moglie` `il marito` `Sophia Loren` `Marcello Mastroianni`

Un film con Marcello Mastroianni e Sophia Loren sull'Italia fascista

Una giornata particolare

Quella volta in cui Mussolini incontrò Hitler

6 maggio 1938, una giornata particolare. Per Roma, caduta in delirio per la visita di Hitler, e per due umili coinquilini di un grande caseggiato popolare, due sconosciuti che quel giorno s'incontrano, si amano, sono costretti a dividersi per sempre.
Nel momento di pieno consenso ad un regime che di lì a poco *(portare)* _____ il Paese alla catastrofe, tutti i romani si riversano nelle strade e corrono entusiasti ai Fori imperiali per la grande parata organizzata dal regime fascista in onore di Hitler.
Anche il condominio della periferia romana dove vivono _____ e _____ si svuota, ma i due, per ragioni diverse, restano nelle loro case, lontano dai clamori festanti.
_____ (Sophia Loren) è la classica moglie "fascista", serva di un marito gretto e ignorante e dei sei figli pedissequamente indottrinati nelle loro divise di regime. _____, camicia nera, impiegato al Ministero dell'Africa Orientale, è uomo prepotente e fedifrago, un cafone incapace anche di un solo gesto di tenerezza nei confronti della compagna. Obbediente ai principi della virilità maschilista e alla misoginia fascista, che considerava la donna solo come madre procreatrice e domestica dell'uomo, obbliga _____ a sfornargli figli a getto continuo, di cui poi vantarsi con orgoglio. *"Io mi sento considerata meno di zero... mio marito con me non parla, ordina, di giorno e di notte"* - confiderà in seguito _____ a _____, in questo modo rivelando l'ipocrisia del matrimonio fascista, incoraggiato in ogni maniera dal regime, in nome di una politica demografica che aveva l'obiettivo di portare in breve tempo ad aumentare la popolazione.
_____ (Marcello Mastroianni) è un annunciatore radiofonico che l'Eiar[1] ha licenziato perché omosessuale, dunque antifascista, che si prepara a consegnarsi alla polizia e a partire per il confino nella lontana Sardegna.
Il loro incontro è casuale. Quando tutti i familiari di _____, svegliatisi in un'alba livida e indossata la divisa fascista, escono per partecipare con vibrante entusiasmo alla sfilata cui il Führer assisterà con Mussolini, e la donna si appresta a mettere ordine in casa, l'uccello che _____ tiene in gabbia scappa sulla finestra di un vicino. La donna va a bussargli alla porta per riprenderlo, e così conosce un tipo di uomo tutto diverso da quello che il regime esalta: gentile, premuroso, immalinconito da una vita in penombra. _____ è disperato e l'arrivo di _____ lo salva dal proposito di suicidio. Lei, avvilita e umiliata da una vita di sottomissione alla volgarità e alla prepotenza maschile di un marito insensibile, a sua volta rimane affascinata da quest'uomo garbato e gentile. E quelle che all'inizio

Benito Mussolini e Adolf Hitler

[1] **Eiar:** il nome dell'organismo che si occupava delle trasmissioni radiofoniche durante il regime fascista.

storia|20

Marcello Mastroianni e Sophia Loren in una scena del film

parevano due personalità incompatibili - intellettuale e critico lui, ignorante e ingenua lei - si riveleranno gradualmente come due anime gemelle e intimamente legate. Sono infatti di fronte, mentre la radio trasmette la cronaca della giornata trionfale, due creature in esilio, costrette ai margini di una società che celebra l'eroismo e la forza virile. Due "diversi": una donna in cui il mito della maternità e l'arroganza maschile hanno spento ogni grazia femminile, e un uomo timido e sensibile condannato all'esilio dal regime in un remoto angolo della Sardegna perché portatore di un "vizio abominevole". L'intuito subito li avvicina, ma la realtà in cui vivono non facilita il loro comprendersi. Messa sull'avviso dalla portiera, nonostante l'immediata simpatia, _____ diffida di quel "sovversivo"; e _____, deluso dai tanti segni di devozione al fascismo di cui è piena la casa di lei, non sa trattenere il dispetto e una punta di sarcasmo. Perciò si parlano, si scambiano cortesie, ma poi ciascuno ritorna nel proprio appartamento.

_____ a sistemare la casa, col cuore che batte più in fretta, _____ a preparare la valigia per l'imminente partenza. Invece, di lì a poco, è _____ che con un pretesto torna a bussare.

Ora _____ lo caccia, perché oltre tutto non tollera di avere rapporti con un antifascista che le dà del Lei[2] e per un attimo (preferire) _____ che non si fossero mai incontrati: ma rieccoli insieme sulla terrazza, a fare pace con un abbraccio improvviso e furioso. Ed ecco _____ offenderla con rabbia: ti sei sbagliata, sono un pederasta, (essere) _____ meglio che ti avessi detto subito la verità, così mi (lasciare) _____ in pace, tu e il tuo stupido moralismo fascista.

Confusa, non umiliata, _____ perdona subito le ingiurie. Raggiunge ancora _____, mangia con lui, si fa dire la sua storia. E lui, come mai gli era accaduto, trovata una donna che lo ascolta e gli resta vicino senza disprezzo, ha il coraggio di aprirsi. Il ghiaccio ormai è rotto e i due iniziano un gioco di confidenze e confessioni che li porterà ad un confronto tanto intenso, quanto drammatico, ma soprattutto a rispecchiarsi vicendevolmente nell'altrui infelice emarginazione. Il comune disincanto, la reciproca accettazione priva di falsi pregiudizi, li unisce in un momento d'amore autentico.

Certo, i due (volere) _____ che quel momento di intima unione non finisse lì, e andasse oltre l'esiguo spazio di una giornata così unica ma proprio per questo irripetibile. "Una giornata fatidica", dirà _____ a _____ tornando dall'adunata fascista e apprestandosi a sottomettere ancora una volta _____. Noi non sapremo se _____ stanotte si negherà, come dice. Intanto, mentre la polizia porta _____ con sé, _____ lo guarda dalla finestra, sfoglia il libro che lui le ha regalato, spegne la luce. La radio ormai tace, domani tutto sarà una lontana memoria.

Una giornata particolare è un piccolo gioiello: un penetrante contributo all'analisi storica e sociologica dell'epoca attuale attraverso la rievocazione degli anni in cui il consenso al fascismo era al culmine. Molti libri si sono già scritti sul fascismo, ma pochi o nessuno sono i film come questo che, senza essere un film di politica militante, hanno espresso mediante le immagini l'inganno sotteso alla farsa mussoliniana, il ricatto imposto anche nelle famiglie degli italiani dal mito isterico del gallismo di cui le donne furono, e sono, le prime vittime. Di rara qualità e tenuta drammatica è a sua volta il contrappunto tra i due personaggi, e fra loro e l'ambiente.

_____ e _____ sono nel contempo simboli e persone in carne e ossa, che in una giornata mistificante cercano la propria verità con uno spasi-

[2] Il regime fascista aveva vietato l'uso del "Lei" in favore del "Voi".

Sophia Loren in una scena del film

Una giornata particolare è un piccolo gioiello: un penetrante contributo all'analisi storica e sociologica dell'epoca attuale attraverso la rievocazione degli anni in cui il consenso al fascismo era al culmine.

mo commovente e ci insegnano a vedere nella tragedia di ieri le radici dell'intolleranza di oggi verso tutti gli emarginati e del perenne sfruttamento della donna. Non importa se la loro è una coppia che le convenzioni (dire) _____ male assortita e senza futuro. E forse gli spettatori abituati a un genere di film più tradizionale (preferire) _____ che la storia d'amore tra i due avesse avuto toni meno sfumati e magari anche un finale diverso, meno triste e più consolatorio.

La metafora è però trasparente: come il fascismo tolse a un paese il diritto di distinguere il pubblico dal privato, così la democrazia si realizza nel lasciare a ciascuno lo spazio per essere se stesso. Che parte hanno _____ e _____, per la dodicesima volta insieme, in questa riuscita? A parer nostro, una parte grande; e tanto più si è loro grati quanto più spesso, negli ultimi anni, essi sembrarono condannati a perpetuare il *cliché* della superdiva e dell'amante latino. Come non è fra i minori meriti del regista Ettore Scola aver celebrato il funerale della commedia all'italiana, rovesciando due simboli erotici dell'immaginario collettivo, così a _____ e a _____ si deve dar atto d'avere speso il meglio del loro antico talento ritrovando tanti spunti del neorealismo in una cornice di modernissima sensibilità. ∎

da Giovanni Grazzini *Eva dopo Eva. La donna nel cinema italiano*, Bari, Laterza, 1980

20 | storia — IL FASCISMO

9 Analisi lessicale

9a *Seleziona 5 termini di cui non capisci il significato nel testo dell'attività 8. Poi lavora con un compagno. Mettete insieme le due liste e aiutatevi a chiarire i dubbi, fino ad avere una nuova lista di non più di 5 termini.*

9b *Formate due squadre. All'interno di ogni squadra mettete insieme le vostre liste e aiutatevi a chiarire i dubbi.*

9c *Quiz a squadre. Ogni squadra seleziona 10 termini per giocare contro l'altra squadra (se necessario si può usare il dizionario). Inizia il gioco: a turno ogni squadra chiede all'altra il significato di uno dei 10 termini che ha selezionato. L'altra squadra ha un minuto di tempo per consultarsi e provare a dare una risposta (in questa fase non si può più usare il dizionario). La squadra che ha fatto la domanda decide se la risposta è accettabile. Vince il gioco chi dà più risposte accettabili.*

10 Parlare

10a *La classe si divide in cinque gruppi: gruppo Ettore Scola, gruppo Marcello Mastroianni, gruppo Sophia Loren, gruppo Marito di Antonietta, gruppo Critico cinematografico. Ogni gruppo legge le istruzioni che riguardano il suo personaggio e si prepara per l'intervista.*

Ettore Scola
Sei il famoso regista Ettore Scola. Hai appena realizzato il film "Una giornata particolare", che consideri il tuo capolavoro. Un importante critico, noto per i suoi giudizi taglienti e per le sue "stroncature", ti ha invitato alla sua trasmissione televisiva per parlare del film insieme agli attori. Preparati a rispondere.

Sophia Loren
Sei la grande diva Sophia Loren, celebre in tutto il mondo per i suoi ruoli di sex symbol. Hai appena partecipato al film "Una giornata particolare", in cui hai interpretato il personaggio di Antonietta.
Un importante critico, noto per i suoi giudizi taglienti e per le sue "stroncature", ti ha invitato alla sua trasmissione televisiva per parlare del film insieme al regista e agli altri attori. Preparati a rispondere.

Critico cinematografico
Sei un importante critico cinematografico, noto per i tuoi giudizi taglienti e per le tue "stroncature". Hai appena visto il film "Una giornata particolare" e hai invitato nella tua trasmissione televisiva il regista e gli attori per parlarne. Preparati a condurre l'intervista.

Marcello Mastroianni
Sei il grande divo Marcello Mastroianni, celebre in tutto il mondo per i suoi ruoli di "latin lover". Hai appena partecipato al film "Una giornata particolare", in cui hai interpretato il personaggio di Gabriele. Un importante critico, noto per i suoi giudizi taglienti e per le sue "stroncature", ti ha invitato alla sua trasmissione televisiva per parlare del film insieme al regista e agli altri attori. Preparati a rispondere.

Marito di Antonietta
Sei un attore. Hai appena partecipato al film "Una giornata particolare", in cui hai interpretato il personaggio del marito di Antonietta.
Un importante critico, noto per i suoi giudizi taglienti e per le sue "stroncature", ti ha invitato alla sua trasmissione televisiva per parlare del film insieme al regista e agli altri attori. Preparati a rispondere.

10b *Si formano nuovi gruppi di cinque studenti, ognuno corrispondente a un personaggio. All'interno di ogni gruppo, si svolge l'intervista.*

10 Variante - Scrivere e parlare

Lavorate in gruppi di tre: due attori e un regista. In base alle informazioni che avete letto nell'articolo sul film, immaginate la scena del primo incontro tra Antonietta e Gabriele. Scrivete i dialoghi, provate la scena e poi rappresentatela.

11 Analisi grammaticale

11a *Osserva nel testo dell'attività 8 i verbi che hai coniugato al condizionale semplice o composto. Alcuni sono inseriti in una frase principale seguita da una frase secondaria al congiuntivo. Trova le frasi e sottolineale.*

11b *Insieme a un compagno, osserva ancora le frasi che hai sottolineato. Poi cerca di formulare una regola sulla concordanza tra il condizionale e il congiuntivo.*

azione della secondaria

congiuntivo

Quando nella frase principale c'è un verbo di desiderio o di volontà al condizionale...

contemporanea   anteriore

condizionale

posteriore

Le parole del fascismo

Camerata: il nome con cui si chiamavano tra loro i fascisti.
Camicia nera: il nome con cui si indicavano i membri dell'organizzazione paramilitare del partito fascista, la cui divisa era appunto una camicia nera.
Duce: capo, condottiero. Titolo assunto da Benito Mussolini dopo la marcia su Roma, poi ufficialmente conferitogli per legge nel 1938.
Fascio: simbolo dell'autorità dello stato nell'antica Roma, ripreso dal fascismo, costituito da un mazzo di verghe tenute insieme da una scure.
Saluto romano: forma di saluto utilizzata nel periodo fascista, che prevede il braccio destro teso in avanti e in alto, con la mano tesa aperta. Così detto perché si ritiene fosse usato in epoca romana.
Squadrismo: fenomeno di violenza armata, esercitata da squadre d'azione costituite inizialmente da ex-combattenti della prima guerra mondiale e, dal 1920, utilizzate dal fascismo come strumento di intimidazione e di lotta politica.
Ventennio: così viene chiamato il periodo della dittatura fascista (1922-1943).

20 | storia — IL FASCISMO

11c *Ora scegli la tabella che descrive la regola corretta.*

A

Tempo della principale	Azione della secondaria anteriore	Azione della secondaria contemporanea	Azione della secondaria posteriore
condizionale semplice Vorrei... Mi piacerebbe... Desidererei... Preferirei...	congiuntivo presente ...che tu **dica** la verità. (prima)	congiuntivo imperfetto ...che tu **dicessi** la verità. (adesso)	congiuntivo imperfetto ...che tu **dicessi** la verità. (dopo)
condizionale composto Avrei voluto... Mi sarebbe piaciuto... Avrei desiderato... Avrei preferito...	congiuntivo passato ...che tu **abbia detto** la verità. (prima)	congiuntivo imperfetto ...che tu **dicessi** la verità. (adesso)	congiuntivo imperfetto ...che tu **dicessi** la verità. (dopo)

B

Tempo della principale	Azione della secondaria anteriore	Azione della secondaria contemporanea	Azione della secondaria posteriore
condizionale semplice Vorrei... Mi piacerebbe... Desidererei... Preferirei...	congiuntivo trapassato ...che tu **avessi detto** la verità. (prima)	congiuntivo imperfetto ...che tu **dicessi** la verità. (adesso)	congiuntivo imperfetto ...che tu **dicessi** la verità. (dopo)
condizionale composto Avrei voluto... Mi sarebbe piaciuto... Avrei desiderato... Avrei preferito...	congiuntivo trapassato ...che tu **avessi detto** la verità. (prima)	congiuntivo imperfetto ...che tu **dicessi** la verità. (adesso)	congiuntivo imperfetto ...che tu **dicessi** la verità. (dopo)

C

Tempo della principale	Azione della secondaria anteriore	Azione della secondaria contemporanea	Azione della secondaria posteriore
condizionale semplice Vorrei... Mi piacerebbe... Desidererei... Preferirei...	congiuntivo trapassato ...che tu **avessi detto** la verità. (prima)	congiuntivo presente ...che tu **dica** la verità. (adesso)	congiuntivo imperfetto ...che tu **dicessi** la verità. (dopo)
condizionale composto Avrei voluto... Mi sarebbe piaciuto... Avrei desiderato... Avrei preferito...	congiuntivo trapassato ...che tu **avessi detto** la verità. (prima)	congiuntivo passato ...che tu **abbia detto** la verità. (adesso)	congiuntivo imperfetto ...che tu **dicessi** la verità. (dopo)

Il fascismo e l'arte

Il fascismo ha considerato l'arte uno strumento di propaganda. Doveva piacere al popolo ed essere capita.
In pittura preferiva e consigliava temi epici e popolari, con fini sociali ed educativi.
Gli artisti che non si adeguavano ne pagavano direttamente le conseguenze, perché venivano di fatto estromessi dai circuiti ufficiali con operazioni di vera e propria "pulizia etnica".

Manifesto per la battaglia del grano

Manifesto per una mostra d'arte

Manifesto per un evento culturale fascista

IL FASCISMO — storia 20

12 Esercizio

Ascolta molte volte il brano e trascrivi tutto quello che dice il ragazzo. Quando non riesci ad andare avanti lavora con un compagno.

Mi raccontavano _____

_____

fondamentalmente dei lavori _____

_____

_____ può succedere, se… possiamo

_____

_____ l'idea che se succedeva qualcosa…

13 Scrivere

In gruppo con alcuni compagni, immagina che Benito Mussolini sia ancora vivo e, ormai vecchio e prossimo a morire, scriva un testo per ripercorrere la sua esperienza politica e tracciare un bilancio della sua esistenza.

In particolare l'architettura era vista da Mussolini come elemento scenografico per eccellenza, rappresentativa di una volontà imperialista e celebrativa.
In questo contesto si sviluppò il movimento razionalista, sulla scia europea, ma ebbe risalto soprattutto il cosiddetto *neoclassicismo semplificato* ispirato all'urbanistica classica romana. L'esempio più noto è il quartiere romano EUR con i suoi edifici maestosi ed imponenti, massicci e squadrati, per lo più costruiti con marmo bianco e travertino a ricordare i templi e gli edifici della Roma imperiale.
Uno degli intellettuali di spicco del ventennio fu Filippo Tommaso Marinetti, fondatore del futurismo e fedele sostenitore di Mussolini.
Il movimento futurista, nato nel 1909, esaltava la modernità, la tecnica, l'azione, la lotta e l'orgoglio patriottico.

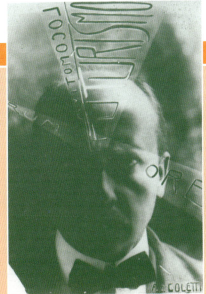
F. T. Marinetti, ritratto da F. C. Coletti

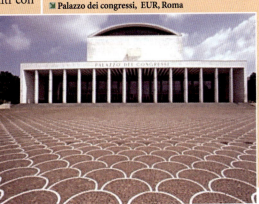
Palazzo dei congressi, EUR, Roma

Palazzo della civiltà romana, EUR, Roma

Architettura razionalista, Casa del fascio, Como

Manifesto del futurismo, 1909

alma edizioni — 247

storia
IL FASCISMO

Breve storia d'Italia dal fascismo a oggi

Anni '20
Con la Marcia su Roma del 1922, organizzata dai suoi seguaci, sale al governo Benito Mussolini. Inizia l'era fascista.

Anni '30
Il fascismo prende sempre più il carattere di un regime dittatoriale che reprime con forza ogni forma di opposizione. In politica estera l'Italia si allea con la Germania nazista. Nel 1938 vengono emanate le leggi razziali contro gli ebrei.

Anni '40
L'Italia partecipa alla seconda guerra mondiale a fianco della Germania. Nel 1943, in seguito alla sconfitta bellica, Mussolini viene arrestato e l'Italia firma l'armistizio. Il Paese viene occupato dall'esercito tedesco. Mussolini, dopo essere stato liberato dai tedeschi, fonda nel nord Italia la Repubblica di Salò. Scoppia la guerra civile tra le forze fedeli a Mussolini e i partigiani.
Nell'aprile del 1945 l'Italia viene liberata dagli angloamericani, Mussolini viene catturato e ucciso dai partigiani. Nel 1946 un referendum popolare sancisce la fine della monarchia e la nascita dell'Italia repubblicana.

Anni '50 e '60
L'Italia si sviluppa economicamente, passando da una struttura agricola ad una industriale. Le popolazioni del sud migrano in massa verso le grandi fabbriche del nord. Dopo gli anni difficili della guerra gli italiani conoscono il benessere. Si parla di "boom economico".

Anni '70
Il Paese è attraversato da grandi tensioni politiche e sociali. Nascono molte formazioni terroristiche, di destra e di sinistra, che compiono numerosi attentati. Sono gli "anni di piombo". Il culmine è nel 1978, quando Aldo Moro, capo del più importante partito politico di governo (la Democrazia Cristiana), viene rapito e ucciso dalle Brigate Rosse.

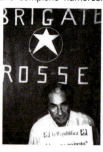

Anni '80
Dopo gli anni bui del terrorismo l'Italia conosce un decennio di spensieratezza, l'economia sembra crescere ma in realtà è solo un preludio alla grave crisi politica ed istituzionale che si aprirà nel decennio successivo. Il personaggio politico più rappresentativo del periodo è il socialista Bettino Craxi, che guiderà per molti anni il governo del Paese.

Anni '90
Esplode lo scandalo di Tangentopoli, che rivela la corruzione del mondo politico ad opera del mondo degli affari e porta al crollo del sistema dei partiti e alla fine della cosiddetta "Prima Repubblica". Inizia l'"era Berlusconi", che vede il più ricco uomo d'Italia entrare in politica, vincere le elezioni e salire al governo per due volte alla guida di una coalizione di centrodestra.

Oggi
In un'alternanza di governi di destra e di sinistra, l'Italia vive un periodo di grandi cambiamenti politici, economici e sociali. Da Paese di emigrazione l'Italia si trasforma in Paese di immigrazione accogliendo moltissimi lavoratori stranieri. Anche grazie a questo per la prima volta dopo molti anni il tasso di natalità riprende a crescere.

UNITÀ 21
lingua
LINGUA E DIALETTI

1 Introduzione

1a *Ascolta l'inizio di questo brano. Che genere di canzone è secondo te?*

☐ canto di lotta contadina ☐ canzone d'amore
☐ canto di festa ☐ canto di guerra
☐ canzone religiosa ☐ canzone per bambini

1b *Chiudi il libro, ascolta tutta la canzone e verifica la risposta. Poi confrontati con un compagno.*

1c *Ricostruisci il testo della canzone, collegando le frasi di sinistra (in ordine) con quelle di destra. Poi confrontati con un compagno.*

1. Pizzicarella mia, pizzicarella
2. Addhu te pizzicau la tarantella
3. De l'ura ca te vitti te 'mmirai
4. Ca quiddhu foi nu segnu particulare
5. Amore, amore ce m'hai fattu fare
6. Da quindici anni m'hai fatta 'mpazzire

a. sutta lu giru de la gunnella.
b. da quindici anni m'hai fatta 'mpazzire.
c. lu caminatu tou pare ca balla.
d. de padre e madre m'hai fatta scerrare.
e. ca nu te scerri de l'amore tou.
f. nu segnu fici an 'mmienzo all'occhi toi.

1d *Riascolta la canzone senza guardare il testo.*

1e *In coppia con il compagno di prima, rileggi il testo e verifica i collegamenti.*

1f *Riascolta guardando il testo.*

alma edizioni

21 lingua — LINGUA E DIALETTI

▶ **1g** *Leggi il testo della canzone e poi il box a fianco sulla pizzica e la taranta. Insieme a un compagno, cerca di capire di cosa parla la canzone.*

Pizzicarella mia

Pizzicarella mia, pizzicarella
lu caminatu tou pare ca balla.

Addhu te pizzicau la tarantella
sutta lu giru de la gunnella.

De l'ura ca te vitti te 'mmirai
nu segnu fici an 'mmienzo all'occhi toi.

Ca quiddhu foi nu segnu particulare
ca nu te scerri de l'amore tou.

Amore, amore ce m'hai fattu fare
da quindici anni m'hai fatta 'mpazzire.

De quindici anni m'hai fatta 'mpazzire
de padre e madre m'hai fatta scerrare.

La pizzica e la taranta

La pizzica è una musica e una danza tipica dell'Italia del sud (in particolare del Salento, in Puglia) che ha origini rituali e terapeutiche. Anticamente veniva utilizzata per la cura del "tarantismo".
Secondo la credenza popolare il tarantismo era una malattia causata dal morso della taranta (un piccolo ragno velenoso), che provocava uno stato di malessere generale e che colpiva soprattutto le donne. Le vittime della taranta cadevano in trance e si muovevano come possedute da una forza misteriosa.
In realtà il morso era spesso un pretesto per risolvere traumi, frustrazioni e conflitti familiari. Era insomma un modo in cui le donne, emarginate e sottomesse al potere maschile, manifestavano il loro disagio e il loro desiderio di ribellione.
Attraverso il ballo, al ritmo incalzante della pizzica, le tarantate venivano curate e "liberate". Il ballo andava avanti per ore, fino a quando la tarantata non cadeva a terra stremata e finalmente guarita.
Oggi il tarantismo non esiste quasi più, ma ha trovato una sua autonomia come tipo di danza e genere musicale, diventando un vero e proprio fenomeno popolare.

▶ **1h** *Nel testo compare in due forme diverse il verbo **scerrare**. Cercalo e poi spiegane il significato nelle due frasi.*

▶ **1i** *Leggi nella pagina accanto la traduzione in italiano del testo della canzone.*

2 Parlare

Che informazioni hai sui dialetti italiani?
Conosci qualche espressione in dialetto?
Hai fatto qualche esperienza che puoi raccontare?
Parlane in gruppo con alcuni compagni.

LINGUA E DIALETTI — lingua | 21

Arakne Mediterranea

La compagnia *Arakne Meditteranea* ha sede a Martignano, nella Grecìa Salentina (Puglia). Si compone di artisti studiosi e ricercatori, che si propongono di diffondere e far conoscere le tradizioni, le danze, gli usi e i costumi delle espressioni popolari salentine.

La compagnia *Arakne* deve il suo nome ad una famosa tessitrice della Lidia che, ritenendo di essere superiore a chiunque in quest'arte, commise l'impudenza di sfidare Atena. La giovane venne umiliata dalla dea e tentò di uccidersi ma Atena la perdonò e le concesse di vivere, anche se trasformata in ragno.

Il brano *Pizzicarella mia* è contenuto nel loro album *Tre Tarante*, ed. Arakne - anno 2000. Per ulteriori informazioni sulla compagnia: www.araknemeditteranea.com.

Pizzicarella mia

Pizzicarella mia pizzicarella
quando cammini sembra che balli.

Dove ti pizzicò la tarantola
sotto il bordo della gonna.

Da quando ti ho vista ti ho ammirata
un segno ho fatto in mezzo ai tuoi occhi.

Che quello fu un segno particolare
per non farti dimenticare del tuo amore.

Amore, amore che mi hai fatto fare
da quindici anni mi hai fatto impazzire.

Da quindici anni mi hai fatto impazzire
di mia madre e di mio padre mi hai fatto dimenticare.

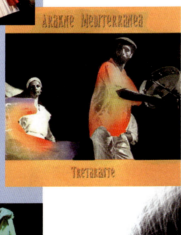

Lingua e dialetti

3 Leggere
Completa l'intervista inserendo le domande al posto giusto nel testo.

Intervista al professor Gian Luigi Beccaria, linguista e storico della lingua italiana.

> Dal punto di vista linguistico i dialetti italiani e la lingua nazionale sono sullo stesso piano: entrambi hanno avuto la stessa "nobile" origine, cioè il latino.

Domande

1. Si potrebbe allora dire che se Dante fosse nato in Sicilia oggi in Italia parleremmo il siciliano?
2. Professore, l'Italia è anche il Paese che ha il maggior numero di dialetti in rapporto alla sua superficie. Perché?
3. Quindi secondo Lei non è valida la divisione secondo la quale la lingua nazionale sta in alto e i dialetti in basso?
4. Può fare qualche esempio?
5. Però è stato poi il toscano ad avere la prevalenza sugli altri dialetti, a diventare la lingua ufficiale. Come mai?
6. Quali sono i grandi gruppi in cui si suddividono i dialetti italiani?
7. Comunque, mi sembra di capire, il fatto che il toscano sia diventato la lingua nazionale non è il risultato di un'imposizione dall'alto.
8. Professore, in Italia da molti anni è in corso un acceso dibattito fra i fautori dei dialetti e chi li avversa. Lei da che parte sta?
9. Dopo questa affermazione, l'italiano toscano è rimasto chiuso agli apporti degli altri idiomi regionali?

Domanda n°___

Né dall'una né dall'altra. Innanzitutto va detto che non è vero che i dialetti siano una corruzione dell'italiano. È vero invece che italiano e dialetti hanno un diverso ruolo sociolinguistico: il primo è la lingua della comunicazione all'interno della Repubblica Italiana; i secondi hanno un uso più limitato, in qualche caso si limitano all'uso familiare.

Domanda n°___

Dal punto di vista linguistico i dialetti italiani e la lingua nazionale sono sullo stesso piano: entrambi hanno avuto la stessa "nobile" origine, cioè il latino. Che poi i vari dialetti abbiano avuto vicende storiche diverse e che alcuni, pur rispettabilissimi, non abbiano prodotto documenti letterari limitandosi soltanto a essere mezzo di comunicazione fra gli abitanti di una certa zona, non si può negare. Perché da una pari dignità iniziale ognuno ha avuto la sua storia, il suo svolgimento. E alcuni dialetti sono andati più in alto di altri. Come è stato, per esempio, il caso del siciliano che nel Duecento ha prodotto una grande scuola poetica, la prima in Italia. Quella toscana, del "dolce stil novo", è venuta dopo.

Domanda n°___

La fortuna del toscano si deve al consenso avuto da scrittori come Dante, Petrarca, Boccaccio; stiamo parlando dei padri della letteratura italiana, non di scrittori qualunque. E a un certo momento, appunto per ragioni culturali, letterarie, è accaduto che autori del nord come del sud abbiano cominciato a scrivere in toscano. Man mano il toscano ha acquisito una posizione predominante rispetto agli altri dialetti, tanto che chiunque volesse avere la certezza di essere letto e ascoltato dal maggior numero possibile di persone, era obbligato a conoscerlo e ad usarlo. Poi, in coincidenza con l'Unità d'Italia (cioè circa 150 anni fa) il toscano fu adottato come lingua

ufficiale del Paese, anche se, come detto, si era già imposto come lingua letteraria prevalente assai prima, addirittura verso la fine del medioevo.

Domanda n°___

Probabilmente sì. Ma è un gioco della fantasia!

Domanda n°___

No, è stata una libera scelta. In Italia non c'è stata alcuna autorità politica o religiosa che a un certo punto abbia imposto il toscano come base della lingua naziona-

LINGUA E DIALETTI — lingua 21

le. Da noi non è accaduto come in Francia dove la lingua è stata stabilita con una legge o come in Inghilterra dove la scelta di un certo dialetto come lingua generale è dipesa da vicende di carattere soprattutto politico. In Italia tutto è accaduto naturalmente. Quando non esisteva ancora un'unità nazionale è avvenuta questa unificazione culturale.

Domanda n°__
No, anzi. Col tempo, nonostante le proteste dei puristi, si è progressivamente contaminato con le altre parlate italiane, sia per quanto riguarda la pronuncia delle parole, sia per quanto riguarda lo stesso lessico. A tale proposito negli ultimi cinquant'anni grande è stata l'influenza (nel bene e nel male) della televisione, che ha contribuito a diffondere - e in alcuni casi anche a creare - una sorta di italiano "standard" che ormai costituisce la lingua parlata in quasi tutto il Paese. In qualsiasi città, e soprattutto fra le giovani generazioni, l'italiano "televisivo" (parlato con accenti, cadenze e innesti lessicali delle singole regioni) rappresenta ormai la principale lingua di comunicazione. Pertanto, qualunque cosa si possa pensare della televisione - e c'è chi ne pensa tutto il male possibile - non si può non riconoscerle il merito di avere unificato linguisticamente il Paese.

Domanda n°__
Dipende tutto dalla varietà della storia italiana e dal fatto che l'unità politica del Paese è stata raggiunta molto tardi rispetto per esempio a Paesi come la Francia e l'Inghilterra. Pensi un po' che cosa può aver voluto dire il fatto che città come Torino, Milano, Bergamo, Venezia, Padova e tante altre abbiano avuto vicende politiche e sociali completamente autonome. E queste autonomie, i territori che passavano dagli uni agli altri con le molte guerre e le invasioni che ci sono state, hanno prodotto un'evoluzione diversa di quei dialetti.
In Italia, per esempio, non solo ogni regione possiede un suo proprio dialetto specifico, ma addirittura vi sono differenze a livello delle singola città.

Domanda n°__
Beh, prendiamo il dialetto ligure parlato a Genova: è diverso non solo dal piemontese, ma anche dallo stesso ligure parlato a Imperia o a La Spezia. Assai grandi sono poi le differenze fra i dialetti di regioni distanti fra loro, in particolare fra i dialetti parlati nel nord dell'Italia e quelli meridionali: per esempio esistono più somiglianze tra il piemontese e il francese (si dice *buchèt* in piemontese, come *bouquet* in francese, invece di *mazzo* in italiano) che tra il piemontese e il calabrese (quest'ultimo conserva addirittura tracce del greco antico, come per esempio *simitu* per *confine* dal greco *sématon* oppure *catu* per *secchio* dal greco *kàdos*).

Domanda n°__
Se prendiamo una carta geografica della nostra penisola si può tracciare una linea ideale che va da La Spezia a Rimini. Ecco, questo è il confine che divide i due grandi gruppi dei dialetti italiani: quelli settentrionali da quelli centro-meridionali e toscani. ■

4 Analisi lessicale

4a *Discuti con un compagno del significato di queste espressioni contenute nel testo dell'attività 3.*

riga	
18	pur
38	appunto
41	man mano
52 e 124	assai
52, 116 e 133	addirittura
75	anzi
80	a tale proposito

alma edizioni — 253

21 lingua LINGUA E DIALETTI

4b *Ognuna di queste spiegazioni si riferisce a un'espressione del punto 4a. Completa gli esempi con l'espressione giusta.*

1 Significa "con il trascorrere del tempo", "progressivamente".
Esempio: _____ Paul sta acquistando sempre più sicurezza con la lingua italiana.

2 Significa "molto".
Esempio: Domenica ho visto un film _____ interessante.

3 Significa "perfino". Si usa per segnalare che quello che stiamo dicendo è molto sorprendente, quasi da non credere.
Esempio: Sono persone gentilissime. Mi hanno _____ offerto la loro casa a Parigi gratuitamente per un anno!

4 È sempre usato in relazione a un'affermazione precedente. Quando è usato in senso assoluto significa "proprio", "precisamente", "esattamente" (esempio 1). Quando è usato in una frase, introduce un ampliamento e conferma il senso di quanto è stato appena detto (esempi 2 e 3).
Esempi: 1. "Basta, non voglio più lavorare per te!"
"Ma io sono l'unico che ti dà così tanto lavoro!"
"_____!"
2. Ieri avevo un forte mal di testa. Stavo _____ andando in farmacia, quando ho incontrato il mio professore di italiano.
3. Si è innamorato di un'altra. È _____ questo il motivo per cui Mario ha lasciato Laura.

5 Significa "riguardo a quanto abbiamo detto", "in riferimento a quanto detto".
Esempio: Questo è il nostro budget. _____ c'è da registrare un forte interessamento a partecipare all'operazione da parte di alcuni importanti sponsor.

6 Significa "anche se", "nonostante sia/siano". Si usa per limitare il valore di un'affermazione con un'altra più importante e di significato opposto (esempi 1 e 2). Si usa spesso anche con il gerundio (esempio 2).
Esempi: 1. È successo che Mauro, _____ preparatissimo, non ha superato l'esame.
2. _____ mangiando meno, non riesco a dimagrire.

7 Significa che quello che è stato detto immediatamente prima non è corretto, o perché si vuole dire il contrario (esempi 1 e 2) o perché si vuole rafforzare l'affermazione precedente (esempio 3).
Esempi: 1. "Hai sonno?" "No, _____..."
2. Telefona subito a Ugo. _____, no, aspetta.
3. Questo pesce è buono, _____ buonissimo. Come l'hai fatto?

LINGUA E DIALETTI — lingua 21

4c *L'espressione **addirittura** può avere anche altri significati. Analizza le frasi nella prima colonna e abbina ad ognuna il giusto significato di **addirittura**.*

	= perfino	= direttamente, magari, perché no, senz'altro, al limite	= fino a questo punto!, nientemeno!
1. - Senza di lei non posso vivere! - Eh, **addirittura**! Scusa, ma credo proprio che tu stia esagerando.			
2. Per convincermi si è **addirittura** messo in ginocchio… Ma io non ho cambiato idea.			
3. Non solo scrive, ma credo che abbia **addirittura** vinto dei premi.			
4. Se sei stanco puoi rilassarti un po' o **addirittura** prenderti una vacanza…			
5. Invece di telefonargli, non sarebbe **addirittura** meglio incontrarlo? Così gli faresti la proposta di persona.			
6. - Non mi parlare di Ugo, lo odio. - **Addirittura**! E come mai?			

5 Gioco

Si gioca in gruppi di quattro, una coppia contro l'altra. A turno, ogni coppia sceglie una situazione su cui la coppia avversaria deve improvvisare un dialogo (durata: 1 minuto e 1/2) usando il maggior numero possibile di espressioni della lista. La coppia avversaria deve controllare se le espressioni sono usate in modo adeguato. Vince la coppia che alla fine del gioco avrà usato più espressioni nel modo corretto.

situazioni

Venditore/Cliente - Il venditore cerca di convincere il cliente a comprare un prodotto.
Cliente/Avvocato - Il cliente va dall'avvocato per chiedere il divorzio.
Manager/Rockstar - Il manager si lamenta con la rockstar che non ha rispettato il contratto.
Professore universitario/Studente - Lo studente sostiene un esame con un professore terribile.
Due amici - Uno dei due racconta all'altro le proprie disavventure sentimentali.
Giornalista/Capo del governo - Il giornalista intervista il Capo del governo sui problemi del Paese.

espressioni

- pur
- appunto
- man mano
- assai
- anzi
- a tale proposito
- addirittura (*perfino*)
- addirittura (*magari*)
- addirittura (*nientemeno!*)

21 lingua LINGUA E DIALETTI

6 Analisi grammaticale

6a *Nel testo dell'intervista dell'attività 3 sono presenti molti aggettivi e pronomi indefiniti. Guarda questa lista e poi rispondi alla domanda.*

alcuno (riga 18, 25, 61, 84)　　**chiunque** (riga 44)
ogni (riga 114)　　**ognuno** (riga 23)
qualche (riga 9, riga 1 domanda 4)
qualunque/qualsiasi (riga 37, 87, 92)
tutto (riga 69, 86, 94, 99)

Qual è la funzione degli indefiniti?
☐ Hanno una funzione passiva.
☐ Si usano per riferirsi a cose o persone già indicate in precedenza e che non c'è bisogno di ripetere.
☐ Servono a riferirsi a cose o persone la cui identità o quantità non sono specificate.

Gian Luigi Beccaria

Linguista e storico della lingua, insegna storia della lingua italiana all'università di Torino. Dotato di uno stile semplice e accattivante, è diventato molto popolare per aver a lungo collaborato a un programma televisivo di successo sulla lingua italiana (*Parola mia*). Ha pubblicato numerosi libri, tra cui *Italiano. Antico e nuovo* (2002) e *Per difesa e per amore. La lingua italiana oggi* (2006).

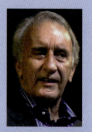

8b *Scrivi gli indefiniti dell'attività 6a accanto alla definizione giusta (alcuni indefiniti devono essere usati più di una volta). Se necessario controlla il testo alle righe indicate. Poi confrontati con un compagno.*

Si riferisce solo a persone: _____

È un aggettivo invariabile e si usa solo con nomi singolari: _____, _____, _____

Può essere usato solo come pronome: _____, _____

Può essere usato come aggettivo e come pronome: _____, _____

Quando introduce una frase secondaria in genere è seguito dal congiuntivo: _____, _____

Quando è usato dopo il nome ha un significato limitativo, indica la mancanza di particolari qualità: _____

Quando è aggettivo, è sempre seguito dall'articolo: _____

Qualche volta può sostituire "nessuno": _____

7 Ascoltare

7a *Ascolta i tre brani in dialetto 2 volte e scegli l'affermazione giusta. Poi confrontati con un compagno.*

☐ I tre brani parlano di cose diverse.
☐ I tre brani parlano della stessa cosa ma in tre dialetti diversi.
☐ Solo due dei tre brani parlano della stessa cosa.

LINGUA E DIALETTI

7b *Ascolta di nuovo i brani e prova a scrivere parole che ti sembrano uguali o simili a parole italiane che conosci. Poi confrontati con un compagno.*

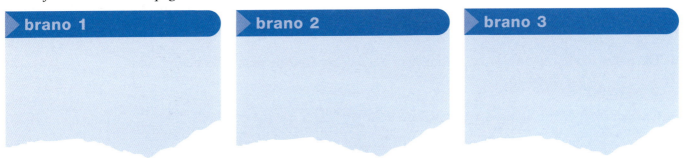

7c *Ascolta ancora una volta i brani e leggi la traduzione in italiano.*

Un anno fa mio nonno, che ieri ha compiuto ottant'anni, raccontò a me e a mia sorella questa storia. C'era una volta in un piccolo villaggio un uomo, il quale aveva due figlioli.	Un giorno il più giovane dei due fratelli andò da suo padre e gli disse: "Babbo, voglio avere tutto quello che mi tocca. Datemi quello che è mio." Il vecchio, che voleva molto bene (forse anche troppo!)	ai suoi figlioli, fece ciò che quello chiedeva a lui. Pochi giorni dopo il giovanotto prese tutto il suo denaro e se ne andò. *I brani in dialetto sono tratti da www.2.hu-berlin.de/vivaldi, "Vivaio Acustico delle Lingue e dei Dialetti d'Italia".*

8 Analisi grammaticale

8a *Nel testo dell'attività 3, ci sono molte espressioni che hanno un loro "gemello", cioè un loro corrispettivo nel testo con il quale formano un binomio. Senza guardare il testo, ricomponi le coppie, come nell'esempio.*

8b *Ora utilizza le espressioni correlative che hai ricostruito per mettere in relazione le frasi delle due colonne, come nell'esempio. Le frasi sono in ordine.*

Lei da che parte sta? **Né** dall'una	**né** dall'altra.
_____ i dialetti siano una corruzione dell'italiano.	_____ italiano e dialetti hanno un diverso ruolo sociolinguistico
_____ è la lingua della comunicazione all'interno della Repubblica Italiana;	_____ hanno un uso più limitato, in qualche caso si limitano all'uso familiare.
_____ per quanto riguarda la pronuncia delle parole,	_____ per quanto riguarda lo stesso lessico.
_____ ogni regione possiede un suo proprio dialetto specifico,	_____ vi sono differenze a livello delle singola città.
...è diverso _____ dal piemontese	_____ dallo stesso ligure parlato a Imperia o a La Spezia.

8c *Secondo te che funzione hanno queste espressioni? Ne conosci altre simili? Parlane con un compagno. Se necessario, riguardate il testo dell'attività 3.*

21 lingua — LINGUA E DIALETTI

9 Gioco a squadre

9a *A squadre, ricomponete questo brano tratto dall'intervista del punto 3, inserendo i pezzi mancanti al posto giusto nel testo. Vince la squadra che completa per prima il testo.*

1. Dal punto di vista linguistico i dialetti italiani e la lingua nazionale sono sullo stesso piano:
2.
3.
4. Che poi i vari dialetti abbiano avuto vicende storiche diverse,
5.
6.
7.
8.
9.
10. Perché da una pari dignità iniziale
11.
12. E alcuni dialetti sono andati più in alto di altri.
13.
14.
15.
16.
17.
18.
19.
20. è venuta dopo.

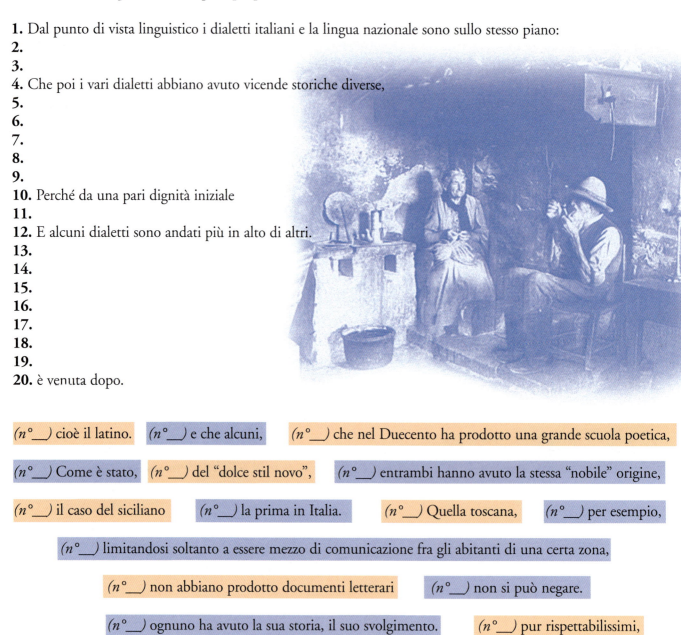

(n°__) cioè il latino.   (n°__) e che alcuni,   (n°__) che nel Duecento ha prodotto una grande scuola poetica,

(n°__) Come è stato,   (n°__) del "dolce stil novo",   (n°__) entrambi hanno avuto la stessa "nobile" origine,

(n°__) il caso del siciliano   (n°__) la prima in Italia.   (n°__) Quella toscana,   (n°__) per esempio,

(n°__) limitandosi soltanto a essere mezzo di comunicazione fra gli abitanti di una certa zona,

(n°__) non abbiano prodotto documenti letterari   (n°__) non si può negare.

(n°__) ognuno ha avuto la sua storia, il suo svolgimento.   (n°__) pur rispettabilissimi,

9b *In gruppo con alcuni compagni rispondi alle domande.*

Nel brano che avete ricostruito, c'è un verbo coniugato al congiuntivo:
1. che tempo è?
2. noti qualcosa di particolare nella costruzione della frase?
3. da cosa dipende il verbo al congiuntivo?

LINGUA E DIALETTI lingua 21

10 Lettura

10a *Cosa sai della situazione linguistica in Italia? Scegli l'affermazione giusta.*

1. La lingua italiana deriva dal
- ☐ siciliano
- ☐ toscano
- ☐ romano

2. I dialetti italiani si dividono in
- ☐ due grandi gruppi (settentrionali e centro-meridionali)
- ☐ due grandi gruppi (occidentali e orientali)
- ☐ tre grandi gruppi (latini, slavi e germanici)

3. In Italia, oltre all'italiano, si parlano altre
- ☐ 5 lingue
- ☐ 8 lingue
- ☐ 12 lingue

4. In Italia si parla anche
- ☐ l'arabo
- ☐ il turco
- ☐ l'albanese

5. In Italia non si parla
- ☐ il portoghese
- ☐ il greco
- ☐ il catalano

6. Il sardo è
- ☐ molto simile agli altri dialetti
- ☐ molto diverso dagli altri dialetti

7. In Alto Adige si parlano
- ☐ l'italiano e il tedesco
- ☐ l'italiano, il tedesco e il ladino
- ☐ l'italiano e lo sloveno

8. Il ladino è
- ☐ simile al francese e parlato in alcune zone del nord
- ☐ il dialetto più vicino alla lingua latina
- ☐ un dialetto che si parla in Piemonte

9. Il provenzale si parla
- ☐ in Lombardia
- ☐ in Veneto
- ☐ in Piemonte

21 lingua — LINGUA E DIALETTI

▶ **10b** *Ora leggi la scheda e verifica le tue risposte. Guarda anche la cartina dei dialetti alla fine del libro.*

Situazione linguistica in Italia

In Italia la lingua ufficiale dello Stato è l'italiano (che deriva dal dialetto di Firenze). È stata poi riconosciuta la lingua francese per gli abitanti della Valle d'Aosta (che parlano come lingua materna il franco-provenzale) e la lingua tedesca per gli abitanti dell'Alto Adige. Il ladino dolomitico e lo sloveno sono ammessi nelle scuole dei rispettivi territori.

I dialetti italiani, come si vede dalla cartina alla fine del libro, si dividono in due grandi gruppi:

- **Dialetti settentrionali**
- **Dialetti centro-meridionali**

Tra il primo e il secondo gruppo esistono forti differenze, tanto che possiamo dividerli con un "confine" abbastanza netto che va all'incirca da La Spezia a Rimini.

I dialetti che sono a nord di questo "confine" contraggono molto i suoni delle parole e hanno quindi delle affinità con le lingue parlate ad occidente (provenzale, spagnolo, francese, ecc.). In questi dialetti, ad esempio, non si pronunciano le consonanti doppie, si perdono molte vocali e consonanti.
Es.: capello (*"cavel, cavei"*)

I dialetti che sono a sud di questo "confine" conservano di più i suoni delle parole; sono conservate le doppie e le altre consonanti e vocali.
Es.: capello (*"capille, capiddu"*)

Accanto ai dialetti italiani, ma con molte caratteristiche proprie, si trovano due idiomi:

- **SARDO**
è diviso in Sardo settentrionale e Sardo centro-meridonale. Il sardo ha poche affinità con tutti gli altri dialetti ed è l'unico che ha conservato più fedelmente certi caratteri del latino.
Es.: casa (*"domo"*), tempo (*"tempus"*)

- **LADINO**
è diviso in tre sottogruppi, Ladino dolomitico, (si parla a cavallo delle province di Bolzano, Trento e Belluno), Ladino friulano e Ladino romancio o grigionese, parlato nel Cantone dei Grigioni, in Svizzera. Il ladino si avvicina sia ai dialetti settentrionali, sia al francese.
Es.: cane (*"cian"*), cavallo (*"ciaval"*)

Altre lingue parlate in Italia

In Italia sono presenti gruppi di popolazioni che parlano altre otto lingue materne diverse:

- **PROVENZALE**
Si parla sulle Alpi piemontesi (in circa 80 paesi), in un paese della Liguria e in un comune della Calabria;

- **FRANCO-PROVENZALE**
Si parla sulle Alpi piemontesi, in Valle d'Aosta (con l'eccezione di Issime e Gressoney-Saint-Jean, dove si parla tedesco) e in due comuni della Puglia;

- **TEDESCO**
Si parla nell'Alto Adige e in varie zone delle regioni alpine;

- **SLOVENO**
Si parla sulle Alpi Giulie;

- **SERBO-CROATO**
Si parla in tre comuni del Molise;

- **ALBANESE**
Si parla, in circa 46 comuni del Sud, per un totale di circa 80.000 persone;

- **GRECO**
Si parla in Puglia nella penisola Salentina (in nove comuni per un totale di 20.000 persone in provincia di Lecce) e all'estremo sud della Calabria;

- **CATALANO**
Si parla nella città di Alghero, in Sardegna.

11 Scrivere

Commenta queste due affermazioni sul dialetto ed esprimi la tua opinione sull'argomento.

1
L'uso del dialetto è un segno di arretratezza culturale, sociale ed economica. È una resistenza alla modernità, alla civiltà, allo sviluppo. È un segno di chiusura e di regressione a un'epoca che non esiste più.

2
Il dialetto è l'ultima sopravvivenza di ciò che ancora è puro e incontaminato. Come tale deve essere "protetto" e conservato, contro l'omologazione linguistica che ci rende tutti uguali.
Il dialetto porta infatti con sé un valore affettivo ed espressivo che nessuna lingua standard può eguagliare. È una possibilità in più da sfruttare. Conoscerlo è dunque un vantaggio e una ricchezza.

Prima repubblica 1948 - 1992

Democrazia Cristiana

Partito Repubblicano Italiano

Partito Liberale italiano

Movimento Sociale Italiano

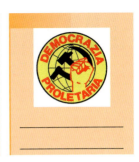
_____

DC - Il partito fu fondato da Alcide De Gasperi nell'ottobre 1942. Oltre ad essere stato il maggior partito italiano è stato ininterrottamente al governo dal dopoguerra. Disgregato in diversi partiti dopo il 1994 in seguito allo scandalo di Tangentopoli.

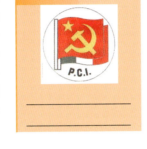

PRI - È il più antico partito politico italiano, fondato nel 1895. Ha avuto ruoli di governo fin dagli anni '60.

PLI - Partito prima d'opposizione, poi di governo nel Pentapartito, fu travolto dallo scandalo di tangentopoli e venne sciolto nel 1994.

MSI - Partito di destra nato nel dopoguerra. È sempre stato all'opposizione fino al suo scioglimento nel 1995.

_____ Nato nel 1921, soppresso dal regime fascista nel 1926 e ricostituito nel 1943, è stato per oltre 40 anni il maggiore partito di opposizione in Italia. Di ispirazione operaia, è stato sciolto nel 1991 dopo la caduta del muro di Berlino.

_____ Partito che ha nel corso degli anni perso la sua vocazione iniziale al marxismo. È stato al governo del Paese dal 1980 al 1992. In seguito allo scandalo di Tangentopoli, ha cambiato rapidamente molti segretari fino al definitivo scioglimento.

_____ Partito d'ispirazione comunista contrario a ogni compromesso, si differenziava dal PCI e coniugava cultura marxista e difesa dell'ambiente.

_____ Nato nel 1947 da una costola del PSI, ha fatto parte del Pentapartito di governo dal 1980 al 1992.

11 appendice

2 Foglio 1

Andare in montagna

Quali sono le precauzioni da prendere quando si fa un'escursione in montagna? Ecco alcuni consigli.

La preparazione fisica

Le escursioni vanno affrontate in condizioni fisiche adeguate, scegliendo percorsi che non siano al di sopra delle proprie possibilità ed evitando accuratamente di strafare. Se non si è allenati, è consigliabile migliorare la propria forma fisica facendo un po' di sport.
Va considerato inoltre che non si dovrebbe mai tornare distrutti da un'escursione. Stanchi, certo, ma non spossati. L'escursione non deve essere una sofferenza, deve rappresentare invece un'esperienza di benessere.

Il tempo

_____
_____
_____
_____
_____
_____
_____

L'equipaggiamento

Come si veste e quali oggetti porta un escursionista che va in montagna? Evidentemente questo dipende dalla stagione e dalla natura dei luoghi. Qualche consiglio:
- evitare di lasciare la pelle troppo scoperta, soprattutto ad alta quota, dove i danni causati dai raggi ultravioletti sono maggiori;
- tenere le gambe coperte, perché così si è meno esposti ai morsi delle vipere;
- riparare la testa dal sole con un cappello e difendere la vista con occhiali;
- poiché in montagna si possono trovare temperature piuttosto basse anche d'estate, mettere nello zaino un capo che difenda dal freddo;
- non deve mancare neppure un paio di guanti, preziosi quando ci si trova a dover effettuare qualche fuori percorso, soprattutto nei boschi;
- una torcia elettrica diventa decisiva quando si deve camminare al buio o segnalare la propria presenza ad eventuali soccorritori;
- il telefonino, quando prende, naturalmente è molto utile; è meglio, comunque, lasciar sempre detto dove si va, mettendo magari per iscritto l'itinerario che si intende effettuare;
- anche carta, altimetro e bussola sono strumenti preziosi per l'orientamento.

Mangiare e bere

_____
_____
_____
_____
_____
_____
_____
_____

L'orientamento

L'orientamento è uno degli aspetti più importanti legati all'escursione. Una buona lettura della carta permette infatti di preparare adeguatamente l'escursione a tavolino, soprattutto quando si devono percorrere sentieri poco frequentati e non segnalati. La sua consultazione, infine, diventa più chiara e utile se si possiedono un altimetro ed una bussola. Un altro alleato prezioso sono le informazioni di chi conosce i luoghi. Ci sono itinerari che non è del tutto consigliabile percorrere se non si è accompagnati da persone che li conoscono. In certe zone perdere il sentiero significa girare a vuoto senza riuscire a scendere a valle. Non ci si può fare un'idea adeguata di questo se non lo si prova. Ma naturalmente meglio non provarlo!
Terzo alleato sono le segnalazioni sul terreno, i segnavia. Quando si praticano sentieri difficili ma segnalati, si presti molta attenzione a non saltare alcun segnavia: perderne anche uno solo potrebbe significare andare fuori dal tracciato.
Quarto alleato è la nostra prudenza, unita ad un buono spirito di osservazione. Se si sta dunque salendo nel bosco su un sentiero poco battuto e per noi nuovo, si deve fare molta attenzione a osservare bene la natura dei luoghi, memorizzando punti di riferimento preziosi, e lasciando anche qualche segno sul percorso.
E se ci si perde? Non bisogna cedere alla tentazione di scendere a tutti i costi; è preferibile ricercare, con calma e attenzione, la traccia. Se si sono seguite le avvertenze sopra esposte, la si ritroverà. Se la ricerca è inutile e se il telefonino ha campo, non si esiti a chiedere aiuto, senza aspettare che l'arrivo della notte renda più problematica la ricerca. Se si è in più di uno, ci si divida nella ricerca, rimanendo però sempre a portata di voce.

Infortuni ed incidenti

_____
_____
_____
_____
_____
_____
_____
_____

CINEMA appendice 13

6 Gioco - Studente B

Completa le affermazioni sul cinema italiano con il verbo al tempo giusto, come nell'esempio, e confrontale con un altro studente **B**. Poi lavora con uno studente **A**. A turno uno di voi legge una domanda e l'altro risponde scegliendo un'affermazione. Se la risposta è grammaticalmente e logicamente corretta, chi ha fatto la domanda scrive la risposta sul libro. Vince il primo che risponde alle cinque domande in modo corretto.

Esempio

Perché il Neorealismo si impose come genere cinematografico?
- Il Neorealismo si impose perché alcuni registi pensarono che **(giungere)** _fosse giunto_ il momento di parlare del passato nel modo più diretto possibile.

affermazioni

- Molti registi americani pensano che i film di Sergio Leone **(essere)** _____ ancora tra i migliori western mai girati.
- Alcuni ritengono che il film Il sorpasso **(essere)** _____ uno dei film più rappresentativi della cinematografia italiana.
- C'era la sensazione che, alla fine della guerra, l'Italia ormai **(superare)** _____ il momento peggiore della propria storia.
- Non c'è alcun dubbio che Michelangelo Antonioni, nei suoi anni d'oro, **(essere)** _____ uno dei maestri del cinema italiano.
- Era opinione di Pier Paolo Pasolini che il cinema e la letteratura **(avere)** _____ poche cose in comune.

domande	risposte
Per quale motivo si impose la commedia all'italiana sul Neorealismo?	
Cosa pensava il regista Dino Risi del termine "commedia all'italiana"?	
Come venne accolto il Neorealismo dalla critica cinematografica?	
Che cinematografia auspicava il regista Federico Fellini?	
Qual è l'opinione diffusa sul cinema italiano contemporaneo?	

alma edizioni

11 appendice

2 Foglio 2
Andare in montagna

Q uali sono le precauzioni da prendere quando si fa un'escursione in montagna? Ecco alcuni consigli.

La preparazione fisica

_____
_____
_____
_____
_____
_____
_____

Il tempo

Le condizioni meteorologiche sono uno dei fattori più importanti da considerare quando si programma un'escursione. In estate i temporali costituiscono un pericolo serio, perché in montagna il rischio di venir colpiti da fulmini, con esito assai spesso mortale, è molto alto. Se dunque sono previsti temporali è meglio rinviare l'escursione. Se poi si viene sorpresi dal temporale, alcuni accorgimenti possono risultare utili. Bisogna tenere presente che i fulmini sono attratti da oggetti a punta ed elevati, quindi alberi o spuntoni di roccia. Di conseguenza sarà bene evitare di sostare vicino a oggetti del genere, o di essere l'oggetto più alto della zona. Se tuttavia questo non è possibile e si avvertono i segnali dell'imminenza del fulmine (capelli che si drizzano, metalli che crepitano), bisogna assumere una posizione ad uovo, con la testa rannicchiata fra le ginocchia. È bene anche sapere che gli oggetti metallici che si hanno con sé, costituiscono un ulteriore fattore di pericolo. È utile ricordare poi che l'acqua è ottima conduttrice di elettricità, per cui non si deve sostare su un terreno bagnato dalla pioggia. Se si riesce a raggiungere l'automobile, ci si può rifugiare al suo interno, dove si è al sicuro.

Un altro fattore di rischio da non sottovalutare è il freddo. In una situazione di notevole stanchezza fisica l'esposizione al freddo diventa infatti una complicazione rilevante. Al freddo intenso è legato anche il ghiaccio, insidiosa trappola nelle escursioni invernali. Se perciò non si è attrezzati adeguatamente (cioè con piccozza e ramponi), non ci si deve azzardare a metter piede sul ghiaccio.

L'equipaggiamento

_____
_____
_____
_____
_____
_____
_____

Mangiare e bere

Si beve e si mangia, in montagna? Ovviamente sì. Qualche consiglio:
- bisogna bere non appena si ha sete, perché in montagna si perdono molti liquidi; evitare gli alcolici, anche perché l'alcool - contrariamente a quanto si crede - non favorisce il riscaldamento, ma la dispersione del calore;
- quanto al mangiare, sono consigliabili alimenti semplici ed energetici, come la cioccolata, qualche frutto o anche qualche zolletta di zucchero; da evitare invece il più possibile i cibi salati o peggio ancora piccanti, perché inducono ulteriore sete.

L'orientamento

_____
_____

Infortuni ed incidenti

Quanto alle situazioni ed ai luoghi intrinsecamente pericolosi, bisogna ricordare che:
- quando si cammina su un terreno reso scivoloso da terriccio e sassi mobili si deve fare attenzione non solo a non scivolare, ma anche a non far cadere sassi su coloro che si trovano più a valle; se dovesse partire un sasso, anche se non si vede nessuno giù a valle, si deve gridare per avvertire del pericolo;
- quando si sale nel bosco o ci si arrampica, non ci si fidi troppo di rami o tronchi, che potrebbero spezzarsi proprio quando ci si attacca ad essi;
- la discesa di per sé non è pericolosa, ma lo diventa se affrontata in condizioni di notevole stanchezza e distrazione;
- il ghiaccio è sempre un'insidia da cui stare alla larga, se non si è adeguatamente attrezzati e preparati;
- infine in luoghi molto assolati, vicino a corsi d'acqua, nelle pietraie e nell'erba si può nascondere l'insidia delle vipere; se si procede con passo pesante, si batte a terra con un bastone e si evita di posare le mani in luoghi dove la vegetazione nasconde il terreno, si riducono al minimo i rischi.

ESERCIZI 1
geografia
LUOGHI D'ITALIA

1 *Leggi i dialoghi e indica qual è il significato di ogni **magari** utilizzato.*

1. **Magari** è un avverbio ed ha un significato vicino a "forse", "probabilmente", "eventualmente".

2. **Magari** è un'esclamazione ed esprime un desiderio, una speranza per qualcosa di difficilmente raggiungibile.

- Ma quanto hai vinto alla lotteria? - Guarda che non ho vinto. **Magari**! Ma chi te l'ha detto?	
- Che facciamo stasera? - Se ti va ceniamo insieme e poi **magari** andiamo al cinema.	
- Io ti amo da morire e **magari** tu non mi pensi per niente! - Ma che dici???	
- Andiamo al mare sabato? - Eh, **magari**! Devo lavorare!	
- Solo una cosa potrebbe tirarmi su di morale e **magari** qualcuno di voi può aiutarmi. - Dicci di tutto!	
- Perché non lo vendi il computer vecchio? **Magari** interessa a qualcuno. - Ma chi se lo prende?	
- Dopo l'esame ce ne andiamo una settimana in ferie! - **Magari**! Io ho un altro esame dopo due settimane!	

2 *Coniuga i verbi all'**indicativo presente**, **futuro semplice** o **futuro anteriore**.*

CLIMA: Il Mediterraneo e il riscaldamento globale

ROMA - Se non *(esserci)* _____ interventi sulle emissioni di gas serra, le ondate di calore simili a quella che nel 2003 ha provocato migliaia di decessi nel Mediterraneo *(crescere)* _____ fino a cinque volte entro la fine del secolo. Lo *(sostenere)* _____ uno studio della Purdue University e del Centro Internazionale Abdus Salam di Fisica Teorica di Trieste, pubblicato dalla rivista *Geophysical research letters*. I ricercatori hanno applicato modelli matematici estremamente precisi ai dati sul riscaldamento globale, concentrandosi su 21 paesi del Mediterraneo. Il risultato è stato che le ondate di calore *(aumentare)* _____ di una percentuale tra il 200 e il 500%. Secondo le proiezioni *(essere)* _____ la Francia il paese più colpito, ma anche in Italia l'effetto *(essere)* _____ pesante: "A soffrire *(essere)* _____ soprattutto le coste - spiega Filippo Giorgi, che ha coordinato la parte triestina della ricerca - perché al caldo si *(sommare)* _____ l'umidità. Nelle nostre proiezioni ci siamo concentrati su giornate con più di 35 gradi di massima e più di 20 di minima e abbiamo visto che, se entro la fine del secolo i governi non *(intervenire)* _____ con decisione nella regolamentazione delle emissioni di gas serra, si *(arrivare)* _____ a 40 gradi per ogni estate nelle zone più colpite".

da Ansa

3 *Abbina le risposte alle domande (in ordine), come nell'esempio. Poi copia al posto giusto nella tabella i verbi al* **futuro** *presenti nel testo.*

Etna, la Tac svela i segreti del vulcano: "Ora possiamo prevedere le eruzioni"

ROMA - È un documentario infernale, quello che filma il sottosuolo di un vulcano che esplode. L'attore principale è l'Etna, la montagna fumante che è stata scandagliata prima, durante e dopo la spettacolare eruzione dell'ottobre 2002. Il regista è l'Istituto nazionale di geofisica e vulcanologia di Catania, che ha osservato i sommovimenti della pancia del vulcano con una tecnica del tutto simile alla Tac. Oggi i risultati dello studio vengono pubblicati su *Science* da cinque ricercatori dell'Istituto di geofisica e vulcanologia. Abbiamo intervistato Domenico Patanè, portavoce del gruppo.

domande	risposte
1 - Patanè, come vi è venuto in mente di fare la Tac all'Etna?	a - L'Etna non dorme mai e noi continuiamo a tenere la situazione sotto controllo. Nel 2004, nel 2005 e nel 2006 si sono verificate nuove fuoriuscite di magma ma fortunatamente le eruzioni non hanno creato nessun problema ai centri abitati, esattamente come avevamo previsto.
2 - Il metodo è stato sperimentato sull'eruzione etnea del 2002. Verrà usato anche altrove? E in che modo?	b - Sì, sembrerà strano a molti ma con questo strumento saremo sempre più in grado di prevedere l'attività di vulcani esplosivi come il Vesuvio, evitando i falsi allarmi.
3 - Questo strumento permetterà di prevedere anche le pericolosissime eruzioni dei vulcani esplosivi?	c - Siamo partiti raccogliendo le onde generate dai terremoti dell'Etna o da piccole esplosioni artificiali. Poi abbiamo pensato di leggerle con la tecnica della tomografia ed il risultato è stato stupefacente: ci hanno descritto in tre dimensioni la struttura interna del vulcano, con le sue radici profonde e i processi di risalita del magma.
4 - In passato di annunci simili a questi ce ne sono stati molti. E poi le stazioni di monitoraggio in vetta all'Etna esistono da sempre. Come rispondete agli scettici?	d - Sarà anche vero che le stazioni sull'Etna ci sono da sempre, ma non possiamo dimenticare quanto sono state potenziate negli ultimi cinque anni. Noi italiani siamo sempre scettici, ma non dobbiamo sottovalutare il fatto che oggi quelle stazioni ci permettono di pubblicare studi scientifici d'avanguardia. Potrà anche apparire assurdo ma il vulcano siciliano è il più monitorato al mondo.
5 - E comunque fino ad oggi le vostre previsioni sono state sempre rispettate…	e - Questo sistema potrà essere usato per tenere sotto controllo i vulcani più pericolosi del mondo, perché capaci di emissioni di lava particolarmente violente o perché situati vicino a città e centri abitati. Lo strumento che abbiamo messo a punto sarà importante per fare previsioni di eruzione a medio e breve termine. In futuro, avendo a disposizione un buon numero di stazioni, miglioreranno i tempi di preavviso e sarà possibile localizzare i volumi di magma che stanno per alimentare un'eruzione.

da *www.repubblica.it*

usi del futuro	esempi
• Indica un fatto **nel futuro**.	
• Indica incertezza, approssimazione, supposizione riguardo ad un fatto **nel presente**.	

1 esercizi — LUOGHI D'ITALIA

4 *Completa il testo con le parole che ritieni più appropriate.*

Un po' di geografia astronomica

Come tutti sanno, la terra ruota attorno al _____.
Per effettuare un giro completo intorno al _____ la _____ impiega un _____. Poiché l'asse terrestre è inclinato, il _____ e la notte hanno durata diversa in regioni diverse della superficie terrestre, e tale durata cambia molto nel corso dell'anno.

È questo il fenomeno che dà origine alle _____. Le _____, come tutti sanno, sono quattro: _____, _____, _____, _____.

In _____ la durata del giorno è maggiore di quella della notte, ma continua a diminuire, finché in _____ la notte diventa più lunga. In _____ le giornate riprendono ad allungarsi, finché in _____ il giorno ritorna ad essere più lungo della _____.

da *www.globalgeografia.com*

5 *Scegli quale **articolo** o **preposizione** inserire. Attenzione: il segno - significa mancanza di articolo.*

La nascita dell'Italia contemporanea

L'/ - /Un'*Italia contemporanea nacque come Stato unitario quando, **il/un/la** 17 marzo 1861, **la/il/una** maggior parte degli stati della penisola e **i/gli/le** due isole principali vennero unite sotto re Vittorio Emanuele II della dinastia dei Savoia.*

Architetto dell'unificazione ***dell'/di/del*** Italia fu ***il/lo/un*** primo ministro del re, Camillo Benso Conte di Cavour che, dando mezzi e supporto (seppur non riconoscendolo direttamente) a Giuseppe Garibaldi, consentì ***il/l'/un*** annessione del regno delle Due Sicilie. ***Il/La/Una*** prima capitale fu ***il/ - /la*** Torino, che era ***il/una/la*** capitale del Regno di Sardegna, punto di partenza del processo di unificazione ***di/del/dell'***Italia. In seguito ***il/ - /la*** capitale venne spostata ***a/alla/al*** Firenze (1864).

Nel 1866, ***in/nell'/l'*** Italia acquisì dall'Impero asburgico ***la/ - /il*** Veneto, in seguito alla guerra, che vide ***l'/ - /un'*** Italia alleata ***a/a una/alla*** Prussia di Bismarck.

Dall'unificazione rimanevano esclusi ***il/ - /la*** Roma ed ***i/ - /gli*** territori limitrofi, che erano sotto ***il/ - /un*** controllo del Papa; ma grazie ***alla/a/a una*** rapida guerra il 20 settembre 1870 anche ***il/ - /la*** Roma venne annessa e venne proclamata capitale del regno.

In seguito, con i Patti Lateranensi del 1929, ***la/ - /il*** Papa ottenne ***il/una/la*** sovranità sulla Città del Vaticano.

Un'altra entità autonoma all'interno dei confini italiani è la Repubblica di San Marino. ***Una/ - /L'*** Italia riconosce, inoltre, ***un/il/lo*** Sovrano Militare Ordine di Malta come ente con propria soggettività nel diritto internazionale e gli concede ***la/una/le*** zona extraterritoriale sempre nella città di ***il/ - /la*** Roma, precisamente sull'Aventino.

L'Unità ***dell'/d'/di un'***Italia non era ancora completa, mancavano infatti ***il/ - /un*** Trentino, ***il/ - /la*** Trieste e ***l'/ - /un'*** Istria che furono annesse a seguito della vittoria nella prima guerra mondiale, scaturita dall'alleanza con ***una/ - /la*** Francia e ***l'/ - /il*** Inghilterra contro gli Imperi centrali. Dopo la prima guerra mondiale si affermò la Dittatura Fascista, evento che comportò ***il/una/la*** perdita delle libertà politiche per oltre vent'anni. Dopo ***il/la/un*** fine della seconda guerra mondiale ***il/un/la*** 2 giugno 1946 ***il/un/la*** referendum stabilì l'abbandono della monarchia come forma di governo e l'adozione della Repubblica parlamentare; in questo stesso giorno ***i/gli/le*** cittadini italiani vennero chiamati a votare anche per l'elezione di ***un'/un/uno*** Assemblea Costituente che, nel dicembre del 1946, cominciò a lavorare alla stesura di ***una/un/un'*** Costituzione. ***Una/La/Un*** nuova Costituzione entrò in vigore ***il/un/la*** 1° gennaio 1948.

da *www.wikipedia.org*

LUOGHI D'ITALIA — esercizi 1

6 Completa il cruciverba con i termini geografici.

Orizzontali →

1. Montagna con una o più aperture da cui può uscire roccia fusa.
7. Una stagione.
9. Gruppo di isole.
10. Terra circondata dalle acque.
14. Una stagione.
16. Il vulcano che si trova vicino Catania, in Sicilia.
17. È parte di una provincia e può esserne il capoluogo.
18. Il mare che bagna l'Italia, la Spagna, la Turchia.

Verticali ↓

2. Insieme delle condizioni atmosferiche di una regione.
3. Roma è la _____ d'Italia.
4. Terra circondata su tre lati dal mare.
5. Il vulcano che si trova vicino Napoli.
6. È formata da più comuni.
8. Lo è l'Europa e lo è l'Asia.
11. Una stagione.
12. Zona di terra confinante con il mare.
13. Lo è sia la Sicilia che la Toscana.
15. Gli Appennini e le Alpi sono _____ montuose.

7 Decidi se inserire o meno l'**articolo determinativo** negli spazi.

Isole e arcipelaghi

Un'isola (dal latino *insula*) è una terra emersa interamente circondata dalle acque e di dimensioni ridotte rispetto ad un continente. Oltre alla dimensione, un'altra caratteristica la differenzia dal continente: l'influsso climatico dato dall'acqua (di fiume, di mare, ecc.) si estende su tutta la superficie emersa.
Le maggiori isole italiane sono _____ Sicilia (25.426 km²), _____ Sardegna (23.812 km²) e _____ isola d'Elba (223 km²). Le più grandi isole europee invece sono _____ Gran Bretagna (218.595 km²), _____ Islanda (101.826 km²) e _____ Irlanda (81.638 km²). Le isole più grandi del mondo infine sono _____ Groenlandia (2.175.600 km²), _____ Nuova Guinea (785.000 km²), _____ Borneo (736.000 km²) e _____ Madagascar (587.000 km²).
Un arcipelago è invece un gruppo di isole. I più importanti in Italia sono: _____ Isole Eolie (con _____ Lipari, _____ Vulcano, _____ Stromboli, _____ Panarea, _____ Alicudi e _____ Filicudi), quello toscano (con _____ Isola d'Elba, _____ Isola del Giglio, _____ Capraia, _____ Pianosa ed

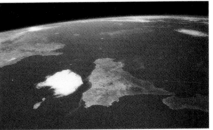

altre piccole isole), quello ponziano (con _____ Ponza, _____ Ventotene, _____ Palmarola, ecc.).
Altri arcipelaghi importanti sono, nel Mar Mediterraneo, _____ Sporadi e _____ Cicladi. Famosissimi sono infine alcuni arcipelaghi oceanici, come _____ Hawaii nell'Oceano Pacifico, _____ Antille (con _____ Cuba e _____ Haiti) nell'Atlantico e _____ Maldive nell'Oceano Indiano.

da www.wikipedia.org

ESERCIZI 2

arti - CLASSICO E MODERNO

1 *Completa il testo inserendo al posto giusto i verbi (coniugati al **condizionale semplice** e **composto**) e le espressioni. Attenzione: i verbi vanno negli spazi _____, le espressioni negli spazi _ _ _ _ _ _ _ _ .*

verbi	espressioni
farsi - potere - sembrare - venire	all'idea di - in mente - in possesso - il posto - un breve discorso

Berlusconi opera da museo

15.000 euro per un pezzo di grasso berlusconiano trasformato in un'opera di arte moderna. È questo il prezzo per l'ultima creazione dell'artista italiano - svizzero d'adozione - Gianni Motti che dichiara all'autorevole settimanale "Weltwoche" di aver ottenuto la massa di grasso che il Presidente del Consiglio, in un intervento di un anno e mezzo fa, _____ togliere in una clinica svizzera. Di quel grasso Motti ne ha fatto un sapone che sarà esposto dal 14 giugno alla rassegna di arte moderna "Art Basel". Nome dell'opera: "Mani pulite".

Secondo la ricostruzione del periodico svizzero, Gianni Motti, 47 anni, _____ _ _ _ _ _ _ _ _ del grasso presidenziale per pura fortuna ossia tramite un amico che lavora proprio nella clinica a Lugano in cui il premier si è ritirato all'inizio del 2004 e dalla quale è uscito qualche giorno più tardi visibilmente dimagrito, sia in viso che sui fianchi.

_____ quindi che si tratti proprio dei resti dell'ormai famoso intervento del nostro capo di governo. Avendoli in mano, Motti, artista "d'azione", mai avaro di provocazioni - nel '97 si infiltrò in una seduta dell'ONU e, prendendo _ _ _ _ _ _ _ _ di un diplomatico indonesiano, tenne pure _ _ _ _ _ _ _ _ - cominciò immediatamente a chiedersi cosa "di artistico" ne potesse fare. "Mi è venuto _ _ _ _ _ _ _ _ che spesso si usa grasso animale per fare i saponi. Ma pensavo anche all'operazione Mani Pulite, che è diventato poi il titolo della creazione. Comunque, _ _ _ _ _ _ _ _ usare un pezzo di vero Berlusconi per lavarsi mi sono divertito subito."

È difficile immaginare che un possibile acquirente vorrà fare proprio questo uso del sapone, dal momento che si tratta di un'opera unica del valore di circa 15.000 euro. Ma Motti è sicuro di vendere la sua opera. "Forse la comprerà Berlusconi stesso - suppone - si sa che spesso acquisisce tutti i diritti di una foto che lo mostra in modo sfavorevole solo per impedirne la diffusione.

Così _____ anche fare con il sapone, ma probabilmente non lo farà, perché si sa anche che in realtà non apprezza l'arte moderna."

Dopo la tappa a Basilea, forse "Mani pulite" verrà esposta anche alla Biennale di Venezia. Sempre che qualcuno non decida di acquistarla prima.

da www.tiscali.it

2 *Scegli tra **indicativo** o **condizionale**.*

Primo maggio, l'arte chiude per ferie

Il primo maggio quest'anno capita di martedì, per molti si prospetta dunque un megaponte di 5 giorni (da sabato 28 aprile a martedì primo maggio, appunto). Per chi ama l'arte, **può / potrebbe** essere dunque anche una splendida occasione per andare in giro a riscoprire - a poco prezzo - qualche bellezza museale. Perché **usiamo / avremmo usato** il condizionale? Perché questo purtroppo non **sarà / sarebbe** possibile dappertutto. Vediamo qualche esempio.

A Genova, per visitare il Palazzo Reale, il primo maggio si **pagherà / pagherebbe** solo un euro; stesso prezzo simbolico alla Pinacoteca Nazionale di Bologna, mentre chi **sarà / sarebbe** a Reggio Calabria o Cagliari **potrà / potrebbe** entrare addirit-

270 magari

tura gratis nei rispettivi Musei Archeologici. E chi invece **sarà / sarebbe** a Firenze? Beh, allora **fa / farebbe** bene a cambiare programma, perché qui i musei **saranno / sarebbero** chiusi.
Allora meglio andare a Milano? No, visto che il *Cenacolo* di Leonardo **rimarrà / rimarrebbe** chiuso, ma soprattutto non **aprirà / aprirebbe** la Pinacoteca di Brera. **Abbiamo contattato / Avremmo contattato** i Comuni interessati e la notizia - sebbene non ancora confermata ufficialmente - **è / sarebbe**, a quanto ci hanno detto alcuni impiegati, abbastanza attendibile.
Ma come mai queste differenze tra una città e l'altra? Secondo quanto **abbiamo potuto / avremmo potuto** ricostruire, il problema **è / sarebbe** la mancanza di fondi per pagare il personale in servizio. Insomma, a forza di ridurre e tagliare la spesa nel settore culturale, non ci **sono / sarebbero** abbastanza soldi per pagare gli straordinari dei dipendenti dei musei e ahimè, senza di loro non si **va / andrebbe** da nessuna parte.
Ma non tutti la **pensano / penserebbero** allo stesso modo. "Questa spiegazione non **è / sarebbe** convincente - dice Massimo Pieri, consigliere comunale fiorentino - sono sicuro infatti che con gli incassi di questi giorni di festa si **potranno / sarebbero potuti** coprire i costi del personale.
È una cosa così semplice che non ci **è voluto / vorrebbe** molto a capirlo... È arrivato il momento di investire in modo serio sulle strutture museali per garantirne la sopravvivenza. **Sarà / Sarebbe** bello per una volta mettere da parte le polemiche e le differenze ideologiche e lavorare insieme per dare un servizio migliore ai cittadini e ai numerosi turisti stranieri che **vengono / verrebbero** a visitare le nostre bellezze artistiche."
E in effetti non ha tutti i torti... In fondo, **basta / basterebbe** un piccolo sforzo di immaginazione da parte della nostra classe politica per capire che spendere per migliorare i servizi **era / sarebbe** un investimento intelligente e poco rischioso, i cui risultati, anche economici, si **vedevano / vedrebbero** subito: più turismo, più incassi, più guadagni per tutti... Ma forse, le decisioni troppo semplici **sono / sarebbero** anche le più difficili da prendere.

da *http://blogosfere.it*

3 *Coniuga i verbi al **condizionale semplice** o **composto**.*

Un'altra Pompei, 4000 anni fa

Come molti sanno, nell'area degli scavi archeologici di Pompei, è stata portata alla luce l'antica città romana distrutta tragicamente nell'anno 79 d. C. da un'eruzione del vicino vulcano Vesuvio. La città e i suoi abitanti sono stati come "fermati nel tempo" dalla lava del vulcano, permettendoci oggi di vederli con l'aspetto che avevano in quel preciso giorno del 79 d. C.: le scritte sui muri, gli oggetti domestici, le botteghe, tutto *(fare)* _____ pensare ad una città ancora viva.
Naturalmente, la nostra "fortuna" è che gli abitanti dell'epoca non avevano a disposizione le conoscenze tecniche e scientifiche del nostro tempo, altrimenti molto probabilmente la maggior parte di loro *(salvarsi)* _____ e noi oggi non *(potere)* _____ ammirare il grandioso spettacolo che gli scavi archeologici ci propongono.
Pompei è infatti diventata un luogo che esercita un fascino incredibile su milioni di turisti, e in base alle ultime statistiche, *(essere)* _____ oggi il secondo sito archeologico più visitato al mondo.
Quello che forse non tutti sanno, invece, è che l'eruzione più violenta del vulcano Vesuvio non *(essere)* _____ quella del 79 d. C. ma un'altra molto più devastante avvenuta nell'Antica Età del Bronzo, nel 3780 a. C.
Ad affermarlo è una ricerca dell'Osservatorio Vesuviano - Istituto Nazionale di Geofisica e Vulcanologia. Secondo gli studiosi dell'Osservatorio, il Vesuvio *(provocare)* _____ allora una catastrofe di proporzioni difficilmente immaginabili, sprigionando una potenza maggiore di quella finora conosciuta.
L'eruzione *(avere)* _____ effetti devastanti in un'area che si estende fino a 15 chilometri dal vulcano e in tutti i siti considerati nello studio sono rimaste le testimonianze di una drammatica fuga: stoviglie abbandonate a terra nelle capanne e impronte di uomini e animali che cercavano di lasciare i villaggi non appena dal Vesuvio avevano cominciato a innalzarsi colonne di gas e cenere.

Gli unici corpi dei quali sono rimasti i resti sono quelli di un uomo e di una donna, sepolti dalla cenere in una zona che si trova a circa 17 chilometri dal vulcano. Molti altri invece *(morire)* _____ per soffocamento.
In quella zona, secondo le stime dei ricercatori, *(vivere)* _____ da 10.000 a 20.000 persone; la maggior parte di esse *(riuscire)* _____ ad allontanarsi dal vulcano, ma l'eruzione *(causare)* _____ comunque _____ migliaia di morti.

4 Completa il testo con le parole della lista. Attenzione: le parole sono alla forma base.

architetto, artistico, capolavoro, chiaroscuro, collezione, contrasto, dettaglio, dipinto, in esposizione, in risalto, in ombra, monumentalità, periodo, pinacoteca, pittura, protagonista, quadro, rinascimentale, sfondo, spazio museale, tela, prospettico

La Pinacoteca di Brera

La *Pinacoteca di Brera*, nell'omonimo quartiere milanese, ospita una delle maggiori _____ di pittura in Italia, unitamente ai *Musei Vaticani* a Roma, e alla *Galleria degli Uffizi* a Firenze.
La grande differenza con gli altri due _____, è che questi ultimi ospitano per la maggior parte opere relative quasi esclusivamente ad un breve periodo di tempo, nello specifico quello _____, mentre nella _____ milanese si trovano tantissime opere di _____ molto diversi tra loro, dal trecento fino al XIX ed al XX secolo.
Sono quindi molti i capolavori di assoluto valore _____ presenti nella *Pinacoteca di Brera*. Data la quantità di opere _____, fare una descrizione per ognuna di esse è pressoché impossibile. Ecco solo tre esempi.

Donato Bramante - Cristo alla colonna (1480)
Il Bramante fu soprattutto grandissimo _____, da citare soprattutto i lavori compiuti a San Pietro a Roma, e le costruzioni di Santa Maria delle Grazie a Milano e di San Pietro in Montorio a Roma. Questo non toglie che il _____ dipinto da Bramante sia un capolavoro assoluto della _____ italiana.
L'opera è un esempio di _____ geometrica. Un ricco e fiorente paesaggio è rappresentato sullo _____, dietro le spalle del Cristo, legato alla colonna durante la tortura prima della crocifissione.

Andrea Mantegna - Il Cristo morto (1500)

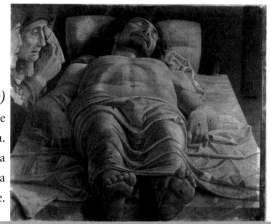

È senza ombra di dubbio uno dei massimi _____ del pittore veneto, e anche una delle _____ più suggestive esposte a Brera.
Molto particolare il taglio _____, quasi teatrale, che sembra mettere _____ il gonfiore del corpo di Gesù Cristo morto da poco sulla croce, e le ferite dovute alla flagellazione e alla crocifissione.

CLASSICO E MODERNO — esercizi 2

Caravaggio - *La cena in Emmaus* (1606)

Il _____ rappresenta un episodio tratto dal Vangelo di Luca, in cui Cristo dopo la resurrezione appare a due suoi discepoli che però lo riconoscono solo quando questi spezza il pane. I _____ descrittivi sono ridotti al minimo indispensabile, per accentrare l'attenzione sui gesti dei _____ e i loro significati. Evidente è il grande lavoro sulla luce da parte dell'artista e l'esasperazione dei _____ attraverso la tecnica del _____. Il volto di Cristo è lasciato per metà _____, preannunciando che pochi istanti dopo, una volta riconosciuto, sarebbe scomparso.

5 *Scegli dalla lista il luogo o il personaggio giusto e completa le frasi con il pronome e la costruzione* **è/sono + uno/una + di + quei/quegli/quelle**, *come nell'esempio. Attenzione: in due frasi questa costruzione non è possibile: completale nel modo più adatto.*

Artemisia Gentileschi - artiste
la Biennale - manifestazioni culturali
la Galleria Borghese - musei
Italo Calvino - scrittori
Michelangelo - artisti

Palazzo vecchio - monumenti
Palermo - città
gli Scavi di Pompei - luoghi
~~l'Umbria - regioni~~

Esempio: Conosci *l'Umbria*?
Sì, **la** conosco. **È una di quelle regioni** che non possono mancare in una visita nell'Italia centrale.

1. Conosci _____?
Sì, _____ conosco. _____ che meglio rappresentano la pittura e la scultura italiana del Rinascimento.

2. Conosci _____?
Sì, _____ conosco. _____ che non può mancare in una visita in Sicilia.

3. Conosci _____?
Sì, _____ conosco. _____ che non possono mancare in una visita a Firenze.

4. Conosci _____?
Sì, _____ conosco. _____ che meglio rappresentano la pittura italiana del '600.

5. Conosci _____?
Sì, _____ conosco. _____ che meglio rappresentano la letteratura italiana del '900.

6. Conosci _____?
Sì, _____ conosco. _____ che meglio rappresentano la vita di una città al tempo dei Romani.

7. Conosci _____?
Sì, _____ conosco. _____ che non può mancare in una visita a Roma.

8. Conosci _____?
Sì, _____ conosco. _____ che non possono mancare in una visita a Venezia.

ESERCIZI 3

società
EMIGRAZIONE E IMMIGRAZIONE

1 *Coniuga i verbi al **passato remoto**. Attenzione: due verbi vanno al presente.*

Quando gli immigrati erano gli italiani

"In una officina di South Braintee rapinatori italiani uccidono il cassiere". "Inquietudine nel Bronx - basta con gli immigrati". "Italiani assassini - terrore a Chicago". "Navi cariche di italiani: impedire gli sbarchi". "Pena di morte contro i due delinquenti italiani". Sono solo alcuni dei titoli apparsi su giornali americani negli anni Venti. Da più parti si chiedeva che venissero adottate misure straordinarie contro l'immigrazione, che dall'Italia riversava nelle città americane milioni di disperati. Quasi tutti cercavano un lavoro, anche se sottopagato.
Pochi fortunati *(riuscire)* _____ a mettere su qualche modesta attività commerciale, ma i loro negozi venivano devastati dalle organizzazioni xenofobe, tanto che furono costretti a raggrupparsi, per difendersi, nel quartiere di *Little Italy*.
Molti *(entrare)* _____ nella malavita locale e alcuni *(organizzarsi)* _____ in bande.
Contro di loro l'opinione pubblica *(insorgere)* _____. Le accuse erano sempre le stesse: sovversivi, anarchici, ma soprattutto camorristi e mafiosi. I giornali non facevano distinzione fra gli italiani onesti e i rapinatori assassini. Fra gli immigrati c'erano gli uni e gli altri.
Oggi la comunità italo-americana (15 milioni e 700 mila, pari al 6 per cento della popolazione totale) è entrata nelle classi alte degli Stati Uniti e i politici se ne contendono il voto. Fra loro sono molti i nomi noti di politici, industriali, atleti, artisti fra i più celebrati del cinema e del teatro. Da Madonna a Di Caprio, da Rudolph Giuliani a Martin Scorsese.
Ma nella prima metà del secolo la "Merica" era un vero miraggio, come gli italiani erano per gli americani un incubo. Dal 1869 al 1914 *(essere)* _____ 25 milioni quelli che *(lasciare)* _____ il nostro paese. 14 milioni definitivamente. L'emigrazione *(cessare)* _____ dal 1915 al 1918 perché il governo di Roma aveva trovato nella prima guerra mondiale il modo di impiegare le eccedenze.
L'emigrazione *(salire)* _____ di nuovo negli anni Venti e poi *(diminuire)* _____ per la politica restrittiva del governo USA sotto le pressioni dell'opinione pubblica, fino a cessare nel secondo dopoguerra, quando l'emigrazione di massa *(rivolgersi)* _____ soprattutto verso gli altri paesi europei: Germania, Francia, Belgio. Quello che non *(cambiare)* _____ fu la diffidenza che gli immigrati incontravano nei paesi ospiti.
Le storie accadute negli anni della grande emigrazione negli Stati Uniti *(essere)* _____ molte e diverse fra loro. Quella che a distanza di quasi un secolo è rimasta maggiormente nella memoria storica *(riguardare)* _____ la vicenda di due giovani emigranti, Nicola

Le accuse erano sempre le stesse: sovversivi, anarchici, ma soprattutto camorristi e mafiosi.

Sacco e Bartolomeo Vanzetti. Giunti in America senza conoscersi nel 1908, i due *(svolgere)* _____ ogni lavoro possibile e divennero attivisti anarchici. Furono arrestati nel 1916, rei d'avere con loro volantini anarchici e alcune armi.
Pochi giorni dopo furono accusati anche di una rapina avvenuta a South Baintree, un sobborgo di Boston, poche settimane prima del loro arresto, in cui erano stati uccisi a colpi di pistola due uomini, il cassiere di un calzaturificio e una guardia giurata.
Processati, furono giustiziati sulla sedia elettrica il 23 agosto 1927. Il 23 agosto 1977, esattamente 50 anni dopo, il governatore del Massachusetts Michael Dukakis *(emanare)* _____ un proclama che assolveva i due uomini dal crimine.
Le sue parole *(rendere)* _____ finalmente giustizia alla loro memoria: *"Io dichiaro che ogni stigma ed ogni onta vengano per sempre cancellati dai nomi di Nicola Sacco e Bartolomeo Vanzetti"*.

2 *Coniuga i verbi all'**indicativo presente**, **imperfetto** o **passato prossimo** e inserisci negli spazi _ _ _ _ _ _ _ _ le espressioni della lista.*

`a qualcosa` `a lei` `alla scena` `con sé` `dai modi gentili` `in faccia` `in piedi` `la scena` `pigro` `vuoto`

Mc Talibe 2, la vendetta

Ricordate Mc Talibe? Bene, la scorsa settimana gliene *(capitare)* _____ un'altra, dello stesso genere della precedente. Protagonista, tra l'altro, sempre una signora, una donna sui cinquant'anni, vestita con sobria eleganza, il viso seminascosto da un paio d'occhiali da sole di marca. Era seduta sul bus che fa la spola tra l'aeroporto di Malpensa e la stazione centrale di Milano. Il bus *(essere)* _____ pieno, ma accanto alla signora *(esserci)* _____ un sedile _ _ _ _ _ _ _ _.
"È libero?", *(domandare)* _____ Mc che era appena sceso dall'aereo proveniente da Cagliari.
"No", *(rispondere)* _____ la donna senza neanche guardarlo _ _ _ _ _ _ _, depositandovi sopra la sua borsa, per ribadire quanto aveva appena detto.
"Allora - racconta Mc Talibe - *(rimanere)* _____ _ _ _ _ _ _ _ _ _ _, accanto a quel sedile. Non era passato nemmeno un minuto quando un'altra donna *(salire)* _____ sul bus e *(rivolgere)* _____ a quella signora la stessa domanda che le avevo appena fatto io.
(Rispondere) _____ che il posto *(essere)* _____ libero, *(spostare)* _____ la borsa e *(fare)* _____ accomodare la donna".
Ora bisogna sapere che Mc Talibe è un ragazzo _ _ _ _ _ _ _ _ _, un ragazzo molto educato. Ma è anche uno che le cose non le *(mandare)* _____ a dire. È un tipo diretto. E subito ha chiesto alla signora perché mai gli aveva detto che la sedia *(essere)* _____ occupata quando invece non lo *(essere)* _____.
Non *(arrivare)* _____ una risposta, ma solo un mugugno incomprensibile. Mc *(insistere)* _____.
E altre persone, che avevano assistito _ _ _ _ _ _ _ _ _, l' *(fare)* _____ con lui.
Poi, a quanto pare, la signora *(dire)* _____ quella frase. Sì, roba da non credere. Una di quelle cose che *(essere)* _____ tanto perfette da rischiare di apparire inventate da uno sceneggiatore _ _ _ _ _ _ _ _ _. Ebbene, *(dire)* _____ proprio: "Lei non sa chi sono io". "Neanche lei lo sa", ha replicato Mc. E, visto che l'aveva _ _ _ _ _ _ _ _, *(aprire)* _____ un giornale che *(parlare)* _____ di lui, dove c'era anche una sua fotografia. La signora non ne *(rimanere)* _____ molto colpita, tanto che *(dire)* _____: "Non me ne importa un c.". Ma ad altri passeggeri sì, in particolare ad alcuni ragazzi neri. *(Essere)* _____ molto arrabbiati. Mc li *(invitare)* _____ a stare calmi. *(Andare)* _____ dall'autista, che in parte aveva seguito _ _ _ _ _ _ _ _ _. *(Chiamare)* _____ la polizia, ha raccontato quel che era accaduto.
E poi lo stesso autista *(fare)* _____ altrettanto.
Devono essere stati convincenti visto che, all'arrivo alla stazione, la polizia li *(attendere)* _____. Tutti i passeggeri *(scendere)* _____, la signora no. I poliziotti l' *(identificare)* _____, le *(chiedere)* _____ spiegazioni sul suo comportamento.
Ne *(venire)* _____ fuori una risposta farfugliante: "*(Tenere)* _____ il posto per una mia amica... poi non *(arrivare)* _____ ... allora quando me ne sono resa conto *(dire)* _____ a quella donna che il posto *(essere)* _____ libero... non è stato un atto di razzismo". Ma come? Tutto questo in meno di un minuto, e subito dopo che un ragazzo nero le aveva detto che intendeva sedersi accanto _ _ _ _ _ _ _ _ _? "*(Pensare)* _____ ad altro", *(essere)* _____ la risposta.
Dice Mc:
"*(Vergognarsi)* _____ moltissimo. La polizia mi *(dire)* _____ che se volevo potevo denunciarla. *(Decidere)* _____ di non farlo, è sempre una cosa brutta. *(Preferire)* _____ far sapere a tutti questa storia, spero che serva _ _ _ _ _ _ _ _ _."

da *www.repubblica.it*

3 esercizi — EMIGRAZIONE E IMMIGRAZIONE

3 *Inserisci nello spazio giusto le parti di testo mancanti.*

> ad andare all'estero - a sua volta - con un contratto di tre mesi - dai telegiornali - dall'altra parte del mondo - dei primi anni '90 - in Francia - per cercare il fratello

Emigrati e immigrati nel cinema italiano

Avevano la faccia di Nino Manfredi o Alberto Sordi gli immigrati di 30 anni fa, quando gli italiani erano costretti _____, a cercare lavoro e i grandi registi raccontavano le loro storie di emarginazione.

In "Pane e cioccolata" Nino, emigrato in Svizzera _____ come cameriere, viene prima licenziato, poi perde il permesso di soggiorno e infine rischia di essere espulso. Negli stessi anni Alberto Sordi trova Claudia Cardinale come moglie _____ in "Bello, onesto, emigrato Australia sposerebbe compaesana illibata" e Raf Vallone in "Il cammino della speranza" interpreta la parte di un minatore siciliano disoccupato costretto a emigrare _____, clandestinamente e pagando un trafficante.

Quando poi l'Italia diviene _____ un paese meta di immigrazione, il cinema timidamente prova a raccontarne il nuovo volto. Esempi sporadici, storie spesso di marginalità, a volte di denuncia. Nel 1990 Michele Placido in "Pummarò" ripercorre le vicende di un laureato del Ghana che arriva in Italia _____ e attraversando le campagne del Casertano, Roma e Verona, si rende conto delle condizioni in cui vivono molti immigrati. L'incontro con lo straniero passa attraverso la storia d'amore in "Un'altra vita" e "Vesna va veloce" di Carlo Mazzacurati e "Un'anima divisa in due" di Silvio Soldini. Ma il momento migliore della cinematografia italiana sull'immigrazione lo si deve probabilmente a Gianni Amelio che, nel 1994, con "Lamerica" mostra l'origine e l'arrivo dei grandi flussi migratori _____: vicende umane, singole e collettive, che _____ passano al grande schermo per far vedere quello che gli italiani non conoscono.

da www.didaweb.net

4 *Coniuga i verbi tra parentesi al **passato prossimo**, al **condizionale semplice** o al **condizionale composto**.*

Gli imbattibili calciatori dell'A.S. Romania

TORINO - «Siamo la prima squadra piemontese che vince il titolo della nazionale della Lega calcio UISP[1] per il campionato a 11 uomini. In questo campionato *(noi - vincere)* _____ 22 partite su 23!».

Florinel Lacatus, ex portiere della serie B romena, solo pochi anni fa non *(potere)* _____ immaginare che una squadra di soli romeni un giorno *(giocare)* _____ in Italia. Oggi Lacatus è l'orgoglioso presidente del club A.S. Romania, appena diventato campione d'Italia UISP e nel quale militano anche ex calciatori del campionato romeno: «Oggi - precisa - tutti quanti noi lavoriamo nei cantieri o negli autolavaggi, come muratori, piastrellisti o semplici operai e non siamo sempre liberi quando si giocano le partite. L'unico pareggio di quest'anno *(capitare)* _____ proprio in un giorno in cui non erano presenti tutti i ragazzi».

Non è facile tenere unita una squadra di persone che si spostano insieme ai cantieri dove lavorano. «Noi *(volere)* _____ iscriverci a un campionato più difficile, magari passare dagli amatori alla terza categoria FGCI[2], ma tutti i giocatori devono avere almeno un anno di residenza. Ci *(piacere)* _____ anche moltissimo avere un campo nostro, dove allenarci almeno due volte a settimana».

A dimostrare la forza dell'A.S. Romania sono le cifre: 4 campionati vinti su 5, imbattuti da due stagioni, 193 gol segnati in 46 partite. Chi lo *(dire)* _____?

da http://metropoli.repubblica.it

[1] **UISP**: Unione Italiana Sport per Tutti. [2] **FGCI**: Federazione Italiana Gioco Calcio.

5
Ricostruisci il brano tratto dal discorso di Bartolomeo Vanzetti, numerando le righe.

_**1**_ « Io non augurerei
_____ io ho sofferto perché ero un Italiano,
_____ ciò che io ho dovuto soffrire per cose di cui io non sono colpevole.
_____ per cose di cui io sono colpevole.
_____ Ma la mia convinzione è che ho sofferto
_____ a un cane o a un serpente, alla più bassa e disgraziata creatura della Terra
_____ Io sto soffrendo perché io sono un radicale,
_____ e davvero io sono un radicale;
_**9**_ e davvero io sono un Italiano».

6
Trascrivi le battute della conversazione tra Mc Talibe e le persone sull'autobus, come nell'esempio. Trasforma anche le parti in cui non c'è un discorso diretto.

Ricordati Mc Talibe? Bene, la scorsa settimana a Mc ne è capitata un'altra, dello stesso genere della precedente. Protagonista, tra l'altro, sempre una signora, una donna sui cinquant'anni, vestita con sobria eleganza, il viso seminascosto da un paio d'occhiali da sole di marca. Era seduta sul bus che fa la spola tra l'aeroporto di Malpensa e la stazione centrale di Milano. Il bus era pieno, ma accanto alla signora c'era un sedile vuoto.

"È libero?", ha domandato Mc che era appena sceso dall'aereo proveniente da Cagliari.
"No", ha risposto la donna senza neanche guardarlo in faccia, depositandovi sopra la sua borsa, per ribadire quanto aveva appena detto.
"Allora - racconta Mc Talibe - sono rimasto in piedi, accanto a quel sedile. Non era passato nemmeno un minuto quando un'altra donna è salita sul bus e ha rivolto a quella signora la stessa domanda che le avevo appena fatto io. Ha risposto che il posto era libero, ha spostato la borsa e ha fatto accomodare la donna".
Ora bisogna sapere che Mc Talibe è un ragazzo dai modi gentili, un ragazzo molto educato. Ma è anche uno che le cose non le manda a dire. È un tipo diretto. E subito ha chiesto alla signora perché mai gli aveva detto che la sedia era occupata quando invece non lo era. Non è arrivata una risposta, ma solo un mugugno incomprensibile. Mc ha insistito. E altre persone, che avevano assistito alla scena, l'hanno fatto con lui.
"Dicevano a quella signora che aveva sbagliato, che così non ci si comporta".
Poi, a quanto pare, la signora ha detto quella frase. Sì, roba da non credere. Una di quelle cose che sono tanto perfette da rischiare di apparire inventate da uno sceneggiatore pigro. Ebbene, ha detto proprio: "Lei non sa chi sono io". "Neanche lei lo sa", ha replicato Mc. E, visto che l'aveva con sé, ha aperto un giornale che parlava di lui, dove c'era anche una sua fotografia. La signora non ne è rimasta molto colpita, tanto che ha detto: "Non me ne importa un c.". Ma altri passeggeri sì, in particolare alcuni ragazzi neri. Erano molto arrabbiati. Mc li ha invitati a stare calmi. È andato dall'autista, che in parte aveva seguito la scena. Ha chiamato la polizia, ha raccontato quel che era accaduto. E poi lo stesso autista ha fatto altrettanto.

Mc Talibe - È libero?
Donna - No.

ESERCIZI 4

storia
TANGENTOPOLI

1 *Completa il testo con le parole della lista. Attenzione: le parole sono alla forma base.*

accusa · arresto · appalto · borghese · concussione · funzionario · istituzione · magistratura · mazzetta · ordine · patrimonio · socialista

Milano, arrestato il presidente dei Martinitt

Accusato di concussione finisce in carcere Mario Chiesa, socialista.

MILANO - Il mondo politico milanese è stato scosso da un clamoroso _____. Ieri sera i Carabinieri, su _____ della _____, hanno arrestato l'ingegner Mario Chiesa, 47 anni, _____, presidente del Pio Albergo Trivulzio cui fanno capo la Baggina e il Martinitt, due _____ storiche che si prendono cura degli anziani e dei bambini senza genitori.

L' _____ è gravissima: _____, cioè aver preteso _____ approfittando del proprio ruolo di _____ pubblico.

Mario Chiesa è stato bloccato attorno alle 18.30 nel suo ufficio da tre carabinieri in _____.

Si può presumere che l'arresto sia legato alle vendite, agli affitti e agli _____ di ristrutturazione sull'ingentissimo _____ immobiliare dell'ente.

da Corriere della sera - Martedì 18 febbraio 1992

2 *Coniuga i verbi della lista al **passato prossimo** o all'**imperfetto**. Attenzione: i verbi non sono in ordine.*

cambiare · chiudere · diventare · essere · liberare · rendere · rendersi conto · sentirsi

Intervista a Sergio Cusani

(...)[1]

Sergio Cusani, tra ieri, quando lei è stato arrestato, e oggi, è cambiato qualcosa?

In verità l'unica cosa che _____, e non è poco, è che oggi nessuno può più dire di non avere la consapevolezza che pagare una tangente o fare fondi neri sia un reato. Oggi la consapevolezza dell'illegalità c'è: ma questo, in sostanza, _____ semplicemente i colpevoli più abili mentre l'illecito _____ più costoso.

Lei _____ mai tradito dal "sistema"?

In realtà no. Io _____ con il sistema di riferimento nel momento in cui sono stato arrestato, anche se dentro di me la crisi, il percorso di rottura con il passato era iniziato già da parecchio tempo. Prima di essere arrestato non _____ pienamente del fatto che i miei comportamenti nel mondo della finanza e dell'impresa _____ l'antitesi dei miei ideali di gioventù. Mi ricordo che dissi al giudice Ghitti, che aveva firmato il mio arresto: "Lei mi _____". Non vi dico la faccia che fece!

[1] L'articolo è la continuazione dell'esercizio n° 7 dell'Unità 4.

3 *Coniuga i verbi al **passato prossimo** o all'**imperfetto**. Poi inserisci all'interno di tre verbi al **passato prossimo** gli avverbi qui sotto.*

poi   però subito   solo

Io, guastafeste

Signor Magni, racconti quel 17 febbraio.
Quel giorno *(andare)* _____, attorno alle 13, alla caserma dei carabinieri di Via Moscova, dal capitano Roberto Zuliani, che mi *(accompagnare)* _____ a Palazzo di giustizia, dal giudice Antonio Di Pietro.

Come l'ha trattata Di Pietro?
(Essere) _____ un po' teso, perché non mi aspettavo di incontrare un magistrato.
(Io - Tranquillizzarsi) _____, perché Di Pietro *(essere)* _____ molto gentile: prima *(mandare)* _____ fuori dalla sua stanza tutti quelli che vi *(stare)* _____ lavorando, poi mi *(mettere)* _____ a mio agio, mi *(chiedere)* _____ di raccontargli i fatti. Senza alcun atteggiamento inquisitorio nei miei confronti. Infine *(noi - tornare)* _____ in caserma. I Carabinieri *(preparare)* _____ l'operazione.
(Noi - Predisporre) _____ una mazzetta di 7 milioni: una banconota ogni dieci *(essere)* _____ firmata su un lato da Di Pietro e sull'altro dal capitano Zuliani.

Di chi erano i soldi?
(Essere) _____ miei. Veramente avrei dovuto portarne 14 a Chiesa, ma *(chiedere)* _____ a Zuliani di ridurre, visto come *(dovere)* _____ andare a finire. Dalla caserma *(partire)* _____ quattro automobili. Io *(essere)* _____ sulla mia, con a fianco un carabiniere in borghese. *(Noi - Dirigersi)* _____ verso il Pio Albergo Trivulzio.
L'appuntamento *(essere)* _____ per le 17.30. Io *(salire)* _____ nell'ufficio del presidente, Mario Chiesa, in Via Marostica 8. Dopo mezz'ora di anticamera, mi *(ricevere)* _____. *(Essere)* _____ una consuetudine dell'ingegner Chiesa far aspettare almeno mezz'ora prima di ricevere. Quando *(entrare)* _____, *(avere)* _____ nel taschino della giacca una penna che in realtà *(essere)* _____ una microspia trasmittente. In mano *(io - avere)* _____ una valigetta che *(contenere)* _____ una telecamera. Di Pietro e Zuliani, dunque, *(potere)* _____ seguire in diretta il mio incontro. A dire la verità *(avere)* _____ una paura pazzesca, insomma *(essere)* _____ agitatissimo. L'ingegner Chiesa *(essere)* _____ al telefono e io *(stare)* _____ dieci minuti in piedi ad aspettare che finisse di parlare. Poi gli *(dare)* _____ la busta che *(contenere)* _____ i 7 milioni. Gli *(dire)* _____ che gli altri 7 per il momento non li *(avere)* _____.

E Chiesa come ha reagito?
Nessun commento. Mi *(chiedere)* _____ "Quando mi porta il resto?" Gli *(rispondere)* _____ "La settimana prossima".

4 *Ricostruisci la frase pronunciata da Antonio Di Pietro.*

La _____.

compromesso   arte   del   politica   l'   è

▶ Antonio Di Pietro

4 esercizi — TANGENTOPOLI

5 *Completa il testo. Ogni spazio corrisponde ad una parola del cruciverba.*

Prefazione a "Onorevoli Wanted"

Che dei (**11-Orizzontale**) _____ mi rappresentino in Parlamento e che siano pure pagati con le mie (**15-Verticale**) _____, non l'ho mai mandato giù. Estorsori, (**7-O**) _____, evasori, mentitori, calunniatori.

Il Parlamento è il nuovo Inferno di Dante con i suoi gironi, o meglio è il Paradiso dei (**14-O**) _____, dei prescritti, dei giudicati in primo e secondo grado in attesa di (**13-V**) _____ definitiva, degli (**9-O**) _____. Gente che fa le (**17-O**) _____ dopo averle violate, o mentre le viola, o prima di violarle. È la via giudiziaria alla (**18-O**) _____.

Il Parlamento ridotto a comunità di recupero. Ho provato a mandarli a casa con l'aiuto della Rete. Con l'iniziativa «Onorevoli Wanted». Ho pubblicato nome-cognome- (**3-V**) _____ dei (**2-V**) _____ sul mio *blog* www.beppegrillo.it.

Ho raccolto 60.000 euro grazie alle offerte dei lettori del blog per comprare una pagina su un quotidiano e (**1-V**) _____ questa situazione unica al mondo.

Ho ricevuto il rifiuto degli editori italiani e di molte testate internazionali.

Dopo mesi di tentativi, ho finalmente pubblicato la lista sull'*Herald Tribune*. Ne hanno parlato la Bbc e giornali australiani e indiani. La *Gandhi Peace Foundation*, una tra le più importanti (**8-V**) _____ nel mondo per la difesa dei (**4-V**) _____ civili, mi ha citato e mi ha inviato una lettera: «Nel nostro Parlamento in India abbiamo scoperto 16 pregiudicati di cui alleghiamo le fotografie, ma li abbiamo subito cacciati via a calci nel sedere». Che, per dei non-violenti (**12-V**) _____, non è male. Dall'Uzbekistan mi hanno fatto sapere che il loro Parlamento arriva al massimo a 18 (**10-O**) _____: 25 parevano troppi anche a loro. Tutti i (**6-O**) _____ italiani hanno dovuto scrivere dell'iniziativa. Ma i parlamentari condannati sono ancora là, a ingrassarsi con i nostri soldi, a farsi chiamare onorevoli dal popolo più (**5-O**) _____ del mondo. Anche loro, però, hanno una funzione sociale e un lato positivo. Quello di provocare (**5-V**) _____ e di far vendere libri a chi gli scandali li smaschera e li racconta, come gli ottimi Gomez e Travaglio con questo loro «Onorevoli Wanted».

da Beppe Grillo, *Prefazione* in Peter Gomez & Marco Travaglio, "Onorevoli Wanted", Editori Riuniti, 2006

Orizzontali →

- **5** È così chi segue in modo incondizionato il volere, i desideri, le richieste di chi è dotato di autorità e potere, per paura, interesse o mancanza di dignità.
- **6** Pubblicazioni quotidiane.
- **7** Rubano attraverso raggiri o imbrogli.
- **9** Persone sottoposte a investigazione.
- **10** Hanno avuto una sentenza negativa in un processo.
- **11** Hanno già avuto condanne penali.
- **14** Persone che commettono azioni illecite o criminose.
- **16** È composto dalla Camera e dal Senato.
- **17** Le norme che regolano il comportamento etico e sociale dei cittadini.
- **18** Ha come oggetto l'organizzazione e il governo dello Stato.

Verticali ↓

- **1** Accusare qualcuno di un reato.
- **2** Possono essere deputati o senatori.
- **3** Azione fatta contro la legge.
- **4** Ogni cittadino ha _____ e doveri.
- **5** Azione che offende la sensibilità o il pudore.
- **8** Strutture progettate per conseguire un fine.
- **12** Seguaci di Gandhi.
- **13** La decisione presa dal giudice dopo un processo.
- **15** Si devono pagare allo Stato.

ESERCIZI 5
società
CASA

1 *Completa il testo scegliendo la giusta posizione dell'**aggettivo** (in alcuni casi devi scegliere anche l'articolo o la preposizione). Inserisci anche la tipologia giusta di casa, come nell'esempio.*

casa Pub   casa Beauty Farm   casa Bio-postprimitiva
casa Casanova   casa Italianpopolare   casa Cybertech
   casa Transformer   casa Vetrina

Stili e tendenze

Le case dell'emozione secondo gli italiani.

Qual è l'ideale di casa che sognano gli italiani? Per rispondere a questa domanda e per individuare gli **abitativi** stili **abitativi** maggiormente rappresentativi, Saiedue Living ha commissionato all'Istituto di ricerca Lexis di Milano uno studio condotto su duecento architetti e su un **rappresentativo** campione **rappresentativo** di consumatori, d'età compresa fra i 20 e i 70 anni.
Sulla base ***degli/dei* psicologici** significati **psicologici** che la casa assume per i suoi inquilini, Lexis ha dunque individuato 8 tipologie.
La *casa Pub* è abitata da individui giovani, rumorosi e dinamici e rappresenta un luogo in cui tutto è in evoluzione e dove l'assenza di vincoli e costrizioni si esprime anche attraverso l'assenza di ordine. È arredata con **essenziali** mobili **essenziali**, dalle **morbide** forme **morbide**, è colorata e piena di oggetti ***di/d'*quotidiano** uso **quotidiano**.
La _____ assomiglia ad un "museo delle cere", piena di ricordi, di **rari o pregiati** "pezzi" **rari o pregiati** che vengono collezionati e messi in mostra, espressione di ricchezza e di **grande** competenza **grande**. Un ambiente pieno di regole, che esprimono la necessità di tenere le emozioni sotto controllo.
L'arredamento prediletto è in **classico** stile **classico**, con tanto legno, stucchi e marmo.
La _____ si caratterizza per lo scorrere incondizionato degli affetti e delle sensazioni. È il luogo della crescita, è rifugio, nido, focolare, il cui arredamento ricorda la **materna** figura **materna**. Il leitmotiv è nutrire e la cucina è il centro della casa. I suoi abitanti tipo sono una coppia con tanti bambini e **domestici** animali **domestici**.
La _____, quella preferita dalla maggioranza degli intervistati (21,8 per cento), è immersa nella natura e sa equilibrare al meglio l'esterno con l'interno, quindi utilizza le fonti di **naturale** energia **naturale** per vivere in **piena** comodità **piena**. È autonoma e non inquinante, recupera ***gli/i* ancestrali** valori **ancestrali** ed è, come i suoi abitanti (generalmente senza figli), propensa all'introspezione e alla riflessione.
La _____ rappresenta un **iper-tecnologico** luogo **iper-tecnologico** pensato per facilitare la vita, ma anche il regno dell'"onnipotenza", in cui i suoi abitanti, single o coppie *Tecnology Victims*, lasciano **libero** sfogo **libero** al loro **ludico ed infantile** lato **ludico ed infantile**: ogni capriccio viene soddisfatto con le **moderne** soluzioni **moderne** offerte dalla tecnologia.
La _____ è il luogo ***dello/del* psico-fisico** benessere **psico-fisico**: si richiama alla **zen** filosofia **zen**, ma sfrutta i benefici offerti dalla tecnologia (vasca idromassaggio, area fitness). Deve calzare come una scarpa, comoda e vissuta, e si addice ad ***un'/una* ampia** gamma **ampia** di personalità: chi vi abita non è necessariamente giovane né single.
Appositamente creata per abbandonarsi ad ogni possibile **sensoriale** emozione **sensoriale**, è la _____, in

cui tutto (forme, tonalità, oggetti) parla di sensualità. Tra le sue pareti la trasgressione è un must, che non rinuncia però a un tocco di **raffinata** eleganza **raffinata**. La abitano single o coppie over 30, benestanti ed "aperti" ad ogni esperienza.
L'ultima tipologia individuata dall'indagine di Lexis riguarda la _____, progettata in **dinamica** maniera **dinamica** e composta quindi da **cubici** moduli **cubici** (uno ogni stanza) che possono essere spostati per ristrutturare a piacere la disposizione dei locali, o addirittura trasportati altrove (grazie a grandi tir) per soddisfare il **continuo** bisogno **continuo** di cambiamento dei suoi abitanti, persone giovani, flessibili, con **piccoli** bambini **piccoli**.

da www.arredamento.it

5 esercizi CASA

2 *Inserisci gli **aggettivi** nel testo dove ti sembra più opportuno. Gli aggettivi sono in ordine. Attenzione: in alcuni casi, quando l'aggettivo va prima del nome, devi cambiare anche gli articoli o le preposizioni.*

> 1. rossa - 2. giovanissimo - 3. statunitensi - 4. speciale - 5. italiano -
> 6. cinematografico - 7. privilegiata - 8. grande - 9. italiani - 10. culturali

L'abbiamo tutti negli occhi: la spider Alfa Romeo Duetto, guidata da un Dustin Hoffman nel film "Il laureato (The degree)", sfreccia veloce lungo le *freeway* e i ponti sospesi sopra i fiumi delle città. Uno degli strumenti che ha fornito un contributo all'affermazione del design, in particolare nel dopoguerra, è stato di certo l'immaginario. Il *made in Italy* insomma ha trovato probabilmente nel cinema una strada per diffondersi nel mondo. Perché di frequente dentro la finzione dello schermo i prodotti, in particolare i più riconoscibili e caratterizzati come quelli di design, hanno giocato un ruolo da protagonisti. Un ruolo riconosciuto e confermato dalla presenza all'interno di manifestazioni e mostre, oppure dall'ingresso nei musei.

> 11. importante - 12. italiano - 13. storici - 14. cinematografici -
> 15. particolare - 16. futuribili - 17. italiani

Una consacrazione per il design fu la mostra "Italy: New Domestic Landscape" del 1972, al MoMA di New York. Le icone del nostro design divenivano universalmente conosciute: fra gli altri, le macchine per lavorare Olivetti, in particolare la *Valentine* di Ettore Sottsass, oppure le calcolatrici gialle di Mario Bellini; le lampade e i mobili italiani, dai pezzi a quelli più innovativi della fine degli anni '60. Non è dunque strano che, ad esempio, alcuni di questi apparecchi siano entrati d'autorità sui set. Un caso è rappresentato dai film di James Bond. Di frequente la necessità di mostrare le attrezzature e gli arredi delle abitazioni o degli uffici del cattivone di turno, ha spinto a scegliere arredi, considerati sinonimo di ricerca e avanguardia.

> 18. eleganti - 19. nera - 20. malvagio - 21. grandi - 22. inconfondibile -
> 23. minuscoli - 24. statunitense - 25. vera e propria

Come accade con la poltrona *Elda* di Joe Colombo, che accosta il grande guscio in plastica bianca a cuscini in pelle, oppure con la lampada *Spider* dello stesso designer. In "Thunderbolt" le lampade sono le *Arco*, disegnate nel 1962 dai fratelli Achille e Piergiacomo Castiglioni, prodotte da Flos. Dentro l'*open space* abitato dall'antagonista di Bond, le lampade da terra, segnate dalla curva metallica, sembrano comunque giocattoli. Ma certo non passano inosservate. E per Achille Castiglioni il pubblico ha una passione, basti pensare alla mostra che il MoMA gli ha dedicato un paio d'anni fa, lapidariamente intitolata "Design!"

da http://web.eu-design.net

3 *Trasforma le parole evidenziate alla forma diminutiva o accrescitiva. Attenzione: in alcuni casi devi cambiare anche il genere e di conseguenza anche gli articoli e le preposizioni.*

La Festa dei Vicini di Casa

Tra vicini di casa troppo spesso i rapporti si limitano ad un semplice "buongiorno" e "buonasera" detto in fretta e furia per le scale o davanti alla **porta** ➝ _____ del palazzo. E troppo spesso al condominio si associa l'idea di estenuanti riunioni, liti, discussioni. Ma un condominio, un gruppo di **ville** ➝ _____, una palazzina, un insieme di edifici che si affacciano su un grande cortile, sono e possono significare anche e soprattutto un insieme di persone che convivono e condividono gli stessi spazi comuni, traendo dalla vicinanza "geografica" una fonte di aiuto, armonia, solidarietà e comprensione.

Sono tante le amicizie - talvolta persino gli amori - che nascono tra vicini: è bello perciò di tanto in tanto ritrovarsi insieme a cena nella **sala** ➝ _____ di casa o sulla terrazza da qualcuno; sapere di poter lasciare i figli una **mezz'ora** ➝ _____ a quella signora anziana e tanto sola, fare in cambio anche per lei un po' di spesa; affidare il gatto, le piante, le chiavi della posta a qualcuno che resta mentre qualcun altro va via per le vacanze estive. E allora, la Festa dei Vicini il prossimo Sabato 7 maggio vuole aiutare e promuovere proprio "la vicinanza" intesa come primo momento di socializzazione, che incoraggi rapporti quotidiani fatti di gesti di solidarietà piccola e grande, di scoperta di nuove amicizie.

Istruzioni per l'uso

Partecipare alla Festa dei Vicini di Casa è semplice, basta volerlo. Perciò supera la timidezza, suona la **campana** ➝ _____ dei tuoi vicini e informali che c'è un'occasione per stare insieme. Cerca il modo giusto per coinvolgerli. Il senso di questa festa è passare un po' di tempo insieme e conoscersi meglio. Qualunque idea pensata a questo scopo può essere buona: un aperitivo, una **cena** ➝ _____ sul terrazzo o un party con musica e giochi per grandi e bambini, tutto può essere utile per rompere l'isolamento e l'indifferenza che spesso ci dividono anche dalle persone più "prossime".

Il modo migliore per organizzare una festa bella e divertente è di coinvolgere più gente possibile.

I nostri consigli

Ecco alcuni suggerimenti per realizzare la tua Festa dei Vicini di Casa.

1. Parlane ai tuoi vicini

Il modo migliore per organizzare una festa bella e divertente è di coinvolgere più gente possibile. Più persone sarete nella preparazione della festa, più l'iniziativa funzionerà. Fare tutti i preparativi insieme è già parte della festa! Sarebbe gentile avvertire anche chi certamente sarà obbligato a restare a casa, cercando di recargli il minor disturbo possibile (e magari portandogli qualche **pizza** ➝ _____ o una fetta di torta…)

2. Informa (soprattutto) i vicini che non conosci

Scarica la locandina dal nostro sito e appendila all'ingresso del tuo palazzo. Puoi preparare anche un **cartello** ➝ _____ con i nomi di tutti gli invitati e il menu. Cerca di coinvolgere più vicini possibile.

3. Trova il posto adatto

Puoi organizzare la Festa a casa tua, ma se riesci a coinvolgere molti vicini sarà bello festeggiare negli spazi comuni del vostro palazzo: il cortile, l'androne, la terrazza, il portico, il giardino. Se non ci sono spazi disponibili nell'edificio, potresti organizzare la festa all'esterno: in una via, in una piazza, nei **giardini** ➝ _____ pubblici o in un parco del quartiere.

4. Prepara la tavola

Pensa al materiale per allestire un buffet: puoi preparare una tavolata con cavalletti e ripiani di legno oppure prendere più **tavoli** ➝ _____. Ma sono importanti anche le sedie, soprattutto per le persone anziane.

5. Bere e mangiare

È importante che ciascuno contribuisca al buffet: ognuno porti qualcosa! Se devi cucinare per tante persone, organizzati con delle **pentole** ➝ _____ e dei piatti e bicchieri di carta. Prevedi bevande con e senza alcool.

6. Viva i bambini!

I bambini sono sempre i veri protagonisti delle feste. Non dimenticarti di loro nell'organizzazione: cibo adatto, bevande analcoliche, dolci, caramelle, **palloni** ➝ _____, **regali** ➝ _____, ecc.

7. Coinvolgi e fatti coinvolgere

Se hai un talento artistico, condividilo con gli altri: se per esempio sai suonare, porta la chitarra, e anche qualche strumento per far divertire i bambini (**tamburi** ➝ _____, **trombe** ➝ _____, ecc.).

Pensa a chi sabato 7 maggio festeggia il proprio compleanno, il proprio onomastico, l'anniversario di fidanzamento e di matrimonio e bevete un **bicchiere** ➝ _____ alla loro salute.

da www.festadeivicinidicasa.it

5 esercizi CASA

4 *Scrivi accanto alle definizioni le parole delle 5 liste che corrispondono ai significati. Alla fine rimarranno alcune* **parole alterate**. *Trova, per ogni parola alterata rimasta, la parola base da cui deriva, tra quelle della stessa lista.*

mattino	cavallo	canna	tacchetto	mela
matto	cavalletto	cannella	tacchino	meletta
mattoncino	cavallino	cannone	tacco	meloncino
mattone	cavallone	cannuccia		melone
	cavalluccio			

frutto tondeggiante con polpa dolce e biancastra e buccia sottile di colore rosso, verde o giallo: _____

grossa onda marina: _____

grosso uccello da cortile di origine americana dal piumaggio nerastro, allevato in tutto il mondo per le carni e le uova: _____

spezia usata in cucina, di colore giallo scuro, costituita dalle scorze della corteccia di alcune piante arrotolate in bastoncini: _____

pianta a forma di tubo lungo e sottile, vuoto all'interno, che cresce lungo i fiumi e nei luoghi palustri: _____

grande quadrupede domestico, con lunghe zampe e folta coda, largamente diffuso, allevato per es. come cavalcatura o animale da tiro: _____

frutto di forma ovoidale, con buccia dura e spessa, liscia o reticolata e polpa di colore giallo, bianco o arancione dal sapore dolce: _____

parte iniziale del giorno: _____

arma a forma di tubo molto lungo, che permette di sparare a grandi distanze: _____

rialzo di altezza variabile che si applica sotto le scarpe: _____

pazzo, folle: _____

piccolo tubo usato per bere bibite: _____

elemento formato da quattro gambe unite a due a due a forma di V rovesciata usato per sostenere macchine fotografiche, telecamere, tavole, quadri, ecc.: _____

prodotto di argilla di forma regolare usato per costruire muri, edifici: _____

(*marino*) nome comune di una specie di pesce detta anche Ippocampo, di piccole dimensioni, con il muso simile alla testa di un cavallo: _____

5 *Completa la trama del film "Totò cerca casa" con le parole della lista.*

| ad | come | contemporaneamente | dentro | detto | di | di | disoccupato | dopo |
| durante | famoso | momentaneamente | ne | nello | seguito | simpatico | uno |

Beniamino Lomacchio, ex impiegato statale _____ e senza un soldo, _____ aver perso la casa a seguito di un bombardamento avvenuto _____ la Seconda guerra mondiale, decide di trasferirsi _____ in un'aula scolastica.
Ma qui _____ combina di tutti i colori ed un professore decide _____ cacciarlo.
Il _____ Lomacchio comincia così una spasmodica ricerca della casa che lo porterà _____ abitare in un cimitero (che abbandona terrorizzato insieme al custode), _____ studio di un pittore e direttamente _____ il Colosseo.
Dopo varie peripezie Beniamino ed il custode del cimitero riescono a prendere possesso _____ un lussuoso appartamento, ma in _____ scopriranno che un immobiliarista imbroglione lo ha affitta-to _____ a vari inquilini.
Diretto nel 1949 da due maestri del cinema italiano _____ Steno e Monicelli e sorretto da una sceneggiatura scritta dai più brillanti autori italiani del grande schermo, il film è _____ dei capolavori del più _____ comico italiano del dopoguerra: Antonio de Curtis, _____ Totò.

ESERCIZI 6
arti — ARTE CONTEMPORANEA

1a *In questo testo mancano 5 **ma**. Inseriscili negli spazi giusti.*

Lo potevo fare anch'io
perché l'arte contemporanea è davvero arte

Tutti, almeno una volta nella vita, davanti a un'opera d'arte contemporanea abbiamo pensato: "Cosa? Questa non è arte! Lo potevo fare anch'io!". Eppure i critici, dall'alto della loro scienza, ci assicurano che si tratta davvero di capolavori, ___ mentre celebri collezionisti spendono cifre da capogiro per quadri che sembrano più che altro tele imbrattate e sculture che appaiono come banali ammassi di rottami, quando non inutili e sciocche provocazioni. Che siano tutti impazziti? Come è possibile che una tela strappata o lasciata completamente bianca possa chiamarsi "arte"? Chi ha deciso che una statua di papa Giovanni Paolo II colpita da un meteorite ___ è un'opera del valore di alcuni milioni di euro e non semplicemente una dimostrazione di cattivo gusto?

Francesco Bonami, uno dei più autorevoli critici e curatori di arte contemporanea al mondo, nel suo ultimo libro *"Lo potevo fare anch'io - perché l'arte contemporanea è davvero arte"* ci sfida ad "assaggiare" le opere senza pregiudizi, ___ esattamente come deve fare chi vuole imparare a distinguere la buona dalla cattiva cucina. E ci aiuta a capire cosa distingue un grande da un pessimo artista, con un linguaggio inusuale per un esperto: ___ semplice, diretto e molto, molto ironico. Come dire: sì, l'arte è importante, ___ non esageriamo.

Infatti, nella prima pagina spiega: "L'arte è come il cibo; però nessuno, quando va al ristorante, dice 'non me ne intendo' come invece spesso si fa di fronte a un'opera. L'arte è il cibo dell'anima e della mente: dopotutto, si mangia per sopravvivere, ___ anche per piacere. Perciò gustare l'arte è come mangiare la pasta, senza pensarci tanto, criticando quella scotta e apprezzando quella al dente. L'arte contemporanea è l'arte più fresca, quella freschissima. Per gustarla bisogna essere pronti a dei sapori nuovi, ___ come quando si viaggia all'estero e si sperimentano piatti sconosciuti".

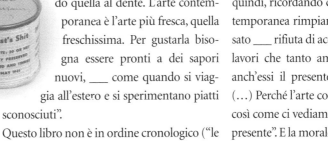

Questo libro non è in ordine cronologico ("le emozioni che l'arte è in grado di offrire non seguono un ordine prestabilito") e procede per capitoli dedicati a differenti artisti.

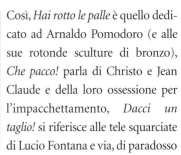

Così, *Hai rotto le palle* è quello dedicato ad Arnaldo Pomodoro (e alle sue rotonde sculture di bronzo), *Che pacco!* parla di Christo e Jean Claude e della loro ossessione per l'impacchettamento, *Dacci un taglio!* si riferisce alle tele squarciate di Lucio Fontana e via, di paradosso in paradosso, ___ sempre con la giusta dose di competenza e ironia che fanno di questo libro un vero strumento di conoscenza.

Insomma, fine delle certezze e dei criteri oggettivi, non è bello ciò che è bello ___ è bello ciò che piace ovvero: è arte tutto ciò che sa emozionare, colpire, attrarre ___ anche irritare e indisporre. Largo alle emozioni, quindi, ricordando che: "Chi odia l'arte contemporanea rimpiangendo le opere del passato ___ rifiuta di accettare il fatto che i capolavori che tanto ama hanno rappresentato anch'essi il presente per la propria epoca. (…) Perché l'arte contemporanea siamo noi, così come ci vediamo oggi nello specchio del presente". E la morale è che capirete (anche di fronte alla *Merda d'artista*[1]) che no, non potevate farlo anche voi, perché l'idea è venuta prima a lui, Manzoni. Che vi piaccia o no.

1b *Dei 5 **ma** presenti nel testo, 4 hanno una funzione limitativa (cioè negano parzialmente l'affermazione precedente) e 1 ha una funzione sostitutiva (cioè nega completamente l'affermazione precedente). Verifica se anche i **ma** che hai inserito hanno questa funzione e scrivili nella tabella.*

ma con funzione limitativa (parzialmente negativa)	ma con funzione sostitutiva (completamente negativa)

[1] **Merda d'artista:** famosa e provocatoria opera dell'artista Giacomo Manzoni (1933-1963), che nel 1961 espose i propri escrementi.

6 esercizi — ARTE CONTEMPORANEA

2 *Leggi l'intervista radiofonica a Maurizio Cattelan e scegli il **segnale discorsivo** che ti sembra più adatto.*

Intervista a Maurizio Cattelan

Giornalista - Quello che vi proponiamo oggi è un incontro con Maurizio Cattelan, il più irriverente e irrequieto artista italiano contemporaneo, ormai famoso in tutto il mondo per le sue opere originali e provocatorie.
La notizia di ieri è che la facoltà di sociologia dell'Università di Trento ha deciso di conferirgli la laurea *honoris causa* per i suoi meriti artistici. Maurizio Cattelan in questo momento è in Spagna, noi siamo riusciti a raggiungerlo al telefono.
Cioè / Allora / Voglio dire, complimenti Cattelan per questo importante riconoscimento. Come ha preso questa notizia?

Maurizio Cattelan - **Appunto / Cioè / Beh** ... a dire il vero l'ho presa con un po' d'imbarazzo e un po' di vergogna, l'ho presa pensando che magari facevo felici amici e familiari perché finalmente avevo il pezzo di carta, un diploma vero, e poi... non lo so... adesso sto scherzando ma allo stesso tempo ne sono assolutamente fiero e credo che siano stati gentilissimi e... **come dire / allora / dunque** ... anche abbastanza folli a darmi la laurea.

Giornalista - Nella Sua *lectio magistralis* per questa laurea *ad honorem*, Lei ha detto che nell'arte, e anche nella realtà, il mondo a volte ci appare come se fosse temporaneamente nelle mani di un dio sbagliato. Cosa voleva dire?

Maurizio Cattelan - **Quindi / Mah / Capisce**, semplicemente che le cose non sono messe molto bene al momento... Anzi, a pensarci bene, forse le cose non lo sono mai, **insomma / no / ecco**? E poi, più in particolare, volevo dire che è questo il compito dell'arte, **ah / cioè / e dunque** di riflettere la realtà anche quando ci appare così distorta o così problematica.

Giornalista - **Ecco / Diciamo / Ah** Lei, Maurizio Cattelan, ha anche detto che dalle immagini ha imparato ad accettare tutto, a non sottovalutare nessuno. In che senso?

Maurizio Cattelan - **Bene / Diciamo / Beh** ... questa laurea è anche lì a dimostrare che appunto non si deve sottovalutare nessuno e che chiunque può diventare Dottore. **Voglio dire / Proprio / Ecco** scusi ... se ce l'ho fatta io, ce la può fare veramente chiunque.

Giornalista - Una delle motivazioni interessanti di questa laurea *ad honorem* è la Sua capacità di visione critica e di svelamento della realtà e degli inganni della società. È d'accordo con questa motivazione? Le piace?

Maurizio Cattelan - Sì, mi piace molto, anche perché molte volte mi accusano di essere bugiardo o ingannatore **comunque / quindi / cioè** ... non posso che accoglierla con entusiasmo. Allo stesso tempo non so se sono un critico o una persona che svela la realtà. Io cerco semplicemente di replicarla e di metterla sotto la lente di un microscopio. Poi ovviamente quando la isoli e quando la guardi attraverso la lente ti appare completamente diversa, ma non credo che sia merito mio. È tutto già là fuori **insomma / sì / beh**.

Giornalista - **Senta / Sa / Guardi** Cattelan, adesso la facoltà di sociologia dell'Università di Trento ospita un Suo progetto. Di cosa si tratta?

Maurizio Cattelan - In sostanza... si tratta di un asino. Mi sembrava la cosa più appropriata. È un asino che se ne sta seduto, un po' disarmato, nell'ingresso dell'università... Non so... C'è un detto popolare, che dice "meglio un asino vivo che un dottore morto". E... non so, forse l'opera parla proprio di questo, **no / guardi / sì**? Anche se di solito non mi piace avere spiegazioni e sottotitoli... perché... **ah / mah / insomma**, alla fine sono sempre gli spettatori che devono capire o decidere che cosa un'opera voglia dire.

da *Radio 24*

ARTE CONTEMPORANEA — esercizi 6

3 *Completa il testo inserendo le **preposizioni** negli spazi _ _ _ e le parole della lista negli spazi _____.*

appassionati · calendario · che · chi · grandezza · grazie · insomma · invitati · lavoro · loro · mostra · particolarmente · percorso · più · promesse · provenienti · realizzata · rotonde · stesso · suoi · vincitore

A Bologna arte, shopping e aperitivi

Appuntamento in fiera, per scoprire tutte le novità del mondo dell'arte, negli stand di oltre 200 gallerie italiane e straniere.

Più _ _ _ 200 gallerie da tutto il mondo. E un ricco _____ di incontri, convegni, iniziative speciali, mostre collaterali, _____ dilagano dalla fiera agli angoli più nascosti di Bologna. Così, _ _ _ 27 al 30 gennaio, festeggia i _____ 30 anni Artefiera, il primo e _____ importante appuntamento con il mondo dell'arte in Italia, rinominato dal 2005 *Art First*. Un evento _ _ _ non perdere per critici, collezionisti, esperti, appassionati, ma anche per _____ è curioso di capire dove va l'arte contemporanea. _____ un'occasione unica per scoprire nuove tendenze e talenti, girando, _ _ _ particolare, tra gli stand delle più giovani gallerie internazionali, _ _ _ la prima volta ospitate nel padiglione de *L'Esprit Nouveau*, una curiosa costruzione _____ su progetto originale dell'architetto francese Le Corbusier, in piazza della Costituzione. Grande attenzione sarà dedicata, poi, alle realtà in pieno fermento dell'Europa dell'Est, _____ a un articolato programma d'iniziative intitolato *Eastward - emerging markets*, che comprende tavole _____, dibattiti ed esposizioni di gallerie _____ da Praga, Budapest, Varsavia, Lubiana.

_ _ _ fiera, ci si sposterà in centro per seguire un inedito _____ di installazioni allestite nei più importanti musei e in luoghi _____ suggestivi di Bologna, visitabili fino alla fine di febbraio. _ _ _ gli artisti coinvolti nell'iniziativa, riconosciuti maestri, il catalano Jaume Plensa e il milanese Alberto Garutti, ma anche giovani emergenti interessanti. Come i napoletani Perino & Vele e la bolognese Sabrina Torelli, che portano i _____ lavori nel Museo della Sanità, nel complesso monumentale di Santa Maria della Vita. O come Marina Fulgeri, una delle nuove _____ dell'arte italiana, che ha pensato _ _ _ un'installazione luminosa per il cortile di Palazzo di Re Enzo. _____ luogo con cui si è confrontato anche Chris Gilmour, scultore trentaduenne che _ _ _ Manchester si è trasferito in Italia, dove oggi è noto per la Cinquecento, la Vespa, la chitarra, il pianoforte e gli altri oggetti realizzati in cartone a _____ naturale.

I più assetati d'arte potranno visitare, poi, le opere dei venti artisti internazionali _____ dalla Galleria d'Arte Moderna a rielaborare il tema dell'automobile in installazioni, video e sculture, _ _ _ ambito della rassegna *Drive*. Tra i protagonisti c'è anche Simon Starling, l'artista britannico _____ dell'ultima edizione del prestigioso *Turner Prize*.

Gli _____ di fotografia non si perderanno invece l'inaugurazione, il 28 gennaio a Villa delle Rose, della _____ dedicata a Mimmo Jodice che si concentra _ _ _ un aspetto inesplorato del suo _____: la fotografia a colori.

da Dove, il mensile di viaggi, cultura, stili di vita

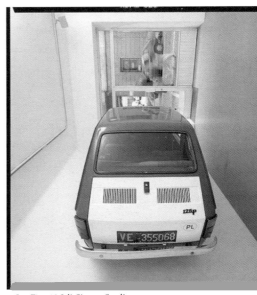

▸ La *Fiat 126* di Simon Starling su una parete della GAM

alma edizioni

6 | esercizi ARTE CONTEMPORANEA

4 *Rimetti in ordine le **frasi scisse** e completa l'intervista.*

Le interviste di GenomART
Intervista con Julia Draganovic
Nuovo Direttore del Palazzo delle Arti di Napoli (PAN)

GenomART - *Lei è il nuovo direttore del Pan, il Palazzo delle Arti di Napoli. È arrivata da poco a Napoli… le prime impressioni… pro e contro di questa sfida.*

DRAGANOVIC - La prima impressione? Napoli è una città bellissima, di gusti sofisticati e gradevole, ma è anche brutta, banale e molto faticosa. Stranamente, anche dopo quasi due mesi, per me prevalgono i momenti positivi. Dopo una giornata stressante a New York sei sfinita. A Napoli trovi sempre qualcosa o qualcuno che ti tiri su. *(che - e la leggerezza - lo spirito - consolano - dei napoletani - mi - sono)* _____ _____ _____. La gente si lascia facilmente contagiare dal mio entusiasmo, mi sembra. Si crea velocemente una buona energia. Però è molto più difficile tenerla viva. Tenere un ritmo spedito e stabile è la sfida più grande qui: tu puoi accelerare, ma sempre solo per un attimo, poi tutto riprende un ritmo sonnolento.

GenomART - *Una donna tra tanti uomini curatori e direttori …un vantaggio o uno svantaggio?*

DRAGANOVIC - Dovrò abituarmi al pensiero che essere donna o uomo cambi qualcosa nel mondo del lavoro. *(che - domanda - le persone - fanno - mi - sono - sorprendentemente tante - questa - in Italia)* _____ _____ _____.

Come argomento non mi sembra molto interessante, devo dire, distrae da altri temi più importanti. Ma per dare una risposta: essere donna fra tanti uomini avrà sicuramente sia vantaggi che svantaggi, li scoprirò e spero di non doverci mai pensare più di tanto.

GenomART - *Il PAN diventerà…*

DRAGANOVIC - Uno stimolante luogo d'incontro dell'arte contemporanea fra napoletani e mondo internazionale. Questa almeno è la nostra intenzione. Ma alla fine, *(a - ci - giudicare - i napoletani - saremo riusciti - saranno - se)* _____ _____.

GenomART - *Lei ama le sperimentazioni. Quanto spazio darà alla frontiera dell'arte ed alle nuove generazioni di artisti?*

DRAGANOVIC - Quale sarebbe "la" frontiera dell'arte? Secondo me l'arte ne ha tante e ormai *(che - le - non - solo i più giovani - sono - stanno esplorando)* _____ _____.

I confini permeabili fra le arte visive ed altre discipline saranno di massimo interesse per la programmazione del PAN visto che la sua *mission* consiste nella ricerca sui linguaggi del contemporaneo.

GenomART - *Cosa pensa circa l'arte digitale? Sarà considerata nell'ambito delle strategie di promozione dell'arte che il Museo si prefigge di attuare? …Ci scusi, ma (al momento - che - ci - di più - è - il tema - interessa - questo)* _____ _____ _____.

DRAGANOVIC - Certo, l'arte digitale è molto interessante per il PAN, perché collega i mezzi di documentazione con la creatività artistica. Finora il PAN non dispone di una collezione di questo genere ma sarà uno dei nostri prossimi obiettivi occuparci anche di questo.

GenomART - *Il valore di un Museo sta nel…*

DRAGANOVIC - Ma che domande! *(che - che - conserva - di - è - in quello - sta - il vero - valore - un museo)* _____ _____ _____.

Il PAN non ha una collezione e non vuole essere un museo, ma un luogo che presenta mostre temporanee di opere d'arte che corrispondono ai criteri di valutazione dei musei.

da www.genomart.org

5 *Ora trasforma le frasi scisse che hai ricostruito nella **forma non scissa**.*

ESERCIZI 7 — SOCIETÀ / PSICOLOGIA

1 *Completa il testo coniugando i verbi all'***indicativo*** *o al* ***congiuntivo***.

Luoghi comuni e psicologia dei popoli
Italiani estroversi? Niente di più falso

Secondo uno studio pubblicato sulla rivista Science

Inglesi riservati, tedeschi industriosi e italiani passionali? Stereotipi, falsi e privi di fondamento scientifico, che non *(trovare)* _____ alcun riscontro nella realtà. A dimostrarlo è un ampio studio, *Personality Profiles of Culture Project*, pubblicato sulla rivista *Science* e realizzato dall'US National Institute on Aging (NIA) di Baltimora con la collaborazione di 85 ricercatori in 49 paesi. Gli scienziati hanno condotto ben tre sondaggi, rivolgendo a 4mila persone di età, sesso e status sociale diverso la stessa domanda: «Come pensi che *(essere)* _____ il cittadino tipico del tuo paese?». Quando hanno paragonato le risposte ai dati, ben più rigorosi, di alcuni studi indipendenti svolti negli stessi Paesi, non *(loro - riscontrare)* _____ la minima correlazione tra scienza e opinione popolare.

ITALIANI INTROVERSI - Gli americani sono, per esempio, convinti che lo yankee tipico *(essere)* _____ molto assertivo mentre i canadesi credono al contrario che i loro amici, parenti e vicini di casa *(essere)* _____ tutti passivi e sottomessi. «In realtà le due etnie ottengono voti pressoché identici sulla scala che *(misurare)* _____ scientificamente l'assertività». Altrettanto sbagliati si sono rivelati gli stereotipi nazionali trasmessi di padre in figlio e da una generazione all'altra nel Bel Paese. In Italia giovani e vecchi condividono lo stereotipo secondo il quale l'italiano *(essere)* _____ estroverso, aperto, ma poco coscienzioso. Come in tanti altri paesi, il *cliché* è risultato fasullo.
Spiega Robert McCrae, leader dello studio: «L'italiano medio è alquanto introverso ed emotivo. I risultati di questo studio ci dicono inoltre che *(essere)* _____ meno aperto di quanto pensa di essere».

SOTTOVALUTATI GLI INGLESI - Ma lo stereotipo peggiore riguarda gli inglesi. «Sebbene *(considerarsi)* _____ e *(essere)* _____ considerati molto riservati, in realtà *(essere)* _____ tra i più estroversi al mondo», dice McCrae.
Non solo: «È interessante notare come la differenza tra francesi e inglesi *(essere)* _____ relativamente modesta». E se gli indiani si giudicano «anticonvenzionali» e «aperti a nuove esperienze», i misuratori di personalità dimostrano che *(essere)* _____ tra i popoli più conformisti della terra.
I caratteri stereotipati di ciascuna nazionalità non sono generalizzazioni basate su osservazioni dei tratti della personalità dei cittadini di quel paese, ma congetture sociali, probabilmente basate su condizioni socio-economiche, storia, costumi, miti e valori di una cultura. E vanno presi con la giusta attenzione, purché non si *(fare)* _____ l'errore di considerarli come delle verità assolute.

DISCRIMINAZIONI - «Il nostro studio dimostra che non *(esserci)* _____ nessuna corrispondenza tra gli stereotipi e tratti di personalità reali - prosegue McCrea - e questo è un risultato importante, perché c'è sempre il rischio che gli stereotipi *(potere)* _____ diventare fondamenta di pregiudizi, discriminazioni, persecuzioni e persino genocidi». «È bene che ognuno *(imparare)* _____ a guardare all'altro come individuo singolo - conclude - e non come americano, arabo, italiano o israeliano».

da *http://forum.telefonino.net*

7 esercizi PSICOLOGIA

2 *Completa il testo ricostruendo le frasi. I verbi all'infinito vanno coniugati all'indicativo o al congiuntivo.*

Indagine sugli italiani

Un blog ha svolto una piccola inchiesta tra giovani di età compresa tra i 20 e i 35 anni, di diversa nazionalità, per verificare se c'è un'immagine degli italiani più o meno comune tra gli stranieri. Ecco alcune risposte.

1. Qual è l'immagine che hai o che è diffusa nel tuo Paese riguardo agli italiani?

Ragazza - Nel mio Paese molti _____ e talvolta anche maleducati.
(*che - essere - gli italiani - pensare - prepotenti*)

Ragazzo - _____ tra gli italiani del Nord e quelli del Sud. In generale, gli uomini hanno la fama di essere farfalloni, ma quelli del Sud sono più maschilisti, più chiusi e più tradizionalisti, mentre le donne lo accettano. Quelli del Nord, uomini e donne, sono più moderni, più "civilizzati".
(*abbastanza - che - ci - differenza - essere - mi - sembrare*)

Ragazza - All'estero gli italiani sono visti come persone ospitali e disponibili. Sono considerati allegri, ma anche disorganizzati, in un certo senso svogliati, senza spirito di iniziativa e maestri nell'arte di arrangiarsi.
_____.
(*che - del - essere - essere - opinione non - probabile - quest' - sbagliata - tutto*)

2. Come pensi che gli italiani vedano se stessi e il loro Paese?

Ragazzo - Secondo me gli italiani si vedono come dei "campioni" rispetto agli altri popoli, _____.
(*abbastanza - critici - essere - il - in - loro - malgrado, - Paese - realtà, - verso*)

Ragazza - In generale io _____ e della loro fama di essere "ardenti" e appassionati. (*che - del - essere - loro - orgogliosi - Paese - pensare*)

Ragazzo - Secondo me ci sono due correnti di pensiero, _____, e quelli che svalutano in tutto la loro cultura e il loro Paese. Forse perché si fanno influenzare dai pregiudizi che nel mondo gli stranieri hanno di loro. (*bello - che - che - del - essere - il - Italia - l' - mondo - Paese - pensare - più - quelli*)   da www.cliro.unibo.it/

3 *Trasforma il testo all'imperativo formale (Lei), facendo tutti i cambiamenti necessari, come nell'esempio.*

▸ **informale**

Grazie per aver chiamato l'Istituto Psichiatrico di Salute Mentale.
Se sei ossessivo-compulsivo, premi ripetutamente fino allo spasmo il tasto 1.
Se sei affetto da personalità multipla, spingi alternativamente i tasti 2-3-4-5-6-7-8.
Se sei paranoico, ti informiamo che sappiamo già chi sei tu, cosa fai nella vita e cosa vuoi da noi.
Quindi rimani in linea, finché non rintracciamo la tua chiamata.
Se soffri di allucinazioni, pigia il tasto 7 del grande telefono rosa che tu, e soltanto tu, vedi alla tua destra.
Se sei schizofrenico, chiedi gentilmente al tuo amico immaginario di premere per te il tasto 8.
Se soffri di depressione, non importa quale tasto tu prema. Tanto non c'è niente da fare. Il tuo è un caso disperato e non ha cura.
Se soffri di amnesia, digita in rapida sequenza i tasti 2-5-9-7-5-4-1-6-3-9-2-9-7-5-1-6-3-5. E ripeti ad alta voce nell'ordine che segue il tuo nome, cognome, numero di telefono di casa e del cellulare, indirizzo email, numero di conto corrente, codice bancomat, data di nascita, luogo di nascita, stato civile e cognome da nubile di tua nonna.
Se soffri di indecisione, lascia il messaggio prima dopo e durante il bip.
Se soffri di avarizia ossessiva, ti comunichiamo che questa telefonata ha un costo di circa 500 euro al minuto.
Se soffri di bassa autostima, resta in attesa. Tutti i nostri operatori sono al momento impegnati a rispondere a persone molto più importanti di te.

▸ **formale**

Grazie per aver chiamato l'Istituto Psichiatrico di Salute Mentale.
*Se **è** ossessivo-compulsivo, **prema** ripetutamente fino allo spasmo il tasto 1.*

PSICOLOGIA esercizi 7

4 *Completa il testo inserendo il nome e l'**aggettivo** (o gli aggettivi) nella giusta combinazione, come nell'esempio. Scegli anche l'articolo giusto, dove necessario.*

1. vita / nostra / povera
2. odore / inconfondibile / suo
3. industriale / fantasioso / giapponese
4. idea / grande
5. manica / immaginaria
6. regole / ergonomiche / precise
7. cuscino / umano
8. mercati / esteri / principali
9. abbraccio / caldo / notturno
10. cuscino / bel / umano
11. vantaggio / grosso
12. amico / vecchio
13. rumore / fastidioso
14. meccanismo / piccolo
15. notte / lunga / romantica
16. oggetti / reali
17. suoni e sensazioni / virtuali

Vi sentite soli? È arrivato il cuscino umano
Dal Giappone presto in tutto il mondo

Il nostro partner non c'è più. È apparso per qualche notte e poi, inspiegabilmente, è scomparso dalla **nostra povera vita**. Inutile stringersi al maglione che ha dimenticato a casa; prima o poi, anche **il/l'** _____² sparirà. E il letto tornerà a essere troppo grande per una persona sola. A riempire il vuoto del letto o la solitudine della mente ci pensa adesso un _____³, Tomoki Kakheashi, presidente della Kameo Corporation, che ha avuto **una/un'** _____⁴: quella di produrre un cuscino simile al mezzobusto di un uomo o di una donna, con tanto di braccio e mano, che spunta **dalla/dall'** _____⁵ di un pigiama. Il braccio è uno solo. D'altra parte se si è distesi e si vuole abbracciare il partner ci si accosta sì e no solo a una sua metà, quella dalla nostra parte. E spesso, dopo qualche minuto, ci si stacca. Dormire abbracciati tutta una notte è una prova d'amore che non tutti sono in grado di superare.

Ma se il nostro compagno è un cuscino, creato e prodotto secondo _____⁶, allora l'abbraccio può essere eterno.

Il/L' _____⁷ ha avuto un tale successo in Giappone che il suo produttore ha deciso si spingersi anche **sugli/sui** _____⁸.
Prima tappa, la Gran Bretagna.

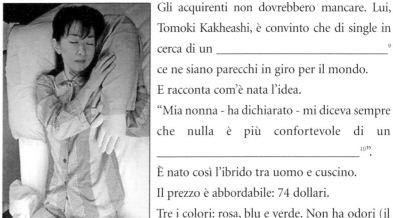

Gli acquirenti non dovrebbero mancare. Lui, Tomoki Kakheashi, è convinto che di single in cerca di un _____⁹ ce ne siano parecchi in giro per il mondo.
E racconta com'è nata l'idea.
"Mia nonna - ha dichiarato - mi diceva sempre che nulla è più confortevole di un _____¹⁰".
È nato così l'ibrido tra uomo e cuscino.
Il prezzo è abbordabile: 74 dollari.
Tre i colori: rosa, blu e verde. Non ha odori (il che può essere un _____¹¹), non russa, non si muove. Ed è tenero come un amante e affidabile come un _____¹².
Chi lo desidera può sostituirlo alla sveglia, che per quanti progressi abbia fatto la tecnologia, ha pur sempre un _____¹³. Infatti il cuscino, volendo, vi fa aprire gli occhi gentilmente, accarezzandovi con la mano. È il suo primo optional, ma altri ne seguiranno: un _____¹⁴ che riproduce il battito di un cuore o un registratore che imita il rumore della pioggia che cade sulle tegole di un tetto.
Per una _____¹⁵, fatta di _____¹⁶ ma con _____¹⁷.

da *www.repubblica.it*

7 esercizi PSICOLOGIA

5 *Per ogni paragrafo, scegli l'espressione più adatta e inseriscila al posto giusto nel testo, come nell'esempio.*

La coscienza di Zeno, considerato il primo romanzo psicologico del Novecento, è **il** più noto tra **questo** i libri dello scrittore triestino Italo Svevo (1861-1928).

il - questo

In questo romanzo l'autore, anche grazie alla conoscenza della psicoanalisi e all'uso di tecniche modernissime, sviluppa un'analisi psicologica di straordinaria profondità, soprattutto per la tradizione italiana.

narrative - già

Attraverso la rappresentazione interiore della nevrosi del protagonista, Svevo riesce infatti a rendere la soggettività del pensiero, in un flusso di coscienza che avvicina se il romanzo ad altri due capolavori della letteratura europea del Novecento: l'*Ulisse* di Joyce e *Alla ricerca del tempo perduto* di Proust.

a - se

Il protagonista del libro è Zeno Cosini, un ricco commerciante triestino, che arrivato all'età di 57 anni, decide di intraprendere una terapia psicoanalitica per liberarsi dal vizio del fumo e dagli altri problemi che lo affliggono.

allora - che

Come terapia lo psicanalista gli consiglia di scrivere un diario sulla sua vita, ripercorrendone gli episodi più significativi. Ne esce fuori la figura di un uomo che vive in un'indifferenza totale: invece di vivere la sua vita, è la vita che lo travolge decidendo per lui. Così, mentre Zeno agisce per conseguire un risultato, ne ottiene un altro.

mentre - perciò

Un esempio è il suo matrimonio. Zeno si innamora di una delle tre sorelle Malfenti, la bella Ada, ma si ritrova a sposare passivamente quella meno desiderata, Augusta. L'aveva immaginata bellissima, ma quando la vede per la prima volta ne rimane deluso. Solo in seguito la "bruttezza" di Augusta viene ridimensionata da Zeno poiché comprende che quella donna, scelta in seguito al rifiuto delle due affascinanti sorelle, sarebbe stata l'unica possibile compagna della sua vita.

ancora - possibile

Tuttavia questo non gli impedisce neanche di trovarsi un'amante: un'avventura insignificante con una certa Carla, che in seguito lo abbandonerà per sposare un maestro di musica che Zeno stesso le aveva presentato. Un altro simbolo di questa tendenza del protagonista a non decidere e a lasciarsi trasportare dagli eventi è la sua incapacità di smettere di fumare.

neanche - stesso

Infatti, ogni volta che egli si propone di mettere fine al suo vizio, trova sempre la scusa per fumare un'ulteriore "ultima" sigaretta.

insensibile - sempre

In definitiva la vera "malattia" di Zeno è l'incapacità di sentirsi a proprio agio in ogni tipo di situazione e il merito del romanzo sta proprio nel riuscire a rappresentare questo disagio interiore, evidenziando sistematicamente la distanza tra le intenzioni e i comportamenti del protagonista.

nel - tra

"La vita non è né bella né brutta, è soltanto originale" afferma Zeno. È una delle frasi chiave del romanzo, in cui l'autore esprime la sua idea che la vita sia un impasto di bene e di male, sostanzialmente mediocre, in pratica senza grandi slanci, ma anche il risultato della casualità e dell'imprevedibilità delle vicende umane.

gli - in cui

ESERCIZI 8

lingua
MASCHIO - FEMMINA

1 *Riscrivi al femminile le descrizioni di queste italiane famose, facendo tutti i cambiamenti che ritieni necessari.*

Italiane famose

Ilda Boccassini è un magistrato ed è noto per le sue indagini contro la mafia.
_____
_____

Irene Pivetti è stato, a soli 31 anni, il più giovane Presidente della Camera dei Deputati. Ora ha lasciato la politica per fare il conduttore di programmi televisivi.
_____
_____

Rita Levi Montalcini è uno scienziato, vincitore del premio Nobel in biologia.
_____
_____

Cristina Comencini è un regista, oltre che scrittore di romanzi di successo.
_____
_____

Barbara Palombelli è un popolare giornalista.
_____
_____

Gae Aulenti è un architetto di grande successo.
_____
_____
_____

Alda Merini è un importante poeta, autore di intense poesie sul tema della follia e dell'amore.
_____
_____
_____

8 esercizi — MASCHIO E FEMMINA

2 Completa il testo inserendo gli **articoli** e le **preposizioni** della lista al posto giusto negli spazi _ _ _ e coniugando i verbi al **condizionale presente**, **congiuntivo presente** o **congiuntivo imperfetto** negli spazi _____.

> al - con - da - da - del - di - in - l' - la - nei - per - per - un - una

Dimmi come scrivi, ti dirò di che sesso sei

Immaginate la pagina di un libro o di un giornale: *(essere)* _____ capaci di riconoscere se l'autore è un uomo o una donna solo leggendo il testo? Moshe Koppel, docente di informatica presso l'università israeliana di Bar Ilan, è in grado _ _ _ farlo. Il gruppo di ricercatori da lui guidato ha infatti condotto _ _ _ successo un esperimento di "individuazione di genere": con l'aiuto di un algoritmo di loro invenzione, gli scienziati hanno esaminato testi anonimi riuscendo a determinare il sesso dell'autore con un'approssimazione superiore all'80%. Un risultato che imprime _ _ _ svolta tecnologica a un dibattito molto antico, dato che _ _ _ secoli si è discusso se uomini e donne *(avere)* _____ un modo diverso di comunicare.

Il lavoro di Koppel e colleghi non ha mancato di suscitare polemiche. *Proceedings*, la prestigiosa rivista dell'Accademia nazionale delle scienze americana, ha perfino rifiutato la pubblicazione dello studio adducendo "motivazioni ideologiche".

Secondo Koppel temevano che *(potere)* _____ essere letto in chiave discriminatoria _ _ _ confronti delle donne.

Così il gruppo di ricercatori ha deciso di sottoporre i propri lavori _ _ _ giudizio di altre riviste, con qualche accorgimento in più. La dottoressa Anat Shimoni, per esempio, ha aggiunto accanto al primo il suo secondo nome, Rachel, in modo da chiarire che _ _ _ gruppo faceva parte anche una donna. Tanto è bastato perché gli autori non *(venire)* _____ più accusati di antifemminismo e la rivista *Literary and Linguistic Computing and Text (accettare)* _____ di pubblicare lo studio.

L'aspetto curioso è che le diversità di linguaggio evidenziate dai ricercatori non si riferiscono a termini complessi o "importanti", ma a parti del discorso all'apparenza banali, come i "se" e i "ma". Il gruppo guidato da Koppel, per esempio, ha riscontrato che la maggior differenza tra i due sessi sta nella propensione _ _ _ parte delle donne a fare maggior uso dei pronomi personali ("io", "tu", "lei", ecc.) rispetto agli uomini. Che invece prediligono gli aggettivi dimostrativi ("questo", "quello"), i numeri cardinali e gli aggettivi riferiti a quantità ("più", "alcuni", ecc.).

È possibile che parole così banali *(essere)* _____ rivelatrici della nostra identità? In realtà, _ _ _ tempo gli esperti di analisi testuale si affidano proprio a queste piccole parti del discorso. Il motivo è che quando si scrive un testo ci si concentra sull'uso delle parole-chiave dell'argomento _ _ _ oggetto (in questo articolo, per esempio, sui termini "computer", "programma" e "sesso"), ma non altrettanto su come vengono utilizzate le parti elementari del discorso. Questo significa che tendiamo a disseminarle nel testo seguendo schemi inconsci e proprio per questo rivelatori.

Secondo Koppel, i risultati dell'indagine non fanno che confermare ipotesi precedenti: il fatto che le donne *(usare)* _____ più degli uomini i pronomi personali riporta al vecchio detto "le donne parlano delle persone, gli uomini delle cose".

Anche secondo Deborah Tannen, linguista e autrice di bestseller sulla comunicazione tra generi, i dati della ricerca non sono poi così sorprendenti: "Non solo le donne scrivono con più frequenza degli uomini, ma cercano anche di stabilire _ _ _ rapporto più intimo con il lettore, il che porta a intensificare _ _ _ uso dei pronomi".

C'è però chi accusa questi esperimenti di esasperare artificiosamente le differenze tra i sessi. "Tutta questa mania categorizzatrice finisce _ _ _ andare contro le donne" - dice la linguista americana Janet Bing, che sottolinea anche come gli omosessuali e i transessuali non *(rientrare)* _____ in semplici definizioni sociali di genere maschile o femminile.

"Mi chiedo se l'algoritmo di Koppel *(funzionare)* _____ altrettanto bene su testi di autori appartenenti a questi gruppi", afferma _ _ _ Bing.

E Koppel come reagisce? Ritiene che questo *(essere)* _____ un interrogativo interessante, ma ammette di non avere la risposta: "Finora non abbiamo condotto esperimenti di questo tipo".

da Il Venerdì di Repubblica

3 *L'articolo qui sotto è già comparso nell'Unità 7. Immagina che venga scritto tra 50 anni e completalo con i verbi coniugati al tempo e al modo giusto.*

50 anni fa - l'Italia sul lettino dell'analista

Un lutto, un abbandono, la depressione, gli attacchi di panico o più semplicemente un senso di insoddisfazione. Erano tanti i motivi che **50 anni fa** potevano portare un individuo, in un particolare momento della propria vita, a sentire il bisogno di comunicare ansie e problemi ad uno psicologo.

La medicina della mente, nata con Freud agli inizi del secolo scorso (il famosissimo saggio "L'interpretazione dei sogni" uscì per la prima volta nel 1900), era particolarmente amata dagli italiani che non esitavano a stendersi sul lettino per parlare di se stessi.

Non era soltanto una moda incoraggiata dai mass media - televisione e giornali in primis -, ma un campanello d'allarme dell'aumento di un generalizzato disagio sociale.

Certo è vero che non v'era fatto di cronaca che non *(venire)* _____ commentato da psicologi e psichiatri, sempre più spesso ospiti di talk show e varietà. Ed è vero anche che la produzione editoriale di libri su depressione, ansie, disagio degli adolescenti *(essere)* _____ ricca e varia, ma se i principi economici non sbagliano, dietro ad un'ampia offerta c'è un'ampia domanda e di questa domanda gli italiani *(essere)* _____ gli artefici.

Si calcola che *(essere)* _____ almeno 500mila i nostri connazionali che avevano bisogno del supporto di uno psicologo. Molti, però ci *(rinunciare)*

La medicina della mente, nata con Freud agli inizi del secolo scorso (il famosissimo saggio "L'interpretazione dei sogni" uscì per la prima volta nel 1900), era particolarmente amata dagli italiani che non esitavano a stendersi sul lettino per parlare di se stessi.

_____ perché le cure dallo strizzacervelli *(essere)* _____ costose e soprattutto le sedute plurime e i tempi lunghissimi.

Questo tipo di cure era gratuito solo nei dipartimenti di salute mentale o in quelli di neuropsichiatria infantile e considerate le numerosissime richieste, le liste d'attesa *(essere)* _____ davvero lunghe.

Per fronteggiare il problema a un certo punto fu consegnata al presidente del Senato, Marcello Pera, una petizione firmata da 40mila persone per richiedere al Parlamento di approvare una legge che *(introdurre)* _____ le psicoterapie tra quelle cure rimborsabili dal Servizio sanitario nazionale.

Ma in attesa che il legislatore *(prendere)* _____ in considerazione la proposta, molti italiani si rivolsero ad Internet anche per cercare uno psicologo. L'ordine professionale ne *(contare)* _____ circa 37mila e molti di questi *(popolare)* _____ le pagine web dedicate ai problemi della mente e i disagi dell'anima.

Nel mondo virtuale di Internet, quindi, chi aveva bisogno di aiuto *(potere)* _____ consultare uno psicologo in modo rapido, discreto ed a prezzi modici, sebbene molti esperti dell'epoca *(dubitare)* _____ dell'efficacia di queste terapie a distanza.

Ma perché 50 anni fa gli italiani sentivano questo grande bisogno di rivolgersi alla psicoterapia?

A parte i disturbi gravi - depressione, crisi d'identità, anoressia, attacchi di panico, ecc. - sembra che gli italiani *(soffrire)* _____ soprattutto di "mal di vivere" a causa dei cambiamenti sociali e culturali.

8 esercizi MASCHIO E FEMMINA

4 *Non tutti i verbi al congiuntivo evidenziati nel seguente dialogo sono corretti: alcuni infatti dovrebbero essere coniugati all'indicativo. Trovali e correggili. Poi indica, per i verbi rimasti al congiuntivo, se sono nella frase principale (P) o secondaria (S).*

Lei - …Perché devo dire: "la donna poliziotto", "la donna magistrato", "la donna architetto"…

Lui - Perché suona male "la magistrata".

Lei - Suona male… suona male perché non siamo abituati. Allora, così come la società **si evolva**, che **si evolva** anche la lingua. È normale che è necessario del tempo perché questo **diventi** di uso comune. Però, perché non farlo? Non dare troppo per scontato.

Lui - Sì, ma la sostanza è che la società si è evoluta, per cui fortunatamente voi donne **possiate** fare tutti i lavori che prima erano solo degli uomini.

Lei - Grazie molto gentile.

Lui - … Ma fortunatamente è un bene anche per noi uomini, è un bene per tutti.

Lei - Allora perché… perché dobbiamo prendere in prestito un nome, un'espressione eminentemente maschile, e non utilizzare un femminile…

Lui - Perché non ce ne **sia** bisogno.

Lei - Ma non è vero, tu dai troppe cose per scontate, non è così semplice. Bisogna riconoscere, dare comunque sia un riconoscimento effettivo, al fatto che le donne, per fortuna, fanno tutte le professioni, anzi quasi, se proprio volessi essere polemica fino alla fine. Però, quelle che sono comunque aperte a ogni genere, almeno che **utilizzino** nomi differenti.

5 *Riscrivi queste frasi, usando l'espressione "non fare che" + infinito o l'espressione "non mancare di" + infinito, come nell'esempio.*

non fanno che confermare

Es: Gli ultimi dati sull'occupazione femminile in Italia **confermano** quello che molti già sapevano: la strada per raggiungere una reale parità tra uomo e donna nella società italiana è ancora lunga.

1. Una notizia che **sorprenderà** chi pensa all'Italia come a un paese moderno e civilizzato: un sondaggio internazionale rivela infatti che la presenza di donne in politica, nella pubblica amministrazione e ai vertici del business è più bassa che in Italia soltanto a Cipro, in Egitto e in Corea del Sud.

2. Anche se la percentuale di donne che occupano posti di rilievo nel mondo del lavoro **aumenta**, l'Italia resta comunque ancora molto indietro rispetto agli altri Paesi europei.

3. Il Ministro per le Pari Opportunità, pur riconoscendo che negli ultimi anni è stato fatto qualche progresso, nella sua relazione annuale sull'occupazione femminile in Italia **ha elencato** gli ostacoli che ancora impediscono di realizzare una reale uguaglianza tra uomo e donna nel mondo del lavoro.

4. Non è facile comprendere le ragioni reali di questa ineguaglianza. A questo proposito l'UDI (Unione Donne Italiane) **ha ricordato** al ministro come la famiglia costituisca ancora uno degli ostacoli più insormontabili per una donna che lavora. I tempi del lavoro moderno ed i tempi della famiglia non coincidono.

5. In molte città italiane è impossibile fare la spesa il lunedì mattina, il giovedì pomeriggio, la sera e la domenica. Così, invece di semplificarla, gli orari dei negozi **complicano** la vita della donna che lavora, su cui continua a pesare la responsabilità della casa.

6. Le condizioni per le donne lavoratrici erano già poco favorevoli, ma l'assenza in questi anni di una efficace politica in favore dell'occupazione femminile **ha aggravato** il problema.

7. Secondo quanto denunciato dall'Associazione per la difesa dei diritti delle lavoratrici, la situazione delle molestie sessuali sul lavoro **è peggiorata** negli ultimi anni.

8. Le pubblicità che ritraggono donne seminude in pose sexy e allusive, **perpetuano** lo stereotipo dell'Italia Paese maschilista.

9. Com'era prevedibile, la proposta delle "quote rosa", cioè di garantire per legge la presenza in Parlamento di una percentuale di rappresentanti donne non inferiore al 30 per cento, **ha sollevato** molte discussioni.

MASCHIO E FEMMINA — esercizi 8

6 *Ricostruisci le frasi del testo, mettendo in ordine le parole sulla destra.*

IL MASCHILISMO LINGUISTICO

La lingua italiana, come tutte le lingue del mondo, ha sia il maschile che il femminile, e pertanto molte espressioni sono articolate sia in un genere che nell'altro. Tra le une e le altre, però, possono esistere delle grosse differenze. In molti casi queste differenze sono indice di un "maschilismo linguistico" che riflette la storica disparità di condizione tra uomo e donna che per secoli ha caratterizzato la società. Ecco alcuni esempi.

CELIBE/NUBILE, SCAPOLO/ZITELLA

Celibe è riferito all'uomo e significa privo di legami, libero da vincoli. Il linguaggio ha registrato la mentalità patriarcale e la cultura tradizionale, secondo **(1)** _____ .
Nubile è riferito alla donna e significa invece "da sposare". In questo modo marca il destino passato della donna: era meglio che si sposasse. La situazione della donna era dunque una condizione di attesa, nel senso **(2)** _____ . La situazione dell'uomo era quella attiva di "prendere moglie".
Scapolo, per il linguaggio corrente, è un uomo non sposato, da "scapolare" (libero dal cappio matrimoniale), un termine bonario e pieno di simpatia.
Zitella, nel linguaggio corrente fino a poco tempo fa, **(3)** _____ , termine utilizzato con chiaro intento peggiorativo.
Oggi si è trasformata in *single*, che rimarca la scelta attiva di una donna di vivere sola.

LA GOVERNANTE/IL GOVERNANTE

Il sostantivo femminile indica una donna stipendiata che si occupa dei bambini e dell'andamento della casa. Il sostantivo maschile, un membro di governo di un paese, che decide, amministra il potere per conto di un grande numero di persone. Dunque, secondo il linguaggio, **(4)** _____ .

MONDANA/MONDANO

Entrambi indicano persone che conducono una vita frivola ed elegante. Sinonimo del sostantivo femminile: prostituta. Sinonimo del sostantivo maschile: direttamente nessuno, indirettamente uomo di mondo, che sa vivere.

I FEMMINILI CHE MANCANO

Nella nostra lingua mancano i femminili **(5)** _____ . I femminili sono invece ben presenti e radicati per ruoli e mestieri tradizionalmente svolti dalle donne quali: casalinga, massaia, governante, lavandaia, infermiera, merlettaia, segretaria, nutrice, levatrice, ecc. Per molti di questi, manca significativamente il maschile, oppure esso assume un significato totalmente diverso.
Che fare per colmare queste lacune? Le linguiste suggeriscono di puntare direttamente alla creazione del femminile che manca, anche se questo inizialmente "suona male". Più è rara la presenza femminile in questi ruoli più è difficile accettarne il femminile. Guarda caso, i femminili che risultano più strani e più forzati **(6)** _____ .
Nessuno si stupisce più invece di mestieri di livello medio-basso declinati al femminile come cameriera, impiegata, cassiera, commessa, parrucchiera, ragioniera.

da Università degli Studi di Milano

---

(1)
era - la condizione - "naturale" - del maschio - le quali - o no - poter - quella di - scegliere - se - sposarsi

(2)
appieno - che - fino a - non la - non si - qualcuno - quando - "prendeva in sposa" - realizzava

(3)
era - giovane - la definizione - non più - nubile - per - una donna - tanto

(4)
delle donne - è - è - per gli uomini - il "regno" - la casa, - mentre - o una nazione - un paese

(5)
alle professioni - che - di questo - e alle cariche - hanno - le donne - nel corso - relativi - secolo - via via assunto

(6)
alle - di potere - più elevati - e ai ruoli - professioni - proprio - quelli - relativi - sono

ESERCIZI 9
storia
L'ERA BERLUSCONI

1 *Completa la biografia di Giorgio Armani con gli **articoli** e le **preposizioni**. Attenzione, c'è uno spazio in più!*

Giorgio Armani

La sua spiccata propensione nell'usare materiali in contesti inaspettati e in combinazioni insolite porta qualcuno ad intravedere in lui tutte le caratteristiche del genio.

Giorgio Armani, uno dei più importanti stilisti del mondo, nasce _____ 11 luglio 1934 _____ Piacenza. _____ 18 anni tenta la strada universitaria frequentando _____ due anni la Facoltà di Medicina alla Statale di Milano. Lasciati gli studi trova lavoro, sempre _____ Milano, come "buyer" per i magazzini *La Rinascente*. _____ 1964, senza avere una vera e propria formazione specifica, disegna la collezione uomo di Nino Cerruti. Quindi _____ anno successivo lascia il lavoro di dipendente per diventare un disegnatore di moda e un consulente *freelance*. Gratificato dai numerosi successi e dai riscontri ottenuti, decide _____ aprire una propria casa di produzione. _____ 24 luglio 1975 nasce la Giorgio Armani spa e viene lanciata una linea di *prêt-à-porter* maschile e femminile che ha subito grande successo.

Di colpo Armani apre prospettive nuove ed inconsuete a elementi del vestiario ormai dati per scontati, come ad esempio quelli per uomo. La sua famosa giacca "destrutturata" si libera delle costrizioni formali della tradizione, con le sue linee squadrate e severe, per approdare a forme libere e fascinose, sempre e comunque controllate e _____ classe.

Un percorso _____ più o meno simile viene elaborato _____ anni seguenti anche per ciò che concerne l'abbigliamento femminile, introducendo nuovi modi di intendere il tailleur, "demistificando" l'abito da sera e accostandolo a scarpe _____ il tacco basso o perfino a scarpe _____ ginnastica.

_____ anni '70 ad oggi la carriera di Armani è caratterizzata da un successo crescente di critica e di pubblico. La sua azienda apre sedi in tutto il mondo e le sue creazioni entrano _____ musei d'arte contemporanea. La sua spiccata propensione nell'usare materiali in contesti inaspettati e in combinazioni insolite porta qualcuno ad intravedere in lui tutte le caratteristiche del genio. Se forse il termine può apparire esagerato, certo è che pochi creatori di abiti _____ '900 sono stati importanti come Armani, che ha sicuramente sviluppato uno stile inconfondibile, raffinato ma _____ stesso tempo perfettamente consono alla vita di tutti i giorni. Una volta ha detto: "L'eleganza non è farsi notare ma farsi ricordare."

da *www.sfilate.it*

2 *Inserisci gli aggettivi della colonna destra al posto giusto nella riga corrispondente del testo, decidendo se vanno inseriti come **aggettivi** o trasformati in **avverbi**, come nell'esempio. Gli aggettivi sono alla forma base.*

Donna riconosce solo Berlusconi
Caso clinico: non ricorda marito e figli

1 Questa è una storia ↓ strana e difficile da credere... Eppure è tutto vero! (*realmente*)	**reale** deciso
V. Z., casalinga 66enne, affetta da una lesione che le fa perdere la memoria,	
non ricorda il volto del marito e della figlia, ma riconosce Silvio Berlusconi. Il suo caso,	**perfetto**
seguito dai neuro-psicologi Sara Mondini, dell'Università di Padova, e Carlo Semenza,	
5 dell'Università di Trieste è finito sulla rivista "Cortex". E prova l'effetto sul cervello del	**scientifico**
bombardamento di immagini su stampa e tv.	
La donna soffre di un caso di deterioramento progressivo dell'area cerebrale che governa	**raro**
l'elaborazione delle immagini.	
La casalinga parla e con proprietà di linguaggio, ma ha veri e propri buchi di memoria tanto	**normale**
10 da non riuscire a riconoscere il volto del marito e dei più familiari. Distingue foto di animali	**stretto**
e di oggetti ma non riesce a dire quali sono fantastici e quali reali. E condotta in un	
supermercato con una lista della spesa, legge parole come "cipolle" e "mele", ma non sa	
riconoscerle sui banchi.	
Nei tanti test ai quali è stata sottoposta le sono state mostrate fotografie e	**innumerevole**
15 ritratti di personaggi famosi, da Napoleone fino ad attori celebri ed attuali.	
In particolare nel 2001, durante la campagna elettorale, le sono state mostrate	
le foto di Silvio Berlusconi, che la donna ha riconosciuto dicendo:	**pronto**
"Un uomo ricco che possiede diverse stazioni televisive e che ha uno straordinario	**eccezionale**
successo in politica!"	
20 All'epoca si era in piena campagna elettorale e la cosa era giustificabile. Ma dopo qualche	**assoluto**
mese la signora ha iniziato a non riconoscere neanche il proprio marito e la propria figlia,	
mentre rimaneva chiaro il volto di Silvio Berlusconi.	**inspiegabile**
È proprio qui che il caso si fa sospetto. Come era possibile che l'unica immagine rimasta	
nella memoria fosse quella di un politico?	
25 I test sono continuati e si sono fatti sempre più interessanti. Si sono cercate foto di	
personaggi per riconoscere una pista sicura sulla quale lavorare.	**famoso**
Ecco allora le foto di Papa Wojtyla e di Gesù Cristo in Croce. All'epoca papa Giovanni	
Paolo II era vivo, seppur malato. Alla sua morte però è stato considerato l'uomo più visto e	**serio**
conosciuto del pianeta.	
30 Lo stesso vale per Gesù Cristo. Nessun cristiano avrebbe dubbi nel riconoscere un'immagine	
di Gesù Cristo in Croce.	
Sono due immagini adatte ai test da sottoporre alla poverina.	**sicuro**
Ma qual è stata la reazione della signora? Ebbene, nessun dubbio sull'immagine di Gesù	
Cristo. Per quanto riguarda Wojtyla invece, lei distingueva la figura di un Papa per via dei	
35 suoi abiti bianchi e della papalina, ma non distingueva chi fosse tra i papi da lei conosciuti.	**vario**
Inoltre, se Woytila era spogliato dagli abiti talari e veniva ripreso per esempio in una	
passeggiata in montagna, allora era un perfetto sconosciuto.	
Conclusione, Gesù Cristo e Silvio Berlusconi erano le due icone impresse nella memoria	**unico**
della povera casalinga.	
40 Quanto a Berlusconi, va studiato ancora. Per capire quali tratti visivi o sonori (per es. la	
voce) si accompagnano alla sua immagine da renderla indimenticabile.	**assoluto**

da *www.tgcom.mediaset.it*

9 esercizi — L'ERA BERLUSCONI

3 *Completa il testo con il **contrario** dei termini tra parentesi. Attenzione: 3 termini non sono da cambiare!*

Il modello Berlusconi al vaglio di Alexander Stille

Antonia Bordignon

"Citizen Berlusconi", la biografia che il giornalista americano Alexander Stille, docente alla Columbia University, ha dedicato a Silvio Berlusconi, trae non a caso il nome dal famoso film di Orson Welles, *Citizen Kane*, che si ispirò ad un magnate della stampa americano.

Berlusconi non è solo l'uomo più (povero) _____ d'Italia, ma anche il proprietario di un impero mediatico senza rivali che ha intuito per primo il (grande) _____ potenziale derivante dalla combinazione tra potere politico e controllo dei media. Il ritratto che emerge è quello di un uomo che ha cambiato profondamente il nostro paese con le sue televisioni e il suo modello politico, un fenomeno nuovo per la spregiudicatezza con la quale ha anteposto i suoi interessi privati alla vita pubblica, un fenomeno in apparenza bizzarro, (comprensibile) _____, un'anomalia tutta italiana.

L'indagine, nata in origine come idea dell'editore tedesco di Stille che aveva chiesto 100 pagine per spiegare al suo pubblico chi era Berlusconi, si sviluppa per 500 pagine con l'occhio (parziale) _____ e (incantato) _____ di chi è lontano dalla mischia migliaia di chilometri, ma è guidato dalla passione per i fatti e da un rigore investigativo tipici del (peggior) _____ giornalismo anglosassone. È una sintesi di fatti personali, avvenimenti storici e politici, combinata con una sottile descrizione psicologica del personaggio, uomo di (dubbie) _____ qualità, certamente non (provvisto) _____ di intelligenza e furbizia, (incapace) _____ di grandi imprese e dotato di gusti, caratteristiche e cultura tipici dell'italiano medio, ma in realtà del tutto fuori del comune.

Berlusconi è stato il promotore di un nuovo modello culturale di ambizione, successo, celebrità, prestigio, (povertà) _____, spregiudicatezza.

Berlusconi ha incarnato alla (perfezione) _____ il nuovo modello filoamericano, diventandone il testimonial per eccellenza. La sua (salita) _____ in campo politico il 26 gennaio 1994, con un partito creato dal nulla che in soli due mesi è riuscito a intercettare il 21% dei voti degli italiani e a (perdere) _____ le elezioni, sarebbe (pensabile) _____ senza tener presente quel modello culturale che da anni diffondeva con le sue tv.

Il suo ingresso in politica, tuttavia, motivato soprattutto dall'esigenza di salvare il proprio impero - mediatico e finanziario - e dalla necessità di difendersi dalle accuse penali, ha introdotto sulla scena politica un preoccupante miscuglio di conflitti di interesse e monopolio mediatico, al quale il sistema italiano ha contrapposto regole del tutto (adeguate) _____.

"Per quanto possa apparire una figura estrema, a volte grottesca, concepibile solo in una società senza alcuna tradizione giuridica sull'antitrust e il conflitto di interessi, con una lunga storia di corruzione politica e una cinica (tolleranza) _____ al rispetto delle regole, sarebbe un grosso errore - sottolinea Stille - considerare Berlusconi un'anomalia italiana".

Ci sono (pochi) _____ parallelismi, a suo avviso, con quello che sta accadendo nell'America di oggi: il capitalismo tra amici, i conflitti di interesse, le (antidemocratiche) _____ pressioni del governo sui mezzi di informazione, l'aggressivo giornalismo televisivo per screditare gli avversari. Silvio Berlusconi come figura politica può anche essere transitorio ma, conclude Stille "il fenomeno Berlusconi con ogni probabilità è una realtà che non (comparirà) _____ tanto facilmente".

da Il sole 24 ore

esercizi 9
L'ERA BERLUSCONI

4 *Completa il testo con le parole della lista.*

al - anziché - che - che - come - di più - ed - il quale - in modo - lifting - mai - mai - meno - non - oggetto - perché - politicamente - primo - profondamente - propria - proprio - proprio - proprio - punto - quante - quindi - se - semplicemente - sempre - simile - tuttavia

Berlusconi monumento della politica moderna

Boris Johnson

Prima di continuare, voglio dire con la massima chiarezza _____ non ho ricevuto nemmeno un centesimo da Silvio Berlusconi. Sì, sono stato nella sua enorme villa costruita su un promontorio della Sardegna, piena di piattaforme per elicotteri, anfiteatri e bagni talassoterapici. Insieme ad altri leader mondiali, sono stato accompagnato da Mr. B. per una visita della proprietà e ho ammirato la sua folle collezione di cactus in stile Dottor No. _____ è vero che ho mangiato un'enorme quantità del gelato al pistacchio del primo ministro italiano, che lui stesso era andato a prendere in cucina, e che ho bevuto circa mezzo litro di tè freddo. _____, spero che voi concorderete sul fatto che ho ancora un barlume di imparzialità quando dichiaro che c'è qualcosa in Berlusconi che mi piace e mi fa sentire vicino a lui.

Silvio Berlusconi è un monumento della politica moderna. La sua esuberante insolenza _____ ha rivali. Con i suoi discorsi, i suoi vestiti, le sue bandane, i suoi _____ al viso e il suo comico sessismo da nave da crociera degli anni Cinquanta, Berlusconi è un rimprovero vivente alla parata di banali nullità _____ passano sul palcoscenico della diplomazia internazionale.

Una volta ha indetto un'importante conferenza stampa con uno dei principali euronoiosi del continente, Anders Fogh Rassmussen, il _____ ministro danese, e ha annunciato che gli avrebbe presentato sua moglie, _____ Rassmussen era così affascinante che avrebbe potuto distrarla dall'uomo con _____ aveva una romantica storia d'amore, un professore di filosofia chiamato Massimo Cacciari. Dio mio!, hanno esclamato i giornalisti. Quale primo ministro italiano si era _____ comportato in questo modo? Quale politico ha _____ fatto una battuta sul boyfriend della _____ moglie? Per di più in presenza di un barbuto e _____ sconcertato danese?

Soltanto Berlusconi poteva farla franca e, _____ aveva senza dubbio calcolato, questa osservazione non sembra averlo danneggiato nei sondaggi, facendogli anzi guadagnare la simpatia di ogni moglie italiana che mette le corna al _____ marito, una fetta significativa dell'elettorato.

Naturalmente ci sono aspetti del suo premierato che appaiono sinistri e inquietanti. Come possono gli italiani votare per un uomo che detiene il 90 per cento del settore televisivo privato italiano, nonché ogni genere di giornali, supermarket, squadre di calcio e chi sa _____ altre cose? Stiamo parlando di un uomo così spietato e potente che ha addirittura fatto cambiare la legge _____ che non possa essere processato per i suoi presunti tentativi di corruzione finché rimane in carica. Come può l'elettorato italiano tollerare questo epico conflitto di interessi?

Come possono gli italiani continuare ad amare questo uomo che sarà _____ avvolto da una nube di sospetto? Come possono continuare a riporre il loro affetto in un uomo che è così spesso _____ della ilarità internazionale?

La risposta è che agli italiani Berlusconi piace non a dispetto delle sue *gaffe*, ma _____ per le sue *gaffe*. La sua genialità gli ha permesso di diventare il solo leader mondiale capace di dire cose eclatanti e poi, _____ scusarsi, difendere le sue parole con tutta la fiducia e la noncuranza di un uomo che ha un patrimonio personale di dodici miliardi di dollari ed è _____ l'uomo più ricco d'Europa. Avete sentito la sua battuta su un uomo malato di Aids, _____ quale il dottore consiglia di fare dei bagni di fango? "Non servirà a curarla", dice il dottore, "ma almeno si abituerà all'idea di essere seppellito".

Ora, se un membro del Parlamento inglese avesse fatto una _____ battuta, sarebbe stata, senz'ombra di dubbio, la fine della sua carriera. È una battuta di cattivo gusto e _____ scorretta, tale da rasentare quasi la pazzia. Posso immaginare che lettori sensibili rimarranno sbigottiti. Ma Berlusconi non l'ha _____ detta, l'ha anche ripetuta e poi ha dichiarato che i suoi critici si meritavano di essere seppelliti anche loro per l'assoluta mancanza di senso dell'umorismo. _____ così. Ha pure detto che aveva usato le sue "qualità da playboy" per convincere il presidente finlandese Tarja Halonen a permettere che l'*European food standards agency* fosse collocata in Italia, proposta che ha offeso le femministe finlandesi fino al _____ da fare scoppiare una crisi diplomatica. E c'è _____. Io non difendo le sue battute, ma queste battute contribuiscono a renderlo più fallibile e umano, e spiegano quindi la sua popolarità. Non posso fare a _____ di sperare che a questo pavone sarà concessa un'ultima possibilità per trasformare la sua insolenza in autentico coraggio politico e per riformare l'economia italiana. _____ poi fallirà, si potrà certamente metterlo sotto processo.

da Daily Telegraph

5 *Nell'articolo precedente è usata quattro volte la parola **proprio/propria**. Sai dire in quali frasi è usata come aggettivo possessivo (= suo/sua) e in quali frasi come avverbio (= veramente, precisamente)?*

ESERCIZI 10
GIALLO ITALIANO

1 *Collega i pronomi personali e gli aggettivi possessivi evidenziati con le parole a cui si riferiscono, come nell'esempio.*

Il giallo in Italia

(…) La fortuna non girò subito dalla parte dei <u>giallisti nostrani</u>: già dalle **loro** prime esperienze, a cavallo tra gli anni Trenta e i Quaranta, **si** scontrarono con le censure imposte dal Minculpop, il Ministero della cultura fascista, che ritenne poco opportuno ambientare delitti e oscuri traffici nel Bel Paese. Molto meglio far**li** accadere negli Stati Uniti, o magari in Francia.

Fu così che due dei maggiori autori dell'epoca, l'agrigentino Ezio D'Errico e il milanese Giorgio Scerbanenco, **si** videro costretti a far agire i **loro** detective, Emilio Richard e il timido "antieroe" Arthur Jennings, rispettivamente nella *Sûreté* parigina e all'archivio della polizia di Boston.

E non finì qui: nel 1941, dopo che alcuni rapinatori imputarono alla funesta influenza esercitata dai gialli la responsabilità dei **loro** crimini, lo stesso ministero impedì la pubblicazione di libri di delitti, decisione che portò ad un parossistico rogo dei romanzi polizieschi nel 1943.

Ma il giallo resistette, nonostante i detrattori e il persistente dubbio sulla **sua** reale appartenenza alla Letteratura, e nel Dopoguerra gli editori cominciarono ad interessarse**ne** di nuovo, anche grazie al grande successo di pubblico.

Nel 1957 Carlo Emilio Gadda pubblicò un'opera che fu salutata come capolavoro letterario: *Quer pasticciaccio brutto de via Merulana*, un giallo "atipico" e potente ambientato in una Roma di nuovi immigrati e di vecchia borghesia, che fa della ricerca ambientale e dialettale uno dei **suoi** punti di forza.

Il 1966 fu l'anno della pubblicazione di *Venere privata*, romanzo con cui il "caposcuola" Scerbanenco tornò al giallo dopo un'escursione nel genere rosa.

Protagonista **ne** è il malinconico e rivoluzionario Duca Lamberti: rivoluzionario perché non si tratta più di un poliziotto, ma di un medico che ha subito il carcere per aver praticato l'eutanasia su un'anziana donna e che ora collabora con la polizia, un uomo controverso e timido che **si** aggira in una Milano cupa e rattrappita.

Cominciano ad evidenziar**si** con sempre maggiore forza alcune delle caratteristiche principali del giallo italiano, e presenti non solo nel giallo italiano: l'attenzione alle realtà sociali, ambientali, anche regionali; l'uso dell'indagine di fantasia come strumento per investigazioni di altro tipo e di ampio raggio; lo studio del linguaggio particolare e contestualizzato come potente mezzo comunicativo; la sostanziale ambivalenza dei protagonisti.

In questo senso si orientò anche Leonardo Sciascia che fece della **sua** terra natale (la Sicilia) e di uno dei **suoi** fenomeni noti (la mafia) la **sua** principale area di indagine.

Riprendendo le parole di Umberto Eco nelle **sue** *Postille a "Il nome della rosa"*, potremmo tentare di chiederci: perché piace il giallo? In cosa consiste? (…)

➤ Leonardo Sciascia

da *www.railibro.rai.it*

2 *Ricostruisci questa frase di Leonardo Sciascia con le parole della lista.*

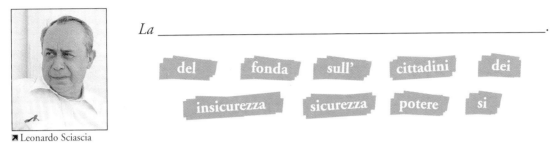

La _____.

del   fonda   sull'   cittadini   dei
insicurezza   sicurezza   potere   si

▲ Leonardo Sciascia

3 *Coniuga i verbi al **trapassato prossimo** o all'**imperfetto**.*

Lui e il suo complice avevano impiegato una decina di minuti per riempire le borse. Abbastanza perché arrivasse una pattuglia della polizia. La moglie *(premere)* _____ un bottone d'allarme di cui loro non *(sapere)* _____ nulla. Il basista *(giurare)* _____ che non *(esserci)* _____ nessun allarme nascosto ma in realtà non *(controllare)* _____. Mai fidarsi degli incensurati che iniziano a commettere reati per pagarsi i debiti di gioco. Affrontano la vita come se fosse una partita a dadi, affidandosi alla fortuna e a una manciata di probabilità.
(Guardarsi) _____ negli occhi. "Fanculo gli sbirri" *(dire)* _____ il suo socio.
"Fanculo tutti" *(dire)* _____ lui.
Il bottino *(essere)* _____ di quelli che ti sistema per la vita e *(valere)* _____ il rischio.

4 *Coniuga i verbi al **trapassato prossimo**, all'**imperfetto** o al **gerundio presente**.*

Lui aveva afferrato la moglie del gioielliere per il collo e l'*(spingere)* _____ fuori dal negozio puntandole la pistola alla testa. Il complice *(tramortire)* _____ il proprietario ed *(uscire)* _____ *(portare)* _____ con sé le borse con i preziosi. Tutti *(iniziare)* _____ a urlare. Loro, gli sbirri, l'ostaggio e i passanti. I due non *(sapere)* _____ cosa fare. Una macchina gialla *(spuntare)* _____ all'improvviso da una traversa e *(ritrovarsi)* _____ nel bel mezzo del casino, a dividere buoni e cattivi.
Ne *(loro - approfittare)* _____. Dopo aver gettato a terra l'ostaggio *(precipitarsi)* _____ a spalancare le portiere della macchina. Al volante *(esserci)* _____ una donna con il volto deformato dallo stupore, sul sedile posteriore un bambino che *(chiedere)* _____ alla mamma cosa *(stare)* _____ succedendo.
(Bastare) _____ pochi secondi per impadronirsi della vettura e fuggire con i nuovi ostaggi. Qualche centinaio di metri dopo la macchina era stata bloccata dalle pattuglie di rinforzo. Lui *(scendere)* _____ con il bambino *(minacciare)* _____ di spargli se non li avessero lasciati passare, e quando *(convincersi)* _____ che gli sbirri non *(avere)* _____ nessuna intenzione di obbedire *(tirare)* _____ il grilletto. Il proiettile *(entrare)* _____ tra il collo e la spalla e *(attraversare)* _____ il corpo, *(uscire)* _____ da un fianco.
Il bambino *(afflosciarsi)* _____ sull'asfalto. L'urlo della madre *(sovrastare)* _____ per un attimo ogni rumore.

da Massimo Carlotto, *L'oscura immensità della morte*, e/o, 2004

10 esercizi — GIALLO ITALIANO

5 Inserisci le **preposizioni** negli spazi _ _ _ e le parole negli spazi _____.

| a - a - di - di - di - nei | intellighenzia - letteratura - miei riguardi - puro intrattenimento - prima vista - segno diverso |

Libri. Camilleri entra nei Meridiani, il giallo italiano diventa letteratura

"Il giallo promosso _ _ _ _____, da quel genere _ _ _ _____ che era una volta. Di certo non una commercializzazione della collana". Pacato e sintetico come sempre, Andrea Camilleri definisce così il suo ingresso nella prestigiosa collana *I Meridiani* della Mondadori, anticipando - e rispondendo - ad eventuali polemiche di quella parte _ _ _ _____ che potrebbe storcere il naso davanti all'iniziativa.

↗ Andrea Camilleri

"È un'operazione _ _ _ _____ - spiega l'autore siciliano - da quello che si può pensare _ _ _ _____. D'altra parte non basterebbe il mio solo volume per applicare questa etichetta - prosegue - Poi i critici letterari su di me si sono già ampiamente espressi e non tutti sono francamente così negativi _ _ _ _____".

| a - al - alla - alle - di - di - di - di - in | ciò - paraletteratura - passato - polemiche - prima - questo genere - questo libro - romanzo giallo - un traguardo |

Bando _ _ _ _____, pensa che questo volume rappresenti finalmente la consacrazione del giallo? "Una collana come *I Meridiani* si apre _ _ _ _____; però devo ricordare che sono stati pubblicati _ _ _ _____ scrittori come Graham Green che hanno una struttura certe volte giallo-spionistica. La concezione del romanzo giallo in Italia - specifica il "padre" di Montalbano - non cambia oggi e non cambia per questo. È già cambiata, da quel livello _ _ _ _____ che era, molto tempo fa; basta ricordare anni fa l'iniziativa della Treccani che dedicò _ _ _ _____ un intero capitolo come fenomeno sociologico".

A questo punto sente di essere entrato nel Tempio della Letteratura?
"La prima copia _ _ _ _____, appena finito di rilegare, mi è stata data mentre mi veniva consegnata una laurea *Honoris Causa* all'Università Iulm di Milano, pochi giorni fa. Ecco, questo libro è per me la seconda laurea, che giungeva contemporaneamente _ _ _ _____. Devo anche aggiungere che si tratta sempre _ _ _ _____: avere una sorta di testimonianza di una parte consistente della mia opera quantifica concretamente il peso materiale _ _ _ _____ che ho fatto".

da *www.rainews24.rai.it*

GIALLO ITALIANO — esercizi 10

6 *Rimetti in ordine nella colonna di sinistra i paragrafi dell'inizio del romanzo "Io uccido" di Giorgio Faletti.*

Porta da anni la sua faccia appiccicata alla testa e la sua ombra cucita ai piedi e ancora non è riuscito a capire quale delle due pesa di più.	
	Qualche volta prova - al quale una - ha tagliato - a un chiodo e restare - lì, come - mano pietosa - l'impulso irrefrenabile di - seduto a terra, - staccarle e appenderle - un burattino - i fili.
A volte la fatica cancella tutto e non concede la possibilità di capire che l'unico modo valido di seguire la ragione è abbandonarsi a una corsa sfrenata sul cammino della follia.	
	Tutto - di facce - inseguirsi - e ombre - un continuo - intorno è - e voci,
persone che non si pongono nemmeno la domanda e accettano passivamente una vita senza risposte per la noia o il dolore del viaggio,	
	ogni - cartolina - di - stupida - accontentandosi - qualche - spedire - tanto.

da Giorgio Faletti, *Io uccido*, Baldini Castoldi Dalai, 2003

Giorgio Faletti

ESERCIZI 11
geografia
MARI E MONTI

1 *Collega i verbi di sinistra con le parole di destra e ricostruisci le espressioni. Poi inseriscile al posto giusto nel testo.*
*Attenzione: tutti i verbi vanno all'**infinito**, solo uno va coniugato.*

assumere	alla larga
cedere	alla tentazione
girare	al minimo i rischi
ridurre	a vuoto
stare	presente
tenere	una posizione ad uovo

Andare in montagna

Il tempo
(...) Bisogna _____ che i fulmini sono attratti da oggetti a punta ed elevati, quindi alberi o spuntoni di roccia. Di conseguenza sarà bene evitare di sostare vicino a oggetti del genere, o di essere l'oggetto più alto della zona. Se tuttavia questo non è possibile e si avvertono i segnali dell'imminenza del fulmine (capelli che si drizzano, metalli che crepitano), bisogna _____, con la testa rannicchiata fra le ginocchia.

L'orientamento
(...) Ci sono itinerari che non è del tutto consigliabile percorrere se non si è accompagnati da persone che li conoscono. In certe zone perdere il sentiero significa _____ senza riuscire a scendere a valle. Non ci si può fare un'idea adeguata di questo se non lo si prova. Ma naturalmente è meglio non provarlo!
(...) E se ci si perde? Non bisogna _____ di scendere a tutti i costi; è preferibile ricercare, con calma e attenzione, la traccia. Se si sono seguite le avvertenze sopra esposte, la si ritroverà.

Infortuni ed incidenti
(...) Quanto alle situazioni ed ai luoghi intrinsecamente pericolosi, bisogna ricordare che:
- il ghiaccio è sempre un'insidia da cui _____, se non si è adeguatamente attrezzati e preparati;
- infine in luoghi molto assolati, vicino a corsi d'acqua, nelle pietraie e nell'erba si può nascondere l'insidia delle vipere; se si procede con passo pesante, si batte a terra con un bastone e si evita di posare le mani in luoghi dove la vegetazione nasconde il terreno, si _____.

magari

2 *Completa il testo con l'**indicativo presente** del verbo preceduto, quando necessario, dal pronome spersonalizzante **si**, come nell'esempio. Attenzione: in due casi devi usare il pronome doppio **ci si**.*

Si va, sulla montagna...

Roberto Vitali

Quando *(parlare)* **si parla** di turismo accessibile molto spesso *(eliminare)* _____ a priori la montagna come destinazione, proprio perché qui le barriere generate dalla natura sono veramente molte.

Ma tutto diventa più semplice se, come ho fatto io, *(rivolgersi)* _____ a Sportabili, una associazione in provincia di Trento che *(organizzare)* _____ attività sportive per persone con disabilità fisiche. Sono diversi i modi in cui *(potere)* _____ sciare quando *(avere)* _____ problemi motori. Nel caso di persone che non ce la fanno a sciare con le proprie forze è stato realizzato un biscì (così si chiama) con il quale, guidati da istruttori esperti, *(potere)* _____ provare l'emozione della discesa sulle piste.

Questa attrezzatura la *(trovare)* _____ direttamente presso Sportabili.

L'impianto utilizzato per queste mie prove *(essere)* _____ quello di Castellir a Bellamente. Ci troviamo nella parte più bella della Val di Fiemme dove è possibile praticare sci di fondo su percorsi di diverse difficoltà. Tutti gli anni qui *(svolgersi)* _____ la Marcialonga, manifestazione sportiva dedicata allo sci di fondo su un percorso di 70 km!!!

Ma in montagna *(potere)* _____ andare anche d'estate. La prima escursione, che ricordo con piacere, mi ha portato con l'handybike in Val Venegia. Dopo un percorso di circa un chilometro e mezzo, con tratti anche difficoltosi, ho raggiunto la Malga Venegia. All'arrivo siamo stati gratificati dalla vista delle Pale di San Martino e da una abbondante razione di polenta e funghi nonché di yogurt fresco ai frutti di bosco (da provare!). Ma l'emozione più bella è quando *(stendersi)* _____ sul prato: da questa posizione infatti *(dominare)* _____ tutte le vallate sottostanti. Davvero una sensazione indescrivibile. Una seconda gita mi è stata organizzata da Sportabili nel Parco Naturale a Paneveggio. Il centro visitatori *(garantire)* _____ servizi accessibili. Muoversi nel bosco in carrozzina riserva la piacevole sorpresa di scoprire che non è poi così difficile praticare percorsi nella natura, se chi ha progettato questi tragitti ha prestato attenzione ai problemi di chi *(spostarsi)* _____ in sedia a rotelle. Il bosco è stupendo e al suo interno *(provare)* _____ anche l'emozione di attraversare un ponte sospeso sopra una cascata, in puro stile Indiana Jones!

Come concludere questa escursione se non con un pic-nic? Noi abbiamo fatto un pasto a base di salsicce e polenta in prossimità del lago. Devo dire che l'associazione in questo *(essere)* _____ veramente organizzatissima.

da www.sportabili.org

3 *Riscrivi il testo sostituendo la costruzione **uno/la gente** + verbo con la costruzione spersonalizzante **si/ci si** + verbo. Attenzione: in alcuni casi devi trasformare anche l'aggettivo o il passato prossimo (ausiliare e participio).*

Quando **la gente viaggia**, senza lo stress della routine, **si guarda** attorno e, ovunque, in quasi tutte le città del mondo, **incontra** chioschi che partecipano all'immagine e alla vita della strada: alcuni sono squallidi container trasformati, alla buona, in punti di ristoro, altri sono tristi baracchini in vetro o alluminio, che, addirittura fanno paura al viaggiatore per la scarsa qualità e igiene, ma, poi, ci sono quelli che attirano il turista perché sembrano al posto giusto nel momento giusto, e, persino, decorano lo scenario urbano. Perciò, in giro per la città, quando **uno ha** fame, **pensa**: «Come sarebbe bello assaporare un piatto mordi e fuggi con lo scenario del Colosseo, o di Piazza San Marco o osservando i panni stesi di una stradina nel cuore di Napoli, e sentirmi parte di questa città!».

La cucina di strada esercita da sempre un certo fascino sul viaggiatore: **uno è** solo e, allo stesso tempo, insieme agli altri, visto che si crea facilmente un'atmosfera di complicità, per cui spesso **uno scambia** due parole, una battuta, perché la situazione induce un senso di confidenza non comune (ricordiamo il modo di dire: "non abbiamo mai mangiato nello stesso piatto", per indicare la mancanza di confidenza con quella persona). Ovvero, la cucina di strada come

11 esercizi — MARI E MONTI

arte della comunicazione; è al tempo stesso un fatto privato (spesso **uno si ferma** a mangiare da solo, contrariamente a quando **uno va** al ristorante o al bar, accompagnato da amici o parenti), e un evento pubblico, perché avviene per strada o in locali aperti agli sguardi di tutti.

Cucina da strada o cibo da strada, o *street food* (che suona più *chic*): modi diversi di chiamare la pratica culinaria basata sulla preparazione, esposizione, consumo e vendita di prodotti alimentari in strade o mercati, realizzata da venditori ambulanti. A Firenze ancor oggi per strada **la gente compra** i panini imbottiti di lampredotto. In Romagna **la gente mangia** la piadina. Nel Lazio, lungo le strade dei Castelli romani, **uno incontra** spesso chioschi che vendono panini con la porchetta. A Napoli **la gente ha mangiato** per secoli in strada maccheroni, fritti, dolci (per non parlare della pizza) e ancora adesso **uno trova** posti in cui gustare camminando queste specialità. A Palermo il *pane ca meusa* (ossia con la milza) è un alimento caratteristico offerto nei quartieri popolari e nei mercati della città. A Cagliari mangiare ricci di mare è un vero e proprio rito, soprattutto maschile, e un po' ovunque fioriscono chioschi all'aperto dove gustarli in piedi. In Sicilia e Sardegna i fichi d'india sono cibo di strada sin dal Settecento. E **uno potrebbe** continuare con gli esempi toccando un po' tutte le regioni della penisola, e in specie le città dell'Italia meridionale.

da www.taccuinistorici.it

4 Completa il dialogo con i **pronomi** diretti, indiretti, riflessivi, spersonalizzanti, combinati e le particelle **ci** e **ne**.

Lei - Eccomi.
Lui - Ciao!
Lei - Finalmente.
Lui - Come stai?
Lei - Bene tesoro, tu?
Lui - Bene. Appena arrivato, anch'io.
Lei - Guarda un po'… una sorpresa…
Lui - Che cos'è?
Lei - Un depliant…
Lui - ____ ____ fai vedere?
Lei - Certo.
Lui - Che cos'è?
Lei - Allora, siamo passati in agenzia io e Valeria, uscendo dall'ufficio. ____ ricordi che l'anno scorso loro sono andati in vacanza…
Lui - In Sardegna?
Lei - Sì, in Costa Smeralda, a Porto Cervo.
Lui - Sì.
Lei - Allora, ____ ____ hanno parlato benissimo.
Lui - Bello. ____ vanno anche quest'anno?
Lei - ____ andiamo anche noi. Ho prenotato due settimane alla fine d'agosto.
Lui - Eh… Anche noi?
Lei - Certo. Scusa, L'anno scorso siamo andati alle Eolie, siamo stati benissimo. ____ ____ ricordi?
Lui - Sì, siamo stati bene. Però, ____ ____ dico subito…
Lei - Che?
Lui - …quest'anno al mare non ____ vengo.
Lei - Ma come non ____ vieni…
Lui - No, amore dai non… Proprio non … Non ____ ____ faccio anche quest'anno.
Lei - Eh… e allora?
Lui - Eh…e allora non ____ so…
Lei - Dove andiamo?
Lui - In montagna.
Lei - Come in montagna…
Lui - ____ ____ avevi promesso, ma non ____ ricordi?
Lei - Io?
Lui - Sì, quando siamo venuti via dalle Eolie…
Lei - No no, in montagna d'estate…
Lui - …l'anno scorso ____ hai detto: amore, quest'anno siamo andati al mare, il prossimo anno andiamo in montagna.
Lei - No no no, in montagna ____ ____ annoia d'estate, io… No, non ____ ____ faccio…
Lui - Nooo, in montagna ____ fanno belle passeggiate, ____ va a vedere i laghi… è bellissimo…
Lei - Sì ma come facciamo con… con Valeria e Luca, scusa. Chi ____ dice adesso?
Lui - A Luca ____ dico io questa sera al calcetto, intanto…
Lei - Sì, ma che cosa ____ dici?
Lui - ____ dico che… che.. che… che vengono insieme a noi in montagna.
Lei - Sì, Luca… tu ____ ____ porteresti Luca in montagna?
Lui - Sì.
Lei - Ma è pigro!
Lui - Ma no… ma dai… adesso perché ____ vedi così… ma… secondo me invece… nooo… no…
Lei - Eh sì, e con l'agenzia come facciamo? Chi ____ dice?
Lui - All'agenzia ____ diciamo insieme. Domani andiamo…
Lei - No no no, ____ fai tu. Basta, io ho provato a organizzare una cosa…
Lui - No, ____ andiamo insieme.
Lei - …come vedi ho sbagliato, allora ____ pensi tu per favore.
Lui - No, hai prenotato tu e domani ____ diciamo insieme. ____ andiamo insieme, ____ vengo a prendere dall'ufficio. Dai… Su…
Lei - No, no… Va bè… Comunque decidi sempre tu. Non cambia mai.
Lui - Ma figurati!

5 *Scegli l'espressione giusta.*

La mia vacanza a Favignana

Siccome/Mai/Ormai le mie vacanze sono un lontano ricordo, ma vorrei comunicare a tutti le mie impressioni e i consigli utili su un'isola siciliana molto bella e poco pubblicizzata: FAVIGNANA!

1) Per il soggiorno sconsiglio i villaggi *all inclusive*. Favignana è un'isola molto piccola e ogni giorno *si può/può/uno si può* visitare una baia diversa. Sono tutte bellissime e sarebbe limitativo essere legati ad un villaggio. *Si può/Si possono/Se ne possono* prenotare appartamenti privati o in residence tramite internet.

2) Utilissimo al momento della prenotazione sarebbe riservare uno *scooter*! È il mezzo più utilizzato sull'isola dopo la bicicletta. Come già detto l'isola è molto piccola e *se la/si la/la si* può girare tutta in poco tempo. Inoltre le strade che raggiungono le baie sono una vera e propria avventura! Non sono asfaltate e sono piene di sassi di tufo! Ma *è proprio/così è/perché è* questo che rende Favignana così selvaggia!

3) *Inoltre/Oltre/A parte* alla maschera, per vedere i fantastici fondali, ricordatevi le scarpette per gli scogli. Io non *mi ci/me ne/me le* sono portate e ho i piedi pieni di tagli.

4) Per gli amanti del pesce è l'isola giusta: i tanti ristorantini del centro *lo/che/li* cucinano in modo divino. Le specialità sono il tonno e la bottarga… Ottimi!!! Anche il pane e la pizza meritano notevolmente!!
Non dimenticate di prenotare il ristorante, altrimenti rischiate di rimanere senza cena… *proprio/anche/perciò* come è successo a me! Lì i ristoranti sono sempre pienissimi e trovare un posticino rischia di diventare una *mission impossible*.

5) Sconsiglio le escursioni con le varie agenzie, meglio fare tutto da soli o con un pescatore locale,

▸ La caratteristica bottarga

risparmia/si risparmiano/si risparmia soldi ed il giro è più caratteristico!

6) Per chi vuole godersi una splendida vista della costa siciliana, di tutta Favignana e delle altre isole delle Egadi consiglio di fare una visita al castello di S.ta Caterina. Non è tenuto benissimo *però/poiché/proprio* la vista è incantevole. Unico inconveniente: per raggiungere la vetta bisogna salire a piedi… una salita di circa 1 ora e ½ !!!!

A Favignana la gente ha uno stile di vita completamente differente dal nostro, tutto viene preso con calma e lo stress allontanato con uno sguardo verso il mare splendido.

A chi avesse l'intenzione di visitare quest'isola dico di non scoraggiarsi se *si/gli/li* capiterà di perdersi: le indicazioni scarseggiano, ma anche questo è bello perché molte volte *si imbattono/ci si imbattono/ci si imbatte* in posti bellissimi e poco affollati.

Il turista dai favignanesi non è visto molto bene, noi *perché/dopo tutto/sebbene* siamo quelli che nei mesi estivi invadono l'isola e che intasano le vie del piccolo centro la sera bevendo e ballando, ma basta non esagerare e non prestare attenzione alla, a volte, poca disponibilità.

In conclusione le mie sono state delle bellissime vacanze. Il mare merita veramente di essere non solo visto e fotografato ma anche vissuto. Favignana è un'isola stupenda e io *ve la/me la/vi* consiglio vivamente!

da www.turistipercaso.it

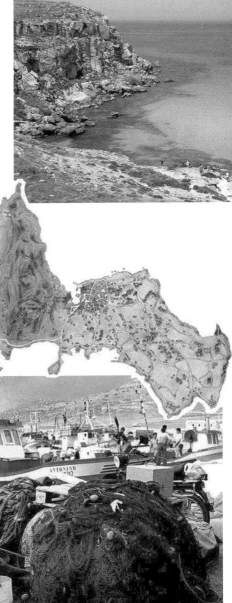

ESERCIZI 12
società
PERIFERIA E ARCHITETTURA

1 *Completa il testo inserendo negli spazi i **pronomi relativi** e i **pronomi relativi doppi** della lista.*

ciò che · ciò che · che · che · che · che · che · chi · chi

La torre pendente

Il problema (e il mistero) della pendenza della torre di Pisa è _____ più di ogni altro ha affascinato ed incuriosito, nel corso del tempo, non solo _____ ha avuto la fortuna di salire sulla torre, ma anche gli appassionati d'arte e gli studiosi _____ hanno cercato di carpirne i segreti. Di certo è _____ ha reso celebre ovunque questo monumento.

La torre, concepita come un edificio dritto, fu costruita tra il 1173 e il 1360. Fin dalle prime fasi dei lavori si verificarono dei cedimenti a causa della natura argillosa del terreno. Tuttavia l'oscillazione fu minima fino al 1838, quando fu deciso, per esigenze di natura storica ed estetica, di liberare la base del campanile dallo strato di terra _____ la copriva da secoli. Questo intervento fece perdere l'equilibrio acquisito alla torre, _____ da quel momento subì una considerevole accelerazione nel movimento di pendenza _____ durò alcuni anni e _____ poi fortunatamente si assestò nella misura di circa un millimetro l'anno. Dopo alcuni anni di chiusura, dal 2001 _____ vuole visitare la torre può di nuovo tentare l'impresa e sfidare la strettissima scala a chiocciola composta da 294 gradini.

da *http://torre.duomo.pisa.it*

2 *Nel testo sono state scambiate cinque coppie di parole, che ora sono **sottolineate**. Rimetti a posto il testo.*

L'Auditorium di Roma è strutturato come una vera e propria "Città della Musica": una grande area polifunzionale con tre sale per concerti, un anfiteatro all'aperto, sale prova/registrazione insieme a negozi, bar e ristoranti.

↗ Renzo Piano

Renzo Piano, incaricato della realizzazione del nuovo Auditorium di Roma, ha ideato tre monumentali **volumi** come tre gigantesche casse **surreale**. Le tre costruzioni spiccano in mezzo al verde di un grande **teatro** alberato e creano una sequenza di **sale** fortemente connotati. Il tutto si articola intorno ad una grande *cavea*, fulcro vivo e palpitante di tutta la composizione architettonica.

La **perfezione** tecnica delle tre Sale per la Musica rende il progetto di Renzo Piano eccezionale non solo per le soluzioni architettoniche ideate, ma anche per il grado di **realizzazione** acustica raggiunto in ciascuno degli ambienti.

La Sala Santa Cecilia, la più grande, è coperta da un imponente "contro soffitto", vera e propria **ribalta** concettuale, regolabile per ottimizzare il suono.

La Sala Sinopoli da 1200 posti è caratterizzata da una grande flessibilità distributiva (le scene e le poltrone stesse si adattano ad ogni tipo di spettacolo).

La Sala Petrassi è configurata classicamente come un **parco** tradizionale. Entrare in ciascuna di queste tre magnifiche sale vuol dire vivere l'esperienza magica e **armoniche** di penetrare all'interno della "pancia" di un gigantesco strumento musicale per vibrare insieme ad ogni nota.

L'Auditorium di Roma si propone, dunque, come uno spazio nuovo, moderno, d'avanguardia, un tempio della Musica che porta Roma alla **innovazione** non solo nel campo delle Arti Musicali ma anche nell'ambito dell'Arte e dell'Architettura Contemporanea.

da *www.activitaly.it*

3 Riscrivi le frasi **evidenziate** utilizzando la **costruzione scissa**, implicita o esplicita. Completa inoltre il testo con i **pronomi relativi** negli spazi _ _ _ _ utilizzando, dove necessario, le **preposizioni** della lista qui sotto, come nell'esempio.

ai - ~~con~~ - da - del - delle

Il ponte di Calatrava nel Canal Grande

Il centro della città bloccato e migliaia sulle sponde per veder passare a pochi centimetri dai ponti la gigantesca chiatta che porta i pezzi della nuova opera

↘ Il ponte di Calatrava

VENEZIA - La lunga notte di Calatrava ha lasciato per ore la città con il fiato sospeso. **Migliaia di persone sulle rive guardavano preoccupate** (_____ _____ _____), dentro un silenzio profondo e in un'atmosfera irreale, il passaggio del grande convoglio *con cui* venivano trasportati sull'acqua i primi due pezzi del ponte del grande architetto spagnolo _ _ _ _ collegherà la stazione con Piazzale Roma. Paura, e tensione, soprattutto al momento del passaggio sotto il ponte di Rialto, dove le distanze erano minime, appena pochi centimetri dalle rive, meno di un metro di altezza dalla sommità dell'arcata cinquecentesca dello storico ponte. Ma tutto è filato liscio.

Da 11 anni Venezia aspetta (_____ _____ _____) il suo quarto ponte sul Canal Grande. Undici anni di attese, di errori, calcoli sbagliati, polemiche, baruffe e di costi triplicati. Anche per questo c'erano molti timori per il pericoloso viaggio nella notte, con il Canal Grande chiuso dalle 23 alle 6, niente barche né gondole né vaporetti, i pontili sbarrati, la circolazione pedonale vietata sui ponti e anche su alcune rive e alcune calli. *Da ore la gente aspettava* (_____ _____), e qualcuno si era portato anche le sedie da casa.

A mezzanotte la chiatta "Susanna", un bestione lungo 50 metri e largo 16, che trasporta le due "spalle" di Calatrava, *fa la sua apparizione* (_____ _____) alla punta della Salute, _ _ _ _ si dirige lentamente verso il Canal Grande, favorita dalla bassa marea _ _ _ _ proprio in quel momento sta iniziando il suo ciclo, agevolando così il passaggio sotto i tre ponti dell'Accademia, di Rialto e degli Scalzi.

La gigantesca chiatta era partita alle 20.30 dal cantiere di Marghera e alle 23 era arrivata in prossimità di Venezia. Ma *proprio l'ultima parte era la più rischiosa* (_____ _____)

perché l'enorme convoglio occupava quasi interamente la larghezza del Canal Grande, sfiorando le rive, i pontili e le "bricole", quei pali di legno _ _ _ _ si legano le barche.
Il primo passaggio pericoloso è avvenuto alle 0.15 sotto il ponte dell'Accademia, il secondo alle 0.30 alla curva stretta di Palazzo Grassi, eseguita precisa, come un colpo di biliardo. Ma il punto più pericoloso era il passaggio sotto il ponte di Rialto, ai lati _ _ _ _ si era radunata una grande folla. La chiatta, secondo i programmi, doveva arrivarci alle 2 e impiegarci due ore e mezza per passarci sotto. È arrivata all'1, con un'ora di anticipo, e per passarci sotto ci ha impiegato, senza intoppi e difficoltà, solo mezz'ora. Lenta, anche se non lentissima, e precisa, precisissima. Quando la sua sagoma è sbucata dall'altra parte, all'1.35, e ha curvato per imboccare diritto il Canale, è partito il primo, caldo e spontaneo applauso dalla folla. La tensione si è sciolta, sopra il ponte un gruppo di ragazzi ballava e cantava l'inno di San Marco. Finire il viaggio, 6 ore in tutto, _ _ _ _ 3 e mezzo lungo il Canal Grande, è stato poi uno scherzo.

da *www.repubblica.it*

↗ La Basilica di San Marco

↗ Il ponte di Rialto

12 esercizi — PERIFERIA E ARCHITETTURA

4 *Completa le frasi con la **costruzione scissa**, come nell'esempio. Attenzione: in alcuni casi è appropriata solo la costruzione scissa implicita, in altri solo quella esplicita, in altri tutte e due. In un caso la costruzione scissa non è possibile: completa la frase nel modo più adatto.*

Esempio: Ti ringrazio.
No, sono io **che ti ringrazio / a ringraziare te**.

1. Il tuo ragazzo è proprio uno stupido!
   No, è sua sorella _____.

2. Ho sentito che Roberto voleva andare in Spagna.
   No, è Franco _____.

3. L'Inter vincerà lo scudetto!
   No, sarà la Roma _____.

4. Il gatto ha mangiato tutto il pesce.
   No, è stato il cane _____.

5. Sei andato a Corviale ieri?
   No, è Marta _____.

6. Milano è la città più grande d'Italia.
   No, è Roma _____.

7. Tua sorella è più piccola di te?
   No, è mio fratello _____.

8. Domani sera prenderò la macchina.
   No, sarò io _____.

9. Sei stata bocciata all'esame?
   No, Luisa _____.

10. Hai più visto il tuo ex ragazzo?
    No, è mia madre _____.

5 *Uno dei minidialoghi dell'attività precedente non può essere completato utilizzando la frase scissa. Completalo nel modo che ritieni più opportuno.*

_____

6 *Ricostruisci questa frase di Renzo Piano con le parole della lista.*

architetto   avventura   bella   costruire   di   è
per   per   quella   sala   una   un

...la più _____

_____ concerti...

Renzo Piano

ESERCIZI 13
arti
CINEMA

1 *Inserisci negli spazi le parole che ti sembrano più appropriate. Attenzione: in quattro spazi devi inserire le coppie di parole qui sotto. Le coppie di parole sono in ordine.*

1. primi film
2. minor numero
3. grandi città
4. morte violenta

Il cinema d'autore

Michelangelo Antonioni

Alla fine degli anni '50 s'imposero all'attenzione anche tre _____ che non potevano essere incasellati in alcun filone: Federico Fellini, Michelangelo Antonioni e Pier Paolo Pasolini. Il più famoso e importante, anche per i suoi cinque _____ Oscar, è certamente Federico Fellini (1920 - 1993).
Nonostante il successo dei suoi _____, nel 1960 con il _____ *La dolce vita*, Fellini abbandonò gli schemi narrativi tradizionali e approdò ad un universo circense onirico e fantastico, spesso di difficile lettura per il _____ ma molto amato dalla critica. Disse lui stesso: "Il cinema somiglia moltissimo al circo. È probabile che se il circo non fosse esistito, io non avrei mai fatto cinema".
Conosciuto come il maestro dell'alienazione e dell'incomunicabilità, Michelangelo Antonioni (1912 - 2007) produsse, negli anni '60, una trilogia (*L'avventura, La notte, L'eclisse*) entrata di diritto nella _____ del cinema italiano. Con questi film, ma anche con altri capolavori che li seguirono, la sua cinematografia, lenta e riflessiva, divenne proverbiale. A tale proposito _____: "Sento il bisogno di essere asciutto, di dire le cose il meno possibile, di usare i mezzi più semplici e il _____ di mezzi".

Pier Paolo Pasolini (1922 - 1975) è stato senz'altro la più autorevole figura di intellettuale che l'Italia abbia avuto nel dopoguerra. Intellettuale a tutto tondo, fu romanziere, saggista, poeta, drammaturgo, regista. Esordì nel cinema nel 1961 con *Accattone*, che narrava del sottoproletariato che vive nelle periferie delle _____ senza alcuna speranza per un miglioramento della propria condizione, a cui non resta che la morte come via di uscita da una condizione disperante. Fin dai suoi inizi dietro la _____ da presa realizzò come il cinema fosse un linguaggio completamente _____ dalle altre arti e in principal modo dalla letteratura: "La grande difficoltà che uno scrittore deve affrontare per esprimersi «girando» è che nel cinema non esiste la metafora. Tutta la lingua scritta consiste praticamente in una serie di metafore, più o meno concentrate, ora lunghe con paragoni e similitudini, ora immediate. Nel cinema

Pier Paolo Pasolini

tutto ciò non esiste".
Girò oltre venti film, tutti geniali e provocatori, fino alla _____, avvenuta nel 1975.

Federico Fellini

13 esercizi CINEMA

2 *Completa il testo con i verbi al **congiuntivo imperfetto**, **passato** o **trapassato**.*

Il Neorealismo

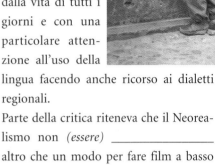

Gli anni dell'immediato dopoguerra rappresentano il periodo forse più difficile che l'Italia *(attraversare)* _____ nella propria storia moderna. Ma fu proprio in quella realtà di disperazione mista a speranza che un gruppo di registi trovò ispirazione: la guerra aveva messo il Paese in ginocchio, ma sembrava a molti che l'Italia *(superare)* _____ ormai _____ il peggio e che *(giungere)* _____ il momento di parlare del passato più recente e del presente nel modo più diretto possibile e che *(bisognare)* _____ farlo in un linguaggio comprensibile a tutti.

Caratteristica del Neorealismo era infatti il rappresentare la situazione reale del Paese attraverso opere che *(trattare)* _____ principalmente di famiglie povere, con attori non professionisti ripresi dalla vita di tutti i giorni e con una particolare attenzione all'uso della lingua facendo anche ricorso ai dialetti regionali.

Parte della critica riteneva che il Neorealismo non *(essere)* _____ altro che un modo per fare film a basso costo.

3 *Completa il testo con i verbi al **congiuntivo imperfetto**, **passato** o **trapassato**. Attenzione: in due casi devi inserire gli avverbi qui accanto tra ausiliare e participio del tempo composto.*

già   sempre

Ciak, parla Bertolucci

A Venezia gli verrà conferito il Leone d'Oro. Qui il regista apre la stanza dei suoi ricordi.

Il Leone d'Oro 2007 - Non è un Leone d'Oro alla carriera, che odora di prepensionamento, ma per il 75° compleanno della Mostra. È come identificarmi con il Cinema. Che cosa si può volere di più di questi tempi?

Marlon Brando - Come l'ho convinto a fare *Ultimo tango a Parigi*? Veramente volevo che ad interpretare quel ruolo *(essere)* _____ Trintignant, ma lui quasi piangendo mi disse che non poteva girare un film nudo, con scene di sesso. Così andai da Belmondo e da Delon. Belmondo quasi mi cacciò. Ancora non ne sono sicuro ma credo che, dopo aver saputo di cosa trattava il film, *(pensare)* _____ che *(essere)* _____ un pornografo; Delon invece mi disse di sì ma a condizione che *(produrre)* _____ lui stesso il film. Rifiutai: non potevo essere controllato da un produttore anche attore. Così incontrai Brando, a Parigi. Il mio inglese allora era così terribile che gli raccontai in due minuti la storia. A me mancavano le parole mentre Brando sorrideva guardando il piede che agitavo nervosamente. Volle vedere *Il conformista*[1] e mi invitò a Los Angeles per parlare del film. In verità parlammo di tutto tranne che del film.

Alla fine gli dissi che volevo che nel film *(esserci)* _____ il Brando con cui passavo ore a parlare a cena in ristoranti giapponesi deserti. Quello dell'Actor Studio non mi interessava.

Quindi lo portai alla prima grande mostra a Parigi del pittore Francis Bacon: volevo che *(vedere)* _____ quei ritratti, che *(sentire)* _____ in quelle opere il dolore e la disperazione che cercavo nel suo personaggio.

Sul set c'era un'atmosfera molto intensa. Maria Schneider ne rimase sconvolta ma credo che anche Brando *(risentire)* _____ di quella pesantezza. Dopo il film ci lasciammo benissimo ma per dieci anni non volle più vedermi. Poi, mentre stava girando *Apocalypse Now* mi chiamò.

Andai a trovarlo e sembrava che non *(passare)* _____ nemmeno un giorno. Era già molto grosso, di una pienezza orientale, eppure era molto bello.

[1] **Il conformista**: film del 1970 con il quale Bertolucci viene conosciuto anche fuori dall'Italia.

CINEMA esercizi 13

Attori - Ci sono attori che non sbagliano mai come Stefania Sandrelli, così istintiva e intuitiva. Bastavano poche indicazioni e lei recitava in modo perfetto: sembrava che il film l'*(fare)* _____. Altri, come De Niro, hanno bisogno di una spiegazione e poi partono per la loro strada. Ricordo che a Depardieu bastava che gli *(io - dare)* _____ una spinta dietro la schiena che lui entrava in azione senza bisogno di parole. Burt Lancaster invece era un chiacchierone. Accettò il ruolo in *Novecento* perché diceva che quella parte gli ricordava quella del *Gattopardo*. Gli dissi che però costava troppo e non potevo pagarlo. "E allora vengo gratis", mi rispose.

Perché faccio film - Non so ballare, non so

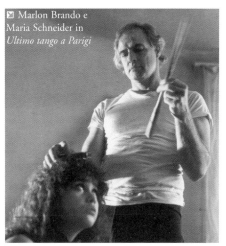
Marlon Brando e Maria Schneider in *Ultimo tango a Parigi*

suonare e le poesie ho smesso di scriverle quando ho cominciato a fare film. La svolta fu a 18 anni, quando mio padre mi portò a vedere *La dolce vita* prima che *(venire)* _____ doppiato.

Fellini temeva la censura e organizzò una proiezione per Pasolini, mio padre e altri intellettuali pensando che *(potere)* _____, eventualmente, difendere il film. Rimasi letteralmente folgorato. Il film era col suono in diretta, in italiano, inglese, francese, svedese, e sotto la voce di Fellini: "Anita, dai! Smile!", un suono incredibile. Fellini aveva inventato un mondo che non c'era ma per chi lo vedeva sembrava che ci *(essere)* _____.

Quando nel '93 Fellini morì, dissi a Mastroianni che facevo film perché avevo visto *La dolce vita*. Più passa il tempo e più penso che sia veramente così.   da *L'Espresso*

▶ **4** *Inserisci in tre degli spazi le espressioni qui sotto (non sono in ordine). Fa' attenzione alla punteggiatura.*

> attorno   di lì a poco   , o giù di lì

L'estate in cui si fece il Sorpasso

▶ J. L. Trintignant e V. Gassman ne *Il sorpasso*

Come eravamo. O come erano: i solitari di un tempo, i timidi, i prepotenti, gli sbruffoni, gli esibizionisti, le ragazze in fiore di quarant'anni fa _____. Come eravamo in agosto, nell'Italia del boom, in una Roma deserta, così diversa, così vuota, così _____ metafisica. È a ferragosto che inizia il capolavoro di Dino Risi, _____ protagonista una Aurelia "decappottabile e supercompressa", simbolo del ritrovato benessere del Paese _____. Ed è attorno a due caratteri - Bruno Cortona, interpretato da Vittorio Gassman, lo sbruffone quarantenne che vive di espedienti, l'istrionico seduttore, il facilone, l'irresponsabile, l'edonista,

e Roberto, Jean Louis Trintignant, lo studente universitario, timido, ben educato, riservato, bloccato, che non beve, non fuma, non guida _____ ma è pronto a sciogliersi e a lasciarsi sedurre _____ lentamente sotto l'urto della personalità del nuovo, casuale amico - che si sviluppa questo magistrale italianissimo viaggio *on the road* lungo _____ 24 ore della vita dei suoi personaggi.

Risi porta le sue due "maschere" dalle strade vuote di Roma su su verso la Toscana, _____ dove Bruno incontra l'ex moglie e la figlia di sedici anni, che dovrebbe sposarsi _____ con un anziano industriale, per proseguire poi in direzione di Viareggio, dove non arriveranno mai _____.

Dino Risi, in un film veramente "epocale" (annata 1962), ha intrecciato _____ con la sapienza di una vecchia volpe la commedia all'italiana e le perfidie del caso, la comicità e la tragedia, costruendo _____ alla sua coppia mal assortita un pungente spaccato della nuova Italia delle vacanze e delle belle macchine, degli elettrodomestici e di una timida libertà sessuale, delle prime "seconde case", del twist.   da *il Venerdì di Repubblica*

²**Aurelia**: l'Aurelia B24 era una macchina sportiva, simbolo del boom economico e della bella vita.

13 esercizi CINEMA

5 *Riscrivi il testo usando il **discorso indiretto**, come nell'esempio.*

> Andai a casa sua e lo trovai con un caftano arabo e una barba lunga. Era enorme. La testa grande come quella del leone sulla porta. Incuteva terrore. E io che credevo di trovare un romano pacioccone. Mi venne la sudarella. A bruciapelo mi disse: "Ancora non riesco a capire per quale motivo mi viene da ridere quando ti vedo". E poi: "Rifammi un po' quello con gli occhi per aria, rifammi quell'altro...". E mica rideva: mi scrutava serissimo.
> Leone mi propose di fare solo l'attore in un film che voleva produrre per la regia di Steno, poi mi portò dalla Wertmuller con cui attaccai a lavorare a un eventuale soggetto, finché un giorno, con il suo solito fare risoluto, mi disse: "Ci ho riflettuto sopra, il soggetto devi scrivertelo da solo".
> Così alla fine gli lascio un soggettino. Ci dovevamo risentire dopo dieci giorni ma mi richiamò dopo tre: "Vieni oggi alle 4". Ah, penso, vuoi vedere che gli è piaciuto. Sulla porta prese il soggetto e me lo lanciò addosso: "Ma non scrivere più queste stronzate... Ora mettiti seduto. Vediamo un po' di fare questo film. Oppure... te lo fai da solo". "Da solo?". "Ma non hai fatto il Centro Sperimentale?". "Si, ma mica lo so se sono capace...".

Andai a casa sua e lo trovai con un caftano arabo e una barba lunga. Era enorme. La testa grande come quella del leone sulla porta. Incuteva terrore. E io che credevo di trovare un romano pacioccone. Mi venne la sudarella. A bruciapelo mi disse <u>*che ancora non riusciva a capire per quale motivo gli veniva da ridere*</u> _____.
E poi mi chiese _____
_____
_____
_____.
E mica rideva: mi scrutava serissimo.

Leone mi propose di fare solo l'attore in un film che voleva produrre per la regia di Steno, poi mi portò dalla Wertmuller con cui attaccai a lavorare a un eventuale soggetto, finché un giorno, con il suo solito fare risoluto, mi disse _____
_____
_____
_____.
Così alla fine gli lascio un soggettino. Ci dovevamo risentire dopo dieci giorni ma mi richiamò dopo tre: "Vieni oggi alle 4".

Ah, penso, vuoi vedere che gli è piaciuto. Sulla porta prese il soggetto e me lo lanciò addosso e mi ordinò _____
_____
e _____
_____
_____ - "Vediamo un po' di fare questo film. Oppure... te lo fai da solo". "Da solo?". Mi chiese se _____
_____.
Gli risposi di sì, ma che mica _____
_____.

6 *Ricostruisci la famosa frase che Federico Fellini disse ad un giornalista che gli chiese quale fosse il più "felliniano" dei suoi film.*

↗ Federico Fellini

"Felliniano"... _____.

| avevo | l' | sognato | di | sempre |
| aggettivo | fare | | | |

7 *Questo testo è stato scritto prima dell'inaugurazione della Festa del Cinema di Roma, avvenuta nel 2006. Riscrivilo oggi, al **passato**, come nell'esempio, apportando tutte le modifiche necessarie.*

Presentato il Roma-Film-Festival

Roma città del cinema. Roma sede di una grande Festa Internazionale. Come il sindaco di Roma Walter Veltroni ha precisato alla presentazione ufficiale della kermesse, non si tratterà di un festival tradizionale ma di una vera e propria Festa per il cinema, che rappresenta anche un'importante opportunità per fare crescere la ricchezza e l'occupazione nella Capitale.

L'auspicio del sindaco è che Roma diventi una sorta di capitale anche del cinema, un punto di ritrovo per grandi nomi e per sperimentatori, per critici cinematografici e semplici spettatori che possano ritrovare nella visione di un film un momento di incontro, di svago e di riflessione all'interno della propria città.

La volontà degli organizzatori è infatti quella di mettere in piedi un festival internazionale che sia anche popolare e metropolitano. L'apertura delle celebrazioni e le proiezioni avranno luogo entro le sale dell'Auditorium Parco della Musica di Renzo Piano (suo è anche il logo della manifestazione) ma saranno interessati anche diversi altri luoghi simbolo della città: via Veneto, Piazza del Popolo, Fontana di Trevi, via del Corso, nonché Cinecittà e il Centro Sperimentale di Cinematografia. Una diffusione capillare delle iniziative che permetterà di tenere ben stretti centro e periferia, coinvolgendo gli appassionati e tutti coloro che a un festival cinematografico non sono mai stati.

Le sezioni principali del festival sono tre: *Première*, *Il lavoro dell'attore* e la *Competizione*.

Il programma di *Première* prevede 7 serate di gala dedicate ad anteprime europee ed internazionali, incontri con i registi e una lunga serie di eventi speciali. *Il lavoro dell'attore* sarà l'omaggio offerto dalla città di Roma all'arte della recitazione e ai suoi grandi protagonisti. Il percorso di questa sezione sarà tracciato da proiezioni, dibattiti, laboratori e workshop.

Il cuore della Festa del Cinema è naturalmente lo spazio dedicato alla *Competizione*, con 14 film inediti, provenienti da tutto il mondo. In palio, il premio per il miglior film (al quale andrà un riconoscimento di 200.000 euro), il miglior attore e la migliore attrice. Ma non ci sarà nessuna giuria tecnica a giudicarli: i giudici saranno 50 spettatori scelti dal presidente di giuria, il regista Ettore Scola.

da www.film.it

Roma città del cinema. Roma sede di una grande Festa Internazionale. Come il sindaco di Roma Walter Veltroni aveva precisato alla presentazione ufficiale della kermesse, …

ESERCIZI 14
storia
COSA NOSTRA

1 *Per ogni verbo, decidi se usare la forma **attiva** o **passiva**. Poi coniuga il verbo al tempo indicato: Passato prossimo (PP), Imperfetto (IM), Passato Remoto (PR) o Futuro (F).*

Bernardo Provenzano, il boss dei boss

Si nascondeva a "casa sua", in un casolare del Corleonese: dopo oltre quarant'anni di latitanza *(PP - prendere)* _____ il boss dei boss Bernardo Provenzano. Ricercato dal 1963, *(IM - considerare)* _____ il numero uno della mafia in Italia.
Provenzano *(PP - trovare)* _____ a pochi chilometri da Corleone nascosto in una masseria, in jeans e maglietta: in tasca aveva alcuni "pizzini", i bigliettini di carta scritti a macchina che inviava ai suoi uomini per dirigere i suoi affari milionari, visto che non *(IM - utilizzare)* _____ mai il telefono o il cellulare per evitare di essere intercettato.
Proprio "intercettando" una serie di pizzini scritti dalla moglie e inviati per mezzo di una serie di complici, la polizia *(PP - arrivare)* _____ a lui. In particolare, *(PP - seguire)* _____ anche due pacchi che, dopo diverse tappe, sono giunti nella masseria situata nelle campagne di Corleone dove si era rifugiato Provenzano. Così *(PP - decidere)* _____ l'irruzione nel cascinale, che ha consentito di trovare e catturare Provenzano. Nell'azione *(PP - identificare)* _____ anche alcuni complici che si occupavano della sua latitanza.
Come si è arrivati alla cattura del boss dei boss? «Lo abbiamo preso - spiega il questore di Palermo, Giuseppe Caruso - grazie a indagini condotte in vecchio stile, attraverso pedinamenti e intercettazioni. A un certo punto abbiamo deciso di agire. Provenzano non *(PP - tradire)* _____ da nessuno, non ci siamo avvalsi di pentiti né di confidenti».
Boss incontrastato della mafia, uomo senza volto, ricercato da mezzo secolo dai reparti speciali di Polizia, Carabinieri e Guardia di Finanza è stato un vero e proprio acrobata della clandestinità.
Dal 17 settembre 1958, giorno in cui *(PR - arrestare)* _____ dalla polizia per l'ultima volta, non esistevano altre sue foto. L'ultimo contatto tra le forze dell'ordine e Provenzano risale al 9 maggio del 1963, quando il boss *(PR - convocato)* _____ nella caserma dei Carabinieri di Corleone per accertamenti: fu l'ultima volta che i militari *(PR - vedere)* _____ il volto del boss dei boss. Inizia quel giorno la lunga, interminabile latitanza di Bernardo Provenzano, che è durata sino ad oggi. A dire il vero, le forze dell'ordine, diverse volte, sono state vicinissime ad arrestarlo, ma lui ogni volta *(PP - riuscire)* _____ a scappare.
Dai mafiosi pentiti *(IM - descrivere)* _____ come un uomo "firrignu", cioè forte, capace di dormire per più notti all'aperto, protetto solo da un sacco a pelo. Era anche un uomo molto prudente. Provenzano infatti non *(IM - usare)* _____ telefoni perché sapeva che ogni segnale avrebbe potuto svelare il suo nascondiglio. Così, per dirigere i suoi affari, il boss usava i cosiddetti "pizzini".
La carriera criminale di Bernardo Provenzano comincia negli anni Cinquanta, quando, insieme con Salvatore Riina, altro boss finito in carcere nel '93, diventa il più fidato luogotenente di Luciano Liggio, allora capo di Cosa nostra. Di lui Liggio diceva «spara come un Dio, ma ha il cervello di una gallina», una definizione che *(F - smentire)* _____ da Provenzano negli anni successivi. Il boss approda ai vertici di Cosa nostra all'inizio degli anni Ottanta, dopo avere fatto uccidere tutti i boss rivali. E da allora è rimasto, fino ad oggi, il capo incontrastato di Cosa Nostra.

da *www.corriere.it*

▸ Bernardo Provenzano

2 *Riscrivi alla* **forma passiva** *le frasi* **sottolineate**, *utilizzando gli ausiliari* **essere**, **venire** *o* **andare**.

1. Mafia e Cosa nostra
Mafia è un termine diffuso ormai a livello mondiale con cui ci si riferisce alle organizzazioni criminali.
<u>Il termine si è inizialmente utilizzato</u> → _____ per indicare una organizzazione criminale nata in Sicilia, più precisamente definita come Cosa nostra, <u>la cui origine si deve far risalire</u> → _____ agli inizi del XIX secolo. Pertanto col nome di "Cosa Nostra" si intende esclusivamente la mafia siciliana (anche per indicare le sue ramificazioni internazionali, specie negli Stati Uniti d'America), per distinguerla dalle altre organizzazioni criminali tanto italiane quanto internazionali, genericamente indicate col termine di "mafie".
(…)

3. La struttura
La struttura di Cosa Nostra è piramidale. Alla base ci sono le famiglie, formate dagli *uomini d'onore*.
La famiglia fa capo ad un unico uomo, il *capofamiglia*, che ha un potere assoluto sugli altri componenti. Ogni famiglia controlla un suo territorio dove niente può avvenire senza il consenso del capo.
Le famiglie si dividono in gruppi di 10 uomini d'onore, le *decine*, comandate da un *capodecina*.
Tre famiglie dal territorio contiguo formano un *mandamento*, al cui comando c'è un *capomandamento*. I vari capimandamento si riuniscono in una commissione o *cupola provinciale*, di cui la più importante è quella di Palermo. <u>Uno dei capimandamento, che prende il titolo di capo, presiede questa commissione provinciale</u>. → _____ _____ _____. Ancora più sopra c'è la cupola regionale, detta *interprovinciale*. È questo l'organo massimo dell'organizzazione, che <u>i mafiosi chiamano anche la Regione</u> → _____ _____ e al quale partecipano tutti i rappresentati delle varie province. In cima alla Regione c'è il capo supremo o boss o padrino, che è il capo della cupola provinciale più potente (in genere Palermo).

4. Il giuramento
Entrare a far parte della mafia equivale a convertirsi ad una religione. Ogni membro che accetta di essere introdotto nell'organizzazione, deve sottoporsi al rituale dell'iniziazione.
<u>Si conduce il candidato</u> → _____ _____ in una stanza alla presenza del rappresentante della famiglia e di altri semplici uomini d'onore. A questo punto il rappresentante della famiglia espone all'iniziato le norme che regolano l'organizzazione, affermando prima di tutto che <u>quella che normalmente si chiama mafia</u> → _____ _____, in realtà si chiama Cosa Nostra e comincia ad elencare gli obblighi che <u>il nuovo membro dovrà rigorosamente rispettare</u> → ____ _____: "non desiderare la donna di altri uomini d'onore, non rubare, non sfruttare la prostituzione, non uccidere altri uomini d'onore (salvo in caso di assoluta necessità), evitare la delazione alla polizia, dimostrare sempre un comportamento serio e corretto, mantenere con gli estranei il silenzio assoluto su Cosa Nostra…"
Poi il rappresentante invita l'iniziato a scegliersi un padrino tra gli uomini d'onore presenti e comincia la cerimonia del giuramento. Si tratta di domandare al nuovo venuto con quale mano è solito sparare e di incidere sull'indice di questa mano un piccolo taglietto per farne uscire una goccia di sangue <u>con cui si imbratta un'immagine sacra</u> → _____ _____.
Quindi <u>il rappresentante brucia l'immagine</u> → _____ _____. L'iniziato dovrà farla passare da una mano all'altra giurando fedeltà, meritando in caso contrario di bruciare allo stesso modo.
(…)

5. Le donne
Un boss mafioso ha un diritto assoluto a tenere sotto sorveglianza la vita dei suoi uomini. Può accadere, ad esempio, che un mafioso debba chiedere al suo superiore il permesso di sposarsi. È essenziale che in questo caso il singolo mafioso faccia la scelta giusta, non tanto nel suo interesse, quanto e soprattutto nell'interesse superiore dell'organizzazione. È qui allora che <u>si deve chiedere il parere decisivo del capofamiglia o del padrino</u> → _____ _____.
Più ancora degli altri mariti, infatti, i mafiosi hanno il dovere di tenersi buone le loro consorti, perché c'è il rischio che una moglie di mafia, scontenta del comportamento del proprio marito, decida di parlare con la polizia, danneggiando gravemente l'intera famiglia.

14 esercizi COSA NOSTRA

3 *Scegli tra **presente** e **futuro narrativo**.*

Leonardo Sciascia è stato uno dei più importanti scrittori italiani del '900. Di origine siciliana, Sciascia è conosciuto soprattutto per i suoi romanzi gialli in cui **affronta/affronterà** il tema della mafia.
Il giorno della civetta (1961) **è/sarà** senz'altro il suo romanzo più famoso. Protagonista del libro **è/sarà** un capitano di polizia che **indaga/indagherà** in Sicilia sull'uccisione di un costruttore edile, scontrandosi con un clima di omertà e complicità che **avvolge/avvolgerà** ogni cosa.
Proprio quando la sua indagine **arriva/arriverà** a scoprire le responsabilità di un potente padrino, la politica **blocca/bloccherà** tutto. Alla fine, il capitano **è/sarà** costretto ad arrendersi e a lasciare definitivamente dalla Sicilia.
Va/Andrà ricordato, sempre sullo stesso tema, anche il romanzo *A ciascuno il suo*.

4 *Riscrivi le frasi sottolineate, usando la **dislocazione pronominale**, come nell'esempio.*

Ridere della mafia

Si può fare ironia o addirittura satira su una cosa seria e tragica come la mafia? Si può scherzare sulle migliaia di morti ammazzati, sull'omertà come cultura o sulla vessazione disperante? <u>Offre la risposta</u> → *La risposta la offre* il volume *Mafia Cartoon* - pubblicato da Ega Editore - che raccoglie le vignette contro la mafia di famosi disegnatori italiani e stranieri. Il risultato è un libro pieno di ironia e di sarcasmo, che ha l'obiettivo di sbeffeggiare la mafia, tratteggiandone i difetti, mettendone in evidenza le manie, ma anche le prepotenze, i paurosi silenzi, la tragedia.
<u>Ha avuto l'idea</u> → _____

Peppino Impastato

Libera, l'associazione di don Luigi Ciotti, da anni attiva nella lotta contro la criminalità mafiosa.
Ci sono ElleKappa e Vauro e poi Altan e Bucchi, Giannelli e Biani, Caviglia, Bozzetto, Paz, Zapiro. Ma anche molti, moltissimi disegnatori e vignettisti stranieri che hanno accettato la sfida di rappresentare la criminalità organizzata nella sua dimensione globale, oltre il luogo comune che la vuole solo siciliana o napoletana o calabrese.
Tra una vignetta e l'altra, tra un disegno e l'altro, le parole di chi <u>combatte la mafia</u> → _____, l'ha combattuta, ne è rimasto vittima: il generale Dalla Chiesa, i giudici Borsellino, Falcone e Chinnici, i politici La Torre e Mattarella, i giornalisti Fava e Impastato.
<u>Bisognerebbe distribuire nelle scuole questo libro prezioso</u> → _____.
Per insegnare a combattere la mafia con le armi che teme di più: la forza della parola, dell'intelligenza, della testimonianza civile. E per dimostrare che, con un po' di coraggio, <u>tutti possiamo trovare queste armi</u> → _____.

da unoenessuno.blogspot.com

I giudici Falcone e Borsellino

5 *Trasforma il testo prima dal **voi** al **tu**, poi dal **voi** al **Lei** e infine dal **voi** al **noi**, facendo tutti i cambiamenti necessari.*

Adesso fate una cosa, spegnetela questa radio. Voltatevi pure dall'altra parte, tanto si sa come vanno a finire queste cose, si sa che niente può cambiare. Voi avete dalla vostra la forza del buon senso, quello che non aveva Peppino. Domani ci saranno i funerali, voi non andateci.

6 *Ricostruisci questo pensiero di Giovanni Falcone, il più importante e famoso giudice antimafia, ucciso in un attentato nel 1992.*

affatto - è - invincibile. -(La mafia)- non

anche - avrà - come tutti -È- i fatti - un inizio e - umani, ha - una fine. - un fatto - umano e,

La mafia _____

È _____

320 magari

ESERCIZI 15
lingua
NON SOLO PAROLACCE

1 *Coniuga i verbi all'**infinito presente** o **passato** e al **gerundio semplice** o **composto**. Attenzione: quando usi l'infinito devi inserire una preposizione della lista prima del verbo. Le preposizioni sono in ordine.*

a - di - per - da - di non - a

Dire «str...» è offensivo

Il linguaggio comune si è aperto a espressioni sempre più colorite e un tempo ritenute scurrili, ma la parola "str..." resta una vera e propria "ingiuria" e rivolgerla a qualcuno può costare caro. (*Stabilirlo*) _____ è la Corte di Cassazione che ha condannato al pagamento di una multa un carabiniere colpevole (*usarla*) _____ con disinvoltura nei confronti di un immigrato che, (*essere sorpreso*) _____ alla guida di un'automobile malgrado la sospensione della patente, aveva discusso con il pubblico ufficiale, (*protestare*) _____ vivacemente.

Il carabiniere era stato assolto sia in primo che in secondo grado dall'accusa di ingiuria, ma la Cassazione ha ribaltato il verdetto. I giudici di primo e secondo grado avevano stabilito che verso chi usa la parola "str..." bisogna avere una certa tolleranza in quanto il suo intento offensivo è dubbio.

Il carabiniere, secondo i giudici, avrebbe più verosimilmente utilizzato l'espressione "(*indurre*) _____ l'interlocutore a desistere da contestazioni considerate canzonatorie".

Trascorsi solo pochi giorni dalla pubblicazione della sentenza, l'immigrato, Habib H., aveva però presentato ricorso in Cassazione, (*fare*) _____ notare come l'espressione "str..." fosse (*considerare*) _____ altamente offensiva. "I giudici di primo e secondo grado - si legge nelle motivazioni della Corte di Cassazione - riconoscono l'offensività di quell'epiteto ripetutamente proferito dall'imputato nei confronti del suo interlocutore, ma dubitano che fosse inteso effettivamente all'offesa, anche in considerazione dell'uso ormai abituale di espressioni simili nel contesto di accese discussioni".

Una tolleranza che la Corte di Cassazione ha ritenuto (*dovere*) _____ avallare, (*sottolineare*) _____ come "in tema di delitti contro l'onore non è richiesta la presenza di un'intenzione ingiuriosa" (…)

In definitiva, per la Cassazione non importa "quali fossero le intenzioni" del carabiniere, l'epiteto "str.." va bandito dal linguaggio corrente, punto e basta.

Difficile dargli torto, almeno (*sfogliare*) _____ il dizionario della lingua italiana, dove alla voce "str..." si legge: "escremento solido di forma cilindrica".

2 *Ricordi questo testo? Nell'unità era alla forma implicita. Qui sotto è stato trasformato alla forma esplicita, ma non sempre la trasformazione è stilisticamente accettabile. Riscrivilo alla **forma implicita**. Attenzione: in due casi devi usare le espressioni della lista (sono in ordine).*

pur - di

Dare del «rompic.» si può

Dare del «rompic...» a chi è troppo insistente si può. Lo ha stabilito la Corte di Cassazione con una sentenza che farà discutere. Infatti, **anche se** **denota** ➡ _____ «disprezzo per l'interlocutore», l'espressione può essere utilizzata senza incorrere in guai giudiziari (…)

Il via libera arriva dalla Corte di Cassazione che, dopo **che ha esaminato** ➡ _____ il caso, ha annullato la condanna per il reato di

15 esercizi NON SOLO PAROLACCE

ingiuria inflitta ad S. S. (...)

S. S., <u>siccome si era stancato</u> → _____ delle continue pressioni e delle insistenze di R. T. che lo aveva pure «minacciato di denunciare il fatto alla stampa», per tutta risposta gli aveva dato del «rompic...».

<u>Dopo che era stato denunciato</u> → _____, S. S. era stato ritenuto colpevole di ingiuria dal giudice di Pace di Montegiorgio, nel luglio del 2006, ed era stato pure condannato a risarcire i danni ad R. T. per la sofferenza patita in seguito all'espressione.

<u>Poiché S. S. aveva fatto</u> → _____ ricorso, il caso è passato all'esame della Corte di Cassazione, che adesso con un colpo di scena ha annullato la condanna, <u>e ha sostenuto</u> → _____ che le insistenze del motociclista, come pure la «minaccia di denunciare il fatto» alla stampa, rappresentano «circostanze che possono ben determinare uno stato d'ira e dunque la conseguente non punibilità dell'imputato».

E così R. T., che credeva <u>che aveva avuto</u> → _____ la meglio, si è visto alla fine dare torto.

3 *Completa il cruciverba.*

Orizzontali →
1 La decisione presa dal giudice dopo un processo.
4 Azione contro la legge.
5 Giudicare non colpevole.
7 Chiedere un nuovo giudizio: fare _____.
9 L'ufficiale pubblico che decide in un processo.
13 Il luogo in cui si svolgono i processi.
14 Lo è chi non ha colpe.
15 Denunciare qualcuno.
16 Appoggiare, sostenere, confermare.
17 Imporre (una pena, un castigo, una sofferenza).

Verticali ↓
2 Rimborsare.
3 Abolire, eliminare, allontanare.
6 Dichiarare qualcuno colpevole, punire.
8 Il giudizio del giudice.
10 Accusare, portare a conoscenza dell'autorità giudiziaria.
11 La persona responsabile di un reato.
12 La persona giudicata in un processo.

4 *Inserisci nella tabella le parole del cruciverba corrispondenti al numero. Poi completa l'altra colonna con il **verbo** o il **sostantivo** corrispondente, come nell'esempio.*

verbo	sostantivo
(5 O) assolvere	assoluzione
	(7 O)
	(9 O)
(15 O)	
(16 O)	
(2 V)	
(3 V)	
(6 V)	
	(8 V)
(10 V)	
	(12 V)

NON SOLO PAROLACCE — esercizi 15

5 *Coniuga i verbi, decidendo ogni volta se usare la forma **implicita** o **esplicita**.*

Cassazione: dire «mi fai schifo» è reato

I giudici hanno condannato al risarcimento danni un uomo che era stato assolto dal Tribunale d'appello di Monza.

ROMA - Se vi arrabbiate molto con qualcuno, d'ora in poi, trattenetevi dal dirgli "mi fai schifo". Potrebbe costarvi il risarcimento danni per reato di ingiuria. Lo *(decidere)* _____ i giudici della V Sezione penale della Cassazione, *(annullare)* _____ la sentenza del Tribunale d'appello di Monza che aveva assolto ("perché il fatto non sussiste") un uomo, Giordano D., accusato di *(offendere)* _____ con questa frase una donna. Il giudice di merito aveva ritenuto che la valenza offensiva della frase era venuta meno perché l'uomo, *(usare)*

↗ Il Palazzo di Giustizia a Roma

_____ la particella pronominale "mi" in luogo della mera espressione "fai schifo", avrebbe manifestato un'opinione soggettiva anziché un'offesa.
I supremi giudici *(ritenere)* _____ questa considerazione una «incongruenza logica palese perché ogni espressione ingiuriosa *(contenere)* _____ in sé un carattere soggettivo.
D'altro canto, *(considerare)* _____ giusta la valutazione del giudice di merito, ne conseguirebbe che sarebbe sufficiente anteporre a qualsiasi espressione ingiuriosa, anche la più graffiante o spregevole, la particella pronominale "mi" per rendere la condotta illecita esente da sanzione penale».
Ma questa è solo l'ultima delle decisioni che sono uscite dai palazzi di giustizia in questi ultimi giorni in materia di ingiurie. Infatti, dopo *(sentenziare)* _____ che le espressioni "vaffa…" o "rompic…" si *(potere)* _____ usare senza rischiare problemi giudiziari, recentemente i giudici hanno anche stabilito che l'espressione "str…" invece è da *(considerare)* _____ estremamente offensiva, e che offendere la Madonna non è reato in quanto non è una divinità.
È ovvio che, nonostante le raffinatissime argomentazioni semantico-grammaticali dei giudici, qualcosa non *(funzionare)* _____, e che in questo

modo si espone ulteriormente la giustizia al ridicolo. Da queste sentenze viene confermata infatti la totale incertezza del diritto in materia di libertà di espressione, di fronte alla quale il cittadino è costretto ad indovinare se ciò che *(dire)* _____ è o meno un crimine. Ma la causa di questa situazione non è certo la mancanza di coerenza da parte dei magistrati; *(essere)* _____ piuttosto delle leggi che essi sono chiamati ad applicare. *(Elaborare)* _____ oltre 70 anni fa in pieno regime fascista (il cosiddetto Codice Rocco), le leggi contro i reati di ingiuria, di oltraggio alle istituzioni o alla religione di Stato sono oggi ancora in vigore, *(finire)* _____ col produrre quei mostri giuridici di cui quasi ogni giorno ci danno notizia i giornali con inevitabile sarcasmo.

da *News 24*

15 esercizi — NON SOLO PAROLACCE

6 Sostituisci i verbi **sottolineati** nel testo con i **pronominali** della lista A che hanno significato equivalente e inserisci negli spazi _____ le **espressioni** della lista B.

A: farcela — fregarsene — metterci — non poterne più — prendersela — sentirsela — smetterla

B: come — da quando — è chiaro che — forse — la verità è che — o — o — per esempio — tra le altre cose — quando

Galateo? No grazie!

È incredibile come riescano a farti odiare le buone maniere. È una lunga sequela di divieti che ti viene snocciolata dall'infanzia e non **finisce** → _____ di perseguitarti nemmeno nella vita adulta. _____: non mettere i gomiti sul tavolo è una delle più gettonate, e io vorrei sapere perché non si possano mettere i gomiti sul tavolo, a chi arreco danno? Seguono quelle riservate ai bambini, che io detesto sommamente e che fanno apparire i genitori dei pappagalli e i figli dei mocciosi ostinati, però io sono dalla parte di questi ultimi, ingiunzioni _____: "di' grazie"; "di' prego"; "saluta"; "ti si deve vedere ma non sentire"; "non toccare"... ascoltate cinquecento volte al giorno porterebbero sull'orlo di una crisi di nervi chiunque.

Io **ho impiegato** → _____ un sacco di tempo a diseducarmi, _____

La buona educazione si è ridotta ad una semplice patina che serve a salvare le apparenze

adesso metto i gomiti sul tavolo, mi gratto la testa (chissà perché ai miei tempi era considerato maleducato), sbadiglio senza mettere la mano davanti, e spesso, se si tratta di qualcuno che continuo a trovarmi di fronte, evito di salutarlo a ripetizione. Cosa che in molti fanno. _____ ci sono delle controindicazioni: _____ a pranzo mi è scappata di mano la pizza, e un paio di nocciolini delle olive sono finiti nel suo piatto, il mio collega del quarto piano non si siede più vicino a me alla mensa aziendale, ma sinceramente non è stata una grossa perdita e **sono riuscita** → _____ lo stesso a sopravvivere anche senza la sua compagnia. _____ **sono stanca** → _____ dei vari manuali del galateo e del *bon ton* che mi sembrano solo un cumulo di insulsaggini adatte a gente che non ha niente a cui pensare, come i Re e le Regine, o chi ne fa la veci. _____ è una mia illusione, ma nella maggior parte dei casi mi sembra che il buon senso o la logica possano bastare. Ma, in fondo, chi **si preoccupa** → _____ di chi deve salutare per primo _____ della disposizione delle posate!

E se non capisco cosa mi dicono non **ho la forza** → _____ di far finta di niente, ma chiedo di ripetere. Perché pare una scortesia chiedere di ripetere? Perché la buona educazione si è ridotta ad una semplice patina che serve a salvare le apparenze, _____ invece la gran parte della gente gira con un coltello tra i denti, **si offende** → _____ per niente ed è quasi sempre sgarbata? Non so, forse è solo la donna primitiva che è in me che parla, anzi che scrive. _____ forse sono solo maleducata.

da http://butterfreak.blog.tiscali.it

7 *Completa il dialogo con i **pronomi** e le particelle **ci** e **ne**. Attenzione: i pronomi e le particelle da inserire possono essere anche doppi.*

Lei - Ah, finalmente, ti cercavo. Andiamo a prendere un caffè, _____ prego.
Lui - Certo, subito!
Lei - Non… Non posso resistere qui dentro un altro minuto!
Lui - Che è successo? Che hai fatto?
Lei - Usciamo subito, _____ prego. Non _____ faccio più.
Lui - Che è successo? Con chi _____ hai oggi?
Lei - Con chi _____ ho, indovina?
Lui - Sempre _____, la direttrice!
Lei - Eh, sempre _____!
Lui - Che è successo? Dai, di_____ tutto.
Lei - Che è successo?! _____ ha chiamato, prima, nel suo ufficio, perché dovevamo organizzare la riunione di domani, no? Perfetto, stavamo lì, che stavamo scrivendo, le varie cose, le persone che avremmo dovuto coinvolgere e a un certo punto _____ squilla il cellulare… e va be', già questo, però… Non c'è problema, è la direttrice! Risponde, non so bene chi fosse, so solo che lei _____ è arrabbiata in una maniera incredibile.
Lui - Ha cominciato a urlare…
Lei - Ha cominciato a dir_____ di tutti i colori, anche di una volgarità estrema. Non sto qui a ripeter_____ le cose che ha detto perché non _____ sembra il caso.
Lui - _____ sappiamo…
Lei - A un certo punto conclude la telefonata, attacca, _____ guarda e _____ fa: "Va be', a questo punto abbiamo finito, _____ può andare, non… Non deve mica rimanere qui a romper_____ le palle!"
Lui - A te!
Lei - A _____! Cioè, ma _____ che _____ entravo? Non ho capito! Io _____ sono alzata e _____ sono andata. Però non… non _____ sembra un atteggiamento… corretto da parte sua per il ruolo che ricopre, perché, insomma, è la direttrice e anche perché è una donna. Certi… Un certo tipo di linguaggio… probabilmente _____ sono più abituata a sentir_____ … non lo so, da parte degli uomini. _____ dà fastidio lo stesso, però da parte di una donna _____ dà ancora più fastidio. Sarò… boh, fuori moda, non lo so…
Lui - Secondo me _____ prendi un po' troppo, però, eh?
Lei - Eh, _____ prendo… È l'ennesima volta, non _____ posso passare sopra anche questa volta.

8 *Ricostruisci l'inizio dell'articolo con cui un giornalista del quotidiano "Il sole 24 ore" ha risposto a una famosa dichiarazione del Ministro dell'economia Tommaso Padoa Schioppa (2007), in cui si diceva che i giovani italiani sono tutti "bamboccioni", perché restano in famiglia fino a tarda età.*

andrebbe - Se a questi giovani - bamboccioni! - come succede - di loro - è certo che - invece di insulti, - la maggior parte - Macché - negli altri - offrisse - opportunità pratiche, - Paesi europei. - prima dalla famiglia, - il governo - se ne

ESERCIZI 16
società
VITA D'UFFICIO

1 *Completa ogni parte di testo con i **connettivi** delle liste (colonna destra) facendo attenzione alle indicazioni.*

Italiani al lavoro: i più frustrati d'Europa

Insoddisfatto, disilluso quando non del tutto deluso, viene retribuito poco ed ha poco tempo libero. _____, un vero e proprio *desperate worker*. È questo il ritratto del lavoratore italiano, _____ emerge dalla ricerca *Barometre Accor Services* realizzata con l'Ipsos[1] e pubblicata dal settimanale *Economy* mettendo a confronto oltre diecimila lavoratori dipendenti di 8 Paesi europei: Italia, Spagna, Francia, Belgio, Gran Bretagna, Svezia, Germania e Ungheria. Prendendo a prestito il titolo della fortunata serie televisiva sulle casalinghe disperate, l'indagine dice con chiarezza che gli italiani sono nelle posizioni peggiori. Nella classifica degli uffici felici, _____, l'Italia si piazza soltanto al sesto posto, dietro _____ all'Ungheria.	anche così come infatti insomma
Ciò che più pesa ai *travet*[2] italiani è in particolare la sovrapposizione tra ufficio e vita privata, che causa problemi domestici, mancanza di tempo per i figli, _____ oggettive difficoltà di trasporto per andare e tornare dall'ufficio. Andando ad analizzare nello specifico la situazione dei lavoratori italiani, si scopre il motivo della frustrazione: il 74% si lamenta delle scarse prospettive di carriera; il 78% della pochissima formazione, _____ il 55% non supporta il rapporto gerarchico all'interno degli uffici, considerato troppo rigido e formale. Il risultato? Sei italiani su dieci (58%) sono totalmente insoddisfatti o _____ poco soddisfatti delle condizioni lavorative e dell'ambiente in generale. Un'insoddisfazione tra le più alte d'Europa, direttamente proporzionale alla voglia di cambiare posto di lavoro. _____ senza la possibilità di poterlo fare a causa della scarsa aspettativa di trovare alternative. Una situazione _____ opposta rispetto a quella di Germania, Belgio e Svezia, dove si sta decisamente bene. In questi paesi i lavoratori si sentono coinvolti dalla loro azienda e non pensano di andarsene da nessun'altra parte, come _____ in Inghilterra, dove l'opportunità di cambiare con relativa facilità giustifica l'infedeltà aziendale.	**Attenzione: c'è uno spazio in più!** anche comunque ma mentre oltre che
Per migliorare il proprio status, _____, i lavoratori italiani vorrebbero che le aziende intervenissero in modo diretto in alcuni campi specifici. Prima di tutto, nella formazione personale (61%). Al secondo posto, l'accesso a cure sanitarie (39%), _____ al terzo, oltre tre su dieci vorrebbero un completo riassetto della pausa pranzo (37%). Il 34% _____ vorrebbe un aiuto in merito al risparmio salariale e ai piani pensione, _____ il 27% un aiuto per il trasporto, esigenza sempre più gravosa soprattutto nelle grandi città. _____ uno su quattro vorrebbe una mano concreta da parte dell'azienda circa l'assistenza ai figli e per il sostegno scolastico (25%). Quanto agli altri Paesi, peggio dell'Italia sembrano stare soltanto Spagna e Svezia, dove però non ci si sognerebbe mai di cambiare lavoro, e dove il tempo libero sembra essere intoccabile. I più realizzati a livello professionale sono invece inglesi e francesi, siano solo mediamente coinvolti dal loro lavoro; in Svezia e Spagna lavorano le persone meno coinvolte e le meno realizzate, _____ il gruppo composto da Germania, Belgio e Italia denota una situazione a tratti contraddittoria: a fronte di un coinvolgimento in azienda abbastanza alto, la realizzazione è inferiore alla media. Discorso a parte invece va fatto per l'Ungheria, la cui situazione è diametralmente opposta: scarso coinvolgimento, _____ alta realizzazione. da *www.vita.it*	**Attenzione: non è indicato lo spazio dove va inserito *sebbene*!** infine ma mentre mentre mentre poi quindi *sebbene*

[1] **Ipsos**: una delle società più importanti nei servizi di ricerca di marketing. [2] **travet**: impiegato di basso livello e mal retribuito.

2 *Indica, per ogni frase **evidenziata** nel testo qui sotto, a che tipo di costruzione appartiene, scrivendo il numero corrispondente nella tabella, come nell'esempio.*

(1) **Pare che il posto di lavoro sia il luogo in cui un italiano su dieci esercita la sua attività erotica.** I dati provengono da un sondaggio che (2) **è stato realizzato quest'anno per la rivista Men's Health.** Dal Kamasutra alla New Economy, (3) **le posizioni si adattano alle circostanze esterne:** il 38,8% degli intervistati preferisce la classica scrivania, il 12,2% si esibisce in ascensore, l'8,2% opta per il bagno e il 14,3% non precisa altre soluzioni improvvisate. (4) **La fretta è il denominatore comune del sesso al lavoro.** Che siano i ritmi della globalizzazione o la paura di essere scoperti, raramente la durata della performance supera la manciata di minuti. Il 13,2% oscilla tra i 5 e i 10 minuti, il 28,8% si avventura tra i 10 e i 15, un eroico 21,2% sale tra i 15 e i 30 minuti. Resta un 4,4% sotto i 5 minuti: più veloci di un'e-mail. (5) **Uno che abbia tra i 45 e i 64 anni**, che sia sposato e residente nelle regioni del Nord-Est: ecco l'identikit del *sex-worker*. (6) **Sono le colleghe e le segretarie ad essere le preferite della sveltina in colletto bianco**, anche se (7) **non si disdegnano le addette alle pulizie e le cameriere**. E se il rapporto vissuto a cavallo tra riunioni e briefing soddisfa il 78% degli intervistati, meno entusiaste (23%) sono le donne, che considerano il sesso da ufficio nient'altro che un eccitante aperitivo, in attesa di piatti più sostanziosi. Un consiglio quindi, agli stakanovisti della fretta. Qualche volta (8) **portatevi il lavoro a casa**. O almeno in albergo.

da *Leggo*

a. Costruzione con il **si** spersonalizzante - _____	e. Costruzione passiva - _____
b. Costruzione con la frase scissa - _____	f. Costruzione attiva - _____
c. Costruzione con soggetti indefiniti - _____	g. Costruzione con l'imperativo - _____
d. Costruzione riflessiva - _____	h. Costruzione con verbo impersonale - _____

3 *Indica quali costruzioni, tra quelle della tabella dell'esercizio 2, possono essere considerate **costruzioni spersonalizzanti**.*

Costruzioni usate perché permettono di "nascondere" chi fa l'azione espressa da un verbo, di non indicarlo perché ritenuto superfluo, inutile, o perché non si vuole o non si sa chi o cosa sia.	_____ _____ _____ _____ _____ _____

16 esercizi — VITA D'UFFICIO

4 *Inserisci nel testo le parole qui sotto oppure gli **articoli determinativi** e **indeterminativi**.*

> ad hoc · basket · look · piercing · slip · teen ager

Moda e lavoro: come si vestono i neo-assunti

NO A ECCESSI E STRAVAGANZE

I pantaloni a vita bassa che scoprono il _____ all'ombelico? Da dimenticare in ufficio! Su questo _____ esperti di selezione del personale sono perentori: sul posto di lavoro si sconsiglia un _____ eccentrico, aggressivo o seduttivo, e si raccomanda invece _____ stile neutro, serio ma non serioso, elegante senza eccedere... Ma provate a spiegare alle orde di _____ e poco più al loro debutto nel mondo del lavoro che lo _____ in bella mostra è qualcosa di stravagante quando per loro è diventato ormai _____ divisa e _____ biancheria sembra strano chiamarla intima.

GIOVANI AMERICANI DISORIENTATI

Ma _____ sfrontatezza ostentata a scuola e per _____ strada si trasforma in incertezza quando si varca _____ soglia dell'ufficio. _____ dato emerge da _____ inchiesta condotta da *Usa Today*. Il quotidiano americano documenta _____ ritorno in auge di _____ antica domanda: come ci si deve vestire per andare a lavorare? Il disorientamento è talmente palpabile che in molte aziende americane sono stati arruolati consulenti _____ per affrontarlo. Sotto accusa sono spesso _____ istituti di provenienza dei giovani, in particolare modo chi fa da ponte tra scuola e mondo del lavoro. Come spiega Gail Madison, di Philadelphia: "Molti ragazzi devono ancora imparare come stare al mondo. Per farmi capire ripeto sempre che se uno vuole giocare a _____ non può farlo senza _____ tenuta adatta e senza conoscere _____ regole". Ma a volte non basta. E molti dei nuovi arrivati risultano ai colleghi ignari o ribelli rispetto alle regole non scritte dell'ufficio.

"C'è _____ diffuso narcisismo in questa generazione" spiega Kelly Lowe, docente alla Mount Union College di Alliance, nell'Ohio: "sono talmente concentrati su loro stessi che parlano al cellulare durante _____ lezioni incuranti di tutto".

5 *Completa il testo. Puoi inserire l'**articolo determinativo**, l'**articolo indeterminativo** oppure lasciare lo **spazio bianco**, senza inserire nulla. Modifica le **preposizioni** se necessario.*

LA RIVINCITA DELLA TRADIZIONE

Il fenomeno imperversa mentre in ____ ambienti di ____ lavoro americani si sta consumando ____ ritorno al look classico (il "business formal") dopo il trionfo dell'informale ("business casual") anche tra ____ manager negli anni '90. Per ____ uomini questo significa giacca e cravatta. Per ____ donne, invece, il discorso è più complicato: il nuovo codice è ancora da definire e ricorrono dilemmi di ____ tipo: "fino a quanti orecchini puoi indossare in ufficio senza apparire troppo eccentrica?"

E LE NON PIÙ GIOVANI?

Il disorientamento riguarda non solo le giovani. *Usa Today* riferisce di ____ donne in ____ età avanzata che si presentano in ufficio come in palestra: pantajazz e magliettina aderente. Di altre che arrivano in ____ ciabattine, minigonne inguinali e top con le bretelline di ____ reggiseno ben in ____ vista. Molte sono impreparate a distinguere tra ____ momento e momento, ma in ____ altre c'è ____ sfrontatezza di chi pensa: "Io sono così, prendere o lasciare".

GIOVANI ITALIANI FLESSIBILI

E in ____ Italia? Da noi le cose sembrano andare in ____ modo molto diverso. Come emerso in ____ recente ricerca condotta da Adecco e da ____ Università Bicocca di Milano i giovani di oggi sono molto pragmatici e si adeguano a ____ mondo del lavoro senza particolari resistenze già prima di aver concluso ____ studi. Conferma Alessia Gozzo, responsabile di ____ selezione del personale di Adecco nell'area lombarda: "La nostra esperienza è quella di ____ ragazzi che si adattano alle regole aziendali senza problemi, anche in ____ abbigliamento".

VITA D'UFFICIO — esercizi 16

6 *Metti in ordine i dialoghi presenti nel testo e coniuga tutti i verbi al **presente** tranne uno che va all'**imperfetto**. Attenzione: devi aggiungere 6 volte il pronome spersonalizzante **si**.*

1° non entrare in banca

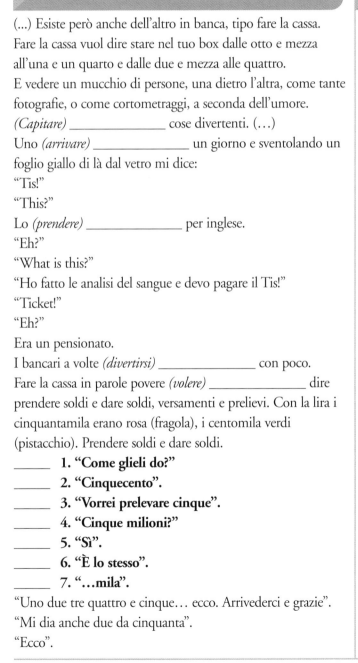

(…) Esiste però anche dell'altro in banca, tipo fare la cassa. Fare la cassa vuol dire stare nel tuo box dalle otto e mezza all'una e un quarto e dalle due e mezza alle quattro. E vedere un mucchio di persone, una dietro l'altra, come tante fotografie, o come cortometraggi, a seconda dell'umore.
(Capitare) _____ cose divertenti. (…)
Uno *(arrivare)* _____ un giorno e sventolando un foglio giallo di là dal vetro mi dice:
"Tis!"
"This?"
Lo *(prendere)* _____ per inglese.
"Eh?"
"What is this?"
"Ho fatto le analisi del sangue e devo pagare il Tis!"
"Ticket!"
"Eh?"
Era un pensionato.
I bancari a volte *(divertirsi)* _____ con poco.
Fare la cassa in parole povere *(volere)* _____ dire prendere soldi e dare soldi, versamenti e prelievi. Con la lira i cinquantamila erano rosa (fragola), i centomila verdi (pistacchio). Prendere soldi e dare soldi.
_____ 1. "Come glieli do?"
_____ 2. "Cinquecento".
_____ 3. "Vorrei prelevare cinque".
_____ 4. "Cinque milioni?"
_____ 5. "Sì".
_____ 6. "È lo stesso".
_____ 7. "…mila".
"Uno due tre quattro e cinque… ecco. Arrivederci e grazie".
"Mi dia anche due da cinquanta".
"Ecco".

Pistacchio e fragola. Non *(essere)* _____ poi così diverso da fare il gelataio. Anche più facile. *(Somigliare)* _____ più al benzinaio: tasto verde super, tasto nero diesel, tasto rosso normale. Roba da scimpanzé.
_____ 1. "Sei".
_____ 2. "Ah già".
_____ 3. "Con quanti zeri *(scrivere)* _____ un milione?"
_____ 4. "Compili il modulo, grazie".
_____ 5. "Mi dia un milione".
(Essere) _____ come dal benzinaio, ma con i falsi. I giovani cassieri sono ossessionati dai falsi. Oddio i falsi! Come faccio a riconoscerli?
E anche i clienti spesso ti chiedono come *(fare)* _____.
"Al tatto vero? Li sente con le dita vero?"
"Eh sì con le dita. E secondo lei quanto tempo impiego a contare le cinquanta banconote del suo versamento se devo controllare al tatto, una per una? No, *(guardare)* _____ la faccia".
"Sì, dalla faccia del cliente…"
"No. *(Mettere)* _____ le banconote tutte dalla stessa parte e *(contare)* _____ in fretta guardando dritto negli occhi Caravaggio[1]. (…) Se *(guardare)* _____ Caravaggio bene in faccia e scorro velocemente le banconote tra le dita mi accorgo subito se si muove. Se si muove è falso".
"Chi si muove?"
"Caravaggio".
"Mi faccia il versamento per piacere".
Comunque *(essere)* _____ vero, per riconoscere i falsi *(guardare)* _____ la faccia. O almeno *(guardare)* _____. Ora sugli euro non c'è più nessun personaggio: bella fregatura.

da Antonio Corba, *1° non entrare in banca*, Stampa Alternativa, 2005

---

[1] **Caravaggio:** sulle vecchie 100.000 lire era raffigurato il volto del pittore Caravaggio.

ESERCIZI 17
arti SCRITTORI

1 *Scrivi i bigliettini che i grandi scienziati hanno scritto in risposta all'invito al Gran Ballo degli Scienziati, trasformando i discorsi indiretti in possibili **discorsi diretti**, come nell'esempio.*

Nel rispondere ad un invito al Gran Ballo degli Scienziati:

- *Franklin assicurò che sarebbe arrivato in un lampo.*
- Edison scrisse che partecipare sarebbe stata senza dubbio un'esperienza illuminante.
- Il dottor Jekyll scrisse che lui purtroppo non poteva andare ma aggiunse che avrebbe mandato suo "fratello" Hide.
- Marconi scrisse che malauguratamente aveva un altro impegno. Ma che avrebbe comunque inviato un telegramma di ringraziamento.
- Einstein scrisse che sarebbe stato *relativamente* felice di partecipare.
- Meucci scrisse che purtroppo aveva già avuto un invito ad un'altra festa per quel giorno e assicurò che avrebbe telefonato per conferma entro un paio di giorni.
- Volta scrisse che aveva una pila di pratiche da sbrigare e che quindi non sarebbe potuto andare.
- Italo Marchionni chiese se ci sarebbe stato del gelato.

Al Gran ballo degli Scienziati

Arriverò in un lampo!

Benjamin Franklin
- inventore del parafulmine

Al Gran ballo degli Scienziati

Thomas Alva Edison
- inventore della lampadina

Al Gran ballo degli Scienziati

Dott. Henry Jekyll
- medico

Al Gran ballo degli Scienziati

Guglielmo Marconi
- inventore del telegrafo senza fili

Al Gran ballo degli Scienziati

Albert Einstein
- scienziato

Al Gran ballo degli Scienziati

Antonio Meucci
- inventore del telefono

Al Gran ballo degli Scienziati

Alessandro Volta
- inventore della pila elettrica

Al Gran ballo degli Scienziati

Italo Marchionni
- inventore del cono gelato (brevetto USA n° 746971)

↗ Albert Einstein

↗ Alessandro Volta

"L'archeologa"

Ho detto per anni che dopo il liceo *(fare)* _____ l'archeologa: mi sembrava una buona mediazione tra tutto quello che gli altri *(aspettarsi)* _____ da me. Ma non era vero: io *(volere)* _____ fare la commessa come la mamma di Katia.
La commessa alla Upim, part-time. Tutta la vita.
Noi studiavamo la matematica, e poi alle medie la tecnica, e poi al liceo il greco, e lei sempre i giorni dispari a un certo punto *(alzarsi)* _____ e *(andarsi)* _____ a preparare per il lavoro. Io la seguivo in bagno per guardare come *(truccarsi)* _____, ero affascinata dalla procedura.
Katia di là mi chiamava sulle analisi logiche, per lei erano la conquista, la chiave del cambiamento. Io di logico non ci trovavo niente su quei fogli e l'unica cosa che sognavo di cambiare nella mia vita *(essere)* _____ il colore dell'ombretto. Tutti i giorni.
La mamma di Katia si truccava, chiacchierava di cose bellissime, leggere come la cipria.
Cose che non *(andare)* _____ valutate, sulle quali non si reggeva il mondo. Cose che non *(ricordare)* _____ più.
Al loro posto ricordo che il predicativo del soggetto non è quello dell'oggetto, anche se *(potere)* _____ sembrarlo.
Insomma la realtà si poteva scomporre su vari livelli, mentre sulla faccia della mamma di Katia *(ricomporsi)* _____ perfettamente nel *make-up* e, senza che lei lo sapesse, nella sua parola, la parola che portava in un vortice le comari¹, i costumi, le diete, la scopa elettrica.
Poi se ne andava al lavoro e io, se *(potere)* _____ immaginarmi in un modo, mi ci immaginavo così.
Con il camice del negozio a passare per gli scaffali.
"L'archeologa", dicevo sempre, ma gli unici pezzi che *(volere)* _____ inventare erano i saponi, le schiume da barba, quelle per i capelli.
(Volere) _____ togliermi le scarpe sotto la cassa e chiacchierare con i clienti, vedere tutti i giorni le stesse persone per quarant'anni, e a fine giornata lamentarmi del mal di schiena, delle nuove arrivate, del caldo.
"L'archeologa".
Ma tutto quello che di interessante *(esserci)* _____ da disseppellire, da scavare e da scoprire, mi *(stare)* _____ intorno.

da Valeria Parrella, "Quello che non ricordo più" in Mosca più balena, minimum fax, Roma, 2003

¹**comari**: donne, amiche. Tipico dell'Italia centromeridionale.

3 *I discorsi diretti della colonna a sinistra sono tratti dal testo di Calvino presente nell'Unità 17. Decidi se la secondaria è anteriore, contemporanea o posteriore rispetto alla principale. Poi trasformali in **discorsi indiretti**.*

discorso diretto	ANT./CONT./POST.	possibile discorso indiretto
Medardo pensava: "Vedrò i turchi!"		
Mio zio disse: "Adesso arrivo lì e li aggiusto io"		
Ogni nave che si vedeva allora, si diceva: "Questo è Mastro Medardo che ritorna"		
L'uomo con la treccia disse: "Voi sapete qual è il prezzo per il trasporto di un uomo in lettiga"		

17 esercizi SCRITTORI

4 *Quali* **che** *possono essere eliminati dal testo? E perché? Completa la tabella.*

Alla sera, scesa la tregua, due carri andavano raccogliendo i corpi dei cristiani per il campo di battaglia. Uno era per i feriti e l'altro per i morti. La prima scelta si faceva lì sul campo.
- Questo lo prendo io, quello lo prendi tu -. Dove sembrava **che**[1] ci fosse ancora qualcosa da salvare, lo mettevano sul carro dei feriti; dove erano solo pezzi e brani andava sul carro dei morti, per aver sepoltura benedetta (…). In quei giorni, viste le perdite crescenti, s'era data la disposizione **che**[2] nei feriti era meglio abbondare. Così i resti di Medardo furono considerati un ferito e messi su quel carro. La seconda scelta si faceva all'ospedale (…).
Tirato via il lenzuolo, il corpo del visconte apparve orrendamente mutilato. Gli mancava un braccio e una gamba, non solo, ma tutto quel **che**[3] c'era di torace e d'addome tra quel braccio e quella gamba era stato portato via, polverizzato da quella cannonata presa in pieno. Del capo restavano un occhio, un orecchio, una guancia, mezzo naso, mezza bocca, mezzo mento e mezza fronte: dell'altra metà del capo c'era più solo una zappetta. A farla breve, se n'era salvato solo metà, la parte destra, **che**[4] peraltro era perfettamente conservata, senza neanche una scalfittura, escluso quell'enorme squarcio **che**[5] l'aveva separata dalla parte sinistra andata in bricioli.

da Italo Calvino, *Il visconte dimezzato*, Einaudi, 1952

n°	può essere omesso?		perché?
1	☐ Sì	☐ No	
2	☐ Sì	☐ No	
3	☐ Sì	☐ No	
4	☐ Sì	☐ No	
5	☐ Sì	☐ No	

5 *Ricostruisci con le parole della lista la frase pronunciata da Italo Calvino.*

↗ Italo Calvino

Scrivere _____
_____ *scoperto.*

in   venga   qualcosa   poi   modo   nascondere

è   sempre   che

SCRITTORI esercizi 17

6 *Coniuga i verbi al modo e tempo opportuni e inserisci le quattro citazioni negli spazi _ _ _.*

| 1. Che distanza abissale dalla stucchevole e ammiccante epica automobilistica dell'ultimo Baricco! | 2. triste e inutile come una recensione di Ferroni. | 3. dimenticavo tutto: le noie, le mediocrità, gli errori della mia vita; dimenticavo perfino "l'Iliade" di Baricco. | 4. questi rettilinei nella pianura, interminabili e pallosi come un articolo di Citati. |

Cari critici, ho diritto a una vera stroncatura

ALESSANDRO BARICCO

Questo è un articolo che non *(dovere)* _____ scrivere. Lo so. Me lo dico da me. E lo scrivo. Dunque. La scorsa settimana, su queste pagine, esce un articolo di Pietro Citati. Racconta quanto lo ha deliziato mettersi davanti al televisore e vedere i pattinatori-ballerini delle Olimpiadi. Lo deliziava a tal punto - scrive - che "_ _ _". Io ero lì, innocente, che mi leggevo con piacere l'esercizio di stile sull'argomento del giorno e, trac, mi arriva la coltellata. Va be', dico. E, giusto per mite rivalsa, lascio l'articolo e vado a leggermi l'Audisio[2]. Qualche giorno dopo, però, vedo sull'*Unità* un lungo articolo di Giulio Ferroni sull'ultimo libro di Vassalli. Bene, mi *(dire)* _____. Perché mi *(interessare)* _____ sapere cosa fa Vassalli. Malauguratamente, alcuni dei racconti che *(scrivere)* _____ sono sul rapporto tra gli uomini e l'automobile. Mentre leggevo la recensione sentivo che *(noi - finire)* _____ pericolosamente in area "Questa storia" (il mio ultimo romanzo, che parla anche di automobili). Con lo stato d'animo dell'agnello a Pasqua vado avanti temendo il peggio. E infatti, puntuale, quel che *(aspettarsi)* _____ arriva. Al termine di una lunghissima frase in cui si tessono (credo giustamente) elogi a Vassalli, *(arrivare)* _____ una bella parentesi. Neanche una frase, giusto una parentesi. Dice così: "_ _ _". E voilà. Con tanto di punto esclamativo. Ora, nessuno è tenuto a saperlo, ma Citati e Ferroni sono, per il loro curriculum e per altre ragioni per me più imperscrutabili, due dei più alti e autorevoli critici letterari del nostro paese. Sono due mandarini della nostra cultura. Per la cronaca, Citati non *(recensire)* _____ mai _____ la mia "Iliade", e Ferroni non *(recensire)* _____ mai _____ "Questa storia". Il loro alto contributo critico sui miei due ultimi libri è racchiuso nelle due frasette che *(voi - leggere)* _____ appena _____, seminate a infarcire articoli che non hanno niente a che vedere con me. È un modo di fare che *(conoscere)* _____ bene, e che è piuttosto diffuso, tra i mandarini. Si aggirano nel salotto letterario, incantando il loro uditorio con la raffinatezza delle loro chiacchiere, e poi, con un'aria un po' infastidita, *(lasciare)* _____ cadere lì che lo *champagne* che *(stare)* _____ bevendo sa di piedi. Risatine complici dell'uditorio, deliziato. Io sarei lo *champagne*. (...) Per quello che ne capisco, i miei libri *(essere)* _____ presto dimenticati, e andrà già bene se *(rimanere)* _____ qualche memoria di loro per i film che ci avranno girato su. Così va il mondo. E comunque, lo so, i grandi scrittori, oggi, *(essere)* _____ altri. Ma ho abbastanza libri e lettori alle spalle per poter pretendere dalla critica la semplice osservanza di comportamenti civili. Lo dico nel modo più semplice e mite possibile: o avete il coraggio e la capacità di occuparvi seriamente dei miei libri o lasciateli perdere e tacete. Le battute da applauso non fanno fare una bella figura a me, ma neanche a voi.

Ecco fatto. Quel che *(avere)* _____ da dire l'*(dire)* _____.

Adesso vi dico cosa *(dovere)* _____ fare, secondo il galateo perverso del mio mondo, invece che scrivere questo articolo. *(Dovere)* _____ stare zitto (magari distraendomi un po' ripassando il mio estratto conto, come sempre mi suggerisce, in occasioni come queste, qualche giovane scrittore meno fortunato di me), e lasciar passare un po' di tempo. Poi un giorno, magari facendo un reportage su, che ne so, il Kansas, staccare lì una frasetta tipo "_ _ _". Il mio pubblico avrebbe gradito. Poi, un mesetto dopo, che so, andavo a vedere la finale di baseball negli Stati Uniti, e *(trovare)* _____ sicuramente _____ il modo di chiosare, in margine, che lì si beve solo birra analcolica, "_ _ _". Risatine compiacenti. Pari e patta. È così che si fa da noi. Pensate che animali siamo, noi intellettuali, e che raffinata lotta per la vita *(affrontare)* _____ ogni giorno nella dorata giungla delle lettere (...)

da www.repubblica.it

[1] **Audisio**: Emanuela Audisio, giornalista del giornale "la Repubblica".

17 esercizi SCRITTORI

7 *Completa le frasi coniugando al modo e tempo opportuni i verbi della terza colonna, come negli esempi.*

1. Credo che	oggi *ci sia / ci sarà* il mese scorso *ci sia stato / ci fosse* la prossima settimana *ci sarà / ci sia*	(ESSERCI)	sciopero dell'autobus.
2. Penso che Massimo	un anno fa _____ ieri _____ oggi _____ entro qualche mese _____	(COMPRARE)	una casa.
3. Quando ti abbiamo incontrata non immaginavamo che	proprio quel giorno _____ il giorno prima _____ oggi _____ poche ore prima _____ il giorno dopo _____	(TU - SPOSARSI)	con Andrea.
4. Mi ha detto Marco che Marta	già l'anno scorso _____ il prossimo mese _____ quest'anno _____ domani _____	(ANDARE)	in Grecia.
5. Due anni fa pensavo che	un giorno _____ entro pochi mesi _____ già _____	(TU - LAUREARSI)	a pieni voti.
6. Ieri, quando ci siamo visti, non immaginavo che il tuo cane	dopo un'ora _____ la settimana prima _____ appena entrato in casa _____	(ATTACCARE)	il mio gatto.
7. Licia dice che	domenica prossima _____ oggi _____ ieri _____	(VOLERE)	andare al cinema.
8. Ieri alle 8 sembrava che la partenza dell'aereo	poco prima _____, improvvisamente _____, oggi _____, in quel momento _____,	(ESSERE RIMANDATA)	invece poi siamo partiti in orario.
9. Ho letto da qualche parte che la Sardegna	in tempi remoti _____ prima o poi _____ una volta _____ un giorno _____	(ESSERE)	attaccata all'Italia.
10. Non immaginavo che	l'anno scorso _____ quest'anno _____ il prossimo mese _____ dopo pochi giorni _____	(TU - COMPIERE)	20 anni.

magari

ESERCIZI 18

lingua
MODE E TIC VERBALI

1 *Ricostruisci questa frase di Albert Einstein.*

È — ed avere — ed avere — essere — meglio — ottimisti — pessimisti — piuttosto che — ragione — torto

Albert Einstein

2 *Completa il testo inserendo al posto giusto le espressioni della lista (sono in ordine).*

dopo — ci — più — più — quello — la — sempre — non — non — quello — non — certe — siano — più

L'italiano. Lezioni semiserie

Le regole essenziali dell'italiano nel nuovo libro di Beppe Severgnini

15 anni "L'inglese. Lezioni semiserie", Beppe Severgnini, giornalista del *Corriere della Sera* sempre attento ai fatti di costume, riprova con la lingua italiana.

Con pungente ironia e umorismo il giornalista analizza gli errori grossolani in cui si imbatte l'italiano medio nell'uso parlato e scritto della lingua. Alla ricerca dei "crimini linguistici" diffusi, Beppe Severgnini fa una panoramica degli usi e abusi più comuni della lingua italiana, dagli articoli davanti ai nomi propri, all'incursione delle lingue straniere, all'esagerazione nell'uso delle metafore, all'uso scorretto della punteggiatura.

Capitolo interessante dedicato al congiuntivo, modo verbale cui estinzione non sarebbe causata dall'ignoranza delle regole grammaticali ma da un eccesso di certezze tipico della società italiana attuale. Meno italiani esprimono un dubbio, quasi tutti hanno opinioni certe su un argomento. L'affermazione: "Pensavo che portavi il gelato" solo è scorretta

Beppe Severgnini

ma è anche arrogante, scortese e presuntuosa, presuppone una certezza che lascia spazio al dubbio, alla possibilità. L'assenza di dubbio è la caratteristica della società italiana. Nessuno pensa, crede, ritiene. Tutti sanno e affermano.

Lo spirito del libro però non è dell'insegnante bacchettone.
Sulla scia di quelli che lo stesso autore definisce i suoi maestri, Montanelli e Flaiano, Severgnini propone la via della riabilitazione e dei consigli per sbagliare

Dal "Decalogo diabolico" ai "Sedici semplici suggerimenti", fino ai consigli sull'uso della punteggiatura. Tutto quello che occorre per imparare finalmente a scrivere in italiano. Divertendosi.

più: "Sedici semplici suggerimenti" che possono diventare un modo per imparare divertendosi. Al termine di ogni lezione l'autore propone anche dei simpatici "Sadoquiz" e "Masotest" da "autoinfliggersi" per verificare il nostro livello di ignoranza di regole grammaticali.

Nonostante alcune affermazioni discutibili e dettate dal personale senso estetico dell'autore, il libro di Severgnini si propone come una valida guida all'interno del confuso panorama della lingua italiana e con semplicità affronta uno dei problemi importanti della nostra società: la conoscenza della lingua.

da *www.gingergeneration.it*

18 esercizi — MODE E TIC VERBALI

3 *Completa ogni citazione usando una delle parole della lista. Ogni volta decidi se inserire la negazione **non** come nell'esempio.*

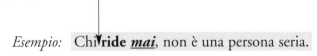

niente   nessuno   nemmeno   mai

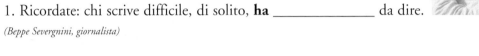

Esempio: Chi **non** ride *mai*, non è una persona seria.
(Fryderyk Chopin, musicista)

1. Ricordate: chi scrive difficile, di solito, **ha** _____ da dire.
(Beppe Severgnini, giornalista)

2. Se ritardo d'un paio d'ore succede la fine del mondo, se muoio **se ne accorge** _____.
(Marcello Marchesi, umorista)

3. **C'è** _____ di più pratico di una buona teoria.
(Kurt Lewin, psicologo)

4. Io suono al conservatorio. Sì, ma **mi aprono** _____!
(Groucho Marx, umorista)

5. _____ **fa** niente per niente.
(proverbio)

6. Molti scrittori scrivono libri che essi stessi **leggerebbero** _____.
(Camilla Cederna, scrittrice)

7. **Sono** sincero _____ quando dico che non sono sincero.
(Jules Renard, scrittore)

8. _____ **ottiene** successo come l'eccesso.
(Oscar Wilde, scrittore)

9. **Facciamo** bene _____ finché non smettiamo di pensare al modo di farlo.
(William Hazlitt, saggista e critico)

MODE E TIC VERBALI — esercizi 18

4 *In questo testo manca 9 volte la negazione **non**. Inseriscila negli spazi giusti.*

Le Amministrazioni pubbliche non sanno comunicare neanche le buone notizie

Michele A. Cortelazo

Il signor Ferrari ha ricevuto dal Settore Edilizia Residenziale del suo Comune questa lettera:

> In riferimento al verbale di assegnazione di un alloggio di E.R.P. in data 16.05.1999, considerate le motivazioni, si comunica che si è ritenuta giustificata la Sua richiesta di nuova convocazione per esperire una scelta alternativa di alloggio, risultando effettivamente minimo, rispetto ai parametri di legge, per il Suo nucleo familiare l'alloggio sito in via Milano 37/7 da noi proposto. Si fa riserva di contattarLa per una nuova scelta di alloggio.

Il signor Ferrari dovrebbe essere contento. Ha ottenuto quello che _____ voleva. Aveva chiesto un alloggio di proprietà comunale, il Comune gliene aveva assegnato uno, ma era troppo piccolo per la sua famiglia. Ha protestato, finché il Comune _____ gli ha dato ragione. Come? Con questa lettera.

Ma il signor Ferrari è davvero contento? No, o almeno _____ ancora. _____ Ha infatti capito di doverlo essere. Anzi _____ ha proprio capito che cosa gli succederà. Dovrà "esperire una scelta alternativa di alloggio". È qualcosa che fa male? Boh. Allora telefona all'Ufficio (però dopo aver sudato sette camicie, perché nella lettera _____ c'era nessun numero di telefono al quale chiedere informazioni) e solo in quel momento capisce che fra un po' potrà scegliere una casa più adatta alle esigenze della sua famiglia.

Insomma, _____ ha a che fare con un "Comune amico", un Comune che cerca di soddisfare le legittime esigenze dei suoi cittadini e che si fa in quattro per aiutarli. Ma poi fa di tutto per complicarsi la vita.
_____ È in grado di dare chiaramente la buona notizia al cittadino; _____ scrive in *burocratese*, costringe il cittadino a perdere il suo tempo per telefonare e ricevere informazioni più chiare; costringe l'impiegato a perdere a sua volta del tempo, per spiegargli a voce quello che _____ gli aveva già comunicato per scritto.

Ma allora, l'impiegato che ha scritto la lettera è un masochista che gode a ripetere la stessa cosa più volte? No. Si è accorto che la lettera che ha spedito al signor Ferrari _____ funzionava, ma nessuno _____ gli ha insegnato a uscire dalle pessime abitudini linguistiche assunte in anni di lavoro nella amministrazione pubblica. E anche se glielo avessero insegnato, probabilmente _____ gli avrebbero dato il tempo di buttare a mare la lettera che nel suo ufficio si copia ogni volta e di riscriverla in modo più chiaro, usando un linguaggio terra terra, così per esempio:

La informiamo che Lei potrà scegliere un alloggio diverso da quello di via Milano 37/7, che Le è stato assegnato con verbale del 16 maggio 1999.
Abbiamo infatti accolto la Sua richiesta, in quanto l'alloggio da noi proposto risulta piccolo, rispetto ai parametri di legge, per il Suo nucleo familiare.
Le comunicheremo la data di convocazione per la nuova scelta dell'alloggio.

Tutto facile? No, ci vuole tempo, perché scrivere bene un testo _____ è un'attività che si fa in quattro e quattr'otto. Bisogna studiare, imparare. Ma _____ è necessario. Perché ci sono tanti signor Ferrari che aspettano una risposta chiara. E che vivono male, finché _____ abitano in una casa troppo piccola.

da Guida agli Enti Locali

18 esercizi — MODE E TIC VERBALI

5 *Questo testo è la continuazione dell'esercizio 16 dell'Unità 18. Segui le indicazioni del testo e riscrivi in un linguaggio più semplice le frasi in burocratese.*

6. LIMITATE GLI INCISI

Tra gli intoppi che si frappongono a una lettura lineare di un testo vi sono gli incisi, cioè quelle frasi che, messe tra virgole o tra parentesi, danno delle informazioni aggiuntive o integrative all'argomento centrale della frase. Facciamo subito un esempio: «È stato autorizzato l'utilizzo (fatto salvo il rispetto dell'ordine di punteggio riportato) delle graduatorie generali per l'individuazione dei nuclei familiari interamente composti da extracomunitari».

La frase può essere semplificata spostando l'inciso alla fine:

«_____
_____
_____
_____».

7. EVITATE LE FRASI IMPERSONALI

Il linguaggio amministrativo usa spesso l'impersonale. Questa scelta può essere un modo per segnalare che nelle comunicazioni istituzionali il singolo non scrive per sé, ma per l'amministrazione cui appartiene. Ma ci può anche essere una forma di reticenza, specie quando si danno notizie non gradite: «con la presente si respinge la richiesta della S.V.».

Con che cosa si può sostituire l'impersonale? Con una forma personale che abbia per soggetto il nome dell'ufficio, oppure con una forma verbale di prima persona plurale, senza indicazione del soggetto (quindi: «_____», oppure «_____»). Questa seconda soluzione coniuga la necessità di non mettere in evidenza la persona dello scrivente, perché scrive non a nome proprio ma a nome dell'amministrazione, con l'opportunità di usare comunque una forma comune e diretta, come può essere la prima persona plurale.

8. PREFERITE I TEMPI E I MODI VERBALI DI PIÙ LARGO USO

L'indicativo è il modo verbale più diffuso e quindi di più facile comprensione. È perciò preferibile al congiuntivo o al condizionale, quando non altera il senso della frase e rispetta la norma grammaticale. Non sempre, però, il congiuntivo è eliminabile; per esempio le proposizioni finali richiedono obbligatoriamente il congiuntivo («Vi inviamo la documentazione richiesta, perché possiate rispondere al cittadino»).

In molti casi, basta però cambiare la congiunzione per poter sostituire il congiuntivo senza infrangere le regole grammaticali. La frase «_____
_____
_____» è certamente più facile da leggere delle due seguenti, anche se hanno lo stesso significato: «Qualora la morosità sia dovuta a malattia dell'inquilino, l'assegnatario può chiedere una proroga» oppure «Nel caso in cui la morosità fosse dovuta a malattia dell'inquilino, l'assegnatario può chiedere una proroga».

9. PREFERITE PREPOSIZIONI E CONGIUNZIONI SEMPLICI

L'italiano burocratico fa largo uso di preposizioni e congiunzioni complesse, che appesantiscono il testo e non aiutano a rendere trasparente il contenuto. La leggibilità di un testo migliora sensibilmente se vengono usate preposizioni e congiunzioni semplici, più diffuse nel linguaggio quotidiano.

Ad esempio, sono complesse le preposizioni *al fine di*, *con l'obiettivo di* o *allo scopo di*, tutte sostituibili con *per* (quindi è meglio scrivere «_____
_____
_____
_____» anziché «Al fine di poter archiviare la pratica, chiediamo di restituirci il documento allegato»).

Sono congiunzioni complesse, invece, *nel caso in cui*, *sempreché* o *a condizione che*, tutte sostituibili con *se*; pertanto la frase «_____
_____
_____...» è preferibile a «Nel caso in cui Lei non abbia questo documento...».

Con le congiunzioni, scegliere la variante semplice ha risvolti positivi anche sul modo verbale, in quanto di solito le congiunzioni complesse richiedono il congiuntivo, mentre quelle semplici l'indicativo.

10. USATE PAROLE COMUNI

Chi legge un testo deve poter capire tutte le parole per riuscire a ricostruirne il senso completo. Ne consegue, da un lato che le parole di uso comune sono preferibili a quelle più rare, dall'altro che le parole meno frequenti e quelle straniere irrinunciabili, una volta introdotte nel testo, devono essere spiegate con parole di uso comune. Vocaboli tipicamente burocratici come 1. *rammentare*, 2. *nulla osta*, 3. *riscontro*, 4. *ovvero*, 5. *erogare* possono essere sostituiti da sinonimi più comuni e semanticamente equivalenti, come 1. _____ ,
2. *parere favorevole*,
3. _____ ,
4. _____ ,
5. *versare*. Allo stesso modo, i documenti amministrativi risultano più chiari se si evitano termini stranieri o latini, per esempio 6. *meeting*, 7. *budget*, 8. *stage*, 9. *de facto*, 10. *de iure*, a vantaggio delle equivalenti parole italiane: 6. _____ ,
7. *bilancio*, 8. *tirocinio*, 9. *di fatto*, 10. *diritto*.

ESERCIZI 19
arti
COMICITÀ

1 *Completa il testo con i verbi al modo e tempo opportuni e inserisci negli spazi _ _ _ _ _ _ _ _ _ le parole della lista.*

accertamento · altrimenti · comma · commissario · eccetera · maestranze · pantera · piratessa · piratessa · provvedimento · reiterato · soggiornare · soggiorno

Stefano Benni

- La signorina emigrò in vari stati poi venne nel nostro sei anni fa, mi corregga se *(sbagliare)* _____. Visse per circa due anni in via dell'Oca 13, ove risiedeva anche lei. Insieme ai signori Nico Perimedes, Statis Eurilokos, eccetera, chi se ne frega. Ecco qui veniamo al punto. Anni fa la signorina presenta a questa questura una domanda di _____ per motivi di studio con documento di iscrizione all'università che in seguito ad _____ risulta contraffatto.
- Si è iscritta subito dopo.
- Signor Ulisse, se io le *(sparare)* _____ e subito dopo la pistola si inceppa, lei muore lo stesso. Capisce il paragone?
- Capisco…
- Bravo. Il falso in attestazione consimile comporta, ai sensi della nuova legge, _____ tredici, la perdita del diritto di _____ in quanto il reato commesso potrebbe essere _____ e quindi la signorina è da ritenersi potenzialmente pericolosa per l'ordine pubblico del nostro paese. Quindi potrebbe venire espulsa con _____ immediato.
- Potrebbe.
- Potrebbe. E se di mezzo *(esserci)* _____ un generale dell'Arma, questo potrebbe diventa può, e la signorina Pilar se ne torna a casa.
- Ma quale pericolo per l'ordine pubblico! Pilar non ha mai fatto male a nessuno, né fatto politica.
- Ci risulta _____. La signorina Pilar, proprio pochi giorni fa, si mette a fare la sindacalista e viene fotografata davanti a un grande magazzino mentre sobilla le _____.
Mostrò una foto.
- È questa vicino a quel rompicoglioni di Olivetti, vero? Complimenti, è una bella ragazza. Ma questo non è motivo sufficiente per cui potrebbe restare.

La bufera di condizionali stordì Ulisse per un attimo. Forse aveva capito. Ebbe la visione di Pilar, la dolce Pilar…

- E cosa potrebbe fare allora?
- Il modo ci sarebbe.
- E sarebbe?
- E sarebbe che è legato a quel potrebbe. Se qualcuno *(fare)* _____ qualcosa per cui quel potrebbe potrebbe diventare un non-potrebbe.
La bufera di condizionali stordì Ulisse per un attimo. Forse aveva capito. Ebbe la visione di Pilar, la dolce Pilar, in stivali da _____, sulla tangenziale notturna, adescando auto blu Maldive, e la _____ degli sbirri passava e commentava: vedi quella? Batte per il _____.
- Signor commissario - disse Ulisse cercando di essere chiaro - se *(essere)* _____ vero che per far diventare quel potrebbe un non-potrebbe si potrebbero fare delle cose, basta però che non siano cose che potrebbero essere peggio di quel potrebbe.
- Ma se quelle cose si *(fare)* _____ e le *(potere)* _____ fare lei, allora quel potrebbe della sua ragazza potrebbe diventare un non-potrebbe proprio in virtù delle cose che lei farebbe.
Ebbe la visione di Ulisse, il dolce Ulisse, in stivali da _____ sulla tangenziale _____.
- Potrebbe essere più chiaro, commissario?
- Prima dovrebbe giurarmi una cosa. Potrebbe darsi che se lei non *(fare)* _____, potrebbe poi ugualmente dire in giro che io le avrei chiesto che lei facesse, e questo potrebbe farmi incazzare moltissimo, perciò quello che potrei dirle ora dovrebbe restare tra noi.
- Questo dovrebbe essere chiaro a tutti.

da Stefano Benni, *Achille piè veloce*, Feltrinelli, Milano, 2003

Alessandro Bergonzoni

2 *Completa i **periodi ipotetici** del testo con i verbi al modo e tempo opportuni.*

Alessandro Bergonzoni: comico. Per quanto riguarda la posizione religiosa, si dichiara "cattolico effervescente". Di qualsiasi argomento potrebbe parlarne all'infinito ma non lo fa perché "odia Leopardi e tutti i poeti da pelliccia". Se qualcuno lo *(interrogare)* _____ sulla lingua italiana, che usa con incurante destrezza, lui *(risponde)* _____ che l'italiano gli interessa solo perché è la lingua di casa, delle famiglie, come "*scrissi* e *lessi*, la famiglia dei passati remoti. C'era anche *dissi*, che adesso però è uscito". Nei suoi spettacoli e nei suoi libri rifiuta ogni tentazione autobiografica, proclama di non avere nessuna verità da spacciare, ma di cose da dire - da inventare - ne ha moltissime.

Parlando di lui, pare che Umberto Eco abbia confidato: "Se non *(fare)* _____ il lavoro che faccio, *(volere)* _____ fare quello che fa lui". *(Voi - Scusare)* _____ se *(essere)* _____ poco.

Malgrado ciò, lui si considera poco interessato alle riflessioni sul linguaggio: "Se *(esserci)* _____ una persona inadatta a spiegare dove sta andando l'italiano, quello *(essere)* _____ io".

▲ Alessandro Bergonzoni

da *il manifesto*

3 *Le espressioni **sottolineate** sono state usate nel testo dell'attività 9 dell'Unità 19. Non tutte le costruzioni simili però sono possibili. Elimina quelle non accettabili.*

▲ Daniele Luttazzi

Suscitare una risata (R1)	**Stare in scena** (D2)	**Mettere in scena** (R4)
Suscitare compassione	Stare da Dio	Mettere in porto
Suscitare amicizia	Stare a luce	Mettere a soqquadro
Suscitare interesse	Stare in disperazione	Mettere in mutande
Esprimere un giudizio (R1)	**Essere alle prese** (R5)	**Scoppiare a piangere** (R5)
Esprimere una storia	Essere alle mani	Scoppiare a ridere
Esprimere un voto	Essere alle porte	Scoppiare di salute
Esprimere un'opinione	Essere alle prime armi	Scoppiare di malattia

COMICITÀ esercizi 19

4 *Inserisci nel testo le espressioni della lista.*

che · cioè · contemporaneamente · inoltre · in quanto · la quale · oltre a · poiché · quanto · quindi · sia · sia · siccome · spiegato ciò

Inventiva italiana

Fino a pochi anni fa il servizio militare in Italia era obbligatorio per tutti i maschi al diciottesimo anno di età. Evitare i dodici mesi di leva era per alcuni una necessità, per altri una sfida alle istituzioni. Di seguito una lettera inviata al Ministro della Difesa.

Al Ministro della Difesa
Via XX Settembre 8 - 00187 Roma

Signor Ministro della Difesa, mi permetta di prendere rispettosamente la libertà di esporLe _____ segue e di sollecitare per Sua benevolenza lo sforzo necessario al rapido disbrigo della pratica.
Sono in attesa della chiamata alle armi, ho 24 anni e sono sposato con una vedova di 44 anni, _____ ha una figlia di 25 anni. Mio padre ha sposato tale figlia. _____ attualmente mio padre è diventato mio genero _____ marito di mia figlia.
_____ mia nuora è divenuta mia matrigna in quanto moglie di mio padre.
Mia moglie ed io abbiamo avuto lo scorso gennaio un figlio. È stato così _____ costui è divenuto fratello della moglie di mio padre, _____ cognato di mio padre.
_____ essere mio zio, in quanto fratello della mia matrigna.
In definitiva mio figlio è mio zio.
La moglie di mio padre a Natale ha avuto un figlio che è _____ mio fratello, in quanto figlio di mio padre, _____ mio nipote, in quanto figlio della figlia di mia moglie.
Io sono quindi fratello di mio nipote, e _____ il marito della madre di una persona è suo padre, risulta che io sono padre della figlia di mia moglie e fratello di suo figlio.
Quindi io sono mio nonno.
_____, Signor Ministro, Le chiedo di volermi concedere di essere esentato dal servizio militare, _____ la legge impedisce che padre, figlio e nipote prestino servizio _____.
Fermamente convinto della vostra comprensione, La prego Signor Ministro di accettare i miei più cordiali saluti.

Vito Laudadio

5 *In ogni riga di questa lettera c'è un errore: una parola sbagliata o mancante. Fai le opportune correzioni, come nell'esempio.*

Una lettera

1 Cara mamma, mi dispiace molto doverti dire che ~~mi~~ *me* ne sono andata col mio nuovo ragazzo.
Ho trovato il vero amore e lui, dovessi vederlo, è così carino con tutti i suoi tatuaggi,
il *piercing* e quella sua grossa moto veloce! Ma non è tutta, mamma: finalmente sono incinta
e lui dice che staremo insieme benissimo in sua *roulotte* in mezzo ai boschi. Lui vuole
5 avere tanti altri bambini e questo è anche mio sogno. E dato che ho scoperto che la *marijuana*
non fa male, noi la coltiveremmo anche per i nostri amici, quando non avranno la cocaina e
l'*ecstasy* di cui hanno bisogno. Nel frattempo spero che la scienza trova una cura per l'AIDS così il
mio amore possa stare meglio: se lo merita! Non preoccuparti mamma, ho già 15 anni e so
badare a me stessa. Spero di venga presto a trovarti così potrai conoscere i tuoi nipotini.
10 Tua adorata bambina.

PS: tutte palle, mamma! Sono dai vicini. Volevo solo dirti che nella vita sono cose peggiori
della pagella che ho avuto oggi a scuola. Te l'ho lasciato sul comodino. Ti voglio bene.

19 esercizi COMICITÀ

6 Collega le frasi delle due colonne e ricostruisci le battute tratte da alcuni libri di Daniele Luttazzi.

1. Ricordo ancora le parole che Barbara mi disse in quella occasione. Era sconvolta. Mi disse: "Promettimi che non mi lascerai mai sola, Daniele. La mia vita è vuota, senza di te."

2. La prova che esiste Dio è che all'Ultima Cena ha fatto sedere tutti dallo stesso lato del tavolo.

3. Litighiamo così spesso. A volte mi chiedo perché mai ci siamo sposati, anche se so benissimo il perché.

4. Ieri sono entrato in una palestra. Mi hanno dato da compilare il materiale per l'iscrizione.

5. Era così solare.

a. Mi è venuto il fiatone.

b. Parlavi per un'ora con lei, ne uscivi abbronzato.

c. E io le dissi: "Stai tranquilla, Barbara, non ti lascerò mai. Anche la mia vita è vuota, senza di me."

d. È la solita legge degli opposti che si attraggono. Lei era incinta, e io no.

e. In modo che Leonardo li potesse dipingere.

7 Completa la riscrittura delle frasi aggiungendo, almeno una volta in ogni frase, il verbo **fare**. Cerca di mantenere il significato il più vicino possibile all'originale.

1. Ho riso tantissimo per quello spettacolo.
Quello _____ ridere tantissimo.

2. Oggi Licia ha aiutato suo figlio a mettersi le scarpe da solo per la prima volta.
Oggi Licia ha _____ scarpe da _____ figlio per la prima volta.

3. Roberto ha chiesto ad Anita di telefonare a Costanza.
Roberto _____ telefonare _____ Anita.

4. Ho mandato Francesca a comprare il latte al supermercato.
Ho _____ il _____ Francesca al supermercato.

5. Ho saputo che ieri hai chiesto a Luigi di portarti due bottiglie di vino!
Ho saputo che ieri ti _____ Luigi.

6. Chiediamo al barista di prepararci due panini al prosciutto?
Ci _____ barista?

7. Ieri per colpa di Gianna ho fatto una figuraccia!
Ieri Gianna _____ figuraccia!

8. Brad Pitt ha permesso solo all'inviato della Rai di intervistarlo.
Brad Pitt _____ inviato della Rai.

8 Ricostruisci la frase di Totò con le parole della lista.

A _____?

ci   di   da   mangiare   politica,   proposito   qualcosa   sarebbe

342   magari

ESERCIZI 20
storia
IL FASCISMO

1 *Coniuga i verbi al modo e tempo opportuni. Attenzione: a volte devi usare la **forma passiva**.*

Il delitto Matteotti

Giacomo Matteotti

Matteotti sparì il 10 giugno 1924 e il suo cadavere *(ritrovare)* _____ più di due mesi dopo nella macchia della Quartarella, all'estrema periferia di Roma. Il parlamentare *(costringere)* _____ a salire su una macchina mentre *(percorrere)* _____ il Lungotevere Arnaldo da Brescia. Alcuni passanti *(assistere)* _____ al rapimento ed *(annotare)* _____ la targa della vettura, che *(risultare)* _____ appartenere a Filippo Filippelli, stretto collaboratore di Cesarino Rossi, capo dell'ufficio stampa di Mussolini. Il capo del fascismo *(informare)* _____ l'indomani dei dettagli dell'"operazione" e, appreso che la macchina *(individuare)* _____, *(uscirsene)* _____ con la frase: "Idioti! Se l' *(voi - coprire)* _____ con la vostra m…, la targa non si *(vedere)* _____!".
Gli indizi *(essere)* _____ più che significativi e subito *(diffondersi)* _____ voci che *(indicare)* _____ le responsabilità nella stessa presidenza del Consiglio e gli autori materiali in alcuni figuri, notoriamente appartenenti alla cosiddetta Ceka, la polizia segreta a servizio del capo del fascismo, che *(intervenire)* _____ se *(esserci)* _____ lavori "sporchi" da fare e soprattutto in quell'Amerigo Dumini, che *(presentarsi)* _____ aggiungendo al suo nome "diciotto omicidi". Nel rimpallarsi di accuse e contraccuse, *(circolare)* _____ memoriali di collaboratori diretti di Mussolini con allusioni abbastanza chiare e talvolta trasparenti sulle sue responsabilità. Se si *(trovare)* _____ prove definitive della colpevolezza del capo del fascismo, oggi *(noi - essere)* _____ certi che di lì *(partire)* _____ l'ordine, convinzione comunque più che diffusa. *(Individuare)* _____, invece, gli autori materiali del delitto. Uno di essi, Albino Volpi, interrogato in istruttoria, *(riferire)* _____: "Il contegno di Matteotti è stato assolutamente spavaldo. Mentre lo *(noi - pugnalare)* _____, egli *(essere)* _____ eroico. *(Continuare)* _____ fino alla fine a gridarci in faccia: «Assassini! Barbari! Vigliacchi!».
E mentre noi *(continuare)* _____ nella nostra azione, egli ci *(ripetere)* _____: «*(Uccidere)* _____ me, ma non la mia idea!».
Probabilmente se *(umiliarsi)* _____ un momento e ci *(chiedere)* _____ di salvarlo e *(riconoscere)* _____ l'errore della sua idea, forse non *(compiere)* _____ fino alla fine la nostra operazione.
Ma no, fino alla fine, fino che *(avere)* _____ un filo di voce, *(gridare)* _____:
«Se *(io - morire)* _____, la mia idea *(sopravvivere)* _____! I lavoratori *(benedire)* _____ il mio cadavere».
(Morire) _____ gridando: «Viva il socialismo!»".

da *www.anpi.it*

Il luogo dove è stato rinvenuto il corpo di Matteotti

20 esercizi — IL FASCISMO

2 *Riordina le frasi nella seconda o nella terza colonna coniugando i verbi sottolineati e utilizzando la forma passiva dove necessario.*

	1924: pensieri dei protagonisti di un anno cruciale per la storia d'Italia. I fascisti ottengono il 65% dei voti alle elezioni, l'opposizione abbandona i lavori della Camera dei deputati, Giacomo Matteotti viene assassinato: inizia la dittatura.	
1. Giacomo Matteotti Deputato socialista assassinato dagli squadristi fascisti	"La vittoria del partito fascista è illegittima perché è dipesa da operazioni elettorali illegali, dalla violenza e dalle intimidazioni."	Giacomo Matteotti desiderava che (*del - fascista - il - non - partito - riconoscere - trionfo*) _____ .
2. Luigi Albertini Senatore e direttore de "Il Corriere della Sera"	"Dopo la morte di Matteotti, la cosa più saggia che poteva fare Mussolini era di uscire dal partito e riconoscere le proprie responsabilità."	Luigi Albertini avrebbe preferito che (*a - autorità - dare - delle - disposizione - dimissioni - e - le - mettersi - Mussolini*) _____ .
3. Benedetto Croce Filosofo, storico e senatore, firmatario del "Manifesto degli intellettuali antifascisti"	"Sarebbe bene (*a - che - fascismo - inaugurare - il - rinunciare*) _____ una nuova epoca storica."	Per Benedetto Croce il fascismo doveva abbandonare ogni velleità di creazione di un nuovo tipo di Stato.
4. Vittorio Emanuele III Re d'Italia dal 1900 al 1946	"Mi sarebbe piaciuto che (*a - di - dimissioni - essere - l' - le - Mussolini - opposizione - parlamentare - provocare*) _____ ."	Per Vittorio Emanuele III Mussolini avrebbe dovuto essere eliminato politicamente in Parlamento.
5. Roberto Farinacci Deputato fascista	"A mio giudizio Mussolini non è stato sufficientemente intransigente."	Roberto Farinacci avrebbe preferito che (*Duce - e - eccessivamente - essere - il - liberale - morbido - non*) _____ .

3 *Metti al posto giusto nel testo le parole della lista. Le parole sono in ordine. Attenzione: devi coniugare i verbi all'infinito al modo e tempo opportuni. A volte devi usare la forma passiva.*

a | che | diventare | giovanili | educati | nera | essere | sbarbato | proprio | tesa | cosiddetto | obbligatorio | lingua | tanti | favorire | nuove | figli | sposati | invitare | purché | tali | ciò

La dittatura fascista ha costretto la maggioranza degli italiani cambiare obbligatoriamente modo di comportarsi, di vestirsi, di parlare, di riunirsi, di studiare.
L'ideologia fascista vuole gli italiani nazionalisti e più militaristi. Perciò non sono amati gli abiti borghesi, a cui vengono preferite divise e stivali. Bambini e ragazzi sono inquadrati in organizzazioni ed alla disciplina militare.
A quattro anni un bambino italiano diventa figlio della lupa e indossa la sua prima camicia, che è l'indumento più appariscente dei fascisti. A otto diventa balilla e a quattordici avanguardista.
Analogamente le ragazze, dopo figlie della lupa, sono organizzate prima nelle Piccole Italiane e poi nelle Giovani Italiane. A loro si richiedono soprattutto esibizioni ginniche.
L'aspetto fisico del perfetto fascista prevede il volto e il corpo asciutto, mantenuto tale da una vita attiva e sportiva. Il modo di camminare deve dare l'impressione di sicurezza: i movimenti devono essere scattanti e veloci. Il fascista ha anche un modo di salutare: con braccio e

IL FASCISMO esercizi 20

mano in avanti. È il saluto romano, nelle circostanze ufficiali e nelle parate.
Il fascismo tenta - ma senza successo - di abolire l'uso della stretta di mano e di imporre l'uso del Voi, al posto del Lei, nella parlata.
La donna fascista ideale deve avere un fisico prestante, essere moglie e madre di figli e deve restare a casa per dedicarsi a loro. Il matrimonio con molti figli in tutti i modi. I padri con famiglie numerose ricevono salari maggiori, le madri sono premiate con nastri, diplomi, medaglie d'argento e d'oro. Alle coppie vengono fatti prestiti pubblici che devono essere restituiti allo Stato solo se non nascono o se ne nascono pochi. Essere celibi è un ostacolo alla carriera ed è un impedimento assoluto alla promozione per gli impiegati dello Stato. Tutti gli uomini non devono pagare una tassa sul celibato.
Anche sui nomi e sulle parole il fascismo impone la sua ideologia nazionalistica. Gli italiani a far uso di termini nuovi, genuinamente italiani, in sostituzione di quelli di origine straniera o che sembrano. Tutto che è straniero è infatti visto come ostile, nemico, non patriottico. I bar si trasformano in *mescite* e i sandwich in *tramezzini*.

da http://it.wikipedia.org

4 Ricostruisci i tre testi.

Antonio Gramsci, "Lettera alla madre"

Non ho mai voluto mutare le mie opinioni, _____ / _____ / _____ / _____ / _____

➤ Antonio Gramsci

Teresa Vergalli, "Storia di una staffetta partigiana"

Durante la seconda guerra mondiale io ero molto piccola _____ / _____ / _____ / _____ / _____ / _____ / _____

Costituzione della repubblica italiana

È vietata la riorganizzazione, _____ / _____ / _____ / _____ / _____ / _____

1. sotto qualsiasi forma, del disciolto
2. *lampo*. Il mio compito era di
3. 48, sono stabilite con legge, per non oltre un quinquennio
4. al diritto di voto e alla eleggibilità per
5. vogliono conservare il loro onore e la loro dignità di uomini.
6. dall'entrata in vigore della Costituzione, limitazioni temporanee
7. fornire le informazioni ai vari gruppi di partigiani.
8. le scuole elementari. Usavo la cartella per fornire la roba
9. alle loro mamme, se
10. a stare in prigione. Vorrei consolarti di questo dispiacere
11. i capi responsabili del regime fascista.
12. partito fascista. In deroga all'articolo
13. dura, e i figli qualche volta devono dare dei grandi dolori
14. le cartelle dei ragazzi. Io avevo due borsoni: in uno mettevo i vestiti e nell'altro
15. i libri e sotto una pistola carica della quale avrei
16. ai partigiani nelle montagne, perché i tedeschi non guardavano
17. per le quali sarei disposto a dare la vita e non solo
18. ero molto veloce, ero soprannominata
19. fatto uso solo in caso di pericolo. Il mio compito da partigiana era la staffetta e visto che
20. e frequentavo ancora
21. che ti ho dato: ma non potevo fare diversamente. La vita è così, molto

ESERCIZI 21
lingua
LINGUA E DIALETTI

1 *Completa il testo con le espressioni della lista. Attenzione: c'è uno spazio in più!*

addirittura · addirittura · anzi · a tale proposito · cioè · come · come · così · in particolare · insomma · man mano · mentre · poiché · pur · secondo

Il tarantismo

_____ la credenza popolare il tarantismo era una malattia causata dal morso della taranta (un piccolo ragno velenoso), che provocava uno stato di malessere generale e che colpiva soprattutto le donne.
Le vittime della taranta cadevano in trance e si muovevano _____ possedute da una forza misteriosa. In realtà il morso era spesso un pretesto per risolvere traumi, frustrazioni e conflitti familiari.
Era _____ un modo in cui le donne, emarginate e sottomesse al potere maschile, manifestavano il loro disagio e il loro desiderio di ribellione. Il fenomeno si manifestava in alcune zone dell'Italia meridionale e _____ nel Salento (Puglia) soprattutto nei mesi estivi durante il periodo della mietitura.
La musica, nel rito terapeutico, era l'elemento più importante: ogni volta che una "tarantata" (_____ una donna morsa dalla taranta) manifestava i sintomi della malattia, si accompagnavano nella sua casa dei musicisti, i quali con tamburelli, violini, organetti ed altri strumenti cominciavano a suonare la pizzica, un ritmo frenetico che _____ aveva lo scopo di far ballare, cantare e sudare la ragazza fino allo sfinimento. Si credeva infatti che, _____ si consumavano le proprie energie nella danza, anche la taranta si consumasse e soffrisse sino ad essere annientata. _____ presentando un carattere molto marcato di leggenda popolare, questo rito può essere in realtà legato anche a una spiegazione strettamente scientifica: il ballo convulso, accelerando il battito cardiaco, favorisce l'eliminazione del veleno e contribuisce ad alleviare il dolore provocato dal morso del ragno e di simili insetti. Il rito ha quindi una vera e propria funzione terapeutica e non solo una valenza pseudoreligiosa o di credenza popolare.
_____, non è da escludere che il ballo venisse utilizzato originariamente come vero e proprio rimedio medico, a cui solo in seguito sono stati aggiunti connotati religiosi ed esoterici.
Il ballo della tarantata si suddivideva di solito in tre fasi: prima la donna si trascinava al suolo e batteva mani e piedi al ritmo della pizzica, muovendosi in modo impudico e disinibito, in alcuni casi arrivando _____ a mostrare le parti intime; quindi si alzava, saltellava e danzava disegnando ampie figure con le braccia, con l'aiuto di un fazzoletto colorato.
Poi il ritmo _____ diminuiva e la tarantata cominciava a barcollare fino a crollare al suolo esausta.
A volte l'esorcismo poteva avvenire _____ nella pubblica piazza, e alla ragazza "pizzicata" si univano spesso altri uomini e donne ad accompagnarne la danza smaniosa.
_____ spesso accade per i rituali a carattere magico e superstizioso, anche a questa tradizione si cercò di dare una "giustificazione" cristiana: _____ si spiega il ruolo di San Paolo, ritenuto il santo protettore di coloro che sono stati "pizzicati" da un animale velenoso, ai quali San Paolo faceva la grazia della guarigione. La scelta del santo non è casuale _____ una tradizione vuole che egli sia sopravvissuto al veleno di un serpente nell'isola di Malta.
Molto famoso _____ era l'esorcismo collettivo che aveva luogo nella cappella di San Paolo a Galatina, durante la festa patronale dei S.S. Pietro e Paolo. Qui convergevano da tutta la Puglia carri carichi di ragazze che si ritenevano possedute e accorrevano ad implorare la grazia al santo.

2 *Completa le citazioni inserendo al posto giusto una delle parole della lista, come nell'esempio.*

alcuni — alcuni · chiunque · qualche · qualsiasi/qualunque · tutti

Esempio: **Alcuni** Rimedi sono peggiori della malattia stessa.
(Publilio Sirio, scrittore)

1. Il disordine dà _____ speranza, l'ordine nessuna.
(Marcello Marchesi, umorista)

2. Alle tre del mattino è sempre troppo presto o troppo tardi per _____ cosa tu voglia fare.
(Jean Paul Sartre, filosofo)

3. Si nasce tutti pazzi. _____ Lo restano.
(Samuel Beckett, scrittore)

4. Coloro che vincono, in _____ modo vincano, non ne riportano mai vergogna.
(Niccolò Machiavelli)

5. Se tu pretendi e ti sforzi di piacere a _____, finirà che non piacerai a nessuno.
(Arturo Graf, scrittore)

6. Tutti gli animali sono uguali, ma _____ sono più uguali degli altri.
(George Orwell, scrittore)

7. _____ Può sbagliare, ma nessuno, se non è uno sciocco, persevera nell'errore.
(Marco Tullio Cicerone, scrittore)

8. _____ Matrimoni durano pochi mesi, ma non ti illudere: i più durano una vita.
(Fabio Fazio, umorista)

9. _____ Cosa vada male, c'è sempre qualcuno che l'aveva detto.
(Arthur Bloch, umorista)

11. _____ Abbia qualcosa che non usa, è un ladro.
(Mahatma Gandhi, politico)

10. Se vuoi assaporare la virtù, pecca _____ volta.
(Ugo Ojetti, critico)

21 esercizi — LINGUA E DIALETTI

3 *Ricostruisci il testo collegando le parti di sinistra (in ordine) con quelle di destra. Inserisci anche gli **indefiniti** negli spazi _ _ _ _ _ _ _ e le **espressioni correlative** negli spazi _____, come nell'esempio.*

indefiniti

alcuni - nessuno - nessuno - ogni - ogni - ogni - ogni - ovunque - qualsiasi

espressioni correlative

allo stesso modo - anche - che - ~~dato che~~ - è anche vero che - ma anche - ma quello - né - poiché - quanto piuttosto - sempre di più

---

(1) "Il contadino che parla il suo dialetto è padrone di tutta la sua realtà". Così scriveva Pier Paolo Pasolini in *Dialetto e poesia popolare*, testo critico del 1951 dedicato alla differenza tra poesia dialettale e poesia popolare. **Certo** non l'unico testo dello scrittore sull'argomento,

(2) Il suo rapporto col dialetto non sarà **né** troppo artificiale

(3) **non solo** col friulano delle poesie giovanili,

(4) **Oltre che** dai dialetti italiani,

(5) E **così come** gli pareva imminente la fine di ogni lingua dei dominati o dei colonizzati,

(6) Pasolini si accostava a _ _ _ _ _ _ _ dialetto come ci si accosta a una lingua straniera; **non tanto** quindi come a un espediente letterario o formale, da sfruttare per aggiungere "colore",

(7) Pertanto vedeva nel dialetto l'ultima sopravvivenza di ciò che ancora è puro e incontaminato. Come tale doveva essere "protetto". Per questo nel 1943, durante la guerra, aprì una scuola per l'insegnamento del friulano accanto alla lingua italiana. Gli alunni apprendevano a scrivere versi **sia** in italiano

(8) A interrompere il progetto intervenne però il Provveditorato di Udine, che chiuse l'istituto vietando il doppio insegnamento. Le lezioni continuarono così in privato. All'interno di un sistema scolastico "purista", come quello italiano, Pasolini sfidava i luoghi comuni, secondo cui il dialetto possono usarlo solo i filologi. Fondò anche una specie di laboratorio linguistico, l'"Academiuta di Lenga Furlana", **e mentre** continuava a registrare gli idiomi locali durante lunghe uscite in bicicletta, curioso di approfondire le sue conoscenze,

(9) In seguito i critici lo attaccheranno per il suo continuo ricorrere - per i contenuti delle poesie, dei romanzi e dei film - agli ambienti del sottoproletariato, considerati "impresentabili" di fronte al consesso internazionale di paesi civili di cui l'Italia aspirava a far parte: il Nord Europa, gli Stati Uniti. **Se è vero che** questo era un metodo seguito anche dai registi neorealisti, come Rossellini e De Sica,

(10) A Roma (1950) Pasolini apprese subito il romanesco della periferia, **non quello** artificiale dei cultori e dei poeti dialettali locali,

(11) La profezia di Pasolini si stava **dunque** lentamente avverando,

---

(a) _____ in friulano.

(b) Pasolini era attratto _____ dalle lingue e dai dialetti africani e orientali. E accostandosi ad essi ne temeva dolorosamente la fine, anzi la preannunziava. Nei suoi viaggi in Africa e in Oriente lamentava infatti come _ _ _ _ _ _ _ cultura e, in particolare, _ _ _ _ _ _ _ lingua venisse sopraffatta dal modello occidentale.

(c) _____, con l'avvento della televisione, si stava diffondendo _ _ _ _ _ _ _ un italiano omologato e neutro. Ormai l'amato dialetto delle opere giovanili era solo un ricordo.

(d) _____ col romanesco dei romanzi *Ragazzi di vita* e *Una vita violenta* e del film *Accattone*; e restando ancora alla sua produzione cinematografica, col napoletano del *Decameròn* o l'abruzzese del *Vangelo secondo Matteo*.

(e) ~~dato che~~ Pasolini vi tornerà più volte, tra il 1952 e il 1958.

(f) _____ più genuino degli emigrati meridionali e dei ragazzi di strada. Tuttavia, quando si accorgerà che anche nelle periferie romane _ _ _ _ _ _ _ parlava più il romanesco dei *Ragazzi di vita* e di *Una vita violenta*, abbandonerà il progetto dei romanzi "di borgata" a cui aveva continuato a lavorare fino ai primi anni '60, perfezionando le espressioni gergali, con la "consulenza" dei ragazzi che frequentava.

(g) _____ gli sembrava inevitabile la fine di _ _ _ _ _ _ _ civiltà contadina e artigiana in _ _ _ _ _ _ _ parte del mondo.

(h) _____ con il rispetto che si riserva a una cultura da difendere e salvare dall'aggressione di una barbarie massificata.

(i) _____ si avvicinava alle posizioni del movimento autonomista friulano.

(l) _____ _ _ _ _ _ _ _ lo faceva così "scandalosamente" come lui. In questo, _ _ _ _ _ _ _ scorsero delle affinità con l'opera di Caravaggio, il pittore lombardo che visse a Roma nel '500. E lo stesso Calvino e lo stesso Moravia, che non potevano fare a meno di apprezzarlo per la straordinaria versatilità e per la puntigliosità con cui si sottoponeva al lavoro artistico, erano comunque consapevoli che un abisso li separava.

(m) _____ troppo intellettuale, ma sempre e prima di tutto emotivo:

magari

LINGUA E DIALETTI — esercizi 21

4 *Ricostruisci le frasi, decidendo l'ordine delle due parti, inserendo al posto giusto la congiunzione **che** e coniugando i verbi all'**indicativo** o al **congiuntivo**. Segui gli esempi.*

Esempio: attraverso il dialetto *(potere)* recuperare le loro radici più autentiche // molti giovani *(essere)* convinti

> Molti giovani **sono** convinti **che** attraverso il dialetto **possono** recuperare le loro radici più autentiche.

Esempio: *(essere)* in molti a pensarlo // il dialetto non *(essere)* solo un fenomeno nostalgico ma un patrimonio di ricchezza da non disperdere

> **Che** il dialetto non **sia** solo un fenomeno nostalgico ma un patrimonio di ricchezza da non disperdere **sono** in molti a pensarlo.

1. il dialetto *(perdere)* la sua vera natura mantenendo solo la forma fonetica e "italianizzando" la sintassi // *(essere)* un rischio reale

2. negli ultimi anni molti studiosi *(scrivere)* // i dialetti in Italia *(stare)* scomparendo, ma questa opinione è smentita dalle statistiche, le quali dimostrano come siano ancora usati da circa metà degli italiani

3. *(essere)* un fatto ormai assodato // gli italiani del secolo scorso *(parlare)* dei dialetti che assomigliano poco a quelli parlati oggi nelle varie regioni

4. *(essere)* certamente vero // l'avvento della televisione *(portare)* la lingua italiana in tutte le case della Penisola

5. i dialetti *(continuare)* a vivere sfuggendo all'omologazione linguistica e culturale che pervade ogni luogo del mondo contemporaneo // *(dovere)* interessare tutti quelli che si battono democraticamente in nome delle minoranze e della diversità

6. *(essere)* necessario avere un modello linguistico comune a tutti ovvero una lingua di comunicazione che sia la stessa da un capo all'altro della nazione // senza voler nulla togliere all'importanza storica, culturale e linguistica dei dialetti, *(bisognare)* dire

5 *Nell'esercizio precedente, in 4 casi era possibile ordinare le due parti in entrambi i modi. Trova le 4 frasi e ordinale in modo diverso rispetto a quanto hai fatto prima, facendo attenzione alla coniugazione dei verbi.*

alma edizioni

LIVELLO B1
test 1 — AUTOVALUTAZIONE

1 *Inserisci negli spazi, se necessario, gli **articoli determinativi** o **indeterminativi**. Attenzione: in alcuni casi devi anche cambiare la preposizione da semplice ad articolata.*

Stress, caldo e siccità per otto foreste su dieci

ROMA - Se per _____ Europa il rischio siccità non è ancora un problema, per _____ Italia invece si tratta di _____ vera e propria emergenza. In _____ nostro paese infatti otto foreste su dieci risultano interessate dalla diminuzione delle precipitazioni piovose e nevose, mentre poco meno di _____ terzo dei boschi (31%) è già colpito dall'aumento delle temperature, che registra in _____ nostra penisola _____ andamento a "macchia di leopardo" con grandi differenze tra zone distanti anche pochi chilometri. Questo _____ quadro dei nostri polmoni verdi sottoposti allo stress dovuto all'emergenza clima sulla base di _____ ricerca effettuata da tutti _____ dipartimenti botanici delle università italiane. Ma quali sono oggi _____ punti critici in _____ panorama delle foreste italiane? Dai dati emerge _____ lista di 23 foreste italiane minacciate in primo luogo da siccità, caldo e azione combinata di questi due elementi. Va comunque considerato che "il cambiamento climatico, in _____ Italia, non è uguale dovunque - ha spiegato Carlo Blasi, del Centro interuniversitario biodiversità - _____ maggiore riduzione di precipitazioni viene registrata su _____ arco alpino, in _____ bassa pianura padana e in _____ isole maggiori, mentre il più forte aumento di temperature avviene in _____ Toscana (compresa _____ Isola d'Elba), Umbria, Abruzzo, Puglia, Sardegna e Sicilia (comprese _____ Eolie). Le regioni sottoposte al maggior processo di inaridimento dei suoli sono _____ Marche, _____ Molise, _____ Campania, _____ Basilicata, _____ Calabria, _____ Sicilia e _____ Sardegna".

da www.ansa.it

▶ **Ogni scelta corretta vale 1 punto** — Tot: /28

---

2 *Coniuga 9 verbi al **condizionale presente** e 3 all'**indicativo presente**.*

Gli "ammalati" di Internet

1 PESCARA - Una ricerca condotta dallo staff del Centro di Psicologia Clinica di Pescara diretto da Carlo Di Berardino *(dimostrare)* _____ l'esi-
5 stenza di una patologia già nota in campo clinico e conosciuta con il nome di Iad (Internet addiction disorder). A giudicare dai risultati della ricerca, si *(trattare)* _____ di una vera e pro-
10 pria forma di dipendenza che vede gli adolescenti tra i soggetti più a rischio. Secondo Di Berardino lo Iad *(essere)* _____ caratterizzato dal fatto che la persona che ha sviluppato la
15 dipendenza e rimane collegata per troppo tempo con la Rete, presenta una perdita totale della cognizione del tempo. In sostanza non *(riuscire)* _____ più a controllare il bisogno di collegarsi
20 alla Rete, che diventa così il contenitore di tutte le ansie e le frustrazioni del soggetto. La conseguenza più grave *(consistere)* _____, sempre secondo Di Bernardino, nel «sostituire il mondo reale con quello artificiale». Un po' quello 25 che *(accadere)* _____ con l'uso degli stupefacenti, anche se nella ricerca si fanno le debite distinzioni: a quanto pare infatti la dipendenza da Internet non *(comportare)* 30 _____ problemi "fisici" gravi come quelli che *(manifestarsi)* _____ nelle tossicodi-

pendenze o nell'alcolismo.
35 Il sintomo più evidente dello Iad *(essere)* _____ «il progressivo allontanamento dalla realtà» che *(porta-re)* _____ i soggetti colpiti dalla dipendenza da Internet a
40 «isolarsi per dedicarsi completamente alle attività della Rete». Attenzione, quindi, a staccare per tempo figli e fratelli da monitor e tastiere, anche se *(essere)* _____ ingiusto, come *(affermare)* _____ molti 45 psicologi, dare le colpe al mezzo e criminalizzare l'intero mondo di internet.

da *L'Espresso*

▶ **Ogni verbo coniugato in modo corretto vale 1 punto** Tot: /12

3 *Dei 9 verbi al condizionale dell'esercizio precedente, 8 servono per riferire un'informazione non verificata personalmente, abbastanza probabile ma non sicura al 100%. Uno ha una funzione diversa. Quale verbo è?*

Riga: _____ - verbo: _____

▶ **La risposta corretta vale 3 punti** Tot: /3

4 *Completa il testo inserendo al posto giusto le espressioni della lista (sono in ordine). Attenzione: i verbi vanno coniugati.*

 da quella ma significare essere un po' di belle non positivi morire d'accordo breve

Soluzione scambio casa

Mariella Giambra

Molti sono i motivi per cui potreste trovarvi nella condizione di cercare casa in una località lontana della vostra residenza abituale. Potrebbero essere motivi di necessità come un lavoro temporaneo, anche motivi di diletto, come una vacanza di qualche settimana.

Per rispondere a queste esigenze sono nate numerose iniziative organizzate, dedicate allo scambio della casa, che in pratica: tu vieni a stare a casa mia mentre io vengo a stare a casa tua.

Negli ultimi cinquant'anni hanno funzionato come hanno potuto con gli strumenti esistenti. Con la diffusione di Internet lo scambio casa ha visto una vera e propria esplosione e un peccato non approfittarne.

Certo, noi italiani siamo poco informati su questo tema perché nella nostra società è poco noto in astratto e poco diffuso nella pratica. Se però superiamo diffidenza iniziale, se ci informiamo bene e se prendiamo le necessarie precauzioni, potremmo fare delle esperienze ed esserne soddisfatti anche per l'originalità.

È necessario avere una villa da offrire. Un normale appartamento o la seconda casa sono più che sufficienti.

I lati dello scambio casa comprendono:
- qualcuno sarà presente nella vostra casa d'origine mentre siete assenti. I vostri animali saranno accuditi e le vostre piante non di sete;
- potrete vivere in un posto come se foste di quel posto, e cioè potrete chiacchierare con i vicini, far la spesa nei negozi del quartiere, immergervi al massimo nell'ambiente locale;
- potrete eliminare completamente le spese di albergo;
- se vi mettete, potrete scambiare anche l'automobile, ecc.

A questo punto non vi resta altro da fare che preparare una descrizione della vostra casa, scegliere la destinazione della vostra prossima vacanza, entrare in Internet e cominciare a cercare.
Buona fortuna!

da *www.eurocultura.it*

▶ **Ogni espressione inserita in modo corretto vale 1 punto** Tot: /11

Sacco e Vanzetti, una sporca faccenda nell'America della pena capitale

Andrea Camilleri

5 *Coniuga i verbi ai **tempi passati** dell'indicativo.*

Nel caso di Sacco e Vanzetti, sembrò subito chiaro a molti, in Europa e negli Stati Uniti, che il loro arresto per rapina e omicidio, nel 1920, i tre processi che *(seguire)* _____ e le successive condanne a morte, *(dovere)* _____ servire a dare un esempio. E questo nonostante la completa mancanza di prove a loro carico, e a dispetto della testimonianza a loro favore di un uomo che *(partecipare)* _____ alla rapina e che *(dire)* _____ di non aver mai visto i due italiani.

(Essere) _____ chiaro che Sacco, un calzolaio, e Vanzetti, un pescivendolo, *(essere)* _____ le vittime di un'ondata repressiva che *(stare)* _____ investendo l'America. In Italia, comitati e organizzazioni contrari alla sentenza *(spuntare)* _____ come funghi. Quando la sentenza fu eseguita, nel 1927, il fascismo *(essere)* _____ al potere in Italia da quasi cinque anni e consolidava brutalmente la propria dittatura, perseguitando e imprigionando tutti coloro che *(essere)* _____ ostili al regime, inclusi naturalmente gli anarchici. Eppure, alla notizia della morte di Sacco e Vanzetti il più grande quotidiano italiano, il Corriere della sera, non *(esitare)* _____ a dedicare loro un titolo a sei colonne. In bella evidenza tra occhielli e sottotitoli *(campeggiare)* _____ un'affermazione: "Erano innocenti".

Non c'è probabilmente un solo quotidiano italiano che non abbia dedicato un articolo a questo caso, ogni 23 agosto, dal 1945 a oggi.

Nel 1977 i media *(dare)* _____ grande risalto alla notizia che Michael Dukakis, all'epoca governatore del Massachusetts, *(riconoscere)* _____ ufficialmente l'errore giudiziario e *(riabilitare)* _____ la memoria di Sacco e Vanzetti.

In Italia la loro "faccenda sporca", come qualcuno la definì, *(diventare)* _____ il soggetto di uno spettacolo teatrale, che *(avere)* _____ grande successo prima di venire trasformato, nel 1971, in un bellissimo film, diretto da Giuliano Montaldo, con splendide interpretazioni e una colonna sonora di Ennio Morricone.

Una faccenda sporca davvero se gli italiani, solitamente indulgenti verso la terra che *(accogliere)* _____ così tanti loro concittadini bisognosi che *(partire)* _____ emigranti, ci si soffermano ancora, dopo tutti questi anni. Il dibattito, a quanto sembra, è tuttora in corso. Un segnale, forse, che la ferita ancora non *(cicatrizzarsi)* _____. E che ancora, per quanto ci sforziamo, non riusciamo a chiudere quella valigia.

Copyright The New York Times Syndicate - repubblica.it

▶ **Ogni verbo coniugato in modo corretto vale 1 punto**   Tot: /20

Livello B1 - TEST DI AUTOVALUTAZIONE 1

test 1

6 *Coniuga i verbi all'**indicativo** (presente e passato prossimo) e al **congiuntivo presente**.*

■ **Da comunicatore, come presenterebbe se stesso, Oliviero Toscani?**
Come un fotografo: colui che scrive con la luce. Credo (*essere*) _____ già una definizione molto creativa.

■ **Un fotografo scrive con la luce, ma si aiuta con il tempo. Cosa ci dice a proposito del binomio tempo/fotografia?**
Penso che un fotografo (*avere*) _____ con il tempo un rapporto essenziale che (*passare*) _____ attraverso il "tempo di posa": il tempo di esposizione di una pellicola determina la qualità dell'immagine. È il tempo dello spazio, poi (*esserci*) _____ la scelta dello scatto: fotografare vuol dire scegliere una porzione del tutto, e questo (*avere*) _____ rapporto col tempo. Poi la fotografia è la memoria storica dell'umanità, è un documento del tempo. Almeno del tempo di oggi.

↗ Oliviero Toscani

■ **Ha avuto molti punti di riferimento all'inizio e durante la sua carriera?**
Sì, mi ritengo una persona fortunata. (*Nascere*) _____ nella famiglia giusta al momento giusto; appartengo a una generazione interessante: quella degli anni Sessanta, quella dei Beatles e dei Rolling Stones, quella che (*inventare*) _____ le minigonne e (*avere*) _____ per prima la possibilità di viaggiare. (*Nascere*) _____ durante la guerra ma la guerra non mi (*toccare*) _____ particolarmente e nel dopoguerra non (*soffrire*) _____. È normale che un bambino non (*accorgersi*) _____ che non c'è tanto da mangiare o che le case sono distrutte, anche quelle (*servire*) _____ per giocare. Abbiamo visto l'evoluzione tecnologica, "inventato" il divorzio, l'aborto: (*battersi*) _____ per tante cose... E mi diverte anche il mondo di oggi, l'Apocalisse attuale.

■ **Secondo molti lei non è altro che un provocatore: le sue immagini hanno urtato la sensibilità di più di qualcuno e hanno fatto parlare. Il suo linguaggio è stata una scelta consapevole o un semplice modo di essere?**
È come chiedere a uno scorpione: "perché mordi?". È la mia natura. Lo scorpione non è più cattivo del gatto che dorme sul divano: non lo faccio per provocare. In verità credo che la provocazione (*appartenere*) _____ all'arte; per me (*significare*) _____ dare la possibilità a qualcuno di vedere le cose da un punto di vista alternativo. Non c'è da scandalizzarsi, "provocare" è provocare interesse, una reazione, una riflessione. Io vorrei essere provocato in ogni momento: quando (*andare*) _____ a vedere un film, quando (*essere*) _____ di fronte all'arte; altrimenti (*essere*) _____ inutile. Ma malgrado (*esserci*) _____ nella vita contemporanea un numero enorme di stimoli, si vive sempre più in uno stato di autocensura generale, non ci si muove più...

■ **Ha raffigurato spesso la vita e la morte. Tutti ricordano, nelle sue campagne per Benetton, il neonato attaccato al cordone ombelicale, ma anche il malato di Aids, il condannato nel braccio della morte, il corpo senza vita sotto al lenzuolo; l'inizio e la fine, la vita da scrivere e le esistenze giunte al capolinea, senza più strade da scegliere. C'è un nesso nella scelta di queste immagini?**
Nella mia produzione non c'è un'opera che non (*parlare*) _____ del sesso o della morte: il sesso come vita, e anche la morte come segno di vita. Benché le immagini (*essere*) _____ tutte uguali, solo alcune sono più forti di altre: sono la documentazione dei fatti che ci circondano. Ma ormai viviamo nel mondo delle immagini e si pensa che l'immagine (*essere*) _____ la realtà: basta non guardarla e si (*risolvere*) _____ il problema. Però la realtà non si cancella facendo finta che non (*esistere*) _____.

■ **Quindi la comunicazione è cambiata, dagli anni Sessanta ad oggi...**
È cambiata la percezione: crediamo più alle immagini che alla realtà. Anche se tutti (*parlare*) _____ di guerra, la guerra non la vede più nessuno. Ormai è mediatica, è per immagini: la comunicazione può essere più forte di un battaglione di carri armati, viene distribuita con mezzi potenti.

▶ **Ogni verbo coniugato in modo corretto vale 1 punto**

Tot: /26

Totale test: /100

1 Il bilancio Livello B1

Lo so fare? — Le mie competenze

Dopo queste lezioni sono in grado di:

- descrivere un appartamento e cercare una casa in affitto ☐ ☐ ☐
- riferire avvenimenti storici appresi da testi ☐ ☐ ☐
- argomentare le mie opinioni ☐ ☐ ☐
- sostenere una conversazione su fatti di attualità politica ☐ ☐ ☐
- esprimere gusti e preferenze ☐ ☐ ☐
- esprimere disappunto ☐ ☐ ☐
- spiegare i miei progetti ☐ ☐ ☐
- esprimere un dubbio ☐ ☐ ☐
- sostenere una conversazione telefonica ☐ ☐ ☐
- esprimere rimpianti ☐ ☐ ☐

Non lo sapevo! — Le mie scoperte

Pensa a quello che hai appreso in queste lezioni e annota…

- 10 parole o espressioni che non conoscevi e che ti sono rimaste impresse:
  _____
  _____
  _____
  _____

- una cosa particolarmente difficile:
  _____
  _____

- una curiosità linguistica (qualcosa che non sapevi o che ha rimesso in discussione quello che credevi di sapere):
  _____
  _____
  _____

- una curiosità culturale sull'Italia e gli italiani:
  _____
  _____
  _____

Che faccio se…?

Il mio profilo come studente e le mie strategie di apprendimento

Domani devi raccontare in italiano ad altri studenti gli eventi fondamentali della storia del tuo paese dal dopoguerra a oggi. In quali di questi tre profili ti riconosci?

Profilo 1

Preferisco prepararmi in anticipo. Svolgo ricerche approfondite sull'argomento su testi pubblicati e siti web, preparo una relazione scritta e la memorizzo prima di esporla, curando anche la pronuncia e l'intonazione. Ripeto la relazione diverse volte per assicurarmi che sia perfetta. Mentre parlo, se non ricordo qualche punto o qualche parola, leggo la relazione scritta. Tenere in mano il foglio con i miei appunti mi dà sicurezza. Ho paura che chi mi ascolta mi ponga domande perché improvvisare mi fa sentire a disagio.

▼ SEI PERFEZIONISTA E MOLTO ESIGENTE VERSO TE STESSO (TROPPO?)

Profilo 2

Non preparo nulla e improvviso sul momento, riassumendo gli eventi salienti che riesco a ricordare. Se ci sono concetti o parole che non riesco a esprimere in italiano, mi faccio capire con i gesti, con i disegni o, eventualmente, usando l'inglese o la mia lingua. Improvvisare è una sfida stimolante per me. Non mi importa se faccio qualche errore di grammatica o di pronuncia: prima o poi non ne farò più. Se mi vengono rivolte domande, non mi sento a disagio, anche se potrei non saper rispondere.

▼ SEI UN "ANIMALE DA PALCOSCENICO" CHE NON TEME LO STRESS!

Profilo 3

Consulto libri e siti web per fare una scaletta sintetica degli eventi più importanti. Quando espongo la relazione, cerco di non guardare l'elenco per non perdere naturalezza mentre parlo. Leggo i miei appunti solo se non ricordo con esattezza qualche data. Mi fermo ogni tanto per chiedere se ci sono domande e se il mio discorso è chiaro. È importante che gli altri mi capiscano. Mi fa piacere se mi interrompono per raccontarmi aneddoti sulla storia di paesi diversi dal mio. Il confronto è sempre costruttivo per me.

▼ L'INTERAZIONE E LO SCAMBIO SONO IL TUO FORTE!

LIVELLO B2 — test 2 — AUTOVALUTAZIONE

1 *Completa l'intervista all'architetto Renzo Piano inserendo le domande negli spazi ...., le parole della lista negli spazi _ _ _ _ _, i **pronomi** e le **particelle pronominali** negli spazi ____.*

Domande
a. Come comincia il restauro al Ponte Lambro?
b. E i giovani?
c. Che cosa c'entra il Muro di Berlino?
d. Portierato Sociale?
e. Senta, secondo Lei qualche volta abbattere è giusto?
f. E se qualcuno sostenesse che questa è una linea troppo debole?

spazio · se · tabula rasa · lontano · magari · nel senso

a · almeno · anche · come · così · dell'idea di · dove · gli abitanti · quanto

Intervista a Renzo Piano: "Vorrei periferie felici."

Elisabetta Rosaspina

1. Renzo Piano non concede possibilità alla demolizione. _ _ _ _ _ non credesse davvero che non esistono quartieri irrecuperabili, non ____ sarebbe buttato tre anni fa nell'avventura del Ponte Lambro che, _ _ _ _ _ a cattiva reputazione, ha pochi rivali a Milano.
Perché? Il Ponte Lambro non è un mostro. Non bisogna distrugger____, bisogna trasformar____. Pensare di rimediare facendo _ _ _ _ _ è uno sbaglio grossolano.

2. ....
Riportando la vita. E la vita non è soltanto dormire e consumare. La vita è produrre. Dunque porteremo attività produttive, laboratori, terziario, artigianato. Vado spesso nel quartiere e ____ piace discutere con _ _ _ _ _ di tutto, anche di orti comuni e del progetto Portierato Sociale.

3. ....
Sì, è un'idea rubata agli inglesi. ____ abbiamo discusso _ _ _ _ _ lungo. Funziona così: ____ uniscono alcuni appartamenti piccoli per far____ uno grande _ _ _ _ _ possono vivere insieme otto o nove anziani assistiti. Ognuno ha la sua stanza, nessuno è solo o abbandonato. Se hai bisogno di qualcosa ____ ____ portano, se devi andare in ospedale per fare una visita medica ____ ____ accompagnano.

4. ....
Arriveranno. Già arrivano. Non è vero che tutti vogliono fuggire dal Ponte Lambro. Occorre portare il lavoro, la vita attiva. ____ ____ porteremo mescolando le funzioni, le classi sociali, le differenti etnie. Facendo _ _ _ _ _ agli interventi privati. Penso a piccoli laboratori, uffici, officine, stamperie. Per fare tutto questo non c'è bisogno di demolire, bastano interventi di microchirurgia. È un processo molto più lento. _ _ _ _ _ fosse stato così anche per il Muro di Berlino.

5. ....
I tedeschi ____ ____ sono liberati in tre mesi. L'hanno fatto a pezzi e venduto _ _ _ _ _ souvenir da tavolo. Io ____ avrei salvato _ _ _ _ _ qualche tratto. La demolizione è punitiva. Non è prendendo a calci i palazzi che ____ risolvono i problemi degli uomini.

6. ....
Il mio atteggiamento è in realtà molto più forte e concreto _ _ _ _ _ risolvere tutto con il piccone. Le periferie sono la grande scommessa urbana del prossimo decennio. Diventeranno o no urbane, _ _ _ _ _ anche di civili? Se non ____ diventeranno, la periferia imbarbarita ucciderà la città.
Bisogna saper riconoscere che cosa non è un inferno _ _ _ _ _ nella peggiore città e dar____ più spazio. La città giusta è quella in cui ____ dorme, ____ lavora, ____ ____ diverte, ____ compra. È la mescolanza di funzioni che rende la città giusta e non malata.
Se si devono costruire nuovi ospedali, meglio far____ in periferia, e _ _ _ _ _ per le sale da concerto, i teatri. Andiamo a fecondare questa periferia, questo grande deserto affettivo.

7. ....
In rari casi: per ragioni igieniche, ambientali o sismiche. La cultura è spesso in periferia. Sono fiero di avere costruito il nuovo auditorium di Roma _ _ _ _ _ dal centro. Perché se la periferia non diventa città, diventerà barbarie.

da www.corriere.it

▶ **Ogni domanda inserita al posto giusto vale 1 punto** Tot: /6
▶ **Ogni parola inserita al posto giusto e ogni pronome corretto vale ½ punto** Tot: /20

2 | test
TEST DI AUTOVALUTAZIONE 2 - Livello B2

2 *Completa il testo con i verbi alla* **forma passiva**, *coniugati al tempo appropriato dell'indicativo. Nel testo sono stati eliminati 11* **che** *e 1* **ciò che**. *Inseriscili al posto giusto.*

Un'emancipazione apparente

Concetta Melchiorre

Nonostante i cambiamenti apparenti dell'immagine femminile nelle pubblicità, le donne *(considerare)* _____ vincenti solo quando scimmiottano gli uomini e se il loro modo di agire rimane fondamentalmente funzionale all'ordine costituito.

Negli anni Sessanta del secolo scorso le pubblicità televisive e quelle pubblicate sulle riviste femminili tendevano ad uniformare gli aspetti cruciali della donna tradizionale, cioè quelli legati alla cura della casa e della propria persona. Le donne *(rappresentare)* _____ o come casalinghe soddisfatte cucinavano, lucidavano i pavimenti o pulivano il bagno usando miracolosi prodotti facilitavano di molto le faccende domestiche, oppure come giovani attraenti che si prendevano scrupolosamente cura del proprio corpo usando cosmetici e vestendo abiti firmati.

Attualmente la condizione delle donne italiane sembra migliorata con il loro massiccio ingresso nel mondo del lavoro e in quello della cultura e con i diritti civili che *(conquistare)* _____ con le battaglie. Nonostante ciò nulla sembra cambiato nell'immagine della donna oggi ci offrono le pubblicità.

Ai due tipi di donna ho descritto prima se ne è aggiunto un altro: quello della donna "impegnata", economicamente indipendente, aggressiva, autonoma nelle sue scelte. Queste istantanee di vita quotidiana femminile oggi ci *(proporre)* _____ mostrano ancora una volta l'immagine di una società fortemente sessista ha la pretesa di dire alle donne devono o non devono fare: queste ultime devono essere allo stesso tempo sicure di sé e amabili con i loro uomini e i loro figli; devono essere contemporaneamente impegnate sul fronte del lavoro e su quello casalingo con un notevole dispendio di energie e con un elevato tasso di stress. L'immagine di donna se ne ricava è quella di un'apparente emancipazione però nella realtà non mette in discussione lo *status quo* di un mondo sempre profondamente sessista. Un mondo di maschi impegnati quasi esclusivamente nell'ambito lavorativo e di donne si sobbarcano quasi tutte le fatiche della loro professione e della famiglia.

Le immagini femminili ci *(mostrare)* _____ sono quelle o di donne felici di essere mogli e madri o di donne se vogliono realizzarsi fuori dall'ambiente familiare, devono diventare a "immagine" del maschio. Da qui deriva l'aspetto aggressivo, spavaldo, "virile" delle tante donne mostrate dalla pubblicità.

da www.womenews.net

▶ Ogni verbo corretto e ogni *che/ciò che* inserito al posto giusto vale 1 punto   Tot: /17

3 *Ricostruisci con le parole della lista la frase pronunciata dall'architetto Cini Boeri.*

◢ Cini Boeri

architetto — chi — come — preso — cominciare — da — dice: — ho — una

Mi fa imbestialire la ghettizzazione in genere. A _____

_____ donna.

▶ **La ricostruzione esatta della frase vale 5 punti**   Tot: /5

4 *Completa i testi coniugando i verbi al modo e tempo opportuni.*

24 anni - Storia spregiudicata di un uomo fortunato

Pier Paolo PASOLINI (1 luglio 1959)

Di *Una vita violenta* mi aveva colpito come Pasolini *(riuscire)* _____ a raccontare le borgate romane dopo essere stato tanto intriso del Friuli. Dal dialetto friulano al gergo romanesco. Gli ho chiesto come *(potere)* _____ immedesimarsi in due realtà tanto diverse e quali *(essere)* _____ le sue vere radici. La mia domanda prima lo ha divertito poi lo ha intristito. Mi ha spiegato con dialettica convincente tra paradosso e ragione che riteneva che nessuno di noi *(avere)* _____ radici. Pensava che quello delle radici *(essere)* _____ un luogo comune: "Le radici le germiniamo di giorno in giorno. Chi vive e non vegeta le getta rigogliose, chi non ama la vita le dissecca sul nascere. Io non mi sento radicato in nessun luogo, né a Bologna dove *(nascere)* _____, né in Friuli dove *(conoscere)* _____ giorni chiari e altri scuri, né a Roma dove ora *(vivere)* _____. Mi affianco alle persone sapendo già che non sono legami eterni: cerco di serbare fedeltà all'intelligenza, questo conta per capire, per giudicare, per non essere sconfitto dalle illusioni".

Michelangelo ANTONIONI (12 ottobre 1960)

Ieri sera *(andare)* _____ con Antonioni a vedere *L'avventura*. Persino il suo volto è misterioso nei segni, nelle rughe sulla fronte. Negli occhi vaga una malinconia inspiegata. È voluto *(andare)* _____ a vedere il film di pomeriggio per accompagnarmi poi a cena al ristorante di Piazza del Popolo. *L'avventura* è un film di una intensità straordinaria. Sta appeso a un esile filo di trama, eppure non riesci a distrarti. Ti precipita nel suo buio.

Ermanno OLMI (11 settembre 1961)

Ho conosciuto un altro regista, forse ancor più timido di Pasolini e anche lui al primo esperimento di lungometraggio: Ermanno Olmi. Mi *(invitare)* _____ a vedere il suo film *Il posto*. Dopo il film, prima che *(potere)* _____ dirgli quel che ne pensavo, Olmi mi *(anticipare)* _____: "Non ritengo di aver fatto un film, non ho inventato nulla, ho voluto soltanto raccontare un fatto della vita quotidiana senza attori, con gente incontrata per strada."
Penso che *(fare)* _____ una cosa molto vera ed importante. Mi sembra che nel film *(esserci)* _____ l'innocenza che rompe con i troppi intellettualismi e la sua verità interpreta l'ansia della vita di chi deve camminare soltanto con le sue gambe e resistere con il suo coraggio.

Francesco ROSI (20 febbraio 1963)

Ieri sera a cena Francesco Rosi non ha voluto altri al nostro tavolo, voleva che *(parlare)* _____ a tu per tu. Il suo volto sempre serio *(essere)* _____ più teso del solito. Si trattava del nuovo film che stava preparando. Era un film di denuncia contro la vergogna degli abusi edilizi, il titolo che avrebbe voluto dargli era *Le mani sulla città*. Rosi non *(distrarsi)* _____ un istante né *(preoccuparsi)* _____ delle mie osservazioni quando gli ho detto che così, come mi *(esporre)* _____ la trama, temevo *(essere)* _____ poco spettacolare. (…) Rosi era convinto che *(arrivare)* _____ il momento di parlar chiaro rinunciando anche allo spettacolare e che la forza dei fatti *(dovere)* _____ riuscire a tenere avvinti gli spettatori. (…) Poi *(avanzare)* _____ una proposta che mi intrigava personalmente e mi ha fatto trasalire. Per dare più veridicità alle testimonianze voleva che il film *(interpretare)* _____ da autentici protagonisti della lotta politica. Mi ha chiesto in sostanza di fare l'attore con una parte di rilievo assieme ad altri politici.

da Davide Lajolo, *24 anni - Storia spregiudicata di un uomo fortunato*, Rizzoli, 1981

▶ **Ogni forma corretta vale 1 punto**   Tot: /25

5 Riscrivi il testo trasformando il discorso diretto in **discorso indiretto**, come negli esempi.

Quando la piazza fu vuota, vuoto era anche l'autobus; solo l'autista e il bigliettaio restavano.
"E che" domandò il maresciallo all'autista "non viaggiava nessuno oggi?"
"Qualcuno c'era" rispose l'autista con faccia smemorata.
"Qualcuno" disse il maresciallo "vuol dire quattro cinque sei persone. Io non ho mai visto quest'autobus partire che ci fosse un solo posto vuoto".
"Non so" disse l'autista, tutto spremuto nello sforzo di ricordare "non so: qualcuno, dico, così per dire; certo non erano cinque o sei, erano di più, forse l'autobus era pieno… Io non guardo mai la gente che c'è: mi infilo al mio posto e via… Solo la strada guardo, mi pagano per guardare la strada".
Il maresciallo si passò sulla faccia una mano stirata dai nervi.
"Ho capito" disse "tu guardi solo la strada; ma tu …" e si voltò inferocito verso il bigliettaio "Tu stacchi i biglietti, prendi i soldi, dai il resto: conti le persone e le guardi in faccia… E se non vuoi che te ne faccia ricordare in camera di sicurezza, devi dirmi subito chi c'era sull'autobus, almeno dieci nomi devi dirmeli… Da tre anni che fai questa linea, da tre anni ti vedo ogni sera al caffè Italia: il paese lo conosci meglio di me…"
"Meglio di lei il paese non può conoscerlo nessuno" disse il bigliettaio sorridendo, come a schernirsi da un complimento.
"E va bene" disse il maresciallo sogghignando "prima io e poi tu: va bene… Ma io sull'autobus non c'ero, ché ricorderei uno per uno i viaggiatori che c'erano: dunque tocca a te, almeno dieci devi nominarmeli." (…)
Dieci minuti dopo il maresciallo aveva davanti il venditore di panelle: la faccia di un uomo sorpreso nel sonno più innocente.
"Dunque," disse con paterna dolcezza il maresciallo "tu stamattina, come al solito, sei venuto a vendere panelle qui: il primo autobus per Palermo, come al solito…".
"Ho la licenza" disse il panellaro.
"Lo so" disse il maresciallo alzando al cielo occhi che invocavano pazienza, "lo so e non me ne importa della licenza; voglio sapere una cosa sola, me la dici e ti lascio subito andare a vendere panelle ai ragazzi: chi ha sparato?".
"Perché," domandò il panellaro meravigliato e curioso "hanno sparato?".

da Leonardo Sciascia, *Il giorno della civetta*, Einaudi, 1961

Quando la piazza fu vuota, vuoto era anche l'autobus; solo l'autista e il bigliettaio restavano.
Il maresciallo domandò all'autista se *quel giorno* non viaggiasse *nessuno*. L'autista con faccia smemorata rispose che qualcuno _ _ _ _ _ _. Il maresciallo disse che qualcuno voleva dire quattro cinque sei persone e che _____ non _ _ _ _ _ _ _ _____ autobus partire che ci fosse un solo posto vuoto. L'autista tutto spremuto nello sforzo di ricordare, disse che non sapeva, non sapeva, diceva qualcuno così per dire, certo non erano cinque o sei, erano di più, forse l'autobus era pieno. Disse che _____ non _ _ _ _ _ _ mai la gente che c'era: _ _ _ _ _ _ al _____ posto e via… Disse che guardava solo la strada e che _____ _ _ _ _ _ _ per guardare la strada.
Il maresciallo si passò sulla faccia una mano stirata dai nervi. Disse che _ _ _ _ _ _ che l'autista _ _ _ _ _ _ solo la strada, ma che lui, e si voltò inferocito verso il bigliettaio, lui _ _ _ _ _ _ i biglietti, _ _ _ _ _ _ i soldi, dava il resto: contava le persone e le guardava in faccia… disse che se non _ _ _ _ _ _ che gliene facesse ricordare in camera di sicurezza, _ _ _ _ _ _ _____ subito chi c'era sull'autobus, almeno dieci nomi doveva _____… (disse che) da tre anni _ _ _ _ _ _ quella linea, da tre anni _____ vedeva ogni sera al caffè Italia e che il paese _____ conosceva meglio di _____.
Il bigliettaio sorridendo, come a schernirsi da un complimento, disse che meglio del maresciallo il paese non poteva conoscerlo nessuno. Il maresciallo sogghignando disse che andava bene, prima lui e poi il bigliettaio. Ma poi aggiunse che _____ sull'autobus non _ _ _ _ _ _, ché _ _ _ _ _ _ uno per uno i viaggiatori che c'erano, dunque _ _ _ _ _ _ a _____, doveva _____ almeno dieci. (…)
Dieci minuti dopo il maresciallo aveva davanti il venditore di panelle: la faccia di un uomo sorpreso nel sonno più innocente.
Il maresciallo disse con paterna dolcezza che il panellaro _____ mattina, come al solito, _ _ _ _ _ _ a vendere panelle _____: il primo autobus per Palermo, come al solito.
Il panellaro disse che _ _ _ _ _ _ la licenza.
Il maresciallo alzò al cielo gli occhi che invocavano pazienza e disse che lo sapeva, lo sapeva e che non _____ importava della licenza, ma che _ _ _ _ _ _ sapere una cosa sola e che se _____ diceva l'avrebbe lasciato subito andare a vendere panelle ai ragazzi. _ _ _ _ _ _ sapere chi avesse sparato.
Il panellaro meravigliato e curioso domandò se _ _ _ _ _ _.

▶ **Ogni forma corretta sulle righe** _____ **vale 1 punto**   Tot: /17
▶ **Ogni forma corretta sulle righe** _ _ _ _ _ **vale ½ punto**   Tot: /10

Totale test: /100

Livello B2 — bilancio 2

Lo so fare? — Le mie competenze

Dopo queste lezioni sono in grado di:

- riflettere sull'uso del maschile/femminile e sulle sue implicazioni culturali ☐ ☐ ☐
- riferire le parole o il pensiero di qualcun altro ☐ ☐ ☐
- capire trasmissioni radiofoniche o televisive su argomenti di attualità ☐ ☐ ☐
- leggere saggi o relazioni di argomento sociale o politico ☐ ☐ ☐
- discutere dei vantaggi e degli svantaggi di fenomeni sociali ☐ ☐ ☐
- scrivere un breve saggio ☐ ☐ ☐
- utilizzare strutture e forme tipiche della lingua parlata ☐ ☐ ☐
- selezionare articoli di stampa per una ricerca su un tema specifico ☐ ☐ ☐
- leggere testi narrativi contemporanei ☐ ☐ ☐
- riconoscere e capire usi, costumi e problematiche dell'Italia contemporanea ☐ ☐ ☐

Non lo sapevo! — Le mie scoperte

Pensa a quello che hai appreso in queste lezioni e annota…

- 10 parole o espressioni che non conoscevi e che ti sono rimaste impresse:
  _____
  _____
  _____
- una cosa particolarmente difficile:
  _____
  _____
- una curiosità linguistica (qualcosa che non sapevi o che ha rimesso in discussione quello che credevi di sapere):
  _____
  _____
  _____
- una curiosità culturale sull'Italia e gli italiani:
  _____
  _____
  _____

Che faccio se…?

Il mio profilo come studente e le mie strategie di apprendimento

1) Rispondi al questionario mettendo una X nella casella che descrive meglio le tue abitudini. Non esistono risposte giuste o sbagliate, l'importante è rispondere con sincerità!

Quando guardo un film in italiano:

	1. preferisco:		2. mi concentro soprattutto:		3. preferisco:	
	a. stare da solo/a per concentrarmi meglio	**b.** stare in compagnia e discuterne dopo	**a.** sulle immagini (gesti, movimenti, ecc.)	**b.** sui dialoghi	**a.** capire la storia per grandi linee; non mi scoraggio se è troppo difficile	**b.** capire bene tutti i dialoghi e se è troppo difficile interrompo la visione
PROFILO						

2) Ora associa i seguenti profili alle risposte del questionario. Poi rifletti sul tuo stile di apprendimento e la tua personalità.

- **(U) Uditivo:** impari facilmente ascoltando conversazioni; ti concentri sulla pronuncia e l'intonazione.
- **(C) Cinestetico:** ti coinvolge ciò che implica movimento fisico, tuo o altrui; la gestualità è importante per te.
- **(I) Introverso:** valuti in modo autonomo e senza bisogno di istruzioni cosa sia più vantaggioso per te.
- **(E) Estroverso:** prediligi il lavoro in gruppo e il confronto con gli altri studenti o con l'insegnante.
- **(G) Globale:** non ti soffermi sul significato preciso delle parole; preferisci cogliere il senso generale di un testo.
- **(A) Analitico:** analizzi sistematicamente la lingua studiata, soffermandoti su singole parole e regole grammaticali.

Soluzioni: 1) a/I, 1) b/E, 2) a/C, 2) b/U, 3) a/G, 3) b/A

alma edizioni

LIVELLO C1
test 3 — AUTOVALUTAZIONE

1 *Completa il testo inserendo, dove è necessario, gli **articoli determinativi** o **indeterminativi** negli spazi _____. Attenzione: a volte bisogna cambiare le preposizioni semplici in articolate. Dal testo sono state estratte 4 frasi, nella lista seguente. Inseriscile al posto giusto negli spazi _ _ _.*

1. in quelle che riescono a raggiungere le pagine delle riviste patinate
2. poca privacy, troppi rumori e spazio troppo esiguo
3. devono trovare soluzioni quasi agli stessi problemi
4. nello speciale dedicato alle trasformazioni degli uffici
5. quei colori grigi, quel biancore neutro e inoffensivo, quella specie di limbo

In ufficio come allo zoo

Federico Pace

____ uffici, come sottolinea ____ recente indagine pubblicata su ____ prestigiosa *Harvard Business Review*, sono qualcosa di più di ____ semplice scrivania. Essi devono soddisfare ____ esigenze di ____ attività produttive e di ____ relazioni sociali. Ma svolgono anche ____ funzione simbolica, in cui si afferma ____ personalità e ____ identità di ciascuno.

Su *Business Week*, _ _ _, Judith Heerwagen, studiosa di comportamenti umani e animali e di design, ha sottolineato come ____ designer degli uffici siano simili a quelli che si occupano di zoo.

Perché _ _ _. Impiegati e specie animali,

argomenta Heerwagen, sono chiusi in ____ luoghi artificiali e lì sono chiamati a condurre ____ proprie attività quotidiane. A loro, ____ designer devono offrire ____ ambiente il più possibile naturale.

Con ____ differenza, secondo Heerwagen, che chi crea ____ luoghi di lavoro non è ancora riuscito a rispettare a pieno esigenze e dignità dei lavoratori.

Se in ____ zoo, dice Heerwagen, ci sono stati dei diffusi cambiamenti che hanno reso ____ spazi più vicini ad un habitat naturale, ____ posti di lavoro, nel complesso, sono ancora ____ luoghi vissuti con ____ disagio.

Ma quali sono ____ problemi ancora irrisolti? Soprattutto l'assenza di ____ spazi con ____ poco di ____ privacy. Spesso negli *open space* ci si ritrova costretti a parlare a ____ telefono anche quando si ha bisogno di ____ poco di riservatezza. Poi c'è ____ rumore di ____ tante chiacchiere dei colleghi che stanno sempre un po' troppo vicini.

E poi l'assenza di ____ stimoli, anche visivi e tattili. Ci sono _ _ _. Per queste pro-

blematiche, Heerwagen offre anche ____ soluzioni concrete. Tra queste, per quanto riguarda ____ privacy, ____ studiosa suggerisce di creare delle aree dove ciascun dipendente possa fare ____ telefonate private in ____ maniera riservata.

Ovviamente ____ spazio dovrebbe essere piacevole e restituire ____ idea di riposo e anche la luce e la temperatura dovrebbero poter essere controllate agevolmente.

Per evitare di dover sopportare ____ chiacchiere di ____ colleghi, a ciascuno dovrebbe essere data ____ possibilità di muovere agevolmente il proprio pc mobile in altri spazi. E ____ lavoratori, inoltre, dovrebbero poter personalizzare ____ proprio spazio, non solo con ____ immagini o piante, ma anche scegliendo ____ colori della scrivania o della sedia.

Questo e ____ altro, ovviamente dovrebbe accadere non solo in quegli uffici delle aziende modello, _ _ _, questo dovrebbe accadere anche qui. Dovrebbe accadere anche in ____ uffici in cui entriamo tutti ____ giorni.

da http://miojob.repubblica.it

▶ Ogni frase inserita correttamente vale 1 punto — Tot: /4

▶ Ogni scelta corretta nell'uso degli articoli vale ½ punto — Tot: /24

2 Completa l'intervista a Dario Fo inserendo le domande negli spazi ...., le parole della lista negli spazi _ _ _ _ _ _ e i verbi (coniugati al modo e al tempo opportuno) negli spazi _____. Attenzione: con alcuni verbi devi utilizzare la costruzione **fare** + infinito.

Domande
a) Quale consigli dare ai nuovi talenti della satira?
b) Fino a che punto può arrivare la satira?
c) Dario, cos'è la satira?
d) Quindi la satira può agire anche sulla Storia, in qualche modo?
e) Quindi, in realtà, il buon gusto non è un criterio per giudicare la satira?

addirittura addirittura anzi nessuna niente non non non non

Intervista a Dario Fo - Che cos'è la Satira?

Daniele Luttazzi

1. .... Posso dire che è un aspetto libero, assoluto, del teatro. Cioè quando si sente dire, per esempio: "è meglio mettere delle regole, delle forme limitative a certe battute, a certe situazioni", allora mi ricordo una battuta di un grandissimo uomo di teatro il quale diceva: "Prima regola: nella satira _ _ _ _ _ _ _ _ ci sono regole". E questo penso (essere) _____ fondamentale. Per di più ti dirò che la satira è un'espressione che è nata proprio in conseguenza di pressioni, di dolore, di prevaricazione, cioè è un momento di rifiuto di certe regole, di certi atteggiamenti.

2. .... Ci sono dei limiti che realizza l'attore. Ma _ _ _ _ _ _ _ per frenare, o per pudori e via dicendo. Lo (fare) _____ per una conseguenza di ritmi, di tempi, di andamenti. Tu puoi dire la cosa più triviale e può diventare fine, _ _ _ _ _ _ _ poetica.

3. .... No, _ _ _ _ _ _ _ _. Che cosa significa "buon gusto" in questo caso? Il buon gusto a mio avviso, se esiste, esiste proprio nella dimensione del banale. Ci sono delle persone che (raccontare) _____ storie che in apparenza si limitano al banale e che sono espressioni di un cattivo gusto orrendo.

4. .... Spesso. (Bastare) _____ pensare al timore, al panico che hanno avuto sempre i potenti davanti ai problemi della satira. Perché la satira in molti casi ha determinato la presa di coscienza delle persone, soprattutto delle classi inferiori. Gli (capire) _____ di avere il potere di ribaltare le situazioni, di avere il coraggio. Quindi, è temuta. Tanto è vero che Federico II di Svevia aveva _ _ _ _ _ _ _ emesso una legge durissima, "De contra jugulatores obloquentes", significa "Contro i giullari sparlatori infami". Chi (sentire) _____ un giullare prendersela con il potere, poteva tranquillamente bastonare il clown, insultarlo, anche ucciderlo, perché tanto _ _ _ _ _ _ _ _ c'era _ _ _ _ _ _ _ _ legge che (difendere) _____ i clown. Eppure questi buffoni erano così sostenuti, così amati dal pubblico - erano la coscienza, la connessione - che difficilmente il potere riusciva a farli fuori tanto per farli fuori. Molte volte doveva perdonarli, perché temeva che (esserci) _____ delle reazioni grandi.

5. .... È fondamentale considerare la differenza che esiste fra fare satira e fare sfottò. Allora posso dire a un giovane: "Attento. Che giocare esclusivamente sulla pura caricatura legata a un personaggio, anche a un uomo politico, che è grasso, piccolo, magro, magari ha la gobba, _ _ _ _ _ _ _ _ realizza _ _ _ _ _ _ _ _".
Questo (fare) _____ soltanto una risata fine a se stessa. Ma se non c'è la dimensione morale, se tu attraverso la satira non riesci a (crescere) _____ l'intelligenza e la cultura della gente attraverso il significato opposto delle banalità, dell'ovvio, dell'ipocrisia, soprattutto e della violenza che ogni potere (esprimere) _____, ebbene il tuo ridere è vuoto, è proprio lo sghignazzo ventrale e non quello dello stomaco e dei polmoni.

da http://satyricon.interfree.it

▶ **Ogni scelta corretta vale 1 punto** Tot: /25

3 | test
TEST DI AUTOVALUTAZIONE 1 - Livello C1

3 *Coniuga i verbi, decidendo ogni volta se usare la **forma implicita** o **esplicita**, **attiva** o **passiva**. In 6 casi devi utilizzare le preposizioni **a**, **di** o **da**.*

Stress lavorativo, una parolaccia vi salverà!

Se *(sentire)* _____ imprecare in ufficio non fateci troppo caso: *(esprimere)* _____ i suoi sentimenti, in questo caso la frustrazione, un collega *(ottenere)* _____ solidarietà e *(migliorare)* _____ le sue relazioni sociali. Il linguaggio molto colorito, per non dire scurrile, fa infatti bene all'umore e alla produttività. E questa volta *(sostenere)* _____ questa teoria non è un collega maleducato nel maldestro tentativo *(giustificarsi)* _____, ma un vero e proprio studio *made in England*, secondo il quale l'uso di parole tabù sviluppa uno spirito di gruppo sul posto di lavoro. La ricerca, *(pubblicare)* _____ su *Leadership and Organization Development Journal*, è opera di Yehuda Baruch, professore di management all'Università East Anglia, che, *(criticare)* _____, ha così difeso la sua teoria: "I dipendenti usano continuamente un linguaggio volgare, ma questo non è *(considerare)* _____ necessariamente negativo. Anzi si *(trattare)* _____ di un fenomeno sociale e psicologico non sempre *(condannare)* _____".

La ricerca *(scoprire)* _____ che il linguaggio "colorito" viene utilizzato privatamente tra i colleghi: non in presenza o nelle vicinanze quindi dei clienti. Dopo *(studiare)* _____ a lungo il problema delle risorse umane nelle aziende, Baruch ha inoltre scoperto l'esistenza di un collegamento tra età e linguaggio informale: i giovani professionisti sono più tolleranti di fronte all'uso di parolacce e lo considerano un comportamento socialmente accettato. Inoltre gli impiegati ai più bassi livelli dell'organizzazione hanno maggiori probabilità di imprecare mentre i dirigenti sono quelli che *(lasciarsi)* _____ meno andare. "Speriamo che questo studio - ha sostenuto Baruch - *(servire)* _____ non solo *(scoprire)* _____ che ruolo giocano le parolacce nelle nostre vite ma anche *(dimostrare)* _____ che i capi a volte hanno bisogno di pensare diversamente ed essere aperti alle idee intriganti".

da *http://qn.quotidiano.net*

▶ Ogni forma corretta vale 1 punto   Tot: /17

4 *Completa il testo mettendo in ordine le parole.*

Che cos'è l'Esperanto?

L'Esperanto è una lingua vivente, nata nel 1887 per iniziativa del medico polacco Ludovico Lazzaro Zamenhof, dal quale indirettamente prende il nome (*lingvo internacia de Doktoro Esperanto* = lingua internazionale del Dottore che spera).

La finalità dell'Esperanto non è quella di sostituire le lingue nazionali. Al contrario, gli esperantisti sono tra i più convinti difensori del valore della diversità delle culture (**della - di - dignità - e - le - lingue - pari - sostenitori - tutte**) _____

_____
_____.

L'Esperanto si propone, invece, di fornire uno strumento agevole (**a - comprensione - discriminatorio - e - internazionale - la - livello - non - per - reciproca**) _____
_____
_____.

Nato da un ideale di pace, collaborazione e intercomprensione tra gli uomini, l'Esperanto si pone al di sopra di ogni differenza etnica, politica, religiosa, e - proprio perché lingua di nessuna nazione e insieme accessibile a tutti su una base di uguaglianza - tutela nei confronti del predominio culturale ed economico dei più forti (**contro - del - di - e - i - mondo -**

Livello C1 - TEST DI AUTOVALUTAZIONE 1

monoculturale - rischi - una - visione)

_____
_____
_____.

Ortografia, fonetica, grammatica e sintassi dell'Esperanto (il quale nasce dalla comparazione tra un certo numero di lingue internazionalmente molto diffuse) si basano su principi di semplicità e regolarità: (*ad - ad - corrisponde - e - lettera - lettera - ogni - ogni - sola - solo - suono - un - una*) _____
_____
_____
_____

_____ suono; non esistono consonanti doppie; non esiste differenza tra vocali aperte e chiuse; l'accento cade sempre sulla penultima sillaba; le regole grammaticali sono appena sedici senza eccezioni; vi è una grande libertà di composizione della frase, senza collocazioni obbligate delle varie parti del discorso.

Il lessico dell'Esperanto, tratto anch'esso da una comparazione selettiva, è continuamente arricchito da un utilizzo sempre più diffuso, sia in Europa che in Paesi extraeuropei. Grazie ad un razionale e facilmente memorizzabile sistema di radici, prefissi e suffissi, ed in forza della generale possibilità di creare parole composte che "descrivano" un determinato concetto, si raggiunge, partendo da un numero abbastanza ridotto di radici, (*anche - capace - di - di - esprimere - le - lessicale - pensiero - più - sfumature - sottili - tesoro - un*) _____
_____
_____
_____

in una forma comprensibile a popoli di diverse tradizioni culturali.

da *www.esperanto.it*

▶ Ogni frase ricostruita in modo corretto vale 3 punti   Tot: /15

5 *Completa il testo inserendo al posto giusto le parole della lista (sono in ordine). Attenzione: i verbi vanno coniugati.*

L'ho finita con la psico-analisi. Dopo assiduamente per sei mesi interi sto peggio di prima. Non ho ancora congedato il dottore, la mia risoluzione è irrevocabile. Ieri intanto gli mandai a dire ch'ero impedito, e per giorno lascio che m'aspetti. Se ben sicuro di saper ridere di lui senz'adirarmi, sarei anche capace di rivederlo. Ma ho paura che col mettergli le mani addosso. (…) Se le ore di raccoglimento presso il dottore avessero continuato ad essere interessanti apportatrici di sorprese e di emozioni, non le. Ma ora che sapevo tutto, cioè che non si trattava d'altro che di una sciocca illusione, un trucco buono per commuovere qualche vecchia isterica, come potevo sopportare la compagnia di quell'uomo ridicolo, con quel suo occhio che vuole essere scrutatore e quella sua presunzione che gli permette di aggruppare tutti i fenomeni di questo mondo intorno alla sua grande, nuova teoria? Impiegherò il tempo che mi resta libero. Scriverò intanto sinceramente la storia della mia cura. Ogni sincerità fra me e il dottore era sparita ed ora respiro. Non m'è più imposto alcuno sforzo. Non debbo costringermi ad una fede né ho da simulare di averla. Proprio per celare meglio il mio vero pensiero, credevo di dover dimostrargli un ossequio supino e lui ne approfittava per inventarne giorno di nuove. La mia cura doveva essere finita perché la mia malattia era stata scoperta. Non era altra quella diagnosticata a suo tempo dal defunto Sofocle sul povero Edipo: avevo amata mia madre e avrei voluto ammazzare mio padre. (…) Il dottore presta una fede troppo grande anche a quelle mie benedette confessioni che non vuole restituirmi perché le riveda. Dio mio! Egli non studiò che la medicina e perciò ignora  significhi scrivere in italiano per noi che parliamo e non sappiamo scrivere il dialetto. Una confessione in iscritto è sempre menzognera. Con ogni nostra parola toscana noi mentiamo! Se egli come raccontiamo con predilezione tutte le cose per le quali abbiamo pronta la frase e come evitiamo quelle che ci obbligherebbero di ricorrere al vocabolario! È proprio così che scegliamo dalla nostra vita gli episodi notarsi. Si capisce come la nostra vita avrebbe tutt'altro aspetto se nel nostro dialetto. Il dottore mi confessò che, in tutta la sua lunga pratica, giammai gli era avvenuto di assistere ad un'emozione tanto forte come la mia all'imbattermi nelle immagini ch'egli credeva di aver saputo procurarmi. Perciò anche fu tanto a dichiararmi guarito.

da Italo Svevo *La coscienza di Zeno*, Rizzoli, 1923

▶ Ogni parola inserita in modo corretto vale 1 punto   Tot: /15

Totale test: /100

3 | bilancio Livello C1

Lo so fare? — Le mie competenze

Dopo queste lezioni sono in grado di:

- orientarmi all'interno di vari registri linguistici e adattare un linguaggio appropriato al contesto sia scrivendo che parlando ☐ ☐ ☐
- cogliere la differenza tra satira e comicità ☐ ☐ ☐
- riflettere sull'origine della lingua italiana, la sua evoluzione e le sue varianti dialettali ☐ ☐ ☐
- esprimermi in modo spontaneo utilizzando una grande varietà di espressioni idiomatiche ☐ ☐ ☐
- sostenere un colloquio di lavoro rispondendo abilmente alle domande del mio intervistatore ☐ ☐ ☐
- capire testi letterari lunghi e complessi ☐ ☐ ☐
- leggere un testo in "burocratese" ☐ ☐ ☐

Non lo sapevo! — Le mie scoperte

Pensa a quello che hai appreso in queste lezioni e annota…

- 10 parole o espressioni che non conoscevi e che ti sono rimaste impresse:
  ___
  ___
  ___
  ___
- una cosa particolarmente difficile:
  ___
  ___
  ___
- una curiosità linguistica (qualcosa che non sapevi o che ha rimesso in discussione quello che credevi di sapere):
  ___
  ___
  ___
  ___
- una curiosità culturale sull'Italia e gli italiani:
  ___
  ___
  ___
  ___

Che faccio se… — Il mio profilo come studente e le mie strategie di apprendimento

Oggi sei tu l'insegnante! Immagina di dover tenere una lezione introduttiva sull'uso del congiuntivo nella lingua italiana in una classe di livello intermedio. Scegli una **PARTENZA**, segui il percorso che più si adatta alla procedura che seguiresti per impostare la lezione e scopri alla fine di pagina 400 il tuo punto di vista sulla relazione tra studente e grammatica.

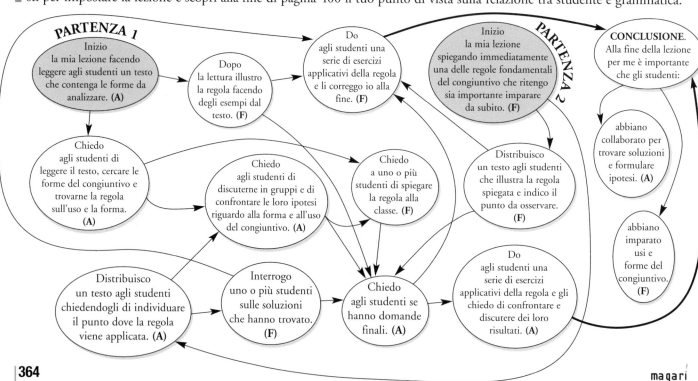

Unità 1
Magari

Magari può essere usato come esclamazione o come avverbio:
- esclamazione: esprime un desiderio, una speranza per qualcosa di difficilmente raggiungibile.
  - *Allora, ti piacerebbe andare in vacanza alle Seychelles? -* **Magari***!*

  In questo caso il verbo va al congiuntivo imperfetto o trapassato.
  - *Mi hanno detto che hai vinto alla lotteria. - Eh, magari **fosse** vero!*

- avverbio: ha un significato vicino a "forse", "probabilmente".
  - *Che strano, Mario oggi non è venuto. -* **Magari** *è malato.*

- avverbio: ha un significato vicino a "eventualmente".
  - *Ora non posso parlare,* **magari** *ti chiamo più tardi quando esco dall'ufficio. Va bene?*

Il futuro[1] semplice e anteriore

	Futuro semplice			Futuro anteriore	
	am-**are**	pren-**dere**	apr-**ire**	mangiare	andare
io	am-**erò**	prend-**erò**	apr-**irò**	avrò	sarò
tu	am-**erai**	prend-**erai**	apr-**irai**	avrai	sarai
lui/lei	am-**erà**	prend-**erà**	apr-**irà**	avrà → mangiato	sarà → andato/a
noi	am-**eremo**	prend-**eremo**	apr-**iremo**	avremo	saremo
voi	am-**erete**	prend-**erete**	apr-**irete**	avrete	sarete → andati/e
loro	am-**eranno**	prend-**eranno**	apr-**iranno**	avranno	saranno

Di solito il **futuro semplice** si usa per indicare un evento che accade in un tempo futuro rispetto al momento in cui parliamo.
  L'anno prossimo **comprerò** *una nuova macchina.*

Generalmente il **futuro anteriore** si usa per indicare un evento futuro che accade prima di un altro fatto anch'esso futuro (ed è spesso accompagnato dalle espressioni **appena, quando, dopo che**).
  Appena **sarò arrivato** *a casa, ti chiamerò.*

Il futuro semplice e il futuro anteriore si usano anche per esprimere:

- incertezza, approssimazione, supposizione riguardo ad un fatto <u>nel presente</u> (futuro semplice) o <u>nel passato</u> (futuro anteriore);
  Questa cravatta è per mio padre. Che dici, gli **piacerà***?*   *Ho dato il regalo a Paolo. Che dici, gli* **sarà piaciuto***?*
  - Sai che ore sono? - Mah, **saranno** *le sette.*   *- Che ora era quando sei arrivato a casa? - Mah,* **saranno state** *le dieci.*

- dubbio, dissenso, perplessità (in questo caso sono accompagnati da **anche/pure**) <u>nel presente</u> (futuro semplice) o <u>nel passato</u> (futuro anteriore).
  Sarà *anche un bel film ma secondo me è troppo violento.*   **Avrà fatto** *anche un bel discorso, però non ha detto niente di nuovo.*

Gli articoli[2] determinativi e indeterminativi

Lettera iniziale della parola che segue l'articolo	Articoli					
	Determinativi				Indeterminativi	
	Maschile		Femminile		Maschile	Femminile
	Singolare	Plurale	Singolare	Plurale	Singolare	Singolare
Consonante	**il** ragazzo	**i** ragazzi	**la** ragazza	**le** ragazze	**un** ragazzo	**una** ragazza
Vocale	**l'**amico	**gli** amici	**l'**amica	**le** amiche	**un** amico	**un'**amica
S + cons., Ps, Z, Y	**lo** → stadio, psicologo, zio, yogurt	**gli** → stadi, psicologi, zii, yogurt			**uno** → stadio, psicologo, zio, yogurt	

[1] Vedi anche Unità 14.
[2] Vedi anche Unità 16.

Grammatica

L'**articolo determinativo** si usa quando il nome che lo segue è definito e di solito già conosciuto da chi ascolta.
    *Sto leggendo **il** libro che mi ha regalato Carlo.*

L'**articolo indeterminativo** si usa in riferimento a un nome non conosciuto da chi ascolta o per parlare di un nome in modo generico, non determinato.
    *Sto leggendo **un** libro.*

▶ Uso degli articoli con i nomi geografici

Normalmente hanno l'articolo:
- i nomi di continenti, nazioni, stati, regioni;
    ***L'Europa** e **l'America** sono divise dall'Oceano Atlantico.*
    *Secondo me **il Colorado** è lo stato americano più bello.*
    ***L'Italia** confina con **la Francia**.*
    ***La Calabria** ha un clima mediterraneo.*

- i nomi di catene montuose, monti, oceani, mari, fiumi, laghi, vulcani e valli.
    ***Le Alpi** dividono l'Italia dalla Francia.*
    ***Il Po** è lungo 652 km.*
    ***Il lago di Garda** è il più grande lago italiano.*
    ***L'Etna** è un vulcano siciliano.*

Normalmente non hanno l'articolo:
- i nomi di città.
    ***Napoli** e **Barcellona** sono due città mediterranee.*

Ma hanno l'articolo i nomi di città in cui l'articolo è parte del nome.
    ***Il Cairo** è la capitale dell'Egitto.*
    ***La Spezia** è in Liguria.*

▶ Le isole e gli articoli

In generale hanno l'articolo:
- gli arcipelaghi, le grandi isole, le isole che hanno la parola "isola" nel nome e quelle che hanno l'articolo nel nome.
    ***Le Canarie** fanno parte della Spagna.*
    *Non conosco **l'isola d'Elba**.*
    ***La Sicilia** non è lontana dall'Africa.*
    ***La Maddalena** è un'isola bellissima.*

Non hanno l'articolo:
- le piccole isole e alcune isole dal "fascino esotico".
    ***Capri** e **Ischia** sono sempre piene di turisti.*
    ***Cuba** e **Haiti** hanno un'atmosfera magica.*

▶ La preposizione *in* con i nomi di luogo

Dopo verbi come **andare**, **stare**, **vivere**, **abitare**, ecc. e prima di nomi di continenti, nazioni, stati, regioni, la preposizione ***in*** non vuole l'articolo.
    *Vado **in** Africa.*   *Sono stato due mesi **in** Spagna.*   *Ora vivo **in** Toscana, prima abitavo **in** Sardegna.*

Invece con i nomi plurali di nazioni, stati e regioni, la preposizione ***in*** si usa con l'articolo.
    *Paolo va **negli** Stati Uniti.*   *Maria sta **nelle** Filippine.*   *Anita abita **nelle** Marche.*

Anche con la regione ***Lazio*** si usa sempre l'articolo.
    *La città di Roma è **nel** Lazio.*

▶ Unità 2

▶ Il condizionale[3] semplice e composto

[3] Vedi anche Unità 3, 17, 20.

	Condizionale semplice			Condizionale composto	
	am-**are**	pren-**dere**	apr-**ire**	mangiare	andare
io	am-**erei**	prend-**erei**	apr-**irei**	avrei ⎫	sarei ⎫
tu	am-**eresti**	prend-**eresti**	apr-**iresti**	avresti	saresti → andato/a
lui/lei	am-**erebbe**	prend-**erebbe**	apr-**irebbe**	avrebbe ⎬ → mangiato	sarebbe ⎭
noi	am-**eremmo**	prend-**eremmo**	apr-**iremmo**	avremmo	saremmo ⎫
voi	am-**ereste**	prend-**ereste**	apr-**ireste**	avreste	sareste → andati/e
loro	am-**erebbero**	prend-**erebbero**	apr-**irebbero**	avrebbero ⎭	sarebbero ⎭

Grammatica

Il **condizionale semplice** si usa per:
- esprimere un desiderio presente;
    *Mi **piacerebbe** avere una casa più grande.*

- riferire un'informazione non verificata personalmente, abbastanza probabile ma non sicura al 100%;
    *Secondo la polizia, la vittima non **sarebbe** italiana.*

- esprimere una possibilità (con i verbi *potere* o *dovere* + infinito);
    *Alla fine Marco **potrebbe** anche decidere di sposare Chiara e non Paola.*

- chiedere qualcosa con cortesia;
    *Mi **prenderesti** quel libro, per favore?*

- esprimere la conseguenza di un'ipotesi in una frase introdotta dal congiuntivo;
    *Se lavorassi di meno, **avrei** più tempo libero.*

- dare consigli.
    ***Dovresti** dormire di più.*

Il **condizionale composto** si usa per:
- parlare di un desiderio passato (in genere non realizzato o irrealizzabile);
    *Mi **sarebbe piaciuto** fare il medico.*

- riferire un'informazione su un evento passato non verificata personalmente, abbastanza probabile ma non sicura al 100%.
    *Secondo la polizia, l'assassino **avrebbe usato** un coltello da cucina.*

▶ Quello

Dal punto di vista delle forme, l'aggettivo dimostrativo **quello** si comporta come l'articolo determinativo.

Lettera iniziale della parola che segue *quello*	Quello			
	Maschile		Femminile	
	Singolare	Plurale	Singolare	Plurale
Consonante	**quel** ragazzo	**quei** ragazzi	**quella** ragazza	**quelle** ragazze
Vocale	**quell'**amico	**quegli** amici	**quell'**amica	**quelle** amiche
S + cons., Ps, Z, Y	quello → stadio / psicologo / zio / yogurt			

L'aggettivo dimostrativo **quello** indica la lontananza di qualcuno o qualcosa in relazione a chi parla (mentre l'aggettivo dimostrativo **questo** indica la vicinanza).

*Conosci **quel** ragazzo?* (lontano da chi parla)
*Hai letto **questo** libro?* (vicino a chi parla)

Quello può avere anche funzione di pronome. In questo caso ha solo 4 forme: *quello/quelli* e *quella/quelle*.
    *- È questo il tuo cappello? - No è **quello**!*   ***Quelli** a sinistra nella foto sono i miei genitori.*

Quello è anche usato nella costruzione *è/sono + uno/una + di + quei/quegli/quelle*
    *"La divina commedia" **è una di quelle** opere che bisogna assolutamente conoscere.*
    *Le Dolomiti **sono/è uno di quei** posti dove devi andare se ami lo sci.*

▶ Unità 3

▶ Il passato remoto

Passato remoto			
	am-**are**	cred-**ere**	apr-**ire**
io	am-**ai**	cred-**ei**/**-etti**	apr-**ii**
tu	am-**asti**	cred-**esti**	apr-**isti**
lui/lei	am-**ò**	cred-**é**/**-ette**	apr-**ì**
noi	am-**ammo**	cred-**emmo**	apr-**immo**
voi	am-**aste**	cred-**este**	apr-**iste**
loro	am-**arono**	cred-**erono**/**-ettero**	apr-**irono**

alma edizioni

Grammatica

Il **passato remoto** si usa per parlare di un fatto accaduto nel passato e concluso, che non ha più nessuna relazione col presente.
    *Mussolini **governò** l'Italia per vent'anni.*

Rispetto al passato prossimo il passato remoto indica un maggiore distacco psicologico dall'evento.
    *Quando avevo vent'anni **conobbi** una ragazza svedese che poi non ho più rivisto.*
    ***Ho conosciuto** Lidia quando avevo vent'anni, e adesso siamo marito e moglie.*

Il passato remoto è usato principalmente nella lingua scritta, in racconti storici o letterari.
    *I romani **fondarono** un grande impero.*
    *Nel mezzo del cammin di nostra vita, mi **ritrovai** per una selva oscura.* (Dante Alighieri)

Nella lingua parlata il passato remoto si usa molto al sud (Campania, Basilicata, Puglia, Sicilia), poco al centro (a parte la Toscana) e quasi per niente al nord.

Il presente storico

Il **presente indicativo** può essere usato come passato in un racconto storico (**presente storico**) per diminuire la lontananza dall'evento e renderlo più vicino a chi ascolta.
    *Giuseppe Garibaldi **nasce** a Nizza il 4 luglio 1807 e fin da bambino **mostra** una grande passione per il mare e per l'avventura.*

Condizionale composto come futuro nel passato

Il **condizionale composto** può essere usato per esprimere un'azione posteriore rispetto a un'altra nel passato.
Per questo del condizionale composto si dice anche che serve a esprimere un <u>futuro nel passato</u>.
    *Da piccola pensavo che **sarei diventata** un'attrice.*   *Non immaginavo che **saresti venuto**.*

Unità 4
Differenza tra passato prossimo e imperfetto

Il **passato prossimo** e l'**imperfetto** si usano per parlare del passato. Hanno una funzione diversa e complementare.

Il passato prossimo si usa per:	L'imperfetto si usa per:

- raccontare un fatto concluso (e non abituale);
  *L'estate scorsa **sono andato** al mare.*
	- descrivere una situazione o un'abitudine del passato;
	  *Quando **ero** piccolo durante l'estate **andavo** sempre al mare.*

- raccontare una successione di azioni.
  *Luca **ha studiato** e poi **ha ascoltato** la radio.*
	- descrivere azioni simultanee.
	  *Mentre Luca **studiava**, **ascoltava** la radio.*

Passato prossimo + imperfetto	
Il passato prossimo e l'imperfetto si usano in combinazione quando si racconta un'azione (passato prossimo) che si inserisce in una situazione che è già iniziata (imperfetto). *Mentre Luca **studiava**, **è arrivata** Rita.*	

I verbi **potere**, **volere** e **dovere** cambiano di significato a seconda del tempo usato. Quando sono usati all'imperfetto indicano un'incertezza (l'azione forse è accaduta e forse no). Quando sono usati al passato prossimo l'azione è accaduta sicuramente.
    *Ieri **dovevo** incontrare Claudia.* (e forse l'ho incontrata e forse no)
    *Ieri **ho dovuto** incontrare Claudia.* (ed è sicuro che l'ho incontrata)

Anche i verbi **conoscere** e **sapere** cambiano di significato a seconda del tempo usato.
Quando **conoscere** è usato all'imperfetto significa "conoscere già qualcuno o qualcosa", quando è usato al passato prossimo significa "fare la conoscenza, incontrare qualcuno per la prima volta".
    *Loro **conoscevano** molto bene la città.* (ci erano già stati, la conoscevano già)
    *Ieri sera **ho conosciuto** un ragazzo interessante.* (l'ho incontrato per la prima volta, non lo conoscevo prima)

Quando **sapere** è usato all'imperfetto significa "sapere già qualcosa", quando è usato al passato prossimo significa "venire a sapere qualcosa".
  Sapevi *che ho cambiato lavoro?* (sapevi già questo da prima)
  Ho saputo *che domani c'è lo sciopero dei treni.* (sono venuto a sapere, qualcuno mi ha detto)

Unità 5
La posizione dell'aggettivo[4]

È difficile definire una regola che stabilisca chiaramente la posizione dell'aggettivo in italiano. Il problema riguarda soprattutto l'**aggettivo qualificativo**. Questo tipo di aggettivo serve a definire le qualità del nome a cui si riferisce (bello, brutto, grande, vecchio…) e in genere va <u>dopo il nome</u>.
  Ho preso un treno **veloce**.

Ma la sua posizione può cambiare a seconda di quello che vogliamo esprimere. Di solito quando l'aggettivo qualificativo è prima del nome, anche se non ne modifica sostanzialmente il senso, esprime <u>un carattere più soggettivo e una maggiore ricercatezza stilistica</u>, mentre quando è dopo il nome ha un <u>carattere più oggettivo e neutro</u>.
  Ho fatto un **brutto** *sogno.* (stile soggettivo)   *Ho fatto un sogno* **brutto**. (stile oggettivo)

Un altro tipo di aggettivi sono i **determinativi**: possessivi (mio, tuo, suo…), dimostrativi (questo, quello), indefiniti (qualche, alcuni…), interrogativi (quale, che…), ecc. Normalmente questi aggettivi vanno <u>prima del nome</u>.
  Questo *libro costa troppo.*   *Hai* **qualche** *informazione sull'incidente di ieri?*

Ma in alcune espressioni cristallizzate i possessivi possono andare dopo il nome.
  Ti va di venire a **casa mia** *più tardi?*   **Amore mio**, *perché non mi rispondi?*

Gli aggettivi relazionali

Gli **aggettivi relazionali** sono aggettivi qualificativi che derivano da un nome e che finiscono con suffissi come *-ale*, *-are*, *-istico*, *-ista*, *-ano*, *-oso*, *-ario*, *-ico*, *-ato*, *-ivo*.
  *La disoccupazione è un problema nazion***ale**.   *La vita in Italia è diventata molto cost***osa**.

Questi aggettivi vanno sempre <u>subito dopo il nome</u> a cui si riferiscono.
  Quando vado al mare metto sempre una crema **solare** *per proteggere la pelle.*

Gli alterati

Per cambiare una parola in un senso di minore dimensione ("più piccolo") si usano i suffissi ***-ino/-ina, -etto/-etta, -ello/-ella, -otto/-otta, -uccio/-uccia***.
  *Aveva uno zain***etto** *marrone e un cappell***ino** *verde in testa.*

Per cambiare una parola in un senso di maggiore dimensione ("più grande") si usa il suffisso ***-one/-ona***.
  *Paolo è un ragazz***one** *di 100 kg!*

Per esprimere il grado più alto di una scala o una qualità superiore si possono usare anche i prefissi ***super-*** e ***stra-***.
  È un ragazzo **super***intelligente, un vero genio!*   *Anche se è una canzone* **stra***nota, non riesco a ricordare il titolo.*

Alcune parole, quando vengono alterate, cambiano genere e da femminili diventano maschili o viceversa.
  Era **un donnone** *di 100 kg!*

Ci sono poi parole alterate che si sono allontanate dal significato della forma base e hanno assunto nel tempo un significato proprio: sono gli **alterati lessicalizzati**.
  cavalletto: non è un "piccolo cavallo" ma uno strumento a forma di V rovesciata che si usa per sostenere macchine fotografiche, telecamere, tavole, quadri, ecc.

[4]Vedi anche Unità 7.

Grammatica

Altre parole sembrano alterate ma in realtà non lo sono, perché hanno un significato del tutto diverso dall'ipotetica forma base: sono i **falsi alterati**.

mattone: non è un "grande matto" ma un prodotto di argilla di forma regolare usato per costruire i muri.

Unità 6
Ma[5]

La congiunzione **ma** può avere due funzioni:
- avversativa-sostitutiva (si oppone completamente a un significato espresso precedentemente e lo sostituisce con un altro significato che nega completamente il primo);

    *Guarda che Mario non è nato a Reggio Emilia **ma** a Reggio Calabria.*

- avversativa-limitativa (si oppone parzialmente al significato espresso precedentemente e propone un altro punto di vista che non nega ma limita il primo).

    *Non è un libro particolarmente bello, **ma** vale la pena leggerlo.*

I segnali discorsivi

I **segnali discorsivi**, tipici della lingua parlata, sono espressioni usate dagli interlocutori per organizzare e gestire la conversazione. La loro funzione può essere varia: segnalare l'apertura o la chiusura del discorso (*beh, allora, dunque, mah, ecco, insomma*), riempire una pausa mentre si prende tempo per trovare le parole giuste (*ecco, voglio dire, diciamo*), chiedere o dare conferma (*no?, giusto?, certo, sì certo*), chiedere attenzione (*guarda/guardi, senti/senta, ascolta/ascolti, vedi/vede*), collegare due parti del discorso (*e quindi, dunque*), riformulare o sintetizzare un argomento (*cioè, insomma*), aumentare o diminuire l'intensità di un'affermazione (*proprio, davvero, veramente, in qualche modo, insomma, come dire*), interrompere (*scusa/scusi, ma, un momento*), ecc.

__Beh__, tanto per cominciare bisognerebbe dire che...
*Non voglio essere antipatico, però, **vedi**...io preferisco un altro stile. **Insomma**, se **proprio** devo dirti la mia opinione **allora**... **beh**, non mi piace!*

La frase scissa[6]

La **frase scissa** è una costruzione tipica della lingua parlata che serve a portare l'attenzione dell'ascoltatore su un particolare elemento del discorso.
Può essere esplicita (introdotta da "che") o implicita (introdotta da "a" + infinito).

Mario lavora alla Fiat. → *È Mario **che lavora** alla FIAT. / È Mario **a lavorare** alla FIAT.*

Dal punto di vista sintattico si tratta di una costruzione che divide in due frasi l'informazione contenuta in un'unica frase.

                                                1   2

Paola gioca a tennis. → *È Paola che gioca a tennis.*

Nella frase scissa un elemento (il soggetto o un complemento) è "estratto" dalla sua posizione naturale e si colloca all'inizio della costruzione, insieme al verbo "essere". Il resto della frase originaria, introdotta da "che" o da "a" + infinito forma una nuova frase.

Il caffè del bar è troppo forte. → *È il caffè del bar che è troppo forte.*   *Mauro sposerà Gianna.* → *Sarà Mauro a sposare Gianna.*

Unità 7
Il congiuntivo[7]

Congiuntivo presente			
	am-**are**	prend-**ere**	apr-**ire**
io	am-**i**	prend-**a**	apr-**a**
tu	am-**i**	prend-**a**	apr-**a**
lui/lei	am-**i**	prend-**a**	apr-**a**
noi	am-**iamo**	prend-**iamo**	apr-**iamo**
voi	am-**iate**	prend-**iate**	apr-**iate**
loro	am-**ino**	prend-**ano**	apr-**ano**

[5]Vedi anche Unità 15.
[6]Vedi anche Unità 12.
[7]Vedi anche Unità 8, 13, 17, 20.

Grammatica

Il **congiuntivo** è un modo verbale che ha quattro tempi: presente, passato, imperfetto e trapassato.
Di solito il congiuntivo si usa in frasi secondarie (dipendenti).

frase principale (reggente)   frase secondaria (dipendente)
Mi sembra → *che Mario **sia** un po' stanco ultimamente.*

Il congiuntivo nella frase secondaria si usa principalmente:

- con espressioni o verbi impersonali come *è bene, è meglio, è necessario, è possibile, è impossibile, è probabile, è improbabile, bisogna, può darsi, sembra, pare, dicono, si dice;*
  <u>*È meglio*</u> *che i bambini **vadano** a letto presto.*   <u>*Sembra*</u> *che Ugo non **stia** molto bene.*

- con le seguenti congiunzioni: *affinché, perché, in modo che, a patto che, purché, a condizione che, benché, malgrado, sebbene, nonostante, come se, nel caso che, qualora, in attesa che, prima che, senza che, a meno che;*
  *Ti presto il libro <u>a condizione che</u> tu me lo **restituisca** presto.*   *Rimangono insieme, <u>sebbene</u> non **si amino** più.*

- con verbi che esprimono un desiderio, una volontà, un timore o un sentimento come *desiderare, volere, temere, sperare, augurarsi, piacere, preferire;*
  <u>*Voglio*</u> *che tu **legga** questo libro.*   <u>*Temo*</u> *che il computer **sia** rotto.*

- con verbi che esprimono un'opinione come *pensare, credere, ritenere, reputare, stimare;*
  <u>*Pensi*</u> *sempre che non **sia** una buona idea vendere la casa?*   *Mauro <u>crede</u> che Luca **nasconda** un segreto.*

- quando nella frase principale c'è un verbo negativo;
  <u>*Non dico*</u> *che **sia** stupido, però non è certo un genio!*

- quando la frase principale introduce una frase relativa che specifica qual è la qualità richiesta.
  *Cerchiamo una segretaria <u>che **parli** il francese</u>.*

▶ L'imperativo di cortesia

Imperativo formale			
	parl-**are**	prend-**ere**	apr-**ire**
Lei	parl-**are**	prend-**a**	apr-**a**
Loro	parl-**are**	prend-**ano**	apr-**ano**

Le forme dell'**imperativo di cortesia** o imperativo formale (Lei) sono uguali a quelle del congiuntivo presente.
*Prego Signor Pallotta, **si accomodi**!*

L'uso della 3ª persona plurale **Loro** corrisponde a un registro molto formale. Di solito si preferisce la forma con **Voi**.
*Prego signori, **si accomodino**!* → *Prego signori, **accomodatevi**!*

Per formare l'imperativo formale negativo basta aggiungere **non** prima del verbo.
*Per favore signora, **non apra** quella porta!*

▶ Posizione dell'aggettivo letterale e figurato

Un aggettivo può avere un senso **letterale** (preciso, esattamente corrispondente al suo significato) o **figurato** (simbolico, allegorico, metaforico). Di solito quando ha un senso letterale l'aggettivo va <u>dopo il nome</u>, quando ha un senso figurato va <u>prima del nome</u>.

*Ho letto un libro **grande**.* (senso letterale, significa "di grandi dimensioni", "di molte pagine")
*Ho letto un **grande** libro.* (senso figurato, significa "importante", "bello", "di valore artistico")

Altri esempi:

un pover'uomo	un uomo povero	un alto funzionario	un funzionario alto
(= dal punto di vista umano)	(= senza soldi, non ricco)	(= importante)	(= fisicamente alto)
un vecchio amico	un amico vecchio	un grosso artista	un artista grosso
(= di lunga conoscenza)	(= anziano, non giovane)	(= importante)	(= di dimensioni, di peso)

Grammatica

▶ Combinazioni di un nome con più aggettivi

Come abbiamo visto nell'Unità 5, l'aggettivo relazionale va sempre subito dopo il nome a cui si riferisce. Per cui, se un nome è accompagnato sia da un aggettivo qualificativo che da un aggettivo relazionale, sono possibili queste due combinazioni:

- **aggettivo qualificativo** + **nome** + **aggettivo relazionale**
    Il festival del cinema di Venezia è un'__importante__ rassegna __internazionale__.

- **nome** + **aggettivo relazionale** + **aggettivo qualificativo**
    Il festival del cinema di Venezia è una rassegna __internazionale__ __importante__.

Non è invece possibile separare il nome dall'aggettivo relazionale o mettere l'aggettivo relazionale prima del nome.

▶ Unità 8

▶ Il congiuntivo imperfetto

	am-**are**	prend-**ere**	apr-**ire**
io	am-**assi**	prend-**essi**	apr-**issi**
tu	am-**assi**	prend-**essi**	apr-**issi**
lui/lei	am-**asse**	prend-**esse**	apr-**isse**
noi	am-**assimo**	prend-**essimo**	apr-**issimo**
voi	am-**aste**	prend-**este**	apr-**iste**
loro	am-**assero**	prend-**essero**	apr-**issero**

In genere nella frase secondaria si usa il **congiuntivo presente** quando il tempo della frase principale è al presente, si usa il **congiuntivo imperfetto** quando il tempo della frase principale è al passato.

*Penso che i bambini **abbiano** fame.*
*Scusa, non pensavo che **avessi** fame.*

▶ Altri usi del congiuntivo

Ecco altri casi, oltre a quelli visti nell'Unità 7, in cui nella frase secondaria si usa il congiuntivo:

- quando la frase secondaria è introdotta da *come* (anche se normalmente, con *che*, si usa l'indicativo);
    *La lettura di questo libro mi ha fatto capire come la parità tra uomo e donna **sia** ancora un'utopia.*
    *La lettura di questo libro mi ha fatto capire che la parità tra uomo e donna **è** ancora un'utopia.*

- quando la frase secondaria è una domanda indiretta (introdotta da *se, che, che cosa, cosa, dove, chi, come,* ecc.). In questo caso l'uso del congiuntivo invece dell'indicativo indica un registro più alto e "sorvegliato";
    *Quando gli ho chiesto se **fosse** sposato, non mi ha risposto.*
    *Non capisco che cosa **abbia** oggi Antonio, tu lo sai?*

- quando la frase secondaria precede la principale ed è introdotta dall'espressione *il fatto che*.
    *Il fatto che lui **fosse** straniero, non gli impediva di comunicare.*

▶ Il congiuntivo in frasi indipendenti

Qualche volta il congiuntivo può essere usato anche in frasi indipendenti. In questo caso può avere valore:

- imperativo o esortativo;
    *Mauro si lamenta sempre. Che **stia** zitto per una volta!*

- di dubbio, incertezza (in frasi interrogative);
    *Il bambino piange. Che **abbia** fame?*

- di speranza, desiderio;
    Avessi *anch'io una casa bella come la tua!*

Grammatica

Le costruzioni *non fare che* / *non mancare di* + infinito

Le costruzioni **non fare che** / **non mancare di** + *infinito* hanno un valore affermativo, e si usano per dare particolare enfasi, tramite la negazione, alla frase.
Non fare che + *infinito* significa "continuare a fare qualcosa, fare qualcosa continuamente e insistentemente"; **non mancare di** + *infinito* significa "fare qualcosa esattamente come ci si aspetta, fare qualcosa rispettando le previsioni".
   Da quando è morto il marito, Marta **non fa che piangere**. (piange continuamente)
   Mio nonno **non manca** mai **di ricordare** quanto fosse migliore la vita ai suoi tempi. (ricorda ogni volta che è possibile)

Il femminile dei nomi di professione

Il sempre maggiore accesso delle donne al mondo del lavoro, ha determinato la necessità di creare il corrispondente femminile di molti nomi di mestieri e professioni un tempo riservati ai soli uomini. Per la **formazione del femminile** di questi nomi ci sono varie possibilità:

- **Nomi in -o**: la maggior parte formano il femminile in *-a*.
   il cardiologo - la cardiologa

- **Nomi in -tore**: formano spesso il femminile in *-trice*.   Eccezione:
   il direttore - la direttrice   *dottore - dottoressa*
   l'ambasciatore - l'ambasciatrice

- **Nomi in -a**: sono generalmente invariabili.   Alcuni però formano il femminile in *-essa*.
   il giornalista - la giornalista   *il poeta - la poetessa*
   il pediatra - la pediatra
   il collega - la collega

- **Nomi in -e**: possono essere invariabili;   possono formare il femminile in *-a*   o in *-essa*
   il cantante - la cantante   *il ragioniere - la ragioniera*   *il professore - la professoressa*
   l'insegnante - l'insegnante   *il vigile - la vigilessa*
                                                                                             il presidente - la presidentessa
                                                                                             (ma in qualche caso *-essa* può
                                                                                             essere usato in senso spregiativo)

Per alcuni il femminile viene evitato. Allora si può usare:
   - il maschile: *il presidente Maria Bianchi;*
   - il maschile con l'articolo al femminile: *la presidente Maria Bianchi;*
   - l'aggiunta di "donna" prima o dopo il nome (ma questo uso è sempre più raro): *la donna poliziotto, la donna magistrato* (oppure: *il magistrato donna*).

Unità 9

Articoli e preposizioni con le date

Prima di una **data precisa** si usa l'articolo determinativo *il*.   Prima di un **anno preciso** si usa la preposizione *nel*.
   Sono nato a Roma il 17 gennaio 1981.   *Il muro di Berlino è caduto nel 1989.*

Prima di un **periodo di anni** (decenni, secoli, millenni, ecc.) si usa la preposizione *in* + *articolo*.
   Negli anni '60 il cinema italiano ha prodotto molti capolavori. - Siamo nel XXI secolo.

Prima di una **stagione** si usa normalmente la preposizione *in*. Con "inverno" e "estate" si può usare anche la preposizione *di*.
   In autunno piove molto. - Giulia d'inverno va sempre in montagna a sciare.

Per delimitare un **periodo di tempo** si usano le preposizioni *da... a...*
   Luigi lavora da maggio a settembre. - Dal 10 al 30 luglio sono in vacanza.

Grammatica

▶ Gli avverbi

Gli **avverbi** sono parole invariabili che, aggiunte a un verbo, a un aggettivo o a una frase, servono a definirne meglio il significato.
  La donna <u>piangeva</u> **disperatamente**.
  È un uomo **molto** <u>ricco</u>.
  Probabilmente <u>nel tuo computer c'è un virus</u>.

Molti avverbi si formano dal femminile dell'aggettivo qualificativo + il suffisso **-mente**.
  *complet**a*** ➡ *complet**amente***

Se l'aggettivo finisce con **-le** o con **-re**, l'avverbio perde la **-e**.
  *facil**e*** ➡ *facil**mente***   *particolar**e*** ➡ *particolar**mente***

Di solito gli avverbi che si riferiscono ai verbi vanno <u>dopo il verbo</u>, mentre gli avverbi che si riferiscono agli aggettivi vanno <u>prima dell'aggettivo</u>. Quando l'avverbio si riferisce a un'intera frase la sua posizione è <u>mobile</u>.
  In questo periodo <u>sto dormendo</u> **poco**.
  Quell'uomo è **completamente** <u>pazzo</u>.
  <u>L'uomo</u> **inspiegabilmente** <u>non rispose</u>. / **Inspiegabilmente** <u>l'uomo non rispose</u>.

▶ I contrari

Per fare il **contrario** di un aggettivo, di un nome o di un verbo si usano vari prefissi. Tra i più usati abbiamo **s-**, **dis-** e **anti-**.
  fortunato ➡ ***s**fortunato*   *attivare* ➡ ***dis**attivare*
  democratico ➡ ***anti**democratico*

Molto usato è anche il prefisso **in-**, che diventa **im-** con le parole che iniziano con "p" o "m", **il-** con le parole che iniziano con "l", **ir-** con le parole che iniziano con "r".
  solito ➡ ***in**solito*   *morale* ➡ ***im**morale*
  logico ➡ ***il**logico*   *ragionevole* ➡ ***ir**ragionevole*

In altri casi invece si usa la negazione **non**.
  violento ➡ ***non*** *violento*

Un altro modo per formare i contrari è "l'alfa privativo", cioè il suffisso **a-** davanti alla parola (**an-** davanti a parola che comincia per vocale).
  tipico ➡ ***a**tipico*   *affettivo* ➡ ***an**affettivo*

In molti casi non si usano prefissi, ma parole di significato opposto.
  grande ➡ *piccolo*   *pesante* ➡ *leggero*
  apertura ➡ *chiusura*

▶ Unità 10
▶ Pronomi atoni e tonici

Pronomi diretti				
	atoni		tonici	
	Maschile	*Femminile*	*Maschile*	*Femminile*
I pers. sing.	mi		me	
II pers. sing.	ti		te	
III pers. sing.	lo	la	lui	lei
I pers. plur.	ci		noi	
II pers. plur.	vi		voi	
III pers. plur.	li	le	loro	

Pronomi indiretti				
	atoni		tonici	
	Maschile	*Femminile*	*Maschile*	*Femminile*
I pers. sing.	mi		a me	
II pers. sing.	ti		a te	
III pers. sing.	gli	le	a lui	a lei
I pers. plur.	ci		a noi	
II pers. plur.	vi		a voi	
III pers. plur.	gli (loro)		a loro	

Grammatica

I pronomi personali diretti e indiretti possono essere **atoni** o **tonici**. La forma atona è una forma poco marcata che non dà al pronome particolare rilievo. In questo caso il pronome va generalmente prima del verbo. La forma tonica è una forma marcata che dà al pronome un rilievo particolare. In questo caso il pronome va dopo il verbo.

Pronomi diretti
Forma atona: *Mi ami?*
Forma tonica: *Allora, ami me o Paolo?*

Pronomi indiretti
Forma atona: *Perché non mi telefoni più?*
Forma tonica: *Invece di telefonare a lui, perché non telefoni a me?*

In alcuni casi (con infinito, gerundio, imperativo informale) il pronome atono segue il verbo. Anche **loro** segue sempre il verbo.
Hai smesso di amarmi. Ammettilo! L'ho capito guardandoti negli occhi.

▶ Il plurale dei nomi composti

Per la **formazione del plurale dei nomi composti** è difficile definire una regola generale. Bisogna innanzitutto considerare come questi nomi sono "sentiti" dai madrelingua: nel caso in cui la parola non sia più percepita come composta da più elementi, il plurale si forma regolarmente.

| francoboll**o** | → | francoboll**i** | ferrovi**a** | → | ferrovi**e** |
| pomodor**o** | → | pomodor**i** | | | |

In altri casi il plurale si fa cambiando la vocale finale del primo elemento o anche di entrambi gli elementi.
*il cap**o**gruppo* → *i cap**i**gruppo*   *la cass**a**fort**e*** → *le cass**e**fort**i***

Ci sono poi anche molti nomi composti invariabili.
attaccapanni   portaombrelli   dopoguerra   madrelingua

▶ Il trapassato prossimo

Trapassato prossimo			
	mangiare		andare
io	avevo		ero
tu	avevi		eri
lui/lei	aveva	mangiato	era → andato/a
noi	avevamo		eravamo
voi	avevate		eravate → andati/e
loro	avevano		erano

Il **trapassato prossimo** descrive un'azione compiuta prima di un'altra azione che è avvenuta nel passato.
*Sabato sono rimasto a casa a riposare, perché durante la settimana **avevo lavorato** troppo.*
*Quando sono arrivato alla stazione, il treno **era** già **partito**.*

Il trapassato prossimo si può usare anche per creare nella narrazione un effetto di suspense. In questo caso la narrazione inizia o procede a lungo con una successione di verbi al trapassato prossimo, rinviando alla fine l'evento di riferimento rispetto al quale tutti i trapassati sono anteriori e aumentando così l'aspettativa di chi legge o ascolta.
*L'uomo **era partito** senza avvisare nessuno. **Aveva viaggiato** in treno per molte ore ed **era arrivato** verso sera alla stazione di Firenze. Dopo aver bevuto un caffè **aveva cercato** un albergo. La notte **aveva dormito** agitato per l'incontro del giorno dopo e la mattina **si era preparato** con cura, ancora più del solito. Quando finalmente la vide capì che era ancora innamorato di lei.*

▶ I modi indefiniti[8]

	Infinito presente	Participio presente	Gerundio semplice
am-**are**	am-**are**	am-**ante**	am-**ando**
pot-**ere**	pot-**ere**	pot-**ente**	pot-**endo**
part-**ire**	part-**ire**	part-**ente**	part-**endo**
	Infinito passato	Participio passato	Gerundio composto
am-**are**	avere amato	am-**ato**	avendo amato
pot-**ere**	avere potuto	pot-**uto**	avendo potuto
part-**ire**	essere partito	part-**ito**	essendo partito

Infinito, **participio** e **gerundio** si chiamano modi "indefiniti" perché non è possibile coniugarli e quindi non indicano esplicitamente quale sia il soggetto. Per questo si usano generalmente in frasi secondarie e solo quando il "soggetto" del verbo indefinito è lo stesso del verbo della frase principale.
*Siamo usciti (noi) dal cinema **correndo** (noi).*

[a] Vedi anche Unità 15.

Grammatica

Quando si usa un modo indefinito si dice che la frase è costruita alla forma implicita, mentre quando si usa un modo finito (indicativo, condizionale, congiuntivo) si dice che la frase ha una forma esplicita.

> Forma implicita: *Penso di non andare in ufficio domani.*
> Forma esplicita: *Penso che non andrò in ufficio domani.*

Le funzioni dei modi indefiniti sono numerosissime. In questo capitolo ci limitiamo alle seguenti:

- **gerundio semplice**: la sua funzione più frequente è quella modale, cioè esprime in che modo avviene l'azione espressa nella frase principale;
   > *È entrato in casa **gridando**.*

- **participio presente**: è usato quasi esclusivamente in funzione di sostantivo o di aggettivo;
   > *Mio fratello fa il **cantante**.* *Il Milan è una squadra **vincente**.*

- **participio passato**: oltre ad essere parte di un verbo composto, la funzione grammaticale più frequente del participio passato è quella di aggettivo.
   > *Luca è **andato** a casa.* *Mi sono messo dei calzini **bucati**.*

Unità 11
Forma riflessiva e forma spersonalizzante[9]

La **forma riflessiva** permette di indicare che l'azione del verbo è diretta verso chi la compie.
> Forma riflessiva: *Mario **si lava** le mani.*
> Forma non riflessiva: *Mario **lava** i piatti.*

La **forma con il *si* spersonalizzante** permette di non indicare esplicitamente chi compie l'azione del verbo. Il *si* corrisponde a un soggetto generico come "la gente", "le persone", "uno", "qualcuno".
> *Di solito d'estate **si va** al mare. = Di solito d'estate **la gente va** al mare.*

Per l'uso del *si* **spersonalizzante** si devono tenere presenti le seguenti regole:

- *si* **spersonalizzante + tempo composto**: si usa sempre l'ausiliare ***essere***;
   > *Ieri sera al ristorante **si è bevuto** un buon vino.*

- *si* **spersonalizzante + verbo (senza oggetto diretto)**: il verbo va alla III persona singolare; nei tempi composti il participio passato termina con *-o* se il verbo ha normalmente l'ausiliare ***avere*** e con *-i* se ha normalmente l'ausiliare ***essere***.
   > *In questo letto **si dorme** bene.*
   > *Se non **si è dormito** abbastanza, è difficile lavorare.* (Il verbo "dormire" ha normalmente l'ausiliare ***avere***)
   > *Se **si è arrivati** in ritardo, bisogna scusarsi.* (Il verbo "arrivare" ha normalmente l'ausiliare ***essere***)

- *si* **spersonalizzante + verbo + oggetto diretto**: il verbo concorda con l'oggetto diretto; nei tempi composti anche il participio passato concorda con l'oggetto e termina con *-o, -a, -i, -e*.
   > *A Natale **si mangia** il panettone.*
   > *In Italia **si fanno** pochi bambini.*
   > *Alla riunione **si è fatta** molta confusione e **si sono prese** decisioni sbagliate.*

- *si* **spersonalizzante + verbo + aggettivo**: l'aggettivo va al maschile plurale (*-i*).
   > *Quando **si è stanchi** bisogna riposarsi.*

- *si* **spersonalizzante + verbo + participio passato (in una costruzione passiva)**: il participio passato va al maschile plurale (*-i*).
   > *Quando **si è stati lasciati** dal partner è difficile non soffrire.*

- *si* **riflessivo +** *si* **spersonalizzante + verbo**: si usa il pronome doppio ***ci si*** + verbo.
   > *Mi piace la domenica perché **ci si alza** tardi.*

[9] Vedi anche Unità 16.

Grammatica

I pronomi combinati

Quando due **pronomi** o **particelle** si uniscono sono possibili più combinazioni.

Indiretti + Diretti			Diretti				
			III pers. sing. maschile	*III pers. sing. femminile*	*III pers. plurale maschile*	*III pers. plurale femminile*	*Partitivo*
			lo	**la**	**li**	**le**	**ne**
Indiretti	*I pers. singolare*	**mi**	me lo	me la	me li	me le	me ne
	II pers. singolare	**ti**	te lo	te la	te li	te le	te ne
	III pers. sing. maschile	**gli**	glielo	gliela	glieli	gliele	gliene
	III pers. sing. femminile	**le**	glielo	gliela	glieli	gliele	gliene
	I pers. plurale	**ci**	ce lo	ce la	ce li	ce le	ce ne
	II pers. plurale	**vi**	ve lo	ve la	ve li	ve le	ve ne
	III pers. plurale	**gli**	glielo	gliela	glieli	gliele	gliene

Riflessivi + Diretti			Diretti				
			III pers. sing. maschile	*III pers. sing. femminile*	*III pers. plurale maschile*	*III pers. plurale femminile*	*Partitivo*
			lo	**la**	**li**	**le**	**ne**
Riflessivi	*I pers. singolare*	**mi**	me lo	me la	me li	me le	me ne
	II pers. singolare	**ti**	te lo	te la	te li	te le	te ne
	III pers. singolare	**si**	se lo	se la	se li	se le	se ne
	I pers. plurale	**ci**	ce lo	ce la	ce li	ce le	ce ne
	II pers. plurale	**vi**	ve lo	ve la	ve li	ve le	ve ne
	III pers. plurale	**si**	se lo	se la	se li	se le	se ne

Diretti + Locativo			Locativo
			ci
Diretti	*I pers. singolare*	**mi**	mi ci
	II pers. singolare	**ti**	ti ci
	III pers. sing. maschile	**lo**	ce lo
	III pers. sing. femminile	**la**	ce la
	I pers. plurale	**ci**	ci
	II pers. plurale	**vi**	vi ci
	III pers. plurale maschile	**li**	ce li
	III pers. plurale femminile	**le**	ce le
	Partitivo	**ne**	ce ne

Diretti + *Si* spersonalizzante			*Si* spersonalizzante
			si
Diretti	*I pers. singolare*	**mi**	mi si
	II pers. singolare	**ti**	ti si
	III pers. sing. maschile	**lo**	lo si
	III pers. sing. femminile	**la**	la si
	I pers. plurale	**ci**	ci si
	II pers. plurale	**vi**	vi si
	III pers. plurale maschile	**li**	li si
	III pers. plurale femminile	**le**	le si
	Partitivo	**ne**	se ne

alma edizioni

Grammatica

Indiretti + *Si* spersonalizzante			*Si* spersonalizzante
			si
Indiretti	I pers. singolare	*mi*	mi si
	II pers. singolare	*ti*	ti si
	III pers. sing. maschile	*gli*	gli si
	III pers. sing. femminile	*le*	le si
	I pers. plurale	*ci*	ci si
	II pers. plurale	*vi*	vi si
	III pers. plurale	*gli*	gli si

Locativo + *Si* spersonalizzante		*Si* spersonalizzante
		si
Locativo	*ci*	ci si

Si riflessivo + *Si* spersonalizzante		*Si* spersonalizzante
		si
Si riflessivo	*si*	ci si

▶ Unità 12
▶ Il pronome relativo *che*

Che può avere funzione di aggettivo/pronome interrogativo, di congiunzione o di pronome relativo.

    Interrogativo (aggettivo): ***Che*** *treno hai preso?*   Congiunzione: *Io penso* ***che*** *dobbiamo andare a casa.*
    Interrogativo (pronome): ***Che*** *stai facendo?*   Pronome relativo: *Conosco una persona* ***che*** *può aiutarti.*

La funzione del **pronome relativo** è duplice: sostituisce un nome e mette in relazione due frasi (la principale e la relativa).
    Ho conosciuto **un ragazzo**. *Questo ragazzo fa il d.j.* = *Ho conosciuto un* ragazzo ◀── che *fa il d.j.*

Il pronome relativo ***che*** è invariabile e può essere usato per sostituire un <u>soggetto</u> o un <u>oggetto diretto</u>.
    Soggetto: *Mi hanno regalato <u>un libro</u>* ***che*** *parla di economia.*   Oggetto diretto: *Mi hanno regalato <u>un libro</u>* ***che*** *ho già letto.*

▶ I pronomi relativi doppi

Chi è un pronome relativo doppio. Si usa solo con riferimento a <u>esseri animati</u> e sostituisce un pronome dimostrativo (colui, quello, colei, quella) o indefinito (qualcuno, uno…) + ***che***.
    Chi *pensa troppo ai soldi vive male.* = ***Colui/Uno che*** *pensa troppo ai soldi vive male.*

Chi è spesso usato nei proverbi.
    Chi *va piano va sano e va lontano.*

Quando ***chi*** sostituisce un soggetto plurale, la frase è comunque sempre al singolare.
    Quelli che <u>vogliono</u> parlare <u>devono</u> *prenotarsi.* ➡ ***Chi*** <u>vuole</u> *parlare* <u>deve</u> *prenotarsi.*

Quando ci si riferisce a <u>esseri inanimati</u> non si usa ***chi*** ma ***quello/ciò che***.
    Ecco ***quello che*** *ho da dirvi.*   ***Ciò che*** *mi spaventa di più è la violenza.*

▶ Altri pronomi relativi

Il pronome relativo ***cui*** è invariabile e si usa per sostituire un <u>oggetto indiretto</u>. Di solito è preceduto da una preposizione.
    Questo è il libro ***di cui*** *ti avevo parlato.*   *La ragazza* ***con cui*** *mi sposo è indiana.*   *La casa* ***in cui*** *abita Leo è tutta in legno.*

Quando ***cui*** ha valore di complemento di termine (con la preposizione ***a***) è possibile togliere la preposizione ***a*** prima di ***cui***.
    È una persona **(*a*) *cui*** *si può dare la massima fiducia.*

Cui può avere valore di <u>possessivo</u>. In questo caso è preceduto dall'articolo determinativo e seguito dall'oggetto "posseduto". L'articolo concorda con l'oggetto.
    <u>Ugo</u>, **le cui** <u>idee</u> *sono sempre interessanti, mi ha proposto di lavorare con lui.*

    <u>I bambini</u> ***i cui*** <u>genitori</u> *non hanno firmato l'autorizzazione non possono partecipare alla gita.*

Grammatica

Quando è preceduto da una preposizione *cui* si può sostituire con il pronome relativo *il quale/la quale/i quali/le quali*.
   *Il medico <u>con</u> **cui/il quale** lavora Paola riceve solo il martedì.*
   *Sono due poveri vecchi, <u>per</u> **cui/i quali** i figli non hanno alcun rispetto.*

Il quale concorda con il nome a cui si riferisce.
   *<u>La mia parrucchiera</u>, **della quale** sono molto amica, ha appena divorziato.*

Il quale può sostituire anche *che* con valore di soggetto (e molto più raramente di oggetto diretto), ma si tratta di usi molto formali.
   *Il capo del governo, **che/il quale** è appena rientrato da un viaggio all'estero, non ha rilasciato dichiarazioni.*

Il pronome relativo *il che* si riferisce a tutto il concetto appena espresso e si usa per introdurre una parentesi o una conclusione, un commento a quanto appena detto. Significa "questa cosa", "questo aspetto".
   *Se guardiamo ai progressi fatti negli ultimi cent'anni nel campo della medicina, notiamo che malattie un tempo considerate mortali oggi sono curabili con un semplice farmaco, **il che** è indubbiamente molto positivo.*

I tempi verbali nella frase scissa

Nella **frase scissa esplicita** il tempo del primo verbo (frase principale) è generalmente al presente mentre il secondo verbo (frase secondaria) è nel tempo dell'azione che si vuole indicare.

Costruzione scissa esplicita		
Tempo dell'azione	Frase principale	Frase secondaria
Presente	*È Luca* (presente)	*che **parte**.* (presente)
Futuro	*È Luca* (presente)	*che **partirà**.* (futuro)
Passato	*È Luca* (presente)	*che **è partito**.* (passato)

Nella **frase scissa implicita** invece il tempo del primo verbo (frase principale) esprime il tempo dell'azione, mentre il secondo verbo (frase secondaria) è all'infinito preceduto dalla preposizione *a*.

Costruzione scissa implicita		
Tempo dell'azione	Frase principale	Frase secondaria
Presente	*È Luca* (presente)	*a **partire**. (a + infinito)*
Futuro	*Sarà Luca* (futuro)	*a **partire**. (a + infinito)*
Passato	*È stato Luca* (passato)	*a **partire**. (a + infinito)*

Unità 13
Il congiuntivo passato e trapassato

Il **congiuntivo passato** si forma con l'ausiliare *essere* o *avere* al congiuntivo presente + il participio passato.
Il **congiuntivo trapassato** si forma con l'ausiliare *essere* o *avere* al congiuntivo imperfetto + il participio passato.

	Congiuntivo passato			Congiuntivo trapassato		
	mangiare	andare		mangiare	andare	
io	abbia	sia		avessi	fossi	
tu	abbia	sia	→ andato/a	avessi	fossi	→ andato/a
lui/lei	abbia	sia		avesse	fosse	
noi	abbiamo → mangiato	siamo		avessimo → mangiato	fossimo	
voi	abbiate	siate	→ andati/e	aveste	foste	→ andati/e
loro	abbiano	siano		avessero	fossero	

alma edizioni

Grammatica

▶ Concordanze[10]: contemporaneità e anteriorità

La scelta del tempo del congiuntivo nella frase secondaria dipende dal rapporto temporale tra la frase principale e la secondaria. Questo può essere un rapporto di **contemporaneità** (l'azione della principale e quella della secondaria si svolgono contemporaneamente), **anteriorità** (l'azione della secondaria si svolge prima di quella della principale) o **posteriorità** (l'azione della secondaria si svolge dopo quella della principale).

Contemporaneità:	Penso che Elio **arrivi** adesso.	Pensavo che Elio **arrivasse** in quel momento.
Anteriorità:	Penso che Elio **sia arrivato** due ore fa.	Pensavo che Elio **fosse arrivato** martedì scorso.
Posteriorità:	Penso che Elio **arrivi** domani.	Pensavo che Elio **sarebbe arrivato** domani.

Ecco lo schema delle concordanze per i casi della **contemporaneità** e dell'**anteriorità** (per i casi della **posteriorità** vedi l'Unità 17).

Tempo della principale	Azione della secondaria contemporanea	Azione della secondaria anteriore
presente Penso...	congiuntivo presente ...che Elio **arrivi** adesso. ...che Elio **sia** malato.	congiuntivo passato o imperfetto ...che Elio **sia arrivato** due ore fa. ...che Elio ieri **fosse** malato.
passato Pensavo...	congiuntivo imperfetto ...che Elio **arrivasse** in quel momento.	congiuntivo trapassato ...che Elio **fosse arrivato** martedì scorso.

Attenzione: quando il tempo della principale è al presente e l'azione della secondaria è anteriore, la scelta tra congiuntivo passato e imperfetto dipende dal tipo di azione espressa dal verbo: se normalmente all'indicativo per quell'azione si usa il passato prossimo, allora bisogna utilizzare il congiuntivo passato; se invece si usa l'imperfetto, allora si deve utilizzare il congiuntivo imperfetto.

Elio **è arrivato** due ore fa. → Penso che Elio **sia arrivato** due ore fa.
Ieri Elio **era** malato. → Penso che Elio ieri **fosse** malato.

▶ Il discorso diretto e indiretto

Per riferire le parole o il pensiero di qualcuno ci sono due possibilità:

- **discorso diretto**: riporta direttamente le parole pronunciate, in genere introdotte da virgolette ("..")
    Mario: **"Voglio mangiare un panino con il prosciutto."**

- **discorso indiretto**: riporta le stesse parole indirettamente, attraverso una frase secondaria introdotta da verbi come *dire, pensare, aggiungere, continuare, chiedere, domandare, rispondere*, ecc. + la congiunzione **che**.
    Mario dice che **vuole mangiare un panino con il prosciutto**.

▶ I tempi verbali nel discorso indiretto[11]: contemporaneità e anteriorità

Il **discorso indiretto** generalmente è introdotto da un verbo al presente (*dice, sta dicendo* o altri verbi simili) o al passato (*ha detto, diceva* o altri verbi simili).

Se è introdotto da un verbo al presente (o anche al passato prossimo recente) il tempo della secondaria rimane invariato rispetto al discorso diretto:

Discorso diretto:	Luca: "Non **parlo** molto bene l'inglese."
Discorso indiretto:	Luca dice / ha detto che non **parla** molto bene l'inglese.
Discorso diretto:	Luca: "Un anno fa non **parlavo** molto bene l'inglese."
Discorso indiretto:	Luca dice / ha detto che un anno fa non **parlava** molto bene l'inglese.

[10] Vedi anche Unità 17.
[11] Vedi anche Unità 17.

Se è introdotto da un verbo al passato (*ha detto*, *diceva* o altri verbi simili) bisogna considerare se la relazione temporale tra la frase principale e la secondaria è di **contemporaneità**, **anteriorità** o **posteriorità** (per la posteriorità vedi l'Unità 17).

Frase principale al passato	Frase secondaria	
	contemporanea	anteriore
Luca **ha detto**...	imperfetto, passato prossimo (o passato remoto) ...che non **parlava** bene inglese. ...che a Londra non **ha parlato** quasi mai inglese.	di solito trapassato prossimo ...che **aveva studiato** l'inglese a scuola in Italia. ...che da piccolo **era stato** in Inghilterra.

Da notare inoltre che, nel discorso indiretto, la secondaria ha spesso valore "descrittivo", quindi la scelta del tempo passato privilegia spesso l'**imperfetto**. L'imperfetto può inoltre sostituire il trapassato prossimo in caso di anteriorità quando il verbo ha un significato "imperfettivo". In questo caso l'anteriorità è espressa da un determinatore temporale.
   Ieri Luca mi ha detto che <u>un anno fa</u> non **parlava** ancora bene l'inglese.

▶ Discorso indiretto introdotto da *di*

Il discorso indiretto può essere introdotto dalla preposizione ***di*** (invece di ***che***). In questo caso la secondaria diventa una <u>frase implicita</u>.
   Discorso diretto: *Ugo: "Voglio fare una pausa."*   Discorso indiretto: *Ugo dice **di** <u>voler fare una pausa</u>.*

L'uso della preposizione ***di*** è obbligatorio quando nel discorso diretto c'è un verbo all'<u>imperativo</u>.
   Discorso diretto: *Ugo: "Maria, **chiudi** la finestra!"*   Discorso indiretto: *Ugo dice a Maria **di** <u>chiudere la finestra</u>.*

L'uso della preposizione ***di*** è consigliato quando nel discorso diretto c'è una frase secondaria. In questo modo si evita una successione di ***che***.
                           1   2
   Discorso diretto: *Ugo: "<u>Penso</u> che <u>andrò al cinema</u>."*   Discorso indiretto: *Ugo dice che pensa **di** andare al cinema.*

▶ *Venire* e *andare* nel discorso indiretto

Il verbo ***venire*** si usa se c'è un movimento in direzione di chi sta riferendo il discorso.
   Discorso diretto: *Mario: "Sono andato a Roma".*
   Discorso indiretto: *Mario ha detto che **è venuto** a Roma.* (se chi sta riferendo il discorso è nello stesso luogo, in questo caso Roma)

Il verbo ***andare*** si usa se c'è un movimento di allontanamento da chi sta riferendo il discorso.
   Discorso diretto: *Mario: "Sono andato a Roma."*
   Discorso indiretto: *Mario ha detto che **è andato** a Roma.* (se chi sta riferendo il discorso è in un luogo diverso, per es. Milano)

▶ *Mica*

Mica è un'espressione usata soprattutto nel parlato per rafforzare la negazione *non*. Il suo significato è vicino a "per niente" e di solito si trova dopo il verbo.
   *Non ho **mica** capito quello che hai detto, sai?*   *Non siamo **mica** stupidi!*

Mica può essere usato <u>prima del verbo</u>, senza la negazione *non* (che in questo caso è sottintesa).
   *Gli ho parlato a lungo, ma lui **mica** mi ascoltava!* (= non mi ascoltava **mica**)
   ***Mica** lo so se mi piace.* (= non lo so **mica** se mi piace)

Mica può anche introdurre una supposizione. In questo caso il suo significato è vicino a quello di "forse".
   *Hai **mica** visto Antonio?*

Grammatica

Unità 14
Uso del futuro nella narrazione di fatti passati

Quando si vuole creare un effetto stilistico efficace in una narrazione, per riferirsi a fatti accaduti nel passato si può usare anche il **futuro**. Ci si colloca in un momento del passato e si vede come futuro tutto quello che succede dopo.

*Mussolini da giovane era socialista. Ma più tardi **fonderà** il partito fascista e **prenderà** il potere diventando il dittatore che conosciamo.*

La forma passiva

Una frase può essere **attiva** o **passiva**. In genere la forma attiva si usa per dare rilievo alla persona o alla cosa che fa l'azione, mentre la forma passiva si usa per dare rilievo alla persona o alla cosa che subisce l'azione.

Forma attiva: *La madre **veste** il bambino.*
Forma passiva: *Il bambino **è vestito** dalla madre.*

Di solito la frase passiva ha un soggetto (chi subisce l'azione) e un verbo passivo. Qualche volta, ma non sempre, c'è anche un agente (chi fa l'azione).

soggetto (chi subisce l'azione)	verbo passivo	agente (chi fa l'azione)	
Il governo	*è guidato*	*dal Primo ministro.*	
Il governo	*è guidato*	X	*con grande coraggio.*

Forma passiva con *essere* e *venire*

Per fare una frase passiva si possono usare gli ausiliari **essere** o **venire** + il participio passato. Gli ausiliari si coniugano allo stesso tempo e modo del verbo della frase attiva.

*Molti turisti **visitano** Roma.* → *Roma **è / viene visitata** da molti turisti.*
*Penso che molti turisti **visitino** Roma.* → *Penso che Roma **sia / venga visitata** da molti turisti.*

L'ausiliare **venire** non può essere usato con i tempi composti (passato prossimo, trapassato prossimo, futuro anteriore, ecc.) ma solo con i tempi semplici. Nei tempi composti bisogna dunque usare l'ausiliare **essere**.

*L'anno scorso molti turisti **hanno visitato** Roma.* → *L'anno scorso Roma **è stata visitata** da molti turisti.*
*Penso che molti turisti **abbiano visitato** Roma.* → *Penso che Roma **sia stata visitata** da molti turisti.*

L'ausiliare **venire**, rispetto ad **essere**, sottolinea maggiormente l'aspetto dinamico dell'azione. Spesso la scelta tra **essere** e **venire** può dipendere anche dal gusto personale di chi scrive/parla o da ragioni stilistiche.

Forma passiva con *andare*

Per fare una frase passiva si può usare anche l'ausiliare **andare** + il participio passato. In questo caso il verbo assume un significato di dovere o necessità.

*Quel film **va visto**.* (= quel film deve essere visto)
*La pasta **andava cotta** di meno.* (= la pasta doveva essere cotta di meno)

Come **venire**, anche l'ausiliare **andare** può essere usato solo con i tempi semplici.

Grammatica

▶ Imperativo con i pronomi

I **pronomi** in combinazione con l'**imperativo** hanno collocazione diversa a seconda della persona e del tipo di imperativo (positivo o negativo).

	Imperativo positivo	Imperativo negativo
Tu	Prendi**la**!	Non **la** prendere! / Non prender**la**!
Lei (formale)	**La** prenda!	Non **la** prenda!
Noi	Prendiamo**la**!	Non **la** prendiamo! / Non prendiamo**la**!
Voi	Prendete**la**!	Non **la** prendete! / Non prendete**la**!

▶ La dislocazione pronominale

Per **dislocazione** si intende lo spostamento dell'oggetto (diretto o indiretto) alla sinistra o alla destra del verbo, rispetto alla sua naturale posizione nella frase. Al posto dell'oggetto si inserisce un pronome.

Dislocazione a sinistra: si ha dislocazione a sinistra quando l'oggetto (diretto o indiretto) è collocato nella parte iniziale della frase, alla sinistra del verbo.

*Oggi non mangio **la pasta**.* ➡ ***La pasta** oggi non <u>la</u> mangio.*
*Telefono dopo **a Pino**, non ora.* ➡ ***A Pino** <u>gli</u> telefono dopo, non ora.*

Dislocazione a destra: si ha dislocazione a destra quando l'oggetto (diretto o indiretto) è collocato nella parte finale della frase, alla destra del verbo.

*Oggi non mangio **la pasta**.* ➡ *Oggi non <u>la</u> mangio, **la pasta**.*
*Telefono dopo **a Pino**, non ora.* ➡ *<u>Gli</u> telefono dopo, **a Pino**, non ora.*

La dislocazione è una strategia che si usa per dare più rilievo all'oggetto. È molto usata nella lingua parlata.

▶ La similitudine

La **similitudine** (dal latino *similitudo*, "somiglianza") è un'espressione che permette di dare a una persona, a un animale o a una cosa le qualità o le caratteristiche tipiche di altri. Per fare una similitudine si usa spesso l'avverbio ***come*** o il verbo ***sembrare***.

*Anna è bella **come** il sole.*   *Lucio mangia **come** un leone.*   *Mio nonno ha 80 anni ma **sembra** un ragazzino.*

▶ Unità 15
▶ L'infinito

Tra le numerose funzioni dell'**infinito** ricordiamo le seguenti:

- può sostituire frasi passive con valore di "dovere", quando è preceduto dalla preposizione ***da***.
    *Questo è un libro **<u>da</u> leggere**.*

- si può usare per esprimere incredulità e sorpresa, preceduto dalla congiunzione ***e***.
    *C'è un sole meraviglioso. **<u>E</u> pensare** che era prevista pioggia!*

- si può usare come prima parte di un discorso ipotetico ("se"), con forte significato modale e limitativo, preceduto dalla preposizione ***a***.
    ***<u>A</u> mangiar** troppo la sera si dorme male.*

- può essere la prima parte di una frase scissa costruita con la forma implicita, preceduto dalla preposizione ***a***.
    *Il governo non si occupa dei problemi reali. **<u>A</u> pensarlo** è la maggioranza degli italiani.*

Grammatica

L'infinito nella frase secondaria si può usare solo quando il soggetto è uguale a quello della principale. In questo caso la costruzione con l'infinito risulta più corretta e scorrevole.

(io) <u>Penso</u> di (io) **prendere** il treno delle 4.

Di solito l'<u>infinito presente</u> nella frase secondaria esprime un'azione **contemporanea** o **posteriore** rispetto a quella della frase principale e l'<u>infinito passato</u> un'azione **anteriore**.

Contemporanea: *Sono contento di **vederti**.*
Posteriore: *Non penso di **andare** a teatro domani sera.*
Anteriore: *L'uomo fermato dalla polizia sostiene di **essere tornato** a casa alle 8 di ieri sera.*

▶ Il participio passato

Il **participio passato** può avere funzione causale, temporale, concessiva e relativa.

Causale: ***Circondato** dall'affetto di tutti, il piccolo Luca cresceva magnificamente.*
Temporale: ***Tornato** a casa, accese la tv.*
Concessiva: *Benché **amato** da tutti, si sentiva profondamente infelice.*
Relativa: *Questa è la carne **cucinata** da Paola.*

In genere il participio passato nella frase secondaria esprime un'azione **anteriore** rispetto a quella della frase principale.

***Spenta** la luce, si addormentò.*

Normalmente la principale e la secondaria devono avere lo stesso soggetto.

***Uscito** con l'idea di fare una passeggiata, <u>Andrea</u> entrò in un bar e ordinò un caffè.*

Nelle frasi con valore temporale o causale ci possono essere soggetti diversi, ma in questo caso il soggetto della secondaria deve essere espresso subito dopo il participio passato.

***Partito** <u>il marito</u>, Maria telefonò subito all'amante.*

Con i **verbi transitivi** (con un oggetto diretto) la vocale finale del participio passato <u>concorda con l'oggetto</u>. Con i **verbi intransitivi** (senza un oggetto diretto) la vocale finale del participio passato <u>concorda con il soggetto</u>.

***Mangiata** <u>la torta</u>, Ugo ha aperto i regali.*
***Arrivate** a casa, <u>le due ragazze</u> hanno preparato la cena.*

▶ Il gerundio

Le funzioni del **gerundio** sono numerosissime. Tra queste sono molto frequenti la funzione causale, temporale, concessiva, modale e ipotetica.

Causale: ***Essendo** malata, è rimasta a casa.*
Temporale: ***Tornando** a casa, ho incontrato Ida.*
Concessiva: *Pur **avendo studiato** moltissimo, non è riuscito a superare l'esame.*
Modale: *Ho conosciuto mia moglie **andando** in palestra.*
Ipotetica: ***Mangiando** di meno ti sentiresti meglio.*

In genere il gerundio semplice nella frase secondaria esprime un'azione **contemporanea** rispetto a quella della frase principale e il gerundio composto un'azione **anteriore**.

Contemporanea: *Di solito mangio **guardando** la tv.*
Anteriore: ***Avendo incontrato** Nina, l'ho invitata a bere un caffè.*

Generalmente il soggetto del gerundio nella frase secondaria è uguale a quello della frase principale.

(io) ***Dovendo** prendere l'aereo alle 4, (io) devo partire da casa alle 2.*

Esistono però frasi costruite con il cosiddetto "gerundio assoluto", un gerundio indipendente dal soggetto della frase principale, con <u>un suo soggetto autonomo</u>, che per questo va indicato chiaramente.

***Partendo** <u>l'aereo</u> alle 4, devo uscire di casa alle 2.*

▶ I verbi pronominali

Si dicono **verbi pronominali** quei verbi che, uniti a particelle pronominali o riflessive (le particelle *ci*, *ne*, *la*, *le*, i pronomi riflessivi), subiscono un cambiamento di significato, a volte piccolo (*vestirsi*, *lavarsi*), in altri casi molto marcato (*prendersela*, *uscirsene*).

*Per andare in ufficio **prendo** la macchina.* (infinito: prendere)
*Non **te la prendere**!* (infinito: prendersela = offendersi, arrabbiarsi)

Sono uscito verso le 8. (infinito: uscire)   *Mario **se n'è uscito** malissimo.* (infinito: uscirsene = intervenire, dire qualcosa in modo inaspettato o poco conveniente)

Nella coniugazione di un verbo pronominale i pronomi riflessivi cambiano in base alla persona a cui si riferiscono, mentre le particelle pronominali (*ci*, *ne*, *la*, *le*) rimangono invariate.
***Te ne** vai tu o **me ne** vado io?* (infinito: andar**sene**)   *- Smetti**la**! - No, smetti**la** tu!* (infinito: smetter**la**)

Ma e macché

Come abbiamo visto nell'Unità 6 **ma** può avere una funzione avversativa-sostitutiva o avversativa-limitativa.
*Il mio treno non arriva alle 8 **ma** alle 18!* (avversativa-sostitutiva)
*Non è un libro particolarmente bello, **ma** vale la pena leggerlo.* (avversativa-limitativa)

Quando **ma** ha funzione avversativa-limitativa può anche servire a indicare il passaggio da un argomento a un altro.
*Sì, hai ragione, **ma** adesso per favore andiamo a mangiare.*

Ma può avere anche la funzione di rafforzare un'affermazione, dando maggior enfasi o ironia.
***Ma** certo che è un bel film, te l'avevo detto!*   ***Ma** dai, non te la prendere, non volevo offenderti.*

Macché significa "per niente", "no", "tutt'altro", e serve a esprimere in modo energico una negazione, un'opposizione a un'affermazione. Può essere usato insieme a un nome (nel senso di "ma quale") o anche da solo (nel senso di "proprio no").
***Macché** genio! È solo una persona presuntuosa!*
*- Sei riuscito a lavorare? - **Macché**! Ho avuto per tutto il giorno un terribile mal di denti.*

Unità 16
Altre costruzioni spersonalizzanti

Le **costruzioni spersonalizzanti** permettono di "nascondere" chi o che cosa fa l'azione espressa da un verbo (o perché è ritenuto inutile, o perché non si vuole indicarlo o perché non si sa chi/che cosa sia). Due esempi di costruzione spersonalizzante sono quella con il *si* impersonale e quella con la forma passiva.
*Nei locali pubblici non **si** fuma.*   *Il bagno **è stato pulito** ieri.*

Ma esistono anche altre possibilità di spersonalizzare una frase:

- costruzione con soggetto generico ***uno***;
  *Quando **uno** ha fretta, di solito va tutto storto.*

- costruzione con soggetto generico alla seconda persona singolare (***tu***);
  *Nella vita, quando **pensi** di non farcela, se **sei** credente **chiedi** aiuto a Dio, se **sei** ateo a **te** stesso.*

- costruzione con verbo impersonale.
  ***Sembra** che ci sia ancora molta neve in montagna.*

Omissione dell'articolo

Uno degli aspetti più difficili della lingua italiana consiste nel decidere se bisogna o no usare l'articolo. Frasi come "*È l'avvocato.*" (con l'articolo determinativo), "*È un avvocato.*" (con l'articolo indeterminativo) o "*È avvocato.*" (senza articolo) non sono affatto intercambiabili. Nel primo caso il fatto che la persona sia un avvocato è già noto all'interlocutore; nel secondo caso chi parla fornisce un'informazione nuova sull'identità di una persona rispondendo presumibilmente alla domanda "chi è?"; nel terzo caso l'informazione riguarda il mestiere di una persona che l'interlocutore già conosce o ha visto o che per lo meno è già stata presentata nella discussione.

*È **l'**avvocato.*   (identità già nota: l'interlocutore conosce la persona e sa che fa l'avvocato)
*È **un** avvocato.*   (informazione nuova)
È avvocato.   (informazione sul mestiere di persona già nota)

Grammatica

Oltre che con alcuni nomi geografici, con nomi propri di persona e con alcune determinazioni temporali, l'articolo viene omesso:

- quando corrisponde ad un articolo indeterminativo plurale (a volte formato dalla preposizione articolata: *di* + articolo determinativo);
  Ho ancora (dei) dubbi, In Italia ci sono (delle) isole molto belle

- in molte locuzioni avverbiali;
  In fondo, di certo, a proposito

- in molti complementi di luogo;
  Andare a casa, abitare in città

- in molte locuzioni verbali;
  Avere sonno, provare pietà, sentire caldo

- nelle locuzioni in cui un sostantivo si integra con un altro per esprimere un significato unico;
  Sala da pranzo, ferro da stiro, pasta di mandorla

- in alcune espressioni di valore modale (*come?*) o strumentale (*con che cosa?*);
  In macchina, a piedi, di nascosto

- in espressioni di tipo vocativo nel discorso diretto;
  Professore, vorrei dirle una cosa.

- molto spesso dopo la preposizione *di*, con senso di specificazione.
  Mi occupo di architettura d'interni.

▶ Unità 17

▶ I tempi verbali nel discorso indiretto: posteriorità

Se il discorso indiretto è introdotto da un verbo al passato (*ha detto, diceva* o altri verbi simili) e la frase secondaria è **posteriore** rispetto alla principale, il discorso indiretto segue il seguente schema:

Frase principale al passato	Frase secondaria posteriore
Luca **ha detto**…	generalmente il verbo va al condizionale composto …che **avrebbe studiato** l'inglese. …che presto **sarebbe andato** in Inghilterra.

A volte il condizionale composto può essere sostituito dall'**imperfetto**, considerato più leggero ma anche, in alcuni casi, appartenente ad un registro meno accurato.
*Mario ha detto che **andava** a casa.*

▶ Il discorso indiretto con frase principale al condizionale

Quando il discorso indiretto non è un discorso riportato ma è un'ipotesi su quello che "direbbe" una persona in una determinata circostanza, la principale ha un verbo al condizionale semplice o composto. Anche in questo caso bisogna vedere se la relazione temporale tra la frase principale e la secondaria è di **contemporaneità**, **anteriorità** o **posteriorità**.

Frase principale al condizionale	Frase secondaria		
	anteriore	contemporanea	posteriore
semplice Luca **direbbe**…	passato prossimo o imperfetto …che **ha studiato / studiava** l'inglese.	presente …che **studia** l'inglese.	futuro semplice …che **studierà** l'inglese.
composto Luca **avrebbe detto**…	trapassato prossimo …che **aveva studiato** l'inglese.	passato prossimo o imperfetto …che **ha studiato / studiava** l'inglese.	condizionale composto …che **avrebbe studiato** l'inglese.

▶ Altre variazioni nel passaggio da discorso diretto a discorso indiretto

Nel passaggio dal discorso diretto a quello indiretto il messaggio può subire trasformazioni:

- nei soggetti: "**Io** vado in macchina." ➡ *Mauro ha detto che **lui** va in macchina.*

- nei pronomi: "La montagna d'estate **mi** piace moltissimo!" ➡ *Giulia ha detto che la montagna d'estate **le** piace moltissimo.*

- negli avverbi di luogo: "**Qui** non c'è nessuno." ➡ *Massimo disse che **lì** non c'era nessuno.*

- negli indicatori di tempo:
"Ieri sera ho fatto tardi e quindi oggi mi sono svegliato alle 10." ➡ *Carlo disse che **il giorno prima** aveva fatto tardi e quindi **quella mattina** si era svegliato alle 10.*

- nei possessivi: *"Il **mio** gatto è un persiano"* ➡ *Chiara ha detto che il **suo** gatto è un persiano.*

- nei dimostrativi: *"**Questo** libro è orribile!"* ➡ *Alessandro ha detto che **quel** libro è orribile.*

Inoltre, quando il discorso indiretto è introdotto da verbi come **chiedere** o **domandare** (interrogativa indiretta):

- si usa sempre la congiunzione **se** per domande a cui si può rispondere solo **sì** o **no**;
"Mi presti una penna?" ➡ *Mi chiese **se** le prestavo una penna.*

- per tutte le altre domande si riporta lo stesso **interrogativo**;
"Quando parte il primo treno per Milano?" ➡ *Chiese **quando** partiva il primo treno per Milano.*

- il verbo può essere all'**indicativo** o al **congiuntivo**, a seconda del registro.
"Ti va di vedere un film insieme?" ➡ *Mi chiese se mi **andava** di vedere un film insieme.*
*Mi chiese se mi **andasse** di vedere un film insieme.*

▶ L'omissione della congiunzione *che*

La congiunzione **che** si può omettere quando il verbo della frase secondaria è al congiuntivo o al condizionale.
*Pensavo **avessi** capito.*   *Credo **sarebbe** meglio aspettare.*

Inoltre per poter omettere il **che** il soggetto (se espresso) deve seguire il verbo.
Credo sia arrivato Paolo.

Il **che** non si può invece eliminare quando il verbo della secondaria è all'indicativo o quando il soggetto precede il verbo.
*Sono sicuro **che** hai capito.*   *Credo **che** Paolo sia arrivato.*

▶ Concordanze: posteriorità

Ecco lo schema delle concordanze per i casi della **posteriorità**.

Tempo della principale	Azione della secondaria posteriore
presente *Penso...*	congiuntivo presente o futuro semplice *...che Elio **arrivi** domani.* *...che Elio **arriverà** domani.*
passato *Pensavo...* *Avevo pensato...*	condizionale composto *...che Elio **sarebbe arrivato** domani.*

Quando la posteriorità è già evidenziata da un determinatore temporale o è già chiara dal contesto, il condizionale composto può essere sostituito dal **congiuntivo imperfetto**, più leggero e scorrevole.
*Pensavo che Elio **arrivasse** domani.*

▶ *Insomma*

L'avverbio *insomma* assume significati diversi a seconda della sua posizione nella frase:

- significa "in conclusione", "in definitiva" quando sta tra due virgole;
*Se capisco bene, **insomma**, domani tu non verrai.*   *Ma lui, **insomma**, che cosa ti ha detto esattamente?*

- significa "così così", "non molto" quando è usato in risposta a una domanda, in un registro colloquiale;
*- Come va? - **Insomma**...*   *- Ti è piaciuto il film? - **Insomma**...*

- esprime impazienza, irritazione quando è usato con valore esclamativo, generalmente ad inizio di frase.
***Insomma**, vieni sì o no?*   ***Insomma**, la vuoi smettere?*

Grammatica

Unità 18

Usi corretti e scorretti di *piuttosto che*

L'espressione **piuttosto che** significa "invece di".
    Piuttosto che *guardare la tv, faresti meglio a studiare.* (= invece di guardare la tv, faresti meglio a studiare)

Negli ultimi anni però si è diffuso un <u>uso scorretto</u> di **piuttosto che** nel senso di "o", "oppure".
    Puoi guardare la tv, **piuttosto che** *andare al cinema,* **piuttosto che** *studiare…* (= puoi guardare la tv o andare al cinema o studiare, fare indifferentemente una cosa o l'altra).

Quest'uso è da respingere non solo perché è in contrasto con la tradizione grammaticale ma anche e soprattutto perché può creare ambiguità nella comunicazione. Se per es. dico: *Andrò a Roma in treno* **piuttosto che** *in aereo*, chi ascolta capirà che non sto mettendo il treno e l'aereo sullo stesso piano, ma che sto esprimendo una preferenza per il treno. Se invece voglio dire che le due alternative per me sono equivalenti, per non creare equivoci in chi ascolta, dovrò usare la congiunzione **o**: *Andrò a Roma in treno* **o** *in aereo*.

Piuttosto che può anche essere usato (correttamente) con il significato di "pur di non", "per non".
    Piuttosto che *lavorare, si farebbe ammazzare.* (= pur di non lavorare, si farebbe ammazzare)

La negazione e il *non* pleonastico

Alcune espressioni negative possono avere o non avere la negazione **non**:

- con <u>verbo</u> + **mai**, si usa sempre la negazione **non** (o un'altra espressione negativa come *niente, nulla, nessuno*);
    Non <u>sei</u> **mai** *contento.*   *Qui* **nessuno** <u>sa</u> **mai** *cosa fare.*

- con **mai** + <u>verbo</u> non si usa la negazione **non**;
    Mai *prima di oggi* <u>avevo ricevuto</u> *un regalo così bello.*

- con <u>verbo</u> + **niente, per niente, nessuno, nemmeno** si usa sempre la negazione **non**;
    Oggi **non** <u>ho mangiato</u> **niente**.   *In casa* **non** <u>c'è</u> **nessuno**.

- con **niente, per niente, nessuno, nemmeno** + <u>verbo</u> non si usa la negazione **non**.
    Niente <u>è</u> *come sembra.*   **Nessuno** *mi* <u>ha detto</u> *che eri partito.*

In alcuni casi il **non** può essere **pleonastico**, non cambia cioè il significato della frase, e dunque può anche essere omesso. Ecco i casi principali:

- nelle frasi **comparative di disuguaglianza**;
    È un problema **più** *semplice* **di quanto** *tu* **(non)** *immagini.*

- con **a meno che** e **senza che**;
    Domani andiamo al mare, **a meno che (non)** *piova.*
    A mia madre non si può dire qualcosa, **senza che (non)** *lo sappiano subito tutti.*

- con **appena**.
    Ti chiamo **(non) appena** *arrivo a casa.*

Con **finché** la negazione **non** segue una regola particolare:

- quando **finché** significa prevalentemente "fino al momento che (in cui)" il **non** lascia invariato il significato della frase e dunque può anche essere omesso;
    Ero contento **finché (non)** *(fino al momento in cui) è arrivata Sonia.* (e da quel momento il mio umore è cambiato)

- quando **finché** significa prevalentemente "per tutto il tempo che (in cui)" il **non** cambia il senso della frase e dunque va usato o non usato in base al senso che si vuole esprimere.
    Ho guadagnato poco **finché** *(per tutto il tempo in cui) ho fatto l'attore.* (poi ho cambiato lavoro e ho guadagnato di più)
    Ho guadagnato poco **finché non** *(per tutto il tempo in cui non) ho fatto l'attore.* (poi ho fatto l'attore e ho guadagnato di più)

Grammatica

Unità 19
Il periodo ipotetico con ipotesi nel presente

Il **periodo ipotetico** è una costruzione usata per esprimere ipotesi. Generalmente è formato da *se* + frase che esprime la condizione (protasi) + frase che esprime la conseguenza (apodosi).

se	+	protasi	+	apodosi
Se		prendi l'autobus,		non hai problemi con il parcheggio.
Se		lavorassi di meno,		avrei più tempo per me.
Se		fossi venuto alla festa,		avresti conosciuto Clara.

Il periodo ipotetico ha due variabili: **il tempo** (ipotesi nel presente o nel passato) e **il significato** (ipotesi reale, possibile o irreale). Ecco lo schema dell'**ipotesi nel presente**[12] (reale, possibile o irreale).

	Ipotesi nel presente	
Realtà	L'ipotesi è nel presente ed è presentata come reale (l'enfasi è sull'automaticità della conseguenza, nel caso in cui l'ipotesi si realizzi). Si forma con l'indicativo presente dopo il *se* e l'indicativo presente nell'apodosi (o il futuro semplice, o l'imperativo). *Se piove resto a casa.* *Se piove resterò a casa.* *Se piove resta pure a casa.*	*se* + indicativo presente + indicativo presente (indicativo futuro semplice) (imperativo)
Possibilità	L'ipotesi è nel presente ed è presentata come possibile (l'enfasi è sul fatto che l'ipotesi è possibile, il fatto espresso dall'ipotesi potrebbe o non potrebbe accadere[13]). Si forma con il congiuntivo imperfetto dopo il *se* e il condizionale semplice nell'apodosi (o l'imperativo). *Se partissimo presto domani arriveremmo a Milano per pranzo.* *Se arrivasse una lettera prendila tu per favore.*	*se* + congiuntivo imperfetto + condizionale semplice (imperativo)
Irrealtà	L'ipotesi è nel presente ed è presentata come irreale (è ovvio dal contesto che l'ipotesi non si potrà mai realizzare). Si forma con il congiuntivo imperfetto dopo il *se* e il condizionale semplice nell'apodosi. *Se fossi donna mi farei rifare il seno.* *Se avessi un aereo privato farei il giro del mondo.*	

La costruzione *fare* + infinito

La costruzione *fare* + infinito serve per centrare l'attenzione su chi/cosa permette ad altri di fare qualcosa.
   Compro il latte. (io compio l'azione)
   Faccio comprare *il latte a Sandro.* (non io ma un altro compie l'azione)

Nella costruzione *fare* + infinito ci sono in pratica due soggetti: il soggetto del verbo *fare* e il soggetto del verbo all'infinito (cioè chi fa effettivamente l'azione).
   Faccio comprare *il latte a Sandro.* (soggetto di *faccio* = io; soggetto di *comprare* = Sandro)

Mentre il soggetto del verbo *fare* è sempre chiaro, più difficile è capire chi fa l'azione del verbo all'infinito. Ecco le regole principali per orientarsi. La persona che svolge l'azione del verbo all'infinito:

- non viene espressa quando non si vuole esprimere o è sottintesa;
   Questo film non fa ridere.

- viene espressa come oggetto diretto quando il verbo all'infinito non ha nessun altro oggetto;
   La mamma fa mangiare **il bambino**.

---

[12] Per l'ipotesi nel passato vedi l'Unità 20.
[13] La differenza tra "realtà" e "possibilità" è una differenza di enfasi. Nel primo caso il centro della comunicazione è la frase reggente (l'apodosi), la sua "realtà" nel caso si verificasse la condizione (*Se domani piove* **io resto a casa**); nel secondo caso l'enfasi è sulla proposizione con il *se*, (la protasi), che esprime appunto la condizione. Il nucleo della comunicazione è quindi il dubbio che esprime la frase, la possibilità (*Se domani piovesse* resterei a casa).

alma edizioni

- viene espressa come oggetto indiretto (preposizione *a*) quando il verbo all'infinito ha anche un altro oggetto;
   *Ho fatto preparare <u>la cena</u> **a Francesca**.*

- viene introdotta dalla preposizione *da* quando il verbo all'infinito ha anche un oggetto diretto e un oggetto indiretto.
   *Faccio scrivere <u>la mail</u> <u>alla banca</u> **dalla segretaria**.* → *<u>Gliela</u> faccio scrivere **dalla segretaria**.*

▶ Unità 20
▶ Il periodo ipotetico con ipotesi nel passato

Ecco lo schema dell'**ipotesi nel passato** (irreale o possibile).

	Ipotesi nel passato	
Irrealtà	L'ipotesi è nel passato ed è presentata come irreale (perché non si è realizzata). Si forma con il congiuntivo trapassato dopo il *se* e il condizionale composto nell'apodosi. *Se fosse stato un grande statista, Mussolini non sarebbe entrato in guerra.* *Se Ugo fosse andato alla festa avrebbe incontrato la sua ex ragazza.* Se la conseguenza ha ripercussioni nel presente, nell'apodosi si usa il condizionale semplice. *Se Carlo avesse preso una pillola per il mal di testa, ora starebbe meglio.*	*se* + congiuntivo trapassato + condizionale composto (condizionale semplice)
Possibilità	Esiste anche il caso di un'ipotesi nel passato presentata come possibile. Questa strategia è usata soprattutto nella narrazione per creare suspense, poiché chi legge o ascolta non ha elementi per sapere se l'ipotesi nel passato si sia realizzata o meno. Si forma con il congiuntivo trapassato dopo il *se* e il condizionale composto nell'apodosi. *Se Mussolini avesse firmato i Patti Lateranensi avrebbe ottenuto un potere enorme. Firmò e divenne l'uomo più potente d'Italia.* *Ugo era incerto. Se fosse andato alla festa avrebbe incontrato la sua ex ragazza. Alla fine decise di andare lo stesso. Quando poi arrivò, lei lo salutò con un sorriso e gli propose di tornare insieme.*	

▶ Concordanze: il condizionale con il congiuntivo

Quando nella frase principale c'è un <u>verbo di desiderio o di volontà</u> al **condizionale**, che nella secondaria richiede il **congiuntivo**, sono possibili le seguenti combinazioni:

Tempo della principale	Azione della secondaria anteriore	Azione della secondaria contemporanea	Azione della secondaria posteriore
condizionale semplice *Vorrei...* *Mi piacerebbe...* *Desidererei...* *Preferirei...*	congiuntivo trapassato *...che tu **avessi detto** la verità.* (prima)	congiuntivo imperfetto *...che tu **dicessi** la verità.* (adesso)	congiuntivo imperfetto *...che tu **dicessi** la verità.* (dopo)
condizionale composto *Avrei voluto...* *Mi sarebbe piaciuto...* *Avrei desiderato...* *Avrei preferito...*	congiuntivo trapassato *...che tu **avessi detto** la verità.* (prima)	congiuntivo imperfetto *...che tu **dicessi** la verità.* (adesso)	congiuntivo imperfetto *...che tu **dicessi** la verità.* (dopo)

Grammatica

Unità 21
Alcune espressioni: *pur, appunto, addirittura, anzi*

Pur significa "anche se", "nonostante sia/siano". Si usa per limitare il valore di un'affermazione con un'altra più importante e di significato opposto.
    *È successo che Mauro, **pur** preparatissimo, non ha superato l'esame.*

        Pur si usa spesso anche con il gerundio.
            Pur *mangiando meno, non riesco a dimagrire.*

Appunto è sempre usato in relazione a un'affermazione precedente. Quando è usato in senso assoluto significa "proprio", "precisamente", "esattamente".
    - Basta, non voglio più lavorare per te!
    - Ma io sono l'unico che ti dà così tanto lavoro!
    *- **Appunto**!*

        Quando è usato in una frase, introduce un ampliamento e conferma il senso di quanto è stato appena detto.
            *Ieri avevo un forte mal di testa. Stavo **appunto** andando in farmacia, quando ho incontrato il mio professore di italiano.*
            *Si è innamorato di un'altra. È **appunto** questo il motivo per cui Mario ha lasciato Laura.*

Anzi significa che quello che è stato detto immediatamente prima non è corretto, o perché si vuole dire il contrario (esempi 1 e 2) o perché si vuole rafforzare l'affermazione precedente (esempio 3).
    *1. - Hai sonno? - No, **anzi**...*
    *2. Telefona subito a Ugo. **Anzi** no, aspetta.*
    *3. Questo pesce è buono, **anzi** buonissimo. Come l'hai fatto?*

Addirittura può avere diversi significati:

- quello di "perfino". In questo caso si usa per segnalare che quello che stiamo dicendo è molto sorprendente, quasi da non credere;
    *Non solo scrive, ma credo che abbia **addirittura** vinto dei premi.*
    *Per convincermi si è **addirittura** messo in ginocchio... Ma io non ho cambiato idea.*

- quello di "direttamente", "magari", "perché no", "senz'altro", "al limite";
    *Se sei stanco puoi rilassarti un po' o **addirittura** prenderti una vacanza...*
    *Invece di telefonargli, non sarebbe **addirittura** meglio incontrarlo? Così gli faresti la proposta di persona.*

- quello di "fino a questo punto!", "nientemeno!".
    *- Senza di lei non posso vivere! - Eh, **addirittura**! Scusa, ma credo proprio che tu stia esagerando.*
    *- Non mi parlare di Ugo, lo odio. - **Addirittura**! E come mai?*

Aggettivi e pronomi indefiniti

Gli **aggettivi** e i **pronomi indefiniti** si riferiscono a cose o persone la cui identità o quantità non sono specificate.
    *Stasera esco con **qualche** amico.*   *Ho bisogno di parlare con **qualcuno**.*

Alcuni indefiniti hanno solo funzione di aggettivo, sono invariabili e si usano solo al singolare:

- ***qualche***: indica una quantità indefinita ma non grande, ha lo stesso significato di "alcuni";
    *Nel frigo c'è solo **qualche** mela.*

- ***qualunque, qualsiasi***: hanno lo stesso significato.
    *Sono disposto a fare **qualunque/qualsiasi** lavoro.*

        Se vengono usati dopo il nome hanno un significato limitativo, indicano la mancanza di particolari qualità.
            *È un libro **qualunque/qualsiasi**.* (non ha particolari qualità, non è eccezionale)
            *Un **qualunque/qualsiasi** libro.* (non importa quale, un libro)

alma edizioni

Grammatica

Quando introducono una frase secondaria sono generalmente seguiti dal congiuntivo;
Qualunque/Qualsiasi **cosa tu le** <u>dica</u>, **non va mai bene.**

- *ogni*: ha lo stesso significato di "tutti/tutte".
  Luisa accompagna **ogni** *giorno i bambini a scuola.*

Alcuni indefiniti hanno <u>solo funzione di pronome</u> e si usano solo al singolare:

- *chiunque*: ha lo stesso significato di "qualunque/qualsiasi" ma si riferisce solo a persone.
  Chiunque *può farlo.*

  Quando introduce una frase secondaria in genere è seguito dal congiuntivo;
  Chiunque <u>abbia detto</u> *questo, è uno stupido.*

- *qualcuno/qualcuna*: indica una persona o un gruppo ristretto di persone di identità imprecisata.
  C'è **qualcuno** *qui?*

  Seguito da una specificazione, può indicare in modo indeterminato una persona o una cosa o un numero non grande di persone o cose;
  Qualcuno *degli invitati è già arrivato.*

- *ognuno*: è usato in riferimento a persone o cose e significa "tutti", "ogni persona/cosa".
  Ognuno *è libero di fare quello che vuole.*

Alcuni indefiniti possono avere <u>funzione di aggettivo o di pronome</u>:

- *alcuno/alcuna/alcuni/alcune*: indica una quantità indefinita ma non grande, ha lo stesso significato di "qualche" ed è usato soprattutto al plurale.
  Ho letto solo **alcune** *pagine di quel libro.*

  Nelle frasi negative può sostituire "nessuno".
  Non c'è **alcuna** *possibilità di fargli cambiare idea.*

- *tutto/tutta/tutti/tutte*: indica un'intera quantità. Quando è aggettivo, è sempre seguito dall'articolo.
  Hai mangiato **tutto**, *bravo!*
  Luisa accompagna **tutti i** *giorni i bambini a scuola.*

▶ I nessi correlativi

I **nessi correlativi** sono espressioni formate da due elementi "gemelli" che servono a coordinare due frasi o due parti in una frase. I correlativi più comuni sono **né... né...**, **sia... sia...**, **sia... che...**, **che... o...**, **non solo... ma anche...** .
  Non mi piace **né** *come parla* **né** *come scrive.*
  È una persona che è disposta **sia** *ad ascoltare* **sia** *a dare consigli.*
  Mangio **sia** *la carne* **che** *il pesce.*
  Che *tu vada al mare* **o** *in montagna, l'importante è riposarti.*
  La gente usa la macchina **non solo** *per lunghi viaggi* **ma anche** *per brevi percorsi.*

▶ La dislocazione del congiuntivo

In genere la frase secondaria con il congiuntivo viene dopo la frase principale.
  Non si può negare che questo **sia** *un progetto interessante.*

Ma in alcuni casi la secondaria può precedere la principale. Questo uso appartiene a un registro linguistico più ricercato.
  Che questo **sia** *un progetto interessante, non si può negare.*
  Che **avesse** *una moglie così bella, nessuno poteva immaginarlo.*

Soluzioni

ESERCIZI 1 - GEOGRAFIA - Luoghi d'Italia

1 - 2; 1; 1; 2; 1; 1; 2.

2 - ci saranno; cresceranno; sostiene; aumenteranno; sarà; sarà; saranno; sommerà; saranno intervenuti; arriverà.

3 - 1/c; 2/e; 3/b; 4/d; 5/a. *Indica un fatto nel futuro:* Verrà usato; potrà essere usato; sarà importante; miglioreranno; sarà possibile; permetterà; saremo sempre più in grado. *Indica incertezza, approssimazione, supposizione riguardo a un fatto nel presente*: sembrerà strano; Sarà anche vero; Potrà anche apparire.

4 - sole; sole; terra; giorno; giorno; stagioni; stagioni; estate; autunno; inverno; primavera; estate; inverno; primavera; autunno; notte.

5 - *Prima colonna*: L'; il; la; le; dell'; il; l'; La; -; la. *Seconda colonna*: dell'; la; a; l'; il; l'; alla; -; i; il; a una; -; il; la; L'; il; una; -. *Terza colonna*: d'; il; -; l'; la; l'; la; la; il; un; i; un'; una; La; il.

6 - [cruciverba: VULCANO; VESUVIO; PRIMAVERA; ISOLA; ARCIPELAGO; ESTATE; ETNA; COMUNE; MEDITERRANEO; ...]

7 - *Prima colonna*: la; la; l'; la. *Seconda colonna*: l'; l'; la; la; il; il; le; -; -; -; -; -; -; l'; l'; -; -. *Terza colonna*: -; -; -; le; le; le; le; -; -; le.

ESERCIZI 2 - ARTI - Classico e moderno

1 - *La soluzione è il testo dell'unità 2, attività 1*: si sarebbe fatto; sarebbe venuto; *in possesso*; Sembrerebbe; *il posto*; *un breve discorso*; *in mente*; *all'idea di*; potrebbe.

2 - potrebbe; usiamo; sarà; pagherà; sarà; potrà; sarà; farebbe; saranno; rimarrà; aprirà; Abbiamo contattato; sarebbe; abbiamo potuto; sarebbe; sarebbero; va; pensano; è; sarebbero potuti; vorrebbe; Sarebbe; vengono; basterebbe; sarebbe; vedrebbero; sono.

3 - farebbe; si sarebbe salvata; potremmo; sarebbe; sarebbe stata/sarebbe; avrebbe provocato; avrebbe avuto; sarebbero morti; sarebbero vissute; sarebbe riuscita; avrebbe *comunque* causato.

4 - *Introduzione*: collezioni; spazi museali; rinascimentale; pinacoteca; periodi; artistico; in esposizione. *Donato Bramante*: architetto; quadro; pittura; monumentalità; sfondo. *Andrea Mantegna*: capolavori; tele; prospettico; in risalto. *Caravaggio*: dipinto; dettagli; protagonisti; contrasti; chiaroscuro; in ombra.

5 - 1. Michelangelo, lo, È uno di quegli artisti…; 2. Palermo, la, *la costruzione non è possibile (dovrebbe essere …che non **possono** mancare…);* 3. Palazzo vecchio, lo, È uno di quei monumenti…; 4. Artemisia Gentileschi, la, È una di quelle artiste…; 5. Italo Calvino, lo, È uno di quegli scrittori…; 6. gli scavi di Pompei, li, Sono/È uno di quei luoghi…; 7. la Galleria Borghese, la, *la costruzione non è possibile (dovrebbe essere …che non **possono** mancare…)*, 8. la Biennale, la, È una di quelle manifestazioni culturali.

ESERCIZI 3 - SOCIETÀ - Emigrazione e immigrazione

1 - *La soluzione è il testo dell'unità 3, attività 2a Prima colonna*: riuscirono; entrarono; si organizzarono; insorse. *Seconda colonna*: furono; lasciarono; cessò; salì; diminuì; si rivolse; cambiò; sono; riguarda. *Terza colonna*: svolsero; emanò; resero.

2 - *Prima colonna*: è capitata; era; c'era; *vuoto*; ha domandato; ha risposto; *in faccia*; sono rimasto; *in piedi*; è salita; ha rivolto; Ha risposto; era; ha spostato; ha fatto; *dai modi gentili*; manda; *Seconda colonna:* era; era; è arrivata; ha insistito; *alla scena*; hanno fatto; ha detto; sono; *pigro*; ha detto; *con sé*; ha aperto; parlava; è rimasta; ha detto; Erano; ha invitati; È andato; *la scena*; Ha chiamato; ha fatto; attendeva; *Terza colonna:* sono scesi; hanno identificata; hanno chiesto; è venuta; Tenevo; è arrivata; ho detto; era; *a lei*; Pensavo; è stata; Si è vergognata/Si vergognava; ha detto; Ho deciso; Preferisco; *a qualcosa*.

3 - ad andare all'estero; con un contratto di tre mesi; dall'altra parte del mondo; in Francia; a sua volta; per cercare il fratello; dei primi anni '90; dai telegiornali.

4 - abbiamo vinto; avrebbe potuto; avrebbe giocato; è capitato; vorremmo; piacerebbe; avrebbe detto.

5 - 1, 8, 3, 5, 4, 2, 6, 7, 9.

6 - *La soluzione è soggettiva. Ecco una possibile soluzione:*

Mc Talibe: È libero? -

Donna: No.

Seconda donna: È libero?

Donna: Sì, è libero. Prego.

Mc Talibe: Scusi, perché prima ha detto che il posto era occupato quando non era così?

Donna: Ehm….

Mc Talibe: Mi può rispondere, per favore?

Passeggero 1: Perché non risponde al ragazzo?

Passeggero 2: Ha sbagliato.

Passeggero 3: Non ci si comporta così!

Donna: Lei non sa chi sono io!

Mc Talibe: Neanche lei lo sa!

Donna: Non me ne importa un c.!

Passeggero 4: Ma come si permette?

Passeggero 5: Chi crede di essere?

Mc Talibe: Ragazzi, state calmi. Vado a parlare con l'autista. Senta!

Autista: Sì?

Mc Talibe: Lei ha visto cosa è successo?

Autista: Sì.

Mc Talibe: Se chiamo la polizia, può testimoniare?

Autista: Certo.

Mc Talibe: Bene, telefono. Pronto, polizia? Vorrei denunciare una signora per atti di razzismo. Siamo passeggeri di un autobus pubblico. La signora non voleva lasciarmi il posto accanto al suo perché sono straniero. L'autista può confermarlo. Glielo passo.

Autista: Pronto? Sì, la signora non ha fatto sedere il ragazzo e ha lasciato il posto libero a una donna italiana.

ESERCIZI 4 - STORIA - Tangentopoli

1 - arresto; ordine; magistratura; socialista; istituzioni; accusa; concussione; mazzette; funzionario; borghese; appalti; patrimonio.

2 - è cambiata; ha reso; è diventato; si è sentito; ho chiuso; mi rendevo conto; erano; ha liberato.

3 - *Prima colonna:* sono andato; ha **poi** accompagnato; Ero; Mi sono **però subito** tranquillizzato; era; ha mandato; stavano; ha messo; ha chiesto; siamo tornati; hanno preparato; Abbiamo predisposto; era *(anche è stata è accettabile)*; Erano; ho chiesto; doveva; sono partite. *Seconda colonna:* ero; Ci siamo diretti; era; sono salito; ha ricevuto; Era; sono entrato; avevo; era; avevo; conteneva; potevano; avevo; ero; era; sono stato; ho dato; conteneva; ho detto; avevo; ha **solo** chiesto; ho risposto.

4 - La politica è l'arte del compromesso.

Soluzioni

5 -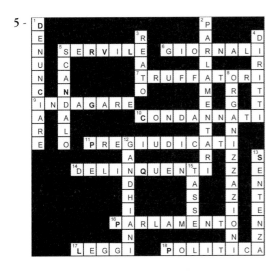

ESERCIZI 5 - SOCIETÀ - Casa

1 - stili abitativi; campione rappresentativo; **dei** significati psicologici; *casa Pub*; mobili essenziali; forme morbide; **d'**uso quotidiano; *casa Vetrina*; "pezzi" rari o pregiati; grande competenza; stile classico; *casa Italianpopolare*; figura materna; animali domestici; *casa Bio-postprimitiva*; energia naturale; piena comodità; **i** valori ancestrali; *casa Cybertech*; luogo iper-tecnologico; libero sfogo; lato ludico ed infantile; moderne soluzioni; *casa Beauty Farm*; **del** benessere psico-fisico; filosofia zen; **un'**ampia gamma; emozione sensoriale; *casa Casanova*; raffinata eleganza; *casa Transformer*; maniera dinamica; moduli cubici; continuo bisogno; bambini piccoli.

2 - L'abbiamo tutti negli occhi: la spider 1.**rossa** Alfa Romeo Duetto, guidata da un 2.**giovanissimo** Dustin Hoffman nel film "Il laureato (The degree)", sfreccia veloce lungo le *freeway* e i ponti sospesi sopra i fiumi delle città 3.**statunitensi**. Uno degli strumenti che ha fornito 4.**uno speciale** contributo all'affermazione del design 5.**italiano**, in particolare nel dopoguerra, è stato di certo l'immaginario 6.**cinematografico**. Il *made in Italy* insomma ha trovato probabilmente nel cinema una strada 7.**privilegiata** per diffondersi nel mondo. Perché di frequente dentro la finzione 8.**del grande** schermo i prodotti 9.**italiani**, in particolare i più riconoscibili e caratterizzati come quelli di design, hanno giocato un ruolo da protagonisti. Un ruolo riconosciuto e confermato dalla presenza all'interno di manifestazioni 10.**culturali** e mostre, oppure dall'ingresso nei musei. 11.**Un'importante** consacrazione per il design 12.**italiano** fu la mostra "Italy: New Domestic Landscape" del 1972, al MoMA di New York. Le icone del nostro design divenivano universalmente conosciute: fra gli altri, le macchine per lavorare Olivetti, in particolare la *Valentine* di Ettore Sottsass, oppure le calcolatrici gialle di Mario Bellini; le lampade e i mobili italiani, dai pezzi 13.**storici** a quelli più innovativi della fine degli anni '60. Non è dunque strano che, ad esempio, alcuni di questi apparecchi siano entrati d'autorità sui set 14.**cinematografici**. Un caso 15.**particolare** è rappresentato dai film di James Bond. Di frequente la necessità di mostrare le attrezzature e gli arredi 16.**futuribili** delle abitazioni o degli uffici del cattivone di turno, ha spinto a scegliere arredi 17.**italiani**, considerati sinonimo di ricerca e avanguardia. Come accade con la poltrona *Elda* di Joe Colombo, che accosta il grande guscio in plastica bianca a 18.**eleganti** cuscini in pelle 19.**nera**, oppure con la lampada *Spider* dello stesso designer. In "Thunderbolt" le lampade sono le *Arco*, disegnate nel 1962 dai fratelli Achille e Piergiacomo Castiglioni, prodotte da Flos. Dentro l'*open space* abitato 20.**dal malvagio** antagonista di Bond, le 21.**grandi** lampade da terra, segnate 22.**dall'inconfondibile** curva metallica, sembrano comunque 23.**minuscoli** giocattoli. Ma certo non passano inosservate. E per Achille Castiglioni il pubblico 24.**statunitense** ha una 25.**vera e propria** passione, basti pensare alla mostra che il MoMA gli ha dedicato un paio d'anni fa, lapidariamente intitolata "Design!"

3 - al portone; villette/villini; nel salone (*ma anche*: salotto); mezz'oretta; *il* campanello; cenetta; pizzetta; cartellone; giardinetti; tavolini *dei* pentoloni; palloncini; regalini; tamburelli; trombette; bicchierino.

4 - *Prima colonna*: mela; cavallone; tacchino; cannella; canna; cavallo; melone. *Seconda colonna*: mattino; cannone; tacco; matto; cannuccia; cavalletto; mattone; cavalluccio.
Derivazioni: "mattoncino" deriva da "mattone"; "cavallino" da "cavallo"; "tacchetto" da "tacco"; "meletta" da "mela" e "meloncino" da "melone".

5 - disoccupato; dopo; durante; momentaneamente; ne; di; simpatico; ad; nello; dentro; di; seguito; contemporaneamente; come; uno; famoso; detto.

ESERCIZI 6 - ARTI - Arte contemporanea

1a - 1. Come dire: sì, l'arte è importante, **ma** non esageriamo; 2. dopotutto, si mangia per sopravvivere, **ma** anche per piacere; 3. di paradosso in paradosso, **ma** sempre con la giusta dose di competenza e ironia; 4. non è bello ciò che è bello **ma** è bello ciò che piace; 5. è arte tutto ciò che sa emozionare, colpire, attrarre, **ma** anche irritare e indispore.

1b - *Ma con funzione limitativa*: 1, 2, 3, 5. *Ma con funzione sostitutiva*: 4.

2 - Allora; Beh; come dire; Mah; no; cioè; Ecco; Beh; Voglio dire; quindi; insomma; Senta; no; insomma.

3 - di; calendario; che; dal; suoi; più; da; chi; Insomma; in; per; realizzata; grazie; rotonde; provenienti; Dalla; percorso; particolarmente; Tra; loro; promesse; a; Stesso; da; grandezza; invitati; nell'; vincitore; appassionati; mostra; su; lavoro.

4 - Sono lo spirito e la leggerezza dei napoletani che mi consolano; Sono sorprendentemente tante le persone che mi fanno questa domanda in Italia; saranno i napoletani a giudicare se ci saremo riusciti; non sono solo i più giovani che le stanno esplorando; è questo il tema che al momento ci interessa di più; È in quello che conserva che sta il vero valore di un museo.

5 - Lo spirito e la leggerezza dei napoletani mi consolano; Sorprendentemente tante persone mi fanno questa domanda in Italia; I napoletani giudicheranno se ci saremo riusciti; non solo i più giovani le stanno esplorando; questo tema al momento ci interessa di più; il vero valore di un museo sta in quello che conserva.

ESERCIZI 7 - SOCIETÀ - Psicologia

1 - trovano; sia; hanno riscontrato; sia; siano; misura; è; è; si considerino; siano; sono; sia; sono; faccia; c'è; possano; impari.

2 - pensano che gli italiani siano prepotenti; Mi sembra che ci sia abbastanza differenza; È probabile che quest'opinione non sia del tutto sbagliata; malgrado in realtà siano abbastanza critici verso il loro Paese; penso che siano orgogliosi del loro Paese; quelli che pensano che l'Italia sia il Paese più bello del mondo.

3 - Se **è** affetto da personalità multipla, **spinga** alternativamente i tasti 2-3-4-5-6-7-8; Se **è** paranoico, **La** informiamo che sappiamo già chi **è** Lei, cosa **fa** nella vita e cosa **vuole** da noi. Quindi **rimanga** in linea, finché non rintracciamo la **Sua** chiamata; Se **soffre** di allucinazioni, **pigi** il tasto 7 del grande telefono rosa che Lei, e soltanto Lei, **vede** alla **Sua** destra; Se **è** schizofrenico, **chieda** gentilmente al **Suo** amico immaginario di premere per **Lei** il tasto 8; Se **soffre** di depressione, non importa quale tasto **Lei prema**. Tanto non c'è niente da fare. Il **Suo** è un caso disperato e non ha cura; Se **soffre** di amnesia, **digiti** in rapida sequenza i tasti 2-5-9-7-5-4-1-6-3-9-2-7-5-1-6-3-5. E **ripeta** ad alta voce nell'ordine che segue il **Suo** nome, cognome, numero di telefono di casa e del cellulare, indirizzo email, numero di conto corrente, codice bancomat, data di nascita, luogo di nascita, stato civile e cognome da nubile di **Sua** nonna; Se **soffre** di indecisione, **lasci** il messaggio prima dopo

alma edizioni

Soluzioni

e durante il bip; Se **soffre** di avarizia ossessiva, **Le** comunichiamo che questa telefonata ha un costo di circa 500 euro al minuto; Se **soffre** di bassa autostima, **resti** in attesa. Tutti i nostri operatori sono al momento impegnati a rispondere a persone molto più importanti di **Lei**.

4 - 1. nostra povera vita; 2. il suo inconfondibile odore; 3. fantasioso industriale giapponese; 4. una grande idea; 5. dall'immaginaria manica; 6. precise regole ergonomiche; 7. Il cuscino umano; 8. sui principali mercati esteri; 9. caldo abbraccio notturno; 10. bel cuscino umano; 11. grosso vantaggio; 12. vecchio amico; 13. rumore fastidioso; 14. piccolo meccanismo; 15. lunga notte romantica; 16. oggetti reali; 17. suoni e sensazioni virtuali.

5 - …*è **il più noto**…*; tecniche **narrative** modernissime; Svevo riesce infatti **a** rendere; *che*, arrivato all'età di 57 anni; **mentre** Zeno agisce; sarebbe stata l'unica **possibile** compagna; che Zeno **stesso** le aveva presentato; trova **sempre** la scusa; sta proprio **nel** riuscire a rappresentare; **in cui** l'autore esprime.

ESERCIZI 8 - LINGUA - Maschio Femmina

1 - *Ci sono più possibilità. Consigliamo le seguenti: Ilda Boccassini:* è una magistrata ed è nota per… / è un magistrato ed è nota…; *Irene Pivetti:* è stata (…) la più giovane Presidente - …per fare la conduttrice di programmi televisivi; *Rita Levi Montalcini:* è una scienziata, vincitrice…; *Cristina Comencini:* è una regista, oltre che scrittrice…; *Barbara Palombelli:* è una popolare giornalista; *Gae Aulenti:* è un'architetta… / è un architetto; *Alda Merini:* è un'importante poetessa, autrice…

2 - saresti; *di; con; una; per*; avessero; potesse; *nei; al; del*; venissero; accettasse; *da*; siano; *da; in*; usino; *un; l'; per*; rientrino; funzionerebbe (*ma è accettabile anche* funzioni); *la*; sia.

3 - venisse; era; erano; fossero; rinunciavano; erano; erano; introducesse; prendesse; contava; popolavano; poteva; dubitassero; soffrissero.

4 - Da riscrivere all'indicativo: Allora, così come la società **si evolve**; per cui fortunatamente voi donne **potete** fare; Perché non ce n'**è** bisogno. Verbi rimasti al congiuntivo: che **si evolva** (P); perché questo **diventi** (S); almeno che **utilizzino** (P).

5 - 1. non mancherà di sorprendere; 2. non fa che aumentare; 3. non ha mancato di elencare; 4. non ha mancato di ricordare; 5. non fanno che complicare; 6. non ha fatto che aggravare; 7. non ha fatto che peggiorare; 8. non fanno che perpetuare; 9. non ha mancato di sollevare.

6 - 1. le quali la condizione "naturale" del maschio era quella di poter scegliere se sposarsi o no; 2. che non si realizzava appieno fino a quando qualcuno non la "prendeva in sposa"; 3. era la definizione per una donna nubile non più tanto giovane; 4. il "regno" delle donne è la casa, mentre per gli uomini è un paese o una nazione; 5. relativi alle professioni e alle cariche che le donne hanno via via assunto nel corso di questo secolo; 6. sono proprio quelli relativi alle professioni e ai ruoli di potere più elevati.

ESERCIZI 9 - STORIA - L'era Berlusconi

1 - l'; a; A; per; a; Nel; l'; di; Il; di; -; negli; con; da; Dagli; nei; del; allo.

2 - Riga 1. **realmente** strana, **decisamente** difficile. Riga 3. riconosce **perfettamente**. Riga 5. rivista **scientifica**. Riga 7. **raro** caso. Riga 9. parla **normalmente**. Riga 10. **stretti** familiari. Riga 14. **innumerevoli** fotografie. Riga 17. **prontamente** riconosciuto. Riga 18. **eccezionalmente** ricco. Riga 20. **assolutamente** giustificabile. Riga 22. **inspiegabilmente** chiaro. Riga 26. personaggi **famosi**. Riga 28. **seriamente** malato. Riga 32. **sicuramente** adatte. Riga 35. **vari** papi. Riga 38. **uniche** due (*ma anche*: due **uniche**). Riga 41. **assolutamente** indimenticabile.

3 - ricco; grande; incomprensibile; imparziale; disincantato; miglior; indubbie; sprovvisto; capace; ricchezza; perfezione; discesa; vincere; impensabile; inadeguate; intolleranza; molti; antidemocratiche; scomparirà.

4 - che; Ed; Tuttavia; non; lifting; che; primo; perché; il quale; mai; mai; propria; profondamente; come; proprio; quante; in modo; sempre; oggetto; proprio; anziché; quindi; al; simile; politicamente; semplicemente; Proprio; punto; di più; meno; Se.

5 - *La parola è usata come aggettivo possessivo:* propria moglie; proprio marito. *La parola è usata come avverbio:* proprio per le sue gaffe; Proprio così.

ESERCIZI 10 - ARTI - Giallo italiano

1 - loro/giallisti nostrani; si/giallisti nostrani; farli/delitti e oscuri traffici; si/Ezio D'Errico e Giorgio Scerbanenco; loro/Ezio D'Errico e Giorgio Scerbanenco; loro/alcuni rapinatori; sua/il giallo; interessarsene/il giallo; suoi/*Quer pasticciaccio brutto de via Merulana*; ne/*Venere privata*; si/un uomo; evidenziarsi/alcune delle caratteristiche principali; sua/Leonardo Sciascia; suoi/la Sicilia; sua/Leonardo Sciascia; sue/Umberto Eco.

2 - La sicurezza del potere si fonda sull'insicurezza dei cittadini.

3 - aveva premuto; sapevano; aveva giurato; c'era; aveva controllato; Si erano guardati; aveva detto; aveva detto; era; valeva.

4 - aveva spinta; aveva tramortito; era uscito; portando; avevano iniziato; sapevano; era spuntata; si era ritrovata; avevano approfittato; si erano precipitati; c'era; chiedeva; stava; Erano bastati; era sceso; minacciando; si era convinto; avevano; aveva tirato; era entrato; aveva attraversato; uscendo; si era afflosciato; aveva sovrastato.

5 - *Prima parte:* a letteratura; di puro intrattenimento; di intellighenzia; di segno diverso; a prima vista; nei miei riguardi. *Seconda parte:* alle polemiche; a questo genere; in passato; di paraletteratura; al romanzo giallo; di questo libro; alla prima; di un traguardo; di ciò.

6 - Qualche volta prova l'impulso irrefrenabile di staccarle e appenderle a un chiodo e restare lì, come un burattino al quale una mano pietosa ha tagliato i fili; Tutto intorno è un continuo inseguirsi di facce e ombre e voci; accontentandosi di spedire qualche stupida cartolina ogni tanto.

ESERCIZI 11 - GEOGRAFIA - Mari e monti

1 - tenere presente; assumere una posizione ad uovo; girare a vuoto; cedere alla tentazione; stare alla larga; si riducono al minimo i rischi.

2 - si parla; si elimina; ci si rivolge; organizza; si può; si hanno; si può; si trova; si svolge; si può; ci si stende; si dominano; garantisce; si sposta; si prova; è.

3 - si viaggia; ci si guarda; si incontrano; si ha; si pensa; si è **soli**; si scambiano; ci si ferma *a mangiare da* **soli**; si va *al ristorante o al bar*, **accompagnati**; si comprano; si mangia; si incontrano; si sono mangiati; si trovano; si potrebbe.

4 - Me lo; Ti; me ne; Ci; Ci; Te lo; te lo; ci; ci; ce la; lo; Me l'; ti; mi; ci si; ce la; si; si; glielo; glielo/lo; gli; Gli; ce lo; lo; glielo; glielo; lo; ci; ci; glielo; Ci; ti.

5 - Ormai; si può; Si possono; la si; è proprio; Oltre; me le; lo; proprio; si risparmiano; però; gli; ci si imbatte; dopo tutto; ve la.

ESERCIZI - 12 SOCIETÀ - Periferia e architettura

1 - ciò che; chi; che; ciò che; che; che; che; che; chi.

2 - *Vanno scambiate a coppie le parole*: volumi/sale; surreale/armoniche; teatro/parco; perfezione/realizzazione; ribalta/innovazione.

3 - Erano migliaia le persone sulle rive a guardare preoccupate; È da 11 anni che Venezia aspetta / Sono 11 anni che Venezia aspetta; Erano ore che la gente aspettava /Era da ore che la gente aspettava; È a mezzanotte che la chiatta "Susanna" fa la sua apparizione; era proprio l'ultima parte a essere la più rischiosa. *Pronomi relativi:* con cui; che; da cui; che; ai quali; del quale; delle quali.

4 - 1. No, è sua sorella che è proprio una stupida/a essere proprio una stupida; 2. No, è Franco che voleva andare in Spagna; 3. No, sarà la Roma a vincere lo scudetto; 4. No, è stato il cane a mangiare tutto il pesce; 5. No, è Marta che è stata a Corviale ieri; 6. No, è Roma che è la città più grande d'Italia/a essere la città più grande d'Italia; 7. No, è mio fratello che è più piccolo di me/a essere più piccolo di me; 8. No, sarò io a prendere la macchina; 9. *La costruzione scissa non è possibile*; 10. No, è mia madre che ha visto il mio ex ragazzo.

5 - 9. No, Luisa è stata bocciata.

6 - "…*la più* bella avventura per un architetto è quella di costruire una sala per *concerti*…"

ESERCIZI 13 - ARTI - Cinema

1 - registi; premi; <u>primi film</u>; film; pubblico; storia; disse; <u>minor numero</u>; grandi città; macchina; diverso; <u>morte violenta</u>.

2 - abbia attraversato; avesse *ormai* superato; fosse giunto; bisognasse; trattassero; fosse.

3 - fosse; abbia pensato; fossi; producesse; ci fosse; vedesse; sentisse; abbia risentito; fosse passato; l'avesse **già** fatto; dessi; venisse; potessero; fosse **sempre** stato.

4 - *le ragazze in fiore di quarant'anni fa* o giù di lì; *che dovrebbe sposarsi* di lì a poco; *costruendo* attorno *alla sua coppia*.

5 - *A bruciapelo mi disse che ancora non riusciva a capire per quale motivo gli veniva da ridere* quando mi vedeva; *E poi mi chiese* di rifargli un po' quello con gli occhi per aria, di rifargli quell'altro…; *mi disse* che ci aveva riflettuto sopra, che il soggetto avrei dovuto scrivermelo (*ma anche:* dovevo scrivermelo) da solo; *mi ordinò* di non scrivere più quelle stronzate *e* di mettermi seduto; *Mi chiese* se avevo fatto il Centro Sperimentale; *Gli risposi di sì, ma che mica* lo sapevo se ero capace.

6 - "*Felliniano*… avevo sempre sognato di fare l'aggettivo".

7 - *Roma città del cinema. Roma sede di una grande Festa Internazionale. Come il sindaco di Roma Walter Veltroni aveva precisato alla presentazione ufficiale della kermesse,* non si sarebbe trattato di un festival tradizionale ma di una vera e propria Festa per il cinema, che avrebbe rappresentato (*ma anche:* rappresentava) anche un'importante opportunità per fare crescere la ricchezza e l'occupazione nella Capitale. L'auspicio del sindaco era che Roma diventasse una sorta di capitale anche del cinema, un punto di ritrovo per grandi nomi e per sperimentatori, per critici cinematografici e semplici spettatori che potessero ritrovare nella visione di un film un momento di incontro, di svago e di riflessione all'interno della propria città. La volontà degli organizzatori era infatti quella di mettere in piedi un festival internazionale che fosse anche popolare e metropolitano. L'apertura delle celebrazioni e le proiezioni avrebbero avuto luogo entro le sale dell'Auditorium Parco della Musica di Renzo Piano (suo era anche il logo della manifestazione) ma sarebbero stati interessati anche diversi altri luoghi simbolo della città: via Veneto, Piazza del Popolo, Fontana di Trevi, via del Corso, nonché Cinecittà e il Centro Sperimentale di Cinematografia. Una diffusione capillare delle iniziative che avrebbe permesso di tenere ben stretti centro e periferia, coinvolgendo gli appassionati e tutti coloro che a un festival cinematografico non erano mai stati. Le sezioni principali del festival erano tre: *Première*, *Il lavoro dell'attore* e la *Competizione*. Il programma di *Première* prevedeva 7 serate di gala dedicate ad anteprime europee ed internazionali, incontri con i registi e una lunga serie di eventi speciali. *Il lavoro dell'attore* sarebbe stato l'omaggio offerto dalla città di Roma all'arte della recitazione e ai suoi grandi protagonisti. Il percorso di questa sezione sarebbe stato tracciato da proiezioni, dibattiti, laboratori e workshop. Il cuore della Festa del Cinema era naturalmente lo spazio dedicato alla *Competizione*, con 14 film inediti, provenienti da tutto il mondo. In palio, il premio per il miglior film (al quale sarebbe andato un riconoscimento di 200.000 euro), il miglior attore e la migliore attrice. Ma non ci sarebbe stata nessuna giuria tecnica a giudicarli: i giudici sarebbero stati 50 spettatori scelti dal presidente di giuria, il regista Ettore Scola.

ESERCIZI 14 - STORIA - Cosa Nostra

1 - è stato preso; veniva/era considerato; è stato trovato; utilizzava; è arrivata; sono stati seguiti; è stata decisa; sono stati identificati; è stato tradito; venne/fu arrestato; venne/fu convocato; videro; è riuscito; veniva/era descritto; usava; verrà/sarà smentita.

2 - Il termine è stato inizialmente utilizzato; la cui origine va fatta risalire; Questa commissione provinciale è presieduta da uno dei capimandamento, che prende il titolo di capo; dai mafiosi viene chiamata anche la Regione; Il candidato viene condotto; quella che normalmente viene chiamata mafia; andranno rigorosamente rispettati dal nuovo membro; con cui viene imbrattata un'immagine sacra; l'immagine viene bruciata dal rappresentante; va chiesto il parere decisivo del capofamiglia o del padrino.

3 - affronta; è; è; indaga; avvolge; arriverà; bloccherà; sarà; Va.

4 - *La risposta la offre*; L'idea l'ha avuta; la mafia la combatte; Questo libro prezioso bisognerebbe distribuirlo nelle scuole; queste armi le possiamo/possiamo trovarle trovare tutti.

5 - (***Tu***): Adesso fai/fa' una cosa, spegnila questa radio. Voltati pure dall'altra parte, tanto si sa come vanno a finire queste cose, si sa che niente può cambiare. Tu hai dalla tua la forza del buon senso, quello che non aveva Peppino. Domani ci saranno i funerali, tu non andarci/tu non ci andare.

(***Lei***): Adesso faccia una cosa, la spenga questa radio. Si volti pure dall'altra parte, tanto si sa come vanno a finire queste cose, si sa che niente può cambiare. Lei ha dalla Sua la forza del buon senso, quello che non aveva Peppino. Domani ci saranno i funerali, Lei non ci vada.

(***Noi***): Adesso facciamo una cosa, spegniamola questa radio. Voltiamoci pure dall'altra parte, tanto si sa come vanno a finire queste cose, si sa che niente può cambiare. Noi abbiamo dalla nostra la forza del buon senso, quello che non aveva Peppino. Domani ci saranno i funerali, noi non andiamoci.

6 - *La mafia* non è affatto invincibile. *È un fatto umano e, come tutti i fatti umani, ha un inizio e avrà anche una fine*.

ESERCIZI 15 - Lingua - Non solo parolacce

1 - ***A*** stabilirlo; ***di*** averla usata; essendo stato sorpreso; protestando; ***per*** indurre; facendo; ***da*** considerare; ***di non*** dover(e); sottolineando; ***a*** sfogliare.

2 - ***pur*** denotando; aver(e) esaminato; stancatosi; Denunciato; Avendo S. S. fatto; sostenendo; ***di*** aver(e) avuto.

3 -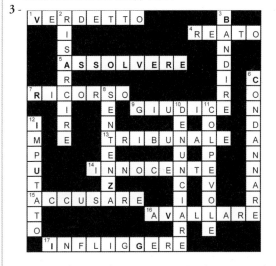

4 - (5 O) *assolvere - assoluzione*; ricorrere - (7 O) ricorso; giudicare - (9 O) giudice; (15 O) accusare - accusa; (16 O) avallare - avallo; (2 V) risarcire - risarcimento; (3 V) bandire - bando; (6 V) condannare - condanna; sentenziare - (8 V) sentenza; (10 V) denunciare - denuncia; imputare - (12 V) imputato.

5 - hanno deciso; annullando; aver(e) offeso; usando; hanno ritenuto; contiene; considerando; aver(e) sentenziato; possono; considerare; funziona; dice; essendo/è; Elaborate; finendo.

6 - la smette; *per esempio*; *come*; ci ho messo; *tra le altre cose*; *È chiaro che*; *da quando*; ce l'ho fatta; *La verità è che*; non ne posso più; *Forse*; se ne frega; *o*; me la sento; *quando*; se la prende; *o*.

7 - ti; ti; ce la; ce l'; ce l'; lei; lei; *di*mmi; Mi; le; si; *dir*ne; *ripeter*ti; mi; Le; mi; mi; se ne; *romper*mi; me; io; c'; mi; me ne; mi; io; *sentir*lo; Mi; mi; te la; me la; ci.

Soluzioni

8 - Macché bamboccioni! Se a questi giovani il governo offrisse opportunità pratiche, invece di insulti, è certo che la maggior parte di loro se ne andrebbe prima dalla famiglia, come succede negli altri Paesi europei.

ESERCIZI 16 - SOCIETÀ - Vita d'ufficio

1 - *Prima parte*: Insomma; così come; infatti; anche. *Seconda parte*: oltre che; mentre; comunque; Ma; -; anche. *Terza parte*: quindi; mentre; poi; mentre; infine; ...*francesi*, **sebbene** *siano solo mediamente coinvolti*...; mentre; ma.

2 - a/7, b/6, c/5, d/3, e/2, f/4, g/8, h/1.

3 - *Costruzioni spersonalizzanti*: a *(costruzione con si spersonalizzante)*, c *(costruzione con soggetti indefiniti)*, e *(costruzione passiva)*, h *(costruzione con verbo impersonale)*.

4 - piercing; gli; look; uno; teen ager; slip; una; la; la; la; la; Il; un'; il un'; ad hoc; gli; basket; la; le; un; le.

5 - negli (in+gli); -; un; i; gli; le; del (di+il); -; -; -; del (di+il); -; -; -; la; -; -; una; dall' (da+l'); al (a+il); gli; della (di+la); -; nell' (in+l').

6 - Capitano; arriva; prendo; si divertono; vuol(e); **3/4/2/7/5/1/6**; è; Somiglia; **5/4/3** si scrive/**1/2**; È; si fa; si guarda; Si mettono; si contano; guardo; è; si guarda; si guardava.

ESERCIZI 17 - ARTI - Scrittori

1 - *Possibili soluzioni*: Franklin: "Arriverò in un lampo!"; Edison: "Sarà senza dubbio un'esperienza illuminante!"; Jekyll: " Purtroppo non posso venire. Ma manderò mio "fratello" Hyde"; Marconi: "Malauguratamente ho un altro impegno. Invierò comunque un telegramma di ringraziamento."; Einstein: "Sarò relativamente felice di partecipare!"; Meucci: "Purtroppo ho già avuto un invito ad un'altra festa per questo giorno. Telefonerò per conferma entro un paio di giorni."; Volta: "Ho una pila di pratiche da sbrigare. Non potrò venire."; Marchionni: "Ci sarà del gelato?".

2 - avrei fatto; si aspettavano; volevo/avrei voluto; si alzava; si andava; si truccava; era; andavano; ricordavo; può; si ricomponeva; potevo; avrei voluto/volevo; Volevo/Avrei voluto; c'era; stava.

3 - *Possibili trasformazioni*: Post: Medardo pensava che avrebbe visto i turchi; Post: Mio zio disse che sarebbe arrivato lì e li avrebbe aggiustati lui; Cont: Ogni nave che si vedeva allora, si diceva che quello era Mastro Medardo che tornava; Cont: L'uomo con la treccia disse che loro sapevano (*in realtà nel testo il "Voi" equivale a "Lei" e si riferisce a Medardo, dunque la soluzione corretta è*: lui sapeva) quale fosse il prezzo di un uomo in lettiga.

4 - 1, Sì, perché nella frase secondaria il soggetto (qualcosa) segue il verbo al congiuntivo (ci fosse); 2, No, il verbo della secondaria è all'indicativo (era); 3, No, è un pronome relativo; 4, No, è un pronome relativo; 5, No, è un pronome relativo.

5 - *Scrivere* è nascondere qualcosa in modo che poi venga sempre *scoperto*.

6 - dovrei; 3; dico; interessa; ha scritto (*ma anche*: scrive); finivamo; mi aspettavo; arriva; 1; ha *mai* recensito; ha *mai* recensito; avete *appena* letto; conosco; lasciano; stanno; saranno; rimarrà; sono; avevo; ho detto; avrei dovuto; Avrei dovuto; 4; avrei *sicuramente* trovato; 2; affrontiamo.

7 - 2. un anno fa abbia comprato, ieri abbia comprato, oggi compri/comprerà, entro qualche mese comprerà; 3. proprio quel giorno ti fossi sposata/ti sposassi/ti saresti sposata, il giorno prima ti fossi sposata, oggi ti saresti sposata/ti sposassi, poche ore prima ti fossi sposata, il giorno dopo ti saresti sposata; 4. già l'anno scorso era andata, il prossimo mese andrà/va, quest'anno andrà/va, domani andrà/va; 5. un giorno ti saresti laureato/a, entro pochi mesi ti saresti laureato/a, già ti fossi laureato/a; 6. dopo un'ora avrebbe attaccato, la settimana prima avesse attaccato, appena entrato in casa avrebbe attaccato; 7. domenica prossima vorrebbe, oggi vorrebbe, ieri sarebbe voluta/voleva; 8. poco prima fosse stata rimandata, improvvisamente fosse rimandata, oggi sarebbe stata rimandata, in quel momento fosse stata rimandata; 9. in tempi remoti era, prima o poi sarà, una volta era, un giorno sarà; 10. l'anno scorso avessi compiuto, quest'anno compissi/avessi compiuto, il prossimo mese avresti compiuto, dopo pochi giorni avresti compiuto/compissi.

ESERCIZI 18 - LINGUA - Mode e tic verbali

1 - È meglio essere ottimisti ed avere torto piuttosto che pessimisti ed avere ragione.

2 - 15 anni **dopo** "L'inglese. Lezioni semiserie"; ai fatti di costume, **ci** riprova con la lingua italiana; Con pungente ironia e umorismo il giornalista analizza gli errori **più** grossolani; Alla ricerca dei "crimini linguistici" **più** diffusi; Capitolo interessante **quello** dedicato al congiuntivo; modo verbale **la** cui estinzione non sarebbe causata dall'ignoranza; della società italiana attuale. **Sempre** meno italiani esprimono un dubbio; L'affermazione: "Pensavo che portavi il gelato" **non** solo è scorretta ma è anche arrogante; presuppone una certezza che **non** lascia spazio al dubbio, alla possibilità; Lo spirito del libro però non è **quello** dell'insegnante bacchettone; Severgnini propone la via della riabilitazione e dei consigli per **non** sbagliare più; per verificare il nostro livello di ignoranza di **certe** regole grammaticali; Nonostante alcune affermazioni **siano** discutibili; affronta uno dei problemi **più** importanti della nostra società: la conoscenza della lingua.

3 - 1. Ricordate: chi scrive difficile, di solito, **non** ha **niente** da dire. 2. Se ritardo d'un paio d'ore succede la fine del mondo, se muoio **non** se ne accorge **nessuno**. 3. **Non** c'è **niente** di più pratico di una buona teoria. 4. Io suono al conservatorio. Sì, ma **non** mi aprono **mai**. 5. **Nessuno** fa niente per niente. 6. Molti scrittori scrivono libri che essi stessi **non** leggerebbero **mai**. 7. **Non** sono sincero **nemmeno** quando dico che non sono sincero. 8. **Niente** ottiene successo come l'eccesso. 9. **Non** facciamo bene **niente** finché non smettiamo di pensare al modo di farlo.

4 - 1. ...finché il Comune **non** gli ha dato ragione; 2. No, o almeno **non** ancora; 3. **Non** ha infatti capito di doverlo essere; 4. Anzi **non** ha proprio capito che cosa gli succederà; 5. ...perché nella lettera **non** c'era nessun numero di telefono...; 6. **Non** è in grado di dare chiaramente la buona notizia al cittadino; 7. ...**non** funzionava, ma nessuno gli ha insegnato...; 8. ...probabilmente **non** gli avrebbero dato il tempo...; 9. ...scrivere bene un testo **non** è un'attività che si fa in quattro e quatt'otto.

5 - *Soluzioni possibili*: 6. "È stato autorizzato l'utilizzo delle graduatorie generali per l'individuazione dei nuclei familiari interamente composti da extracomunitari, fatto salvo il rispetto dell'ordine di punteggio riportato"; 7. "Il nostro ufficio ha respinto la Sua richiesta", "Abbiamo respinto la Sua richiesta"; 8. "Se la morosità è dovuta a malattia dell'inquilino, l'assegnatario può chiedere una proroga"; 9. "Per poter archiviare la pratica, chiediamo di restituirci il documento allegato", "Se Lei non ha questo documento..."; 10. 1. ricordare, 3. risposta, 4. oppure, 6. riunione.

ESERCIZI 19 - ARTI - Comicità

1 - sbaglio; *soggiorno*; *accertamento*; sparo; *comma*; *soggiornare*; *reiterato*; *provvedimento*; c'è; *altrimenti*; *maestranze*; facesse; *piratessa*; *pantera*; *commissario*; fosse; facessero; potesse; *piratessa*; *eccetera*; facesse.

2 - interrogasse; risponderebbe; facessi; vorrei; Scusate; è; c'è; sono.

3 - *Costruzioni non accettabili*: Suscitare amicizia; Stare a luce; Stare in disperazione; Mettere in porto; Esprimere una storia; Essere alle mani; Scoppiare di malattia.

4 - quanto; la quale; Quindi; in quanto; Inoltre; che; cioè; Oltre a; sia; sia; siccome; Spiegato ciò; poiché; contemporaneamente.

5 - 2: ~~dovessi~~/dovresti; 3: ~~tutta~~/tutto; 4: ~~in~~/nella; 5: ~~mio~~/il mio; 6: ~~coltiveremmo~~/coltiveremo; 7: ~~trova~~/trovi; 8: ~~possa~~/potrà; 9: ~~venga~~/venire; 10: ~~Tua~~/La tua; 12: ~~sono~~/ci sono; 13: ~~lasciato~~/lasciata.

6 - 1/c; 2/e; 3/d; 4/a; 5/b.

7 - 1. *Quello* spettacolo mi ha fatto ridere *tantissimo*; 2. *Oggi Licia ha* fatto mettere le *scarpe da* solo a suo *figlio per la prima volta*; 3. *Roberto* ha fatto *telefonare* a Costanza da *Anita*; 4. *Ho* fatto comprare *il* latte da *Francesca al supermercato*; 5. *Ho saputo che ieri ti sei fatto portare due bottiglie di vino*

Soluzioni

da *Luigi*; 6. *Ci* facciamo fare due panini al prosciutto dal *barista?*; 7. Ieri Gianna mi ha fatto fare una *figuraccia!*; 8. Brad Pitt si è fatto intervistare solo dall'*inviato della Rai*.
8 - *A proposito di politica, ci sarebbe qualcosa da mangiare?*

ESERCIZI 20 - STORIA - Il fascismo

1 - fu/venne ritrovato; fu/venne costretto; percorreva; assistettero/avevano assistito; annotarono/avevano annotato; risultò; fu/venne informato; era stata individuata; se ne uscì; aveste coperta; sarebbe vista; erano; si diffusero; indicavano; interveniva; c'erano; si presentava; circolarono; fossero trovate; saremmo certi; era partito; Furono/Vennero individuati; riferì; pugnalavamo; è stato; Ha continuato; continuavamo; ripeteva; Uccidete/Ucciderete; si fosse umiliato; avesse chiesto; avesse riconosciuto; avremmo compiuto; ha avuto; ha gridato; muoio/morirò; sopravviverà; benediranno; È morto.

2 - 1. Giacomo Matteotti desiderava *che* il trionfo del partito fascista non **fosse/venisse riconosciuto**; 2. *Luigi Albertini avrebbe preferito che* Mussolini **avesse dato** le dimissioni e **si fosse messo** a disposizione delle autorità; 3. "*Sarebbe bene che* il fascismo **rinunciasse** a inaugurare *una nuova epoca storica.*"; 4. "*Mi sarebbe piaciuto che* a provocare le dimissioni di Mussolini **fosse stata** l'opposizione parlamentare."; 5. *Roberto Farinacci avrebbe preferito che* il Duce non **fosse stato** eccessivamente liberale e morbido.

3 - 1. **a** cambiare obbligatoriamente modo di comportarsi; 2. L'ideologia fascista vuole **che** gli italiani; 3. **diventino** nazionalisti e più militaristi; 4. sono inquadrati in organizzazioni **giovanili** ed; 5. **educati** alla disciplina militare; 6. camicia **nera**, che è l'indumento più appariscente; 7. dopo **essere state** figlie della lupa; 8. volto **sbarbato** e il corpo asciutto; 9. Il fascista ha anche un **proprio** modo di salutare; 10. mano **tesa** in avanti; 11. È il **cosiddetto** saluto romano; 12. **obbligatorio** nelle circostanze ufficiali; 13. al posto del Lei, nella **lingua** parlata; 14. madre di **tanti** figli e deve restare a casa; 15. Il matrimonio con molti figli **è *favorito*** in tutti i modi; 16. Alle **nuove** coppie vengono fatti prestiti; 17. se non nascono **figli** o se ne nascono pochi; 18. gli uomini non **sposati** devono pagare una tassa sul celibato; 19. Gli italiani ***sono invitati*** a far uso di termini nuovi; 20. **purché** genuinamente italiani; 21. o che sembrano **tali**; 22. Tutto **ciò** che è straniero è infatti visto come ostile.

4 - *Antonio Gramsci*: 17 / 10 / 21 / 13 / 9 / 5; *Teresa Vergalli*: 20 / 8 / 16 / 14 / 15 / 19 / 18 / 2 / 7; *Costituzione della repubblica italiana*: 1 / 12 / 3 / 6 / 4 / 11.

ESERCIZI 21 - LINGUA - Lingua e dialetti

1 - Secondo; come; insomma; in particolare; cioè; - ; mentre; Pur; Anzi; addirittura; man mano; addirittura; Come; così; poiché; a tale proposito.

2 - 1. Il disordine dà **qualche** speranza, l'ordine nessuna; 2. Alle tre del mattino è sempre troppo presto o troppo tardi per **qualsiasi** cosa tu voglia fare; 3. Si nasce tutti pazzi. **Alcuni** lo restano; 4. Coloro che vincono, in **qualunque** modo vincano, non ne riportano mai vergogna; 5. Se tu pretendi e ti sforzi di piacere a **tutti**, finirà che non piacerai a nessuno; 6. Tutti gli animali sono uguali, ma **alcuni** sono più uguali degli altri; 7. **Chiunque** può sbagliare, ma nessuno, se non è uno sciocco, persevera nell'errore; 8. **Alcuni** matrimoni durano pochi mesi, ma non ti illudere: i più durano una vita; 9. **Qualunque** cosa vada male, c'è sempre qualcuno che l'aveva detto; 10. Se vuoi assaporare la virtù, pecca **qualche** volta; 11. **Chiunque** abbia qualcosa che non usa, è un ladro.

3 - 1/e, *dato che*; 2/m, *né*; 3/d, *ma anche*; 4/b, *anche, ogni, ogni*; 5/g, *allo stesso modo, ogni, ogni*; 6/h, *qualsiasi, quanto piuttosto*; 7/a, *che*; 8/i, *sempre di più*; 9/l, *è anche vero che, nessuno, alcuni*; 10/f, *ma quello, nessuno* 11/c; *poiché, ovunque*.

4 - 1. *Che* il dialetto **perda** la sua vera natura mantenendo solo la forma fonetica e "italianizzando" la sintassi **è** un rischio reale. / È un rischio reale *che* il dialetto **perda** la sua vera natura mantenendo solo la forma fonetica e "italianizzando" la sintassi; 2. Negli ultimi anni molti studiosi **hanno scritto** *che* i dialetti in Italia **stanno** scomparendo, ma questa opinione è smentita dalle statistiche, le quali dimostrano come siano ancora usati da circa metà degli italiani; 3. *Che* gli italiani del secolo scorso **parlassero** dei dialetti che assomigliano poco a quelli parlati oggi nelle varie regioni **è** un fatto ormai assodato. / È un fatto ormai assodato *che* gli italiani del secolo scorso **parlassero/parlavano** dei dialetti che assomigliano poco a quelli parlati oggi nelle varie regioni; 4. È certamente vero *che* l'avvento della televisione **ha portato** la lingua italiana in tutte le case della Penisola. / *Che* l'avvento della televisione **abbia portato** la lingua italiana in tutte le case della Penisola è certamente vero; 5. *Che* i dialetti **continuino** a vivere sfuggendo all'omologazione linguistica e culturale che pervade ogni luogo del mondo contemporaneo **deve** interessare tutti quelli che si battono democraticamente in nome delle minoranze e della diversità. / **Deve** interessare tutti quelli che si battono democraticamente in nome delle minoranze e della diversità *che* i dialetti **continuino** a vivere, sfuggendo all'omologazione linguistica e culturale che pervade ogni luogo del mondo contemporaneo; 6. Senza voler nulla togliere all'importanza storica, culturale e linguistica dei dialetti, **bisogna** dire *che* è necessario avere un modello linguistico comune a tutti ovvero una lingua di comunicazione che sia la stessa da un capo all'altro della nazione.

5 - 1; 3; 4; 5. *Vedi soluzione esercizio 4.*

Soluzioni dei test di autovalutazione
TEST DI AUTOVALUTAZIONE 1 - Livello B1

1 - l'; l'; una; Nel *(In+il)*; un; nella *(in+la)*; un; il; una; i; i; nel *(in+il)*; una; - ; la; sull' *(su+l')*; nella *(in+la)*; nelle *(in+le)*; - ; l'; le; le; il; la; la; la; la.

2 - dimostrerebbe; tratterebbe; sarebbe; riuscirebbe; consisterebbe; accade; comporterebbe; si manifestano; sarebbe; porterebbe; sarebbe; affermano.

3 - Riga: 44, verbo: sarebbe.

4 - Molti sono i motivi per cui potreste trovarvi nella condizione di cercare casa in una località lontana **da quella** della vostra residenza abituale; Potrebbero essere motivi di necessità come un lavoro temporaneo, **ma** anche motivi di diletto, come una vacanza di qualche settimana; per rispondere a queste esigenze sono nate numerose iniziative organizzate, dedicate allo scambio della casa, che in pratica **significa**: tu vieni a stare a casa mia mentre io vengo a stare a casa tua; Con la diffusione di Internet lo scambio casa ha visto una vera e propria esplosione e **sarebbe** un peccato non approfittarne; Se però superiamo **un po' di** diffidenza iniziale; potremmo fare delle **belle** esperienze ed esserne soddisfatti anche per l'originalità; **Non** è necessario avere una villa da offrire; I lati **positivi** dello scambio casa comprendono; I vostri animali saranno accuditi e le vostre piante non **moriranno** di sete; se vi mettete **d'accordo**, potrete scambiare anche l'automobile; A questo punto non vi resta altro da fare che preparare una **breve** descrizione della vostra casa.

5 - seguirono, dovevano, aveva partecipato, disse, Era, erano, stava, spuntarono, era, erano, esitò, campeggiava, diedero/dettero, aveva riconosciuto, aveva riabilitato, diventò/divenne, ebbe, ha accolto/accolse, partivano, si è cicatrizzata.

6 - sia, abbia, passa, c'è, ha, Sono nato, ha inventato, ha avuto, Sono nato, ha toccato, ho sofferto, si accorga, servono, ci siamo battuti, appartenga, significa, vado, sono, è, ci sia, parli, siano, sia, risolve, esista/esiste, parlano.

TEST DI AUTOVALUTAZIONE 2 - Livello B2

1 - *Domande*: 2 / a; 3 / d; 4 / b; 5 / c; 6 / f; 7 / e. *Parole e pronomi / particelle pronominali da inserire*: 1. Se; **si**; quanto; **-lo**; **-lo**; tabula rasa; 2. **mi**; gli abitanti; 3. Ne; a; **si**; **-ne**; dove; te; la; ti; ci; 4. Ce; li; spazio; Magari; 5. **se**; **ne**; come; **ne**; almeno; **si**; 6. dell'idea di; nel senso; **lo**; anche; **-gli**; **si**; **si**; **ci**; **si**; **si**; **-li/-lo**; così; 7. lontano.

2 - Nonostante i cambiamenti apparenti dell'immagine femminile nelle pub-

Soluzioni

blicità, le donne **vengono/sono considerate** vincenti solo quando scimmiottano gli uomini e se il loro modo di agire rimane fondamentalmente funzionale all'ordine costituito. (…) Le donne **venivano/erano rappresentate** o come casalinghe soddisfatte **che** cucinavano, lucidavano i pavimenti o pulivano il bagno usando miracolosi prodotti **che** facilitavano di molto le faccende domestiche, (…) Attualmente la condizione delle donne italiane sembra migliorata con il loro massiccio ingresso nel mondo del lavoro e in quello della cultura e con i diritti civili che **sono stati conquistati** con le battaglie. Nonostante ciò nulla sembra cambiato nell'immagine della donna **che** oggi ci offrono le pubblicità. Ai due tipi di donna **che** ho descritto prima se ne è aggiunto un altro: quello della donna "impegnata", economicamente indipendente, aggressiva, autonoma nelle sue scelte. Queste istantanee di vita quotidiana femminile **che** oggi ci **vengono/sono proposte** mostrano ancora una volta l'immagine di una società fortemente sessista **che** ha la pretesa di dire alle donne **ciò che** devono o non devono fare (…) L'immagine di donna **che** se ne ricava è quella di un'apparente emancipazione **che** però nella realtà non mette in discussione lo *status quo* di un mondo sempre profondamente sessista. Un mondo di maschi impegnati quasi esclusivamente nell'ambito lavorativo e di donne **che** si sobbarcano quasi tutte le fatiche della loro professione e della famiglia. Le immagini femminili **che** ci **vengono/sono mostrate** sono quelle o di donne felici di essere mogli e madri o di donne **che** se vogliono realizzarsi fuori dall'ambiente familiare, devono diventare a "immagine" del maschio. (…)

3 - Mi fa imbestialire la ghettizzazione in genere. *A* cominciare da chi dice: ho preso come architetto una *donna*.

4 - fosse riuscito; avesse potuto; fossero; avesse; fosse; sono nato; ho conosciuto; vivo; sono andato; andare; ha invitato; potessi; ha anticipato; abbia fatto; ci sia; parlassimo; era; si è distratto; si è preoccupato; aveva esposto; fosse; fosse arrivato; dovesse; ha avanzato; venisse/fosse interpretato.

5 - *Quando la piazza fu vuota, vuoto era anche l'autobus; solo l'autista e il bigliettaio restavano.*
Il maresciallo domandò all'autista se **quel giorno** non viaggiasse **nessuno**. L'autista con faccia smemorata rispose che qualcuno **c'era**. Il maresciallo disse che qualcuno voleva dire quattro cinque sei persone e che **lui** non **aveva mai visto quell'**autobus partire che ci fosse un solo posto vuoto. L'autista tutto spremuto nello sforzo di ricordare, disse che non sapeva, non sapeva, diceva qualcuno così per dire, certo non erano cinque o sei, erano di più, forse l'autobus era pieno. Disse che **lui** non **guardava** mai la gente che c'era: **si infilava** al **suo** posto e via… Disse che guardava solo la strada e che **lo pagavano** per guardare la strada.
Il maresciallo si passò sulla faccia una mano stirata dai nervi. Disse che **aveva capito** che l'autista **guardava** solo la strada, ma che lui, e si voltò inferocito verso il bigliettaio, lui **staccava** i biglietti, **prendeva** i soldi, dava il resto: contava le persone, le guardava in faccia… disse che se non **voleva** che gliene facesse ricordare in camera di sicurezza, **doveva dirgli** subito chi c'era sull'autobus, almeno dieci nomi doveva **dirglieli**… (disse che) da tre anni **faceva** quella linea, da tre anni **lo** vedeva ogni sera al caffè Italia e che il paese **lo** conosceva meglio di **lui**.
Il bigliettaio sorridendo, come a schernirsi da un complimento, disse che meglio del maresciallo il paese non poteva conoscerlo nessuno. Il maresciallo sogghignando disse che andava bene, prima lui e poi il bigliettaio. Ma poi aggiunse che **lui** sull'autobus non **c'era**, ché **avrebbe ricordato** uno per uno i viaggiatori che c'erano, dunque **toccava** a **lui**, doveva **nominargliene** almeno dieci. (…)
Dieci minuti dopo il maresciallo aveva davanti il venditore di panelle: la faccia di un uomo sorpreso nel sonno più innocente.
Il maresciallo disse con paterna dolcezza che il panellaro **quella** mattina, come al solito, **era venuto** a vendere panelle **lì**: il primo autobus per Palermo, come al solito.
Il panellaro disse che **aveva** la licenza.

Il maresciallo alzò al cielo gli occhi che invocavano pazienza e disse che lo sapeva, lo sapeva e che non **gliene** importava della licenza, ma che **voleva** sapere una cosa sola e che se **gliela** diceva l'avrebbe lasciato subito andare a vendere panelle ai ragazzi. **Voleva** sapere chi avesse sparato.
Il panellaro meravigliato e curioso domandò se **avessero sparato**.

TEST DI AUTOVALUTAZIONE 3 - Livello C1

1 - Gli; una; sulla (su+la); una; le; delle (di+le); delle (di+le); una; la; l'; **frase 4**; i; **frase 3**; -; le; i; un; la; i; negli (in+gli) *(ma anche uno è accettabile)*; gli; i; -; -; i; -; un; -; al (a+l); un; il; delle (di+le); -; **frase 5**; -; la; la; le; -; lo; un'; le; dei (di+i); la; i; il; -; i; -; **frase 1**; negli (in+gli); i.

2 - *Domande:* 1/c; 2/b; 3/e; 4/d; 5/a. *Parole e verbi da inserire:* non; sia; *non*; fa; *addirittura*; anzi; raccontano; Basti/Basta; **ha fatto** capire; *addirittura*; sentiva; *non*; nessuna; difendesse/difendeva; ci fossero; *non*; *niente*; **fa** fare; **fare/far** crescere; esprime.

3 - sentite; esprimendo; ottiene; migliora; **A** sostenere; **di** giustificarsi; pubblicata; essendo stato criticato; **da** considerare; tratta; **da** condannare; ha scoperto; aver(e) studiato; si lasciano; serva; **a** scoprire; **a** dimostrare.

4 - e sostenitori della pari dignità di tutte le lingue; e non discriminatorio per la comprensione reciproca a livello internazionale; e contro i rischi di una visione monoculturale del mondo; ad ogni suono corrisponde una sola lettera e ad ogni lettera un solo; un tesoro lessicale capace di esprimere anche le più sottili sfumature di pensiero.

5 - Dopo **averla praticata** assiduamente per sei mesi interi sto peggio di prima; Non ho ancora congedato il dottore, **ma** la mia risoluzione è irrevocabile; Ieri intanto gli mandai a dire ch'ero impedito, e per **qualche** giorno lascio che m'aspetti; Se **fossi** ben sicuro di saper ridere di lui senz'adirarmi; Ma ho paura che **finirei** col mettergli le mani addosso; Se le ore di raccoglimento presso il dottore avessero continuato ad essere interessanti apportatrici di sorprese e di emozioni, non le **avrei abbandonate**; un trucco buono per commuovere qualche vecchia **donna** isterica; Impiegherò il tempo che mi resta libero **scrivendo**; lui ne approfittava per inventarne **ogni** giorno di nuove; Non era altra **che** quella diagnosticata a suo tempo dal defunto Sofocle sul povero Edipo; Egli non studiò che la medicina e perciò ignora **che cosa** significhi scrivere in italiano per noi che parliamo e non sappiamo scrivere il dialetto; Se egli **sapesse** come raccontiamo con predilezione tutte le cose per le quali abbiamo pronta la frase; È proprio così che scegliamo dalla nostra vita gli episodi **da** notarsi; Si capisce come la nostra vita avrebbe tutt'altro aspetto se **fosse detta** nel nostro dialetto; Perciò anche fu tanto **pronto** a dichiararmi guarito.

Bilancio 3 - Il tuo profilo

Prevalenza di risposte "F" (insegnamento di tipo "Frontale"): ritieni più utile che la regola grammaticale ti venga fornita fin da subito dall'insegnante; lo scambio con altri studenti ti sembra proficuo a condizione che l'insegnante ti abbia trasmesso in partenza il proprio sapere. Del resto l'insegnante è un madrelingua! Pensi sia importante capire innanzi tutto una regola di grammatica e poi vederla utilizzata in un testo.

Prevalenza di risposte "A" (insegnamento che promuove l'"Autonomia" dello studente): preferisci arrivare da solo alla regola grammaticale, ragionando e formulando ipotesi; se, dopo la tua riflessione da solo o con altri studenti, hai ancora qualche dubbio, chiedi un riscontro all'insegnante, da cui però non ti senti dipendente. La regola grammaticale ti sembra troppo "astratta" se non ne vedi prima l'applicazione in un contesto.

Nessuna prevalenza né di "F" né di "A": il tuo approccio rispetto alla grammatica non è sempre uguale. A volte "ti emancipi" dall'insegnante, a volte hai bisogno che sia lui/lei a guidarti. Non c'è una procedura che tu prediliga rispetto alle altre, quindi ti adatti alle lezioni frontali, ma anche a quelle in cui vieni incoraggiato a svolgere analisi in modo autonomo.